AF617726

LA INTELIGENCIA ARTIFICIAL Y SU APLICACIÓN EN EL SISTEMA DE JUSTICIA PENAL

M.ª LOURDES NOYA FERREIRO
Directora

M.ª ÁNGELES CATALINA BENAVENTE
Coordinadora

LA INTELIGENCIA ARTIFICIAL Y SU APLICACIÓN EN EL SISTEMA DE JUSTICIA PENAL

GONZALO QUINTERO OLIVARES
JESÚS CONDE FUENTES
MARÍA LOURDES NOYA FERREIRO
M.ª ÁNGELES CATALINA BENAVENTE
JESSICA JULLIEN
JOSÉ LUIS RODRÍGUEZ LAINZ
M.ª JESÚS ARIZA COLMENAREJO
RAQUEL CASTILLEJO MANZANARES
BRIAN BUCHHALTER MONTERO
ALFREDO RODRÍGUEZ DEL BLANCO
CRISTINA ALONSO SALGADO
ALMUDENA VALIÑO CES
ANA MARÍA RODRÍGUEZ TIRADO
BERNARDINO JOSÉ VARELA GÓMEZ

ARANZADI LA LEY, S.A.U.
C/ Collado Mediano, 9
28231 Las Rozas (Madrid)
www.aranzadilaley.es
Atención al cliente: https://areacliente.aranzadilaley.es/publicaciones

Primera edición: 2025

Depósito Legal: M-11228-2025
ISBN versión impresa: 978-84-1085-117-7
ISBN versión electrónica: 978-84-1085-118-4

Diseño, Preimpresión e Impresión: ARANZADI LA LEY, S.A.U.
Printed in Spain

Índice General

Página

V

LÍMITES A LAS APORTACIONES DE LA INTELIGENCIA ARTIFICIAL EN LA INSTRUCCIÓN DEL PROCESO PENAL. UNA APROXIMACIÓN DESDE LOS DERECHOS FUNDAMENTALES

Página

Presentación

M.ª Lourdes Noya Ferreiro
Profesora Titular de Derecho Procesal
Universidad de Santiago de Compostela

Investigadora principal Proyecto de investigación «Inteligencia artificial, Justicia y Derecho: ¿irrupción o disrupción tecnológica en el proceso penal?»

La obra que se ofrece al lector recoge algunos de los resultados y conclusiones a las que han llegado un grupo de investigadores de diferentes Universidades, integrados en el Proyecto de Investigación «Inteligencia artificial, Justicia y Derecho: ¿irrupción o disrupción tecnológica en el proceso penal?» (PID-2020-119324GB-I00), financiado por el Ministerio de Ciencia e Innovación, en el marco de los Programas estatales de generación de conocimiento y fortalecimiento científico y tecnológico del sistema de I+D+i orientada a los retos de la sociedad. A todos nos ha unido la preocupación por la aplicación de la Inteligencia artificial en el Sistema de Justicia, y más concretamente en la Justicia penal.

La sociedad actual camina hacia un mundo en el que las conexiones entre seres humanos y máquinas serán lo más habitual, convirtiendo lo que hasta ahora era ficción literaria o cinematográfica, en una realidad que cada vez está más cerca. Desde la tecnología 2G, que permitió el envío de SMS, se ha evolucionado a la 3G, que facilita la conexión a internet, la 4G con la banda ancha, y ahora la 5G, que aumenta la velocidad de conexión y multiplica el número de dispositivos que se pueden conectar e interconectar en tiempo real. A todos estos avances, que permiten el uso de las tecnologías de la información y de la comunicación (TIC), se suma la constante evolución de un conjunto heterogéneo de sistemas o instrumentos a los que se denomina «Inteligencia Artificial» (IA). Estas aplicaciones «inteligentes» tienen ya cabida en muchas actividades del sistema sanitario, en el campo científico y de la investigación, en el marco de la seguridad, y también en el mundo laboral, empresarial, social, y desde luego en el ámbito jurídico.

Resulta evidente que el Sistema de Justicia, y especialmente de Justicia penal, no es ajeno, ni debe serlo, a la introducción de los avances tecnológicos y de los instrumentos de IA. La justicia del siglo XXI, y por tanto también la justicia penal, responde, como no puede ser de otra forma, a la evolución y los cambios que ha experimentado la sociedad actual. Cambios que se suceden a una velocidad impensable pocos años atrás, sin tiempo para la reflexión, y mucho menos para que las reformas legales se adapten y se consoliden en un tiempo en el que lo novedoso y la respuesta inmediata rige el día a día de los ciudadanos. En esta realidad cambiante, y sin tiempo para adaptar y consolidar principios y fundamentos propios de una justicia «moderna» y eficaz para la sociedad a la que se debe, los avances científicos y tecnológicos se convierten en un factor principal para el diseño de ese modelo de justicia, y desde luego, para el nuevo proceso penal. Tratándose de un recurso imprescindible para la investigación y prueba en el proceso penal, la implantación de los sistemas de IA requiere también nuevos modelos de control y de actuación de los distintos operadores que intervienen en él, todo ello con la finalidad de garantizar la eficacia sin perder de vista las garantías. Este nuevo modelo de justicia penal y de configuración del proceso penal, ha de articularse necesariamente sobre los principios estructurales que rigen el proceso penal constitucional.

Los trabajos que se integran en esta obra se centran en algunos de los temas que resultan de mayor interés desde la perspectiva de la utilización de los llamados «sistemas inteligentes» en el proceso penal. Como el título del proyecto de investigación ya pone de relieve, ¿supone la irrupción de la IA en el proceso penal una ventaja decisiva, o también pueden encontrarse problemas y dificultades en su aplicación? Desde luego, como se comprueba en las páginas que siguen a esta presentación, como casi todo en la vida, la respuesta no puede decantar la balanza hacia uno u otro lado. En esta obra se hace referencia a límites, riesgos, controles, cesión y protección de datos, y respeto a los derechos fundamentales, pero también a eficiencia, nuevos horizontes, adelantos, procedimientos rápidos de tramitación, prueba por instrumentos de IA y decisiones asistidas. Con ello se pretende ofrecer un conjunto de estudios que proporcionen al lector las herramientas y argumentos suficientes para construir su propia visión sobre la aplicación de los sistemas de IA en nuestro Sistema de Justicia Penal.

Aprovecho también estas líneas para agradecer a la profesora Catalina Benavente su labor como coordinadora de esta publicación, y a los autores su inestimable colaboración, ya que sus trabajos de investigación especializados y los análisis efectuados con rigor y precisión han permitido diseñar un conjunto de elevado nivel jurídico que aspira a convertirse en una obra de referencia en este complejo «mundo» de la IA.

Santiago de Compostela, a 22 de abril de 2025

I

Los límites de la aportación de la Inteligencia Artificial al derecho penal[1]

Gonzalo Quintero Olivares
Catedrático (j) de Derecho Penal. Abogado

I. UNA REVOLUCIÓN SOCIAL: LA INTELIGENCIA ARTIFICIAL (IA)

A estas alturas del siglo XXI ya nadie pone en duda el carácter revolucionario de las aportaciones de los sistemas de inteligencia artificial. No existe sector social o científico en el que no haya irrumpido con imparable fuerza la IA, abriendo nuevos campos de estudio y oreciendo perspectivas de análisis.

1. El presente trabajo ha sido elaborado en el marco del Proyecto I+D «Inteligencia artificial, Justicia y Derecho: ¿irrupción o disrupción tecnológica en el proceso penal» (PID 2020-119324GB-100). Ministerio de Ciencia, Innovación y Universidades.

Las consecuencias son de toda índole. En el mundo del trabajo, y no es una cuestión menor, aparece el temor a que la IA pueda provocas oleadas de despidos. Frente a esa pesimista percepción, otros dicen que la IA, a su vez, será un nuevo campo de trabajo que requerirá especialistas. Pero el vértigo, la alarma y el entusiasmo se mezclan en la proporción que cada persona quiera dar a las noticias que recibe.

Nos parece hoy lejana la época en que entraron en nuestras vidas los ordenadores y los sistemas de internet, y, en términos históricos, se puede decir que son fenómenos de nuestro propio tiempo y calificables como recientes. En pocos años la fantasía sobre la capacidad de las máquinas se ha desbordado, con la ayuda, claro está, de ingredientes de ciencia ficción utilizados en exitosas películas, y así, paulatinamente, se ha impuesto una conclusión que es, a la vez, un punto de partida: no hay límite alguno para la IA que puede sustituir *in totum* al ser humano.

Se dice que la tarea que desarrolla un individuo, por ejemplo, un profesor, la puede llevar a cabo un ordenador, pues éste es capaz de pensar y relacionarse con otros sujetos, sean ordenadores o personas, e, incluso, tomar decisiones imprevistas, igual que un ser humano puede tener reacciones arbitrarias o insólitas.

Así pues, lenta, pero *inexorablemente,* la IA va entrando en nuestras vidas. Cuando un sistema como el de Spotify selecciona la clase de música que nos agrada porque ha seguido nuestras elecciones, significa que ha entrado en nuestra personalidad, a pesar de los errores que cada uno pueda señalar. Ese es un hecho, ante el cual la Filosofía tiene el reto de dar respuestas que coloquen al ser humano en el intransferible lugar que merece. Los estudiosos del tema, a los que leo y respeto desde mi inexperiencia, son más prudentes, por una parte, pero señalan riesgos mayores de los que el gran público señala.

Sería una tarea interminable enumerar los ámbitos en los que la IA ha cambiado, las actividades y las relaciones humanas, y mucho más que hará. Ante ella se generan sentimientos muy encontrados, pero se reconoce su condición de *nueva revolución* tras la que supuso la informática y la generalización de la utilización de los sistemas de internet.

Pero todas las revoluciones generan vértigos, a la vez que se reconocen dos componentes ineludibles: que en todo caso suponen un progreso y que, como es lógico, es imparable. Por lo tanto, lo prudente, sin por ello desdeñar el temor a los excesos que se puedan producir en el uso de los sistemas de IA, es trabajar con ella, no contra ella, pues no podemos olvidar que es posiblemente el mayor salto tecnológico del siglo del siglo XXI aunque a la vez tenga capacidad para incidir de manera positiva, pero también negativa en la vida del ser humano.

A buen seguro, las nuevas generaciones, que se educarán teniendo a la IA como un instrumento lógico y necesario, construirán sus propios sistemas de integración de la IA en cada campo de actividades, y, a su vez, irán acumulando una experiencia de la que hoy no se dispone, al menos, a gran escala, y acaso lo que hoy se presenta como problemas de la IA puedan ser dominados y evitados.

Los estudiosos del tema de la IA han llamado la atención sobre los aspectos negativos, sin dejar de reconocer las ventajas y la irrenunciabilidad de su aportación. Se ha dicho, y puede ser cierto o no — solo el tiempo lo dirá — que la IA puede realizar tareas para las que sería preciso contar con el trabajo de muchas personas, trabajo que, por lo mismo, resultará prescindible, con la consecuencia de que esas personas irán al desempleo. Pero esa crítica, cierta en alguna medida, orilla el hecho también cierto de que será preciso formar a nuevos especialistas en el trabajo de preparación de los sistemas de IA, que no se «autoalimenta».

No son esas las únicas críticas. Como veremos más adelante, a propósito de importantes cuestiones relacionadas con la justicia penal, en algunas tareas predictivas los sistemas de IA pueden apuntar a decisiones equivocadas que son consecuencia de las clases de datos que le han sido introducidos, pues los programas de IA se nutren con informaciones tomadas sobre cientos o miles de personas, cuya privacidad puede verse severamente comprometida. Inversamente, la sensibilidad de personas concretas puede no ser valorada por sistemas orientados a la búsqueda de modelos, pero eso tampoco quiere decir que se excluya la detección de una enfermedad mental, aunque pueda ser un diagnóstico equivocado.

Los sistemas de IA no solo son capaces de tratar y analizar la información, sino que también pueden realizar procesos de razonamiento como puedan tener los seres humanos usando su capacidad intelectual. Tomando un ejemplo habitual: la IA puede escribir un texto como si lo hubiera escrito una persona real y concreta, partiendo de otros textos escritos por esa misma persona, siempre que estén en la red, y eso, indudablemente, es algo más que el tratamiento y análisis de la información.

Discrepando de esa idea se dice, también, que hay una cuestión previa no resuelta: el pleno conocimiento de la capacidad de la inteligencia humana, todavía muy incompleto, condición previa a poder establecer el contenido y alcance de lo que se califica como IA. La IA, como acabamos de indicar, puede llegar a sustituir a un individuo en algo tan propio como es la composición de un texto, que puede pasar como escrito por una persona concreta porque reproduce su estilo y su modo de razonar. Pero lo que no podría el sistema es crear un «estilo propio» independiente y ajeno a cualquier modelo, en tanto que el ser humano puede, teóricamente, cambiar de estilo o de criterio si lo decide.

Algo similar puede decirse sobre el lenguaje. La IA ha desarrollado sistemas que pueden aprender y utilizar un idioma, dialogando con esa lengua. Pero, como han señalado los propios especialistas, el esfuerzo científico desarrollado para conseguir ese nivel de perfección es desproporcionadamente alto si se compara con la facilidad con la que un niño aprende el idioma en que le hablan sus padres, sin entrar en otras dimensiones como son los que configuran la singularidad del lenguaje que emplea cada persona[2].

Esa última referencia a la subjetividad da paso a todo un territorio al que no puede acceder la máquina: la experiencia personal, los sentimientos acumulados, el dolor o el placer, el odio o el amor, las creencias. En suma, toda la complejidad del ser humano no puede considerarse al alcance de un sistema predictivo.

Se ha dicho, especialmente en el ámbito de la robótica (al que luego volveremos) que los sistemas de IA pueden tener su propia conciencia y criterio decisorio, y esa es la razón por la que pueden llegar a hacer cosas que no se habían previsto. Pero sería un error calificar a esos sucesos como prueba de una conciencia propia, pues solo son errores en la configuración del sistema introducido en la máquina.

Una y otra vez volveremos al mismo punto central: son los seres humanos los que crean y utilizan los sistemas de IA, y esos sistemas acaban captando todo lo que los humanos les transmiten. Si el creador de un algoritmo incorpora sus propias ideas, sus filias y sus fobias, su erudición o su falta de ella, las respuestas que ese programa dé estará marcada por esas condiciones, con lo que de bueno y de malo puedan tener. Eso no obsta para que el sistema, a su vez, se conecte con otras fuentes de información que están a su alcance, pero el resultado final siempre estará marcado por los sesgos y prejuicios que la IA ha ido recogiendo.

No obstante, se asegura que las empresas creadoras de programas tienen un especial cuidado en prevenir y eliminar reacciones inadecuadas. En

2. Así se valora el ChatGP (*Chat Generative Pre-Trained Transformer*) aplicación especializada en el diálogo, desarrollada por la empresa Open AI y que hoy utilizan millones de personas. Desde que comenzó su aplicación no ha pasado mucho tiempo (2022) y ya los analistas han denunciado errores graves en los contenidos que produce, errores que afectan a aspectos lingüísticos, raciales, de género, políticos.

evitación de esos aspectos no deseables se exigirá una constante intervención de controles éticos. Pero eso, que es fácil de decir, no es tan practicable como sería de desear, comenzando por la dudosa realidad de que quienes crean y utilizan un programa de IA en un determinado campo tengan realmente deseo de evitar, por ejemplo, desviaciones de carácter ideológico.

II. LA IA Y EL MUNDO DEL DERECHO

Podríamos continuar hablando de lo que significa y supone la IA en nuestro mundo, pero obviamente he de limitar el alcance de mi comentario al derecho, en general, y al derecho penal en particular. Pero desde el primer momento hay que ser muy cautelosos. En el campo jurídico se han señalado tantos ámbitos de aplicación que resulta más sencillo decir que no hay territorio jurídico alguno en el que no haya irrumpido la IA con alguna de sus muchas funciones. En los medios profesionales o de los operadores jurídicos se enumeran ventajas que ofrece la IA, como, por ejemplo, la síntesis de la jurisprudencia sobre un tema o la mejor información sobre legalidad aplicable nacional y extranjera.

Se invocan las grandes ventajas que la IA tiene en la gestión de oficinas jurídicas privadas o públicas, judiciales o de la Administración. SE dice que la IA es capaz de preparar contratos o poner al descubierto todas las actividades por las que un sujeto puede estar obligado al pago de un tributo. No puede extrañarnos que en el mundo jurídico el crecimiento del interés por los sistemas automáticos de indagación, los sistemas de argumentación, etc., no pare de extenderse y crecer, dejando en el camino el tiempo en que tan solo se cantaban las virtudes de los sistemas de recopilación y selección de información jurisprudencial y bibliográfica.

Se afirma también que la IA puede indicar cuál es la mejor solución para la toma de una decisión jurídica, pero ya en ese punto pueden saltar las alarmas. La decisión que pudo ser buena en un determinado contexto legal y social tal vez ya no lo sea en un momento posterior. La IA *puede aportar información valiosa para la toma de decisiones, pero no puede ser la que tome la decisión* misma, por más que un sistema sea capaz de elaborar una argumentación, con su justificación y apoyatura doctrinal y jurisprudencial.

En esa línea temática se habla de «*justicia electrónica*», y, en mi opinión, el concepto mismo[3] está cargado de peligro, si bien hay un uso del término que es razonable: bajo esa etiqueta se reúnen todos los temas vinculados a

3. RICHARD GONZÁLEZ, M., «*La justicia electrónica en España: qué es, como se regula y cómo funciona*» Revista de la Facultad de Derecho de México, Tomo LXVII, Número 269, Septiembre-diciembre 2017.

las transformaciones que se han producido, o están viniendo, en el sistema judicial para incorporar el uso de las tecnologías de la información. No solo se trata del uso de sistemas informáticos; de adaptar las leyes para contemplar el uso de las tecnologías dentro del procedimiento judicial para lograr mayor eficacia en la gestión de los expedientes judiciales, sino de la regulación de las declaraciones por videoconferencia (ya reguladas por el artículo 229 de la LOPJ) o, incluso, la posible (y no deseable) celebración de vistas telemáticamente[4].

Hay que recordar siempre que el uso de sistemas de inteligencia artificial puede vulnerar derechos como la igualdad, la privacidad, el derecho al debido proceso y la libertad de expresión, por esa razón, los sistemas de IA han de ser coherentes con el orden constitucional, los derechos y libertades que se reconocen en la Ley de leyes. El uso de sistemas de IA por los Poderes públicos, en cualquier orden de actividad, administrativa o judicial, ha de estar presidido por la *transparencia* a fin de que la ciudadanía pueda saber cuáles son los criterios con los que se elaboran los programas a partir de los que se quieren tomar decisiones, pues el riesgo de afectación a los derechos humanos[5] es alto y exige extremar los controles.

Hemos repetido una y otra vez que la IA aporta beneficios indiscutibles e irrenunciables, pero tampoco se puede dudar de que su colosal capacidad de control puede abrir el camino al abuso, pues los detentadores de Poder, público o privado pueden disponer de medios de vigilancia masiva que, por su propia naturaleza, nunca es una actividad «neutra». La acumulación de información sobre los particulares puede poner de manifiesto datos reales y diferenciales que ponen de manifiesto injusticias sociales y la desigualdad entre las personas. Pero esa información, transformada en herramienta predictiva utilizable policialmente puede dar lugar a focalizar la atención en los grupos más marginados de la sociedad (diferencias raciales, migrantes, etc.), que resultan preseleccionados en orden a la consideración de sujetos socialmente peligrosos.

En todo caso, hay algunas barreras *infranqueables que* no se han de olvidar:

1. EL FACTOR HUMANO

En ocasiones se ha podido oír y hasta defender la idea de que los operadores jurídicos (jueces, abogados, fiscales) podrían ser sustituidos por

4. De cuya inminencia se habla en estos tiempos, en contra del parecer de los operadores jurídicos.
5. Sobre el tema, MARTÍN-HERRERA, D., *La inteligencia artificial y el control algorítmico de los derechos fundamentales,* Aranzadi, 2024.

máquinas que realizarían esas mismas funciones. Pues bien, aun dando por superada la condición, no pequeña, de que esas máquinas deberían estar adecuadamente programadas para realizar funciones que versarían sobre temas imprevisibles, esa idea ha de ser descartada, como expresamente hace la *Carta de Derechos Digitales del Plan de Recuperación, Transformación y Resiliencia*[6], que declara el derecho a no ser sometido a una decisión generada únicamente por un procesos automatizados derivado de un algoritmo sin que haya sido fiscalizado por la intervención humana. Con ello no se pretende negar y rechazar la utilidad instrumental que puede tener la IA para ayudar a los operadores de la justicia a mejorar los fundamentos de sus decisiones, pero no hasta el punto de ser sustituidos.

2. EL DERECHO AL CONTROL HUMANO

La idea anterior se concreta un «nuevo» derecho: el *derecho al control humano* que se traduce en la garantía de que cualquier decisión que pueda determinar una sanción o una limitación de cualquier derecho, y que pueda ser generada por un sistema de IA ha de garantizar la intervención controladora de una persona sobre el sistema.

III. LA IA Y EL DERECHO PENAL

1. PRECISIONES SOBRE EL CONCEPTO DE DERECHO PENAL

Bajo la denominación de «derecho penal» se reúnen diferentes materias, comenzando por el *derecho procesal penal,* y continuando con el derecho penitenciario, el derecho penal juvenil, así como las llamadas «ciencias penales», entre las que se incluyen la Criminología, la Medicina legal o forense, la Policiología, la Psiquiatría criminal, la Criminalística o la Sociología criminal. Y también se puede añadir al derecho sancionador administrativo, pues no se puede olvidar que en nuestro sistema es frecuente que un hecho pueda tener la condición de delito o de infracción administrativa en función de diferencias meramente cuantitativas.

En relación con esas diferentes materias la significación de la inteligencia artificial es muy diferente, y son espectaculares las aportaciones que ha

---

6. Según su propia presentación «La Carta de Derechos Digitales asegura que los derechos que ya tenemos en el mundo analógico también estén protegidos en la esfera digital. No se trata de descubrir nuevos derechos fundamentales sino de concretar los más relevantes en los espacios digitales o describir derechos instrumentales o auxiliares de los primeros. Asimismo, la Carta de Derechos Digitales pretende reforzar los derechos de la ciudadanía, generar certidumbre a la sociedad en la nueva realidad digital y aumentar la confianza de las personas ante los cambios y disrupciones que traen consigo las nuevas tecnologías».

hecho a la Policiología o a la Criminalística, por citar solo dos ejemplos. Pero en estas notas me referiré básicamente al derecho penal en sentido estricto, el que describe delitos y penas, que, en los Estados que tienen el sistema de derecho codificado, se encuentran en el Código penal y, a veces, en las Leyes penales especiales.

Baste consignar, en todo caso, que el interés y la aplicación de la IA es muy diferente según se trate de una u otra parte del derecho penal en «sentido amplio», pero si nos centramos en el derecho penal de los principios y reglas aplicativas (Parte General del Derecho penal) o en la que describe infracciones específicas (Parte Especial) la aportación de la IA puede ser muy distinta en contenido y, sobre todo, en transcendencia.

2. CONDICIONES PARA QUE PUEDA OPERAR LA IA EN EL DERECHO PENAL

Para que la utilización de la IA sea posible se requieren condiciones que creo difíciles de cumplir. Los penalistas no utilizan un lenguaje ni uniforma ni unívoco, ni etiquetan los problemas con los mismos criterios: lo que para unos puede denominarse como «defecto en el hecho subjetivo» puede ser calificado por otros como «falta de base para la imputación» o «defecto de culpabilidad», y esa es una dificultad que solo se podría vencer elaborando un *lenguaje penal único* lo cual es casi imposible. La consecuencia es que cada usuario de la IA formularía su consulta utilizando los conceptos y categorías que estimara adecuados. Claro está, se dice, eso puede resolverse utilizando un lenguaje desprovisto de toda connotación de lenguaje jurídico, pero eso olvida que la reducción de la descripción de un problema jurídico con el lenguaje común puede desvirtuar el sentido del problema de manera tal que la pregunta que le llega al sistema no se corresponderá con la realidad del problema para el derecho.

Pensemos simplemente en un tema como el *dolo,* cuya existencia depende de la concurrencia de un elemento cognoscitivo y otro volitivo... salvo para los que sostienen que solo se integra con un elemento, el cognoscitivo. A partir de ahí, los datos que se ha de suministrar para decidir que un determinado hecho es fruto de una conducta dolosa son diferentes, y, posiblemente, el sistema, organizado a partir de un determinado modelo, solo podrá responder que con los datos suministrados la aceptación de la presencia del dolo se ha dado en un número determinado de ocasiones.

Desde la IA nos dirá que esos problemas se pueden salvar suministrando al sistema la totalidad de las reglas jurídicas aplicables, pero eso no es tan simple como aparentemente pueda parecer, pues no se trata solo de reglas jurídicas (p.e., la exigencia de dolo está en el CP) sino de la variedad de interpretaciones de esas reglas, que, a su vez, con frecuencia están marcadas por el *criterio político criminal* del operador jurídico, que es el que por razones de esa clase prefiere optar por la calificación de imprudencia grave o de acto doloso eventual en función de lo que estime que es el modo más conveniente de tratar un suceso en atención a intereses prevención general.

Así las cosas, el sistema debería recibir no solamente toda la información procedente de los precedentes (jurisprudencia) y de la legislación (que no circunscribe al derecho penal), sino también la pluralidad de opciones y diferencias de criterios presentes en cada problema, sin olvidar, claro está, que esas opciones y criterios no son inmóviles, sino que se modifican con el paso del tiempo.

En la actualidad es innecesario ofrecer una relación de cuáles son los campos posibles de impacto de la IA, pero entre ellos, sin duda alguna, está *la ciencia jurídica y la justicia*, y, dentro de ellas, el derecho penal y todo lo que a él se vincula (las en otro tiempo llamadas ciencias auxiliares[7]), y, por supuesto, por la justicia penal. También en estos ámbitos se ha producido una *revolución técnica y cultural determinada por la IA*, para muchos la Cuarta Revolución Industrial. Por supuesto que la arrolladora fuerza de la IA ha llegado al derecho penal y a sus, como he dicho antes, ciencias auxiliares.

Entre los operadores penales es visible la preocupación por lo que puede suponer la irrupción de la IA. En una primera apreciación se piensa en aplicaciones muy diferentes, que van desde la utilidad para la prognosis criminal hasta la ayuda extraordinaria que puede aportar en el análisis de la jurisprudencia o de la doctrina. Para ilustrar la información se citan informaciones de decisiones judiciales producidas en otros Estados en las que, por ejemplo, el dictamen de la IA sobre la peligrosidad de un sujeto se ha plasmado directamente en una sentencia, aunque también hay noticia de

7. Tiempo hubo en que se hablaba de la «enciclopedia de las ciencias penales» expresión que dio paso a la menos ampulosa de «ciencias penales auxiliares», entre las cuales se incluían la Criminología, la Penología, la Victimología, la Criminalística, la Biología criminal, la Antropología forense, la Estadística criminal, la Medicina forense, la Política criminal, la Policiología. Sobre esta relación de ciencias auxiliares, que se sigue citando casi por tradición, hay que hacer alguna puntualización. La Criminología, y es el ejemplo más claro, junto con la Biología criminal, es una ciencia distinta e independiente del derecho penal, aunque coincidan en el crimen como objeto. La medicina y la antropología forense son también ciencias con su propio objeto y método, aunque tengan también el delito, sus consecuencias y su detección como objeto La IA y el mundo del derecho penal. Calificar a la Política criminal como «ciencia auxiliar» es absurdo, pues es la parte de la Política social que se dedica a la prevención del crimen y los mejores modos de luchar contra él.

rechazos de Cortes constitucionales a esas decisiones. Razones para el interés y la preocupación, por lo tanto, sobran.

Pero como acabo de decir, la función predictiva es solo, por supuesto, una pequeña parte del poder de la IA, que, según se señala como punto de partida, es la denominación que designa las máximas posibilidades (en continuo progreso) que puede ofrecer el tratamiento y análisis de la información, extremo a retener, porque advierte de que el primer paso lo compondrá *lo que se suministre a un sistema para su tratamiento,* lo que conduce a una razonable conclusión: la IA no va a inventar, sino que extraerá conclusiones a partir de los datos que le sean suministrados o estén a su alcance.

Quiere eso decir que la conclusión que un sistema de IA puede elaborar y referir a un sujeto concreto, o la selección de un fallo jurisprudencial, o la búsqueda de una determinada línea doctrinal, es fruto «genético» de la selección de información que se le haya suministrado a ese sistema.

La predicción o pronóstico de comportamiento delictivo es sin duda una de las más importantes (y complejas) aportaciones de la IA al sistema penal. Es de gran utilidad, ante todo, en el campo de la Criminología y la Sociología criminal. Pero va mucho más allá: su contribución en la tarea policial está plenamente aceptada, si bien es ya uno de los terrenos en los que se ha de observar un especial cuidado con el respeto a los derechos y garantías fundamentales del ciudadano por las razones que en seguida indicaré. La tarea predictiva está vinculada a los algoritmos, y, para los fines de este pequeño comentario, baste con decir que son sistemas que acogen los datos que se le suministran y, a partir de ellos, pueden formular pronósticos o predicciones de validez, concretamente, para la prevención de los comportamientos desviados o criminales.

Pero, claro está, la herramienta es utilizada por humanos que tienen sus propias ideas sobre cuáles han de ser los comportamientos desviados e, incluso, los grupos de personas que han de ser objeto de observación, que han de ser sometidos a análisis. La configuración de un algoritmo no es una tarea libre de ideologías, y, por eso mismo, sus resultados pueden ser «sectarios», y eso no se puede olvidar.

Es muy importante, y, además, no hacerlo sería inútil y absurdo, no satanizar las infinitas ventajas y potencialidades de la IA en tantos ámbitos de la actividad humana, desde la física a la medicina, a la investigación en cualquier campo o a la enseñanza, y la relación puede ampliarse. También es importante en la lucha contra el delito, pero, y es solo una cautela, pueden venir afectados los derechos de los ciudadanos. La indagación secreta y técnica sobre la conducta futura de un sujeto no puede imponerse a su derecho a la presunción de inocencia, y no solo porque afecte a su privacidad, que ya sería un motivo para oponerse a ello, sino porque, a su vez, el programa de valoración de su personalidad y la prognosis de su conducta futura puede no ser «neutral».

Tanta repercusión explica que el desarrollo de los sistemas de IA en el campo de la justicia penal provoque un cierto y razonable nivel de alarma partiendo de las noticias que recibimos sobre sus portentosas capacidades, y, ante las consecuencias que en concretos ámbitos del problema penal puede tener esa nueva tecnología. Hoy el campo de relevancia de la IA en el ámbito penal es tan amplio como plagado de peligros y eso explica la fuerte corriente de *prevenciones, prohibiciones y cautelas* frente al uso de los sistemas de IA.

En este punto es importante tener presente lo que declara la *Resolución del Parlamento Europeo, de 6 de octubre de 2021, sobre la inteligencia artificial en el Derecho penal y su utilización por las autoridades policiales y judiciales en asuntos penales*[8] :

> «...*la IA ha experimentado un gran avance en los últimos años, convirtiéndola en una de las tecnologías estratégicas del siglo XXI, que puede generar considerables beneficios en términos de eficiencia, precisión y adecuación y que, por consiguiente, aporta una transformación positiva a la economía y la sociedad europeas, pero también enormes riesgos para los derechos fundamentales y las democracias basadas en el Estado de Derecho...*».

Esa advertencia, como veremos, es de particular importancia, pues resume un mensaje: el uso de la IA en materia penal ha de estar presidido por la prudencia porque los riesgos de desviación son muy altos, comenzando por la falta de transparencia de los algoritmos. Los derechos de la persona que puede verse sometido a la ley penal pueden no estar debidamente garantizados. La IA puede ser útil en la investigación criminal, en la prognosis criminal, y puede ofrecer una gran ayuda para la toma de decisiones judiciales.

Esa utilidad para la prognosis *es una de la mayores causas de preocupación*. La capacidad de predecir la comisión o reiteración de un delito real o potencial mediante la elaboración de perfiles de personas físicas, así como la capacidad para describir rasgos y características de la personalidad, o conductas delictivas pasadas de personas físicas o grupos, en resumen: la predicción del riesgo de comisión delictiva o de reincidencia de un deter-

8. Un primer comentario, BIURRUN ABAD, F., «*El Parlamento Europeo se posiciona sobre el uso de la IA en el Derecho penal y su utilización por autoridades policiales y judiciales*», en Legal Today, diciembre de 2021.

minado individuo, aunque solo sea como «posibilidad» con base en los rasgos, en la personalidad o los antecedentes de otras personas que únicamente podrían ser sospechosas.

Esa y otras preocupaciones han llevado al Reglamento Europeo de Inteligencia artificial[9] a enumerar usos de la IA prohibidos (art. 5 del Reglamento[10]) como regla general, si bien se establecen reglas especiales para permitir el uso de los sistemas de IA por las autoridades cuando fuera necesario en atención a los elementos concurrentes en una situación concreta y a los perjuicios que pudiera causar no recurrir a su utilización. El criterio rector de esas restricciones es siempre, en esencia, el mismo: la preservación de los derechos fundamentales de los ciudadanos en general, y, en particular, de aquellos que se encuentran sometidos a una investigación o a un procedimiento penal.

Grande es también la preocupación por el uso de sistemas de reconocimiento facial, de datos biométricos, y otros sistemas de identificación que ulteriormente puedan afectar al ejercicio y respeto de los derechos fundamentales por cuanto hayan podido determinar una decisión policial o judicial, que indirectamente habrá sido provocada por un sistema de IA. Muy alto es el riesgo de que un sistema de IA utilizado por policías o jueces acabe identificando y clasificando de manera incorrecta a personas a causa, en esencia, de su raza, etnia, sexo o edad. Por lo tanto, cualquier sistema de investigación que se apoye en sistemas de IA ha de garantizar que no se producirán errores y que quien esté afectado tendrá plenamente respetado su derecho de defensa y su presunción de inocencia, sea cual sea el resultado del sistema predictivo utilizado.

Retomando lo dicho al principio: el signo más claro en relación con la aplicación de los sistemas de IA en el ámbito del derecho penal es *la desconfianza* referida a lo que puedan aportar los diferentes sistemas usados por los Poderes públicos, que pueden no ser compatibles con la jurisprudencia que sobre derechos y garantís del ciudadano ante la justicia penal viene elaborando desde hace años tanto el TC como el TEDH, y que, evidentemente, ha recibido un especial impulso con el Reglamento Europeo de IA, destinado a integrarse como Ley Europea de IA[11].

---

9. Reglamento de Inteligencia Artificial, Resolución legislativa del Parlamento Europeo, de 13 de marzo de 2024, sobre la propuesta de Reglamento del Parlamento Europeo y del Consejo por el que se establecen normas armonizadas en materia de inteligencia artificial (Ley de Inteligencia Artificial) y se modifican determinados actos legislativos de la Unión (COM(2021)0206 — C9-0146/2021 — 2021/0106(COD)).
10. El Art. 5 es de *singular importancia. Vid.* ANEXO 1.
11. Según la Comisión Europea (Documento: Configurar el futuro digital de Europa) La Ley de IA es el primer marco jurídico integral sobre IA en todo el mundo. El objetivo

IV. UN CAMPO ESPECÍFICO; LAS MÁQUINAS INTELIGENTES Y LA IMPUTACIÓN DE RESPONSABILIDAD PENAL

Hasta hace poco tiempo la presencia de la IA en el derecho penal se «reducía» a los problemas vinculados a la robótica[12]. El mundo de los robots está en permanente crecimiento y paulatinamente se va normalizando su presencia en la vida cotidiana, realizando desde pesadas operaciones domésticas o industriales hasta delicadas intervenciones quirúrgicas. Todo eso, hace solo algunos años, estaba casi en la ciencia ficción. La responsabilidad por los daños derivados de desviaciones de los robots es por sí sola una materia jurídica tan importante como nueva, y que exige una respuesta del derecho penal.

La inteligencia artificial es una capacidad que reconocemos a máquinas que actúan como si fueran sujetos racionales y llegan a realizar actividades complejas e incluso a resolver problemas[13]. Esas máquinas cada vez son más capaces, y sabemos que pueden realizar actividades que antes exigían la intervención de un ser humano. Hoy lo puede hacer una máquina insertada en un sistema, bajo control humano, aunque no siempre será igual el nivel de control humano bajo el que esos sistemas actuarán. Pero también sabemos que aquello que hace años aparecía solo en las películas de ciencia ficción protagonizadas por «robots[14]asesinos», ha dejado de ser «ficción»,

---

de las nuevas normas es fomentar una IA fiable en Europa y fuera de ella, garantizando que los sistemas de IA respeten los derechos fundamentales, la seguridad y los principios éticos y abordando los riesgos de modelos de IA muy potentes e impactantes. La Ley de IA garantiza que los europeos puedan confiar en lo que la IA tiene para ofrecer. Si bien la mayoría de los sistemas de IA presentan un riesgo limitado o nulo y pueden contribuir a resolver muchos retos sociales, determinados sistemas de IA crean riesgos que debemos abordar para evitar resultados indeseables.

12. Yo mismo había entrado en el tema en *La robótica ante el derecho penal: el vacío de respuesta jurídica a las desviaciones incontroladas*, REEPS 1 (2017). *Vid.* También LLEDÓ BENITO, I., «*Derecho penal, robots, IA y cibercriminalidad: desafíos éticos y jurídicos. ¿hacia una distopía?*», Madrid, Dykinson, 2022; SANTOS GONZÁLEZ, M. J., «*Regulación legal de la robótica y la inteligencia artificial: retos de futuro*», Revista jurídica de la Universidad de León, n.º 4, 2017.

13. Este es un artículo dedicado a problemas jurídicos, no científicos. Ello, no obstante, hay que advertir que la inteligencia artificial, también llamada inteligencia computacional, puede presentarse en muy diversas formas: sistemas que razonan por sí solos, sistemas que actúan como si fueran humanos, que alcanzan su máxima imagen en los robots humanoides, sistemas que pueden calcular futuros y probabilidades. Como es lógico, las preocupaciones del jurista variarán en función de la aplicación que se dé a un sistema, que puede ir desde una función en una cadena de montaje a ser el «cerebro» de un artefacto volador autónomo.

14. La palabra «robot», que procede del inglés y, a su vez, del checo, es definida por la RAE como «máquina o ingenio electrónico programable, capaz de manipular objetos

pasando a ser un peligro real: no sería imposible que se formaran unidades militares integradas por robots que dotados de un sistema tecnológico de reconocimiento pudieran aniquilar a grupos de personas, y los avances en el desarrollo de la inteligencia artificial hacen posible esa clase de «armamento».

Por eso mismo algunos investigadores advierten con preocupación que la tecnología ya está llegando a la posibilidad de producir Sistemas de Armas Autónomos Letales (LAWS, son las siglas en inglés), que además podrán producirse en masa. A partir de ahí el riesgo de que vayan a parar al mercado y caer en manos de cualquiera es muy alto.

Los mismos investigadores advierten que «empezar una carrera armamentística basada en la inteligencia artificial no es una buena idea y debería contenerse con una prohibición del armamento autónomo que escapa al control humano». En esa línea EEUU ya ha renunciado al uso de armamento autónomo, y 94 Estados miembros de Naciones Unidas se reunieron en Ginebra en abril de 2015 para intentar alcanzar un acuerdo de limitación de la fabricación y uso de robots capaces de matar[15], con la convicción ética de que dar a los robots esa capacidad traspasa las fronteras de lo admisible, pues equivale a ceder el poder de decidir sobre la vida a una máquina. Pero a esa dimensión ética se suma el enorme *riesgo de descontrol* de la producción y uso de esos ingenios, que podrían proliferar sin límite alguno. Pero, por otra parte, también hay un lado positivo en el uso de los robots, pues han sido usados en tareas muy delicadas como la desactivación de minas.

Por lo tanto, seguirán fabricándose robots «militares», y también, *en mucha mayor medida, robots para la industria privada*. Pero los riesgos no desaparecen, y basta pensar en los «drones», cuya autonomía puede llegar a ser *absoluta* (eso depende del nivel de control que se les haya insertado). Claro

y realizar operaciones antes reservadas solo a las personas». Se diferencia así de los «autómatas», conocidos desde la Antigüedad, y, a su vez descritos como instrumentos o aparatos que encierran dentro de sí el mecanismo que les imprime determinados movimientos. Es claro pues que se trata de conceptos diferentes, pese a lo cual en el texto uso a veces la palabra autómata por meras razones literarias.

15. Además de otras iniciativas que pueden seguirse en la pág.web *Campaign to stop killers robots*. En la citada reunión de Ginebra, el informe del *Comité Internacional para el Control de los Robots Armados* (ICRAC) planteó dos niveles de decisiones a adoptar: la prohibición de fabricar robots asesinos y, en segundo término, la exigencia de que el funcionamiento de cualquier robot siempre fuera bajo control humano. Pero tras esos comprensibles criterios existe una realidad preocupante, como puede ser un EATR, el robot que está programado para subsistir en el entorno bélico, pudiendo atacar incluso a los propios humanos, independientemente del bando al que pertenezcan (información de A. Sánchez del Campo Redonet, en *Cuestiones jurídicas que plantean los robots*, en Revista de privacidad y derecho digital, n.º 2, 2016)

que puede ser prohibida su fabricación, pero sería en vano, pues la evolución de la inteligencia artificial posibilita hacerlos contando con recursos relativamente sencillos.

Cuando se llega a ese nivel de desarrollo (y no sabemos lo que el futuro nos reserva) se adivina que el derecho en general y el derecho penal en particular se han de enfrentar a nuevos problemas, como sucedió cuando irrumpió la informática — que en cierta medida es también una manifestación de inteligencia artificial — y que tuvo inmediato impacto en la actividad de los penalistas[16]. Lo mismo sucede con la robótica y su creciente presencia.

Posiblemente habrá muchos que entiendan que la robótica no genera problemas jurídicos específicos, pues todo lo que una máquina haga o cause habrá que imputarlo a quien la creó, o la aplicó, o la utilizó. En suma, como si se dijera que es algo tan sencillo como decir que la muerte causada por un automóvil no la causa el automóvil sino su conductor. Pero la cuestión no es tan simple, y en las páginas que siguen intentaré destacar algunos aspectos que marcan la singular trascendencia jurídica de la robótica.

1. CONCRECIÓN DEL PROBLEMA PARA EL DERECHO PENAL: COMPORTAMIENTO AUTÓNOMO E IMPUTACIÓN DE RESPONSABILIDAD

En el punto anterior me he referido a los riesgos de los robots asesinos, pero evidentemente la robótica no se limita a eso, que es lo más truculento, sino que su alcance es mucho más amplio, y, como señalan los expertos, será el siguiente gran paso en la llamada «revolución cibernética». Eso

16. A finales de los años 80 comenzaron a aparecer trabajos sobre informática y derecho penal o sobre internet y derecho penal. La cibernética era (y es) un campo nuevo para toda clase de delitos, pero además de la cibernética como tecnología surgía el ciberespacio como nueva dimensión de localización de la comisión de delitos, que rompía las viejas categorías de tiempo y lugar a las que estaba habituada la ley penal.
Pero a la vez que se abría una nueva y grave preocupación político-criminal había que asumir que la red es a la vez una poderosísima herramienta para el progreso de la humanidad en todos los órdenes: económicos, culturales, comerciales, de relaciones humanas, informativos, etc. Hacer posible la eficacia en la lucha contra el aprovechamiento indebido de la red y el respeto a lo que es un valor en sí mismo (tanto que exige también la actuación del derecho penal en defensa de la red). La única novedad que se ha producido no es tal, sino una característica consubstancial y que el paso del tiempo ha demostrado claramente: la extraordinaria velocidad con la que la informática e internet cambia los hábitos de la humanidad, y de paso, haciendo que hoy pueda decirse que determinadas maneras de trabajar con los sistemas informáticos son ya anticuadas, y, por lo mismo, la capacidad de generar nuevos modelos delictivos también está en evolución permanente.

explica las grandes inversiones que se destinan al desarrollo y perfeccionamiento de la robótica, que la tenemos presente en las más diferentes actividades desde las cadenas de producción hasta la cirugía.

Bajo la común denominación de «robótica» se incluyen muchas cosas, pues la etiqueta de «robot», que popularmente se asocia con los artefactos «humanoides», se asigna a toda clase de ingenio capaz de realizar por sí mismo una tarea, sea limpiar la casa o disparar, y a su vez pueden tener o no tener aspecto «humano» o ser máquinas como los drones o los automóviles sin conductor, o aparatos de aplicación médica. En suma: un abanico muy amplio, y por esa razón se ha señalado que la condición de robot habría de limitarse a los ingenios que cumplan tres características: poder percibir una realidad y procesar esa información con mejor o peor inteligencia, para luego alterarla con una acción «decidida» por el robot. Partiendo de la exigencia de estas notas es claro que muchas máquinas a las que en el lenguaje cotidiano denominamos «robots», como pueden ser las máquinas de limpiar suelos o cristaleras externas, o también los «brazos robóticos» u otros mecanismos que realizan funciones que en su momento solo podían llevar a cabo los humanos.

Lo que interesa al jurista es determinar cuál ha de ser el espacio del sistema penal en el que se han de tratar los problemas ligados al funcionamiento de esas máquinas[17]. Si se limita la robótica de acuerdo con las notas antes señaladas, dentro de ella cabrán ingenios que tienen una corporeidad, que disponen de un grado de autonomía para «decidir» por sí mismos e impacto social derivado de lo que hacen. La singularidad de esas características impide que los problemas de la robótica puedan ser tratados como partes del llamado «ciber-derecho», sino que exige un «tratamiento jurídico propio» dedicado a estudiar los problemas de responsabilidad civil o penal, de privacidad o consumo, entre tantos otros, que los robots puedan llegar a plantear, con total autonomía frente a otras ramas legales.

¿Es posible, por ejemplo, hablar de *comportamiento de un dron?* En sentido figurado ya sé que no hay ningún obstáculo para hacerlo, pero en sentido literal significaría que un artefacto de esa clase puede *llegar a tener* autonomía en lo que hace a partir de una programación más o menos genérica. Por ejemplo: el dron diseñado para descubrir construcciones que no han tributado[18] sean casas o simplemente piscinas, también puede fotografiar la inti-

---

17. Sobre ello, GARCÍA MEXÍA, P. L., «*Lex robótica y derecho digital*», Revista de privacidad y derecho digital, N.º 2, 2016.

18. Según información difundida el 26 de julio de 2016, Hacienda ha descubierto 1,69 millones de inmuebles en España que no habían tributado gracias a un rastreo desde el aire por satélite y drones en más de 4.340 municipios.

midad de las personas, sin que ello pueda justificarse en nombre del superior interés recaudatorio.

Este es solo un ejemplo de los que pueden proponerse y solo en relación a una clase de robot (no humanoide), que, por cierto, está provocando cada vez mayores preocupaciones a partir de su uso como «sicario volador», que aun cuando por el momento solo se usa en la industria militar, puede con facilidad ser usado por cualquiera, dada la facilidad, que ya hoy existe, para adquirir o construir drones en el comercio, lo que permite a cualquiera proveerse de un aparato inofensivo y transformarlo en arma peligrosa, que, y ese es el problema principal, *no es controlable con seguridad absoluta.*

2. EL USO Y EL DESVÍO AUTÓNOMO DE DRONES

La clase de posibilidades problemáticas es la que ha llevado a algunos investigadores a plantear la necesidad de elaborar un *orden jurídico propio que* diera respuesta a las consecuencias de las «acciones» de robots y autómatas y los desvíos de su tecnología[19].

Volvamos al problema de los drones. Los problemas que rodean su creciente son siempre graves. Estos ingenios, en tanto que son máquinas voladoras, tienen una capacidad de daño especialmente acusada[20]. Es sabido que los drones *ya han provocado accidentes,* y es ocioso incluir aquí una relación de casos. Basta con saber que la preocupación está justificada, y los expertos se esfuerzan por determinar las consecuencias que pueden tener los impactos, así como las posibilidades de anular técnicamente a un dron que se pueda ver con antelación.

A su vez, es obligado asumir que no hay marcha atrás en el uso de drones[21], puesto que sus aplicaciones no dejan de aumentar, siendo ya reconocida su utilidad en la investigación científica y en labores agrícolas de prevención de plagas, ayuda en la vigilancia y extinción, en fotoperiodismo,

19. *Vid.* PAGALLO, U., «*The Laws of Robots: Crimes, Contracts, and Torts (Law, Governance and Technology Series)*» Springer, 2013. En esta obra se analizan las diferentes situaciones, desde los conflictos bélicos hasta la ejecución de tareas mecánicas, en las que las máquinas pueden generar daño, y cuál ha de ser el tipo de respuesta jurídica.
20. Basta leer las informaciones sobre la Guerra de Ucrania para hacerse una idea de lo que pueden hacer los drones.
21. Según informaciones publicadas (The Guardian 7/3/2016) En Estados Unidos se vendieron aproximadamente 700.000 drones el año 2015. La Autoridad Federal de Aviación (FAA) obliga a que todos los drones que pesen más de 227 gramos sean inscritos y etiquetados con un número de registro. Pese a ello es creciente el número de usuarios aficionados «descontrolados».

en labores de búsqueda, y, pues sería absurdo negarlo, en tareas de espionaje militar.

Admitida la irreversibilidad de la situación, y con la consciencia de que solo puede aumentar, se han ido dictando normas que condicionan, o lo intentan, su fabricación y uso, y que se refieren a la visualización de los drones, a los límites de altura de los drones, sus radios de acción admisibles, calculados desde el punto de control, así como prohibiciones de aproximación a aeropuertos, zonas habitadas, recordando a los que los utilicen que, entre otras cosas, no solo responderán de los daños que causen a personas o bienes, sino, incluso, por las invasiones en la privacidad o intimidad de las personas.

Este último dato nos anuncia un creciente problema: la lesión objetiva a derechos ajenos *sin que eso haya sido programado, y sin que pueda evitarse eficazmente*, pues un barrido fotográfico, por ejemplo, destinado a elaborar planos urbanos, puede captar imágenes que pertenecen a la intimidad.

La amplitud del descontrol hace muy difícil la eficacia de las medidas de prevención. Si un dron «anónimo» causa un daño no es posible dirigir la acción contra persona alguna. Eso hay que decirlo con total independencia de la *calificación jurídico-penal que haya de corresponder a los casos de daños por desviación incontrolable.* Tampoco entraré en el tema, gravísimo sin duda, de la utilización de los drones como armas asesinas, posibilidad tristemente presente en la lucha contra el terrorismo. Cualquier dron que esté preparado para llevar una cámara puede ser armado con una pistola o con un explosivo. Su alcance y anonimato les convierte en potenciales armas asesinas frente a las que es muy difícil disponer de sistemas de prevención.

3. LA RESPONSABILIDAD DEL UTILIZADOR DE LA MÁQUINA

Ante ese panorama, ¿cuál ha de ser la valoración de la conducta de quien permite la «actuación» de máquinas que pueden desviarse de su función, esto es, apartarse del programa que tienen instalado. Iniciar el funcionamiento de una máquina *sabiendo* que esa máquina o clase de máquina *puede — aunque no necesariamente — realizar acciones no previsibles* sin que exista un modo científico de programar que eso no suceda, ha de producir consecuencias.

Dejo fuera de examen, obviamente, los casos de usos intencionado de drones para cometer crímenes, y limito el comentario a los supuestos en que alguien pone en funcionamiento una máquina robótica, que por un *cruce de procesos técnicos* da en realizar acciones inesperadas y causa daño a personas o bienes, así como los casos en que alguien deja operar una máquina que puede llevar a cabo acciones no deseadas pero que *no es posible programar* su evitación. En tales casos es imprescindible diferenciar claramente entre aquellos supuestos en que, conforme a una *experiencia mínimamente válida*, se sabe que el desvío es una posibilidad cierta, con independencia del índice de probabilidad, de aquellos otros casos *en los que no se sabe lo que puede ocurrir*.

Una primera hipótesis es que quien puso en funcionamiento un ingenio *pudo conocer ex ante un riesgo* de daño que podría causar la máquina y que *escaparía a su control*. La calificación penal en relación con el daño sobrevenido depende no solo de ese dato, pues cabe imaginar muchas situaciones concretas, que van desde el estado de necesidad (es preciso recurrir a la máquina aunque haya riesgo de un mal que puede ser menor, siendo difícil la comparación entre mal posible y mal probable) hasta la indiferencia por el resultado no controlado (p.e., el ingenio volador tal vez no regresará, sino que caerá en cualquier lugar pudiendo causar daños personales o materiales, eventualidad que desprecia el que lo utiliza). También puede suceder, simplemente, que el operador del robot *confíe* en que ese evento teóricamente posible, no se produzca, lo cual llevaría el problema al terreno técnico de la culpa consciente y de ahí a la imprudencia.

En todo caso la «entidad de la probabilidad» puede tener una *consecuencia cualitativa*, y determinar que el hecho vaya a parar al ámbito del dolo eventual o al de la culpa consciente.

Diferente es la situación cuando científicamente es imposible prever lo que pueda pasar por no haberse alcanzado aun el suficiente nivel de conocimiento. Pero la solución de *prohibir el uso de la máquina* en nombre de que *no se ha descartado un riesgo, pero se desconoce si es posible*, supondría *incluir en las normas de cuidado el principio de precaución*[22], lo cual no es posible porque supondría un obstáculo para el progreso científico que ha de ser experimental, por lo que no es admisible levantar un muro «frente a lo descono-

22. La importancia del principio de precaución en algunos ámbitos, como es el de la tutela del medio ambiente, está fuera de duda, como también lo está la tendencia de los «precaucionistas» a extender sus ideas a todo el derecho, pues para ellos la idea de precaución integra una *categoría jurídica general e imprescindible*. Para ellos, el *Vorsorgeprinzip, que* con ese nombre nació, no ha de limitar su alcance al derecho administrativo ambiental, pues eso sería tan incomprensible como decir que el principio de legalidad solo afecta a una parte del Derecho. No ha de quedar ningún ámbito excluido, ni siquiera el derecho penal. Se trata de un criterio que en su momento marcaba la política ambiental alemana, pasando a ser elemento central del derecho administrativo alemán, y, posteriormente se incorporó al derecho ambiental de la Unión Europea, y aparece, finalmente, en el art.191 del Tratado de Funcionamiento de la UE.

cido», sin ignorar la profundidad del debate ético, jurídico, filosófico que existe en la actualidad en todo el mundo en torno precisamente a las fronteras que puede tener la aplicación de la inteligencia artificial y, concretamente, su manifestación en los robots.

En los delitos imprudentes se produce *en todo caso* la infracción de una «norma de cuidado», que tiene como finalidad, precisamente, evitar la producción de resultados como *el que se ha producido,* y las normas de cuidado, base esencial de la imprudencia, *no se inspiran en la precaución sino en la experiencia.* En la estructura del delito imprudente se incluye como elemento el llamado «riesgo permitido». Con esa expresión *se califica la aceptación social de riesgos para bienes jurídicos como un hecho consubstancial a la vida social.* Una sociedad sin riesgos no es posible. Hay actividades dañosas que se consideran *irrenunciables.* Cuando se habla de riesgo permitido *se conocen las consecuencias posibles,* aunque no se pueda ni quiera renunciar a las fuentes que las pueden causar. Cuando se invoca el principio de precaución, por el contrario, *no se conocen las consecuencias posibles, pues se está en la «incertidumbre».*

Resumiendo, las ideas apuntadas tenemos que no hay problema de valoración penal de los daños a personas o bienes *dolosamente causados* por robots programados para que hagan eso. Tampoco hay problema para atribuir responsabilidad a quienes crean, disponen o ponen en marcha robots *sabiendo y aceptando la posibilidad de que se desvíen* de su teórica tarea. Se tratará de conductas, en principio, imprudentes.

Pero en los casos en los que se haya producido una desviación por motivos absolutamente imprevisibles (p.o., un aumento inesperado de las condiciones de frío o calor) habrá que aceptar que se trata de un acontecimiento fortuito. Por último: en los casos en que la ciencia no ha podido predecir si el uso de una máquina robot puede causar daños o no, pues el estado del conocimiento no lo permite, no será posible invocar el principio de precaución para imputar responsabilidad penal de especie alguna[23].

V. LA IA, LA PROGNOSIS DE PELIGROSIDAD CRIMINAL Y LA INTERVENCIÓN JUDICIAL

Asumida la capacidad que tiene la IA para formular pronósticos de toda índole a partir del análisis de datos, incluyendo la prognosis de peligrosidad de un sujeto, podemos plantear un tema central: ¿puede fundamentarse una decisión judicial en un pronóstico elaborado por un sistema cibernético?

23. Cuestión diferente es que la Administración pueda prohibir el uso de determinada técnica en nombre del principio de precaución y sancionar a quien no atienda a la prohibición.

Para responder a la cuestión hay que recordar, muy resumidamente, cuál es la significación de la peligrosidad en el derecho penal, tema que por obvio parece que se olvida frecuentemente.

El concepto de peligrosidad entra en el derecho penal por influjo del positivismo naturalista, que lo oponía al de culpabilidad, inspirada en el (para el pensamiento clásico) indiscutible presupuesto de la libertad del hombre como base de su responsabilidad. La peligrosidad derivaba de la metodología científica naturalista, que, convencida de un determinismo universal, común a las cosas y a los hombres, habría de negar la libre voluntad del individuo y, por ello, que la reacción penal se basara en la culpabilidad. Si al delincuente se le castigaba, no era porque libremente hubiese escogido el mal, sino porque con su acto manifestaba una peligrosidad *que la sociedad debía neutralizar* con la aplicación de *medidas de seguridad* tendentes a la reeducación del sujeto, y, de no poder ser así, a su definitiva inocuización, lo que podía incluir la pena de muerte.

Con el tiempo se acabaría aceptando, eclécticamente, un sistema «dualista» o de «doble vía», según el cual el Derecho Penal puede fundamentar sus reacciones, según la naturaleza del caso y la personalidad del autor, ya en la culpabilidad ya en la peligrosidad (por otra parte, del mismo modo que desde hace tiempo se cuestiona abiertamente la solidez científica del principio de culpabilidad, sucede otro tanto con el concepto de peligrosidad). El dualismo es hoy, formalmente, el sistema de reacciones penales más extendido en Europa occidental.

Históricamente hemos conocido leyes reguladoras de las consecuencias de la peligrosidad que la aceptaban incluso sin la comisión de delito alguno (estados peligrosos predelictuales) junto a la que se apreciara con ocasión de la comisión de un delito (peligrosidad postdelictual). Actualmente, El CP describe cuáles son los estados peligrosos y las medidas de seguridad aplicables. Ahora bien: en principio las medidas de seguridad, privativas o no privativas de libertad, se aplican a los sujetos declarados inimputables con arreglo a los artículos 20-1, 20-2 y 20-3 del CP.

Para los sujetos imputables la peligrosidad está presente en la fundamentación de la agravante por reincidencia, y también en la imposición de determinadas medidas como la libertad vigilada o en la sustitución de las penas privativas de libertad. La peligrosidad de un sujeto, entendida como pronóstico de mal comportamiento emitido a partir de un hecho *ya cometido* — en ningún caso se admite la peligrosidad sin delito — puede estar también presente en la base axiológica de algunas circunstancias agravantes, no solo la de reincidencia, o atenuantes y, en general, es un criterio a disposición de los Tribunales utilizable en su tarea de determinación de la pena que imponen.

Llegados a este punto se puede volver al tema inicial: la posibilidad de que el criterio de un Tribunal en orden a la adopción de una u otra de las decisiones en las que está presente la peligrosidad del sujeto, venga proporcionado por un sistema de IA. Esa posibilidad creo que ha de ser rotundamente *rechazada*, por diversos motivos, de los que hay que destacar, ante todo, el deber de motivar las sentencias, respecto del cual ya tiene establecido el TC que no se cumple con la transcripción o cita de una sentencia anterior sobre caso parecido; mucho menos aun con el traslado de las conclusiones de un programa cibernético.

A eso se suman óbices técnicos que cercenan garantías del justiciable. Se parte de una base incierta, cual es la neutralidad de la IA, que lleva a la suposición de que el informe que produce el sistema a partir del algoritmo es objetivo, sin parcialidad, olvidando que ha sido elaborado a partir de los datos que le han suministrado, muchas veces referidos a otros hechos y a otros sujetos, datos que a su vez se conectan con otros que obran en la infinidad de la nube. A su vez, para que la defensa pudiera ejercer su función con toda su potencial argumentación, debería conocer todos los datos que han sido introducidos para elaborar al algoritmo, lo cual es imposible en la práctica. Remediar esos defectos es posible, dicen los expertos (dejando de lado el muy elevado costo económico que tienen tanto los programas con las soluciones a sus defectos) y para ello hay que disponer de un control sobre los criterios seguidos, realizado con ayuda de juristas, el modo de interrelacionar que sigue el programa, controles que eviten conclusiones sesgadas o sectarias. En fin, todo un conjunto de medios preventivos cuyo conocimiento y puesta en práctica corresponde a los expertos en la materia, que no somos los penalistas.

La peligrosidad del sujeto concreto que está siendo enjuiciado, y que puede afectar a importantes decisiones, como son las que he indicado antes, ha de ser apreciada por el juzgador, que no puede sustituir su propia valoración por la que le suministre un sistema que ha elaborado sus conclusiones a partir de experiencias que pueden ser ajenas a la persona juzgada, que es, no se olvide, la titular del derecho a un juicio justo con todas las garantías

VI. ANEXO

Capítulo II prácticas de inteligencia artificial prohibidas. Art. 5 Prácticas de IA prohibidas 1. Quedan prohibidas las siguientes prácticas de IA: a) La introducción en el mercado, la puesta en servicio o la utilización de un sistema de IA que se sirva de técnicas subliminales que trasciendan la conciencia de una persona o de técnicas deliberadamente manipuladoras o engañosas con el objetivo o el efecto de alterar de manera sustancial el comportamiento de una persona o un grupo de personas, mermando de manera apreciable su capacidad para tomar una decisión informada y haciendo que una persona tome una decisión que de otro modo no habría tomado, de un modo que provoque, o sea probable que provoque, perjuicios considerables a esa persona, a otra persona o a un grupo de personas. b) La introducción en el mercado, la puesta en servicio o la utilización de un sistema de IA que explote alguna de las vulnerabilidades de una persona o un grupo específico de personas derivadas de su edad o discapacidad, o de una situación social o económica específica, con el objetivo o el efecto de alterar de manera sustancial el comportamiento de dicha persona o de una persona que pertenezca a dicho grupo de un modo que provoque, o sea razonablemente probable que provoque, perjuicios considerables a esa persona o a otra. c) La introducción en el mercado, la puesta en servicio o la utilización de sistemas de IA con el fin de evaluar o clasificar a personas físicas o a grupos de personas durante un período determinado de tiempo atendiendo a su comportamiento social o a características personales o de su personalidad conocidas, inferidas o predichas, de forma que la puntuación ciudadana resultante provoque una o varias de las situaciones siguientes: i) un trato perjudicial o desfavorable hacia determinadas personas físicas o grupos enteros de personas en contextos sociales que no guarden relación con los contextos donde se generaron o recabaron los datos originalmente; ii) un trato perjudicial o desfavorable hacia determinadas personas físicas o grupos de personas que sea injustificado o desproporcionado con respecto a su comportamiento social o la gravedad de este; d) la introducción en el mercado, la puesta en servicio para este fin específico o el uso de un sistema de IA para realizar evaluaciones de riesgos de personas físicas con el fin de evaluar o predecir la probabilidad de que una persona física cometa una infracción penal basándose únicamente en la elaboración del perfil de una persona física o en la evaluación de los rasgos y características de su personalidad; esta prohibición no se aplicará a los sistemas de IA utilizados para apoyar la evaluación humana de la implicación de una persona en una actividad delictiva que ya se base en hechos objetivos y verificables directamente relacionados con una actividad delictiva; e) la introducción en el mercado, la puesta en servicio para este fin específico o el uso de sistemas de IA que creen o amplíen bases de datos de reconocimiento facial mediante la extracción no selectiva de imágenes faciales de internet o de circuitos cerrados de televisión; f) la introducción en el mercado, la puesta en servicio para este fin específico o el uso de sistemas de IA para inferir las emociones de una persona física en los lugares de trabajo y en los centros educativos, excepto cuando el sistema de IA esté destinado a ser instalado o introducido en el mercado por motivos médicos o de seguridad; g) la introducción en el mercado, la puesta en servicio para este fin específico o el uso de sistemas de categorización biométrica que clasifiquen individualmente a las personas físicas sobre la base de sus datos biométricos para deducir o inferir su raza, opiniones políticas, afiliación sindical, convicciones religiosas o filosóficas, vida sexual u orientación sexual; esta prohibición no abarca el etiquetado o filtrado de conjuntos de datos biométricos adquiridos legalmente, como imágenes, basado en datos biométricos ni la categorización de datos biométricos en el ámbito de la aplicación de la ley; h) el uso de sistemas de identificación biométrica remota «en tiempo real» en espacios de acceso público con fines de aplicación de la ley, salvo y en la medida en que dicho uso sea estrictamente necesario para alcanzar uno o varios de los objetivos siguientes: i) la búsqueda selectiva de víctimas concretas de secuestro, trata de seres humanos o explotación sexual de seres humanos, así como la búsqueda de personas desaparecidas; ii) la prevención de una amenaza específica, importante e inminente para la vida o la seguridad física de las personas físicas o de una amenaza real y actual o real y previsible de un atentado terrorista; iii) la localización o identificación de una persona sospechosa de haber cometido una infracción penal a fin de llevar a cabo una investigación o un enjuiciamiento penales o de ejecutar una sanción penal por alguno de los delitos mencionados en el anexo II que en el Estado miembro de que se trate se castigue con una pena o una medida de seguridad privativas de libertad cuya duración máxima sea de al menos cuatro años. El párrafo primero, letra h), se entiende sin perjuicio de lo dispuesto en el artículo 9 del Reglamento (UE) 2016/679 en lo que respecta al tratamiento de datos biométricos con fines distintos de la aplicación de la ley. 2. El uso de sistemas de identificación biométrica remota «en tiempo real» en espacios de acceso público con fines de aplicación de la ley para cualquiera de los objetivos mencionados en el apartado 1, letra h), debe llevarse a cabo únicamente para los fines establecidos en el apartado 1, letra h), para confirmar la identidad de la persona que constituya el objetivo específico y tendrá en cuenta los siguientes aspectos: a) la naturaleza de la situación que dé lugar al posible uso, y en particular la gravedad, probabilidad y magnitud del perjuicio que se produciría de no utilizarse el sistema; b) las consecuencias que tendría el uso del sistema en los derechos y las libertades de las personas implicadas, y en particular la gravedad, probabilidad y magnitud de dichas consecuencias. Además, el uso de sistemas de identificación biométrica remota «en tiempo real» en espacios de acceso público con fines de aplicación de la ley para cualquiera de los objetivos mencionados en el apartado 1, letra h), del presente artículo deberá satisfacer garantías y condiciones necesarias y proporcionadas en relación con el uso de conformidad con la legislación nacional que autorice dicho uso, en particular en lo que respecta a las limitaciones temporales, geográficas y relativas a las personas. El uso del sistema de identificación biométrica remota «en tiempo real» en espacios de acceso público solo se autorizará si la autoridad encargada de la aplicación de la ley ha completado una evaluación de impacto relativa a los derechos fundamentales según lo dispuesto en el artículo 27 y ha registrado el sistema en la base de datos de la UE de conformidad con el artículo 49. No obstante, en casos de urgencia debidamente justificados, se podrá empezar a utilizar tales sistemas sin el registro en la base de datos de la UE, siempre que dicho registro se lleve a cabo sin demora indebida. 3. A los efectos del apartado 1, letra h), y el apartado 2, todo uso de un sistema de identificación biométrica remota «en tiempo real» en espacios de acceso público con fines de aplicación de la ley estará supeditado a la concesión de una autorización previa por parte de una autoridad judicial o una autoridad administrativa independiente cuya decisión sea vinculante del Estado miembro en el que vaya a utilizarse dicho sistema, que se otorgará previa solicitud motivada y de conformidad con las normas detalladas del Derecho nacional mencionadas en el apartado 5. No obstante, en una situación de urgencia debidamente justificada, se podrá empezar a utilizar tal sistema sin autorización siempre que se solicite dicha autorización sin demora indebida, a más tardar en un plazo de 24 horas. Si se rechaza dicha autorización, el uso se interrumpirá con efecto inmediato y todos los datos, así como los resultados y la información de salida generados por dicho uso, se desecharán y suprimirán inmediatamente. La autoridad judicial competente o una autoridad administrativa independiente cuya decisión sea vinculante únicamente concederá la autorización cuando tenga constancia, atendiendo a las pruebas objetivas o a los indicios claros que se le presenten, de que el uso del sistema de identificación biométrica remota «en tiempo real» es necesario y proporcionado para alcanzar alguno de los objetivos que figuran en el apartado 1, letra h), el cual se indicará en la solicitud, y, en particular, se limita a lo estrictamente necesario en lo que se refiere al período de tiempo, así como al ámbito geográfico y personal. Al pronunciarse al respecto, esa autoridad tendrá en cuenta los aspectos mencionados en el apartado 2. No podrá adoptarse ninguna decisión que produzca efectos jurídicos adversos para una persona exclusivamente sobre la base de la información de salida del sistema de identificación biométrica remota «en tiempo real». 4. Sin perjuicio de lo dispuesto en el apartado 3, todo uso de un sistema de identificación biométrica remota «en tiempo real» en espacios de acceso público con fines de aplicación de la ley se notificará a la autoridad de vigilancia del mercado pertinente y a la autoridad nacional de protección de datos de conformidad con las normas nacionales a que se refiere el apartado 5. La notificación contendrá, como mínimo, la información especificada en el apartado 6 y no incluirá datos operativos sensibles. 5. Los Estados miembros podrán decidir contemplar la posibilidad de autorizar, ya sea total o parcialmente, el uso de sistemas de identificación biométrica remota «en tiempo real» en espacios de acceso público con fines de aplicación de la ley dentro de los límites y en las condiciones que se indican en el apartado 1, letra h), y los apartados 2 y 3. Los Estados miembros de que se trate deberán establecer en sus respectivos Derechos nacionales las normas detalladas necesarias aplicables a la solicitud, la concesión y el ejercicio de las autorizaciones a que se refiere el apartado 3, así como a la supervisión y la notificación relacionadas con estas. Dichas normas especificarán también para qué objetivos de los enumerados en el apartado 1, letra h), y en su caso en relación con qué delitos de los indicados en la letra h), inciso iii), se podrá autorizar a las autoridades competentes para que utilicen esos sistemas con fines de aplicación de la ley. Los Estados miembros notificarán dichas normas a la Comisión a más tardar 30 días después de su adopción. Los Estados miembros podrán adoptar, de conformidad con el Derecho de la Unión, leyes más restrictivas sobre el uso de sistemas de identificación biométrica remota. 6. Las autoridades nacionales de vigilancia del mercado y las autoridades nacionales de protección de datos de los Estados miembros a las que se haya notificado el uso de sistemas de identificación biométrica remota «en tiempo real» en espacios de acceso público con fines de aplicación de la ley con arreglo al apartado 4 presentarán a la Comisión informes anuales sobre dicho uso. A tal fin, la Comisión facilitará a los Estados miembros y a las autoridades nacionales de vigilancia del mercado y de protección de datos un modelo que incluya información sobre el número de decisiones adoptadas por las autoridades judiciales competentes o una autoridad administrativa independiente cuya decisión sea vinculante en relación con las solicitudes de autorización de conformidad con el apartado 3, así como su resultado. 7. La Comisión publicará informes anuales sobre el uso de sistemas de identificación biométrica remota «en tiempo real» en espacios de acceso público con fines de aplicación de la ley elaborados basados en datos agregados relativos a los Estados miembros atendiendo a los informes anuales a que se refiere el apartado 6. Dichos informes anuales no incluirán datos operativos sensibles de las actividades de aplicación de la ley conexas. 8. El presente artículo no afectará a las prohibiciones aplicables cuando una práctica de IA infrinja otro acto legislativo de la Unión.

II

El Reglamento Europeo de Inteligencia Artificial: sistemas de alto riesgo, respeto a los derechos fundamentales y el necesario organismo público de control [1]

Jesús Conde Fuentes
Profesor Contratado Doctor de Derecho Procesal
Universidad de Extremadura

I. INTRODUCCIÓN

La inteligencia artificial (en lo sucesivo IA) ha inundado nuestras vidas en diversos aspectos cotidianos como la economía, el sector empresarial, la educación, el medio ambiente y la promoción del desarrollo sostenible etc.

1. Estudio realizado en el marco del Proyecto de investigación «*Inteligencia artificial, Justicia y Derecho: ¿irrupción o disrupción tecnológica en el proceso penal?* » (PID2020-119324GB-I00), Ministerio de Ciencia, Innovación y Universidades, Gobierno de España.

Sin duda alguna, la IA es un motor transversal de cambio tecnológico y socioeconómico que afecta, también, a la relación de los ciudadanos con la administración pública, en especial en sus relaciones con la Administración de Justicia en tanto que afecta directamente a los derechos de los justiciables. Al respecto, la Unión Europea ha sido y es consciente de los beneficios y riesgos que conlleva la IA y, por ello, lleva tiempo trabajando con la finalidad de adoptar un enfoque regulatorio pionero en el mundo. De este modo, el pasado 1 de agosto de 2024 entraba en vigor el nuevo Reglamento (UE) 2024/1689 del Parlamento Europeo y del Consejo, de 13 de junio de 2024, por el que se establecen normas armonizadas en materia de inteligencia artificial (en lo sucesivo RIA)[2].

El RIA pretende regular los usos de la IA para limitar los riesgos que de ellos se derivan. La norma se estructura en un total de 180 Considerandos, 113 artículos y 13 anexos. En su artículo 1 se enuncian los objetivos principales, a saber. En primer lugar, se pretende mejorar el funcionamiento del mercado interior mediante el establecimiento de un marco jurídico uniforme, en particular, para el desarrollo, la introducción en el mercado, la puesta en servicio y la utilización de sistemas de IA en la Unión Europea. En segundo lugar, se persigue promover la adopción de una IA centrada en el ser humano y fiable, de conformidad con los valores y los principios de funcionamiento de la Unión. En tercer lugar, el RIA persigue asegurar un elevado nivel de protección de la salud, la seguridad y los derechos fundamentales consagrados en la Carta de los Derechos Fundamentales de la Unión Europea, incluidos la democracia, el Estado de Derecho y la protección del medio ambiente, proteger frente a los efectos perjudiciales de los sistemas de IA en la Unión. Del mismo modo, se pretende brindar apoyo a la innovación, en particular, a las pequeñas y medianas empresas (pymes), incluidas las empresas emergentes. Por último, el texto normativo persigue garantizar la libre circulación transfronteriza de mercancías y servicios basados en la IA, impidiendo así que los Estados miembros impongan restricciones al desarrollo, la comercialización y la utilización de sistemas de IA, a menos que el propio RIA lo autorice expresamente.

2. El artículo 113 del RIA contempla el plazo de entrada en vigor, estableciendo un proceso de aplicación en diferentes fases. Por lo tanto, el RIA será aplicable de manera general a partir del 2 de agosto de 2026, aunque algunas disposiciones entraron en vigor el 1 de agosto de 2024. Las prohibiciones de ciertas prácticas relacionadas con la IA comenzarán el 2 de febrero de 2025, y el 2 de agosto de 2025 se aplicarán normas sobre organismos notificados, sistemas de IA de propósito general con riesgos sistémicos y el sistema de gobernanza de la IA. La regulación para sistemas de IA de alto riesgo, como aquellos que requieren evaluación de seguridad para su comercialización, entrará en vigor el 2 de agosto de 2027.

En cuanto al *ámbito de aplicación* subjetivo del RIA, es aplicable a las siguientes personas: a) los proveedores que introduzcan en el mercado o pongan en servicio sistemas de IA o que introduzcan en el mercado modelos de IA de uso general en la Unión Europea, con independencia de si dichos proveedores están establecidos o ubicados en la Unión o en un tercer país; b) los responsables del despliegue de sistemas de IA que estén establecidos o ubicados en la Unión; c) los proveedores y responsables del despliegue de sistemas de IA que estén establecidos o ubicados en un tercer país, cuando los resultados de salida generados por el sistema de IA se utilicen en la Unión Europea; d) los importadores y distribuidores de sistemas de IA; e) los fabricantes de productos que introduzcan en el mercado o pongan en servicio un sistema de IA junto con su producto y con su propio nombre o marca; f) los representantes autorizados de los proveedores que no estén establecidos en la Unión Europea; y g) las personas afectadas que estén ubicadas en la Unión.

Desde el punto de vista del ámbito objetivo, se recogen una serie de excepciones materiales a su aplicación, entre la cuales destacan las competencias de los Estados en materia de seguridad nacional, aquellos supuestos de introducción en el mercado, puesta en servicio o uso de sistemas de IA con fines militares, de defensa o de seguridad nacional y específicamente con la investigación y el desarrollo científicos como única finalidad, así como los sistemas de IA desarrollados bajo licencias libres y de código abierto, salvo en el caso de que sean de alto riesgo. Tampoco se aplicará a las obligaciones de los responsables del despliegue que sean personas físicas que utilicen sistemas de IA en el ejercicio de una actividad puramente personal de carácter no profesional.

Por su parte, el artículo 2 del RIA contempla una serie de definiciones —68 en total— con el propósito de fijar las premisas de partida. No obstante, a los efectos de aquéllas que resultan de mayor interés para nuestro trabajo conviene destacar las siguientes: *a) sistema de IA*: un sistema basado en una máquina que está diseñado para funcionar con distintos niveles de autonomía y que puede mostrar capacidad de adaptación tras el despliegue, y que, para objetivos explícitos o implícitos, infiere de la información de entrada que recibe la manera de generar resultados de salida, como predicciones, contenidos, recomendaciones o decisiones, que pueden influir en entornos físicos o virtuales[3]; *b) riesgo*: la combinación de la probabilidad de que se produzca un perjuicio y la gravedad de dicho perjuicio; *c) proveedor*: una persona física o jurídica, autoridad pública, órgano u organismo que desarrolle un sistema de IA o un modelo de IA de uso general o para

3. A diferencia del borrador del RIA, la definición actual ya no identifica *Sistema de IA* con software ni se remite a tecnologías o métodos concretos enumerados en un anexo.

el que se desarrolle un sistema de IA o un modelo de IA de uso general y lo introduzca en el mercado o ponga en servicio el sistema de IA con su propio nombre o marca, previo pago o gratuitamente; *d) responsable del despliegue*: una persona física o jurídica, o autoridad pública, órgano u organismo que utilice un sistema de IA bajo su propia autoridad, salvo cuando su uso se enmarque en una actividad personal de carácter no profesional; *e) evaluación de la conformidad*: el proceso por el que se demuestra si se han cumplido los requisitos establecidos en el capítulo III, sección segunda, en relación con un sistema de IA de alto riesgo; *f) datos biométricos*: los datos personales obtenidos a partir de un tratamiento técnico específico, relativos a las características físicas, fisiológicas o conductuales de una persona física, como imágenes faciales o datos dactiloscópicos; *g) espacio de acceso público*: cualquier lugar físico, de propiedad privada o pública, al que pueda acceder un número indeterminado de personas físicas, con independencia de que deban cumplirse determinadas condiciones de acceso y con independencia de las posibles restricciones de capacidad; y *h) modelo de IA de uso general*: un modelo de IA que presenta un grado considerable de generalidad y es capaz de realizar de manera competente una gran variedad de tareas distintas, independientemente de la manera en que el modelo se introduzca en el mercado, y que puede integrarse en diversos sistemas o aplicaciones posteriores, excepto los modelos de IA que se utilizan para actividades de investigación, desarrollo o creación de prototipos antes de su introducción en el mercado.

Como puede comprobarse, el RIA es una norma muy compleja y ello es debido a que la perspectiva puramente técnica y administrativa de cómo controlar la entrada en el mercado europeo y la comercialización en el mismo de un producto determinado, se entremezcla con obligaciones relacionadas con la garantía de derechos fundamentales de los ciudadanos. Por si fuera poco, el RIA presenta evidentes problemas de calidad normativa, no debiendo desconocer que el proceso de elaboración final ha dejado mucho que desear[4]. Entre otras cuestiones, se echa en falta una mayor fortaleza de los derechos de los ciudadanos en su relación con las autoridades

Por lo tanto, los sistemas de IA se diferencian de los que no lo son por sus funcionalidades y capacidades: autonomía, capacidad de adaptación y generación de resultados de salida en base a información de entrada recibida. Sea como fuere, la definición final genera numerosas dudas sobre qué debemos considerar *Sistema de IA* y qué no en entornos que utilizan aplicaciones cada vez más complejas y que generan contenidos de cierta sofisticación.

4. BARRIO ANDRÉS, M., «Algunos claroscuros en el Reglamento Europeo de Inteligencia Artificial», en *Diario La Ley*, número 86, de 30 de julio de 2024, pp. 1-2. El autor señala que la influencia de ciertos grupos de presión ha sido innegable y que ha tenido su reflejo, por ejemplo, en una regulación *sui generis* de la IA generativa.

supervisoras de la IA. Este hecho implica que los ciudadanos puedan controlar el cumplimiento del RIA de forma muy limitada, a lo que se une la indeterminación de la norma en una serie de elementos decisivos que quedan postergados a desarrollos posteriores a iniciativa de la Comisión Europea[5]. No obstante, pese a los problemas detectados, el RIA es una norma sin precedentes, tanto por su contenido como por su alcance, que pretende aportar numerosos beneficios para la integración europea, impulsando la innovación y aumentando —pretendidamente— el liderazgo de la Unión Europea en este campo[6]. Creemos que la eficacia del RIA va a residir en su capacidad de adaptación ante los cambios jurídicos, sociales y técnicos que se produzcan de ahora en adelante.

Por todo lo anterior, en el presente trabajo pretendemos explorar los aspectos clave del RIA en relación con la Administración de Justicia, ámbito comprendido entre los sistemas de IA de alto riesgo. Partiendo de dicho objetivo, analizaremos las categorías de riesgo para los sistemas de IA y, por ello, la protección de los derechos fundamentales en juego. Y terminaremos con el análisis de aquellos organismos públicos de control y supervisión de la IA que se han creado recientemente; todo ello con el objetivo de identificar los problemas de aplicación práctica y las posibles soluciones.

II. NIVELES DE RIESGO DE LOS SISTEMAS DE INTELIGENCIA ARTIFICIAL

1. CLASIFICACIÓN DE LOS NIVELES DE RIESGO

Una de las novedades del RIA es que aborda la IA desde los riesgos que puede entrañar para las personas, por lo que se preocupa de adaptar el tipo y contenido de las obligaciones de conformidad con el alcance y gravedad de los riesgos que pueda entrañar. Por lo tanto, el RIA ha optado por un enfoque basado en riesgos, adaptando el tipo y contenido de sus normas a

5. Efectivamente, la Comisión está facultada para añadir, modificar o suprimir los casos de uso de los sistemas de IA de alto riesgo del anexo III (art. 7.1 y 3 del RIA) y para modificar o añadir nuevas condiciones en las que los sistemas de IA de alto riesgo del anexo III no se considerarán de alto riesgo con arreglo al artículo 6.3. Además, la Comisión Europea debe sopesar explícitamente los beneficios económicos y sociales de los sistemas de IA frente a los riesgos, basándose en pruebas empíricas suficientes. Del mismo modo, la Comisión Europea puede modificar los umbrales para clasificar los modelos de IA de uso general como de riesgo «sistémico» (arts. 51.3 y 52.4 del RIA).
6. Sobre la apuesta de la Unión Europea por la IA, *vid.*, GAMERO CASADO, E., «El enfoque europeo de inteligencia artificial», en *Revista de Derecho Administrativo*, número 20, 2021, pp. 268-289.

la intensidad y alcance de los riesgos que presentan los sistemas de IA sobre los que se aplica. De este modo, se fija la siguiente clasificación[7].

Sistemas de IA de riesgo inaceptable: La identificación de una serie de usos prohibidos en el artículo 5 del RIA representa la identificación de las líneas rojas de la regulación europea, pues identifica una serie de sistemas que representan una amenaza directa a la seguridad pública, la privacidad y los derechos fundamentales. No obstante, se permiten una serie de excepciones, en relación con el uso de sistemas de identificación biométrica remota «en tiempo real» en espacios de acceso público con fines de garantía del cumplimiento del Derecho, salvo y en la medida en que dicho uso sea estrictamente necesario para alcanzar uno o varios de los objetivos recogidos en la norma.

Sistemas de IA de alto riesgo: Se identifican como de alto riesgo aquellos sistemas de IA que pueden tener impacto relevante en los derechos fundamentales de las personas. Algunos ejemplos son las infraestructuras críticas, la educación y la formación profesional, el empleo, los servicios públicos y privados esenciales (por ejemplo, la sanidad o la banca), determinados sistemas de las fuerzas de seguridad, la migración y la gestión aduanera, la Administración de Justicia y los procesos democráticos, en el sentido de cómo influir en las elecciones. Se incluye el reconocimiento de emociones en el lugar de trabajo y en las escuelas, sistemas de puntuación ciudadana, la actuación policial predictiva (cuando se base únicamente en el perfil de una persona o en la evaluación de sus características) y la IA que manipule el comportamiento humano o explote las vulnerabilidades de las personas. Este tipo de sistemas se encuentran identificados en el Anexo III del RIA. A mayor abundamiento, el apartado tercero del artículo 6 del RIA permite que se excluyan de la categoría de alto riesgo algunos sistemas de IA utilizados en los ámbitos descritos en el Anexo III, cuando se den determinadas circunstancias y siempre que se documente la evaluación efectuada para tal exclusión.

A partir del artículo 8, el RIA incluye una serie de obligaciones tanto para los proveedores, distribuidores e importadores de sistemas de IA de alto riesgo para los responsables del despliegue, esto es, para las entidades que los implantan y utilizan en sus organizaciones. Al hilo de esta cuestión, el apartado primero del artículo 26 del RIA, señala que «*los responsables del despliegue de sistemas de IA de alto riesgo adoptarán medidas técnicas y organizativas adecuadas para garantizar que utilizan dichos sistemas con arreglo a las instrucciones de uso que los acompañen*», lo que recuerda el principio de res-

7. Al respecto, RUIZ FORNS, A. y NICOLÁS A., «Nuevo Reglamento de Inteligencia Artificial», en *Diario La Ley*, número 10491, de 23 de abril de 2024, pp. 1-5.

ponsabilidad proactiva del Reglamento General de Protección de Datos (en lo sucesivo RGPD).

Además, están obligados, entre otras cuestiones, a: a) encomendar la supervisión humana a personas físicas que tengan la competencia, la formación y la autoridad necesarias, según establece el mismo artículo 26 en su apartado segundo. Esta obligación redunda en lo ya dispuesto en el artículo 4 del RIA sobre alfabetización en materia de IA; b) asegurar que los datos de entrada sean pertinentes y suficientemente representativos en vista de la finalidad prevista del sistema (art. 26.4); c) vigilar el funcionamiento del sistema de IA de alto riesgo, basándose en las instrucciones de uso (art. 26.5). Esta obligación puede implicar informar a los proveedores, importadores, distribuidores y autoridades competentes e, incluso, suspender el uso del sistema; d) conservar registros generados automáticamente por los sistemas (art. 26.6); e) realizar una evaluación de impacto relativa a los derechos fundamentales para determinados sistemas de alto riesgo según lo fijado en el artículo 27 del RIA, y con independencia de las evaluaciones de impacto sobre la protección de datos que corresponda efectuar según la normativa específica que regula esta materia. Por último, hemos de resaltar que, cuando se implante un sistema de IA de alto riesgo en el lugar de trabajo, «*los responsables del despliegue que sean empleadores informarán a los representantes de los trabajadores y a los trabajadores afectados de que estarán expuestos a la utilización del sistema de IA de alto riesgo*» (art. 26.7 del RIA).

Por todo lo anterior, para cualquier entidad que intervenga en la fabricación, puesta en el mercado europeo y uso de sistemas de IA de alto riesgo, la aprobación del RIA ha supuesto un cambio muy significativo. Además, los proveedores se encuentran obligados a desarrollar los sistemas destinados a ser utilizados en la Unión Europea incluyendo los requisitos específicos establecidos en el RIA, por lo que tendrán que conocer en detalle el contenido de la norma y preocuparse de su cumplimiento en las distintas fases del proceso de desarrollo.

Por su parte, los responsables del despliegue tendrán que establecer políticas y procedimientos internos que les permitan controlar que los sistemas de IA de alto riesgo que se introducen en su organización cumplen con los requisitos exigidos por la norma y se utilizan de acuerdo con las instrucciones del proveedor, llevando a cabo de evaluaciones de impacto para las que no existe todavía una metodología única y definida[8].

8. En este sentido, GONZÁLEZ TAPIA, M.ª L., «Regulación de los sistemas de IA de alto riesgo en el Reglamento de Inteligencia Artificial». Disponible en internet: https://www.ramonycajalabogados.com/print/3499 [consulta de 23 de noviembre de 2024].

Sistemas de IA de riesgo limitado: En este caso nos encontramos ante los sistemas de propósito general, de riesgo limitado, asociado, por ejemplo, a situaciones de uso de sistemas de IA como chatos, en cuyo caso debe garantizarse a los usuarios la información de que están interactuando con una máquina para que puedan tomar una decisión informada de continuar o dar un paso atrás. Los proveedores también tendrán que asegurarse de que el contenido generado por IA sea identificable. Además, el texto generado por IA publicado con el propósito de informar al público sobre asuntos de interés público debe etiquetarse como generado artificialmente. Estas prevenciones también resultan de aplicación al contenido de audio y video que constituyen *deep fakes*.

Sistemas de IA de riesgo mínimo: No están regulados específicamente, pero se trata de aquellos supuestos en los que las personas pueden decidir de forma libre sobre su uso (por ejemplo, videojuegos con IA o filtros de spam).

Junto con el enfoque basado en riesgos, el RIA pretende garantizar que los sistemas de IA sean éticos y confiables. Al respecto, el Considerando 27 recoge una serie de principios éticos, no vinculantes, que pretenden garantizar la fiabilidad y el fundamento ético de la IA. No obstante, el artículo 27 prevé que los responsables del despliegue de un sistema de IA de alto riesgo deberán llevar a cabo una evaluación del impacto que la utilización de dichos sistemas puede tener en los derechos fundamentales, junto con la supervisión por la autoridad de vigilancia de mercado, además de la posible actuación de la Oficina Europea de IA y las autoridades nacionales de supervisión en el marco de sus competencias; cuestión sobre la que volveremos más adelante. La supervisión de los sistemas de IA se completa con la necesaria supervisión humana, de modo que el artículo 14 del RIA prevé la obligación de que los sistemas de IA de alto riesgo se diseñen y desarrollen de modo que puedan ser vigilados de manera efectiva por personas físicas durante el período que estén en uso. El objetivo de esta supervisión no es otro que el de prevenir o reducir al mínimo los riesgos para la salud, la seguridad o los derechos fundamentales que pueden surgir cuando se utiliza un sistema de IA de alto riesgo conforme a su finalidad prevista o cuando se le da un uso indebido razonablemente previsible, en particular cuando dichos riesgos persistan a pesar de la aplicación de otros requisitos.

2. ALTO RIESGO Y ADMINISTRACIÓN DE JUSTICIA: LA PONDERACIÓN DE LOS DERECHOS FUNDAMENTALES EN JUEGO

Nuestro sistema judicial, tradicionalmente asociado con un exceso de papel y a trámites interminables, se enfrenta uno de los mayores desafíos de su historia, primero con la transformación digital y, adicionalmente, con la irrupción de la IA. La cuestión que se plantea es clara: ¿puede la tecnología solucionar los problemas crónicos de la Administración de Justicia sin poner en riesgo derechos fundamentales? La respuesta no es sencilla, si bien es cierto que, desde hace años, venimos observando cómo el avance tecnológico ha impactado en nuestro sistema judicial, en diversas ocasiones de manera positiva, pero también creando incertidumbres y desafíos para los profesionales del derecho, los ciudadanos y el propio sistema. No se trata solo de aplicar la tecnología porque está disponible, sino de hacerlo preservando las garantías procesales. Por tanto, ésta debe ser la premisa ineludible en cuanto al uso de la IA en el ámbito de la Administración de Justicia, sobre todo en todo aquello que tiene que ver con la toma de decisiones judiciales.

Partiendo de lo anterior, creemos que el uso de la IA debe adaptarse para fortalecer las garantías procesales y, también, otros derechos procesales como la accesibilidad, la seguridad de los datos y la igualdad de acceso a la justicia, sin perder el rigor ni la formalidad que requiere el ámbito judicial. La importancia de que el uso de la IA respete los derechos fundamentales de los justiciables radica en que nos ha de permitir la construcción de un sistema judicial que no solo incorpore tecnología, sino que lo haga de manera estructurada y con una base legal sólida, lo cual es fundamental para que los derechos y garantías procesales se mantengan intactos en esta era digital en la que vivimos[9]. Veamos entonces si el RIA cumple estas premisas básicas.

En lo que se refiere al uso de la IA en la Administración de Justicia, el Considerando 61 del RIA establece que, para evitar posibles sesgos, errores y opacidades, se consideran de *alto riesgo* aquellas herramientas de IA cuyo objetivo es ayudar a las autoridades judiciales a investigar e interpretar los hechos y el Derecho y a aplicar la ley a unos hechos concretos (decisiones judiciales automatizadas)[10]. Del mismo modo, deben considerarse de alto riesgo los sistemas de IA destinados a ser utilizados por los organismos de resolución alternativa de litigios con esos fines, cuando los resultados de los procedimientos de resolución alternativa de litigios surtan efectos jurídicos para las partes. En la versión final del RIA, el mencionado Considerando se encarga de remarcar que la utilización de herramientas de IA puede apoyar el poder de decisión de los jueces o la independencia judicial, pero no debe substituirlas, insistiendo en que la toma de decisiones finales debe seguir siendo una actividad esencialmente humana. No obstante, el

9. MIRANDA BONILLA, H., «Inteligencia artificial y justicia», en *Revista de la Facultad de Derecho de México*, volumen 72, número 284, 2022, p. 382.
10. El Considerando 61 debería aclarar que, cuando un sistema de IA pueda utilizarse para «asistir» a las autoridades judiciales, queda excluida la posibilidad de que lo haga para, en la práctica, tomar decisiones o formular la expresión de dichas decisiones.

Considerando 61 advierte que la anterior clasificación no debe hacerse extensiva a las herramientas de IA destinadas a actividades administrativas meramente accesorias que no afectan a la Administración de Justicia en casos concretos (*vid. gr.*, anonimización o seudonimización de las resoluciones judiciales, documentos o datos, comunicación entre los miembros del personal, tareas administrativas etc.). En lo que se refiere a la figura del juez-robot, resulta suficientemente clara la Resolución del Parlamento Europeo de 20 de enero de 2021 que recuerda a los Estados miembros que la utilización de la IA en sus sistemas judiciales «*no puede ocupar el lugar de un ser humano a la hora de dictar sentencia o tomar decisiones*»[11, 12].

Por lo anterior, podemos afirmar que el RIA considera de *alto riesgo* el uso de herramientas de IA en el ámbito de la toma de decisiones judiciales (herramientas decisorias), si bien no se prohíbe su utilización (Anexo III, punto 8)[13]. Además, se advierte —expresamente— que la utilización de este tipo de herramientas de IA puede chocar con lo dispuesto en otros actos del Derecho de la Unión o del Derecho interno de cada Estado miembro, por lo que su empleo ha de estar alineado con las disposiciones de la Carta de Derechos Fundamentales de la Unión Europea, así como con el resto de legislación aplicable. Por lo tanto, las herramientas de IA calificadas como de *alto riesgo*, deberán cumplir con una serie de requisitos adicionales relativos a la calidad del conjunto de datos utilizados, la documentación técnica y el registro, la transparencia y la comunicación de información a los usuarios, la vigilancia humana, la solidez, la precisión y la ciberseguridad (*vid.* arts. 8 a 16 del RIA)[14].

En este sentido, el Consejo de la Abogacía Europea ya señaló que las herramientas de IA se han de adaptar adecuadamente al entorno de la Jus-

11. Disponible en internet: https://www.europarl.europa.eu/doceo/document/TA-9-2021-01-20_ES.html [consulta de 23 de noviembre de 2024].
12. Creemos que no debe permitirse que un juez delegue todo o parte de su poder de decisión en una herramienta de IA. De este modo, debe prohibirse en el ámbito de la Justicia no sólo la toma de decisiones automatizada por parte de los sistemas de IA, sino también el uso de aquellos sistemas de IA que produzcan «decisiones» de una naturaleza que pueda tentar a un juez humano a adoptar simplemente dichas decisiones sin aplicar la crítica, avalando realmente lo que en la práctica sería una toma de decisiones automatizada.
13. En la versión definitiva del RIA, el Anexo III, apartado 8, letra a), se dispone que son sistemas de IA de alto riesgo los «*sistemas de IA destinados a ser utilizados por una autoridad judicial, o en su nombre, para ayudar a una autoridad judicial en la investigación e interpretación de hechos y de la ley, así como en la aplicación de la ley a un conjunto concreto de hechos, o a ser utilizados de forma similar en una resolución alternativa de litigios*».
14. En relación con los requisitos de los sistemas de IA de alto riesgo, los principales cambios de la propuesta transaccional elaborada por el Consejo de la Unión Europea

ticia, teniendo en cuenta los principios y la arquitectura procesal que sustentan los procedimientos judiciales[15]. De este modo, el uso de herramientas de IA debe ir de la mano con las garantías procesales que rigen el proceso y garantizan un juicio justo, incluyendo, por ejemplo, el uso de procesos contradictorios, la igualdad de armas y la imparcialidad del juez. Somos conscientes de que existe la tentación de sacrificar casi todo en aras de la eficiencia de la Administración de Justicia, pero estos derechos fundamentales deben seguir estando garantizados para todas las partes que buscan justicia[16]. En este sentido, el Considerando 48 del RIA se ha preocupado por la magnitud de las consecuencias adversas que un sistema de IA puede tener para los derechos fundamentales protegidos por la Carta de los Derechos Fundamentales de la Unión Europea, siendo determinante para clasificar un sistema de IA como de alto riesgo. Entre los derechos fundamentales protegidos se incluye expresamente el derecho a la tutela judicial efectiva y a un juez imparcial, el derecho de defensa y la presunción de inocencia, sobre todo cuando los sistemas de IA no sean lo suficientemente transparentes y explicables ni estén suficientemente bien documentados, tal y como puntualiza el Considerando 59 del RIA.

El Considerando 96 del RIA se preocupa por garantizar la protección de los derechos fundamentales, estableciendo que los responsables del despliegue de sistemas de IA de alto riesgo que sean organismos de Derecho público (juzgados y tribunales), o los operadores privados que presten servicios públicos y los operadores que desplieguen determinados sistemas de IA de alto riesgo enumerados en el Anexo III del RIA, deben llevar a cabo una evaluación de impacto relativa a los derechos fundamentales antes de su puesta en funcionamiento. Además, prevé que los operadores privados que presten estos servicios de carácter público se vinculan a funciones de interés público, por ejemplo, en el ámbito de la Administración de Justicia.

---

en noviembre de 2022 son los siguientes. El sistema de gestión de riesgos ha sido aclarado, así como otros requisitos, como la documentación técnica a elaborar, se han ajustado de manera que sean más viables y supongan una carga menor para las partes interesadas. Se trata de definir con mayor claridad los supuestos en los que los sistemas de IA de alto riesgo puedan ser componente de seguridad de otros productos y en los que, por tanto, el fabricante de tales productos estará sujeto a las obligaciones previstas en los artículos relevantes del Reglamento de IA.

15. *Vid*. Posicionamiento del Consejo de la Abogacía Europea (CCBE) sobre la propuesta de reglamento por el que se establecen normas armonizadas sobre la Inteligencia Artificial (Ley de Inteligencia Artificial), de 8 de octubre de 2021. Disponible en internet: https://www.abogacia.es/wp-content/uploads/2022/01/Posicionamiento-CCBE-sobre-la-propuesta-de-Reglamento-de-Inteligencia-Artificial.pdf [consulta de 23 de noviembre de 2024].

16. DELGADO MARTÍN, J., «Notas sobre el uso de la IA por profesionales del sistema de justicia», en *Diario La Ley*, número 10568, de 16 de septiembre de 2024, p. 2.

De este modo, el objetivo de la evaluación de impacto relativa a los derechos fundamentales es que el responsable del despliegue determine los riesgos específicos para los derechos de las personas o grupos de personas que probablemente se vean afectados y defina las medidas que deben adoptarse en caso de que se materialicen dichos riesgos. La evaluación de impacto debe aplicarse al primer uso del sistema de IA de alto riesgo y debe actualizarse cuando el responsable del despliegue considere que alguno de los factores pertinentes ha cambiado. A mayor abundamiento, la evaluación de impacto debe determinar los procesos pertinentes del responsable del despliegue en los que se utilizará el sistema de IA de alto riesgo en consonancia con su finalidad prevista y debe incluir una descripción del plazo de tiempo y la frecuencia en que se pretende utilizar el sistema, así como de las categorías concretas de personas físicas y de grupos de personas que probablemente se vean afectados por el uso del sistema de IA de alto riesgo en ese contexto de uso específico.

Por otro lado, la versión definitiva del RIA ha hecho referencia a la importancia que la armonización del uso jurisdiccional y policial de los sistemas de IA tiene y tendrá sobre la cooperación transfronteriza (*vid.*, entre otros, arts. 57 y 78). Del mismo modo, se aborda, en cierto modo, la notoria trascendencia que el empleo de sistemas de IA puede llegar a tener —también— sobre el reconocimiento mutuo de resoluciones jurisdiccionales, que está en la base de la cooperación transfronteriza penal y civil que se viene llevando a cabo en el marco de la Unión Europea (*vid.*, Considerando 127)[17].

En otro orden de cosas, el RIA es complementario del RGPD, por lo que no afectará a su aplicación. Además, existen numerosas similitudes entre ambos Reglamentos, lo que nos da a entender que la Comisión Europea pretende conseguir un objetivo similar con este nuevo instrumento legal y que no es otro que el de establecer un estándar o referente global que incorpore el respeto por los derechos fundamentales. En relación con lo expuesto, resulta conveniente mencionar la sentencia del Tribunal de Justicia de la Unión Europea (en lo sucesivo TJUE) de 7 de diciembre de 2023[18], por ser la primera en abordar el contenido del artículo 22 del RGPD, que recordemos que establece que las personas tienen derecho a no ser objeto de una decisión basada únicamente en el tratamiento automatizado, incluida la elaboración de perfiles, que produzca efectos jurídicos en ellas o las afecte

17. La ausencia de tales menciones fue denunciada por DE HOYOS SANCHO, M., «El uso jurisdiccional de los sistemas de inteligencia artificial y la necesidad de su armonización en el contexto de la unión europea», en *Revista General de Derecho Procesal*, número, 55, 2021, p. 15.
18. Sentencia del TJUE, Sala Primera, de 7 de diciembre de 2023, Asunto C-634/2021, SCHUFA Holding (Scoring) [TJCE 2023, 146].

significativamente de modo similar. La referida sentencia supone un hito significativo en la jurisprudencia sobre decisiones automatizadas y su interacción con la protección de datos, así como con el RIA. El TJUE adopta un enfoque garantista y expande el alcance del artículo 22 del RGPD más allá del responsable formal de la decisión automatizada, para abarcar a terceros que procesen datos[19]. Igualmente, esta sentencia pone en valor el peso real que tiene la decisión automatizada en la decisión final, incluso si formalmente parece humana o es adoptada por otro sujeto. Sin duda alguna, este enfoque supone un avance en la protección jurídica frente a los riesgos de la automatización y la IA.

Por todo lo anterior, resulta claro que el uso de la IA puede ser muy útil en tareas administrativas y de análisis de datos, como identificar patrones en casos similares o extraer información relevante de documentos largos. Sin embargo, la IA no debe reemplazar el juicio humano en la toma de decisiones judiciales, especialmente en casos complejos donde hay consideraciones éticas o interpretaciones legales sutiles. Es fundamental que siempre haya supervisión humana en el uso de la IA en el sistema judicial. En los casos más simples, la IA puede ayudar a automatizar ciertos trámites o sugerir soluciones, pero en las decisiones de fondo, como en un juicio penal o en la valoración de pruebas, el control debe ser —siembre y en todo caso— del juez o el fiscal, que pueden considerar aspectos que una máquina no puede evaluar con sensibilidad o contexto.

3. LA IMPLEMENTACIÓN DE SISTEMAS DE INTELIGENCIA ARTIFICIAL EN ESPAÑA

En nuestro país, con motivo del Plan de Recuperación, Transformación y Resiliencia, se publicó la denominada *Estrategia Nacional de Inteligencia Artificial* (en lo sucesivo ENIA), como una pieza esencial para aprovechar las oportunidades derivadas de esta tecnología, la transformación digital y la economía del dato e impulsar la modernización del modelo productivo español[20]. El eje sexto de la ENIA tiene como objetivo apoyar el despliegue

19. COTINO HUESO, L., «La primera sentencia del Tribunal de Justicia de la Unión Europea sobre decisiones automatizadas y sus implicaciones para la protección de datos y el Reglamento de inteligencia artificial», en *Diario La Ley*, número 80, de 17 de enero de 2024, p. 5.

20. La ENIA fue publicada el 9 de diciembre de 2020 y cuenta con una dotación inicial de más de 600 millones de euros de fondos europeos *Next Generation EU* del referido Plan de Recuperación, Transformación y Resiliencia para el desarrollo de 20 medidas vertebradas a partir de 6 ejes estratégicos. En mayo de 2024 se actualizó dicha estrategia tras su aprobación en Consejo de ministros. Disponible en internet: https://planderecuperacion.gob.es/noticias/conoce-Estrategia-Nacional-Inteligencia-Artificial-ENIA-IA-prtr [consulta de 23 de noviembre de 2024].

y uso masivo de la IA por parte de las Administraciones Públicas. Con esta base, y con la finalidad de ensayar la implementación de los requisitos aplicables a los sistemas de IA de alto riesgo del RIA, se promulgó el Real Decreto 817/2023, de 8 de noviembre, que establece un entorno controlado de pruebas para el cumplimiento del RIA (por entonces, propuesta de Reglamento). Adicionalmente, el Real Decreto-ley 6/2023, de 19 de diciembre, por el que se aprueban medidas urgentes para la ejecución del mencionado Plan de Recuperación, ha implantado en la Administración de Justicia el uso de sistemas de IA para, por ejemplo, el auxilio en la toma de decisiones judiciales.

Como hemos abordado anteriormente, el RIA establece que los sistemas de IA tendrán la calificación de alto riesgo siempre que tengan que ver con la aplicación de la ley, por lo que el Real Decreto 817/2023 recoge en el apartado sexto del Anexo II todos aquellos sistemas de IA destinados a ser utilizados por las autoridades encargadas de aplicar la ley, entre ellas los jueces y magistrados. Por su parte, el apartado octavo del referido Anexo II, relativo a la actividad jurisdiccional y a los procesos democráticos, clasifica como de alto riesgo a los sistemas de IA destinados a ser utilizados por una autoridad judicial para interpretar hechos o la ley, así como para aplicarla a un conjunto concreto de hechos (herramientas de IA predictivas y/o decisorias). No obstante, para que un sistema de IA se encuadre en dicha clasificación se exige que se cumplan los requisitos establecidos en las definiciones que otorga la propia norma, en particular, el requisito previsto en el artículo 3 (apartado cuarto, letra c) del Real Decreto 817/2023, que exige que «*la respuesta del sistema sea relevante respecto a la acción o decisión a tomar*». La relevancia tiene que ver con la posible afectación, por creación de un riesgo significativo, a la salud, los derechos de los trabajadores o los derechos fundamentales.

A mayor abundamiento, resulta claro que el derecho a la tutela judicial efectiva en su vertiente de derecho al juez ordinario predeterminado por la ley o a un proceso público con todas las garantías, o el derecho a la protección de datos de carácter personal (art. 8 de la Carta de los Derechos Fundamentales de la Unión Europea), son derechos fundamentales que se pueden ver afectados con la utilización del sistema de IA, y el uso de estos en cualquier fase del proceso ha de ajustarse necesariamente a los principios éticos que la Unión y otros organismos internacionales reclaman para evitar el impacto negativo que pudiera ocasionar en el Estado de Derecho[21].

21. Entre otros, Eurojust y la Agencia de los Derechos Fundamentales de la Unión Europea, RIVAS VELASCO, M.ª J., «Justicia: IA está aquí», en *Diario La Ley*, número 80, de 22 de enero de 2024, p. 2.

Por su parte, el Real Decreto-ley 6/2023, de 19 de diciembre, por el que se aprueban medidas urgentes en materia de servicio público de justicia, función pública, régimen local y mecenazgo, prevé una serie de medidas de eficiencia digital que parten del principio general de orientación al dato en los sistemas de información y comunicación que se utilicen en la Administración de Justicia, asegurando la entrada de la información en forma de metadatos de manera que favorezca la aplicación de técnicas de IA que, entre otros fines, sirvan de apoyo a la función jurisdiccional y tramitación de procedimientos judiciales (art. 35).

Con estos mimbres, no es descabellado aventurar que nos encontramos ante la introducción en nuestro sistema de justicia del denominado *juez-robot*[22], si bien el Real Decreto-ley 6/2023 lo denomina como «actuaciones automatizadas, proactivas y asistidas». De este modo, los artículos 56 a 58 contemplan —por vez primera— la intervención de la IA en la producción de resoluciones judiciales y procesales.

En relación con las actuaciones automatizadas y proactivas, el Real Decreto-ley 6/2023 establece que los sistemas de la Administración de Justicia asegurarán que se puedan identificar como tales, trazar y justificar, se puedan elaborar de forma no automatizada y se puedan deshabilitar, revertir o dejar sin efecto las actuaciones automatizadas ya producidas. Asimismo, y respecto de las actuaciones asistidas, el apartado segundo del artículo 57 prevé expresamente que en ningún caso el borrador documental que se genere constituirá por sí una resolución judicial o procesal, sin validación de la autoridad competente. Además, los sistemas de la Administración de Justicia asegurarán que el borrador documental sólo se genere a voluntad del usuario y pueda ser libre y enteramente modificado por éste. Incluso, en el apartado tercero del artículo 57 se contempla que la constitución de la resolución judicial o procesal requerirá siempre la validación del texto definitivo por parte del juez, magistrado, fiscal o letrado de la Administración de Justicia en el ámbito de sus respectivas competencias y bajo su responsabilidad[23].

Respecto de cualquiera de las actuaciones (automatizadas, proactivas y asistidas), el artículo 58 del Real Decreto-ley 6/2023 prevé que el Comité técnico estatal de la Administración judicial electrónica podrá definir las especificaciones, programación, mantenimiento, supervisión y control de

---

22. CONDE FUENTES, J., «Inteligencia artificial y robotización judicial: su impacto en nuestro sistema de justicia», en *Derecho Digital e Innovación*, número 13, 2022, pp. 12-13.
23. Sobre estas cuestiones, *vid.*, SANCHÍS CRESPO, C., «Inteligencia artificial y decisiones judiciales: crónica de una transformación anunciada», en *Scire*, número 29, 2023, pp. 65-84.

calidad y, en su caso, la auditoría del sistema de información y de su código fuente. Además, prevé expresamente que los criterios de decisión serán públicos y objetivos, dejando constancia de las decisiones tomadas en cada momento. Lógicamente, estas previsiones van en la línea de lo previsto en el RIA, en tanto que los sistemas de IA con implicaciones relacionadas principalmente con los derechos fundamentales son considerados de alto riesgo, y especialmente aquellos relacionados con la aplicación de la ley a un conjunto concreto de hechos. Lo cierto y verdad es que estamos asistiendo a un cambio paradigmático en nuestro sistema judicial. Es notorio que la digitalización pretende una justicia más rápida, accesible y eficiente y, por ello, la integración de sistemas de IA en la toma de decisiones judiciales se presenta como una herramienta potencialmente revolucionaria, capaz de complementar y mejorar el proceso judicial. Sin embargo, debido a los riesgos que conlleva esta realidad, especialmente en lo que respecta a la afectación de derechos fundamentales, tales como el derecho a la tutela judicial efectiva, el derecho a la protección de datos y el derecho a la igualdad y no discriminación, resulta esencial implementar altos estándares de seguridad y transparencia.

Por todo lo expuesto, creemos firmemente que la Administración de Justicia debe garantizar que, en la creación, implementación y provisión de herramientas de IA para el desempeño de la función jurisdiccional, no se produzcan interferencias que puedan influir, directa o indirectamente, en la toma de decisiones judiciales. Además, no podemos olvidar el necesario respeto a la independencia judicial, evitando cualquier tipo de injerencia en su labor.

III. LA NECESARIA SUPERVISIÓN DE LA INTELIGENCIA ARTIFICIAL POR UN ORGANISMO PÚBLICO DE CONTROL

1. EL CONSEJO ASESOR INTERNACIONAL EN INTELIGENCIA ARTIFICIAL DE ESPAÑA

Recientemente, el Ministerio para la Transformación Digital y la Función Pública ha publicado la Orden TDF/619/2024, de 18 de junio, por la que se crea y regula el Consejo Asesor Internacional de IA de España[24]. Se trata de un órgano colegiado que asesora al ministerio en la implementación de políticas públicas de IA que resulten adecuadas para las normas vigentes y para las que corresponda aprobar en el futuro. En cuanto a su estructura,

24. Este organismo se establece de conformidad con lo dispuesto en el Real Decreto 210/2024, de 27 de febrero, por el que se establece la estructura orgánica básica del Ministerio para la Transformación Digital y de la Función Pública, y junto con las previsiones de la Ley 40/2015, de 1 de octubre, de Régimen Jurídico del Sector Público.

se ha previsto una presidencia y una serie de vocales de reconocida trayectoria en diversos campos de la IA, si bien ninguno de ellos está relacionado con la Administración de Justicia. Su puesta en marcha ha coincidido con el inicio de las actividades de la Agencia Española de Supervisión de la Inteligencia Artificial (en los sucesivo AESIA), a la que prestará asesoramiento. En su primera actuación se ha debatido sobre el papel que debe desempeñar el sector público en el desarrollo y despliegue de la IA, se analizaron posibles formas de colaboración público-privada y se examinaron las distintas dimensiones de esta tecnología en el contexto actual. Además, se abordó la importancia de los datos utilizados en los modelos y sistemas de IA, en combinación con la protección de los derechos y la privacidad; y el análisis de riesgos de la IA, tanto macroeconómicos en el mercado laboral como técnicos[25].

La misión principal del Consejo es la de promover una IA que sea ética, inclusiva y beneficiosa para toda la sociedad. Para conseguir este objetivo, el Consejo debe asegurar que las políticas y estrategias en materia de IA se fundamenten en el conocimiento más actualizado y relevante, asesorando al Ministerio en la formulación de políticas y estrategias que fomenten el desarrollo y adopción de la IA de manera responsable, promoviendo la innovación tecnológica que respete los derechos humanos y la diversidad[26].

El Consejo tiene varias funciones clave para, como decimos, asegurar el desarrollo y adopción de la IA de manera ética, inclusiva y efectiva en nuestro país. En primer lugar, el asesoramiento en áreas críticas, es decir, en todo lo que tiene que ver con la ética en la IA, la privacidad y la protección de datos, la equidad y la justicia algorítmica, y la transparencia en el uso de sistemas de IA. En segundo lugar, el Consejo ha de valorar y formular propuestas sobre la ENIA, ha de encargarse de la evaluación del impacto socioeconómico de la IA y de la supervisión ética de su desarrollo. En dicha supervisión, no sólo debe abordar aspectos éticos y normativos, sino que ha de asegurar que el desarrollo y uso de la IA se realice de manera transparente, justa y respetuosa con los derechos fundamentales[27].

---

25. Información disponible en: https://www.lamoncloa.gob.es/presidente/actividades/paginas/2024/210624-sanchez-consejo-inteligencia-artificial.aspx [consulta de 23 de noviembre de 2024].
26. Al respecto, FIERRO RODRÍGUEZ, D., «Apuntes sobre la creación del Consejo Asesor Internacional en Inteligencia Artificial», en *Diario La Ley*, número 86, de 2 de septiembre de 2024, p. 8.
27. GÓMEZ ABEJA, L., «Inteligencia artificial y derechos fundamentales», en *Inteligencia Artificial y Filosofía del Derecho* (Coord. GARRIDO MARTÍN, J.), Tirant lo Blanch, Valencia, 2022, p. 102.

La colaboración internacional es un componente muy importante en la ENIA, de modo que nuestro país ha de participar en iniciativas y consorcios internacionales, así como en programas de investigación y desarrollo financiados por la Unión Europea y otros organismos. En este sentido, la Comisión Europea ha creado un nuevo regulador a escala de la Unión, la denominada *Oficina Europea de IA*, que dependerá de la Dirección General de Redes de Comunicación, Contenidos y Tecnología de la Comisión Europea. La Oficina de IA controlará, supervisará y hará cumplir los requisitos del RIA sobre modelos y sistemas de IA de propósito general en los 27 Estados miembros. Del mismo modo, la Oficina de la IA también liderará la cooperación internacional de la Unión Europea en materia de IA y reforzará los lazos entre la Comisión Europea y la comunidad científica, incluido el próximo grupo científico de expertos independientes. Además, la Oficina ayudará a todos los Estados miembros a cooperar en la aplicación de la normativa, incluidas las investigaciones conjuntas, y actuará como Secretaría del Consejo de IA, el foro intergubernamental para la coordinación entre los reguladores nacionales[28] (la AESIA en España).

Por último, el Consejo debe asesorar sobre las líneas de pensamiento que posteriormente desarrollará la AESIA, de modo que su apoyo es fundamental para garantizar que las regulaciones y supervisión de la IA sean efectivas y adecuadas. El apoyo a la AESIA incluye el desarrollo de normativas que aborden aspectos como la transparencia, la rendición de cuentas y la responsabilidad en el uso de la IA, así como la identificación y disminución de los riesgos. En definitiva, creemos que la creación del Consejo Asesor Internacional en IA representa un paso importante para nuestro país a la hora de liderar una adopción responsable y ética de la IA. Por lo demás, esperemos que aproveche su papel de asesoramiento en la formulación de políticas y estrategias para mejorar las necesidades de la sociedad española y el respeto a los derechos fundamentales.

2. LA AGENCIA ESPAÑOLA DE SUPERVISIÓN DE LA INTELIGENCIA ARTIFICIAL

El Real Decreto 729/2023, de 22 de agosto, aprobó el Estatuto de la AESIA. La Agencia se configura como un ente con personalidad jurídico-pública, con patrimonio propio y autonomía en su gestión y potestad administrativa. La Agencia se encuentra adscrita al Ministerio para la Transformación Digital y de la Función Pública, actuará con independencia orgánica y funcional de las Administraciones Públicas y de forma objetiva,

28. Información disponible en: https://artificialintelligenceact.eu/es/the-ai-office-summary/ [consulta de 23 de noviembre de 2024].

transparente e imparcial, llevando a cabo medidas destinadas a la minimización de riesgos significativos por el uso de sistemas de IA sobre la seguridad y la salud de las personas, así como sobre los derechos fundamentales. Dicho de otro modo, la AESIA ha sido creada para regular y supervisar el uso y desarrollo de los sistemas de IA en España. Su sede se ha establecido, finalmente, en la ciudad de A Coruña y ha comenzado su actividad recientemente.

La estructura de la AESIA se divide en dos tipos de órganos, uno de gobierno, compuesto por la presidencia y consejo rector, del cual depende la comisión de control, y otro ejecutivo que se compone de la dirección, la secretaría general, la subdirección de informes e infraestructuras de prueba y la subdirección de certificación, evaluación de tendencias, coordinación y formación de IA. Por su parte, la presidencia la ostentará la persona titular de la Secretaría de Estado de Digitalización e IA[29].

En cuanto al Consejo Rector, se compondrá de un director y siete vocalías, de las cuales seis serán ejercidas por representantes de distintos Ministerios, a saber: cuatro del Ministerio para la Transformación Digital y de la Función Pública, uno de Hacienda y otro de Industria, Comercio y Turismo. Sólo una de las siete vocalías se reserva a una persona experta que represente al ecosistema en el ámbito de la IA, que habrá de ser nombrada a propuesta conjunta del Consejo Asesor Internacional en IA y la Comisión Permanente de Digitalización de la Economía, la Administración y la Ciudadanía. A nuestro juicio, llama poderosamente la atención que en este elenco de expertos no hay uno solo relacionado con el ámbito jurídico, sea juez o magistrado, Ministerio Fiscal, Letrado de la Administración de Justicia o abogado en ejercicio. Además, la AESIA contará con un cuerpo de inspección propio que se espera que esté operativo en el primer trimestre del año 2025.

En base a su Estatuto, la AESIA cuenta con una serie de objetivos, que son los siguientes: a) promoción del uso responsable, sostenible y confiable de la IA; b) concienciación, divulgación y promoción de la formación en materia de IA; c) definición de mecanismos de asesoramiento y atención relacionados con el desarrollo y el uso de la IA; d) promoción de la colaboración público-privada y la coordinación con otras autoridades de supervisión de la IA; y e) fomento de la creación de entornos reales de prueba de los sistemas de IA para reforzar la protección de los usuarios y minimizar

29. Sobre el particular, *vid.* ARTERO MUÑOZ, A. (*et. al.*)., «Agencia Española de Supervisión de la Inteligencia Artificial, la clave para un desarrollo tecnológico ético, justo y sostenible», en *Revista Española de Control Externo*, número 74-75, 2023, pp. 32-45.

los riesgos en campos como la seguridad, la intimidad y la salud de las personas.

En cuanto a las numerosas competencias con las que cuenta la AESIA, podemos destacar dos que son fundamentales para nuestro trabajo. En primer lugar, la promoción de entornos de prueba que permitan la adaptación de soluciones innovadoras de IA a los marcos jurídicos en vigor, esto es, el desarrollo de entornos de prueba o *sandboxes* sectoriales. Y, en segundo término, la supervisión de los sistemas de IA para garantizar el cumplimiento de la normativa, entre otras, el RIA. En este sentido, la AESIA ha de cooperar con la Oficina Europea de IA y con el Comité Europeo de Protección de Datos. De este modo, la AESIA se erige como el único punto de contacto con Europa en materia de IA y realizará las clasificaciones de los modelos de IA según su riesgo, de modo que colaborará en el desarrollo e implantación del RIA con un calendario establecido hasta el año 2027, supervisando con las autoridades de vigilancia del mercado, promoviendo estándares y buenas prácticas y evaluando los modelos de IA. Este cronograma revela que en febrero de 2025 la AESIA comenzará a establecer prohibiciones expresas en materia de IA en nuestro país[30], todo ello conforme a lo previsto en el artículo 74 del RIA.

Nuestro país es el primer Estado miembro que cuenta con una agencia estatal de supervisión de la IA, incluso antes de la entrada en vigor del RIA como hemos podido comprobar. Junto con la supervisión de la AESIA, el desarrollo de la IA estará sometido a los dictámenes de la Comisión Europea, a través de la mencionada Oficina Europea de IA, el Comité Europeo de IA, el Grupo de expertos científicos independientes creado al amparo del artículo 68 del RIA y el Comité Europeo de Protección de Datos. A primera vista, puede pensarse que nos encontramos ante demasiada «burocracia» a la hora de supervisar y evaluar los modelos de IA[31], por lo que esperamos que no se convierta en ineficaz en la práctica.

30. Para que las competencias de supervisión de la AESIA sean eficaces resulta el correspondiente desarrollo normativo del régimen sancionador. En palabras del director de la Agencia «*las prohibiciones se empiezan a aplicar a partir del 2 de febrero del 2025. Pero hay un margen. Si la AESIA detecta algo que se hace mal, a partir de ese día enviará un apercibimiento. Será a partir del 2 de agosto de 2025 cuando comiencen las sanciones*», que pueden alcanzar los 35 millones de euros, según la empresa o Administración que las reciba. Disponible en: https://www.lavozdegalicia.es/noticia/coruna/2024/10/08/ignasi-belda-director-aesia-sanciones-comienzan-agosto/0003_202410H8C3991.htm [consulta de 23 de noviembre de 2024].

31. Al respecto, BARRIO ANDRÉS, M. (Coord.), *El Reglamento Europeo de Inteligencia Artificial*, Tirant lo Blanch, Valencia, 2024, p. 28.

Resulta claro que la supervisión de todos aquellos sistemas de IA que pueden afectar a los derechos y libertades de las personas, como ocurre en la Administración de Justicia, es necesaria[32]. Las herramientas de IA pueden causar discriminaciones, exclusiones, desigualdades, brechas digitales etc., en definitiva, vulneración de derechos fundamentales a causa de los sesgos que se puedan incorporar en su programación, por su uso indebido o malicioso o por la vigilancia masiva. No obstante, creemos que un control desmedido puede suponer un desincentivo a la inversión privada, a la vez que la excesiva burocratización a la hora de la supervisión de los sistemas de IA puede hacerla ineficaz. Solo el transcurso del tiempo dará respuestas a los interrogantes actuales, sin olvidad que, mientras tanto, otros países han tomado una gran ventaja en el desarrollo de sistemas de IA frente al viejo continente.

IV. BIBLIOGRAFÍA

ARTERO MUÑOZ, A. (*et. al.*)., «Agencia Española de Supervisión de la Inteligencia Artificial, la clave para un desarrollo tecnológico ético, justo y sostenible», en *Revista Española de Control Externo,* número 74-75, 2023, pp. 32-45.

BARRIO ANDRÉS, M., «Algunos claroscuros en el Reglamento Europeo de Inteligencia Artificial», en *Diario La Ley,* número 86, de 30 de julio de 2024, pp. 1-2.

BARRIO ANDRÉS, M. (Coord.), *El Reglamento Europeo de Inteligencia Artificial,* Tirant lo Blanch, Valencia, 2024.

CONDE FUENTES, J., «Inteligencia artificial y robotización judicial: su impacto en nuestro sistema de justicia», en *Derecho Digital e Innovación,* número 13, 2022, pp. 1-16.

COTINO HUESO, L., «La primera sentencia del Tribunal de Justicia de la Unión Europea sobre decisiones automatizadas y sus implicaciones para la protección de datos y el Reglamento de inteligencia artificial», en *Diario La Ley,* número 80, de 17 de enero de 2024, pp. 1-6.

DE HOYOS SANCHO, M., «El uso jurisdiccional de los sistemas de inteligencia artificial y la necesidad de su armonización en el contexto de la unión europea», en *Revista General de Derecho Procesal,* número, 55, 2021, pp. 1-26.

32. MARTÍN DIZ, F., «Derechos fundamentales y garantías procesales penales fundamentales: una lectura en clave tecnológica», en *Ius et Scientia,* volumen 10, número 1, 2024, pp. 52-81.

DELGADO MARTÍN, J., «Notas sobre el uso de la IA por profesionales del sistema de justicia», en *Diario La Ley*, número 10568, de 16 de septiembre de 2024, pp. 1-3.

FIERRO RODRÍGUEZ, D., «Apuntes sobre la creación del Consejo Asesor Internacional en Inteligencia Artificial», en *Diario La Ley*, número 86, de 2 de septiembre de 2024, pp. 1-14.

GAMERO CASADO, E., «El enfoque europeo de inteligencia artificial», en *Revista de Derecho Administrativo*, número 20, 2021, pp. 268-289.

GÓMEZ ABEJA, L., «Inteligencia artificial y derechos fundamentales», en *Inteligencia Artificial y Filosofía del Derecho* (Coord. GARRIDO MARTÍN, J.), Tirant lo Blanch, Valencia, 2022, pp. 98-121.

GONZÁLEZ TAPIA, M.ª L., «Regulación de los sistemas de IA de alto riesgo en el Reglamento de Inteligencia Artificial». Disponible en internet: https://www.ramonycajalabogados.com/print/3499 [consulta de 23 de noviembre de 2024].

MARTÍN DIZ, F., «Derechos fundamentales y garantías procesales penales fundamentales: una lectura en clave tecnológica», en *Ius et Scientia*, volumen 10, número 1, 2024, pp. 52-81.

MIRANDA BONILLA, H., «Inteligencia artificial y justicia», en *Revista de la Facultad de Derecho de México*, volumen 72, número 284, 2022, pp. 375-391.

RIVAS VELASCO, M.ª J., «Justicia: IA está aquí», en *Diario La Ley*, número 80, de 22 de enero de 2024, pp. 1-12.

RUIZ FORNS, A. y NICOLÁS A., «Nuevo Reglamento de Inteligencia Artificial», en *Diario La Ley*, número 10491, de 23 de abril de 2024, pp. 1-5.

SANCHÍS CRESPO, C., «Inteligencia artificial y decisiones judiciales: crónica de una transformación anunciada», en *Scire*, número 29, 2023, pp. 65-84.

III

El Reglamento Europeo de Inteligencia Artificial y su repercusión en la investigación penal[1]

María Lourdes Noya Ferreiro
Profesora Titular de Derecho Procesal
Universidad de Santiago de Compostela

I. LA INVESTIGACIÓN PENAL. LA ACTUACIÓN POLICIAL COMO PUNTO DE PARTIDA

1. INTRODUCCIÓN

La aplicación de los sistemas de Inteligencia Artificial (IA) en el sistema de justicia y más concretamente en el proceso penal, carece de toda duda[2].

1. El presente trabajo ha sido elaborado en el marco del Proyecto I+D «Inteligencia artificial, Justicia y Derecho: ¿irrupción o disrupción tecnológica en el proceso penal» (PID 2020-119324GB-100). Ministerio de Ciencia, Innovación y Universidades.

2. El Reglamento europeo de IA define lo que ha de entenderse por sistema de IA en el artículo 1.1, al establecer que se trata de un «... *sistema basado en una máquina que está*

Cada vez con mayor frecuencia los instrumentos relacionados con la inteligencia artificial se abren camino, no sólo como apoyo en la realización de actuaciones judiciales, sino también en el campo de la investigación de hechos delictivos y en la toma de decisiones en el proceso.

El proceso penal representa probablemente el principal campo de tensión entre la exigencia ciudadana de seguridad y el derecho a la libertad de quien se ve sometido al proceso..., sirve para garantizar la seguridad pública, como un valor digno de protección..., pero también debe salvaguardar los derechos de la persona[3].

Es evidente que la investigación de las actuaciones delictivas se lleva a cabo en una primera etapa por la policía, que bien de oficio, cuando tiene conocimiento de la comisión de algún hecho con apariencia delictiva, o bien siguiendo instrucciones del ministerio fiscal o del juez instructor, cuando se ha presentado una denuncia o querella, pone en marcha una serie de diligencias cuya finalidad es esclarecer las circunstancias de la comisión del delito y averiguar los sujetos implicados en el mismo. Pero en la sociedad actual, el papel policial en su relación con las actuaciones delictivas comienza con anterioridad incluso a la realización de la actividad criminal. En los últimos años, se han incrementado notablemente una serie de funciones policiales relacionadas con la llamada policía predictiva y policía de prevención, que tiene como finalidad evitar, en la medida de lo posible, la comisión de hechos delictivos.

El papel policial en la investigación delictiva se ha visto reforzado a lo largo de los años, y es fácilmente constatable su relevante papel actual desde la irrupción de los medios tecnológicos de investigación y de los instrumentos de inteligencia artificial. El problema se encuentra en fijar claramente los límites de esa investigación policial. El aumento de las facultades y de los poderes policiales en la investigación penal y en las actuaciones a prevención, se pueden justificar por razones de seguridad ciudadana, pero no puede perderse de vista que en un Estado de Derecho hay que buscar siempre el difícil equilibrio entre la represión de las actuaciones criminales y el respeto de los derechos fundamentales. Las garantías propias del proceso penal constitucional no pueden ponerse en peligro, o incluso anularse, alegando la defensa de la democracia y de la seguridad, porque entonces

diseñado para funcionar con distintos niveles de autonomía y que puede mostrar capacidad de adaptación tras el despliegue, y que, para objetivos explícitos o implícitos, infiere de la información de entrada que recibe la manera de generar resultados de salida, como predicciones, contenidos, recomendaciones o decisiones, que pueden influir en entornos físicos o virtuales».

3. MORENO CATENA, V., «La garantía de los derechos fundamentales durante la investigación penal» en *Cuadernos penales José María Lidón*, número 7, 2010, p. 13.

sí, el proceso que ahora conocemos empezaría a dejar de ser el proceso garantista regulado constitucionalmente[4].

La fase de investigación en el proceso penal tiene como finalidad la comprobación de la comisión del delito, y la búsqueda de su autor y de las personas que han participado en la preparación y ejecución de la actividad delictiva. Para ello, y de acuerdo con lo establecido en el artículo 282 LECrim, la policía judicial podrá adoptar «... *las diligencias necesarias para comprobarlos y descubrir a los delincuentes, y recoger todos los efectos, instrumentos o pruebas del delito de cuya desaparición hubiere peligro, poniéndolos a disposición de la autoridad judicial*». Por tanto, en esta fase del proceso penal y a través de las diligencias de investigación, se generan fuentes de prueba que después podrán incorporarse al juicio. Es esta precisamente la razón que justifica la exigencia de garantías estrictas y respeto a los derechos fundamentales en la realización de esas diligencias de investigación. En consecuencia, dichas garantías deberán también observarse en aquellas actuaciones a prevención que pretendan adquirir eficacia en un proceso penal posterior.

Esta actuación policial, que ahora cobra nuevo protagonismo, trae causa en primer lugar de la Constitución, que en su artículo 104 encomienda a las Fuerzas y Cuerpos de la seguridad del Estado la función de «...*proteger el libre ejercicio de los derechos y libertades y garantizar la seguridad ciudadana*». Obviamente, en esta función se integran todas las actuaciones relacionadas con la averiguación de los hechos delictivos y de sus autores y, partiendo del encargo constitucional, se desarrolla en la LOPJ, y concretamente en su artículo 549, que encomienda a la policía «... *a) La averiguación acerca de los responsables y circunstancias de los hechos delictivos y la detención de los primeros, dando cuenta seguidamente a la autoridad judicial y fiscal, conforme a lo dispuesto en las leyes*».

Aunque la regulación de la actividad policial se encuentra dispersa en distintos textos normativos es obligado hacer referencia a las normas más relevantes. Así, cabe destacar la LO 2/1986, de 13 de marzo, de Fuerzas y Cuerpos de Seguridad, el RD 769/1987 de 19 de junio, sobre regulación de la Policía Judicial[5], y la LO 4/2015, de protección de la seguridad ciudadana.

4. GÓMEZ COLOMER, J. L., «El aumento de intervencionismo público en la investigación del delito. Una reflexión al hilo del acto de investigación criminal de registro remoto de equipos informáticos (coloquialmente llamado "del gusano informático")», en *Derecho Probatorio y otros estudios procesales. Liber amicorum Vicente Gimeno Sendra* (Asencio Mellado, Dir.), editorial Castillo de Luna Ediciones Jurídicas, Madrid, 2020, p. 819.

5. El artículo 547 LOPJ parece diferenciar entre una policía judicial genérica a la que pertenecen todos los miembros de las Fuerzas de Seguridad «... tanto si dependen del

De igual forma, es preciso mencionar los artículos 282 y 769 y ss. de la Ley de Enjuiciamiento Criminal, que se ocupan de regular las funciones policiales en la investigación de los hechos delictivos, y obviamente los preceptos introducidos por la Ley 13/2015, de modificación de la Ley de Enjuiciamiento Criminal para el fortalecimiento de las garantías procesales y la regulación de las medidas de investigación tecnológica. Tampoco puede obviarse por su especial relevancia en el objeto de estudio, la Ley Orgánica 7/2021, de 26 de mayo, de protección de datos personales tratados para fines de prevención, detección, investigación y enjuiciamiento de infracciones penales y de ejecución de sanciones penales.

2. APUNTES SOBRE LA ACTUACIÓN POLICIAL

No cabe duda que la irrupción de la tecnología y de los instrumentos de IA facilitan la labor policial de investigación de los hechos delictivos, y también permiten abordar una labor de prevención, e incluso una labor predictiva. Los problemas que se plantean a día de hoy no están relacionados con la investigación policial llevada a cabo cuando ya se ha incoado el proceso penal. En este caso, las condiciones y forma de actuación de la policía se encuentran regulados, y las reglas y límites de sus funciones se recogen fundamentalmente en la Ley de Enjuiciamiento Criminal, cuya regulación se ha completado con la ya citada Ley 13/2015, que ha introducido un amplio desarrollo de la investigación con medios tecnológicos.

En el sentido apuntado, la Ley procesal penal se ocupa en los artículos 579 y siguientes de las denominadas diligencias de investigación tecnológicas, y contempla una regulación completa de los presupuestos, requisitos y efectos de estas medidas. Por lo que aquí interesa, el Capítulo IV recoge las disposiciones comunes a la interceptación de las comunicaciones telefónicas y telemáticas, la captación y grabación de comunicaciones orales mediante la utilización de dispositivos electrónicos, la utilización de dis-

---

Gobierno central como de las comunidades autónomas o de los entes locales, dentro del ámbito de sus respectivas competencias», de la policía judicial en sentido estricto, a la que se hace referencia en el artículo 548, integrándolas en unidades de policía judicial, cuya composición se establece en el artículo 7 del citado Real Decreto, que están integradas por la policía nacional y la guardia civil: «*Constituyen la Policía Judicial en sentido estricto las Unidades Orgánicas previstas en el artículo 30.1 de la Ley Orgánica de Fuerzas y Cuerpos de Seguridad integradas por miembros del Cuerpo Nacional de Policía y de la Guardia Civil.*». V. en este sentido, NACARINO LORENTE, J. M., «La prevención del delito por las Fuerzas y Cuerpos de Seguridad y su relación con el adelanto de las barreras penales. ¿Dichas actuaciones permiten prevenir el delito y asimismo contribuir a tipificar conductas preparatorias? (1)», *Diario La Ley*, número 9740, Sección Tribuna, 20 de noviembre de 2020, https://laleydigital-laleynext-es.ezbusc.usc.gal/, p. 2.

positivos técnicos de seguimiento, localización y captación de la imagen, el registro de dispositivos de almacenamiento masivo de información y los registros remotos sobre equipos informáticos. Es obvio que en todas estas diligencias de investigación se utilizan sistemas de IA, y es este cuerpo legal el que establece los requisitos y garantías para su válida aplicación en la fase de investigación del proceso penal. La salvaguarda de los derechos fundamentales queda garantizada con esta regulación que combina la necesaria actividad instructora con su protección.

Sin embargo, no puede decirse lo mismo de las funciones policiales practicadas a prevención, o con ánimo de predecir y, en consecuencia, evitar futuras acciones delictivas. Si bien ha de ponerse de relieve que la Ley de Enjuiciamiento Criminal en su artículo 588 ter k) hace referencia a la actuación de la policía a prevención, al establecer el modo de actuar de los agentes policiales para la identificación de un usuario de equipo informático que esté cometiendo un hecho delictivo, es necesario precisar que, en este caso, se trata de actuaciones policiales para el descubrimiento de actividades delictivas cometidas en internet, y que será el juez de instrucción el que autorice la actuación policial para identificar al sujeto concreto, sospechoso de cometer la actuación criminal.

Es precisamente esta labor predictiva y de prevención, realizada con sistemas de IA, la que genera más incertidumbre y puede poner en peligro el sistema garantista de la justicia penal. La utilización por las unidades policiales de los instrumentos tecnológicos para predecir futuras actuaciones delictivas, que permiten valorar el riesgo de comisión de un hecho delictivo, centrando incluso la vigilancia en sujetos determinados, pueden relacionarse con el hallazgo de fuentes de prueba que, posteriormente, han de ser introducidas en el proceso para someterse a contradicción en el juicio oral. Si en este *iter* procedimental no se respeta la protección de los derechos fundamentales a través de la supervisión judicial, se pondrá en peligro la eficacia de la prueba, lo que conllevará la exclusión probatoria[6]. Admitir lo contrario pondría en peligro el proceso penal del Estado de Derecho[7].

Como es sabido, en esta labor policial previa a la fase de instrucción del proceso penal, es habitual la utilización de aplicaciones y sistemas de inte-

6. ARRABAL PLATERO, P., «El binomio Derecho procesal y nuevas tecnologías: de las pruebas tecnológicas al uso de la inteligencia artificial en la Administración de Justicia» en *El Derecho de la encrucijada tecnológica. Estudios sobre derechos fundamentales, nuevas tecnologías e inteligencia artificial*, (Martín Rios y Villegas Delgado, coords), Tirant lo Blanch, Valencia, 2022, p. 186.
7. BARONA VILAR, S., Algoritmización del Derecho y de la justicia. De la Inteligencia Artificial a la *Smart Justice* Tirant lo Blanch, Valencia 2021, Tirant lo Blanch, Valencia p. 503.

ligencia artificial, que analizan posibles localizaciones de actuaciones delictivas, tomando como referencia el entorno y las condiciones sociales, y estudiando, al mismo tiempo, el comportamiento de determinados sujetos que pueden considerarse como sospechosos[8]. Con la información obtenida, se pueden llegar a establecer patrones de conducta y determinar el riesgo de reiteración delictiva y, en definitiva, adoptar las medidas más adecuadas para reducir e incluso evitar posibles actuaciones criminales. Sin embargo, hay que tener en cuenta que, conforme a la doctrina del Tribunal de Justicia de la Unión Europea, el Tribunal Constitucional y el Tribunal Supremo, aquellas actuaciones de las que puedan derivar conclusiones sobre la vida privada, costumbres o hábitos, relaciones sociales, etc. representan una injerencia en el derecho a la intimidad y a la protección de datos, por lo que resulta imprescindible la existencia de control jurisdiccional[9]. En este mismo sentido, como se comprobará en epígrafes posteriores, se decanta la regulación del Reglamento Europeo de Inteligencia Artificial y las leyes estatales que regulan estas actuaciones.

Para que la utilización de las aplicaciones e instrumentos de IA resulte eficaz se requiere obviamente un tratamiento de los datos con los que trabaja el sistema «inteligente». El concepto de «tratamiento de datos» es amplio, y comprende una serie de operaciones que permiten ofrecer un resultado que, en su caso, pueda ser útil en una investigación delictiva. Se define en el artículo 5 de la LO 7/2021, que considera «tratamiento» a «*cualquier operación o conjunto de operaciones realizadas sobre datos personales o conjuntos de datos personales, ya sea por procedimientos automatizados o no, como la recogida, registro, organización, estructuración, conservación, adaptación o modificación, extracción, consulta, utilización, comunicación por transmisión, difusión o cualquier otra forma de habilitación de acceso, cotejo o interconexión, limitación, supresión o destrucción*»[10].

8. Aunque es este trabajo no es objeto de estudio, la utilización de los instrumentos de IA también facilita la protección de las víctimas de determinados hechos delictivos, en especial, los relacionados con la violencia de género y la violencia doméstica.
9. V. MONTORO SÁNCHEZ, J. A., «La obtención y tratamiento de datos de carácter personal con fines penales por la policía judicial» en *Uso de la información y de los datos personales Uso de la información y de los datos personales en los procesos: los cambios de la era digital*, (dirigido por Colomer Hernández), Aranzadi, Cizur Menor, 2022, p. 652. V. también la sentencia del TJUE de 8 de abril de 2014, (caso Digital Rigths); STC 292/2000, de 30 de noviembre; STS 434/2021, de 20 de mayo
10. V. LÓPEZ JIMÉNEZ, R., «La videovigilancia por las Fuerzas y Cuerpos de Seguridad del Estado: tratamiento de los datos personales» en *Uso de la información y de los datos personales..., op. cit.*, pp. 587 y ss. PÉREZ GIL, J./GONZÁLEZ PÉREZ, J. J., «La videovigilancia como diligencia de recogida de datos de carácter personal: una reflexión sobre sus repercusiones procesales» en *Videovigilancia. Ámbito de aplicación y derechos fundamentales afectados. En particular la protección de datos personales* (coordinado por Etxeberría Guridi y Ordeñana Gezuraga), Tirant lo Blanch, Valencia, 2011.

Partiendo de estas consideraciones, y dentro de los posibles escenarios policiales en los que pueden utilizarse instrumentos de inteligencia artificial, se hará referencia a dos de ellos. De un lado, los citados instrumentos son utilizados por la policía habitualmente en el análisis de los llamados policialmente «puntos calientes» (hotspots), esto es, los agentes policiales suelen utilizar herramientas de IA en determinadas áreas o espacios en los que se concentran un número importante de actuaciones delictivas, para su observación y examen, con el fin de detectar qué actuaciones son las más habituales y qué tipos de sujetos frecuentan esos lugares. A través de las aplicaciones de la IA se permite diseñar un trabajo policial a prevención, con la finalidad de reducir la criminalidad en los lugares previamente identificados. En ese sentido, los instrumentos de IA permiten reducir el riesgo de actuaciones delictivas aprovechando el flujo de información y de datos que se generan diariamente, facilitando la actuación policial para mejorar la seguridad pública, optimizando la utilización de los recursos a disposición de la policía y, en consecuencia, arbitrando soluciones para reducir la delincuencia[11].

El otro escenario se desarrolla cuando se está procediendo a la investigación de sujetos concretos, que pueden considerarse sospechosos y relacionados con actividades delictivas, aunque no se esté investigando una actuación en concreto. Se trata en este caso de la vigilancia policial centrada en el análisis del comportamiento de sujetos que, en muchos casos, ya han sido autores de hechos delictivos, o bien que pueden ser identificados como posibles autores de hechos futuros. Este tipo de actuaciones pueden representar un peligro para la protección de los derechos fundamentales, cuando no se someten a las reglas del juego establecidas legalmente en la investigación penal. Como ya se ha apuntado, estas labores de prevención cuando se dirigen sobre sujetos concretos y determinados no pueden justificar la ausencia de garantías.

En este contexto, es preciso poner de relieve que el tratamiento de datos personales relativos a un sujeto concreto se somete a las disposiciones de la LO 7/2021, de 26 de mayo, de protección de datos personales tratados para fines de prevención, detección, investigación y enjuiciamiento de infracciones penales y de ejecución de sanciones penales[12]. Esto es así porque se aprecia la concurrencia de los tres presupuestos que la propia Ley establece para su aplicación en su artículo 2. Los datos personales se someten a un

11. MIRÓ LLINARES. F., «Inteligencia artificial y justicia penal: más allá de los resultados lesivos causados por robots», *Revista de Derecho Penal y Criminología*, 3.ª Época, número 20 (julio de 2018), p. 100.
12. V. MONTORO SÁNCHEZ, J. A., «La obtención y tratamiento de datos de carácter personal con fines penales...» *op. cit.*, pp. 621 y ss.

tratamiento para obtener un resultado sobre su peligrosidad o sospecha de reiteración delictiva. El tratamiento de los datos se realiza por la policía judicial con la finalidad prevista en el artículo 1 de la norma[13]. Y dicho tratamiento se lleva a cabo por una autoridad competente a los efectos de esta ley[14].

En cada uno de los dos escenarios es habitual la utilización de cámaras de videovigilancia instaladas en lugares públicos, e incluso acudir a otro tipo de dispositivos que permiten también la grabación de imágenes y sonidos[15]. La citada Ley Orgánica 7/2021, regula en sus artículos 15 y siguientes, la utilización de estos instrumentos, que deberán ser expresamente autorizados, atendiendo al principio de proporcionalidad, idoneidad e intervención mínima. En este punto es obligado hacer una breve referencia a la instalación de cámaras de videovigilancia no policiales y la posible utilización de sus grabaciones. Ya la LO 7/2021 contempla esta cuestión en el artículo 16.2, al otorgar eficacia a este tipo de grabaciones, pero condicionada a que exista un control policial y una dirección del proceso completo de tratamiento[16].

La instalación de cámaras fijas se realizará conforme a lo establecido en la LO 4/1997, de 4 de agosto, por la que se regula la utilización de videocámaras por las Fuerzas y Cuerpos de Seguridad en lugares públicos y su Reglamento de desarrollo, siendo también de aplicación el artículo 16.3 LO 7/2021. Por su parte, la instalación de dispositivos móviles se llevará a cabo conforme a lo dispuesto en el artículo 17.1 de la citada LO 7/2021. Su autorización no tendrá carácter indefinido y dependerá de las circunstancias concretas del evento, o del peligro que se intenta evitar, estableciendo el segundo apartado del precepto el límite de un mes prorrogable por otro.

Pero estas actuaciones policiales, que permiten la ubicación de sujetos en lugares determinados y extraer una perspectiva sobre el modo de vida

13. Los fines recogidos en el precepto hacen referencia a la «... prevención, detección, investigación y enjuiciamiento de infracciones penales o de ejecución de sanciones penales, incluidas la protección y prevención frente a las amenazas contra la seguridad pública».
14. El artículo 4.1 de la LO 7/2021, considera autoridad competente a los Fuerzas y Cuerpos de Seguridad del Estado.
15. V. más ampliamente, LÓPEZ JIMÉNEZ, R., «La videovigilancia por las Fuerzas y Cuerpos de Seguridad del Estado...», *op. cit.*, pp. 587 y ss.
16. V. DE LEMUS VARA, F. J., «Límites para el tratamiento de los datos no investigados en el proceso penal», en *Uso de la información y de los datos personales..., op. cit.*, p. 561. Se trata de una colaboración entre la seguridad pública y la seguridad privada, que para que pueda tener eficacia exige el cumplimiento de los requisitos derivados de la protección de los derechos fundamentales.

y costumbres de una persona, no se realiza únicamente a través de la vigilancia policial del sujeto y del análisis de su comportamiento. A día de hoy resulta obvio que diariamente accedemos e interactuamos con smartphones, ordenadores, Ipads, etc., que facilitan la comunicación entre las personas a través del intercambio de información, pero que, al mismo tiempo, dejan un rastro fácilmente identificable de nuestra vida privada, de los datos intercambiados y del lugar en el que se produce la conexión. Los sistemas electrónicos de pago, las cámaras de videovigilancia instaladas no sólo por la policía en lugares públicos, sino también en establecimientos públicos y lugares de ocio, contribuyen a determinar el lugar concreto y el deambular de los ciudadanos[17].

El Tribunal Constitucional se ha pronunciado sobre la vida personal que se refleja en los dispositivos electrónicos, y concretamente, en relación al contenido de los ordenadores personales, ha considerado que «... *si no hay duda de que los datos personales relativos a una persona individualmente considerados, a que se ha hecho referencia anteriormente, están dentro del ámbito de la intimidad constitucionalmente protegido, menos aún pueda haberla de que el cúmulo de la información que se almacena por su titular en un ordenador personal, entre otros datos sobre su vida privada y profesional (en forma de documentos, carpetas, fotografías, vídeos, etc.) —por lo que sus funciones podrían equipararse a los de una agenda electrónica—, no sólo forma parte de este mismo ámbito, sino que además a través de su observación por los demás pueden descubrirse aspectos de la esfera más íntima del ser humano. Es evidente que cuando su titular navega por Internet, participa en foros de conversación o redes sociales, descarga archivos o documentos, realiza operaciones de comercio electrónico, forma parte de grupos de noticias, entre otras posibilidades, está revelando datos acerca de su personalidad, que pueden afectar al núcleo más profundo de su intimidad por referirse a ideologías, creencias religiosas, aficiones personales, información sobre la salud, orientaciones sexuales, etc. Quizás, estos datos que se reflejan en un ordenador personal puedan tacharse de irrelevantes o livianos si se consideran aisladamente, pero si se analizan en su conjunto, una vez convenientemente entremezclados, no cabe duda que configuran todos ellos un perfil altamente descriptivo de la personalidad de su titular, que es preciso proteger frente a la intromisión de terceros o de los poderes públicos, por cuanto atañen, en definitiva, a la misma peculiaridad o individualidad de la persona. A esto debe añadirse que el ordenador es un instrumento útil para la emisión o recepción de correos electrónicos, pudiendo quedar afectado en tal caso, no sólo el derecho al secreto de las* comunicaciones *del art. 18.3 CE (por cuanto es*

17. ORTIZ PRADILLO, J. C., «Big Data, vigilancias policiales y geolocalización: nuevas dimensiones de los derechos fundamentales en el proceso penal» en *Diario La Ley*, número 9955, Sección Doctrina, 18 de noviembre de 2021, ISSN Electrónico: 1989-6913, Wolters Kluwer, p. 3.

indudable que la utilización de este procedimiento supone un acto de comunicación), sino también el derecho a la intimidad personal (art. 18.1 CE), en la medida en que estos correos o email, escritos o ya leídos por su destinatario, quedan almacenados en la memoria del terminal informático utilizado. Por ello deviene necesario establecer una serie de garantías frente a los riesgos que existen para los derechos y libertades públicas, en particular la intimidad personal, a causa del uso indebido de la informática, así como de las nuevas tecnologías de la información»[18].

Esta sociedad digital y tecnológica facilita y propugna nuevos cauces de investigación más acordes con el uso de los instrumentos de inteligencia artificial. Partiendo de lo apuntado, en estas nuevas formas de investigación policial, se favorece también la participación en la investigación de empresas externas a los poderes públicos, como cooperadores necesarios para la utilización de estos sistemas. Dicha entrada de operadores privados relacionados con las telecomunicaciones ya está prevista parcialmente por la Ley procesal penal que, en su artículo 588 ter e), los califica como colaboradores, si bien sus facultades, supervisión de actuaciones y responsabilidad no se regulan expresamente[19].

Pero el abanico de colaboración va mucho más allá que el desarrollado por las empresas de telecomunicaciones. Como es sabido, las empresas privadas almacenan una gran cantidad de datos de los usuarios con el fin de analizar sus gustos personales y elaborar un perfil comercial del sujeto cara a potenciar sus líneas de negocio. El análisis y procesamiento de esta información, que además se almacena en bases de datos, puede permitir que las autoridades públicas reclamen su entrega con fines de investigación criminal[20].

De esta forma, el artículo 588 ter j) LECrim, al mismo tiempo que prevé la entrega de los datos electrónicos conservados por los prestadores de servicios en cumplimiento de la legislación sobre retención de datos, también la contempla respecto de otras personas que faciliten la comunicación por propia iniciativa cuando obedece a motivos comerciales o de otra índole. En ambos casos se condiciona su entrega a la autorización judicial. Una vez más la intervención judicial se convierte en la garantía última de los derechos fundamentales. La misma autorización se exige en el segundo apartado del precepto, cuando la información almacenada en archivos automa-

18. STC 173/2011, de 7 de noviembre.
19. GASCÓN INCHAUSTI, F., «Desafíos para el proceso penal en la era digital: externalización, sumisión pericial e inteligencia artificial», en *La justicia digital en España y la Unión Europea* (dirigido por Conde Fuentes y Serrano Hoyo), Atelier y Fundación Serra Domínguez, Barcelona, 2019, p. 195.
20. ORTIZ PRADILLO, J. C., «Big Data, vigilancias policiales y...», *op. cit.*, p. 4.

tizados de los prestadores de servicios resulte indispensable para la investigación, haciendo aquí una referencia expresa a la búsqueda entrecruzada o inteligente de datos.

En este sentido, la Ley 25/2007, de 18 de octubre, de conservación de datos relativos a las comunicaciones electrónicas y a las redes públicas de comunicaciones, establece en su artículo 1, la obligación de los operadores de «... *conservar los datos generados o tratados en el marco de la prestación de servicios de comunicaciones electrónicas o de redes públicas de comunicación, así como el deber de cesión de dichos datos a los agentes facultados siempre que les sean requeridos a través de la correspondiente autorización judicial con fines de detección, investigación y enjuiciamiento de delitos graves contemplados en el Código Penal o en las leyes penales especiales*»[21].

También el artículo 7 de la LO 7/2021, regula la colaboración de las personas físicas y jurídicas con la policía judicial para la investigación y enjuiciamiento de infracciones penales o para la ejecución de las penas.

Si las actuaciones relacionadas con la policía de prevención ya se han llevado a cabo en tiempos pasados sin acudir a métodos de inteligencia artificial, considerándose siempre como una ayuda importante para evitar y prevenir la criminalidad y decidir las medidas más idóneas, la irrupción de los nuevos métodos basados en la utilización de los sistemas inteligentes contribuye a una labor más exitosa, y a una mayor garantía de la tan ansiada seguridad ciudadana. Sin embargo, como ya se ha señalado, la incidencia de este tipo de instrumentos en los derechos fundamentales está fuera de toda duda, por lo que ha de garantizarse su protección y defensa en la investigación preprocesal, al igual que se asegura vez iniciado el proceso. Se trata, evidentemente, de una pugna entre un Estado garantista que promueve un proceso penal con respeto a las garantía y derechos, frente a un Estado el que la seguridad justifique, en ocasiones, actuaciones no del todo respetuosas con los derechos de los ciudadanos[22].

Partiendo de la especial relevancia que ha de predicarse respecto de la función policial, establecer el control de su actuación, fijando límites a las diligencias que puedan afectar a derechos fundamentales, se convierte en una tarea de suma importancia para preservar la investigación y la instrucción del proceso penal[23].

---

21. V. RODRÍGUEZ LAINZ, J. L., «La nueva doctrina del Tribunal Supremo frente a la jurisprudencia del Tribunal de Justicia de la Unión Europea en materia de conservación preventiva de datos de telecomunicaciones» en *Uso de la información y de los datos personales..., op. cit.*, pp. 375 y ss.
22. BARONA VILAR, S., Algoritmización del Derecho y de la Justicia..., *op. cit.*, p. 501.
23. BARONA VILAR, S., Algoritmización del Derecho y de la justicia..., op. cit., p. 502.

Llegados a este punto, resulta evidente que, en el proceso penal constitucional, el respeto a las garantías y los derechos fundamentales marcan el camino en la investigación penal, por lo que la Constitución y la Ley procesal penal se convierten en las primeras normas delimitadoras y de referencia en la actuación de los poderes públicos, y de las autoridades encargadas de la instrucción de los hechos delictivos. En esta misma línea, el Reglamento Europeo de Inteligencia Artificial (REIA), o con más precisión Reglamento (UE) 2024/1689 del Parlamento Europeo y del Consejo, de 13 de junio de 2024, por el que se establecen normas armonizadas en materia de inteligencia artificial, establece también una serie de requisitos que han de cumplirse cuando se trata de aplicar instrumentos de IA en la investigación.

También el Tribunal Supremo se ha ocupado de fijar las pautas a seguir en diligencias policiales de investigación en las que se utilizan instrumentos de IA, con la finalidad de garantizar la protección de los derechos fundamentales y libertades públicas, preservando al mismo tiempo la investigación policial preprocesal y la desarrollada en la fase de instrucción. En sus últimas resoluciones trata de acotar las injerencias en derechos que protegen la vida privada de las personas, restringiendo o limitando las actuaciones policiales que puedan considerarse una vulneración de estos derechos fundamentales. En el mismo sentido han de entenderse las garantías que se recogen en la Ley 13/2015, que regula la investigación por medios tecnológicos, y que marca un antes y un después en los requisitos que se han de observar en la investigación que utilice este tipo de instrumentos.

Sin duda, el progreso tecnológico y la evolución de las aplicaciones de inteligencia artificial hacen cada vez más difícil preservar la vida privada de los ciudadanos, lo que ha provocado los cambios legislativos y jurisprudenciales de los últimos años, respecto de la utilización de estas aplicaciones en le investigación penal. En este contexto, es obligada la referencia a la doctrina jurisprudencial del Tribunal Supremo dictada como consecuencia de la regulación, entre otros, de los dispositivos de localización y seguimiento en la Ley 13/2015[24]. Con anterioridad a la citada regulación nuestro alto Tribunal no consideraba que las actuaciones policiales relacionadas con la geolocalización podían suponer una injerencia en el derecho a la intimidad del sujeto investigado, fundamentalmente porque se consideraba que este tipo de intromisiones no suponían una injerencia sustancial en ese derecho fundamental. Así se pronuncia el Tribunal, cuando afirma que «... *El uso de radiotransmisores (balizas de seguimiento GPS), para la localización de embarcaciones en alta mar por la policía no vulnera el derecho fundamental al*

24. Arts. 588 ter y ss. y arts. 588 quinquies y ss.

secreto de las comunicaciones o supone una injerencia excesiva sobre el derecho fundamental a la intimidad a los efectos de exigir un control jurisdiccional previo y una ponderación sobre dicha afectación constitucional. Para esta Sala Segunda Tribunal Supremo la ausencia de relevancia constitucional se deriva de que se trata de «diligencias de investigación legítimas desde la función constitucional que tiene la policía judicial, sin que en su colocación se interfiera en su derecho fundamental que requerirá la intervención judicial»»[25].

En el mismo sentido la sentencia 489/2018, de 23 de octubre, se hace eco de la doctrina jurisprudencial del Tribunal Constitucional, para afirmar que «... *Recuerda el Tribunal Constitucional que la intervención de las comunicaciones requiere siempre de autorización judicial, pero el art. 18.1 CE no prevé esa misma garantía respecto del derecho a la intimidad, por lo que se admite la legitimidad constitucional de que la policía realice determinadas prácticas que constituyan una injerencia leve en la intimidad de las personas sin previa autorización judicial (y sin consentimiento del afectado), siempre que exista la suficiente y precisa habilitación legal y se hayan respetado las exigencias dimanantes del principio de proporcionalidad*»[26].

Además, la jurisprudencia del TEDH permitía también el uso de herramientas tecnológicas sin autorización judicial, aún en aquellos casos en los que se podía producir una injerencia en el derecho a la intimidad, al considerar que se trataba de una injerencia de menor intensidad[27].

Sobre este cambio jurisprudencial se pronuncia el propio Tribunal Supremo señalando que «...*El hecho de que nuestro sistema jurídico, hasta la entrada en vigor de la LO 13/2015, 5 de octubre, no haya venido exigiendo autorización judicial para la utilización de este tipo de dispositivos, ha suscitado las dudas propias de todo cambio normativo que obliga a rectificar pautas de actuación policial, hasta ahora validadas por la jurisprudencia de esta Sala. El aval otorgado por el TEDH a aquellos modelos constitucionales que no condicionan la validez de la injerencia a la obtención de autorización judicial, alienta la controversia y refuerza la argumentación de quienes ven en la utilización de este tipo de dispositivos una injerencia de menor intensidad en el ámbito de la intimidad protegida constitucionalmente. (...)*»[28].

Es la sentencia 141/2020, de 13 de mayo, la que recoge de forma exhaustiva los requisitos y garantías que, a partir de la regulación efectuada por la

25. STS 610/2016, de 7 de julio.
26. V. también sobre esta cuestión las SSTS 562/2007, de 22 de junio; 906/2008, de 19 de diciembre; 777/2013, de 7 de octubre; 798/2013, de 5 de noviembre; 489/2018, de 23 de octubre, entre otras.
27. V. en este sentido la STEDH de 2 de septiembre de 2010 (caso Uzun contra Alemania).
28. STS 835/2022, de 21 de octubre.

Ley 13/2015, habrán de observarse para la instalación de dispositivos de localización. Es imposible por razones de espacio analizar detenidamente esta resolución, pero sí se considera necesario hacer alguna referencia a las consideraciones del alto Tribunal. Una de las principales afirmaciones se refiere al derecho a la intimidad y su protección, considerando que «*la utilización de dispositivos de localización y seguimiento tiene una incidencia directa en el círculo de exclusión que cada ciudadano define frente a terceros y frente a los poderes públicos está ya fuera de cualquier duda. La afectación de la intimidad es incuestionable, más allá de que, conforme a la jurisprudencia constitucional y de esta Sala, existan actos de injerencia que, sin estar expresamente reservados a la autorización judicial, pueden ser plenamente válidos al perseguir un fin constitucionalmente legítimo en una sociedad democrática. La entrada en vigor de la LO 13/2015 descarta cualquier duda acerca de la voluntad legislativa de blindar ese espacio de intimidad y subordinar la legitimidad del acto de intromisión a la previa autorización judicial*»[29].

La reforma operada en la Ley procesal penal por la Ley 13/2015, también ha suscitado un pronunciamiento de la Fiscalía General del Estado, en relación con la utilización de dispositivos técnicos de captación de la imagen, de seguimiento y de localización, diferenciando entre la instalación de dispositivos que permiten grabar imágenes y los dispositivos de seguimiento y localización. Así pone de relieve la distinta intensidad de las injerencias en el derecho fundamental a la intimidad. Si bien respecto de la grabación de imágenes, afirma que «... *se trata de formas de indagación de la actividad delictiva que van a incidir en el derecho fundamental a la intimidad personal, al invadir reductos de privacidad que pueden llegar a afectar a la esfera más reservada de la vida de los investigados*», considera que este tipo de injerencias en el derecho fundamental puede ser cuestionada al tratarse de una afección leve. Continúa señalando la Fiscalía General que «... *Es esta una materia que no aparece condicionada en el texto constitucional a la reserva judicial, de ahí que el legislador haya optado por graduar la incidencia en el derecho fundamental de estas dos formas de persecución del delito exigiendo habilitación judicial únicamente para las modalidades más invasivas, los seguimientos a través de dispositivos técnicos, manteniendo, sin embargo, en manos de la Policía Judicial la capacidad de recurrir al empleo de dispositivos técnicos para la captación de imágenes*»[30].

29. V. más ampliamente sobre esta resolución RODRÍGUEZ LAÍNZ, J. L., «La nueva jurisprudencia sobre dispositivos de seguimiento y localización. (Comentario a la STS, Sala 2.ª,141/2020, de 13 de mayo)» en *La Ley*, número 9650, 2020, *La Ley Digital*, 22/02/2023.

30. V. Circular de la Fiscalía General del Estado 4/2019, de 6 de marzo, de la Fiscal General del Estado, sobre utilización de dispositivos técnicos de captación de la imagen, de seguimiento y de localización.

Esta preocupación constante por la protección de los derechos y libertades de los ciudadanos en la investigación penal se ha compartido también por el Tribunal Constitucional, que se ha pronunciado sobre la eficacia y legalidad de las diligencias policiales preprocesales, al hilo de determinar la licitud de las pruebas obtenidas a partir de las imágenes procedentes de la instalación de cámaras de videovigilancia sin control judicial, ni comunicación alguna a la autoridad judicial. La actuación de la policía se lleva a cabo en el marco de una investigación policial sobre tráfico de drogas. En el inicio de la investigación y después de un seguimiento a los sospechosos, se procede a la instalación de cámaras de videovigilancia en un garaje privado, a efectos de comprobar la actuación de las personas implicadas. Todo ello sin poner el hecho en conocimiento de la autoridad judicial ni iniciarse diligencias previas. De esas cámaras se extraen una serie de imágenes en las que se puede comprobar la carga y descarga de bultos que resultan sospechosos. Son estas imágenes las que llevan a la policía a solicitar una autorización judicial de entrada y registro en el domicilio y en el vehículo de uno de los investigados. Consecuencia de esta diligencia es la obtención de sustancia estupefacientes y de instrumentos delictivos relacionados con el tráfico de drogas.

El Tribunal Constitucional no entra a considerar la legalidad de la entrada y registro domiciliario toda vez que se produce con autorización judicial, una vez se han iniciado ya la instrucción judicial, señalando que corresponde al juez ordinario determinar el alcance de la información obtenida respecto del derecho fundamental a la presunción de inocencia. Lo que cuestiona la defensa, y aborda el Tribunal, es la legalidad de la instalación de las cámaras de videovigilancia antes de iniciarse la instrucción y sin dar cuenta de ello a la autoridad judicial. En este sentido considera que «*...el derecho fundamental concernido en este caso es el derecho fundamental a la intimidad personal, pues la Guardia Urbana de Barcelona se sirvió en su investigación de unas imágenes obtenidas sin el conocimiento del recurrente mediante una cámara instalada en un lugar en el que aquel mantenía una legítima expectativa de privacidad, como es el garaje de una comunidad de vecinos. Sin necesidad de entrar a dilucidar si ese garaje tiene la condición de domicilio a los efectos del art. 18.2 CE, pues el derecho a la inviolabilidad del domicilio no se invoca en el presente recurso de amparo, es notorio que, conforme al referido criterio de expectativa razonable de privacidad, ese espacio pertenece al ámbito de la intimidad protegida por el art. 18.1 CE, pues se trata de un lugar cerrado que es, además, una propiedad privada de acceso restringido (a los titulares de las plazas de aparcamiento y a terceros a los que aquellos permitan la entrada) y por tanto es patente que se trata de un lugar en el que el recurrente tenía una expectativa razonable de no ser escuchado u observado subrepticiamente por terceras personas*»[31].

31. STC 92/2023, de 11 de septiembre.

Atendiendo a esta resolución se puede entrar a valorar si las actuaciones policiales a través de instrumentos de IA practicadas sobre sujetos ya identificados y fuera de la supervisión judicial, pueden incorporarse al proceso, o si la afectación de derechos fundamentales como la intimidad, el secreto de las comunicaciones o la libertad de movimientos pueden cuestionar este tipo de fuentes de prueba[32].

Las limitaciones impuestas por el Reglamento Europeo de IA, la Constitución y la Ley de Enjuiciamiento Criminal y la LO 7/2021, de protección de datos, deben marcar el camino de futuras actuaciones que permitan una investigación delictiva desde el respeto a los derechos fundamentales y al sistema garantista que ha marcado la regulación de nuestro proceso penal. La gran utilidad de los sistemas de IA y su eficacia en la investigación de la criminalidad no puede verse empañada por el olvido de las reglas más básicas de protección de los derechos fundamentales, y mucho menos cuando el ordenamiento jurídico tiene instrumentos suficientes para protegerlos, favoreciendo que la actuación de los poderes públicos se desarrolle dentro del marco de garantías que rodea el proceso penal.

II. CONSIDERACIONES SOBRE LA ACTUACIÓN PREDICTIVA Y LA ACTUACIÓN A PREVENCIÓN

1. UNA PRIMERA APROXIMACIÓN

Como ya se ha apuntado, la investigación de un hecho delictivo puede abordarse desde dos perspectivas diferentes. En su inicio, la investigación puede partir de la actuación policial ante la interposición de una denuncia por un particular. A partir de ese momento se pueden practicar una serie de diligencias policiales dirigidas a una primera identificación de la realidad de la conducta y de su posible autoría. Pero este tipo de diligencias también pueden derivar de medidas policiales a prevención que han dado como resultado la sospecha de comisión de una actuación delictiva. Las tan conocidas cámaras de videovigilancia, la utilización de drones de vigilancia policial en los puntos calientes, la interceptación de mensajes en redes sociales, etc, pueden centrar futuras actuaciones policiales más concretas, dirigidas sobre conductas sospechosas con posibles autores en el foco de atención. En estos casos, la investigación policial se desarrolla al margen de la actividad jurisdiccional, porque todavía no se ha iniciado el proceso

32. V. ORTIZ PRADILLO, J. C., «Big Data, vigilancias policiales y...» *op. cit.*; RICHARD GONZÁLEZ, M., «Investigación policial en lugares públicos y privados atendiendo al derecho a la intimidad de los ciudadanos investigados. Comentario de la STC 92/2023 de 11 de septiembre, sobre la categoría de los garajes comunitarios respecto del derecho a la intimidad» en *LA LEY Probática*, número14, 2023.

penal. Precisamente son este tipo de actuaciones las que pueden poner en peligro la instrucción desarrollada posteriormente cuando se ha realizado sin las garantías protectoras de los derechos fundamentales.

Entre las herramientas de IA, que se ponen al servicio de la policía, destacan aquellas que permiten prevenir la comisión de hechos delictivos mediante la denominada evaluación de riesgos, son las conocidas herramientas de predicción. Obviamente, no son las únicas actuaciones policiales en las que se utilizan instrumentos de inteligencias artificial, pero resulta imposible hacer referencia a todos ellos dada el límite de extensión de este trabajo, y la amplitud y profundidad que exigen algunos de ellos.

Ya se ha señalado que la prevención de la criminalidad en la sociedad actual ha evolucionado. Se ha pasado de sistemas que se centraban en la peligrosidad del sujeto, examinando, casi desde una perspectiva clínica, sus tendencias, personalidad y carácter, a un sistema que incide en la evaluación del riesgo de la comisión delictiva[33]. En este caso, los parámetros o índices a evaluar no sólo tienen que ver son la personalidad y carácter del individuo o grupo de individuos, sino también con sus circunstancias familiares, laborales o ambientales, que se tienen en cuenta para determinar la probabilidad de actuación delictiva[34].

A través de estos instrumentos se trata de predecir la comisión de hechos delictivos futuros, con el fin de adoptar las medidas necesarias para evitarlos. Los instrumentos de IA a los que se hace referencia, permiten el análisis de un volumen abundante de datos, extraídos de expedientes policiales pasados, informaciones estadísticas, grabaciones y rastreos, que les llevan a fijar una serie de relaciones entre ellos que derivan de la coincidencia de diversos factores, deduciéndose un nivel de riesgo concreto en individuos determinados[35]. Así, los sistemas de policía predictiva establecen patrones de conducta derivados de actuaciones pasadas que se extrapolan hacia posibles actuaciones futuras con el objetivo de predecir comportamientos delictivos.

33. Este tipo de herramientas se utilizan inicialmente en Estados Unidos en el ámbito penitenciario, para pasar posteriormente como apoyo a jueces y tribunales en su decisión sobre la adopción de medidas cautelares e incluso para determinar el grado de la pena.
34. MONTESINOS GARCÍA, A., «Los algoritmos que valoran el riesgo de reincidencia. En especial, el sistema Viogen» en *Revista Aranzadi de Derecho y Proceso Penal*, número 64, 2021, cuarto trimestre, Aranzadi Digital, p. 2.
35. SOLAR CAYÓN, J. I., «Inteligencia artificial en la justicia penal: los sistemas algorítmicos» en Dimensiones éticas y jurídicas de la Inteligencia artificial en el marco del Estado de Derecho, Cuadernos de la Cátedra de Democracia y Derechos Humanos, 16, Universidad de Alcalá. Defensor del Pueblo, 2020, p. 130.

Resulta evidente que la finalidad de estos sistemas y su éxito actual se debe sin duda a que facilitan a los cuerpos de seguridad del Estado la adopción de los recursos necesarios para prevenir actuaciones delictivas. Con su uso se puede llegar a determinar en qué puntos geográficos hay mayor probabilidad de actividades criminales, qué perfiles de personas tienen mayores posibilidades de cometer un delito, o de ser víctimas de un hecho delictivo y, con esta información, se pueden optimizar los recursos cara a prevenir dichas actuaciones[36]. Pero también parece indudable, que en aquellos casos o situaciones en los que no se puede evitar la actuación delictiva, los resultados obtenidos a través de los sistemas «inteligentes» podrán servir de base o de ayuda en la investigación del delito cometido, con todas las implicaciones que esto puede suponer, cuando las actuaciones predictivas y de prevención del hecho no se han llevado cabo con el debido respeto a los derechos fundamentales y se han desarrollado con ausencia absoluta de control judicial[37].

Este abanico de sistemas predictivos a los que pueden recurrir las unidades de policía pueden agruparse en función de los objetivos perseguidos. Así, puede recurrirse a los sistemas que buscan la determinación de los lugares y el tiempo en los que resulta más probable que se cometan hechos delictivos, son los denominados mapas delictivos digitales o puntos calientes (hotspot); Esta ubicación física y temporal de la actividad criminal va a permitir a la policía diseñar una estrategia de prevención y actuación. Otro tipo de sistemas pretenden la determinación de qué tipos delictivos son más probables en lugares determinados. En relación con este segundo grupo es necesario precisar que su acierto está directamente relacionado con aquellos tipos penales que parten o derivan de actuaciones objetivas, que como tales son predecibles, y tienen una incidencia menor en aquellos otros que responden más a la impulsividad y ausencia de premeditación. Un tercer grupo trata de fijar los sujetos o grupos de sujetos que tienen mayor probabilidad de cometer un delito, o de ser víctimas de delitos. Finalmente, en otro grupo se pueden integrar aquellos sistemas cuyo objetivo es determinar personas concretas que pueden convertirse en víctimas de un delito, o fijar las características que tendrá el autor de un delito ya cometido. En estos últimos supuestos la incidencia en los derechos fundamentales de las personas sobre las que produce la actuación policial es significativa, por lo que

36. CUATRECASAS MONFORTE, C., «IA: herramienta de investigación criminal» en *La Ley digital*, 24 enero 2024, p. 11.
37. GUZMÁN FLUJA, V., «Ideas para un debate sobre la predicción del crimen» en *Inteligencia artificial legal y Administración de Justicia*, dirigido por Calaza López y Llorente Sánchez-Arjona, Aranzadi, 2022, p. 302.

sería necesario establecer límites concretos y un control sobre la actuación policial[38].

De esta forma, los sistemas predictivos pueden clasificarse atendiendo a la predicción de actividades delictivas, enfocando su utilización en determinar los lugares en los que hay una alta probabilidad de actuaciones criminales; atendiendo a la predicción de identidades delictivas, con la finalidad de acotar a los autores que pueden cometer esas actuaciones; y atendiendo a la predicción de identidades vulnerables con la finalidad de identificar a aquellas persona que tienen más probabilidades de convertirse en víctimas de hechos delictivos.

Si bien estos sistemas predictivos contribuyen a la investigación policial y a un despliegue más eficaz de los recursos, no puede obviarse que se trata de sistemas computacionales que trabajan con datos acumulados relacionados con el pasado de los sujetos, que en función de ellos establecen una presunción de culpabilidad futura. La utilización de este tipo de sistemas ha de supervisarse en todo caso por una autoridad que deberá confrontar los resultados obtenidos y relacionarlos con otro tipo de indicios que permitan asegurar la predicción ofrecida por el sistema[39].

2. UNA MIRADA A LOS TIPOS DE INSTRUMENTOS DE IA

Aunque son muchos los instrumentos que permiten a las unidades policiales realizar esta labor de prevención o de investigación de actuaciones criminales, y que, con toda seguridad, los avances tecnológicos en este campo proporcionarán nuevos instrumentos de apoyo a la policía, sí queremos hacer una pequeña clasificación de aquellas herramientas más utilizadas[40].

En primer lugar, y aunque serán objeto de tratamiento posterior al hacer referencia a su regulación en el REIA, es obligado mencionar aquellas herramientas que emplean datos biométricos. Se trata de sistemas que utilizan *los datos personales obtenidos a partir de un tratamiento técnico específico, relativos a las características físicas, fisiológicas o conductuales de una persona física que permitan o confirmen la identificación única de dicha persona, como imágenes faciales o datos dactiloscópicos*. Los sistemas de identificación biométrica

38. GUZMÁN FLUJA, V., «Ideas para un debate sobre la predicción del crimen ...», *op. cit.*, p. 308.
39. BARONA VILAR, S., «Cuarta revolución industrial (4.0.) o ciberindustria en el proceso penal: revolución digital, inteligencia artificial y el camino hacia la robotización de la justicia» en *Revista Jurídica Digital UANDES*, número 3, 2019, p. 11.
40. V. igualmente CUATRECASAS MONFORTE, C., IA: herramienta de investigación criminal..., *op. cit.*, pp. 17 y ss.

tal y como recoge el Reglamento Europeo de Inteligencia Artificial (REIA), en el apartado 35 del artículo 3, son sistemas de IA destinados al «*reconocimiento automatizado de características humanas de tipo físico, fisiológico, conductual o psicológico para determinar la identidad de una persona física comparando sus datos biométricos con los datos biométricos de personas almacenados en una base de datos*»[41].

Es importante destacar tres singulares características comunes a todos los elementos biométricos que pueden utilizarse por los sistemas que utilizan este tipo de datos: se trata de elementos que existen en todas las personas; son elementos únicos o específicos que diferencia a una persona de otra y que no son compartidos; y, finalmente, son elementos permanentes o invariables a lo largo de tiempo[42].

En esta clase de herramientas se integran el reconocimiento facial[43], el reconocimiento de voz, los sistemas de reconocimiento de emociones en los que se interrelacionan los resultados de los datos sobre rostro y voz, el reconocimiento de huellas dactilares, reconocimiento de iris y análisis de retina, y el reconocimiento de ADN entre otros.

No cabe duda que el tratamiento de los datos personales descritos anteriormente servirá a las unidades policiales para la elaboración de los tan conocidos perfiles que se utilizan tanto en funciones de policía predictiva y de prevención, como en la investigación de hechos delictivos, e incluso puede utilizarse como apoyo en las decisiones judiciales.

El artículo 5d) de la LO 7/2021, de 26 de mayo, de protección de datos personales tratados para fines de prevención, detección, investigación y enjuiciamiento de infracciones penales y de ejecución de sanciones penales, define *la «elaboración de perfiles» como toda forma de tratamiento automatizado*

---

41. V. en este sentido ETXEBERRÍA GURIDI, J. F. «El uso de sistemas de inteligencia artificial (IA) de identificación biométrica remota en espacios públicos en la ley europea de IA» en *Actualidad Jurídica Iberoamericana*, número 21, agosto 2024, ISSN: 2386-4567, p. 529 y ss.; V. IGLESIAS CANLE, I., «Registros biométricos y su aplicación al proceso penal en España e Italia» en *Inteligencia artificial legal y Administración de justicia* (dirigido por Calaza López y Llorente Sánchez-Arjona), Aranzadi, Cizur Menor, p. 339 y ss.
42. V. en este sentido ETXEBERRÍA GURIDI, J. F. «Sistemas biométricos (el reconocimiento facial en particular) y sus aplicaciones» en *Inteligencia artificial legal y Administración de justicia* (dirigido por Calaza López y Llorente Sánchez-Arjona), Aranzadi, Cizur Menor, p. 159.
43. Resulta cuestionable que el reconocimiento facial cumpla con las tres características comunes antes señaladas, ya que las facciones humanas no son invariables. El paso del tiempo y la acción humana mediante técnicas quirúrgicas pueden alterar los datos fisiológicos.

de datos personales consistente en utilizar datos personales para evaluar determinados aspectos personales de una persona física, en particular para analizar o predecir aspectos relativos al rendimiento profesional, situación económica, salud, preferencias personales, intereses, fiabilidad, comportamiento, ubicación o movimientos de dicha persona física.

En dicha elaboración se utilizan diferentes datos personales que, en la mayoría de los casos, pueden considerarse sensibles porque afectan a la esfera más reservada de las personas. Los datos personales que después serán objeto de tratamiento algorítmico, se obtienen del reconocimiento facial extraído de cámaras de videovigilancia instaladas en la vía pública, o en lugares de acceso al público, de reconocimiento de imágenes y de voz, datos almacenados en registros de huellas dactilares o de ADN que se almacenan en las bases de datos de la policía, datos derivados de la geolocalización y del cruce de datos obtenidos de dispositivos móviles, servicios electrónicos o registros financieros, datos relacionados o extraídos de internet, y un largo etc.[44].

Es evidente que el tratamiento de los datos obtenidos permite diferenciar a los sujetos, a través de sus costumbres y hábitos, preferencias, características físicas personales, etc, lo que, puesto en relación con el lugar de comisión del hecho delictivo, reduce el círculo de personas sobre las que centrar las actuaciones a prevención, o la investigación de la actuación criminal. A través del cruce de datos, el sistema inteligente proporciona ciertas predicciones sobre el comportamiento humano y los riesgos que pueden suponer cara a actuaciones futuras[45].

En el caso de su utilización para las actuaciones de prevención, lo preocupante es que, en muchos casos, no se parte de una sospecha de actuación delictiva. La policía no sólo recurre a estos instrumentos cuando está investigando la comisión de un delito, también lo hace sin que exista una investigación previa. Es el análisis de los datos que se van obteniendo, lo que lleva a la policía a la creencia de que un determinado sujeto o grupo de sujetos pueden resultar sospechosos de la futura comisión de un acto criminal[46].

44. CUATRECASAS MONFORTE, C., IA: herramienta de investigación criminal..., *op. cit.*, p. 17.
45. MORENO CATENA, V., «Los datos en el sistema de justicia y la propuesta de reglamento UE sobre inteligencia artificial», en *Uso de la información y de los datos personales en los procesos.* Los cambios en la era digital (dirigido por Colomer Hernández), Editorial Aranzadi, Cizur Menor, 2022, p. 62.
46. GUZMÁN FLUJA, V., «Ideas para un debate sobre la predicción del crimen...», *op. cit.*, p. 315.

El legislador europeo de Inteligencia Artificial es consciente del grave peligro que la utilización de este tipo de herramientas conlleva para el Estado de Derecho y para los derechos fundamentales. Y así lo pone de relieve en el considerando 59 del Reglamento Europeo de Inteligencia artificial, al relacionar su uso con el desequilibrio de poder y la afectación de derechos fundamentales como el derecho a la libertad, o derechos fundamentales de contenido procesal, como la presunción de inocencia, la tutela judicial efectiva y el derecho de defensa entre otros.

En atención a ello prohíbe en su artículo 5 c) la utilización de estos sistemas que llevan a cabo una clasificación de personas físicas o colectivos atendiendo a su comportamiento social, o a sus características personales o de su personalidad, siempre que dicha clasificación les cause un perjuicio, por no aplicarse en el contexto social en el que fueron generados o recabados los datos utilizados, o bien implique un trato perjudicial o desfavorable injustificado o desproporcionado respecto de su comportamiento social.

Si conectamos esta prohibición con las actuaciones policiales, es preciso tener en cuenta lo recogido en el considerando 31 REIA, que hace referencia expresa a su utilización por los agentes públicos, señalando, además de los efectos previstos en el artículo 5c) antes citado, la incidencia en el derecho a la dignidad y a la no discriminación y a los valores de igualdad y justicia.

En la misma línea, la letra d) del precepto también prohíbe la utilización de estos sistemas de IA para la evaluación del riesgo de actuaciones delictivas, con referencia a la elaboración de perfiles atendiendo a los rasgos o características de su personalidad.

Sin embargo, matiza el precepto que no se aplicará esta prohibición en aquellos casos en que dichos sistemas sirvan de apoyo a la valoración humana, cuando la implicación de la persona en la comisión delictiva ya se base en datos objetivos.

A este respecto el considerando 42 REIA considera que el respeto a la presunción de inocencia exige que las personas físicas de la Unión siempre deben ser juzgadas basándose en su comportamiento real. Por tanto, «... *deben prohibirse las evaluaciones de riesgos realizadas con respecto a personas físicas para evaluar la probabilidad de que cometan un delito o para predecir la comisión de un delito real o potencial basándose únicamente en la elaboración de perfiles de esas personas físicas o la evaluación de los rasgos y características de su personalidad*».

En este sentido, también se ha pronunciado con anterioridad la Directiva 2016/680, del Parlamento Europeo y del Consejo, de 27 de abril de 2016, relativa a la protección de las personas físicas, en lo que respecta al tratamiento de datos personales por parte de las autoridades competentes, para fines de prevención, investigación, detección o enjuiciamiento de infracciones penales o de ejecución de sanciones penales, y a la libre circulación de dichos datos, prohibiendo, en el artículo 10, el tratamiento de los datos personales que se refieran a las características personales, convicciones ideológicas, religiosas o políticas, o datos genéticos o biométricos que permitan identificar a una persona física, o relacionados con la salud, orientaciones sexuales, y otros relativos a la vida privada de las personas, salvo que se garanticen los derechos y libertades del interesado.

No obstante, es el propio precepto el que permite la utilización de dichos datos cuando: «... *a) lo autorice el Derecho de la Unión o del Estado miembro; b) sea necesario para proteger los intereses vitales del interesado o de otra persona física, o c) dicho tratamiento se refiera a datos que el interesado haya hecho manifiestamente públicos*».

Por tanto, interpretando el precepto *a sensu contrario*, se está permitiendo la utilización de estos datos tan privados y personales de los ciudadanos, que afectan al área más reservada de su intimidad, cuando se cumpla algunas de las condiciones recogidas anteriormente[47].

La citada Directiva continúa con el intento de limitar la utilización de los datos sensibles recogidos en el artículo 10, conminando a los Estados miembros a prohibir decisiones basadas únicamente en su tratamiento, cuando produzca efectos jurídicos negativos para el interesado, o le afecte significativamente. Pero una vez más, esta limitación admite dos excepciones, una, cuando estén autorizadas por la legislación del Estado o de la UE, y otra cuando en la citada legislación se garanticen los derechos y libertades del ciudadano.

A este respecto es importante hacer una precisión sobre la interpretación del precepto, que desbarata o hecha por tierra los posibles límites que intenta establecer la Directiva. Partiendo de lo dispuesto en el artículo 11.1, en realidad no se está prohibiendo el tratamiento de datos personales sensibles. Lo que se prohíbe son las decisiones basadas únicamente en este tipo de datos, y sólo cuando causen un perjuicio o afecten negativamente al interesado. Por tanto, está permitido que se lleve a cabo ese tratamiento de datos personales sensibles[48].

---

47. MORENO CATENA, V., «Los datos en el sistema de justicia y la propuesta de Reglamento...», *op. cit.*, p. 64.
48. MORENO CATENA, V., «Los datos en el sistema de justicia y la propuesta de Reglamento...», *op. cit.*, p. 64.

Se prohíbe también la elaboración de perfiles que puedan dar lugar a una discriminación de las personas físicas, utilizando los datos previstos en el ya citado artículo 10[49].

En su afán, poco satisfactorio, de limitar el tratamiento de datos personales sensibles, la Directiva establece la supervisión de una autoridad independiente, de carácter administrativo, que tendrá que llevar a cabo una actividad de control para proteger los derechos fundamentales, actividad que, en el marco de un proceso penal, ha de coordinar con las autoridades judiciales, o de investigación de los hechos delictivos. Habrá que determinar si la Directiva proporciona los instrumentos adecuados para que ese control sobre los datos personales, pueda respetarse adecuadamente en la investigación penal. Esto es, cómo puede accederse a los datos personales de los ciudadanos para que su utilización en un proceso penal, no vulnere los derechos fundamentales de los investigados, o de terceros que resulten afectados en ese proceso[50]. Sobre esta cuestión, y en relación a su utilización en la fase de investigación del proceso penal, ya se ha hecho referencia en el apartado anterior sobre la base de la regulación en la Ley de Enjuiciamiento Criminal de las medidas de investigación tecnológica.

En este contexto, es obligada la referencia al primer apartado del artículo 13 de la LO 7/2021, que regula el tratamiento de los que se pueden considerar datos personales especialmente sensibles[51], permitiendo únicamente su tratamiento cuando «*sea estrictamente necesario, con sujeción a las garantías adecuadas para los derechos y libertades del interesado y cuando se cumplan alguna de las siguientes circunstancias: a) se encuentre previsto por una norma con rango de ley o por el Derecho de la Unión Europea; b) resulte necesario para proteger los intereses vitales, así como los derechos y libertades fundamentales del interesado o de otra persona física y c) dicho tratamiento se refiera a datos que el interesado haya hecho manifiestamente públicos*».

49. Sobre la denominada «Justicia automatizada» puede consultarse GUZMÁN FLUJA, V., «Proceso penal y justicia automatizada» en *Revista General del Derecho*, número 53, 2021.
50. COLOMER HERNÁNDEZ, I., «Control y límites en el uso de la información y los datos personales por parte de la Inteligencia artificial en los procesos penales», en *Justicia algorítmica y neuroderecho. Una mirada multidisciplinar* (Barona Vilar, editora). Tirant lo Blanch, Valencia, 2021, p. 289.
51. Se hace referencia a los «... *datos personales que revelen el origen étnico o racial, las opiniones políticas, las convicciones religiosas o filosóficas o la afiliación sindical, así como el tratamiento de datos genéticos, datos biométricos dirigidos a identificar de manera unívoca a una persona física, los datos relativos a la salud o a la vida sexual o a la orientación sexual de una persona física...*».

Un segundo tipo de herramientas que se pueden utilizar policialmente en las actuaciones a prevención son las relacionadas con las técnicas de procesamiento del lenguaje natural. Se trata de instrumentos de IA utilizados para traducir el lenguaje humano de tal forma que pueda ser entendido por el algoritmo. En este sentido, si se emite información oralmente, será necesario transformar los sonidos de la voz en palabras para que el sistema pueda acceder e interpretar su significado. En el caso del lenguaje escrito el sistema ya interpreta directamente las palabras[52]. Se incluyen aquí las aplicaciones de *software* conocidas como chatbots, orientadas a mantener conversaciones y emitir respuestas preconstituidas ante un interlocutor humano (Siri, Alexa...). También han de integrarse en este grupo una conocidísima herramienta para detectar denuncias falsas, VeriPol, y las herramientas que permiten el análisis de los contenidos *on line* y análisis de documentos, entre otras.

Sin ánimo de ser exhaustivos, dado que estas referencias exceden del núcleo de este estudio, un tercer grupo de instrumentos de IA que pueden ser utilizados policialmente en la investigación predelictiva, estaría integrado por aquellas técnicas de visión artificial que tienen la capacidad de analizar, interpretar y extraer información a partir de imágenes digitalizadas formadas por mapas de píxeles. En ellas se emplean algoritmos de Machine Learning y Deep Learning, que facilitan el análisis masivo de imágenes en formato digital. También se sirven de ellas las empresas tecnológicas para rastrear el contenido de sus cuentas y poder bloquear aquellas imágenes y videos sensibles que incluso puedan ser constitutivos de delitos (pornografía, maltrato, etc.[53].

La otra perspectiva desde la que se puede enfocar la investigación de un hecho delictivo, que ya ha sido objeto de mención al inicio de este apartado, es la investigación policial desarrollada ya en la fase de instrucción del proceso penal bajo la dirección de la autoridad judicial. En estos casos, la salvaguarda de los derechos fundamentales queda plenamente garantizada por la intervención y control del juzgador. Sólo habrá que determinar, en el caso de la utilización de instrumentos de inteligencia artificial, qué tipo de garantías deben observarse para que los resultados obtenidos con dichos instrumentos puedan ser introducidos en el juicio oral y sometidos a contradicción, con el ánimo de preservar el derecho de defensa. Como ya se ha indicado, la regulación de las medidas de investigación tecnológica, introducida por la Ley 13/2015, de modificación de la Ley de Enjuiciamiento

52. CUATRECASAS MONFORTE, C., IA: herramienta de investigación criminal..., *op. cit.*, p. 109.
53. V. ampliamente CUATRECASAS MONFORTE, C., IA: herramienta de investigación criminal..., *op. cit.*, p. 120.

Criminal, ya aborda un completo abanico de garantías y establece los requisitos a cumplir para que los resultados obtenidos con algunas de estas herramientas puedan ser introducidos en el juicio oral. Lo más adecuado será que la utilización de nuevas herramientas se regule tomando como referencia la citada normativa.

III. CLASIFICACIÓN DE LOS SISTEMAS DE IA ATENDIENDO A LOS RIESGOS PARA LOS DERECHOS FUNDAMENTALES Y EL ESTADO DE DERECHO

1. CONSIDERACIONES INICIALES

En junio de 2024 se ha publicado el tan esperado Reglamento Europeo de IA, o con más precisión Reglamento (UE) 2024/1689 del Parlamento Europeo y del Consejo, de 13 de junio de 2024, por el que se establecen normas armonizadas en materia de inteligencia artificial. El artículo 113 REIA contempla el plazo de entrada en vigor, y además prevé un proceso de aplicación en diferentes fases. Como regla general el citado artículo establece su entrada en vigor a los veinte días de su publicación en el Diario Oficial de la Unión Europea (12 de julio de 2024), esto es, el 1 de agosto de 2024, aunque realmente su aplicación se pospondrá hasta el 2 de agosto de 2026.

No obstante, se recogen varias excepciones. Algunas de ellas prevén una aplicación anticipada a la fecha general, al establecer que los capítulos I y II se aplicarán a partir del 2 de febrero de 2025. Haciendo referencia a su contenido, el capítulo I regula las disposiciones generales divididas en cuatro artículos. El artículo 1 se refiere al objeto del Reglamento, el artículo 2 a su ámbito de aplicación, el artículo 3 a las definiciones relacionadas con la normativa IA, y el artículo 4 a la alfabetización en materia de inteligencia artificial. En cuanto al capítulo II, se establecen en un único precepto, el artículo 5, las prácticas de inteligencia artificial prohibidas.

El Reglamento dispone la aplicación diferida de varios de sus preceptos. Así pospone al 2 de agosto de 2025 los siguientes capítulos: la sección 4 del capítulo III sobre las autoridades notificantes y organismos notificados; el capítulo V que recoge los modelos de inteligencia artificial de uso general; el capítulo VII en el que se regula la gobernanza; el capítulo XII en el que se establecen las sanciones, con la excepción del artículo 101 en el que se prevén las multas a proveedores de modelos de IA de uso general, y, finalmente el artículo 78 que regula la confidencialidad, y que se integra en la sección 3 del capítulo IX.

Otra de las excepciones a la aplicación del Reglamento en agosto de 2026, es la prevista en el primer apartado del artículo 6, que regula las condiciones para considerar un sistema de inteligencia artificial como sistema de alto riesgo. Esta disposición se aplicará a partir del 2 de agosto de 2027, al igual que las obligaciones derivadas del Reglamento.

Esta aplicación escalonada obedece a la complejidad y ámbito de esta normativa, y a la necesidad de proporcionar a todos los agentes afectados, que son muy variados, un margen temporal adecuado para adaptarse a las previsiones del reglamento, garantizado de esta forma la seguridad jurídica. No obstante, teniendo en cuenta la protección de los derechos y valores de la Unión Europea, el Reglamento anticipa la aplicación de algunas obligaciones. En este sentido, el considerando 179 señala que «*teniendo en cuenta el riesgo inaceptable asociado a determinadas formas de uso de la IA, las prohibiciones, así como las disposiciones generales del presente Reglamento, deben aplicarse ya desde el 2 de febrero de 2025*»[54].

El Reglamento, también conocido como Ley de Inteligencia artificial, constituye la primera regulación general a nivel mundial de la materia, y va a condicionar el desarrollo económico y social durante los próximos años. Se enmarca en la Estrategia europea sobre IA, que se inicia por parte de la Comisión europea en abril de 2018. Se propone que la aplicación de la inteligencia artificial se lleve a cabo desde un enfoque que coloque a la persona en el centro de su desarrollo, impulsando el uso de esta alta tecnología para resolver desafíos y problemas relacionados con la salud, la seguridad, la lucha contra la delincuencia, etc. Esta estrategia apoya una IA ética, segura y vanguardista que se asienta sobre tres pilares: aumentar las inversiones públicas y privadas en IA, prepararse para los cambios socioeconómicos y garantizar un marco ético y legal adecuado. Se trata de garantizar que en el marco de la Unión Europea los recursos derivados de la inteligencia artificial se centren en el ser humano, defendiendo una IA sostenible, segura, inclusiva y fiable, que garantice el respeto a los derechos fundamentales, la democracia, el Estado de Derecho y la sostenibilidad medioambiental. Al mismo tiempo, el Reglamento IA tiene por objetivo impulsar la innovación y establecer a la UE como líder en el campo de la IA, actuando como un catalizador de la industria[55].

---

54. V. CAMPOS ACUÑA, C., «El Reglamento de Inteligencia Artificial ya está funcionando: a quién afecta, plazos y sanciones» en *Noticias Jurídicas. Actualidad noticias*, 3 de febrero de 2025, https://noticias.juridicas.com/actualidad/noticias/19904-el-reglamento-de-inteligencia-artificial-ya-esta-funcionando
55. Sobre la importancia y el contenido del REIA se puede consultar, entre otros, BARRIO ANDRÉS, M., (Dir.) *El Reglamento Europeo de Inteligencia Artificial,* Tirant lo Blanch, Valencia, 2024; *Comentarios al Reglamento europeo de Inteligencia artificial*, Editorial La Ley, Madrid, 2024.

En este sentido, el considerando número cuatro del REIA pone de relieve las múltiples aplicaciones de los sistemas de inteligencia artificial, reseñando los beneficios económicos, sociales, asistenciales y de desarrollo, entre otros. Señala expresamente que «*la IA es un conjunto de tecnologías en rápida evolución que contribuye a generar beneficios económicos, medioambientales y sociales muy diversos en todos los sectores económicos y las actividades sociales. El uso de la IA puede proporcionar ventajas competitivas esenciales a las empresas y facilitar la obtención de resultados positivos desde el punto de vista social y medioambiental en los ámbitos de la asistencia sanitaria, la agricultura, la seguridad alimentaria, la educación y la formación, los medios de comunicación, el deporte, la cultura, la gestión de infraestructuras, la energía, el transporte y la logística, los servicios públicos, la seguridad, la justicia, la eficiencia de los recursos y la energía, el seguimiento ambiental, la conservación y restauración de la biodiversidad y los ecosistemas, y la mitigación del cambio climático y la adaptación a él, entre otros, al mejorar la predicción, optimizar las operaciones y la asignación de los recursos, y personalizar las soluciones digitales que se encuentran a disposición de la población y las organizaciones*».

Para apuntar a continuación, el objetivo de la regulación aprobada, que se centra en «... *mejorar el funcionamiento del mercado interior mediante el establecimiento de un marco jurídico uniforme, en particular para el desarrollo, la introducción en el mercado, la puesta en servicio y la utilización de sistemas de inteligencia artificial (en lo sucesivo, «sistemas de IA») en la Unión, de conformidad con los valores de la Unión, a fin de promover la adopción de una inteligencia artificial (IA) centrada en el ser humano y fiable, garantizando al mismo tiempo un elevado nivel de protección de la salud, la seguridad y los derechos fundamentales consagrados en la Carta de los Derechos Fundamentales de la Unión Europea (en lo sucesivo, «Carta»), incluidos la democracia, el Estado de Derecho y la protección del medio ambiente, proteger frente a los efectos perjudiciales de los sistemas de IA en la Unión, así como brindar apoyo a la innovación*».

La premisa de la que parte el Reglamento, en cuanto a la aplicación de la IA y el objetivo que persigue, pone ya de relieve desde un principio la extrema complejidad de la norma. En un mismo cuerpo legal se establecen normas relativas a la comercialización y puesta en servicio de productos y sistemas de inteligencia artificial, y normas que pretenden la protección de los derechos fundamentales de las personas, del Estado de Derecho y de la democracia, regulando una serie de obligaciones que se han de observar en la aplicación de estos sistemas inteligentes. Todo ello unido a la regulación de la responsabilidad de aquellos que vigilan o supervisan el funcionamiento de los sistemas de IA, y de las sanciones por el incumplimiento de los requisitos de su puesta en funcionamiento y de las obligaciones establecidas.

Se pretende la regulación del uso de este tipo de tecnología en sectores concretos, teniendo en cuenta su posible incidencia en los derechos fundamentales, en la salud y en la seguridad. Así se establecen distintos niveles de riesgo y, en función de esta clasificación, se fijan una serie de requisitos y obligaciones, regulando también la prohibición del uso de determinados sistemas cuando el riesgo es inasumible[56].

La supervisión del cumplimiento de las normas reguladoras de la aplicación de la inteligencia artificial se encomienda a autoridades de la Unión europea y autoridades nacionales. En la Unión europea serán la Comisión europea, el Consejo europeo de IA[57] y la Oficina europea de IA[58], los encargados de esta función. El primer apartado del artículo 67 REIA prevé la creación de un «... *foro consultivo para proporcionar conocimientos técnicos y asesorar al Consejo de IA y a la Comisión, así como para contribuir a las funciones de estos en virtud del presente Reglamento*»[59]. También se recoge en el artículo 68 REIA la creación de un «grupo de expertos científicos independientes» destinado a apoyar las actividades de garantía del cumplimiento previstas en el presente Reglamento.

En cuanto a las autoridades nacionales, tal y como recoge el artículo 70 REIA, cada Estado miembro designará al menos una autoridad notificante y al menos una autoridad de vigilancia del mercado, como autoridades nacionales competentes a los efectos del presente Reglamento. Dichas autoridades ejercerán sus poderes de manera independiente, imparcial y sin sesgos, a fin de preservar la objetividad de sus actividades y funciones y de

56. BARRIO ANDRÉS. M., «Objeto, ámbito de aplicación y sentido del Reglamento Europeo de Inteligencia Artificial» en *El Reglamento Europeo de Inteligencia Artificial* (dirigido por Barrio Andrés), Tirant lo Blanch, Valencia 2024, p. 33.
57. El Consejo europeo de IA se recoge en el artículo 65 del Reglamento y estará compuesto por un representante por cada Estado miembro. El Supervisor europeo de protección de datos y la Oficina de IA también podrá asistir a las reuniones sin participar en las votaciones. El Consejo podrá invitar a autoridades y expertos para que asistan a las reuniones.
58. La Oficina europea de IA, creada en el seno de la Comisión, tiene por objeto el desarrollo y uso de la IA, fomentando los beneficios sociales y económicos y la innovación, mitigando al mismo tiempo los riesgos. El considerando 47 REIA dispone que «*la función de la Comisión consistente en contribuir a la implantación, el seguimiento y la supervisión de los sistemas de IA y modelos de IA de uso general, y a la gobernanza de la IA prevista por la Decisión de la Comisión de 24 de enero de 2024; las referencias hechas en el presente Reglamento a la Oficina de IA se entenderán hechas a la Comisión*».
59. La Comisión nombrará a los miembros del foro consultivo de acuerdo con lo establecido en el artículo 67.2 REIA. La Agencia de los Derechos Fundamentales de la Unión Europea, la Agencia de la Unión Europea para la Ciberseguridad, el Comité Europeo de Normalización (CEN), el Comité Europeo de Normalización Electrotécnica (Cenelec) y el Instituto Europeo de Normas de Telecomunicaciones (ETSI) serán miembros permanentes del foro consultivo.

garantizar la aplicación y ejecución del presente Reglamento, y estarán sujetas al principio de confidencialidad previsto en el artículo 78 REIA. Los Estados miembros tienen de plazo hasta el 2 de agosto de 2025 para designar a las autoridades nacionales competentes, que supervisarán la aplicación de las normas aplicables a los sistemas de IA y llevarán a cabo actividades de vigilancia del mercado.

La autoridad española de supervisión es la Agencia Española de Supervisión de la Inteligencia Artificial (AESIA), creada por la disposición adicional séptima de la Ley 28/2022, de 21 de diciembre, de fomento del ecosistema de las empresas emergentes, que la considera como un «... *organismo público con personalidad jurídica pública, patrimonio propio, plena capacidad de obrar y potestades administrativa, inspectora y sancionadora que se le atribuyan en aplicación de la normativa nacional y europea en relación con el uso seguro y confiable de los sistemas de inteligencia artificial*»[60].

2. CLASIFICACIÓN DE LOS SISTEMAS DE IA

Partiendo del objetivo de este trabajo y desde la perspectiva de su aplicación en el sistema de justicia, es necesario examinar la regulación de la IA en el Reglamento, enfocando las prohibiciones, requisitos y garantías reguladas hacia la investigación penal, y teniendo en cuenta las obligaciones que han de cumplirse para que los instrumentos de IA puedan ser utilizados por las autoridades policiales y judiciales en el esclarecimiento de hechos delictivos.

Tomando como primera referencia los considerandos y el texto articulado, se pone de relieve la constante preocupación del legislador europeo por la protección de los derechos fundamentales como la dignidad, la intimidad y el secreto de las comunicaciones, la protección de los datos personales y de la privacidad en general, el derecho a la igualdad, los derechos fundamentales de naturaleza procesal, etc. En este sentido, el considerando

---

60. Su actuación responderá a los siguientes fines:
a) La concienciación, divulgación y promoción de la formación, y del desarrollo y uso responsable, sostenible y confiable de la inteligencia artificial.
b) La definición de mecanismos de asesoramiento y atención a la sociedad y a otros actores relacionados con el desarrollo y uso de la inteligencia artificial.
c) La colaboración y coordinación con otras autoridades, nacionales y supranacionales, de supervisión de inteligencia artificial.
d) El fomento de entornos reales de prueba de los sistemas de inteligencia artificial, para reforzar la protección de los usuarios.
e) La supervisión de la puesta en marcha, uso o comercialización de sistemas que incluyan inteligencia artificial y, especialmente, aquellos que puedan suponer riesgos significativos para la salud, seguridad y los derechos fundamentales.

48 REIA señala que «... *la magnitud de las consecuencias adversas de un sistema de IA para los derechos fundamentales protegidos por la Carta es especialmente importante a la hora de clasificar un sistema de IA como de alto riesgo. Entre dichos derechos se incluyen el derecho a la dignidad humana, el respeto de la vida privada y familiar, la protección de datos de carácter personal, la libertad de expresión y de información, la libertad de reunión y de asociación, el derecho a la no discriminación, el derecho a la educación, la protección de los consumidores, los derechos de los trabajadores, los derechos de las personas discapacitadas, la igualdad entre hombres y mujeres, los derechos de propiedad intelectual, el derecho a la tutela judicial efectiva y a un juez imparcial, los derechos de la defensa y la presunción de inocencia, y el derecho a una buena administración*»[61].

Dicha preocupación sobre la protección y tutela de los derechos fundamentales es compartida también por la doctrina, que, si bien reconoce las ventajas que estos sistemas suponen para el sistema de justicia, también advierte de los peligros de una utilización inadecuada y de los riesgos que conllevan, y más concretamente para el derecho a la tutela judicial efectiva y a un juez imparcial, los derechos de la defensa y la presunción de inocencia, mencionados expresamente en el considerando 48 REIA[62].

Precisamente, el peligro de la utilización de los sistemas de IA motiva su clasificación atendiendo al riesgo que ocasionan, determinando una

61. En este mismo considerando se hace especial referencia a la especial protección de los menores con una mención específica del artículo 24 de la Carta y en la Convención sobre los Derechos del Niño de las Naciones Unidas, y su desarrollo en la observación general n.º 25 de la Convención sobre los Derechos del Niño de Naciones Unidas relativa a los derechos de los niños en relación con el entorno digital.

62. BARONA VILAR, S., *Algoritmización del derecho y de la justicia, op. cit.*, pp. 25 y ss.; COLOMER HERNÁNDEZ, I., «Control y límites en el uso de la información y los datos personales por parte de la Inteligencia artificial en los procesos penales», en *Justicia algorítmica y neuroderecho. Una mirada multidisciplinar* (Barona Vilar, editora). Tirant lo Blanch, Valencia, 2021, p. 293; ESPARZA LEIBAR, I., «Derecho fundamental a la protección de datos de carácter personal en el ámbito jurisdiccional e inteligencia artificial. En especial la LO 7/2021, de protección de datos personales tratados para fines de prevención, detección, investigación y enjuiciamiento de infracciones penales y de ejecución de sanciones penales», en *Inteligencia artificial legal y Administración de justicia* (dirigido por Calaza López y Llorente Sánchez-Arjona), Aranzadi, Cizur Menor (Navarra), 2022, p. 188; GÓMEZ COLOMER, J. L., «Derechos fundamentales, proceso e Inteligencia Artificial: una reflexión» en *Inteligencia artificial legal y Administración de justicia, op. cit.*, p. 259. GUZMÁN FLUJA, V., «Arbitraje y soluciones técnicas inteligentes: elementos para un debate», en *Justicia algorítmica y neuroderecho. Una mirada multidisciplina..., op. cit.*, pp. 553 y ss.; MARTÍN DIZ, F., «Herramientas de inteligencia artificial y adecuación en el ámbito del proceso judicial», en *Derecho Procesal. Retos y transformaciones*, Atelier y Fundación Serra Domínguez, Barcelona, 2021, pp. 298-299; MORENO CATENA, V., «Los datos en el sistema de justicia y la propuesta de reglamento...», *op. cit.*, p. 48, entre otros.

mayor o menor exigencia de requisitos para su aplicación y de garantías en su protección.

En primer lugar, en su artículo 5, el Reglamento hace referencia a los sistemas de riesgo inaceptable o sistemas prohibidos[63]. Se trata de una serie de sistemas de IA, listados de forma tasada y periódicamente revisados, cuyo uso estaría prohibido por implicar un riesgo inadmisible para la seguridad, la vida y los derechos fundamentales. En esta categoría se integran aquellas aplicaciones de IA que permiten la clasificación de las personas en función de su comportamiento o características personales, cuando induzcan a discriminación[64]. Este tipo de aplicaciones pueden afectar a la dignidad de la persona, a la justicia o a la igualdad.

Recoge expresamente el Reglamento, en su considerando 31, que «*la puntuación ciudadana resultante de dichos sistemas de IA puede dar lugar a un trato perjudicial o desfavorable de determinadas personas físicas o colectivos enteros en contextos sociales que no guardan relación con el contexto donde se generaron o recabaron los datos originalmente, o a un trato perjudicial desproporcionado o injustificado en relación con la gravedad de su comportamiento social. Por lo tanto, deben prohibirse los sistemas de IA que impliquen esas prácticas inaceptables de puntuación y den lugar a esos resultados perjudiciales o desfavorables*».

También se integrarían en este grupo aquellos instrumentos que permiten manipular la voluntad y el comportamiento humano, de modo que puedan provocar perjuicios físicos o psicológicos, y los sistemas de identificación biométrica en tiempo real en lugares de acceso público con la finalidad de aplicación de la ley[65].

---

63. V. más ampliamente MÍGUEZ MACHO, L./MARCOS TORRES, C., «Sistemas de IA prohibidos y sistemas de IA de alto riesgo» en *El Reglamento Europeo de Inteligencia Artificial* (dirigido por Barrio Andrés), *op. cit.*, pp. 49-85.
64. Esta previsión se corresponde con los sistemas prohibidos del artículo 11 de la Directiva de 2016, que hacía referencia a las categorías especiales de datos.
65. Conforme a lo previsto en el apartado 34, del artículo 3 del Reglamento, se entienden por datos biométricos, los datos personales obtenidos a partir de un tratamiento técnico específico, relativos a las características físicas, fisiológicas o conductuales de una persona física que permitan o confirmen la identificación única de dicha persona, como imágenes faciales o datos dactiloscópicos.
Los sistemas de identificación biométrica tal y como recoge el Reglamento en el apartado 35 del artículo 3, son sistemas de IA destinados al «*reconocimiento automatizado de características humanas de tipo físico, fisiológico, conductual o psicológico para determinar la identidad de una persona física comparando sus datos biométricos con los datos biométricos de personas almacenados en una base de datos*». En este tipo de identificación el usuario del sistema desconoce si la persona se encuentra en la base de datos del sistema.

Desde la perspectiva de la aplicación de los sistemas inteligentes en la investigación y enjuiciamiento penal, resulta de especial importancia la inclusión entre los instrumentos prohibidos o de riesgo inaceptable de algunas aplicaciones.

Como ya se ha mencionado anteriormente en el precepto citado se hace referencia expresa a la «*la introducción en el mercado, la puesta en servicio o la utilización de sistemas de IA para evaluar o clasificar a personas físicas o a colectivos de personas durante un período determinado de tiempo atendiendo a su comportamiento social o a características personales o de su personalidad conocidas, inferidas o predichas, de forma que la puntuación ciudadana resultante provoque una o varias de las situaciones siguientes:*

i) *un trato perjudicial o desfavorable hacia determinadas personas físicas o colectivos de personas en contextos sociales que no guarden relación con los contextos donde se generaron o recabaron los datos originalmente,*

ii) *un trato perjudicial o desfavorable hacia determinadas personas físicas o colectivos de personas que sea injustificado o desproporcionado con respecto a su comportamiento social o la gravedad de este*».

Y todavía más concretamente a «*la introducción en el mercado, la puesta en servicio para este fin específico o el uso de un sistema de IA para realizar evaluaciones de riesgos de personas físicas con el fin de valorar o predecir el riesgo de que una persona física cometa un delito basándose únicamente en la elaboración del perfil de una persona física o en la evaluación de los rasgos y características de su personalidad; esta prohibición no se aplicará a los sistemas de IA utilizados para apoyar la valoración humana de la implicación de una persona en una actividad delictiva que ya se base en hechos objetivos y verificables directamente relacionados con una actividad delictiva*».

Parece que el Reglamento diferencia claramente entre la elaboración de «perfiles» de una persona o grupos de personas cuando no son objeto de una investigación concreta y determinada, de aquella otra que se enmarca en una investigación delictiva en la que ya constan *hechos objetivos y verificables directamente relacionados con una actividad*. Si esto es así, se está aludiendo a la existencia de un proceso penal en curso y a la adopción de determinadas diligencias de investigación bajo el paraguas supervisor de una autoridad judicial.

Especial mención requiere la regulación que el Reglamento establece en relación con los sistemas de identificación biométrica, previstos como sistemas prohibidos en el citado artículo 5, apartado h. Se refiere el REIA a los sistemas de identificación biométrica remota «en tiempo real» en espacios de acceso público con fines de garantía del cumplimiento del Derecho[66]. Inicialmente se considera como un sistema prohibido, salvo que su uso resulte estrictamente necesario para los fines que se mencionan en el propio precepto y que serán tratados con posterioridad, y de acuerdo con los requisitos y garantías dispuestos en los apartados dos, tres y cinco del citado artículo 5.

Resulta evidente la importancia que tiene en la investigación delictiva la identificación de aquellas personas que pueden resultar sospechosas de la comisión de hechos delictivos. Que los rasgos físicos o fisiológicos puedan ser tratados por sistemas de IA a través de la utilización de un tratamiento algorítmico, es un avance trascendental para el éxito de la investigación.

No obstante, no cabe duda que la utilización de este tipo de datos y su tratamiento mediante el cruce de algoritmos debe sujetarse a un estricto control judicial, limitando su aplicación en función de los tipos delictivos y con sujeción al principio de proporcionalidad[67]. La injerencia en la vida privada de los ciudadanos, en su intimidad, e incluso en su libertad de movimientos, conlleva que la utilización de este tipo de instrumentos se declare prohibida con carácter general, aunque, como veremos, puedan ser utilizados excepcionalmente[68].

Lo primero que cabe aclarar es lo que se entiende por datos biométricos, para lo que el Reglamento remite al artículo 4, punto 14, del Reglamento (UE) 2016/679, en el artículo 3, punto 18, del Reglamento (UE) 2018/1725, y en el artículo 3, punto 13, de la Directiva (UE) 2016/680. En este último precepto se entiende por «*«datos biométricos»: los datos personales resultantes de un tratamiento técnico específico relativo a las características físicas, fisiológicas o de comportamiento de una persona física, como las imágenes faciales o los datos dactiloscópicos*». El Reglamento precisa, en su considerando 14, que «*los datos biométricos pueden permitir la autenticación, la identificación o la categorización de las personas físicas y el reconocimiento de las emociones de las personas físicas*».

66. En el artículo 1 se recoge la definición número 46 que señala lo que ha de entenderse por «garantía del cumplimiento del Derecho» desde la perspectiva del REIA, estableciendo que comprenden «*las actividades realizadas por las autoridades garantes del cumplimiento del Derecho, o en su nombre, para la prevención, la investigación, la detección o el enjuiciamiento de delitos o la ejecución de sanciones penales, incluidas la protección frente a amenazas para la seguridad pública y la prevención de dichas amenazas*».

67. V. en este sentido ETXEBERRÍA GURIDI, J. F. «El uso de sistemas de inteligencia artificial (IA) de identificación biométrica ...», *op. cit.*, p. 531.

68. V. IGLESIAS CANLE, I., «Registros biométricos y su aplicación al proceso penal...», *op. cit.*, p. 348.

Así pues, es imprescindible la utilización de este tipo de datos para proceder a la identificación biométrica. En el Reglamento se define, en el considerando 15, como «*el reconocimiento automatizado de características humanas de tipo físico, fisiológico o conductual, como la cara, el movimiento ocular, la forma del cuerpo, la voz, la entonación, el modo de andar, la postura, la frecuencia cardíaca, la presión arterial, el olor o las características de las pulsaciones de tecla, a fin de determinar la identidad de una persona comparando sus datos biométricos con los datos biométricos de personas almacenados en un base de datos de referencia, independientemente de que la persona haya dado o no su consentimiento*». Y diferencia la identificación biométrica de la «verificación biométrica», que define como el proceso de autenticación «... *cuyo único propósito es confirmar que una persona física concreta es la persona que dice ser, así como la identidad de una persona física con la finalidad exclusiva de que tenga acceso a un servicio, desbloquee un dispositivo o tenga acceso de seguridad a un local*».

Dentro de la identificación biométrica, distingue entre identificación biométrica remota e identificación biométrica real. En la primera categoría se incluyen aquellos sistemas de IA destinados a identificar a personas físicas sin su participación o consentimiento, por lo que se trata de un sistema de identificación a distancia en el que se comparan sus datos biométricos con los que figuran en una base de datos. Por el contrario, en los sistemas identificación biométrica real, o en tiempo real, la recogida de los datos biométricos, su comparación y la identificación que se pretende, se llevan a cabo de forma instantánea, sin una demora importante. Para ello se pueden utilizar grabaciones en video, o las obtenidas de una cámara.

En relación con el uso de estos sistemas en espacios públicos con fines de garantía en el cumplimiento de la ley, considera el Reglamento, en su considerando 32, que invade gravemente derechos fundamentales como la vida privada, dando lugar a una sospecha de vigilancia constante por parte de los poderes públicos, lo que puede llevar a los ciudadanos a no ejercer con libertad otros derechos como el derecho de reunión. Además, los posibles sesgos que pueden derivarse de la aplicación de estos sistemas, y el resultado que ocasionan, generan un riesgo difícil de asumir, y más cuando no se pueden realizar comprobaciones inmediatas que puedan descartar el resultado ofrecido por la IA.

La gravedad de la injerencia es evidente, se trata de una identificación en tiempo real de personas que se encuentran en lugares públicos, sin diferenciar si se trata de sospechosos de la comisión de hechos delictivos o no. No se puede obviar en este punto, que aún en espacios públicos los derechos integrados en la vida privada han de protegerse[69]. Consecuencia de ello, es que el propio Reglamento prohíbe su utilización salvo situaciones excepcionales que compense el riesgo que suponen, situaciones especialmente previstas en el propio Reglamento que, como ya se ha apuntado, se tratarán en páginas posteriores.

Continuando con la clasificación que realiza el Reglamento, relativa a la aplicación de los sistemas de IA en función del riesgo que generan, el segundo nivel lo integran los denominados sistemas de alto riesgo. Se integran en esta categoría otros sistemas de IA, que, si bien no están prohibidos, suponen un «alto riesgo» para los derechos y libertades de los individuos y, por consiguiente, deben estar sujetos a ciertas obligaciones reforzadas que garanticen su uso legal y ético.

El Reglamento los recoge en el primer apartado del artículo 6, haciendo referencia a una serie de sistemas destinados a ser utilizados, bien como componentes de seguridad de un producto de los recogidos en el anexo I[70], o bien que el propio sistema sea uno de esos productos, siempre que deban someterse a una evaluación de conformidad por terceros para su introducción en el mercado, conforme a lo previsto en ese anexo I.

El segundo apartado del precepto se remite al anexo III para considerar los sistemas que se relacionan como de alto riesgo, que se regulan atendiendo a su finalidad. Por lo que interesa a este estudio, han de mencionarse necesariamente los sistemas relacionados con la biometría, los sistemas relacionados con la garantía del cumplimiento del Derecho y los sistemas relacionados con la Administración de justicia[71].

Como puede comprobarse los sistemas recogidos en el anexo III son utilizados habitualmente por la policía en sus funciones de investigación criminal, o incluso en sus funciones a prevención. Se catalogan como sistemas relacionados con la garantía del cumplimiento del Derecho y se establece como primera condición para su uso que se permita por el Derecho

69. ETXEBERRÍA GURIDI, J. F. «El uso de sistemas de inteligencia artificial (IA)...» *op. cit.*, p. 546.
70. En el citado anexo I se agrupa la legislación armonizada que da cobertura la regulación de una serie de materias como la seguridad de los juguetes, de los ascensores, productos sanitarios, motos acuáticas, aviación civil, etc.
71. Sobre esta cuestión, ver más ampliamente DE HOYOS SANCHO, M., «El proyecto de Reglamento de la Unión Europea sobre inteligencia artificial, los sistemas de alto riesgo y la creación de un ecosistema de confianza» en *Justicia poliédrica en periodo de mudanza:* Nuevos conceptos, nuevos sujetos, nuevos instrumentos y nueva intensidad (Barona Vilar (edit.), 2022, pp. 411 y ss.

de la Unión y por el Derecho del Estado miembro en el que se pretenda aplicar:

a) Sistemas de IA destinados a ser utilizados por las autoridades garantes del cumplimiento del Derecho, o en su nombre, o por las instituciones, órganos y organismos de la Unión en apoyo de las autoridades garantes del cumplimiento del Derecho, para evaluar el riesgo de que una persona física sea víctima de delitos.

b) Sistemas de IA destinados a ser utilizados por las autoridades garantes del cumplimiento del Derecho, o en su nombre, o por las instituciones, órganos y organismos de la Unión en apoyo de las autoridades garantes del cumplimiento del Derecho como polígrafos o herramientas similares.

c) Sistemas de IA destinados a ser utilizados por las autoridades garantes del cumplimiento del Derecho, o en su nombre, o por las instituciones, órganos y organismos de la Unión en apoyo de las autoridades garantes del cumplimiento del Derecho para evaluar la fiabilidad de las pruebas durante la investigación o el enjuiciamiento de delitos.

d) Sistemas de IA destinados a ser utilizados por las autoridades garantes del cumplimiento del Derecho, o en su nombre, o por las instituciones, órganos y organismos de la Unión en apoyo de las autoridades garantes del cumplimiento del Derecho para evaluar el riesgo de que una persona física cometa un delito o reincida en la comisión de un delito atendiendo no solo a la elaboración de perfiles de personas físicas mencionada en el artículo 3, punto 4, de la Directiva (UE) 2016/680 o para evaluar rasgos y características de la personalidad o comportamientos delictivos pasados de personas físicas o colectivos.

e) Sistemas de IA destinados a ser utilizados por las autoridades garantes del cumplimiento del Derecho, o en su nombre, o por las instituciones, órganos y organismos de la Unión en apoyo de las autoridades garantes del cumplimiento del Derecho para elaborar perfiles de personas físicas, como se menciona en el artículo 3, punto 4, de la Directiva (UE) 2016/680 durante la detección, la investigación o el enjuiciamiento de delitos. Además, también se considera de algo riesgo los sistemas de IA destinados a ayudar a una autoridad judicial en la investigación e interpretación de hechos y de la ley, así como en la aplicación de la ley a un conjunto concreto de hechos, tal y como se recoge en el apartado 8 del citado anexo III.

De conformidad con el artículo 7.1 REIA, esta relación de sistemas podrá ampliarse con otros nuevos que conlleven un riesgo para la salud o la seguridad, o puedan afectar negativamente a los derechos fundamentales, siempre que la gravedad o la probabilidad del riesgo de causar perjuicios resulten equivalentes a los ya previstos.

En cuanto a los sistemas relacionados con la Administración de Justicia y los procesos democráticos previstos en el apartado 8 del Anexo III se encuentran aquellos que están destinados a ayudar a una autoridad judicial en la investigación y en la interpretación de la ley, así como en su aplicación.

Continuando con la clasificación recogida en el Reglamento, se distinguen también, en función del riesgo que pueden generar:

Sistemas de IA de riesgo medio/bajo, que no suponen un alto riesgo para los derechos y libertades, en los que se incluyen determinadas tecnologías de menor sofisticación o capacidad de intrusión, tales como asistentes virtuales como chatbots, y finalmente el resto de sistemas de IA, que, en principio, no estarían sujetos a ninguna obligación en particular, pudiendo los agentes de la cadena elegir si desean adherirse a sistemas voluntarios de cumplimiento. Por consiguiente, estos sistemas quedarían, en principio, fuera del ámbito de aplicación del Reglamento.

La regulación reglamentaria evidencia que la valoración del riesgo alto de un sistema no impide su utilización, siempre que se someta a los requisitos exigidos y a las garantías reguladas para proteger los derechos y libertades fundamentales, el Estado de Derecho, la Administración de Justicia y los procesos democráticos. En función de ello, se regula también en el artículo 9 REIA, la implantación de un sistema de gestión de riesgos asociado a la aplicación de IA, que abarcará todo el ciclo de vida, requiriendo actualizaciones sistemáticas y periódicas. Además, estos sistemas se someterán a las pruebas necesarias para identificar cuáles son las medidas de gestión de riesgos más adecuadas.

3. GARANTÍAS PARA EL USO DE LOS SISTEMAS DE IA DEL ALTO RIESGO

No cabe duda de que los sistemas que se integran en la categoría de alto riesgo podrán utilizarse en la investigación penal, aunque han de someterse a la estricta observancia de las garantías previstas en protección de los derechos y libertades de los ciudadanos. Al resultar imposible abordar en este trabajo todos aquellos sistemas que pueden integrarse en esta categoría, se realizará el estudio de las garantías en relación a aquellos que suponen un peligro de mayor intensidad. Se trata de los sistemas de identificación biométrica con fines de garantía del cumplimiento del Derecho, que, a pesar de considerarse inicialmente como sistemas prohibidos, el artículo 5 REIA permite su utilización cuando son autorizados por las normas de un Estado miembro, y de acuerdo con la excepcionalidad prevista en la letra h) del primer apartado del precepto.

De esta forma, se autoriza la utilización de estos sistemas siempre condicionada a que esta medida resulte estrictamente necesaria, lo que va a exigir la aplicación del juicio de proporcionalidad, y que se destine a uno de estos objetivos:

1. La búsqueda selectiva de víctimas concretas de secuestro, trata de seres humanos o explotación sexual de seres humanos, así como la búsqueda de personas desaparecidas. Se trata de en los tres casos de la localización de víctimas de hechos delictivos o de personas desaparecidas.

2. La prevención de una amenaza específica, importante e inminente para la vida o la seguridad física de las personas físicas, o de una amenaza real y actual o real y previsible de un atentado terrorista.

3. La localización o identificación de una persona sospechosa de haber cometido un delito, a fin de llevar a cabo una investigación o un enjuiciamiento penales, o de ejecutar una sanción penal por alguno de los delitos mencionados en el anexo II, que en el Estado miembro de que se trate se castigue con una pena o una medida de seguridad privativas de libertad cuya duración máxima sea de al menos cuatro años.

Precisa el REIA, respecto de la excepción prevista en el número 2, que «*... una amenaza inminente para la vida o la seguridad física de las personas físicas también podría derivarse de una perturbación grave de infraestructuras críticas, tal como se definen en el artículo 2, punto 4, de la Directiva (UE) 2022/2557 del Parlamento Europeo y del Consejo (19), cuando la perturbación o destrucción de dichas infraestructuras críticas suponga una amenaza inminente para la vida o la seguridad física de una persona, también al perjudicar gravemente el suministro de productos básicos a la población o el ejercicio de la función esencial del Estado*»[72].

72. Considerando 33 REIA.

Otra de las excepciones hace referencia a los hechos delictivos recogidos en el anexo II del Reglamento: terrorismo, trata de seres humanos, explotación sexual de menores y pornografía infantil, tráfico ilícito de estupefacientes o sustancias psicotrópicas, tráfico ilícito de armas, municiones y explosivos, homicidio voluntario, agresión con lesiones graves, tráfico ilícito de órganos o tejidos humanos, tráfico ilícito de materiales nucleares o radiactivos, secuestro, detención ilegal o toma de rehenes, delitos que son competencia de la Corte Penal Internacional, secuestro de aeronaves o buques, violación, delitos contra el medio ambiente, robo organizado o a mano armada, sabotaje y participación en una organización delictiva implicada en uno o varios de los delitos enumerados en esta lista.

Pero, además, de exigir que la acción delictiva constituya alguno de los tipos descritos, exige también que la legislación del Estado miembro sancione ese hecho con una pena máxima de al menos cuatro años. Es preciso realizar aquí un breve comentario sobre esta última excepción. Conviene matizar que la aplicación del límite de la pena prevista por la legislación nacional ha de relacionarse con los tipos delictivos recogidos en el anexo II, sin que pueda considerarse aisladamente. Lo contrario supondría convertir este supuesto en un cajón de sastre que permitiría la aplicación de estos sistemas con una excesiva amplitud. Si se entendiera que el límite de la sanción de una duración máxima de al menos cuatro años, pudiera tomarse aisladamente de los tipos relacionados en el anexo II, se trataría de una norma totalmente permisiva, que no se corresponde con la protección de derechos fundamentales de tanta trascendencia como los afectados por este tipo de sistemas. Tomando en consideración nuestro ordenamiento jurídico penal, podría aplicarse respecto de hechos delictivos que no tengan la consideración de delitos graves atendiendo a la duración de la pena. En el Código Penal se clasifican como penas graves aquellas que tengan una duración superior a cinco años, y como penas menos graves las que tengan una duración entre tres meses y cinco años[73]. Por ello, y atendiendo a la literalidad del artículo 5.1h), habrá de interpretarse que la previsión de la pena se encuentra en estrecha relación con los delitos recogidos en el anexo, sin que pueda considerarse aisladamente.

El segundo apartado del precepto incide en la finalidad de la utilización de los sistemas de identificación biométrica remota en tiempo real en espacios de acceso público con fines de garantía del cumplimiento del Derecho, reiterando que su objetivo ha de ser la localización o identificación de una persona sospechosa de haber cometido un delito, a fin de llevar a cabo una

73. V. MORENO CATENA, V., «Los datos en el sistema de justicia y la propuesta de reglamento UE...», *op. cit.*, p. 54.

investigación o un enjuiciamiento penal, o de ejecutar una sanción penal por alguno de los delitos mencionados. Y establece que la decisión sobre su uso deberá tener en cuenta, de un lado la *naturaleza de la situación que dé lugar al posible uso, y en particular la gravedad, probabilidad y magnitud del perjuicio que se produciría de no utilizarse el sistema*; y de otro, *las consecuencias que tendría el uso del sistema en los derechos y las libertades de las personas implicadas, y en particular la gravedad, probabilidad y magnitud de dichas consecuencias.*

No cabe duda que el legislador europeo está condicionando el uso de los sistemas de identificación biométrica remota en tiempo real a la valoración del denominado juicio de proporcionalidad. Es más, toda la redacción de la letra h) del primero apartado del precepto conlleva una remisión a este principio considerado en toda su extensión. De un lado, se limita el uso de este tipo de sistemas, pero atendiendo a su necesidad para la investigación de hechos delictivos considerados graves o muy graves, permite su utilización con el objetivo de identificar y localizar a la persona que puede resultar responsable, o que ya lo es y está pendiente de ejecutarse la sanción. De otro, y con carácter previo al empleo de estos sistemas, obliga a tener en cuenta la naturaleza de la situación y el perjuicio que se produciría al no recurrir a este sistema (de nuevo el principio de necesidad), y en el otro lado de la balanza el impacto que podría darse en los derechos y libertades de los ciudadanos. La referencia al juicio de proporcionalidad es evidente y lleva necesariamente a relacionar la autorización de estos sistemas con los principios rectores de las medidas de investigación tecnológicas previstos en la Ley de Enjuiciamiento Criminal[74].

Continúa el precepto estableciendo los límites que rodean la utilización de este tipo de sistemas. Más allá del ámbito objetivo, ya delimitado en el apartado 1h) del artículo 5, y de la aplicación del principio de proporcionalidad, prevé también el precepto la regulación de otros requisitos que garanticen que la injerencia en los derechos de los ciudadanos resulte lo menos perjudicial posible. En este sentido, encomienda a la legislación de los Estados miembros, la regulación de los límites temporales, geográficos y personales que garanticen una utilización adecuada de estas herramientas[75].

74. CUATRECASAS MONFORTE, C., IA: herramienta de investigación criminal..., *op. cit.*, p. 95.

75. La regulación de las medidas de investigación tecnológica introducida en la Ley de enjuiciamiento Criminal por la Ley Orgánica 13/2015, de 5 de octubre, de modificación de la LECrim, podría servir como referencia respecto de los principios rectores y las garantías procesales aplicables en la utilización de estos sistemas. En este sentido y en relación a la utilización de los drones como diligencia de investigación, se pronuncia BUENO DE MATA, F., «La utilización de drones como diligencia de investigación tecnológica: consecuencias probatorias» en *Diario La Ley*, número 16, 20 de Marzo de 2018, https://laleydigital.laleynext.es/, pp. 3 y ss.

Otra de las garantías previstas en el precepto que se recogen en su tercer apartado, y centrando su aplicación en la investigación penal, es la exigencia de autorización judicial previa para su utilización. Dicha autorización se otorgará una vez presentada solicitud motivada y de conformidad con la legislación nacional. Es evidente que el contenido de esta solicitud se puede reconducir a la prevista en el artículo 588 bis b) LECrim, que lo recoge en relación a la petición formulada por la policía judicial o el Ministerio fiscal, al dirigirse al juez para la adopción de alguna de las medidas de investigación tecnológicas previstas, como son, la interceptación de las comunicaciones telefónicas y telemáticas, la captación y grabación de comunicaciones orales mediante la utilización de dispositivos electrónicos, la utilización de dispositivos técnicos de seguimiento, localización y captación de la imagen, el registro de dispositivos de almacenamiento masivo de información y los registros remotos sobre equipos informáticos.

No obstante, permite el artículo 5.3 REIA que, en casos de urgencia debidamente justificados, como se prevé también en la Ley procesal penal respecto de las medidas de investigación tecnológica[76], se puede proceder a la utilización del sistema sin dicha autorización previa, siempre que se solicite la convalidación en el plazo de 24 horas. En caso de rechazarse, deberá interrumpirse su uso, destruyendo los resultados.

El tercer apartado del artículo 5 REIA regula la intervención de la autoridad judicial respecto de la autorización del uso de estos sistemas inteligentes. Aunque el precepto únicamente hace alusión a los sistemas de identificación biométrica remota en tiempo real, lo cierto es que la garantía de la autorización judicial previa, o la convalidación posterior en caso de urgencia, debería regularse con carácter general para todo tipo de utilización de sistemas de alto riesgo, cuando afecten a sujetos determinados. En este sentido el precepto alude a la resolución motivada de la autoridad judicial, previo examen de pruebas objetivas o indicios claros, y realizado el juicio de proporcionalidad.

Finalmente, el Reglamento concede a los Estados miembros la posibilidad de regular la utilización de los sistemas de identificación biométrica remota «en tiempo real» en espacios de acceso público con fines de garantía del cumplimiento del Derecho, pero condiciona dicha regulación a que se realice dentro de los límites marcados por el artículo 5.1h) REIA, y en las condiciones previstas en los apartados 2 y 3.

76. Artículo 588 ter d) apartado tercero en relación con las intervenciones telefónicas; Artículo 588 quinquies b) apartado cuatro; 588 sexies c) apartados tercero y cuarto.

Las garantías previstas en el tantas veces citado artículo 5 REIA, se completan con las previstas en el décimo apartado del artículo 26 de la norma, que alude a las actuaciones policiales relativas a la búsqueda de una persona sospechosa de haber cometido un delito o condenado por ello[77]. Así, exige la previa autorización judicial para la utilización de los sistemas de identificación biométrica remota en diferido en el plazo más breve posible y, en todo caso, en un plazo de cuarenta y ocho horas. Excepciona el precepto aquellos supuestos en los que la identificación del sospechoso se realice sobre la base de hechos objetivos y verificables vinculados directamente al delito. En caso de que se deniegue la autorización dejará de utilizarse el sistema, y deberán eliminarse los datos resultantes de su utilización.

Finaliza el apartado citado prohibiendo la utilización de estos sistemas de forma indiscriminada y sin vinculación con una actuación delictiva, un proceso penal, una amenaza real y actual o real y previsible de delito, o con la búsqueda de una persona desaparecida concreta. Además, se velará por que las autoridades garantes del cumplimiento del Derecho no puedan adoptar ninguna decisión que produzca efectos jurídicos adversos para una persona exclusivamente sobre la base de los resultados de salida de dichos sistemas de identificación biométrica remota en diferido[78].

4. GARANTÍAS RELACIONADAS CON EL TRATAMIENTO DE DATOS. BREVE REFERENCIA

Partiendo del hecho de que los sistemas de IA se alimentan de datos para su procesamiento y análisis, la alta calidad del conjunto de datos es una exigencia irrenunciable. Pero también lo es que se disponga de mecanismos que permitan controlar la trazabilidad de dichos sistemas y la vigilancia de su funcionamiento. Para ello es fundamental disponer de la documentación técnica que describa en un lenguaje comprensible las capacidades y utilidades del sistema, sus características y condiciones de funcionamiento, pero también los riesgos y limitaciones. El Reglamento de Inteligencia Artificial dispone en este sentido, que los sistemas calificados de alto riesgo, han de permitir el registro automático de las actuaciones, mediante archivos de registro, y durante toda la vida útil del sistema. Estos

---

77. El Reglamento en este artículo 26.10 hace referencia al «responsable del despliegue» entendiendo por tal, como recoge el artículo 6.4 REIA, *una persona física o jurídica, o autoridad pública, órgano u organismo que utilice un sistema de IA bajo su propia autoridad, salvo cuando su uso se enmarque en una actividad personal de carácter no profesional.*

78. En relación a esta cuestión el Reglamento permite el tratamiento de los datos biométricos conforme a lo prescrito en el artículo 9 del Reglamento (UE) 2016/679 y del artículo 10 de la Directiva (UE) 2016/680.

registros permitirán acceder a las actuaciones realizadas facilitando su control por parte de los responsables[79].

En este sentido, no se puede perder de vista que la opacidad de estos sistemas y la complejidad de su funcionamiento, fundamentalmente en aquellos que utilizan algoritmos de aprendizaje automático, es una de las principales preocupaciones cuando se trata de utilizarlos en el sistema de justicia penal[80]. La legitimidad del sistema se encuentra estrechamente relacionada con la calidad de los datos introducidos, su trazabilidad y con la transparencia de su funcionamiento. En otro caso se pondría en peligro la posición procesal de las personas investigadas y el propio sistema penal basado en la contradicción y la igualdad de armas[81].

Así lo señala el Reglamento en su considerando 59 cuando afirma que «*si el sistema de IA no está entrenado con datos de buena calidad, no cumple los requisitos adecuados en términos de rendimiento, de precisión o de solidez, o no se diseña y prueba debidamente antes de introducirlo en el mercado o ponerlo en servicio, es posible que señale a personas de manera discriminatoria, incorrecta o injusta. Además, podría impedir el ejercicio de importantes derechos procesales fundamentales, como el derecho a la tutela judicial efectiva y a un juez imparcial, así como el derecho a la defensa y a la presunción de inocencia, sobre todo cuando dichos sistemas de IA no sean lo suficientemente transparentes y explicables ni estén suficientemente bien documentados. Por consiguiente, en la medida en que su uso esté permitido conforme al Derecho de la Unión y nacional pertinente, procede clasificar como de alto riesgo varios sistemas de IA destinados a ser utilizados con fines de garantía del cumplimiento del Derecho cuando su precisión, fiabilidad y transparencia sean especialmente importantes para evitar consecuencias adversas, conservar la confianza de la población y garantizar la rendición de cuentas y unas vías de recurso efectivas... No debe ignorarse el impacto del uso de herramientas de IA en los derechos de defensa de los sospechosos, en particular la dificultad para obtener información significativa sobre el funcionamiento de dichos sistemas y la consiguiente dificultad para impugnar sus resultados ante los tribunales, en particular por parte de las personas físicas investigadas*».

79. DE HOYOS SANCHO, M., «El uso jurisdiccional de los sistemas de inteligencia artificial y la necesidad de su armonización en el contexto de la Unión Europea» en *Revista General de Derecho Procesal*, número 55, 2021, p. 21 y ss.
80. V. ALONSO SALGADO, C., «El problema de la falta de transparencia en la interacción de la inteligencia artificial y la justicia», en *Inteligencia artificial legal..., op. cit.*, p. 519.
81. BARONA VILAR, S., Algoritmización del derecho y de la justicia, *op. cit.*, p. 197; GASCÓN INCHAUSTI, F., «Desafíos para el proceso penal en la era digital: externalización, sumisión pericial e inteligencia artificial», en *La justicia digital en España y la Unión Europea* (dirigido por Conde Fuentes y Serrano Hoyo), Atelier y Fundación Serra Domínguez, Barcelona, 2019, pp. 203 y ss.

Poniendo el foco de atención en la Administración de Justicia, es importante tener en cuenta que los datos aportados al sistema de justicia son datos sensibles, relacionados con la vida privada de las personas y proporcionados en muchos casos por los propios sujetos implicados. Por tanto, son datos que pertenecen a las partes implicadas, que los aportan únicamente para que puedan ser tratados en ese proceso concreto, sin renunciar a su titularidad[82].

Los sistemas de IA han de responder a la finalidad para la que se diseñan, por lo que han de revestir un nivel adecuado de precisión, robustez y ciberseguridad, a lo largo de todo su ciclo de vida útil. Para ello, en aquellos instrumentos de IA que continúan con el aprendizaje una ver puestos en funcionamiento, debe establecerse mecanismos de control que eviten que la retroalimentación provoque resultados erróneos. También es preciso que su diseño vaya acompañado de aplicaciones que permitan prevenir y controlar ataques de terceros con el objetivo de provocar errores de funcionamiento.

El Reglamento asegura el control de los sistemas de IA a través de una serie de requisitos recogidos en su articulado. Las medidas de control incorporadas al propio sistema deben estar diseñadas para limitar su funcionamiento a los fines previstos, sin que puedan autodesactivarse y deben responder a la supervisión humana.

De esta forma, el control o supervisión de una persona física se considera como garantía de seguridad en el funcionamiento y utilización de las aplicaciones de IA, estableciendo el artículo 14 REIA, que el objetivo de dicha supervisión será el de prevenir o reducir los riesgos que supone la utilización de estos sistemas, tanto para la salud como para la seguridad, o el ejercicio de los derechos fundamentales. También recoge el precepto las medidas de supervisión que pueden arbitrarse, que serán proporcionales a los riesgos del sistema.

Es importante destacar, y así los recoge el cuarto apartado del artículo 26 REIA, que la persona física designada como responsable del sistema, deberá controlar la pertinencia y utilidad de los datos que se introducen, y valorar que son los adecuados para la finalidad que se persigue.

Resulta obligado relacionar las previsiones sobre el tratamiento de los datos personales recogidas en el Reglamento europeo de IA, con las establecidas en la legislación española. No es posible por razones de espacio

82. MORENO CATENA, V., «Los datos en el sistema de justicia y la propuesta de reglamento UE...», *op. cit.*, p. 57.

abordar un análisis completo de la regulación española que ha de aplicarse, pero sí hacer una breve mención. La LO 7/2021, de 26 de mayo, de protección de datos personales tratados para fines de prevención, detección, investigación y enjuiciamiento de infracciones penales y de ejecución de sanciones penales, constituye sin duda la norma de referencia. Su primer precepto señala el objeto de la norma, centrándolo en la «*protección de las personas físicas en lo que respecta al tratamiento de los datos de carácter personal por parte de las autoridades competentes, con fines de prevención, detección, investigación y enjuiciamiento de infracciones penales o de ejecución de sanciones penales, incluidas la protección y prevención frente a las amenazas contra la seguridad pública*».

Precisamente esa protección de las personas físicas en relación al tratamiento de sus datos personales, es lo que marca el límite fundamental respecto de dicho tratamiento, establecido en el artículo 11.1, que sólo lo permite cuando resulte necesarios para los fines previstos en el artículo 1, y siempre que la persona que lo realice tenga la condición de autoridad competente y lo haga en el ejercicio de sus funciones.

Los artículos 6 y 7 de esta norma establecen los requisitos o garantías que han de observarse en el tratamiento de los datos personales y las condiciones de su tratamiento por parte de los responsables autorizados. El artículo 7 regula el deber de colaboración de las Administraciones públicas, pero extiende este deber a cualquier persona física o jurídica. Por tanto, este deber de colaboración con las autoridades judiciales, el Ministerio fiscal y la policía judicial se extiende a todos los ciudadanos, administraciones, instituciones y personas jurídicas en general, pero condiciona dicha colaboración a que resulte necesaria para alguno de los fines descritos en el artículo 1 de la Ley.

Es importante destacar, que la petición policial se ha de realizar motivadamente, exigiendo que dicha motivación ha de ser concreta y específica y que deberá darse cuenta a la autoridad judicial y fiscal. Se garantiza así el control judicial sobre actuaciones que suponen una injerencia en derechos fundamentales como la intimidad, el secreto de las comunicaciones o al entorno digital. De esta forma, se impide que la obtención de datos se realice con carácter general, al exigir la vinculación a una investigación concreta y determinada[83].

Teniendo en cuenta que el tratamiento de datos personales sensibles[84] y su utilización, incluso, por las autoridades policiales y judiciales, puede

83. DE LEMUS VARA, F. J., «Límites para el tratamiento...», *op. cit.*, p. 561.
84. Se refiere el precepto a datos personales que «... *revelen el origen étnico o racial, las opiniones políticas, las convicciones religiosas o filosóficas o la afiliación sindical, así como el tratamiento de datos genéticos, datos biométricos dirigidos a identificar de manera unívoca a una persona física, los datos relativos a la salud o a la vida sexual o a la orientación sexual de una persona física*...».

suponer una injerencia grave en los derechos fundamentales, al afectar a la esfera privada de los ciudadanos, al derecho a la libertad y a otros derechos fundamentales de contenido procesal, el ya examinado artículo 13 de la LO 7/2021, lo regula de forma muy restrictiva, permitiéndolo cuando «sea estrictamente necesario» y condicionándolo al cumplimiento de las garantías de protección de los derechos y libertades y siempre que se cumplan alguna de las circunstancias específicamente previstas en el precepto.

IV. BIBLIOGRAFÍA

ALONSO SALGADO, C., «El problema de la falta de transparencia en la interacción de la inteligencia artificial y la justicia», en *Inteligencia artificial legal y Administración de justicia* (dirigido por Calaza López y Llorente Sánchez-Arjona), Aranzadi, Cizur Menor (Navarra), 2022.

ARRABAL PLATERO, P., «El binomio Derecho procesal y nuevas tecnologías: de las pruebas tecnológicas al uso de la inteligencia artificial en la Administración de Justicia» en *El Derecho de la encrucijada tecnológica. Estudios sobre derechos fundamentales, nuevas tecnologías e inteligencia artificial* (Martín Ríos y Villegas Delgado, Coords), Tirant lo Blanch, Valencia, 2022, p. 186.

BARONA VILAR, S., Algoritmización del Derecho y de la justicia. De la Inteligencia Artificial a la *Smart Justice* Tirant lo Blanch, Valencia 2021, Tirant lo Blanch, Valencia p. 503.

– «Cuarta revolución industrial (4.0.) o ciberindustria en el proceso penal: revolución digital, inteligencia artificial y el camino hacia la robotización de la justicia» en *Revista Jurídica Digital UANDES,* número 3, 2019.

BARRIO ANDRÉS, M. (Dir.) *El Reglamento Europeo de Inteligencia Artificial,* Tirant lo Blanch, Valencia, 2024;

-Comentarios al Reglamento europeo de Inteligencia artificial, Editorial La Ley, Madrid, 2024.

BUENO DE MATA, F., «La utilización de drones como diligencia de investigación tecnológica: consecuencias probatorias» en *Diario La Ley,* número 16, 20 de marzo de 2018, https://laleydigital.laleynext.es/

CAMPOS ACUÑA, C., «El Reglamento de Inteligencia Artificial ya está funcionando: a quién afecta, plazos y sanciones» en *Noticias Jurídicas. Actualidad noticias,* 3 de febrero de 2025, https://noticias.juridicas.com/actualidad/noticias/19904-el-reglamento-de-inteligencia-artificial-ya-esta-funcionando.

COLOMER HERNÁNDEZ, I., «Control y límites en el uso de la información y los datos personales por parte de la Inteligencia artificial en los procesos penales», en *Justicia algorítmica y neuroderecho. Una mirada multidisciplinar (*Barona Vilar, editora). Tirant lo Blanch, Valencia, 2021.

CUATRECASAS MONFORTE, C., «IA: herramienta de investigación criminal» en *La Ley digital,* 24 enero 2024.

DE HOYOS SANCHO, M «El uso jurisdiccional de los sistemas de inteligencia artificial y la necesidad de su armonización en el contexto de la Unión Europea» en *Revista General de Derecho Procesal,* número 55, 2021.

– «El proyecto de Reglamento de la Unión Europea sobre inteligencia artificial, los sistemas de alto riesgo y la creación de un ecosistema de confianza» en *Justicia poliédrica en período de mudanza: Nuevos conceptos, nuevos sujetos, nuevos instrumentos y nueva intensidad* (Barona Vilar (edit.), 2022.

DE LEMUS VARA, F. J., «Límites para el tratamiento de los datos no investigados en el proceso penal», en *Uso de la información y de los datos personales en los procesos: los cambios de la era digital* (dirigido por Colomer Hernández), Aranzadi, Cizur Menor, 2022.

ESPARZA LEIBAR, I., «Derecho fundamental a la protección de datos de carácter personal en el ámbito jurisdiccional e inteligencia artificial. En especial la LO 7/2021, de protección de datos personales tratados para fines de prevención, detección, investigación y enjuiciamiento de infracciones penales y de ejecución de sanciones penales», en I*nteligencia artificial legal y Administración de justicia* (dirigido por Calaza López y Llorente Sánchez-Arjona), Aranzadi, Cizur Menor (Navarra), 2022.

ETXEBERRÍA GURIDI, J. F. «El uso de sistemas de inteligencia artificial (IA) de identificación biométrica remota en espacios públicos en la ley europea de IA» en *Actualidad Jurídica Iberoamericana,* número 21, agosto 2024, ISSN: 2386-4567.

- «Sistemas biométricos (el reconocimiento facial en particular) y sus aplicaciones» en *Inteligencia artificial legal y Administración de justicia* (dirigido por Calaza López y Llorente Sánchez-Arjona), Aranzadi, Cizur Menor.

GASCÓN INCHAUSTI, F., «Desafíos para el proceso penal en la era digital: externalización, sumisión pericial e inteligencia artificial», en *La justicia digital en España y la Unión Europea* (dirigido por Conde Fuentes y Serrano Hoyo), Atelier y Fundación Serra Domínguez, Barcelona, 2019.

GÓMEZ COLOMER, J. L., «El aumento de intervencionismo público en la investigación del delito. Una reflexión al hilo del acto de investigación criminal de registro remoto de equipos informáticos (coloquialmente llamado «del gusano informático»)», en *Derecho Probatorio y otros estudios procesales. Liber amicorum Vicente Gimeno Sendra* (Asencio Mellado, Dir.), editorial Castillo de Luna Ediciones Jurídicas, Madrid, 2020.

– «Derechos fundamentales, proceso e Inteligencia Artificial: una reflexión» en I*nteligencia artificial legal y Administración de Justicia,* dirigido por Calaza López y Llorente Sánchez-Arjona, Aranzadi, 2022.

GUZMÁN FLUJA, V., «Ideas para un debate sobre la predicción del crimen» en *Inteligencia artificial legal y Administración de Justicia,* dirigido por Calaza López y Llorente Sánchez-Arjona, Aranzadi, 2022.

– «Proceso penal y justicia automatizada» en *Revista General del Derecho,* número 53, 2021.

– «Arbitraje y soluciones técnicas inteligentes: elementos para un debate», en *Justicia algorítmica y neuroderecho. Una mirada multidisciplina* (Barona Vilar, editora). Tirant lo Blanch, Valencia, 2021.

IGLESIAS CANLE, I., «Registros biométricos y su aplicación al proceso penal en España e Italia» en *Inteligencia artificial legal y Administración de justicia* (dirigido por Calaza López y Llorente Sánchez-Arjona), Aranzadi, Cizur Menor.

LÓPEZ JIMÉNEZ, R., «La videovigilancia por las Fuerzas y Cuerpos de Seguridad del Estado: tratamiento de los datos personales» en *Uso de la información y de los datos personales en los procesos: los cambios de la era digital* (dirigido por Colomer Hernández), Aranzadi, Cizur Menor, 2022.

MARTÍN DIZ, F., «Herramientas de inteligencia artificial y adecuación en el ámbito del proceso judicial», en *Derecho Procesal. Retos y transformaciones,* Atelier y Fundación Serra Domínguez, Barcelona, 2021.

MÍGUEZ MACHO, L./MARCOS TORRES, C., «Sistemas de IA prohibidos y sistemas de IA de alto riesgo» en *El Reglamento Europeo de Inteligencia Artificial* (dirigido por Barrio Andrés), Tirant lo Blanch, Valencia, 2024.

MIRÓ LLINARES. F., «Inteligencia artificial y justicia penal: más allá de los resultados lesivos causados por robots», *Revista de Derecho Penal y Criminología,* 3.ª Época, número 20 (julio de 2018).

MONTESINOS GARCÍA, A., «Los algoritmos que valoran el riesgo de reincidencia. En especial, el sistema Viogen» en *Revista Aranzadi de Derecho y Proceso Penal,* número 64, 2021, cuarto trimestre, Aranzadi Digital.

MONTORO SÁNCHEZ, J. A., «La obtención y tratamiento de datos de carácter personal con fines penales por la policía judicial» en *Uso de la información y de los datos personales en los procesos.* Los cambios en la era digital (dirigido por Colomer Hernández), Editorial Aranzadi, Cizur Menor, 2022.

MORENO CATENA, V., «La garantía de los derechos fundamentales durante la investigación penal» en *Cuadernos penales José María Lidón,* número 7, 2010.

– «Los datos en el sistema de justicia y la propuesta de reglamento UE sobre inteligencia artificial», en *Uso de la información y de los datos personales en los procesos.* Los cambios en la era digital (dirigido por Colomer Hernández), Editorial Aranzadi, Cizur Menor, 2022.

NACARINO LORENTE, J. M., «La prevención del delito por las Fuerzas y Cuerpos de Seguridad y su relación con el adelanto de las barreras penales. ¿Dichas actuaciones permiten prevenir el delito y asimismo contribuir a tipificar conductas preparatorias? (1)», *Diario La Ley,* número 9740, Sección Tribuna, 20 de noviembre de 2020, https://laleydigital-laleynext-es.ezbusc.usc.gal/.

ORTIZ PRADILLO, J. C., «Big Data, vigilancias policiales y geolocalización: nuevas dimensiones de los derechos fundamentales en el proceso penal» en *Diario La Ley,* número 9955, Sección Doctrina, 18 de noviembre de 2021, ISSN Electrónico: 1989-6913, Wolters Kluwer.

PÉREZ GIL, J./GONZÁLEZ PÉREZ, J. J., «La videovigilancia como diligencia de recogida de datos de carácter personal: una reflexión sobre sus repercusiones procesales» en *Videovigilancia. Ámbito de aplicación y derechos fundamentales afectados. En particular la protección de datos personales* (coordinado por Etxeberría Guridi y Ordeñana Gezuraga), Tirant lo Blanch, Valencia, 2011.

RICHARD GONZÁLEZ, M., «Investigación policial en lugares públicos y privados atendiendo al derecho a la intimidad de los ciudadanos investigados. Comentario de la STC 92/2023 de 11 de septiembre, sobre la categoría de los garajes comunitarios respecto del derecho a la intimidad» en *LA LEY Probática,* número14, 2023.

RODRÍGUEZ LAÍNZ, J. L., «La nueva jurisprudencia sobre dispositivos de seguimiento y localización. (Comentario a la STS, Sala 2.ª,141/2020, de 13 de mayo)» en *La Ley*, número 9650, 2020, *La Ley Digital*, 22/02/2023.

– «La nueva doctrina del Tribunal Supremo frente a la jurisprudencia del Tribunal de Justicia de la Unión Europea en materia de conservación preventiva de datos de telecomunicaciones» en *Uso de la información y de los datos personales en los procesos: los cambios de la era digital* (dirigido por Colomer Hernández), Aranzadi, Cizur Menor, 2022.

SOLAR CAYÓN, J. I., «Inteligencia artificial en la justicia penal: los sistemas algorítmicos» en Dimensiones éticas y jurídicas de la Inteligencia artificial en el marco del Estado de Derecho, Cuadernos de la Cátedra de Democracia y Derechos Humanos, 16, Universidad de Alcalá. Defensor del Pueblo, 2020.

IV

Límites a la utilización de la inteligencia artificial para la identificación de pasajeros sospechosos [1]

M.ª Ángeles Catalina Benavente
Profesora Titular de Derecho Procesal
Universidad de Santiago de Compostela

1. El presente trabajo ha sido elaborado en el marco del Proyecto I+D «Inteligencia artificial, Justicia y Derecho: ¿irrupción o disrupción tecnológica en el proceso penal» (PID 2020-119324GB-100). Ministerio de Ciencia, Innovación y Universidades.
Esta publicación es parte del proyecto «Datos personales e información en la era digital: desafíos en su obtención y uso en los procesos judiciales y en los procedimientos sancionadores (DATER)». Ref.PID2022-137826NB-I00, financiado por MCIN/AEI/10.13039/501100011033/FEDER, UE.

I. PUNTO DE PARTIDA: LA LIMITACIÓN IMPUESTA POR LA STJUE, DE 21 DE JUNIO DE 2022, A LA UTILIZACIÓN DE SISTEMAS DE *MACHINE LEARNING* EN EL TRATAMIENTO DE LOS DATOS PNR

El Tribunal de Justicia de la Unión Europea (en adelante, TJUE) ha dejado claro que no admite la utilización de la inteligencia artificial (en adelante, IA) para la evaluación previa de los pasajeros de avión. Lo ha hecho en su sentencia de 21 de junio de 2022 al resolver la cuestión prejudicial planteada por el Tribunal Constitucional belga en relación con la norma de transposición al ordenamiento belga de la Directiva (UE) 2016/681 del Parlamento Europeo y del Consejo, de 27 de abril de 2016, relativa a la utilización de datos del registro de nombres de los pasajeros (PNR) para la prevención, detección, investigación y enjuiciamiento de los delitos de terrorismo y de la delincuencia grave (a la que a partir de ahora nos referiremos como Directiva PNR), en la que se opone a la utilización de tecnologías de IA en el marco de sistemas de aprendizaje (*machine learning*) para el tratamiento de los datos de registro de nombres de los pasajeros (conocidos como datos PNR por su acrónimo en inglés, *Passenger Name Record*) con fines de evaluación previa de los pasajeros de avión[2]. La exigencia de que el tra-

2. La STJUE, de 21 de junio de 2022, da respuesta a la cuestión prejudicial planteada por la *Cour Costitutionelle (Bélgica), el 31 de octubre de 2019 – Ligue des droits humains/Conseil des ministres* [Asunto C-817/19) (2020/C 36/21)]. Quedan todavía tres cuestiones prejudiciales pendientes de resolver: 1) La presentada por el *Amtsgericht Köln (Alemania) el 16 de marzo de 2020 – DF/ Deutchse Lufthansa AG.* [Asunto C-149/20) (2020/C 279/29)]; 2) La presentada por el *Verwaltungsgericht Wiesbaden (Alemania) – JV/Bundesrepublik Deutchsland,* el 19 de mayo de 2020, (Asunto C-215/20) (2020/C 279/39); y 3) La presentada por el *Verwaltungsgericht Wiesbaden (Alemania) – OC/Bundesrepublik Deutchsland,* el 27 de mayo de 2020, (Asunto C-220/20) (2020/C 279/42).

tamiento automatizado de los datos PNR haya de hacerse conforme a «criterios predeterminados» (art. 6.3.b Directiva PNR) es el eje sobre el que pivota el rechazo del TJUE a la utilización de sistemas de IA en el tratamiento de los datos PNR, sobre la base de que la utilización de las tecnologías de inteligencia artificial en el marco de sistemas de autoaprendizaje, pueden «alterar, sin intervención y sin control humanos, el proceso de evaluación y, en particular, los criterios de evaluación en los que se basa el resultado de la aplicación del proceso, así como la ponderación de dichos criterios»[3].

El TJUE añade, además, que el uso de estas tecnologías podría privar a las personas afectadas de su derecho a la tutela judicial efectiva, que consagra el artículo 47 de la Carta de Derechos Fundamentales de la Unión Europea (en adelante, CDFUE), en particular para cuestionar el carácter no discriminatorio de los resultados obtenidos (apartado 195), habida cuenta de la opacidad que caracteriza el funcionamiento de las tecnologías de inteligencia artificial, por lo que podría «resultar imposible comprender la razón por la cual un determinado programa ha alcanzado una concordancia positiva»[4].

Se trata de la primera ocasión en la que el TJUE se pronuncia sobre la utilización de la IA en relación con el tratamiento automatizado de datos personales recopilados con fines penales[5]. Por ello, resulta fundamental encontrar el momento en el que el concepto de IA se cuela en la resolución de la cuestión prejudicial planteada frente a una norma de transposición de la Directiva PNR que en ningún momento de su articulado utiliza los términos IA, algoritmos, *machine learning* o autoaprendizaje.

El origen de esta sentencia se encuentra en el recurso de anulación presentado ante la *Cour Costitutionelle* belga por la *Ligue des droits humains* contra *la Loi du 25 décembre 2016 relative au traitement des données des passagers* (*Moniteur belge du 25 janvier 2017*). En el recurso de anulación planteado, la *Ligue des droits humains* se cuestionaba si algunas de las medidas acordadas

3. Ver apartado 194 de la STJUE de 21 de junio de 2022. En este punto, el TJUE reproduce literalmente lo manifestado en el apartado 228 de las Conclusiones del Abogado General Sr. Giovanni Pitruzzella, presentadas el 27 de enero de 2022 (Asunto C-817/19, *Ligue des droits humains* contra Consejo de Ministros).

4. La STJUE vuelve aquí a apoyarse en los argumentos expuestos en el apartado 228 de las Conclusiones del Abogado General Pitruzzella.

5. El 7 de diciembre de 2023 el TJUE se pronunció sobre la utilización de *Scoring*, en el asunto C-634/21, que tiene por objeto una petición de decisión prejudicial planteada, con arreglo al art. 267 TFUE, por el *Verwaltungsgericht* Wiesbaden (Alemania), y que analiza la generación automatizada de un valor de probabilidad relativo a la capacidad de una persona para hacer frente a sus obligaciones de pago en el futuro (*scoring*).

en la ley de transposición belga eran o no contrarias a alguno de los derechos fundamentales recogidos en la CDFUE, en concreto, el derecho a la vida privada (art. 7 CDFUE), el derecho a la protección de datos personales (art. 8 CDFUE), y el derecho a la libre circulación (art. 45 CDFUE). El Consejo de Ministros belga se opuso a los dos motivos de anulación alegados por *la Ligue des droits humains*. Finalmente, el 31 de octubre de 2019 la *Cour Costitutionelle* belga planteó al TJUE un total de diez cuestiones prejudiciales acerca de la conformidad con el Derecho de la Unión de la norma de transposición al ordenamiento belga de la Directiva PNR, entre las que se encuentra la duda acerca de si el tratamiento automatizado de los datos PNR con fines de evaluación previa es conforme con los derechos reconocidos en los artículos 7, 8 y 53.1 de la CDFUE.

La *Cour Costitutionelle* belga se hace eco en su cuestión prejudicial de los riesgos derivados de la utilización de algoritmos predictivos en el tratamiento de los datos PNR, remitiéndose al Dictamen de 19 de agosto de 2016 del Comité Consultivo del Convenio n.º 108, que se refiere a algoritmos dinámicos y de autoaprendizaje, cuando indica que «(l)a evaluación de los pasajeros mediante el cotejo de datos puede suscitar la cuestión de la previsibilidad, en particular cuando se efectúa sobre la base de algoritmos predictivos que utilizan criterios dinámicos susceptibles de evolucionar permanentemente en función de las capacidades de autoaprendizaje»[6].

En la redacción de las Conclusiones, el Abogado General Pitruzzella no obvia esta referencia al análisis predictivo, y lleva a cabo una reflexión general sobre los peligros derivados de los avances tecnológicos y la recogida masiva de datos personales, que hacen posible el tratamiento y análisis de ingentes cantidades de datos de carácter personal con fines predictivos por parte de las autoridades competentes. Este tratamiento, como acertadamente señala el Abogado General, puede llevarnos a un sistema de vigilancia total, en el que sea posible controlar y prever los comportamientos

6. Dictamen de 19 de agosto de 2016, T-PD(2016)18rev, p. 8. El Comité Consultivo continúa señalando: «El desarrollo de algoritmos de extracción de datos debe basarse en los resultados de evaluaciones periódicas del posible impacto del tratamiento de datos en los derechos y libertades fundamentales de las personas afectadas. La estructura básica de los análisis debe basarse en los indicadores de riesgo claramente establecidos de antemano. La pertinencia de los resultados individuales de dichas evaluaciones automáticas debe examinarse cuidadosamente caso por caso, por una persona y de forma no automatizada». Dictamen disponible en https://www.gub.uy/unidad-reguladora-control-datos-personales/sites/unidad-reguladora-control-datos-personales/files/documentos/publicaciones/2016%20-%20Pasajeros%20-%20COE.pdf).

de los ciudadanos para poder anticiparse a dichas acciones y adoptar, en consecuencia, las medidas necesarias[7].

Finalmente, el TJUE plasma en su sentencia de 21 de junio de 2022 ese temor hacia los sistemas de IA y su utilización en el control de los pasajeros de avión con fines penales a través del tratamiento automatizado de sus datos PNR. Temor que se concreta, como poníamos de manifiesto al inicio de este trabajo, en la negativa a que se puedan utilizar tecnologías de IA en el marco de sistemas de aprendizaje para el tratamiento de los datos PNR, pero que no excluye el tratamiento automatizado de los datos PNR conforme a criterios predeterminados.

7. Reproducimos aquí esta reflexión inicial del Abogado General Pitruzzella en sus Conclusiones de 27 de enero de 2022: «2. Las cuestiones prejudiciales que Tribunal de Justicia tendrá que resolver en el presente asunto se inscriben en el marco de uno de los dilemas principales del constitucionalismo liberal democrático contemporáneo: ¿cómo definir el equilibrio entre el individuo y la colectividad en la era de los datos, cuando las tecnologías digitales permiten la recogida, la conservación, el tratamiento y el análisis de ingentes cantidades de datos de carácter personal con fines predictivos? Los algoritmos, el análisis de los *big data* y la inteligencia artificial utilizados por las autoridades públicas pueden servir para la promoción y la protección de los intereses fundamentales de la sociedad, con una eficacia otrora inimaginable: desde la protección de la salud pública hasta la sostenibilidad medioambiental, desde la lucha contra el terrorismo hasta la prevención de la delincuencia, en particular, la delincuencia grave. Al mismo tiempo, la recogida indiferenciada de datos de carácter personal y la utilización de las tecnologías digitales por parte de los poderes públicos puede generar un panóptico digital, es decir, un poder público que ve todo sin ser visto. Un poder omnisciente capaz de controlar y prever los comportamientos de todos y cada uno y de adoptar las medidas necesarias hasta llegar al paradójico resultado, imaginado por Steven Spielberg en la película *Minority Report*, de privar preventivamente de libertad al autor de un delito que aún no ha sido cometido. Como se sabe, en algunos países, la sociedad prima sobre el individuo y la utilización de los datos personales permite realizar legítimamente una vigilancia en masa eficaz dirigida a proteger los intereses públicos considerados fundamentales. En cambio, el constitucionalismo europeo —nacional y supranacional—, con el lugar central que concede al individuo y a sus libertades, representa un obstáculo de gran importancia al advenimiento de una sociedad de la vigilancia en masa, sobre todo, tras el reconocimiento de los derechos fundamentales a la protección de la vida privada y a la protección de los datos personales. Pero ¿en qué medida cabe erigir tal obstáculo sin grave menoscabo de algunos intereses fundamentales de la sociedad —como los que se han citado anteriormente a título de ejemplo—, que pueden, no obstante, tener conexiones constitucionales? Estamos en el meollo de la cuestión de la relación entre individuo y colectividad en la sociedad digital. Una cuestión que requiere, por un lado, la búsqueda y la instauración de delicados equilibrios entre los intereses de la colectividad y los derechos de los individuos, partiendo de la importancia capital de estos últimos en el patrimonio constitucional europeo y, por otro lado, la aplicación de garantías frente a los abusos. Nos hallamos, también en este punto, ante la versión contemporánea de un tema clásico del constitucionalismo, pues, como afirmaba, de forma lapidaria, *El Federalista*, los hombres no son ángeles y, por esta razón, se precisan mecanismos jurídicos para limitar y controlar el poder público».

II. LA EVALUACIÓN PREVIA DE LOS PASAJEROS DE AVIÓN A TRAVÉS DE LOS DATOS PNR

No se puede entender la STJUE, de 21 de junio de 2022, sin conocer la regulación de la evaluación previa de todos los pasajeros que entran o salen vía aérea del territorio de la Unión Europea efectuada por la Directiva PNR, y que incluye entre sus objetivos el de lograr la identificación de los pasajeros de avión que representan una amenaza para la seguridad, y que van a requerir un examen más exhaustivo por parte de las autoridades competentes en cada Estado miembro (Considerando 15 Directiva PNR).

Esta evaluación previa, que posibilita el que podemos denominar sistema PNR-UE, tiene como base una sospecha generalizada sobre todos los pasajeros que se desplazan por vía aérea, de tal manera que es necesario efectuar un control previo de todos esos pasajeros a través del análisis de sus datos PNR[8]. Esta evaluación previa permite, entre otras cosas, la identificación de personas no sospechosas de estar implicadas en delitos de terrorismo o en delitos graves antes de que un análisis de sus datos PNR indique que puedan estar implicadas en los mismos, y deban ser objeto de investigación adicional por parte de las autoridades competentes, así como responder a la amenaza de delitos de terrorismo y delitos graves desde una perspectiva distinta del tratamiento de otras categorías de datos personales[9].

En esta evaluación previa hay cuatro elementos que, en nuestra opinión, resultan esenciales para comprender las reservas exteriorizadas por el TJUE en la sentencia que comentamos: 1) La información que los datos PNR suministran de los pasajeros de avión; 2) Las vías a través de las que se lleva a cabo; 3) La autoridad competente para llevar a cabo esta evaluación previa; y 4) Las consecuencias que se derivan de esta evaluación previa.

8. Como recuerda GORKIĈ, P., «Postulates of Criminal Law int the Age of Automated Justice: The Case of Passenger Name Records – Toward Fishing Expeditions, Generalized Suspicion, the Presumption of Guilt, and Responsibility for the Acts of Others?», en ZAVRŠNIK, A., BADALIČ, V. (eds), *Automating Crime Prevention, Surveillance, and Military Operations*, 2021, Springer, p. 122, el sistema PNR-UE tiene como base la sospecha generalizada de los pasajeros. En este sentido, el dominio del paradigma de la prevención es total, y no sería posible sin el apoyo algorítmico automatizado. Estamos ante un tratamiento de los datos PNR no selectivo, tanto en lo que respecta a su conservación como a su acceso. Y recuerda que estas prácticas han sido rechazadas en el contexto de la retención obligatoria de los datos del tráfico de las comunicaciones.

9. Con carácter general en relación con el valor del análisis masivo de datos personales en la lucha contra el terrorismo ver CARRASCO JIMÉNEZ, P., *Análisis masivo de datos y contraterrorismo*, Valencia, Tirant lo Blanch, 2009, pp. 193 y ss.

1. LA INFORMACIÓN QUE SUMINISTRAN LOS DATOS PNR

Los datos PNR vienen enumerados en el Anexo I de la Directiva PNR, e incluyen una gran cantidad de información, que supera con creces la relativa a la identidad de quienes vuelan, los datos concretos del vuelo (trayecto, fecha y hora de salida y de llegada, compañía aérea), y los relativos a la forma de pago. Todos estos datos se pueden agrupar en seis grandes bloques: 1) Los datos de identificación de los pasajeros; 2) Los datos de la reserva; 3) Los datos sobre el vuelo efectuado; 4) La información sobre menores de edad; 5) Los datos API, conocidos así por su acrónimo en inglés, *Advanced Passanger Information*[10]; y 6) Las denominadas «observaciones generales»[11].

Con los datos PNR no sólo se pretende saber quiénes entran o salen del territorio de la Unión, o se desplazan dentro de las fronteras interiores, sino que están pensados para que las autoridades competentes en la Unión Europea tengan información detallada sobre las reservas e itinerarios de viajes casi desde el momento en que surgió en el pasajero la idea misma de volar hasta el momento exacto en que se cierran las puertas del avión, y ya no es posible embarcar o desembarcar. Se trata de una especie de cuaderno de bitácora, un diario personal del viajero, pero que no es realizado por él, en el que va a quedar constancia de todo lo acontecido en relación con un vuelo, o varios en el caso de que la reserva incluya distintos trayectos o escalas.

Una vez recogidos estos datos, las compañías aéreas deberán transmitirlos a las UIP de los distintos Estados miembros entre 24 y 48 horas antes de la salida o llegada programada del vuelo, e inmediatamente después del cierre del vuelo, es decir, una vez que los pasajeros hayan embarcado en el avión en preparación de la salida y no sea ya posible embarcar o desembarcar del avión (art. 8.3 Directiva PNR). Esta transmisión se llevará a cabo por medios electrónicos utilizando los protocolos y los formatos de datos comunes, que deberán adoptarse conforme al procedimiento de examen a que se refiere el apartado tercero del artículo 17 de esta Directiva, o, en caso de fallo técnico, por cualquier otro medio apropiado que garantice un nivel adecuado de seguridad de los datos (art. 8.3 Directiva PNR).

10. La información relativa a los datos API que las compañías aéreas deben recoger y remitir a las UIP de los distintos Estados miembros ha sido objeto de una nueva regulación por el Reglamento (UE) 2025/13 del Parlamento Europeo y del Consejo, de 19 de diciembre de 2024, relativo a la recogida la transferencia de información anticipada sobre los pasajeros para la prevención, detección, investigación y enjuiciamiento de los delitos de terrorismo y de los delitos graves, y por el que se modifica el Reglamento (UE) 2019/818.

11. Sobre toda la información que suministran los datos PNR ver nuestro trabajo, CATALINA BENAVENTE, M. A., *El uso de los datos PNR en el proceso penal*, Thomson Reuters Aranzadi, Cizur Menor, 2022, pp. 35 a 47.

2. LA EVALUACIÓN PREVIA DE LOS PASAJEROS

La evaluación previa, que se realiza de forma indiscriminada y generalizada sobre todos los pasajeros[12], se hace a través de dos vías. En primer lugar, por la vía de «comparar los datos PNR con las bases de datos pertinentes a los efectos de la prevención, detección, investigación y enjuiciamiento de delitos de terrorismo y delitos graves, incluidas las bases de datos sobre personas u objetos buscados o bajo alerta, de acuerdo con las normas de la Unión, internacionales y nacionales aplicables a dichas bases de datos» (art. 6.3.a Directiva PNR). En segundo lugar, por la vía de «tratar los datos PNR con arreglo a criterios predeterminados» (art. 6.3.b Directiva PNR).

Estas dos vías de evaluación previa son sustancialmente diferentes e implican un control claramente distinto de los pasajeros de avión. En el primero de los casos, como tendremos oportunidad de analizar posteriormente, se trata de «encontrar» a pasajeros que ya hayan sido previamente fichados o identificados por las autoridades competentes en la lucha contra el terrorismo y otros delitos graves, o que tengan algún tipo de conexión con personas previamente fichadas. En el segundo de los casos, se trata de identificar a pasajeros que tengan patrones de viajes similares a los ya utilizados por otros delincuentes anteriormente, o pasajeros que tengan unos patrones de viaje «atípicos» teniendo en cuenta el desplazamiento que hacen.

Al afectar la evaluación previa de los pasajeros a través del análisis de sus datos personales a los derechos a la intimidad y a la protección de datos personales, que exigen que el tratamiento se limite a lo estrictamente necesario, se ha planteado la cuestión de si la evaluación previa debe hacerse en todo caso a través de estas dos vías, o si, por el contrario, la evaluación de los pasajeros de avión a través del tratamiento automatizado de sus datos PNR conforme a criterios predeterminados debería reservarse para determinados delitos, y no para todos los incluidos en el Anexo II de la Directiva PNR[13].

---

12. Esta situación se puede incluir dentro de lo que BARONA VILAR, S., «La digitalización y la algoritimización, claves del nuevo paradigma de justicia eficiente y sostenible», en COLOMER HERNÁNDEZ, I. (Dir.); CATALINA BENAVENTE, M. A, OUBIÑA BARBOLLA, S. (Coords.), *Uso de la información y de los datos personales en los procesos: los cambios en la era digital*, Thomson Reuters-Aranzadi, Cizur Menor, 2022, p. 91, denomina hipervigilancia policial.
13. El problema lo plantea en estos términos el Abogado General Pitruzzella en el apartado 212 de sus Conclusiones, quien recuerda que en la Propuesta de Directiva PNR de 2011, el tratamiento de los datos PNR conforme a criterios predeterminados quedaba limitado a la lucha contra la delincuencia transfronteriza grave (art. 4.2.a). En todo caso, en el Documento del Grupo de Trabajo de la Comisión (*Commission Staff*

Sin perjuicio de que los Estados miembros deben incluir en las normas de transposición las dos vías de evaluación previa previstas en la Directiva PNR, la necesidad de que el tratamiento de los datos de carácter personal se limite a lo estrictamente necesario, requiere que quede claramente determinado en qué casos se puede acudir a uno u otro procedimiento. En la medida en que el tratamiento de los datos PNR conforme a criterios preestablecidos supone una injerencia más grave en los derechos a la intimidad y a la protección de datos de carácter personal que la que supone la comparación de estos datos con los existentes en otras bases de datos, hay que convenir con el Abogado General Pitruzzella en que los Estados miembros deberían limitar el tratamiento automatizado de los datos PNR conforme a criterios predeterminados a determinados delitos[14].

Finalmente, esta postura no fue asumida por el TJUE en la sentencia de 21 de junio de 2022, lo que supone, en definitiva, que el tratamiento automatizado de los datos PNR conforme a criterios predeterminados con fines de evaluación previa se puede utilizar para todos los delitos enumerados en el Anexo II de la Directiva PNR. Quizá por esta razón, el TJUE pretende compensar la falta de iniciativa en relación con esta cuestión excluyendo el empleo de sistemas que utilicen tecnologías de IA en el tratamiento automatizado de los datos PNR.

2.1. Comparación de los datos PNR con otras bases de datos

La comparación de los datos PNR de los pasajeros con los datos obrantes en determinadas bases de datos tiene por objeto evitar que entren o salgan de la UE vía aérea pasajeros que se encuentran ya fichados o, que tienen

Working Dokument (COM(2020)305final), p. 12, (a partir de ahora nos referiremos a él como *Documento del Grupo de Trabajo*) se señala que las autoridades competentes ponen de manifiesto que es difícil determinar qué método de tratamiento (si la comparación con otras bases de datos, las listas de sospechosos o la utilización de criterios predeterminados), es el más útil o eficiente. En muchos casos, los mejores resultados se obtienen de una combinación de los distintos métodos de tratamiento disponibles.

14. Ver apartado 213 de las Conclusiones: «Al igual que la Comisión, considero que se deduce, en particular, de la estructura de la Directiva PNR que los Estados miembros están obligados a prever dos tipos de tratamientos automatizados, por razones que también tienen que ver con la exigencia de garantizar la aplicación más uniforme posible del sistema de tratamiento de los datos PNR de la Unión. Sin embargo, ello no implica que los Estados miembros no estén autorizados —e incluso obligados, con objeto de garantizar que el tratamiento de datos que requiera la evaluación previa realizada con arreglo al artículo 6, apartado 2, letra a), de la Directiva PNR se limite a lo estrictamente necesario— a limitar el análisis con arreglo al artículo 6, apartado 3, letra b), de la Directiva PNR, en función de los resultados, entendidos en términos de eficacia, en relación con cada uno de los delitos mencionados por dicha Directiva y a reservarlo, en su caso, únicamente para algunos de estos delitos».

cualquier tipo de vinculación o relación con personas u objetos ya fichados[15]. Se trata de una mera comprobación de identidades o emparejamientos, o de constatar la existencia de elementos en común de los pasajeros que vuelan con personas u objetos ya fichados. Esta comparación de los datos PNR con las bases de datos sobre personas y objetos buscados refuerza la seguridad interior de la UE, y permite reunir pruebas y, en su caso, descubrir a los cómplices de los delincuentes y desmantelar redes delictivas[16]. Esta comparación de datos plantea una serie de cuestiones interesantes, que ni la Directiva PNR ni los Estados miembros, pero tampoco el TJUE, han dejado totalmente cerradas.

2.1.1. *Las bases de datos admisibles*

La Directiva PNR señala que los datos PNR se compararán «con las bases de datos pertinentes a los efectos de la prevención, detección, investigación y enjuiciamiento de delitos de terrorismo y delitos graves, incluidas las bases de datos sobre personas u objetos buscados o bajo alerta, de acuerdo con las normas de la Unión, internacionales y nacionales aplicables a dichas bases de datos» (art. 6.3.a). Este precepto, sin embargo, no se ajusta a los requisitos de claridad y precisión exigibles a toda norma que implique una injerencia grave en derechos fundamentales, puesto que no permite identificar las bases de datos que se han de entender incluidas dentro del término «pertinentes», y, por tanto, que pueden ser utilizadas por los Estados miembros para llevar a cabo el control cruzado de datos[17].

La STJUE, de 21 de junio de 2022, reconoce que la protección de los derechos fundamentales a la vida privada (art. 7 CDFUE) y a la protección de datos de carácter personal (art. 8 CDFUE), exige que el concepto de «bases de datos pertinentes» se interprete de forma restrictiva y que, en consecuencia, los datos PNR sólo se comparen con las «bases de datos sobre personas u objetos buscados o bajo alerta, de acuerdo con las normas de la Unión, internacionales y nacionales aplicables a dichas bases de datos», que son las mencionadas expresamente en el artículo 6.3.a de la Directiva

---

15. Para GORKIĈ, P., «Postulates of Criminal Law int the Age of Automated Justice: The Case of Passenger Name Records – Toward Fishing Expeditions, Generalized Suspicion, the Presumption of Guilt, and Responsibility for the Acts of Others?», cit., p. 121, la comparación de los datos PNR con los datos obrantes en otras bases de datos supone sustituir el patrullaje policial por las calles por el patrullaje sobre conjuntos de datos personales.
16. Ver Considerando 6 de la Directiva PNR.
17. Tal y como señala el Abogado General Pitruzzella en el apartado 217 de las Conclusiones.

PNR[18]. Estas bases de datos con las que se podrán comparar los datos PNR deberán estar gestionadas por las autoridades competentes determinadas en cada Estado miembro para solicitar o recibir datos PNR, o, si se trata de bases de datos internacionales, que estén gestionadas por autoridades competentes para la lucha contra el terrorismo y el resto de delitos graves[19]. La inclusión de cualquier persona en las bases de datos de personas buscadas o en situación de alerta se ha de basar en factores objetivos y no discriminatorios, que tienen que estar definidos en la normativa aplicable a dichas bases de datos[20].

El TJUE considera que como la Directiva PNR no precisa expresamente la naturaleza de los datos que puedan contenerse en las calificadas como «bases de datos pertinentes», ni su relación con los objetivos perseguidos con la Directiva PNR (prevenir, detectar, investigar o enjuiciar delitos de terrorismo y otros delitos graves), ni si hay que entender que los datos PNR exclusivamente pueden compararse con bases de datos gestionadas por autoridades públicas, o si es posible entender que también pueden compararse con bases de datos gestionadas por personas privadas, procede una interpretación restrictiva de las bases de datos con las que se pueden comparar los datos PNR. El riesgo que trae consigo una interpretación más amplia es el de que los pasajeros tengan la sensación de que su vida privada es objeto de una forma de vigilancia, que podría dar lugar a un uso des-

18. Ver apartados 187 y 188 de la STJUE, de 21 de junio de 2022. Previamente, en sus Conclusiones, el Abogado General había señalado que el concepto de «bases de datos pertinentes» en el sentido de que sólo se refiere a las bases de datos gestionadas por las autoridades competentes designadas en cada Estado miembro al amparo de lo dispuesto en el artículo 7.1 de la Directiva 2016/681 para solicitar o recibir datos PNR o el resultado de su tratamiento, y a las bases de datos de la Unión Europea e internacionales directamente explotadas por dichas autoridades en el marco de sus funciones. Además, estas bases de datos «deben tener una relación directa y estrecha con los fines de lucha contra el terrorismo y la delincuencia grave perseguidos por la Directiva PNR, lo cual implica que hayan sido desarrollada para esos fines. Según esta interpretación, dicho concepto se refiere esencialmente, si no exclusivamente, a las bases de datos sobre personas u objetos buscados o bajo alerta, expresamente mencionadas en el artículo 6, apartado3, letra a), de la Directiva PNR» (apartado 219). Bases de datos que los Estados miembros deben quedar obligados a publicar y a mantener actualizadas (apartado 222).
19. Apartado 192 de la STJUE, de 22 de junio de 2022.
20. Ver apartado 172 del Dictamen 1/15, el apartado 78 de la STJUE, de 5 de abril de 2022, *Commissioner of An Garda Síochána*, y los apartados 189 y 190 de la STJUE, de 21 de junio de 2022. El Abogado General reclama que se proceda a la elaboración a nivel europeo de un listado de bases de datos pertinentes gestionadas por la Unión en colaboración con los Estados miembros, así como de un listado con las bases de datos internacionales con las que se podrán cotejar los datos PNR. El objetivo final: garantizar una práctica uniforme por las UIP de los Estados miembros en la evaluación previa de los pasajeros (apartado 222 de las Conclusiones).

proporcionado de los datos PNR, que permita, en definitiva, elaborar un perfil preciso de los titulares de los datos PNR, por el mero hecho de haber decidido desplazarse en avión (apartado 184).

La inclusión de personas u objetos en las bases de datos con las que sí que se pueden comparar los datos PNR responde a una serie de criterios previamente establecidos, es decir, la inclusión en dichas listas no es aleatoria y debe seguir un procedimiento previo, incluyendo la posibilidad de cuestionar dicha inclusión a quienes estén en ella. Además, el TJUE considera que los requisitos de no discriminación establecidos para la elaboración de criterios predeterminados para el tratamiento automatizado de los datos PNR, deben aplicarse *mutatis mutandi* a la evaluación previa de los pasajeros de avión a través de la comparación de sus datos PNR con los datos existentes en determinadas bases de datos. Esto supone, en definitiva, que la inclusión en las bases de datos relativas a personas buscadas o bajo alerta ha de estar basada «en elementos objetivos y no discriminatorios» (apartados 189 y 190).

2.1.2. *Práctica prohibida: la elaboración de bases de datos a través de IA*

A pesar de que la mera comprobación de si los datos PNR recopilados se encuentran ya incorporados en las bases de datos sobre personas u objetos buscados o bajo alerta, de acuerdo con las normas de la Unión, internacionales y nacionales aplicables a dichas bases de datos no es IA, existe un resquicio por el que se puede colar la utilización de sistemas de IA en la evaluación previa de los pasajeros de avión a través de esta comparación: que la IA se haya utilizado para incluir a personas en dichas listas, a través, por ejemplo, del rastreo tanto de la web superficial como de la *Darknet*, o buscando información en chats, webs, foros, etc., en definitiva cualquier información disponible en redes sociales o datos abiertos[21].

Un ejemplo de los peligros que se derivan de la opacidad en la elaboración de las listas de terroristas lo encontramos en Estados Unidos. A mediados del año 2015 saltó en los medios de comunicación la noticia de

21. Peligro que ya pone de manifiesto la *Carta ética europea sobre el uso de la inteligencia artificial en los sistemas judiciales y su entorno*, adoptada por el CEPEJ durante su 31 Reunión plenaria, al hablar de las herramientas utilizadas por las autoridades de investigación antes del juicio penal: «Los instrumentos descritos como «vigilancia predictiva» (antes del proceso judicial o antes de una referencia judicial) ya están creciendo rápidamente y están comenzando a ser conocidos por el público en general (por ejemplo, piénsese en la lista de exclusión aérea, que en realidad es una gran aplicación de análisis de datos que recopila y analiza datos sobre posibles terroristas para evitar la comisión de actos o algoritmos utilizados para detectar el fraude o el lavado de dinero)» (apartado 119).

que la Administración Obama estaba utilizando herramientas de análisis predictivo para elaborar las denominadas *No-fly list*, o listas de exclusión aérea. Así se vio obligado a reconocerlo el Departamento de Justicia de EEUU y el FBI tras la presentación de una demanda por la Unión Americana de Libertades Civiles (ACLU), en la que, por primera vez, se pedía a un tribunal que revisara la base del modelo de predicción del Gobierno para incluir en las listas negras a personas que ni siquiera habían sido acusadas, y mucho menos condenadas, por un delito de terrorismo u otro delito grave. El Departamento de Justicia y el FBI se vieron obligados a admitir que las prohibiciones impuestas a determinados ciudadanos, estadounidenses o de otros países, a viajar en avión se basaba en «evaluaciones predictivas sobre amenazas potenciales».

A raíz de esta demanda, el Departamento de Seguridad Nacional (*Department of Homeland Security*, en adelante DHS) adoptó dos medidas importantes. En primer lugar, empezó a informar a las personas incluidas en las listas de exclusión aérea de su inclusión en dichas listas y a permitirles presentar una solicitud para lograr su eliminación de la lista. En segundo lugar, el DHS modificó el procedimiento de inclusión en dichas listas, designándose al Director de la Agencia de Seguridad en el Transporte (*Transportation Security Agency director*) como árbitro final para decidir quién debía estar incluido o no en la lista[22]. No obstante, la Administración Obama siguió tratando de proteger su sistema de inclusión en las listas sobre la base de la defensa de la seguridad nacional[23]. Así, no se divulgaba información sobre cómo se hacían las predicciones para considerar que una persona debía ser incluida en la lista, al tiempo que se limitaban claramente las posibilidades de obtener más información a aquellos sujetos que quisieran reclamar precisamente su inclusión en la lista.

En el proceso seguido ante la jueza de Oregón, Anna J. Brown, la ACLU expuso detalladamente que las evaluaciones predictivas llevadas a cabo por

22. Sin embargo, para la ACLU estas modificaciones seguían siendo insuficientes, como ha quedado confirmado posteriormente a lo largo de los años.
23. En la sentencia de Oregón se reproduce la siguiente declaración del subdirector de la división antiterrorista del FBI, Michael Steinbach, ante la jueza Brown: si se exigiera al Gobierno que notificara todas las razones para incluir a una persona en la lista de exclusión aérea, y se viera obligado, igualmente a entregar todas las pruebas, tanto inculpatorias como exculpatorias, que motivan su inclusión en la lista, se pondría información de seguridad nacional altamente sensible directamente en manos de organizaciones terroristas y otros posibles enemigos (*If the Government were required to provide full notice of its reasons for placing an individual on the No Fly List and to turn over all evidence (both incriminating and exculpatory) supporting the No Fly determination, the No Fly redress process would place highly sensitive national security information directly in the hands of terrorist organizations and other adversaries*).

la Administración Obama planteaban un «riesgo de error extremadamente alto»[24].

En EEUU están las listas de vigilancia (Watchinglists), las listas de exclusión aérea (No-Fly list) y la lista TIDE (*Terrorist Identities Datamart Environment*[25]). Desde hace años se viene denunciando que no están claros los criterios de inclusión en la lista y que realmente las distintas agencias que pueden proponer candidatos para su inclusión utilizan criterios de los más variados. El resultado final es una lista que, en la actualidad, y tal como señalaron en diciembre de 2023 distintos miembros del Congreso de los Estados Unidos, incluye no solo a terroristas conocidos, sino también a sospechosos de terrorismo. En este último caso, y tal y como se denuncia en este documento, sin que las autoridades competentes hayan sido capaces

---

24. Para ello, contaron con los servicios de Marc Sageman, antiguo analista antiterrorista de la CIA y actual investigador académico sobre terrorismo, que presentó un escrito en el que argumentaba que el modelo predictivo del Gobierno en el que se basaba la inclusión en la lista negra no era riguroso: «[T]here is no indication that the government has assessed the scientific validity and reliability of its predictive judgments or the information that leads to those judgments, nor has it used a scientifically valid model for predicting, and accounting for, the rate of error that might arise from those predictive judgments. Due to these failures alone, the government's predictive judgments cannot be considered reliable» Sageman told the court. Without a «scientifically validated process», Sageman asserted, the government's judgements about who does and does not pose a terrorist threat to aviation «amount to little more than the «guesses» or «hunches» that Mr Grigg says are not sufficient to meet the criteria». Sentencia disponible en: https://www.aclu.org/sites/default/files/assets/no_fly_list_ruling__-_latif_v._holder_-_6-24-14.pdf
25. https://www.dni.gov/files/NCTC/documents/features_documents/TIDEfactsheet10FEB2017.pdf El TIDE es el repositorio central de información sobre identidades de terroristas internacionales del Gobierno de Estados Unidos. TIDE sirve de apoyo a los diversos sistemas de detección de terroristas, o listas de vigilancia, así como a la comunidad de inteligencia de los Estados Unidos. La base de datos TIDE incluye, en la medida permitida por la ley, toda la información que el Gobierno de los Estados Unidos tiene sobre la identidad de personas conocidas o que se considera sospechosas de estar o haber estado implicadas en actividades constitutivas, preparatorias, de ayuda o relacionadas con el terrorismo, a excepción de la información que se refiere exclusivamente al terrorismo nacional. Esta información está disponible para los profesionales de la lucha antiterrorista de toda la comunidad de inteligencia, incluido el Departamento de Inteligencia, a través de la página web de solo lectura «TIDE online». Según la información contenida en esta página web, ya en febrero de 2017 TIDE contenía información de alrededor 1,6 millones de personas, de las cuales 16.000 aproximadamente eran estadounidenses (tanto ciudadanos como residentes permanentes). En esta página también se indica que entre 2011 y 2017 se habían eliminado más de 228.000 registros de personas de la TIDE, en la medida en que ya no cumplían los criterios para su inclusión.
   En esta lista están incluidas, entre otras, personas que hayan realizado alguna de las siguientes conductas: cometan actividades terroristas internacionales, preparen o

de especificar con qué organización terrorista se vincula a muchos de estos sospechosos[26].

En definitiva, si para el TJUE, como veremos en el epígrafe siguiente, el tratamiento automatizado de los datos PNR conforme a criterios predeterminados excluye la utilización de sistemas de aprendizaje automático, lo mismo ha de extenderse a la posibilidad de que las bases de datos con las que se comparen los datos PNR hayan sido elaboradas por medio de la IA.

2.2. Tratamiento de los datos PNR conforme a criterios predeterminados

En segundo lugar, la evaluación previa de los pasajeros que llegan o abandonan el territorio de la Unión Europea se va a llevar a cabo a través del tratamiento automatizado de sus datos PNR conforme a criterios predeterminados, que deberán ser orientados, proporcionados y específicos. Los derechos a la intimidad y a la protección de datos de carácter personal exigen que los modelos y criterios preestablecidos sean, por una parte, específicos y fiables, de modo que permitan llegar a resultados que seleccionen individuos sobre los que podría recaer una sospecha razonable de participación en delitos de terrorismo o alguno de los delitos graves mencionados en el Anexo II. Por otra parte, han de ser modelos no discriminatorios, que «no se basarán en ningún caso en el origen racial o étnico, las opiniones políticas, las creencias religiosas o filosóficas, la pertenencia a un sindicato, la salud o la vida u orientación sexual de la persona» (art. 6.4 Directiva PNR)[27]. Estos criterios deben ser fijados y revisados periódicamente por las UIP de los Estados miembros en cooperación con las autoridades competentes en cada Estado para solicitar y recibir datos PNR en el

---

planifiquen actividades terroristas internacionales; recopilen información sobre objetivos potenciales para actividades terroristas internacionales; soliciten fondos u otros objetos de valor para actividades terroristas internacionales o para una organización terrorista; soliciten la afiliación a una organización terrorista internacional; proporcionen apoyo material, como, por ejemplo, una casa segura, transporte, comunicación, fondos, documentación falsa, armas, explosivos o entrenamiento; son miembros de o representan a una organización terrorista extranjera. Las agencias federales proponen a personas para ser incluidas en la lista TIDE basándose en evaluaciones de inteligencia y en la información policial sobre terrorismo. Para más información sobre cómo la información contenida en la lista TIDE es utilizada para la actualización de las listas de vigilancia puede verse en: https://www.fbi.gov/investigate/terrorism/tsc.

26. Documento del Congreso de los Estados Unidos disponible en https://www.warren.senate.gov/imo/media/doc/2023.12.20%20Terrorism%20Watchlist%20Letter.pdf

27. Tal y como señalaba el apartado 172 del Dictamen 1/15 del TJUE.

marco de la lucha contra el terrorismo y otras formas de delincuencia grave[28].

Al efectuar este análisis, los datos PNR se tratan, fundamentalmente, con fines predictivos, mediante la aplicación de algoritmos que pueden permitir «identificar» a aquellos pasajeros que podrían estar implicados en delitos de terrorismo o en delitos graves, y que no resultan conocidos para las autoridades competentes. En la medida en que la utilización de algoritmos puede tener consecuencias importantes para los individuos que resulten identificados, el tratamiento de los datos PNR a partir de estos criterios requiere una regulación precisa, tanto en la forma en que dicho tratamiento debe realizarse, como en las garantías que deben acompañarlo. Estos criterios predeterminados se tienen que corresponder con el *modus operandi* de los delitos de terrorismo y delitos graves, en cuanto que están dirigidos a prevenir conductas criminales futuras[29].

La elaboración de estos criterios no es tarea sencilla, y dichos criterios de evaluación deben definirse de tal manera que el sistema señale el menor número posible de personas inocentes[30]. Además, dichos criterios deben garantizar que el tratamiento se lleve a cabo con las garantías que exigen los derechos fundamentales en juego[31]. El funcionamiento de los algoritmos utilizados para el análisis previo ha de ser transparente y el resultado de su aplicación rastreable[32]. Estos criterios deben servir para «seleccionar» aquellos individuos sobre los que podría recaer una sospecha razonable de participación en actividades terroristas o delitos graves, y, por ello, la necesidad de que sean sometidos a un examen más detenido por parte de las autoridades competentes. Y ello teniendo en cuenta que, como señala el Abogado

28. Ver GORKIĈ, P., «Postulates of Criminal Law int the Age of Automated Justice: The Case of Passenger Name Records – Toward Fishing Expeditions, Generalized Suspicion, the Presumption of Guilt, and Responsibility for the Acts of Others?», cit., p. 121.
29. Apartado 223 de las Conclusiones del Abogado General Pitruzzella. Para el Abogado General, con este tratamiento la UIP está realizando fundamentalmente una actividad de elaboración de perfiles. Para evitar este riesgo, y garantizar que las UIP lleven a cabo una actividad de elaboración de patrones delictivos, serán fundamentales los criterios previamente determinados para llevar a cabo el análisis de los datos PNR.
30. Tal y como señala el Considerando 7 de la Directiva PNR.
31. Como señala PÉREZ GIL, J., «Exclusiones probatorias por vulneración del derecho a la protección de datos personales en el proceso penal», en BELLIDO PENADÉS, R., DE LUIS GARCÍA, E., JIMÉNEZ CONDE, F., LLOPIS NADAL, P. (Coord.), *Justicia: ¿Garantías versus Eficiencia?*, Valencia, Tirant lo Blanch, 2020, pp. 8-9, *tol. 7.855.589*, la normativa de protección de datos personales deviene insuficiente en los supuestos de tratamientos múltiples, duraderos, masivos, y, además opacos, que dejan la puerta abierta a posibilidades ilimitadas para la elaboración de perfiles personales.
32. Lo que no implica, como señala el Abogado General Pitruzzella, que los perfiles utilizados deban hacerse públicos (apartado 228 de las Conclusiones).

General Pitruzzella, la Directiva PNR «no autoriza la elaboración de perfiles individuales de todos los pasajeros aéreos cuyos datos se analizan, por ejemplo, asociando a cada uno de ellos una categoría de riesgo sobre una escala determinada»[33].

La necesidad de utilizar criterios predeterminados se opone al uso de tecnología de inteligencia artificial en sistemas de autoaprendizaje (*machine learning*), en la medida en que estos sistemas son capaces de modificar, sin intervención o revisión humana, el proceso de evaluación y, en particular, los criterios de evaluación en los que se basa el tratamiento automatizado, así como la ponderación de dichos criterios[34]. Estas tecnologías, aunque pueden presentar un grado más elevado de precisión, son, como señala el Abogado General Pitruzzella, más difíciles de interpretar, incluso por parte de los operadores que han efectuado el tratamiento automatizado[35].

3. AUTORIDAD COMPETENTE PARA LA EVALUACIÓN PREVIA DE LOS PASAJEROS

Uno de los elementos más característicos del sistema diseñado por la Directiva PNR es la atribución de la evaluación previa de los pasajeros a las denominadas Unidades de Información de Pasajeros (en adelante, UIP), que deben ser designadas en cada Estado miembro, y que son las competentes para llevar a cabo la evaluación previa de todos los pasajeros (arts. 4 y 6 Directiva PNR). El poder que la Directiva PNR otorga a las UIP es enorme ya que, por un lado, estas unidades reciben de las compañías aéreas los datos PNR de todos los pasajeros y, por otro, tienen amplias competencias para el tratamiento de dichos datos. La creación de las UIP es, sin lugar a duda, una de las ideas más trascendentales del legislador europeo en relación con el sistema PNR de la UE y supone un cambio radical respecto de la imposición a entidades privadas de la recogida y conservación de datos

33. Apartado 224 de las Conclusiones del Abogado General Pitruzzella.
34. Ver apartado 194 de la STJUE, de 21 de junio de 2022, que remite a lo apuntado por el Abogado General Pitruzzella. En este sentido, y como explica DE HOYOS SANCHO, M., «El uso jurisdiccional de los sistemas de inteligencia artificial y la necesidad de su armonización en el contexto de la Unión Europea», en *Revista General de Derecho Procesal*, núm. 55, 2021, p. 15, los algoritmos pueden configurarse para seguir aprendiendo mientras se utilizan y a medida que van nutriendo de nuevos datos, de tal forma que los sistemas IA identifican patrones no predeterminados y generan nuevas relaciones entre esos patrones y los nuevos datos, de forma que pueden seguir haciendo sucesivas predicciones o recomendaciones, en principio, no previstas específicamente en la programación inicial del algoritmo. Ver también BARONA VILAR, S., *Algoritmización del Derecho y de la Justicia De la Inteligencia Artificial a la Smart Justice*, Valencia, Tirant lo Blanch, 2021, pp. 95 y ss.
35. Apartado 228 de las Conclusiones.

personales por un plazo temporal determinado, a la espera de que puedan ser requeridas por las autoridades competentes de cada Estado en el marco de la investigación de hechos delictivos concretos.

Es fundamental conocer la naturaleza de la autoridad competente para el tratamiento de los datos PNR, puesto que es a dicha autoridad, en su condición de responsable del tratamiento de los datos PNR, a la que le va a corresponder implementar las operaciones de tratamiento de dichos datos. En este sentido, y tal y como dispone la Directiva PNR, cada Estado miembro designará una autoridad competente para actuar como UIP (art. 4.1). La existencia de límites al tratamiento automatizado de los datos PNR que deriva de la propia normativa europea, de las legislaciones nacionales, e incluso del TJUE, no nos impide afirmar que son muchas las posibilidades que se abren para el tratamiento, y que puede haber diferencias sustanciales entre los métodos utilizados por las UIP de los distintos Estados miembros.

En España, la UIP se integra orgánicamente en el Centro de Inteligencia contra el Terrorismo y el Crimen Organizado (en adelante, CITCO), dependiente de la Secretaría de Estado de Seguridad del Ministerio del Interior (art. 6.1 LO 1/2020, de 16 de septiembre, sobre la utilización de los datos del Registro de Nombres de Pasajeros para la prevención, detección, investigación y enjuiciamiento de delitos de terrorismo y delitos graves). Esto supone, por tanto, que se deja en manos de uno de los organismos que pertenecen a los servicios de inteligencia del Estado el tratamiento de los datos PNR. En todo caso, en su actuación está sometido tanto a la Directiva PNR como a la LOPNR; aunque esto no impide, bien es cierto, que pueda verse con preocupación la atribución a dicho organismo de esta función.

En todo caso, y a pesar de que como señala la AEPD, «(l)a decisión de adoptar, en el marco de un tratamiento, una solución técnica basada en IA o en cualquier otra tecnología, es tomada por el responsable, que es quien "*determina los medios y fines del tratamiento*" y es, por tanto, quien tiene a su cargo la toma de decisión de seleccionar una solución tecnológica u otra»[36], lo cierto es que ni el CITCO, ni ninguna de las UIP del resto de Estados miembros, podría optar por aplicar a los datos PNR un tratamiento basado en IA puesto que esta posibilidad queda descartada por el TJUE.

36. Como señala la AEPD, *Adecuación al RGPD de tratamientos que incorporan Inteligencia Artificial*, p. 19 (disponible en: https://www.aepd.es/guias/adecuacion-rgpd-ia.pdf).

4. CONSECUENCIAS DE LA EVALUACIÓN PREVIA DE LOS PASAJEROS

En último lugar, para comprender el alcance de la limitación impuesta por el TJUE al tratamiento automatizado de los datos PNR resulta esencial conocer cuáles son las consecuencias de dicha evaluación previa para el caso de que se derive un resultado positivo. El control previo al desplazamiento aéreo tiene por objeto identificar a aquellos pasajeros que deben ser objeto de un control más detenido por parte de las autoridades competentes. En la medida en que el tratamiento automatizado de los datos PNR lo lleva a cabo la UIP de cada Estado miembro, en el caso español el CITCO, la consecuencia de un resultado positivo será la transmisión de dicho resultado a las autoridades competentes pertinentes (art. 6.5 Directiva PNR), con el objeto de que se llevan a cabo las acciones que correspondan contra el pasajero en cuestión. No obstante, y esto es importante remarcarlo, con carácter previo a cualquier transmisión de datos PNR tras un resultado positivo, es obligatorio que la UIP lleve a cabo una revisión individualizada por medios no automatizados del resultado del tratamiento (art. 6.6 Directiva PNR).

Una vez verificado el resultado positivo, se llevarán a cabo medidas concretas contra el pasajero en cuestión que, en nuestra opinión, se pueden concretar en dos grandes grupos: las que van a tener lugar en el mismo aeropuerto y, aquellas otras que tendrán lugar fuera del aeropuerto[37]. En el primero de los casos, las autoridades competentes podrán efectuar un control ulterior sobre el pasajero en el aeropuerto, sobre su equipaje, impedir que suba al avión o, incluso, proceder a su detención. Esto implicará en la mayoría de los casos actuaciones de control que se verificarán en el propio aeropuerto, de salida, llegada o de tránsito, y generará con carácter general situaciones incómodas a los pasajeros.

Sin embargo, con toda seguridad va a haber otros muchos supuestos en los que el resultado positivo de la evaluación previa llevada a cabo no se traduzca en una actuación policial concreta en el aeropuerto, sino en un seguimiento del sujeto a partir de ese momento por parte de la policía o, incluso, de los servicios de inteligencia. En estos casos, el resultado positivo derivado del tratamiento automatizado no va a impedir que el sujeto vuele,

37. En este punto no hay que olvidar que no sólo es determinante la cantidad de información que incluyen los datos PNR, sino, sobre todo, que estos datos se transmiten a la UIP entre 48 y 24 horas antes de la salida del vuelo, lo que permite a las autoridades competentes poder preparar las acciones pertinentes.

o que entre en la Unión Europea, pero lo va a convertir en «persona de interés» para las autoridades competentes en materia de seguridad[38].

La evaluación previa que se salda con un resultado positivo que se transmite a las autoridades policiales competentes puede considerarse, entonces, el primer indicio de sospecha frente a un sujeto, que supone el punto de partida de una investigación contra él. Sin perjuicio de los efectos negativos que para un sujeto pueden derivarse del hecho de ser sometido a un ulterior control en el aeropuerto, con la consiguiente estigmatización que ello puede comportar, si de dicho control, efectuado por el personal competente, se encuentra algo que pueda relacionarlo con algún delito, el origen de dicha actuación no deriva de un control aleatorio sino del «patrullaje de datos» previamente efectuado y que responde, por así decirlo, a una decisión consciente de las autoridades competentes de controlar los movimientos de determinados pasajeros. Lo mismo ocurre cuando las autoridades competentes, a la vista del resultado positivo derivado del tratamiento automatizado de los datos PNR, deciden no adoptar medidas que afecten al desplazamiento aéreo, pero a partir de ese momento someten a vigilancia a la persona identificada.

III. TRATAMIENTO DE LOS DATOS PNR CONFORME A CRITERIOS PREDETERMINADOS

Una de las utilidades más importantes del análisis de los datos PNR es que permite identificar a personas desconocidas para las autoridades policiales, pero que pueden estar implicadas en la comisión de delitos de terrorismo u otras formas de delincuencia grave. La exigencia de que la evaluación previa de los datos PNR debe hacerse conforme a criterios predeterminados es la base, como ya hemos puesto de manifiesto, de la negativa de la STJUE, de 21 de junio de 2022, a que en dicho tratamiento se puedan utilizar sistemas de *machine learning*, pero no implica, evidentemente, que el TJUE esté prohibiendo la utilización de algoritmos en el tratamiento automatizado de los datos PNR.

Los algoritmos, que son definidos como una serie de instrucciones o pasos ejecutados de manera automática por un ordenador para realizar una tarea, tales como calcular o resolver un problema, son la base de todo lo que hace un ordenador. Se trata de una lista de pasos a seguir para resolver un problema, por lo que es fundamental que dichos pasos estén bien definidos

38. Ver sobre este concepto, BACHMAIER, L., «Countering Terrorism: Suspects without Suspicion and (Pre-)Suspects under Surveillance», en SIEBER, MITSILEGAS, MYLONOPOULOS, BILLIS, KNUST., (eds.), *Alternative Systems of Crime Control*, Duncker&Humblot, Berlín, 2018, pp. 174 y ss.

y se encuentren en el orden correcto. Los algoritmos son cruciales para que las máquinas y las redes hagan lo que les pedimos (o interpreten lo que deseamos). Son, por lo tanto, un elemento fundamental en todos los sistemas de IA[39], de la misma manera que lo han venido siendo en las tareas de programación más básicas, puesto que los algoritmos son códigos necesarios para ordenarle a una computadora o máquina que haga algo. Por ello, se afirma que «lo realmente novedoso no son los algoritmos, sino las predicciones basadas en datos, que constituyen el producto o resultado de un tipo determinado de algoritmos que podemos denominar algoritmos predictivos»[40].

El TJUE descarta la utilización de algoritmos de IA a los datos PNR ante el temor de que no pueda explicarse el resultado del algoritmo predictivo, es decir, ante el temor de que no se pueda conocer el proceso que ha llevado al algoritmo a identificar a un pasajero como sospechoso. Por ello, y en la medida en que el tratamiento automatizado de datos PNR conforme a criterios predeterminados implica necesariamente la utilización de algoritmos, se hace necesario analizar cuáles son las diferencias que, para la evaluación previa de los pasajeros a través de los datos PNR, se derivan en función de la utilización de los que pueden denominarse algoritmos clásicos o tradicionales frente a la utilización de los denominados algoritmos de IA[41].

---

39. KEARNS, M; ROTH, A., *El algoritmo ético*, Madrid, La Ley, 2020, p. 14, señalan que se puede definir el algoritmo como «una serie de instrucciones especificadas con gran precisión para llevar a cabo una tarea concreta». En el mismo sentido, la RAE define el algoritmo como un «conjunto ordenado y finito de operaciones que permite hallar la solución de un problema».
40. HUERGO LORA, A., «Una aproximación a los algoritmos desde el Derecho administrativo», en HUERGO LORA, A. (Dir.), *La regulación de los algoritmos*, cit., pp. 30-31. En el año 2017 saltó a los medios de comunicación la noticia de que la policía de Chicago utilizaba un controvertido algoritmo para luchar contra la violencia. En Chicago, la tercera ciudad más poblada de Estados Unidos, la violencia estaba fuera de control. Por ello la policía desarrolló un arma informática: un algoritmo que asigna puntuaciones en base a arrestos, disparos, afiliaciones con miembros de pandillas y una serie de variables para predecir quién es más probable que empuñe un arma para disparar a otra persona (o reciba un disparo). El sistema informático permite crear una lista extrayendo datos de los registros de la policía, generando así la denominada «Lista Estratégica de Sujetos». Posteriormente, los agentes visitan a los individuos con los puntajes más altos, y lleva a cabo estrategias de intervención (ver https://www.bbc.com/mundo/noticias-39883234).
41. Seguimos en este punto las indicaciones contenidas en el documento de Interpol y Unicri, *Responsible AI Innovation in Law Enforcement. Technical Reference Book*, revisado en febrero de 2024, pp. 13 y ss. Disponible en file:///C:/Users/maria/Downloads/Technical%20Reference%20Book.pdf (a partir de ahora me referiré a este documento como *Technical Reference Book*).

Cuando hablamos de la aplicación de algoritmos clásicos o tradicionales a los datos PNR nos estamos refiriendo a la aplicación de algoritmos que ejecutan sobre los datos PNR el conjunto de instrucciones previamente establecidas por el programador, de tal manera que los criterios son fáciles de conocer y, por lo tanto, se puede explicar por qué un determinado pasajero ha sido seleccionado. En estos casos, el algoritmo ha sido diseñado por un experto en la materia y realizará exclusivamente lo establecido en las instrucciones dadas. Por ello, si el tratamiento automatizado de los datos PNR se lleva a cabo conforme a criterios predeterminados, el resultado será aquello para lo que fue expresamente programado. Esto implica que el componente esencial del análisis de los datos PNR utilizando algoritmos clásicos es la intervención del experto (generalmente las autoridades policiales) en la lucha contra el terrorismo y otras formas de delincuencia grave, puesto que es «su» experiencia la que se va a trasladar al algoritmo. De una manera gráfica podríamos decir que, en estos casos, la «inteligencia» la aporta el experto policial.

En definitiva, la intervención humana en el tratamiento automatizado de los datos PNR conforme a algoritmos clásicos es fundamental. Esto supone que los patrones delictivos tienen que elaborarse con carácter previo al tratamiento de los datos PNR, es decir, son anteriores a la aplicación del algoritmo sobre los datos PNR. Y aquí es donde se manifiesta la gran complejidad que rodea la evaluación previa de los pasajeros de avión a través del tratamiento automatizado de sus datos PNR: la dificultad de elaborar unos criterios predeterminados que se ajusten a los requisitos impuestos tanto por la Directiva PNR como por la STJUE, de 21 de junio de 2022.

El tratamiento conforme a criterios predeterminados está rodeado de importantes garantías, en la medida en que estos criterios han de ser «orientados, proporcionados y específicos» a las finalidades previstas, han de ser revisados regularmente, no se pueden basar en datos sensibles y la evaluación no se puede llevar a cabo de manera discriminatoria. El objetivo no sólo es excluir la posibilidad de que las autoridades puedan utilizar perfiles con sesgos discriminatorios para la identificación de pasajeros sospechosos, sino que los criterios se elaboren desde la perspectiva de la utilización de los desplazamientos de avión como vía para la comisión de los hechos delictivos que se incluyen en el Anexo II de la Directiva PNR. Por ello, resulta esencial que en el tratamiento de los datos PNR, las UIP de los distintos Estados miembros garanticen que se están buscando pasajeros que se ajustan a determinados patrones delictivos, y no que se están buscando pasajeros que responden, o se ajustan, a perfiles delictivos previamente establecidos[42].

El Anexo II de la Directiva PNR incluye todo un elenco de delitos en cuya prevención, detección, investigación y enjuiciamiento pueden ser utilizados los datos PNR. La fijación definitiva de estos delitos no fue nada pacífica, tal y como se deduce de las discusiones que tuvieron lugar en el seno de la Unión Europea desde que allá por el año 2007 se presentó la primera propuesta de Decisión marco para la utilización de los datos PNR, y de los delitos para los que las compañías aéreas quedaban obligadas a transmitir los datos PNR en los Acuerdos de la Unión Europea con Estados Unidos, Australia y, mientras estuvo vigente, Canadá[43]. Esta lista refleja claramente que el legislador europeo descartó el elemento de la transnacionalidad, o la exigencia de que estos delitos fueran cometidos por organizaciones delictivas, o fueran especialmente graves, para que quedara justificado que para su prevención, detección, investigación o enjuiciamiento fuera necesario recurrir a los datos PNR[44]. Sin perjuicio de que consideremos que se trata de una lista muy amplia y que nos lleve a cuestionarnos si la restricción de derechos que implica la recogida de datos PNR se limita a lo estrictamente necesario, lo cierto es que en estos momentos nuestra atención ha de centrarse en si es posible establecer patrones de viaje que puedan aplicarse a todos los delitos incluidos en el Anexo II.

El TJUE exige que exista un vínculo entre el delito cometido y el transporte aéreo, de tal manera que los datos PNR sólo se pueden utilizar en relación con delitos que puedan tener una relación objetiva, aunque sea indirecta, con los viajes aéreos y, por tanto, con las categorías de datos

42. En el *Informe de la Comisión al Parlamento Europeo y al Consejo sobre la revisión de la Directiva (UE) 2016/681, del Parlamento Europeo y del Consejo, de 27 de abril, relativa a la utilización de datos del registro de nombres de los pasajeros (PNR) para la prevención, detección, investigación y enjuiciamiento de los delitos de terrorismo y de la delincuencia grave,* de 24 de julio de 2020, COM(2020)305 final), p. 10, se señala que los Estados miembros no pueden olvidar que «los datos PNR no se utilizan para elaborar un perfil individual de cada persona, sino para establecer escenarios anónimos y de riesgo o "perfiles abstractos"».

43. Ver sobre esta cuestión nuestro trabajo CATALINA BENAVENTE, M. A, «La transmisión de datos PNR entre la Unión Europea y Estados Unidos, Canadá y Australia», en COLOMER HERNÁNDEZ, I. (Dir.); OUBIÑA BARBOLLA, S. (coord.), *La transmisión de datos personales en el seno de la cooperación judicial penal y policial en la Unión Europea,* Aranzadi, Cizur Menor, 2015, pp. 308 y ss.

44. Esta lista, además, coincide casi en su integridad con la lista de delitos que darán lugar a la entrega en virtud de una orden europea de detención y entrega sin control de la doble tipificación de los hechos (art. 2.2 de la Decisión Marco del Consejo, de 13 de junio de 2002, relativa a la orden de detención europea y a los procedimientos de entrega entre Estados miembros, y art. 20 de la Ley 23/2014, de 20 de noviembre, de reconocimiento mutuo de resoluciones penales en la Unión Europea.

transferidos, tratados y conservados en virtud de la aplicación de la Directiva PNR[45]. La búsqueda de pasajeros con patrones de viaje similares a las de sujetos ya investigados o condenados por alguno de los delitos mencionados, o con patrones de viaje atípicos, sólo puede alcanzarse comparando los datos PNR, a través de medios automatizados, con combinaciones de riesgo predeterminadas basadas en hechos anteriores[46].

Estos criterios predeterminados le dicen a la máquina qué información debe buscar y relacionar de los datos PNR para poder identificar, de entre los millones de pasajeros que se mueven cada año dentro de la Unión Europea, a aquellos que realizan movimientos que se identifican con patrones previos de conocidos delincuentes[47]. Los criterios predeterminados que exige la Directiva, y que, en consecuencia, deben exigir también las leyes PNR nacionales de los distintos Estados miembros, pretenden excluir que la predicción final resultante del análisis automatizado —es decir, el pasajero concretamente señalado— sea el resultado de un algoritmo inexplicable. En todo caso, las críticas a esta forma aleatoria de identificar nuevos sospechosos no se hicieron esperar, con el argumento de que constituye una nueva forma de «emboscada policial», lo que exige cuestionar la fiabilidad de un sistema por el que muchos pasajeros se verán afectados por los falsos positivos generados por programas automáticos opacos y serán víctimas de medidas policiales estigmatizantes[48].

45. Ver apartados 153 a 157 de la STJUE, de 21 de junio de 2022.
46. Entre los ejemplos que el *Documento del Grupo de Trabajo*, cit., p. 24, recoge como indicadores de riesgo se encuentran los siguientes: los pasajeros que reservan sus vuelos con agencias de viaje que normalmente son usadas por traficantes; los pasajeros que han elegido rutas de viaje más largas y caras que las rutas que habría elegido una persona viajando por negocio o turismo; los pasajeros cuyo equipaje no se corresponde con la duración de su viaje y el destino, lo cual eleva las sospechas de que estén implicados en el tráfico ilícito de bienes o en el blanqueo de dinero; la utilización como medio de pago de una tarjeta que pertenece a un traficante sospechoso para reservar el billete de otra persona, lo que puede revelar la existencia de una forma de tráfico.
47. En opinión de OLSEN, H. P.; WIESENER, C., «Beyond Data Protection Concerns – The European P.N.R. System», en *iCourts Working Paper Series*, No. 207, p. 17, los criterios predeterminados pueden conducir a una disminución del muy elevado número de falsos positivos. Como señala el *Documento del Grupo de Trabajo*, cit., p. 12, el uso de criterios predeterminados —más exigentes desde el punto de vista operativo, analítico y técnico— se encuentra todavía en fase inicial de implementación en algunos Estados miembros. Desde enero de 2020, Europol asiste a los Estados miembros a través de su *Travel Intelligence Task Force*, que centraliza, analiza y distribuye información relevante y patrones de inteligencia, tendencias y modus operandi, que pueden ser usados por las UIP de los Estados miembros para elaborar criterios de búsqueda proporcionados y específicos. La formación de las UIP se apoya también a través de un proyecto financiado por la *ISF-Police Union Actions*.
48. www.nopnr.eu, donde se afirma que el sistema PNR equivale a una vigilancia masiva de pasajeros en el tráfico aéreo.

IV. LA UTILIZACIÓN DE LA INTELIGENCIA ARTIFICIAL EN EL TRATAMIENTO DE LOS DATOS PNR

Los riesgos que para los derechos fundamentales implica, ya en sí mismo, el tratamiento automatizado de los datos PNR conforme a criterios predeterminados se multiplicarían exponencialmente si dicho tratamiento automatizado se llevara a cabo empleando sistemas de IA. Esta opción supondría dejar en manos de la máquina la determinación de los criterios para seleccionar pasajeros de avión sospechosos. Así, y mientras que, como señalábamos en el epígrafe anterior, en el caso de los algoritmos clásicos, el patrón delictivo lo elabora la policía a partir de su experiencia previa en la lucha contra los distintos tipos de delincuencia, en el caso de los algoritmos de IA, el patrón delictivo lo extrae la máquina a partir del análisis de una enorme cantidad de datos de entrenamiento[49].

Al igual que ocurre con cualquier otra tecnología, los sistemas de IA no son intrínsicamente buenos o malos, sino que va a depender del modo en que nosotros, los humanos, diseñemos y usemos la IA lo que va a determinar si los resultados serán beneficiosos o perjudiciales[50]. Por ello, resulta inevitable preguntarse si el temor y rechazo del TJUE a la utilización de sistemas de IA en el tratamiento de los datos PNR resulta justificado, o incluso aceptable, en una época en la que la IA ha entrado de lleno en casi todos los ámbitos de nuestra vida; y si los riesgos inherentes a la utilización de la IA con fines predictivos deben solventarse por la vía de la exclusión de la utilización de estos sistemas en el tratamiento de los datos PNR, o si hay otras opciones más acordes con los nuevos tiempos. En nuestra opinión, y teniendo en cuenta que partimos de la recogida masiva de los datos PNR de todos los pasajeros de avión respecto de los cuales no existe ninguna sospecha previa de haber cometido hechos delictivos[51], toda restricción que se imponga a la aplicación de sistemas de IA creemos que es adecuada.

49. Como se indica en *Technical Reference Book*, cit., p. 14, a un algoritmo que se ha entrenado con datos para un problema específico se le denomina comúnmente «modelo», en la medida en que modela la realidad con una función matemática específica.

50. Tal y como señalan Interpol y Unicri en el documento *Responsible AI Innovation in law Enforcement. Introduction to a Responsible IA Innovation,* revisado en febrero de 2024, p. 13 (disponible en file:///C:/Users/maria/Downloads/Introduction%20to%20Responsible%20AI%20Innovation.pdf). A partir de ahora nos referiremos a este documento como *Introduction to a Responsible IA Innovation.*

51. Como señalan KEARNS, M; ROTH, A., *El algoritmo ético*, cit., p. 30: «En el momento de escribir estas líneas, existen importantes conversaciones en curso acerca del papel adecuado de la recopilación de datos en nuestra sociedad: tal vez algunas cosas no deberían hacerse, debido a que sus consecuencias sociales a largo plazo desvirtúan las posibles ganancias».

El Reglamento de IA define un sistema de IA como «un sistema basado en una máquina que está diseñado para funcionar con distintos niveles de autonomía y que puede mostrar capacidad de adaptación tras el despliegue, y que, para objetivos explícitos o implícitos, infiere de la información de entrada que recibe la manera de generar resultados de salida, como predicciones, contenidos, recomendaciones o decisiones, que pueden influir en entornos físicos o virtuales» (art. 3.1 RIA)[52]. Esta definición «debe basarse en las principales características de los sistemas de IA que los distinguen de los sistemas de *software* o los planteamientos de programación tradicionales y más sencillos, y no debe incluir los sistemas basados en las normas definidas únicamente por personas físicas para ejecutar automáticamente operaciones» (Considerando 12 RIA). Por ello, la característica principal de los sistemas de IA es «su capacidad de inferencia»; capacidad de inferencia «que trasciende el tratamiento básico de datos, al permitir el aprendizaje, el razonamiento o la modelización». Al estar diseñados para funcionar con distintos niveles de autonomía, los sistemas de IA «pueden actuar con cierto grado de independencia con respecto a la actuación humana y tienen ciertas capacidades para funcionar sin intervención humana. La capacidad de adaptación que un sistema de IA podría mostrar tras su despliegue se refiere a las capacidades de autoaprendizaje que permiten al sistema cambiar mientras está en uso». (Considerando 12).

Datos, algoritmos y capacidad computacional son los tres elementos de los que está hecha la IA. A estos hay que añadir un cuarto elemento que desempeña un papel esencial para garantizar el uso responsable de la innovación de la IA: el ser humano. Sin las personas, el potencial de la IA nunca podría desplegarse en el ámbito de las fuerzas de seguridad, o en cualquier otro ámbito de esta materia[53]. Todos ellos van a ser relevantes para el resultado final producido por la IA, pero en las próximas páginas nos vamos a centrar en el primero y el último de los mencionados: los datos y el factor humano, y en el papel que desempeñarían en el supuesto de que la IA se aplicara al tratamiento de los datos PNR.

52. Esta definición está claramente alineada con la definición de IA de la OCDE puesto que, tal y como se recoge en el Considerando 12 del RIA, «(d)ebe definirse con claridad el concepto de "sistema de IA" en el presente Reglamento y armonizarlo estrechamente con los trabajos de organizaciones internacionales que se ocupan de la IA, a fin de garantizar la seguridad jurídica y facilitar la convergencia a escala internacional y una amplia aceptación, al mismo tiempo que se prevé la flexibilidad necesaria para dar cabida a los rápidos avances tecnológicos en este ámbito».

53. *Technical Reference Book*, cit., p. 13.

1. LA CALIDAD DE LOS DATOS DE ENTRENAMIENTO

Los datos son parte fundamental en el funcionamiento de los algoritmos, tanto de los que venimos denominando algoritmos clásicos, como de los algoritmos de IA. Sin datos no sólo es que no pueda operar o funcionar el algoritmo, sino que el resultado del algoritmo dependerá fundamentalmente de los datos que se utilicen, ya sea para realizar las tareas para las que ha sido específicamente diseñado, ya sea para entrenarse.

Los datos, que pueden definirse como unidades de información que describen la cantidad, calidad, hechos, estadísticas u otras unidades básicas de significado, recopiladas con fines de referencia o análisis, son la materia prima que los sistemas de IA necesitan para operar.En una era de exceso de información, el desafío no es conseguir datos sino darles sentido y ponerlos en práctica[54].

El aprendizaje automático se define como aquel «conjunto de técnicas que permite a las máquinas mejorar su rendimiento y, por lo general, generar modelos de forma automatizada, a través de la exposición a datos de entrenamiento, lo que puede ayudar a identificar patrones y regularidades en lugar de a través de instrucciones explícitas de un humano. El proceso de mejora del rendimiento de un sistema mediante técnicas de aprendizaje automático se conoce como "entrenamiento"»[55]. Los datos de entrenamiento son unidades de información en formato digital utilizados para enseñar al algoritmo cómo producir salidas (*outputs*) a partir de unas determinadas entradas (*inputs*). Según el RIA, los datos de entrenamiento son «los datos usados para entrenar un sistema de IA mediante el ajuste de sus parámetros entrenables» (art. 3.29). Los modelos de autoaprendizaje procesan grandes cantidades de datos para poder llevar a cabo funciones tales como el reconocimiento de patrones en los datos, patrones que pueden ser utilizados para hacer predicciones a partir de nuevos datos.

Un buen modelo de autoaprendizaje requiere que tanto la cantidad como la calidad de los datos estén garantizadas para obtener predicciones

54. Ver ANDREJEVIC, M., «Data collection without limits. Automated policing and the politics of framelessness», en ZAVRŠNIK, A., (ed.), *Big Data, Crime and Social Control*, London, Routledge, 2018, p. 93.

55. Ver «Memorandum explicativo de la definición actualizada de los sistemas de IA» (*Explanatory Memorandum on the updated OECD definition of an AI system*), de la Organización para la Cooperación y el Desarrollo Económico (OCDE), Definición que viene en la OCDE, 2024 (disponible en: https://www.oecd.org/content/dam/oecd/en/publications/reports/2024/03/explanatory-memorandum-on-the-updated-oecd-definition-of-an-ai-system_3c815e51/623da898-en.pdf).

ajustadas[56]. Los modelos de autoaprendizaje, que son muy buenos y rápidos analizando grandes cantidades de información que tienen diferentes orígenes y formatos[57], precisan entrenar con grandes cantidades de datos; sin embargo, de nada sirven todos estos datos si son erróneos[58], no representativos[59] u obsoletos[60]. La calidad de los *outputs* depende de la calidad de los datos de entrenamiento. Incluso, aunque el algoritmo utilizado sea muy avanzado y sofisticado, si los datos son malos los resultados serán también malos[61].

La importancia de los datos de entrenamiento en el funcionamiento de los sistemas de IA se refleja en que el RIA incluye entre los requisitos exigidos a los sistemas de IA de alto riesgo que sean capaces de garantizar la calidad de los datos que se van a utilizar; calidad que será exigible, bien a los conjuntos de datos de entrenamiento, para el supuesto de que los sistemas de IA empleen técnicas que impliquen el entrenamiento de modelos de IA, bien a los conjuntos de datos de prueba, en aquellos supuestos en los que los sistemas de IA no empleen técnicas que impliquen el entrenamiento de modelos de IA. Los conjuntos de datos de entrenamiento, validación y

56. Ver *Technical Reference Book*, cit., p. 34. En el documento *Introduction to Responsible IA Innovation*, cit., p. 13, se pone de manifiesto que la calidad de los datos, personales o no personales es esencial para que la herramienta de IA no ocasione resultados discriminatorios o perjudiciales. Se trata de un requisito relevante también para la fase de despliegue o utilización del sistema de IA, como señaló el Grupo de expertos de alto nivel sobre IA, nombrado por la Comisión Europea, en sus *Directrices éticas para una IA fiable*, Grupo de expertos de alto nivel sobre inteligencia artificial, publicadas el 8 de abril de 2019, pp. 21-22 (disponible en https://digital-strategy.ec.europa.eu/es/library/ethics-guidelines-trustworthy-ai).

57. Ver *Introduction to Responsible IA Innovation*, cit., p. 13.

58. *Introduction to Responsible IA Innovation*, cit., p. 36, en cuanto que no representan correctamente la situación, por ejemplo, hay entradas duplicadas, se han perdido datos, o hay datos incorrectos. La AEPD, *Adecuación al RGPD de tratamientos que incorporan Inteligencia Artificial*, p. 36, dice que la información errónea puede ser deliberada y puede aparecer bien por un ataque realizado sobre el conjunto de datos o bien por la inclusión de puertas traseras por la manipulación consciente de los datos (disponible en: https://www.aepd.es/guias/adecuacion-rgpd-ia.pdf).

59. *Introduction to Responsible IA Innovation*, cit., p. 36, en cuanto no representan a la diversidad de la población, por ejemplo, en términos de sexo, raza, etnia, etc.

60. *Introduction to Responsible IA Innovation*, cit., p. 36, en la medida en que no reflejan la situación actual.

61. *Introduction to Responsible IA Innovation*, cit., p. 36. Como señala la AEPD, *Adecuación al RGPD de tratamientos que incorporan Inteligencia Artificial*, cit., p. 41: «El hecho de alimentar un modelo de aprendizaje IA con datos sin ningún control ni análisis previo, además de no estar justificado, especialmente en el caso de que el tratamiento se base en el interés legítimo, puede hacer que la IA pierda precisión y se convierta en un multiplicador de sesgos. El conjunto de datos a utilizar ha de analizarse cuidadosamente para evitar dichos riesgos y legitimar su uso si, por ejemplo, el tratamiento se está basando en el interés legítimo».

prueba han de ser «pertinentes, suficientemente representativos y, en la mayor medida posible, carecerán de errores y estarán completos en vista de su finalidad prevista. Asimismo, tendrán las propiedades estadísticas adecuadas, por ejemplo, cuando proceda, en lo que respecta a las personas o a los colectivos de personas en relación con los cuales está previsto que se utilice el sistema de IA de alto riesgo. Los conjuntos de datos podrán reunir esas características para cada conjunto de datos individualmente o para una combinación de estos» (art. 10.3 RIA). Además, «(l)os conjuntos de datos tendrán en cuenta, en la medida necesaria para la finalidad prevista, las características o elementos particulares del entorno geográfico, contextual, conductual o funcional específico en el que está previsto que se utilice el sistema de IA de alto riesgo» (art. 10.4 RIA).

Sin datos no sólo es que no haya IA, sino que el funcionamiento de los sistemas de IA y, en consecuencia, las acciones y decisiones a las que puedan llegar van a depender en gran medida del conjunto de datos que se hayan utilizado para entrenar al sistema de IA[62]. La calidad de los datos empleados o suministrados al sistema de IA para su entrenamiento resulta esencial para la fiabilidad del resultado que se obtenga[63]. Así lo señala expresamente el RIA cuando afirma que «(l)os datos de alta calidad desempeñan un papel esencial a la hora de proporcionar una estructura y garantizar el funcionamiento de muchos sistemas de IA, en especial cuando se emplean técnicas que implican el entrenamiento de modelos, con vistas a garantizar que el sistema IA de alto riesgo funcione del modo previsto y en condiciones de seguridad y no se convierta en una fuente de algún tipo de discriminación prohibida por el Derecho de la Unión» (Considerando 67). Por ello, y teniendo en cuenta que la finalidad perseguida con el tratamiento es la de identificar pasajeros sospechosos de estar implicados de alguna manera en alguno de los delitos enumerados en el Anexo II de la Directiva 2016/681, se hace nece-

62. Ver el *Libro Blanco sobre la inteligencia artificial – un enfoque europeo orientado a la excelencia y la confianza*, Comisión Europea, Bruselas, 19.2.2020 (COM(2020) 65 final, p. 23 (disponible en: https://commission.europa.eu/document/download/d2ec4039-c5be-423a-81ef-b9e44e79825b_es?filename=commission-white-paper-artificial-intelligence-feb2020_es.pdf).

63. Como señala NOYA FERREIRO, L., «Límites a la utilización de la Inteligencia Artificial en el proceso penal. Una perspectiva europea», en CASTILLEJO MANZANARES, R.; NOYA FERREIRO, L. (Dirs.), *Inteligencia Artificial y proceso penal: un reto para la justicia,* Aranzadi, Cizur Menor, 2023, p. 281, la alta calidad del conjunto de datos que alimentan los sistemas de IA es una «exigencia irrenunciable». El Parlamento Europeo, en su Resolución de 6 de octubre de 2021, sobre la inteligencia artificial en el Derecho penal y su utilización por las autoridades policiales y judiciales en asuntos penales (2020/2016/(INI), apartado 8, insiste en que «los resultados de las aplicaciones de inteligencia artificial dependen necesariamente de la calidad de los datos».

sario determinar con qué datos se va a entrenar al algoritmo a detectar pasajeros sospechosos.

El grado de calidad de los datos de entrenamiento, como señala la AEPD, «no se mide simplemente por la acumulación de datos, sino por los parámetros de relevancia, actualidad, fiabilidad, robustez y extensión de la tipología de datos a los ámbitos relevantes del tratamiento»[64]. En definitiva, la calidad de los datos requiere, al menos, la concurrencia de los siguientes elementos: 1) La pertinencia de los datos de entrenamiento, es decir, la vinculación de los datos de entrenamiento con el fin perseguido por el algoritmo de IA; 2) La amplitud de los datos de entrenamiento; 3) La representatividad de los datos de entrenamiento; 4) La exactitud de los datos de entrenamiento; y 5) El origen lícito de los datos de entrenamiento[65].

1.1. La pertinencia de los datos de entrenamiento

Los datos de entrenamiento han de ser pertinentes, es decir, han de estar vinculados con el fin perseguido por el algoritmo de IA utilizado: detectar

64. Ver AEPD, *Adecuación al RGPD de tratamientos que incorporan Inteligencia Artificial*, cit., p. 39.

65. Según el RIA, Considerando 67, los conjuntos de datos de entrenamiento «deben ser pertinentes, lo suficientemente representativos y, en la mayor medida posible, estar libres de errores y ser completos en vista de la finalidad prevista del sistema». Ver también el *Libro Blanco sobre la inteligencia artificial*, cit., p. 23, donde se indica que los conjuntos de datos empleados para entrenar los sistemas de IA han de reunir, cuanto menos, los requisitos siguientes: (i) Han de ser datos lo suficientemente amplios; (ii) Han de ser datos representativos, para evitar que los sistemas de IA generen resultados que conlleven una discriminación ilícita; y (iii) Ha de garantizarse que la privacidad y los datos personales estén adecuadamente protegidos mientras se usan sistemas de IA.
En las *Recomendaciones Generales para el Tratamiento de Datos en la Inteligencia Artificial*, aprobadas por las Entidades integrantes de la Red Iberoamericana de Protección de Datos en la sesión del 21 de junio de 2019, p. 23, se pone también el inciso en la necesidad de asegurar la calidad de los datos: «Uno de los grandes riesgos al utilizar la inteligencia artificial es que la máquina esté sesgada debido a entre otras, la preconfiguración del algoritmo y la calidad de la información. Para minimizar el riego de sesgo, y no vulnerar los derechos de los titulares de los datos, la información utilizada debe ser cierta y precisa.
Para reducir el riesgo de sesgo también se recomienda: (I) llevar un registro de procedencia de datos; (II) realizar auditorías de los sets de datos utilizados en la creación de algoritmos que ayuden a descubrir y corregir errores o limitaciones inherentes a los algoritmos utilizados en la toma de decisión por parte de la máquina; (III) otorgar puntajes de veracidad —veracity scores— a los sets de datos que están utilizando para entrenar la máquina durante su creación; (IV) actualizar los datos regularmente, y (V) tener sets de datos separados para entrenar, probar y validar el proceso de toma de decisiones» (disponible en: https://www.redipd.org/sites/default/files/2020-02/guia-recomendaciones-generales-tratamiento-datos-ia.pdf).

pasajeros sospechosos a partir del análisis de sus datos PNR. La necesidad de que exista un vínculo entre el delito cometido y el transporte aéreo, establecida por la STJUE, de 21 de junio de 2022, exige entender que los datos PNR sólo se pueden utilizar en relación con delitos que tengan una relación objetiva, aunque sea indirecta, con los viajes aéreos y, por tanto, con las categorías de datos transferidos, tratados y conservados en virtud de la aplicación de la Directiva PNR[66].

A la hora de seleccionar los datos de entrenamiento hay que tener en cuenta el principio de minimización de los datos, lo que implica que, atendiendo a lo señalado en relación con el artículo 11 RGPD y en cumplimiento del principio de minimización de datos, los datos recogidos «han de ser depurados de toda la información no estrictamente necesaria para el entrenamiento del modelo»[67]. En el supuesto de los pasajeros de avión, el requisito de pertinencia va a limitar claramente el conjunto de datos de entrenamiento puesto que el algoritmo de IA que tuviese como objetivo identificar pasajeros peligrosos a partir del análisis de sus datos PNR debería ser entrenado con datos sobre los desplazamientos aéreos de sujetos que se sabe que han tenido alguna «relación» con los delitos incluidos en el Anexo II de la Directiva PNR. Y entrecomillamos la palabra relación para reflejar que el requisito de la pertinencia exige tener claro desde el inicio qué tipo de relación con el sistema penal han de haber tenido los titulares de los datos de entrenamiento. Es decir, si se va a entrenar el algoritmo sólo con datos de personas que han sido condenadas por la comisión de alguno de estos hechos delictivos, o también con los datos de quienes fueron sometidos a un proceso penal aunque resultaran absueltos, con quienes fueron detenidos por la policía y frente a quienes se inició instrucción judicial aunque posteriormente no se abriera el juicio oral, con quienes fueron detenidos por la policía y puestos a disposición de la fiscalía o de un órgano judicial aunque después fueran dejados en libertad sin cargos, o si también se incluirán los datos de quienes fueron detenidos por la policía aunque posteriormente quedaran de manera inmediata en libertad[68].

---

66. Ver apartados 153 a 157 de la STJUE, de 21 de junio de 2022.
67. Ver AEPD, *Adecuación al RGPD de tratamientos que incorporan Inteligencia Artificial,* cit., pp. 25-26. Para BATTELLI, E., «La decisión robótica: algoritmos, interpretación y justicia predictiva», en *Revista de Derecho Privado,* Externado de Colombia, núm. 40, enero-junio 2021, p. 57: «la decisión robótica, al igual que la humana, estará sujeta a errores y las decisiones robóticas no podrán considerarse exactas ya que no existen máquinas infalibles, no porque arrojen resultados basados en una lógica imperfecta de instrucciones proporcionadas a la máquina, sino por una introducción defectuosa o incompleta de datos erróneamente considerados relevantes».
68. OLSEN, H. P.; WIESENER, C., «Beyond Data Protection Concerns – The European P.N.R. System», cit. p. 17, resaltan que la utilización del *machine learning* en datos PNR

1.2. La amplitud de los datos de entrenamiento

Si los datos sirven para entrenar al algoritmo, es decir, para suministrarle experiencias para que pueda analizar correlaciones, que son, a su vez, la base de las predicciones es necesario disponer de datos abundantes para que puedan obtenerse predicciones valiosas[69]. El Libro Blanco sobre IA ya incide en la necesidad de garantizar que los sistemas de IA se entrenan con conjuntos de datos suficientemente amplios y que engloban todos los escenarios pertinentes para evitar situaciones peligrosas[70].

Los algoritmos predictivos analizan el pasado (gran cantidad de datos referidos a experiencias anteriores, de las que sabemos qué resultados se produjeron) y extraen correlaciones entre dichos datos con el objetivo de predecir el futuro. Sin embargo, no en todos los delitos enumerados en el Anexo II de la Directiva va a ser posible garantizar la existencia de datos con los que entrenar al algoritmo. Esto exigiría, por tanto, en primer lugar, fijar el número de experiencias anteriores que serían necesarias para considerar que con ellas se podría entrenar a un algoritmo a detectar pasajeros sospechosos y, en segundo lugar, obligaría a descartar la utilización de IA si no se llegara a obtener dicho mínimo en orden a garantizar la fiabilidad del resultado. En este sentido es preciso tener en cuenta que, como señala la Carta Ética de la IA, las capacidades predictivas de las herramientas de IA «muestran sus limitaciones con respecto a los delitos de naturaleza menos regular o que apuntan a diferentes lugares, como el terrorismo», por lo que, como aconseja la Carta Ética Europea de IA, deben ponerse en perspectiva[71].

---

de personas sometidas a investigación o condenadas por delitos de terrorismo u otros delitos graves puede revelar patrones cruciales.

69. Este ejemplo que pone HUERGO LORA, A., «Una aproximación a los algoritmos desde el Derecho administrativo», cit., p. 41, nos ayuda a entender de lo que estamos hablando: «Si sólo conozco la carrera profesional de diez egresados de una determinada Facultad a los diez años de terminar sus estudios, las posibilidades de inducir patrones sobre las mejores opciones profesionales son muy limitadas y lo normal será emitir juicios erróneos. Pero si tengo todos los datos sobre la carrera profesional, la cotización a la seguridad social y las declaraciones de IRPF de todos los egresados de todas las universidades españolas a los 5, 10, 20 y 30 años de terminar sus estudios, seguramente se podrán formular juicios mucho mejor fundamentados».

70. *Libro Blanco sobre la inteligencia artificial*, cit., p. 23. Como apunta ARIZA COLMENAREJO, M. J., «Fuentes de datos al servicio de sistemas de inteligencia artificial dirigidos a la toma de decisiones», en CASTILLEJO MANZANARES, R., NOYA FERREIRO, L., (Dirs.), *Inteligencia artificial y proceso penal: un reto para la justicia*, Aranzadi, Cizur Menor, 2023, p. 35, «(e)l criterio de amplitud condiciona la fuente, por lo que habrá que preguntarse de dónde se obtienen dichos datos, y dónde constan los suficientes para alimentar al sistema».

71. Carta Ética Europea de IA, apartado 121.

En relación con la amplitud de los datos de entrenamiento es necesario hacer una breve referencia a dos cuestiones que preocupan a autoridades y doctrina. En primer lugar, la recomendación de utilizar inicialmente una cantidad restringida de datos para garantizar poco a poco la precisión del modelo. Por ello, aunque los sistemas de IA necesiten grandes cantidades de datos en la fase de entrenamiento, es importante adoptar un paradigma de diseño que evalúe críticamente la naturaleza y cantidad de datos utilizados, reduciendo los datos redundantes o marginales y aumentando solo gradualmente el tamaño del conjunto de datos de entrenamiento[72].

En segundo lugar, la supresión gradual de los datos de entrenamiento hasta el momento de la supresión definitiva. Así, y como señala la AEPD, una vez que la etapa de entrenamiento del sistema de IA ha finalizado, «la organización ha de ejecutar su supresión, a menos que se justifique la necesidad de mantenerlos para el refinado o evaluación del sistema, o se justifique la necesidad y legitimidad de mantenerlos para otras finalidades que resulten compatibles con las que originaron su recogida de acuerdo con las condiciones del artículo 6.4 del RGPD y aplicando los principios de minimización de datos»[73].

1.3. La representatividad de los datos de entrenamiento

Uno de temores del TJUE, como apunta en la sentencia de 21 de junio de 2022, es que el uso de las tecnologías de IA en el marco de sistemas de autoaprendizaje prive a las personas de su derecho a cuestionar el carácter discriminatorio de los resultados obtenidos (apartado 195). Los datos de entrenamiento han de ser representativos, es decir, se ha de garantizar que todas las dimensiones de género, etnicidad y otras posibles razones de discriminación ilícita queden correctamente reflejadas en estos conjuntos de datos[74].

---

72. Ver MANTELERO, A., «*Artificial Intelligence and Data Protection: Challenges and Possible Remedies*», del Comité Consultivo de la Convención para la protección de los individuos en relación con el tratamiento automatizado de datos personales, (Convenio 108), Estrasburgo, 25 de enero de 2019 [T-PD(2018)09Rev)], p. 8, que incide en que hay que evitar que los datos de entrenamiento utilizados sean redundantes y marginales.
73. Ver AEPD, *Adecuación al RGPD de tratamientos que incorporan Inteligencia Artificial*, cit., p. 25. MANTELERO, A., «*Artificial Intelligence and Data Protection: Challenges and Possible Remedies*», cit., pp. 12 y ss., señala que se podría trabajar en el desarrollo de algoritmos que eliminen gradualmente los datos utilizando mecanismos de olvido automático, aunque el riesgo es que esto probablemente afectará a la explicación de las decisiones basadas en IA (ver la doctrina allí citada).
74. *Libro Blanco sobre la inteligencia artificial*, cit., p. 23.

Esta tarea le corresponde al responsable del despliegue, que «se asegurará de que los datos de entrada sean pertinentes y suficientemente representativos en vista de la finalidad prevista del sistema de IA de alto riesgo, en la medida en que ejerza el control sobre dichos datos» (art. 26.4 RIA)[75].

El correcto funcionamiento de un sistema de IA destinado a identificar pasajeros sospechosos ser vería afectado si se proporcionasen sesgos discriminatorios al algoritmo, porque supondría que el resultado proporcionado por dicho algoritmo se vería afectado por dichos sesgos y, al mismo tiempo, colaboraría a crear nuevos sesgos o a perpetuar los ya establecidos. Por ello, el debate se centra en «qué variables debemos proporcionar al algoritmo para una correcta predicción de fenómenos delincuenciales: ¿renunciar a determinadas variables que puedan conducir a un uso discriminatorio de la IA o no obviar ninguna para potenciar la capacidad predictiva del algoritmo?»[76].

1.4. La exactitud de los datos de entrenamiento

En relación con este requisito quizá lo único que podemos señalar es que resulta fundamental que las autoridades competentes que faciliten los datos de entrenamiento puedan garantizar la exactitud de dichos datos, es decir, que son datos verdaderos. Esto implica que, en aquellos casos en que no se pueda garantizar que los datos son correctos, no deberán utilizarse para entrenar al modelo porque entonces se estará alterando el futuro resultado.

En relación con la exactitud de los datos, la AEPD señala que «se han de emplear métricas y técnicas de depuración y trazabilidad para garantizar la fidelidad e integridad del conjunto de datos. Aunque no es común a todas las soluciones IA, en algunos modelos los datos de entrenamiento y explotación pueden clasificarse en datos "duros" y datos "blandos". Los primeros son datos objetivos, generalmente cuantificables, como, por ejemplo: calificaciones, porcentaje de asistencia, valores analíticos, resultados de pruebas, etc. Los datos "blandos" son aquellos datos generalmente cualitativos que contienen componente subjetivo o de incertidumbre. Ejemplos de datos "blandos" podrían ser: los obtenidos a través de procesamiento de lenguaje natural, opiniones, evaluaciones personales, encuestas, etc. Aunque los

75. El RIA define de la siguiente manera al responsable del despliegue: «una persona física o jurídica, o autoridad pública, órgano u organismo que utilice un sistema de IA bajo su propia autoridad, salvo cuando su uso se enmarque en una actividad personal de carácter no profesional» (art. 3.4 RIA).

76. Ver BALCELLS, M., «Luces y sombras del uso de la inteligencia artificial en el sistema de justicia penal», cit., p. 153. Sobre los sesgos ver también MANTELERO, A., «*Artificial Intelligence and Data Protection: Challenges and Possible Remedies*», cit., pp. 9-10.

datos "duros" no están exentos de errores y sesgos, el responsable ha de tener especial cuidado en evaluar los problemas de exactitud que se pueden derivar de utilizar o dar mayor relevancia a los datos "blandos" como fuentes de información»[77].

1.5. El origen lícito de los datos de entrenamiento

En último lugar, la calidad de los datos de entrenamiento exige también que se garantice el origen lícito de los datos de entrenamiento. Esta exigencia debe entenderse, en nuestra opinión, al menos en un doble sentido. En primer lugar, que no se podrían utilizar datos sensibles para entrenar al algoritmo. En segundo lugar, que los datos de entrenamiento no podrían haberse obtenido vulnerando derechos fundamentales.

En lo que se refiere a la imposibilidad de entrenar al algoritmo con los denominados datos sensibles es importante tener en cuenta que entre los datos PNR que las compañías aéreas están obligadas, primero a recoger y luego a suministrar a las autoridades competentes designadas como UIP en cada Estado miembro, no se pueden incluir datos que revelen «el origen racial o étnico, las opiniones políticas, las creencias religiosas o filosóficas, la pertenencia a un sindicato o partido político, la salud, la vida o la orientación sexual de una persona» (art. 13.4 Directiva PNR). En el supuesto de que las UIP recibieran datos PNR que revelen tal información «los suprimirá inmediatamente» (art. 13.4 *in fine* Directiva PNR)[78]. En consecuencia, dentro de los datos de entrenamiento no se podrá incorporar esta información; de tal manera que, aunque las autoridades policiales, fiscales o judiciales hubieran recopilado esta información relativa a quienes han sido objeto de investigación o procesamiento por delitos de terrorismo o cualquiera de los delitos graves del Anexo II de la Directiva PNR, esta información no podría ser suministrada al algoritmo de IA.

En segundo lugar, a la hora de seleccionar los datos de entrenamiento se debería tener en cuenta el derecho a la protección de datos personales, lo que, en definitiva, implica que no se podrían utilizar como datos de entrenamiento datos en poder de las autoridades penales competentes pero que ya tendrían que haber sido suprimidos en cumplimiento de lo dispuesto en la Directiva 2016/680 del Parlamento Europeo y del Consejo, de 27 de abril de 2016, relativa a la protección de las personas físicas en lo que res-

77. *Adecuación al RGPD de tratamientos que incorporan Inteligencia Artificial*, cit., pp. 36-37.
78. El *Informe de la Comisión al Parlamento Europeo y al Consejo sobre la revisión de la Directiva 2016/681* [SWD(2020)128final], hecho en Bruselas el 24.07.2020, COM(2020)305final, p. 10, vuelve a recordar que la Directiva 2016/681 prohíbe taxativamente el tratamiento de datos sensibles.

pecta al tratamiento de datos personales por parte de las autoridades competentes para fines de prevención, investigación, detección o enjuiciamiento de infracciones penales o de ejecución de sanciones penales, y a la libre circulación de dichos datos y por la que se deroga la Decisión Marco 2008/977/JAI del Consejo. En relación con la conservación de datos personales por parte de las autoridades policiales, nos parece interesante hacer una breve referencia al informe del Supervisor Europeo de Protección de Datos (SEPD), de finales de diciembre de 2021, pero que fue publicado en enero de 2022, en el que establece que Europol no podrá mantener durante más de seis meses datos sobre individuos que no estén directamente vinculados con un crimen[79]. En este informe, el SEPD concede un plazo de un año a Europol para limpiar sus bases de datos, eliminando todos aquellos datos de personas que no estén implicadas en hechos delictivos[80].

En tercer lugar, otra de las cuestiones que se plantean en relación con los datos de entrenamiento es la de si podrían utilizarse datos de sujetos que, habiendo sido sometidos a un proceso penal, finalmente han resultado absueltos porque durante la fase de investigación del delito se vulneraron derechos fundamentales, por ejemplo, el secreto de las comunicaciones o, en el peor de los casos, porque, por ejemplo, la confesión se obtuvo mediante torturas.

Se trata, en definitiva, de reflexionar sobre el valor que, en cada caso, la vulneración de derechos fundamentales tendría sobre la posible incorporación o no de dichos datos al elenco de datos de entrenamiento.

1.6. Riesgos derivados de la mala calidad de los datos de entrenamiento

Una vez analizados los elementos que han de concurrir para poder hablar de datos de entrenamiento de calidad, surge inevitablemente la pre-

79. El SEPD emite este informe en el ejercicio de la función que le viene asignada en el artículo 43 del Reglamento (UE) 2016/974. Este informe está disponible en la siguiente dirección: https://edps.europa.eu/system/files/2022-01/22-01-10-edps-decision-europol_en.pdf
80. Como pone de manifiesto Europol a través de una nota de prensa publicada al día siguiente de la publicación del informe del SEPD, la propia Europol se dirigió al SEPD en abril de 2019 solicitándole orientación sobre el tratamiento del amplio conjunto de datos personales que se recogen en investigaciones judiciales, ante el dato evidente de que Europol cada vez recibe más datos por parte de los Estados miembros para su tratamiento y análisis, y de que el Reglamento no contiene ninguna disposición explícita relativa al periodo máximo de tratamiento de los datos en poder de Europol. La decisión del SEPD de que los datos se eliminen una vez transcurridos seis meses desde su recepción planteará, dice Europol, serios problemas para llevar a cabo de manera eficaz el cumplimiento de las funciones que tiene asignadas (https://www.europol.europa.eu/media-press/newsroom/news/europol%E2%80%99s-statement-decision-of-european-data-protection-supervisor).

gunta de si sería posible garantizar dicha calidad en el supuesto de que se decidiera utilizar un sistema de IA para predecir cuáles de los pasajeros de avión que cada día entran o salen de la UE, o hacen tránsito en alguno de sus aeropuertos, son posibles terroristas o delincuentes peligrosos. En nuestra opinión, resultaría muy difícil, por no decir, prácticamente imposible, garantizar la calidad integral del conjunto de datos de entrenamiento.

Los peligros que puede traer consigo la mala calidad de los datos son puestos de manifiesto en el propio Considerando 59 del RIA, que señala que «si el sistema de IA no está entrenado con datos de buena calidad, no cumple los requisitos adecuados en términos de rendimiento, de precisión o de solidez, o no se diseña y prueba debidamente antes de introducirlo en el mercado o ponerlo en servicio, es posible que señale a personas de manera discriminatoria, incorrecta o injusta. Además, podría impedir el ejercicio de importantes derechos procesales fundamentales, como el derecho a la tutela judicial efectiva y a un juez imparcial, así como el derecho a la defensa y a la presunción de inocencia, sobre todo cuando dichos sistemas de IA no sean lo suficientemente transparentes y explicables ni estén suficientemente bien documentados. Por consiguiente, en la medida en que su uso esté permitido conforme al Derecho de la Unión y nacional pertinente, procede clasificar como de alto riesgo varios sistemas de IA destinados a ser utilizados con fines de garantía del cumplimiento del Derecho cuando su precisión, fiabilidad y transparencia sean especialmente importantes para evitar consecuencias adversas, conservar la confianza de la población y garantizar la rendición de cuentas y unas vías de recurso efectivas».

2. EL FACTOR HUMANO Y EL CONTROL DE LOS SISTEMAS DE IA

La intervención humana va a ser esencial para el correcto funcionamiento de los sistemas de IA y será necesaria a lo largo de los distintos momentos del ciclo de los sistemas de IA: en el momento de selección de los datos de entrenamiento, en el momento de elección del método de aprendizaje, en el momento de valoración del resultado al que ha llegado el algoritmo predictivo y, en último lugar, en el momento de tomar una decisión en relación con un pasajero determinado[81].

El temor a la autonomía de los algoritmos se ha venido poniendo de manifiesto a lo largo de los últimos años, en cuanto que algunos sistemas

81. Según la OCDE, la supervisión humana puede producirse en cualquier fase del ciclo de vida del sistema de IA, por ejemplo, durante la fase de recopilación y tratamiento de datos, su desarrollo, la verificación, la validación, el despliegue o el funcionamiento y la supervisión. Ver «Memorandum explicativo de la definición actualizada de los sistemas de IA», cit.

de IA pueden generar resultados sin que éstos hayan sido descritos explícitamente como objetivos del sistema de IA y sin instrucciones específicas de un humano[82]. La capacidad de adaptación suele estar relacionada con los sistemas de IA basados en el aprendizaje automático que pueden seguir evolucionando tras el desarrollo inicial. En su virtud, el sistema modifica su comportamiento mediante la interacción directa con los datos de entrada antes o después de su despliegue. Algunos ejemplos son un sistema de reconocimiento de voz que se adapta a la voz de un individuo concreto, o un sistema de recomendación de música especializado. Los sistemas de IA pueden entrenarse una vez, periódica o continuamente y funcionan deduciendo patrones y relaciones en los datos. Gracias a este entrenamiento, algunos sistemas de IA pueden desarrollar la capacidad de realizar nuevas formas de inferencia no previstas inicialmente por sus programadores. Por ello, y como señala el RIA, las medidas de supervisión humana en el diseño y desarrollo de los sistemas de IA de alto riesgo «serán proporcionales a los riesgos, al nivel de autonomía y al contexto del uso del sistema de IA de alto riesgo» (art. 14.2 RIA).

Nosotros nos vamos a limitar en nuestro análisis a reflexionar sobre tres aspectos muy concretos: la importancia de la intervención humana en la selección de los datos de entrenamiento, la elección por los humanos del algoritmo que se pretende aplicar a los datos PNR y el hecho inevitable de que la decisión final debe ser tomada por un humano.

2.1. La selección de los datos de entrenamiento

El factor humano es esencial en el momento de selección de los datos de entrenamiento del algoritmo que ha de identificar pasajeros sospechosos. Esta selección es una tarea ciertamente compleja, como es posible deducir tras haber analizado todo lo que implica entrenar al algoritmo con datos de calidad, lo que nos permite comprender el temor del TJUE a la utilización de sistemas de *machine learning* en el tratamiento de los datos PNR.

La relevancia de esta selección es indudable, puesto que, si el algoritmo «remueve» todos los datos que se le facilitan «cruzándolos una y otra vez en todas las direcciones posibles, para establecer correlaciones», algunas de las cuales pueden ser más o menos obvias y otras no tanto[83], todo dato que

82. Considerando 12 del RIA: «Los sistemas de IA están diseñados para funcionar con distintos niveles de autonomía, lo que significa que pueden actuar con cierto grado de independencia con respecto a la actuación humana y tienen ciertas capacidades para funcionar sin intervención humana».

83. Tal y como señala HUERGO LORA, A., «Una aproximación a los algoritmos desde el Derecho administrativo», cit., p. 31.

se introduzca va a afectar al resultado final. En consecuencia, la labor del experto (o analista) es esencial para excluir cualquier dato que «ensucie» el conjunto de datos de entrenamiento. Los datos históricos que va a necesitar el algoritmo dependerán del análisis predictivo que se quiera llevar a cabo. No se van a precisar los mismos datos con el fin de predecir dónde es probable que se vaya a cometer un delito, que los datos que se van a necesitar para predecir quién, de un elevado número de personas, es probable que vaya a cometer, o que de hecho esté ya cometiendo, un hecho delictivo.

Por ello, en primer lugar, la selección de los datos de entrenamiento requiere que la autoridad competente tenga muy clara la diferencia entre la utilización de la IA para elaborar perfiles delictivos y su utilización para elaborar patrones delictivos. La Directiva 2016/680 define la elaboración de perfiles como «toda forma de tratamiento automatizado de datos personales consistente en utilizar datos personales para evaluar determinados aspectos personales de una persona física, en particular para analizar o predecir aspectos relativos al rendimiento profesional, situación económica, salud, preferencias personales, intereses, fiabilidad, comportamiento, ubicación o movimientos de dicha persona física» (art. 3.4). Por ello, se puede entender que la diferencia principal entre la elaboración de perfiles delictivos y la elaboración de patrones delictivos se refiere a que en el primero de los casos, elaboración de perfiles delictivos, se atiende a las particularidades o características personales de los sujetos[84]; mientras que los

84. En este sentido resulta de especial interés la *Recomendación para el desarrollo de perfiles terroristas*, aprobada en Bruselas por el Consejo de la Unión Europea, el 18 de noviembre de 2002 (11858/3/02). En el punto 9, el Consejo de la UE señala que la cooperación para el desarrollo de perfiles de terroristas específicos será una contribución de enorme valor para prevenir y combatir el terrorismo en la UE. Al mismo tiempo señala, apartado (10), que el acopio de información de naturaleza no personal por todos los Estados miembros para que pueda ser utilizada en la elaboración de estos perfiles incrementará la cantidad de información a partir de la cual se elaborarán los perfiles y, en consecuencia, la fiabilidad y utilidad de los perfiles basados en dicha información. En el Anexo A del Documento se hace referencia a la Mejor Práctica para la elaboración de estos perfiles: El desarrollo de perfiles terroristas supone poner en conexión un conjunto de variables físicas, psicológicas o de comportamiento, que han sido identificadas como típicas de personas envueltas en actividades terroristas y que pueden tener valor predictivo al respecto. El objetivo que se persigue con la elaboración de perfiles terroristas, o de relaciones rasgos o características comunes de terroristas es reunir todo el conocimiento de los Estados miembros en el desarrollo y uso de perfiles en las áreas de terrorismo, de una manera efectiva y estructura. El objetivo es el desarrollo de perfiles terroristas específicos para mejorar la lucha contra el terrorismo. Los Estados miembros, en cooperación con Europol, identificarán qué objetivos (organizaciones, rol) deben ser perfilados y Europol recogerá los datos y elaborará los perfiles. Los perfiles serán posteriormente ajustados a la luz de las experiencias derivadas del desarrollo y aplicación de los perfiles.

patrones delictivos se elaboran a partir del análisis del *modus operandi* de los criminales en la comisión de los hechos delictivos y, concretamente, del *modus operandi* relativo a sus desplazamientos aéreos[85].

En estos momentos resulta interesante recordar que el Parlamento Europeo ya manifestó su respaldo a las recomendaciones del grupo de expertos de alto nivel sobre IA de la Comisión, que eran favorables a la prohibición de la puntuación de las personas a escala masiva mediante IA. Y ello porque

---

En el apartado específicamente dedicado al desarrollo de perfiles terroristas del Anexo A, el Consejo de la UE pone de manifiesto que la elaboración de perfiles es solo una más de las fuentes utilizadas en la prevención y lucha contra el terrorismo. La complejidad del terrorismo y la evolución propia de los objetivos terroristas hacen difícil la elaboración de perfiles. Por ello, no será posible elaborar un único perfil terroristas, ni tampoco de las organizaciones terroristas o de los roles que los distintos miembros tienen en dichas organizaciones. Es evidentes que las organizaciones terroristas cambian continuamente sus métodos de actuación. Por lo tanto, puede ser necesario desarrollar perfiles de tal manera que los perfiles individuales cubran una categoría bien definida y especializada de personas que desarrollan una función concreta en determinadas actividades terroristas. También será necesario actualizar los perfiles tan a menudo como sea necesario, para que realmente se correspondan con los de los terroristas. El Consejo enumera los elementos que podrán incluirse en la elaboración de perfiles terroristas: la nacionalidad, el documento de viaje, método y medios de desplazamiento, edad, rasgos físicos distintivos (como por ejemplo, cicatrices), educación, elección de la entidad encubierta, uso de técnicas para prevenir ser descubierto o contrainterrogado, lugares de estancia, lugar de nacimiento, características psicosociológicas, situación familiar, experiencia en tecnologías avanzadas, habilidades en el uso de armas no convencionales (CBRN), asistencia a cursos de formación en técnicas paramilitares, de vuelo y otras técnicas especializadas. Estos elementos deberán variarse o ajustarse en función del perfil terrorista específico que se esté desarrollando. El uso de determinados medios de escape u otros comportamientos tras un acto terrorista también podrían ser objeto de elaboración de perfiles. Esto último podría ser más útil para la investigación que para la prevención. Al final del Anexo A, se resalta que el principal ámbito de utilización de estos perfiles es la identificación de terroristas antes de que se lleve a cabo el acto terrorista. Los perfiles terroristas se utilizan especialmente en cooperación con las autoridades de inmigración y la policía con el fin de prevenir o descubrir la presencia de terroristas en el territorio de la Unión. Los perfiles también pueden contribuir a la identificación de personas o entornos significativos para el reclutamiento de nuevos terroristas. Además, también podrán utilizarse para evaluar el nivel de amenaza en zonas concretas, así como para para desarrollar métodos para contrarrestar diversos tipos de riesgo terrorista (disponible en: https://data.consilium.europa.eu/doc/document/ST%2011858%202002%20REV%203/EN/pdf),

85. Como señala SERRANO MAÍLLO, A., *Introducción a los patrones y procesos delictivos*, Dykinson, Madrid, 2022, p. 25: «La idea de patrón evoca la distribución u organización de un fenómeno, por ejemplo de la criminalidad o de variables relacionadas con la misma; los patrones son agrupaciones de cosas semejantes, de eventos con una estructura parecida». En este sentido, continúa este autor, algunos de estos patrones gozan de fuerza causal; pueden ser fijos o resistentes, pero también pueden ser más efímeros y cambiantes.

cualquier forma de evaluación de los ciudadanos a gran escala por parte de las autoridades públicas, en particular en el ámbito policial y judicial, «da lugar a la pérdida de autonomía, pone en peligro el principio de no discriminación y no puede considerarse conforme con los derechos fundamentales, en particular la dignidad humana, codificados en el Derecho de la Unión»[86].

En este sentido, y aunque el Abogado General Pitruzzella señaló que al pretenderse con el tratamiento automatizado la identificación de aquellos pasajeros de avión que podrían estar implicados en delitos de terrorismo o en delincuencia grave, lo que está regulando la Directiva PNR es la aplicación de algoritmos que permitan identificar pasajeros, de tal manera que lo que hace la UIP con dicho tratamiento es una «actividad de elaboración de perfiles»[87], lo cierto es que el tratamiento de los datos PNR a partir de criterios predeterminados, tal y como se admite en la actualidad, y en el caso de que, en un futuro, se admitiera la utilización de algoritmos de IA, debería tener exclusivamente como objetivo la elaboración y confirmación de patrones delictivos.

La primera selección de los datos de entrenamiento corresponde a las autoridades policiales, fiscales o judiciales competentes en los distintos Estados miembros para la prevención, detección, investigación o enjuiciamiento de los delitos de terrorismo y otros delitos graves que deberán, una vez seleccionados, remitirlos a la UIP designada en su Estado miembro. Estos datos provendrán de los datos conservados por las autoridades competentes en cada uno de los Estados miembros para solicitar o recibir datos PNR o el resultado de su tratamiento de las UIP, a las que se refiere el artículo 7 de la Directiva PNR[88].

Las UIP deberán, posteriormente, proceder a depurar los datos recibidos antes de ponerlos a disposición del algoritmo. La intervención humana en cada una de estas dos fases será esencial, en orden a suprimir aquellos datos almacenados que no sean relevantes para elaborar patrones delictivos basados en datos objetivos y no en datos que puedan ser considerados dis-

86. Apartado 32 de la Resolución del Parlamento Europeo, de 6 de octubre de 2021.
87. Apartado 223 de las Conclusiones. Sin embargo, existen voces que señalan que las Conclusiones del Abogado General ignoran los riesgos inherentes a los sistemas automatizados de elaboración de perfiles (Ver https://www.accessnow.org/pnr-directive-eu-security-privacy-risks/).
88. En el caso español, los datos de entrenamiento serían suministrados por las autoridades mencionadas en el artículo 14 LOPNR: la Dirección General de la Policía, la Dirección General de la Guardia Civil, el Centro Nacional de Inteligencia, la Dirección Adjunta de Vigilancia Aduanera, las policías autonómicas con competencias para la persecución de estos delitos, el Ministerio Fiscal y los órganos jurisdiccionales penales.

criminatorios[89], o que no se ajusten a las garantías de calidad exigibles a los datos de entrenamiento.

2.2. La selección del sistema de IA a utilizar

El segundo elemento de los sistemas de IA son los algoritmos. Las principales aplicaciones de la IA utilizadas por las fuerzas y cuerpos de seguridad son las que abarcan el procesamiento de imágenes, el procesamiento de textos y de voz, la evaluación de riesgos y el análisis predictivo, la generación de contenidos y los procesos de optimización y automatización de flujos de trabajo[90]. La selección del sistema de IA que se va a utilizar para detectar pasajeros sospechosos corresponde también a los humanos. En concreto, sería el personal competente de las UIP de los distintos Estados miembros el que debería seleccionar cuál, de entre todos los algoritmos existentes, sería el más adecuado para obtener el fin perseguido y, al mismo tiempo, el más respetuoso con los derechos y libertades fundamentales de los pasajeros reconocidos por la CDFUE.

Aunque hay distintos tipos de algoritmos, los algoritmos de autoaprendizaje, o *machine learning*, son, tal y como señala Interpol, los comúnmente más usados en el campo de la IA. Entre ellos: las redes neuronales (*neuronal networks*), los árboles de decisión y bosque aleatorio (*decision tres and random forest)*, la regresión lineal (*linear regression*), la regresión logística (*logistic regression*), el *Naïve Bayes* o el *K-Nearest Neighbour*[91]. No todos los algoritmos de IA implican o generan el mismo riesgo de opacidad e inexplicabilidad

89. Como recuerda MANTELERO, «*Artificial Intelligence and Data Protection: Challenges and Possible Remedies*», cit., p. 13, bases de datos sesgadas producen automáticamente resultados sesgados.

90. *Technical Reference Book*, cit., pp. 49 y siguientes. DE HOYOS SANCHO, M., «El uso jurisdiccional de los sistemas de inteligencia artificial y la necesidad de su armonización en el contexto de la Unión Europea», cit., p. 10, también hace un resumen de los usos más relevantes por la policía de IA: los sistemas de identificación biométrica, los que permiten la elaboración de patrones con fines delictivos o para la investigación de ciertos delitos, como los que se cometen a través de la *Darknet* —v.gr. el intercambio de pornografía infantil—, o la violencia sexual y de género, los incendios forestales, o el *online child grooming*, entre otros muchos; los sistemas que ayudan a la determinación de zonas de patrullaje preferente, los que permiten detectar denuncias falsas, lo que sirven para determinar el riesgo de revictimización, los que detectan posibles procesos de captación y radicalización de internos, principalmente musulmanes, en los Centros penitenciarios, o las herramientas que pueden indicar el tipo de desenlace más probable en los supuestos de desaparición de personas, los cuales, al mismo tiempo, ayudan a dirigir la búsqueda en un sentido u otro.

91. Una explicación de estos algoritmos y de su uso por las fuerzas de seguridad lo ofrecen Interpol y Unicri, en *Technical Reference Book*, pp. 49 y siguientes. Además, resultan de especial interés las observaciones formuladas en este documento en relación con la transparencia y explicabilidad de los algoritmos utilizados.

de los resultados obtenidos, lo que debería ser un elemento a tener en cuenta por el responsable del tratamiento para la selección del algoritmo a utilizar.

Una vez seleccionados y depurados los datos de entrenamiento, al responsable del tratamiento de los datos PNR, la UIP de cada Estado miembro, en el caso español el CITCO, le correspondería determinar el modelo de aprendizaje que se va a utilizar. La propia Carta Ética Europea de IA resalta que la fiabilidad del resultado va a depender tanto de la calidad de los datos utilizados como de la elección de la técnica de aprendizaje automático (apartado 64). Hay tres caminos o vías para «aprender», es decir, para extraer información de los datos para predecir eventos futuros: aprendizaje supervisado (*supervised learning*), aprendizaje no supervisado (*unsupervised learning*) y aprendizaje de refuerzo (*reinforcement learning*)[92].

El aprendizaje supervisado es el más típico de los mecanismos de aprendizaje y supone entrenar un modelo a partir de datos etiquetados por humanos[93]. En este método, el algoritmo utiliza un número de ejemplos de pares de entrada-salida para extraer reglas implícitas, por ejemplo, un modelo matemático que puede transformar una determinada entrada en una determinada salida. Una vez que el algoritmo ha aprendido estas reglas, el modelo puede ser utilizado para predecir una salida para una entrada que no ha visto antes. En otras palabras, el aprendizaje supervisado implica aprender cómo asignar una entrada a una etiqueta de salida, basándose en una serie de ejemplos de pares de entrada-salida[94]. En el aprendizaje no supervisado, por el contrario, el algoritmo tiene que encontrar patrones sin tener las correspondientes etiquetas. En este caso, la finalidad es encontrar patrones en datos que no han sido etiquetados, clasificados o categorizados. Un ejemplo de su uso es para *clustering*, que consiste en agrupar elementos de los datos con similares características[95]. El aprendizaje de refuerzo es un modelo en el que el algoritmo no aprende a partir de pares de datos de entrada y salida, sino a través de pruebas y errores con la finalidad de alcanzar un determinado objetivo. Esto implica la interacción de la máquina con el medioambiente en orden a maximizar su función en una tarea espe-

92. Ver *Technical Reference Book*, pp. 20 y siguientes.
93. Sobre el etiquetado de datos: https://www.ibm.com/es-es/topics/data-labeling
94. *Technical Reference Book*, cit., p. 20.
95. *Technical Reference Book*, cit., p. 21. En la página 22 pone el siguiente ejemplo del uso de este aprendizaje no supervisado en relación con las investigaciones de abuso y explotación sexual de menores. El *Clustering* se utiliza en el campo de la explotación sexual de menores donde los sistemas de procesamiento de imágenes pueden agrupar fotos del mismo menor en diferentes edades recogidos de dispositivos confiscados. Esto permite a los investigadores determinar la duración del abuso para sostener la acusación contra el autor. El hecho de permitir al algoritmo identificar sus propios

cífica. Las aplicaciones robóticas son las que típicamente usan este método de aprendizaje[96].

La elección del método de aprendizaje va a resultar esencial a la hora de determinar la transparencia y explicabilidad del resultado alcanzado por el algoritmo. El objetivo que dirige el aprendizaje supervisado está más definido, mientras que en el aprendizaje no supervisado dicho objetivo resulta más etéreo y difuso[97]. En todo caso, el método de aprendizaje se elegirá en función de los datos de los que se alimenta el algoritmo y de la finalidad que se pretende[98].

2.3. La decisión final es tomada por un humano

En relación con la actuación policial predictiva, el Parlamento Europeo señala que, aunque es cierto que esta actuación «puede analizar los con-

---

patrones, más que entrenar a partir de datos etiquetados por humanos, destaca detalles que los desarrolladores podrían no haber pensado en buscar. En el supuesto de abusos a menores, por ejemplo, un sistema de IA de gestión de casos que conecte pruebas entre varias investigaciones podría ayudar a localizar a un delincuente. El hecho de poder reconocer que una habitación que aparece como fondo en una fotografía en la que un menor está siendo objeto de abuso es la misma que aparece en otra foto en otro caso de tráfico de seres humanos, permitirá a los investigadores conectar los dos casos y recoger evidencias para perseguir al sospechoso.

96. *Technical Reference Book*, cit., p. 23.

97. «Normalmente, la mayor parte de las definiciones, resultados teóricos, y algoritmos clásicos más importantes, se clasifican como algoritmos supervisados y, sobre todo en el pasado, muchos de los algoritmos no supervisados se reservaban para tareas de procesamiento de datos integrados en metodologías más amplias. Este hecho se debe, principalmente a una cadena de factores. Por una parte, el objetivo que dirige el aprendizaje supervisado está mucho más claramente definido, mientras que el no supervisado resulta más etéreo y difuso. Lo que no solo afecta a un desarrollo más amplio al disponer de aplicaciones mejor definidas, sino que también permite disponer de métricas que permiten evaluar con mucha más claridad la bondad del aprendizaje realizado (el rendimiento del algoritmo). Por otra parte, y quizás como resultado de lo anterior, los algoritmos no supervisados resultan ser muy costosos porque requieren de más pruebas de ensayo y error, haciendo que haya que desarrollar un aparataje teórico y computacional mucho más elaborado» (https://www.cs.us.es/~fsancho/Blog/posts/Aprendizaje_Supervisado_No_Supervisado.md.html).

98. Como señala el *Technical Reference Book*, cit., p. 15, la diferencia en la naturaleza de los datos introducidos tiene consecuencias en los métodos de aprendizaje: algunos son mejores para datos cuantitativos (como la edad, el peso o la altura) y otros son mejores para los cualitativos (género o color), y otros son mejores cuando se combinan ambos tipos de datos. Posteriormente señala, p. 48, que hay ciertas clases de algoritmos, incluidos los más tradicionales de autoaprendizaje, que tienden a ser más fácilmente explicables, aunque quizá no funcionen muy bien. Mientras que otros, como las redes neuronales, funcionan mejor, pero son más difíciles de explicar. En todo caso, señalan que se están desarrollando herramientas para explicar decisiones locales y globales, tales como InterpretML, SHAP y LIME.

juntos de datos necesarios para la determinación de patrones y correlaciones, no puede responder a la cuestión de la causalidad y no puede hacer predicciones fiables del comportamiento individual, por lo que no puede constituir la única base de una intervención»[99]. Los algoritmos de IA encuentran correlaciones entre los datos de entrenamiento que son impensables para los humanos, en la medida en que combinan cantidades ingentes de datos que el cerebro humano no es capaz de procesar. Correlación no siempre implica causalidad, pero causalidad siempre implica correlación. Una vez que la correlación es detectada, hay que comprobar la causalidad realizando experimentos controlados que sigan la pista de cada variable, mientras al mismo tiempo excluye otras variables que podrían interferir. En el contexto policial, esta comprobación no siempre es posible, por lo que es importante obtener más información sobre el contexto para verificar si hay una auténtica relación de causalidad entre las variables[100].

Entre las garantías reguladas para evitar los riesgos derivados del tratamiento automatizado de datos personales está la supervisión humana del resultado obtenido antes de adoptar cualquier medida que pueda suponer un perjuicio para un individuo o grupo de individuos. La Directiva PNR impone a los Estados miembros la obligación de velar porque se revise individualmente, por medios no automatizados, todo resultado positivo derivado de la evaluación previa ya sea tras la comparación con las bases de datos correspondientes, ya sea tras haber sometido los datos PNR a tratamiento automatizado conforme a criterios predeterminados (art. 6.5 Directiva PNR).

Por ello, uno de los argumentos que se podría oponer frente al temor a utilizar la IA en el marco del análisis a gran escala de los pasajeros de avión es que no se podrían adoptar medidas contra una persona en base sólo al resultado obtenido por el tratamiento automatizado de sus datos PNR. En este sentido, una vez que el modelo algorítmico descubre una serie de correlaciones que permiten predecir un determinado resultado con cierta probabilidad, se trata de determinar qué relevancia jurídica puede darse a esa predicción, y también si determinados factores, por mucho que se muestren relevantes en la práctica (es decir, aunque puedan ser indicativos de una correlación), pueden ser tenidos en cuenta o están vedados por ser

99. Apartado 24 de la Resolución del Parlamento Europeo, de 6 de octubre de 2021. El Parlamento recuerda en este mismo apartado su oposición «al uso de la IA por parte de las autoridades policiales para hacer predicciones conductuales relativas a individuos o grupos sobre la base de datos históricos y comportamientos pasados, pertenencia a un grupo, ubicación o cualquier otra característica de este tipo, para tratar así de identificar a personas que probablemente vayan a cometer un delito».

100. *Technical Reference Book*, cit., p. 47.

discriminatorios[101]. El resultado de la aplicación de la IA a los datos PNR no debería generar una intervención automática frente al pasajero seleccionado, sino que lo exigible sería entender que el resultado que proporciona el algoritmo sería «una especie de "informe" que un humano (el encargado de tomar la decisión) tendrá en su mano y al que dará la importancia que considere adecuada»[102].

No obstante, lo cierto es que ni siquiera la ulterior supervisión humana del resultado del algoritmo puede considerarse en sí misma suficiente para alejar los temores a no poder explicar el resultado ofrecido por el algoritmo, debido a la complejidad intrínseca en los sistemas de IA. La primera exigencia sería garantizar que la supervisión fuera hecha por un experto, es decir, alguien con conocimientos suficientes para valorar el resultado obtenido. Experto que, además, en ningún caso podría sentirse amenazado por posibles sanciones por tomar una decisión que ignore los resultados producidos por el sistema de IA. Es importante garantizar la libertad del humano que supervisa la decisión del algoritmo.

La condición de experto del encargado, o encargados, de la supervisión parece también algo difícil de garantizar en una época de tantos cambios y avances en lo que se refiere a los sistemas de IA. El temor a que la complejidad intrínseca de los sistemas de IA conduzca inevitablemente a la «tiranía del algoritmo», de la que habla el apartado 121 de la Carta Ética Europea de IA, «que podría minimizar o incluso reemplazar progresivamente el juicio humano», está presente de manera inevitable en la utilización de estas tecnologías, pero no sólo en el ámbito penal sino en cualquier ámbito de nuestra vida. Teniendo en cuenta la cantidad de datos tratados por el algoritmo resulta difícil afirmar que el humano tomará una decisión distinta a la sugerida por el algoritmo, sobre todo, cuando esa decisión se limita en un primer momento a someter al individuo seleccionado a un examen ulterior para ver «si» puede estar implicado en un delito de terrorismo u otro delito grave[103].

101. Tal y como señala HUERGO LORA, A., «Una aproximación a los algoritmos desde el Derecho administrativo», cit., p. 59-60.
102. HUERGO LORA, A., «Una aproximación a los algoritmos desde el Derecho administrativo», cit., p. 32, aunque aplicado a otros supuestos de utilización de IA.
103. Como señala MORENO CATENA, V., «Los datos en el sistema de justicia y la propuesta de Reglamento UE sobre inteligencia artificial», en COLOMER HERNÁNDEZ, I. (Dir.); CATALINA BENAVENTE, M. A., OUBIÑA BARBOLLA, S. (Coords.), *Uso de la información y de los datos personales en los procesos: los cambios en la era digital*, Aranzadi, Cizur Menor, 2022, p. 61: «Por más que se tenga acceso a los datos (las bases o conjuntos de datos) de que se nutre, aunque se sepan los parámetros que entran en juego y la ponderación entre ellos, y se conozca dónde se sitúan los umbrales de riesgo y su escala, no se puede llegar a determinar con precisión cuál será el resultado final

V. LA IMPORTANCIA DE LA LIMITACIÓN INTRODUCIDA POR LA STJUE, DE 21 DE JUNIO DE 2022, PARA LA IDENTIFICACIÓN DE PASAJEROS SOSPECHOSOS A PARTIR DEL TRATAMIENTO AUTOMATIZADO DE SUS DATOS PNR

En una época en la que cada vez son más las normas que obligan a la recogida masiva de datos personales con fines penales[104], y en la que los algoritmos predictivos han entrado de lleno en la lucha contra el terrorismo y otras formas de delincuencia grave y, a veces no tan grave, la STJUE, de 21 de junio de 2022, viene a recordarnos que no todo vale o, por lo menos, que aún hay ciertos límites a las facultades de las que disponen los Estados para restringir los derechos y libertades fundamentales en aras de la seguridad de los ciudadanos. Como señala acertadamente MORENO CATENA, el mundo de la investigación penal «es propicio para el empleo de sistemas de IA que pueden poner en serio peligro el ejercicio de los derechos procesales fundamentales; estamos hablando del derecho a la tutela judicial efectiva, al juicio justo, al juez imparcial, a la defensa y a la presunción de inocencia. Con el empleo de esas herramientas la posibilidad de defensa puede resultar absolutamente erradicada»[105]. Para evitar la afecta-

---

que arroje la herramienta, que será una puntuación (por ejemplo, el 37% o el 83%) o una calificación (alto/medio/bajo). Como es evidente, acceder a los parámetros que utilice el algoritmo, e incluso la ponderación que haga de ellos, supondría un avance significativo, pero no lo es todo; se puede detectar de este modo algún sesgo burdo o grosero en la elaboración de la herramienta, pero eso no garantiza que se lleguen a eliminar los indeseables sesgos o tendencias, que generan desigualdades y provocan la desfiguración y el error del resultado. El problema del uso de estos algoritmos es la falta de transparencia, por las razones ya expuestas, lo que se traduce en una imposibilidad de control por utilizar mecanismos de autoaprendizaje y de contradicción de los resultados que arroje».

104. Así están aprobadas en nuestro ordenamiento: 1) La Ley 25/2007, de 18 de octubre, de conservación de datos relativos a las comunicaciones electrónicas y a las redes públicas de comunicaciones, la recogida de estos datos; 2) la Ley 10/2010, de 28 de abril, de prevención del blanqueo de capitales y de la financiación del terrorismo, que prevé la recogida de los datos financieros; y 3) la LO 1/2020, de 16 de septiembre, sobre la utilización de los datos del Registro de Nombres de Pasajeros para la prevención, detección, investigación y enjuiciamiento de delitos de terrorismo y delitos graves, que regula la recogida de los datos relativos al registro de nombre de los pasajeros, los conocidos como datos PNR por su acrónimo en inglés, *Passenger Name Record*).

105. MORENO CATENA, V., «Los datos en el sistema de justicia y la propuesta de Reglamento UE sobre inteligencia artificial», cit., p. 56, que continúa señalando: «Sin duda alguna el único posible equilibrio frente a los sistemas de IA es conseguir que sean transparentes y explicables, y que todos sus procesos estén documentados. Aún así, el problema persiste, desde el momento en que la IA puede examinar grandes conjuntos de datos complejos, incluso no vinculados, para detectar resultados y modelos desconocidos, y en ese procedimiento el sistema se convierte en una caja negra, dentro de la que nadie puede llegar a saber lo que está sucediendo, cómo se comportará la máquina (que ha aprendido por sí misma) cuando no está respondiendo a ninguna orden de programación concreta para el caso».

ción, inadmisible, del derecho de defensa y, al mismo tiempo, garantizar la transparencia de los sistemas nacionales de justicia penal, resulta esencial un marco jurídico específico, claro y preciso que regule las condiciones, modalidades y consecuencias del uso de herramientas de IA en el ámbito de las actuaciones policiales y judiciales, así como los derechos de las personas afectadas y procedimientos eficaces y fácilmente accesibles de reclamación y recurso, incluidos los recursos judiciales[106].

La actividad policial predictiva no es exclusiva, aunque sí característica, del siglo XXI. Lo que realmente está suponiendo una innovación en los últimos años, y cada vez de manera más acelerada, es la utilización de técnicas de IA para el tratamiento de amplios conjuntos de datos personales, y también no personales, con fines predictivos, especialmente por las Fuerzas y Cuerpos de Seguridad, pero también por parte de los servicios de inteligencia de los Estados. A diferencia de los algoritmos clásicos, que necesitan instrucciones explícitas para realizar una tarea específica, los algoritmos de autoaprendizaje no requieren instrucciones explícitas para realizar una tarea específica, sino que extraen patrones y aprenden reglas implícitas a partir de un gran número de ejemplos. Así, de manera paulatina, los algoritmos de IA «vienen a sustituir a —o a integrarse con— los juicios de experiencia profesional de los miembros de las Fuerzas y Cuerpos de Seguridad, tradicionalmente constitutivos del único criterio utilizado para el diseño de las estrategias policiales orientadas a los fines de prevención y detección de las conductas delictivas»[107].

Sin perjuicio de que en otros ámbitos de la actividad policial pudiera optarse por un equilibrio entre el uso de los algoritmos clásicos y los algoritmos de IA[108], o incluso pudiera darse prevalencia a estos últimos, la STJUE, de 21 de junio de 2022, reconoce que para la identificación de posibles pasajeros sospechosos han de utilizarse algoritmos clásicos, que contienen indicaciones específicas para que se ejecuten sobre los datos PNR el conjunto de instrucciones previamente establecidas por el programador, de tal manera que los criterios son fáciles de conocer y, por lo tanto, se puede explicar por qué un determinado pasajero ha sido seleccionado. Esto no

106. Como se apunta en el apartado 14 de la Resolución del Parlamento Europeo, de 6 de octubre de 2021.

107. Ver DÍAZ GONZÁLEZ, G. M., «Algoritmos y actuación policial: la policía predictiva», cit., p. 183, y la bibliografía allí citada.

108. En este sentido no podemos desconocer que, como señala, entre otros, MANTELERO, A., «*Artificial Intelligence and Data Protection: Challenges and Possible Remedies*», cit., p. 5, los algoritmos de IA repercuten necesariamente en el tratamiento de datos personales y plantean interrogantes sobre la idoneidad de la normativa vigente en materia de protección de datos para abordar los problemas que plantean estos nuevos paradigmas.

impide, evidentemente, que podamos encontrarnos con que los criterios predeterminados sean claramente discriminatorios, o que se basen en datos incorrectos. Pero será posible conocerlo.

En todo caso, y aunque puede afirmarse que el TJUE ha querido blindar los datos PNR y, en definitiva, a los pasajeros, frente a la IA, lo cierto es que esta sentencia de 21 de junio de 2022 ha de verse quizás como un mero muro de contención que en cualquier momento se resquebrajará y permitirá la entrada de algoritmos de IA en el tratamiento de los datos PNR. Es cierto que la utilización de algoritmos predictivos en el ámbito penal con carácter general plantea importantes retos a los juristas, pero la solución no puede ser radical en el sentido de eliminar su utilización, porque no es una solución viable a largo plazo[109]. La increíble velocidad a la que se producen los avances, el aumento de la criminalidad y las dificultades para hacerla frente sin la utilización de las nuevas tecnologías, nos llevarán, antes o después y lamentablemente, a que tengamos que estar analizando algún caso que llegue a cualquier órgano jurisdiccional penal de la UE en el que se analice la utilización de la IA en el tratamiento de los datos PNR. Confiemos entonces que, llegado el momento, el TJUE mantenga el criterio expresado en su sentencia de 21 de junio de 2022.

VI. BIBLIOGRAFÍA

ANDREJEVIC, M., «Data collection without limits. Automated policing and the politics of framelessness», en ZAVRŠNIK, A. (ed.), *Big Data, Crime and Social Control*, London, Routledge, 2018, pp. 93-107.

ARIZA COLMENAREJO, M. J., «Fuentes de datos al servicio de sistemas de inteligencia artificial dirigidos a la toma de decisiones», en CASTILLEJO MANZANARES, R., NOYA FERREIRO, L. (Dirs.), *Inteligencia artificial y proceso penal: un reto para la justicia*, Aranzadi, Cizur Menor, 2023, pp. 15-41.

BACHMAIER, L., «Countering Terrorism: Suspects without Suspicion and (Pre-)Suspects under Surveillance», en SIEBER, MITSILEGAS, MYLONOPOULOS, BILLIS, KNUST. (eds.), *Alternative Systems of Crime Control*, Duncker&Humblot, Berlín, 2018, pp. 171-191.

109. Como señala DÍAZ GONZÁLEZ, G. M., «Algoritmos y actuación policial: la policía predictiva», cit., p. 192, «las técnicas de inteligencia artificial, aún sin depurar, pueden proporcionar un criterio externo, certero o no, pero en todo caso enriquecedor de la con toda probabilidad más miope comprensión del problema en cada caso enfrentado por el miembro competente de las Fuerzas y Cuerpos de Seguridad».

BALCELLS, M., «Luces y sombras del uso de la inteligencia artificial en el sistema de justicia penal», en CERRILLO I MARTÍNEZ, A.; PEGUERA POCH, M. (coords.), *Retos jurídicos de la inteligencia artificial,* Thomson Reuters-Aranzadi, Cizur Menor, 2020, pp. 145-159.

BARONA VILAR, S., «La digitalización y la algoritimización, claves del nuevo paradigma de justicia eficiente y sostenible», en COLOMER HERNÁNDEZ, I. (Dir.); CATALINA BENAVENTE, M. A, OUBIÑA BARBOLLA, S. (Coords.), *Uso de la información y de los datos personales en los procesos: los cambios en la era digital,* Thomson Reuters-Aranzadi, Cizur Menor, 2022, pp. 75-116.

BARONA VILAR, S., *Algoritmización del Derecho y de la Justicia De la Inteligencia Artificial a la Smart Justice,* Valencia, Tirant lo Blanch, 2021.

BATTELLI, E., «La decisión robótica: algoritmos, interpretación y justicia predictiva», en *Revista de Derecho Privado,* Externado de Colombia, núm. 40, enero-junio 2021, pp. 45-86. DOI: https://doi.org/10.18601/01234366.n40.03

CARRASCO JIMÉNEZ, P., *Análisis masivo de datos y contraterrorismo,* Valencia, Tirant lo Blanch, 2009.

CATALINA BENAVENTE, M. A, «La transmisión de datos PNR entre la Unión Europea y Estados Unidos, Canadá y Australia», en COLOMER HERNÁNDEZ, I. (Dir.); OUBIÑA BARBOLLA, S. (coord.), *La transmisión de datos personales en el seno de la cooperación judicial penal y policial en la Unión Europea,* Aranzadi, Cizur Menor, 2015, pp. 301-356.

CATALINA BENAVENTE, M. A., *El uso de los datos PNR en el proceso penal,* Thomson Reuters Aranzadi, Cizur Menor, 2022.

CERRILLO I MARTÍNEZ, A., «El impacto de la inteligencia artificial en las Administraciones públicas: estado de la cuestión y una agenda», en CERRILLO I MARTÍNEZ, A.; PEGUERA POCH, M. (Coords.), *Retos jurídicos de la inteligencia artificial,* Thomson Reuters-Aranzadi, Cizur Menor, 2020, pp. 75-92.

DE HOYOS SANCHO, M., «El uso jurisdiccional de los sistemas de inteligencia artificial y la necesidad de su armonización en el contexto de la Unión Europea», en *Revista General de Derecho Procesal,* núm. 55, 2021.

DÍAZ GONZÁLEZ, G. M., «Algoritmos y actuación policial: la policía predictiva», en HUERGO LORA, A. (Dir.), *La regulación de los algoritmos,* Thomson Reuters-Aranzadi, Cizur Menor, 2020, pp. 181-234.

GORKIĈ, P., «Chapter 6. Postulates of Criminal Law int the Age of Automated Justice: The Case of Passenger Name Records – Toward Fishing Expeditions, Generalized Suspicion, the Presumption of Guilt, and Responsibility for the Acts of Others?», en ZAVRŠNIK, A., BADALIČ, V. (eds.), *Automating Crime Prevention, Surveillance, and Military Operations*, 2021, Springer, pp. 111-125.

HUERGO LORA, A., «Una aproximación a los algoritmos desde el Derecho administrativo», en HUERGO LORA, A. (Dir.), *La regulación de los algoritmos*, Thomson Reuters-Aranzadi, Cizur Menor, 2020, pp. 23-87.

KEARNS, M; ROTH, A., *El algoritmo ético*, Madrid, La Ley, 2020.

MANTELERO, A., en el informe sobre IA, «*Artificial Intelligence and Data Protection: Challenges and Possible Remedies*», del Comité Consultivo de la Convención para la protección de los individuos en relación con el tratamiento automatizado de datos personales (Convenio 108), Estrasburgo, 25 de enero de 2019 [T-PD(2018)09Rev)]

MORENO CATENA, V., «Los datos en el sistema de justicia y la propuesta de Reglamento UE sobre inteligencia artificial», en COLOMER HERNÁNDEZ, I. (dir.); CATALINA BENAVENTE, M. A., OUBIÑA BARBOLLA, S. (Coords.), *Uso de la información y de los datos personales en los procesos: los cambios en la era digital*, Aranzadi, Cizur Menor, 2022, pp. 47-73.

NOYA FERREIRO, L., «Límites a la utilización de la Inteligencia Artificial en el proceso penal. Una perspectiva europea», en CASTILLEJO MANZANARES, R.; NOYA FERREIRO, L. (Dirs.), *Inteligencia Artificial y proceso penal: un reto para la justicia*, Aranzadi, Cizur Menor, 2023, pp. 257-286.

OLSEN, H. P.; WIESENER, C., «Beyond Data Protection Concerns – The European P.N.R. System», en *iCourts Working Paper series*, No. 207, 27 páginas, 6 de octubre de 2020 (disponible en: https://papers.ssrn.com/sol3/papers.cfm?abstract_id=3676379)

PÉREZ GIL, J., «Exclusiones probatorias por vulneración del derecho a la protección de datos personales en el proceso penal», en BELLIDO PENADÉS, R., DE LUIS GARCÍA, E., JIMÉNEZ CONDE, F., LLOPIS NADAL, P. (Coord.), *Justicia: ¿Garantías versus Eficiencia?*, Valencia, Tirant lo Blanch, 2020, *tol. 7.855.589*

SERRANO MAÍLLO, A., *Introducción a los patrones y procesos delictivos*, Dykinson, Madrid, 2022.

V

Límites a las aportaciones de la inteligencia artificial en la instrucción del proceso penal. Una aproximación desde los derechos fundamentales

Jessica Jullien[1,2]
Universidad Carlos III de Madrid
Departamento de Derecho Penal, Procesal e Historia del Derecho
ORCID: https://orcid.org/0000-0001-6662-3217

---

1. Universidad Carlos III de Madrid, ROR: https://ror.org/03ths8210, Departamento de Derecho Penal, Procesal e Historia del Derecho, Calle Madrid, 126, 28903 Getafe (Madrid), España.
2. Universidad Carlos III de Madrid, ROR: https://ror.org/03ths8210, Instituto de Justicia y Litigación «Alonso Martínez», Calle Madrid, 126, 28903 Getafe (Madrid), España.

I. INTRODUCCIÓN

La inteligencia artificial se ha convertido en una cuestión cada vez menos desconocida ya que en la actualidad inunda el día a día de la ciudadanía y, pese a ello, sigue siendo de gran complejidad en el ámbito judicial. En una sociedad en la que se premia la agilidad, la inmediatez y la accesibilidad, estos avances son recibidos en muchas disciplinas como un progreso, siendo claramente mayores los beneficios que los posibles perjuicios. Desde el Derecho, sin dejar de ser un tema cada vez más trabajado, parece que su implementación es más tediosa, siendo abordada con inmensa y justificada cautela. Sin embargo, deberíamos también aceptar que quizá parte de las reticencias se alejan de la obligada adaptación a los nuevos tiempos sin que ello conlleve en ningún caso tolerar una cesión o flexibilización en la protección de los derechos fundamentales.

Las reflexiones que a continuación se presentan parten de la consideración que el uso de la inteligencia artificial en el proceso penal y, en concreto en la fase de instrucción, es una realidad y por ello es necesario afrontarla como tal. No se trata tanto de debatir si debe permitirse o no su uso sino cuáles son los límites que deben establecerse en el mismo para que pueda afirmarse sin riesgo que su uso beneficia el funcionamiento de la justicia y no conlleve una vulneración de derechos. Esto por supuesto no se encuentra reñido con la posibilidad de vetar el uso de algunas herramientas.

Se propone, por tanto, desde el reconocimiento sus beneficios, seguir reflexionando sobre las cuestiones que ciertamente suponen un riesgo en la irrupción de la Inteligencia Artificial en la Administración de justicia clarificando desde estos cuáles son los límites existentes para que su uso sea, efectivamente, en beneficio de la ciudadanía y desde el pleno respeto de sus derechos.

Este enfoque se realiza además desde la aceptación que la Inteligencia Artificial es una realidad en otros muchos contextos de la vida y por ende los conflictos que atiende la Administración de Justicia ya se dan por medio estos avances tecnológicos, debiendo la respuesta dada evolucionar de manera obligatoria, al menos en algunas parcelas (aun sólo sea para tener capacidad de comprender y alcanzar estos nuevos conflictos). Esto que avanza irrevocablemente en la ciudadanía y forma parte de esta y sus relaciones, altera los conflictos presentados en vía judicial. La misma criminalidad amplía su contexto, forma y alcance superando el mundo analógico, sirviéndose de las nuevas tecnologías para obtener un beneficio final, ya sea similar o diferenciado, pero alterando las características delictivas. La ciberdelincuencia tiene sin lugar a duda características propias que exigen una aproximación renovada. Se hace por tanto inevitable su análisis, estableciendo los límites adecuados.

Se acotará el debate a la fase de instrucción, aunque ciertamente se mencionarán otras fases del proceso o reflexiones que tendrían plena cabida en estas. Se trata de un acercamiento general, sin mayor pretensión que retomar algunos debates ya existentes desde la protección de los derechos fundamentales. Lo que se pretende al abordar estas cuestiones en fase de instrucción, es recordar que, a su vez, las decisiones posteriores se verán inevitablemente afectadas por los límites que se establezcan en esta fase (independientemente de la postura que se tome sobre el uso de la IA en fases posteriores propiamente). Se abordarán de manera superficial los usos que puedan darse en el ámbito policial, profundizando en el ámbito judicial.

Merece además mención que, independientemente de la creciente doctrina en esta materia, son limitadas las experiencias prácticas —si quiera en proyectos piloto— por lo que nos movemos en debates ciertamente abstractos. Considero sin embargo que son ejercicios de utilidad para alcanzar respuestas sólidas. Además, son de enorme valor las experiencias internacionales, que facilitan profundizar en algunas repercusiones prácticas, permitiendo avanzar de forma algo más segura hacia una regulación completa y respetuosa con los derechos fundamentales. Los avances a nivel europeo y las diferentes experiencias internacionales nos colocan en un momento idóneo para fijar estos límites.

II. HERRAMIENTAS DE INTELIGENCIA ARTIFICIAL EN FASE DE INSTRUCCIÓN

Son numerosos los trabajos que abordan el concepto de Inteligencia Artificial (en adelante IA). Esto da cuenta no tanto de lo novedosa que es la materia —porque cada vez lo es menos pese a su escasa implementación en el derecho procesal—, sino de la complejidad del concepto en sí. Sin profundizar en ello, sí se pretende clarificar con qué concepto se van a realizar las siguientes reflexiones, avanzando así algunas de las tensiones en su aplicación en derecho procesal.

Por otra parte, se abordarán en este apartado, de manera descriptiva, qué usos puede darse a la IA en fase de instrucción, únicamente con el objetivo que presentar brevemente los contextos en los que surgen estas tensiones, que se abordarán en la segunda parte de este capítulo.

1. ¿QUÉ ES LA IA?

En su análisis, parte de la doctrina opta por realizar una comparativa entre la «inteligencia humana» y la «inteligencia artificial» reflexionando sobre las limitaciones y riesgos de la segunda a la hora de proponer contextos en los que esta podría llegar a sustituir la inteligencia humana. Hablar en términos de sustitución genera, sin duda alguna, importantes miedos que por otra parte provienen del sentido mismo de la inteligencia artificial, y que pretende justamente imitar las redes neuronales del pensamiento humano. Si bien tras ya un tiempo de estudio parece que la IA se presenta como una herramienta con un rol asistencial y no sustitutorio de la función judicial[3], una de las cuestiones a abordar será si el alcance o calidad del resultado obtenido por medio de la inteligencia artificial es *distintivo* en comparación con los resultados conocidos por medio de inteligencia humana. En caso afirmativo, la segunda cuestión sería si posible incluso afirmar que los resultados son *mejores* por medio de inteligencia artificial o si no mejores en la respuesta dada, más *eficiente* —se volverá sobre el concepto de eficiencia más adelante—. Finalmente, partiendo de la base que la inteligencia humana también provoca resultados incorrectos, revisar si estos *errores* son más asumibles que los de la inteligencia artificial y por qué. Esta última cuestión va más allá de lo certera o no que sea la respuesta, sino que se encuentra vinculado la justificación de ese posible error y su alcance. Por otra parte, es posible que alcanzando respuestas que no sean estrictamente un error, la desviación de los resultados esperables atendiendo a diferentes criterios, no resulte aceptable. O, adelantando unos de los elementos claves, si los sesgos de la inteligencia humanas son más fácilmente asumibles que los de la inteligencia artificial.

En la búsqueda de una definición clara de lo que es la Inteligencia Artificial, debemos remontarnos primero a su creación. Así parte de la doctrina señala a McCarthy, Minsky, Rochester y Shannon[4], quienes investigaron cómo tener máquinas que pudieran realizar tareas a través de una programación previa que imitara las redes neuronales de forma similar al pensamiento humano[5]. Pese a ser un concepto complejo y evolutivo, podemos afirmar que la IA es una combinación de tecnologías que agrupa datos, algoritmos y capacidad informática que pretende reproducir las habilida-

3. MARTÍN DIZ, F., «Modelos de aplicación de Inteligencia Artificial en justicia: asistencial o predictiva versus decisoria» en *Justicia algorítmica y neuroderecho: una mirada multidisciplinar*, BARONA VILAR, S. (ed.), Tirant lo Blanch. Valencia 2021 pp. 65-85.
4. *Véase*, McCARTHY, J., «A Proposal for the Dearmouth Summer Research Project on Artificial Intelligence, August 31, 1955», *Al Magazine*, núm. 27 (2006) p. 12.
5. SOLAR CAYÓN, J.I. *La inteligencia artificial jurídica. El impacto de la innovación tecnológica en la práctica del Derecho y el mercado de servicios jurídicos*. Aranzadi, Pamplona 2019.

des cognitivas de los seres humanos. Aunque como es obvio su uso se ajustará en cada caso a unos objetivos definidos, podemos decir que de manera general permite avanzar en el crecimiento y bienestar social[6], o es al menos uno de sus objetivos. Trata así efectivamente de emular «*la forma de aprender y razonar del cerebro humano construyendo simulaciones más o menos complejas en forma de redes neuronales*»[7].

No debe pasar desapercibido que lo que se pretende es que estos sistemas de IA realicen de manera autónoma una interpretación de su entorno por medio de estos datos. Así se recogía en la definición ofrecida por Comisión Europea en 2018 que reconocía los sistemas de IA como «*sistemas de software (y en algunos casos también de hardware) diseñados por seres humanos que, dado un objetivo complejo, actúan en la dimensión física o digital mediante la percepción de su entorno a través de la obtención de datos, la interpretación de los datos estructurados o no estructurados que recopilan, el razonamiento sobre el conocimiento o el procesamiento de la información derivados de esos datos, y decidiendo la acción o acciones óptimas que deben llevar a cabo para lograr el objetivo establecido*»[8].

Para avanzar en la comprensión de este concepto, se van a fragmentar los elementos que componen estas definiciones, descubriendo ya algunos de los debates posteriores. Así, uno de ellos son los *datos*. La digitalización ha permitido el acceso a una cantidad ingente de datos, favoreciéndose más en algunos contextos que en otros. Una de las características de la IA es justamente su capacidad de tratamiento de datos de forma masiva. Otra de las cuestiones claves en esta cuestión es de dónde se obtienen estos datos. La forma de obtener o recoger los mismos es clave en el debate de los sesgos que pueden existir, cuestión también conectada con los algoritmos utilizados. En todo caso, en la actualidad la obtención de estos datos es muy variada y podemos hablar de cesiones voluntarias, por medio de intercambios, por medio de engaño o incluso por medio robo[9] contando una regu-

6. Comisión Europea, *Libro Blanco sobre la inteligencia artificial; un enfoque europeo orientado a la excelencia y la confianza*, Bruselas, 2021 (COM(2020) 65). Disponible en: https://commission.europa.eu/document/download/d2ec4039-c5be-423a-81ef-b9e44e79825b_es?filename=commission-white-paper-artificial-intelligence-feb2020_es.pdf
7. ARMENTA DEU, T. *Derivas de la justicia. Tutela de los derechos y solución de controversias en tiempos de cambio.* Marcial Pons, Madrid, 2021.
8. Comisión Europea, Dirección General de Redes de Comunicación, Contenido y Tecnologías. *Directrices éticas para una IA fiable.* Oficina de Publicaciones,2019. Disponible en: https://op.europa.eu/es/publication-detail/-/publication/d3988569-0434-11ea-8c1f-01aa75ed71a1
9. MORENO CATENA, V., «Inteligencia artificial y resolución de conflictos de consumo» *en Hacia una tutela efectiva de consumidores y usuarios*, ROMERO PRADAS, M.ª I. (Dir.) Tirant lo Blanch, Valencia, 2022. p. 84.

lación cada vez más avanzada en esta materia, conscientes de los riesgos que supone su falta de control.

Además del almacenamiento de datos, una de las cuestiones distintivas que permite hablar de IA es el uso de *algoritmos*, que se entienden como una «*Secuencia finita de reglas formales (operaciones lógicas e instrucciones) que permiten obtener un resultado de la entrada inicial de información. Esta secuencia puede ser parte de un proceso de ejecución automatizado y aprovechar modelos diseñados a través del aprendizaje automático*»[10]. Interesa diferenciar brevemente lo que algunos expertos llaman IA «fuerte» e IA «débil»: la primera sería capaz de contextualizar problemas especializados y variados de forma completamente autónoma manera —robótica avanzada, vehículos autónomos, etc.— mientras que la segunda permite un alto rendimiento en su campo de entrenamiento —*chatbots*, reconocimiento de voz, traducción automática, etc.—. Se habla, por tanto, *a priori* en la IA fuerte, de un aprendizaje autónomo que le permite superar los límites iniciales de la programación, aunque como se verá esta distinción de difumina en la práctica.

Lo que sí se mantiene en cualquier tipo de herramienta, es el funcionamiento básico del algoritmo y en lo que interesa en este caso resulta interesante saber que no busca certificar la veracidad de una hipótesis planteada sino «buscar correlaciones deterministas entre unos datos y otros de manera totalmente azarosa en un principio»[11].

Así, uno de los elementos distintivo de la IA y fuente de gran parte de las preocupaciones en su uso en justicia es este aprendizaje autónomo, que construye un modelo matemático a partir de los datos accesibles, incorporando una gran cantidad de variables que no se conocen de antemano, es decir, se da una evolución o modificación durante el aprendizaje. Respecto a los métodos de aprendizaje, son variados y son elegidos y diseñados previamente. Normalmente, podemos distinguir tres grandes categorías: aprendizaje supervisado (humano), aprendizaje no supervisado y aprendizaje de refuerzo. En todo caso, esta programación es la que define el desempeño de una función determinada.

---

10. Carta ética europea sobre el uso de la inteligencia artificial en los sistemas judiciales y su entorno adoptado por el CEPEJ durante su 31 S t Reunión plenaria (Estrasburgo, 3-4 de diciembre de 2018) https://protecciondata.es/wp-content/uploads/2021/12/Carta-Etica-Europea-sobre-el-uso-de-la-Inteligencia-Artificial-en-los-sistemas-judiciales-y-su-entorno.pdf
11. COTINO HUESO, L., «Big data e inteligencia artificial. Una aproximación a su tratamiento jurídico desde los derechos fundamentales», *Dilemata*,9, núm. 24 (2017), pp. 131-150.

Finalmente tendríamos la *capacidad informática*, que avanza a pasos agigantados y provoca esta variabilidad terminológica ya que lo conocido en inteligencia artificial queda rápidamente obsoleto o superado por nuevos avances tecnológicos.

2. EL USO DE LA IA EN FASE DE INSTRUCCIÓN

La aproximación que se desea aquí presentar del uso de la IA desde la salvaguardia de los derechos fundamentales conlleva debates que son aplicables a todo el proceso penal y no únicamente a la fase de instrucción. Sin embargo, se opta en este caso por acotar el debate, aun sea de manera flexible, a la fase de instrucción para facilitar la revisión de algunos sistemas de IA y su repercusión en el ámbito judicial de manera diferenciada. También porque el uso de la IA en esta fase reviste de especial relevancia siendo una fase sensible y en la que la celeridad de las labores —rotundamente deseable— tiene un impacto directo sobre el posible desarrollo del proceso. Es por otra parte una fase en la que justamente la salvaguarda de los derechos fundamentales se encuentra en no pocas ocasiones en el centro de numerosos debates. Finalmente merece ser mencionado que el uso de la IA en el ámbito policial avanza a pasos agigantados si lo comparamos con su uso en el ámbito judicial, lo que enriquece estas reflexiones y da lugar a debates sobre la relación existente entre el uso de la IA en el ámbito policial y la toma de decisiones en el ámbito judicial.

Sin intención de abordar todas las herramientas existentes, sí se requiere una aproximación general para contextualizar los debates posteriores. Así, interesa en este caso destacar las herramientas de evaluación de riesgo y de investigación de delitos.

2.1. Herramientas de investigación de delitos

Siguiendo la categorización ofrecida por CUATRECASAS MONFORTE[12], encontraríamos los siguientes tipos: las herramientas que emplean datos biométricos, las herramientas que emplean técnicas de procesamiento del lenguaje natural y herramientas de análisis de imágenes.

2.1.1. Herramientas que emplean datos biométricos

Los datos biométricos tienen valor en tareas de identificación ya sea para reconocer la identidad de una persona, ya sea para confirmar que la identidad asignada a una persona es correcta.

12. CUATRECASAS MONFORTE, C., «La inteligencia artificial y la investigación de delitos», *Revista Logos Guardia Civil*, núm. 1 (2023), p. 71.

Acudiendo a la normativa europea, el artículo 4.14 del Reglamento General de Protección de datos los define como «*datos personales obtenidos a partir de un tratamiento técnico específico, relativos a las características físicas, fisiológicas o conductuales de una persona física que permitan o confirmen la identificación única de dicha persona, como imágenes faciales o datos dactiloscópicos*». Por su parte, el artículo 5.l) de la Ley Orgánica 7/2021, de 26 de mayo, de protección de datos personales tratados para fines de prevención, detección, investigación y enjuiciamiento de infracciones penales y de ejecución de sanciones penales, dispone que son «*datos personales obtenidos a partir de un tratamiento técnico específico, relativos a las características físicas, fisiológicas o de conducta de una persona física que permitan o confirmen la identificación única de dicha persona, como imágenes faciales o datos dactiloscópicos*».

En estas herramientas incluyen:

- *Reconocimiento de voz*. Permite identificar o comprobar la identidad de la persona únicamente por su habla.

- *Reconocimiento facial*. Estas herramientas permiten un reconocimiento facial de la persona a través de formas, proporciones o rasgos.

- *Reconocimiento de huellas dactilares y ADN*. Siendo igualmente una herramienta de reconocimiento de la identidad de la persona, esta se obtiene en el primer caso por el análisis de las formas de las crestas papilares de los dedos y sus proporciones. Cuando hablamos de ADN, el análisis se realiza sobre los genomas humanos. En la actualidad permite una agilización de esta tarea realizando una criba por medio del análisis comparativo de datos relegando al trabajo humano una confirmación final o análisis de datos mucho más reducidos o acotados.

- *Reconocimiento de emociones*. Son aquellas que tienen por objeto detectar emociones o estados de ánimo por medio del análisis de microexpresiones o matices normalmente imperceptibles para el ser humano. Para ello recoge datos de imagen (rostro) y vocales. Estas herramientas están especialmente relacionadas con la toma de declaración. Existen igualmente investigaciones sobre el uso de herramientas similares dirigidas a la detección de agresiones inminente tanto por medio del análisis de datos recogidos del posible agresor, como por parte de las potenciales víctimas.

- *Reconocimiento de firma o escritura*.

2.1.2. *Herramientas que emplean técnicas de procesamiento del lenguaje natural (PLN)*

Estas herramientas permiten trasladar el lenguaje humano —escrito o hablado— a un algoritmo que reconoce el contenido, permitiéndose desde ahí darle más utilidad.

En este sentido podemos destacar:

Chatbots: Permite una comunicación virtual entre humano y máquina pudiendo incluso dar respuestas o activar alertas, órdenes o la activación de otras herramientas. Parece tener especial relevancia en situaciones de urgencia para dar respuesta virtual a testigos o víctimas o incluso recoger información de manera automática. Ello requiere por tanto de un funcionamiento de «*machine learning*» —aprendizaje autónomo—. Existen experiencias de IA generativa especialmente desarrolladas en casos de terrorismo o violencia sexual[13].

- *Sistemas de análisis de textos/documentos*. Supone un avance exponencial en el análisis de documentos y búsqueda de información específica. Estos revisten de especial interés en la labor judicial, la cual podría avanzar en herramientas de apoyos en la valoración de las pruebas o la argumentación[14]. Más seguro, pero igualmente útil, se plantea su uso en labores de tramitación[15].

Existe a nivel nacional algunas experiencias entre las que se puede mencionar VeriPol, en la detección de denuncias falsas acotado a denuncias por robo con violencia e intimidación, que se puso en marcha en 2018[16].

---

13. Existen experiencias entre las que puede destacarse «Sweetie16», un *chatbot* con apariencia de niña menor de edad, con el fin detectar personas que siguieran conversaciones *on line* de índole sexual.
Resulta especialmente interesante revisar el uso malicioso de esta misma tecnología, especialmente en ciberdelincuencia de género. Véase GONZÁLEZ PULIDO, I., «El uso de la inteligencia artificial generativa en la investigación de la ciberdelincuencia de género; ante el auge de los deepfakes», *Revista IUS ET SCIENTIA*, Vol. 9, núm. 2 (2023) pp. 157-180 Disponible en: http://doi.org/10.12795/IESTSCIENTIA.2023.i02.08
14. NIEVA FENOLL, J., *Inteligencia artificial y proceso judicial*, Marcial Pons, Madrid, 2018. pp. 23 y ss.
15. ARIZA COLMENAREJO, M.ª J., «Fuentes de datos al servicio de sistema de inteligencia artificial dirigidos a la toma de decisiones?», en *Inteligencia artificial y proceso penal: un reto para la justicia*, CASTILLEJO MANZANARES, R. y NOYA FERREIRO, L. (Dir.), Pamplona, Aranzadi, 2023, pp. 24-25.
16. Véase en el Portal web de la Policía Nacional: https://www.policia.es/_es/comunicacion_prensa_detalle.php?ID=4433&idiomaActual=es.

- *Sistema de detección y moderación de contenido online.* Permite filtrar contenido que puede resultar delictivo. Ello permite, por una parte, en su caso, moderar su alcance online y por otro detectar o hacer seguimiento de situaciones posiblemente delictivas y que podrían finalizar constituyendo un delito.

2.1.3. *Herramientas de análisis de imágenes*

Son aquellas que consiguen reconocer la información contenida en imágenes estáticas o dinámicas. Merece destacarse la existencia de algunas experiencias en la investigación de crímenes de guerra a los efectos de preconstituir prueba para presentar ante la Corte Penal Internacional[17].

2.2. Herramientas de predicción de evaluación de riesgos

Las herramientas de predicción de evaluación de riesgos ofrecen datos probabilísticos sobre la posible comisión de ciertos hechos[18]. De manera general, el uso de la IA en esta labor permite no solamente alejarse de métodos heurísticos en la toma de decisiones[19] sino también brinda una mejora en cuanto a los recursos destinados a estas.

Dichas herramientas están entrenadas para predecir la comisión de un delito —acotando el lugar o momentos—, pudiendo aportar datos sobre el riesgo de fuga o posibles riesgos tras la concesión de una libertad condicional. También encontramos herramientas dirigidas a la predicción de identidades delictivas por medio de perfiles criminales o de identidades vulnerables.

Son sin duda alguna las herramientas de mayor interés en el ámbito judicial pudiendo ofrecer información sobre decisiones relacionadas con la aplicación de medidas cautelares u otras tras la condena. Pese a ello, tienen en la actualidad un impacto mayor en el ámbito policial —pasando de una policía reactiva a una policía predictiva—; y si bien de manera estricta no podemos afirmar su implementación en el contexto judicial, sí podría con-

17. Véase en este sentido FONTESTAD PORTALÉS, L «Consideraciones acerca de la aplicación de la IA en la cooperación judicial penal internacional» Revista UIS ET SCIENTIA, Vol. 9, núm. 2, (2023), Disponible en https://dx.doi.org/10.12795/IESTSCIENTIA.2023.i02.01
18. También podrían explorarse otros elementos desde el derecho de la defensa como la probabilidad de condena, ingreso a prisión, etc.
19. ARROM LOSCOS, R., «Aportaciones de la inteligencia artificial asistencial con relación a la valoración del riesgo ex art. 15 del estatuto de las víctimas del delito», en *Inteligencia artificial y proceso penal: un reto para la justicia*, CASTILLEJO MANZANARES, R. y NOYA FERREIRO, L. (Dir.), Pamplona, Aranzadi, 2023, pp. 66-67.

firmarse que se da aun sea de manera indirecta al basarse judicatura en información y/o valoraciones realizadas en sede policial por medio de IA.

A nivel nacional, aunque la doctrina no lo reconoce en sentido estricto como una herramienta de IA[20], únicamente podría hacerse mención al sistema de evaluación de riesgos VioGén[21] en cumplimiento de lo establecido en la Ley Orgánica 1/2004, de 28 de diciembre, de Medidas de Protección Integral contra la Violencia de Género. Respecto a la satisfacción de sus resultados, el Ministerio de Interior indicó a finales de 2023, en relación con la evolución del sistema, que desde 2003 hasta 2022 las cifras de asesinatos machistas en España habían descendido un 29,57%[22].

Respecto a su funcionamiento, señalar muy brevemente que es un proceso de reunión de información sobre personas dirigido a la toma de decisiones en materia de seguridad en función del riesgo de que se vuelva a producir un acto violento. El sistema de evaluación de riesgo VioGen se dirige, de forma general a: «*a) Aglutinar a las diferentes instituciones públicas que tienen competencias en materia de violencia de género. b) Integrar toda la información de interés que se considere necesaria, propiciando su intercambio ágil. c) Facilitar la valoración del riesgo de que se produzca nueva violencia. d) Atendiendo al nivel de riesgo, proporcionar el seguimiento y, si es preciso, la protección a las víctimas, en todo el territorio nacional. e) Ayudar a la víctima a que elabore un «plan de seguridad personalizado», con medidas de autoprotección pertinentes y a su alcance. f) Facilitar la labor preventiva, emitiendo avisos, alertas y alarmas, a través de un subsistema de notificaciones automatizadas, cuando se detecte alguna incidencia o acontecimiento que pueda poner en peligro la integridad de la víctima*»[23]. Para ello trabaja por medio de dos formularios: para la Valoración

20. MIRÓ LLINARES, F., «Inteligencia artificial y justicia penal: más allá de los resultados lesivos causados por robots», *Revista de Derecho Penal y Criminología*, 3.ª Época, n.º 20, (julio de 2018), p. 103. pp. 87-130.
21. LÓPEZ-OSSORIO, J. J., GONZÁLEZ-ÁLVAREZ, J. L., & ANDRÉS-PUEYO, A.: «Eficacia predictiva de la valoración policial del riesgo de la violencia de género», *Psychosocial Intervention*, vol. 25, núm. 1, (2016), pp. 1-7.
22. Véase en (último acceso 12 de junio de 2024): https://www.interior.gob.es/opencms/es/detalle/articulo/Los-asesinatos-por-violencia-de-genero-en-Espana-han-descendido-un-29-en-los-ultimos-20-anos/
Debe mencionarse que el Sistema Viogén no ha sido sometido a auditorías públicas existiendo críticas respecto a su transparencia. La Fundación éticas junto a la Fundación Ana Bella publicaron un informe sobre esta cuestión en 2022 disponible en: https://eticasfoundation.org/wp-content/uploads/2022/04/ETICAS-_-Auditori%CC%81a-Externa-del-sistema-VioGe%CC%81n-_-20220308.docx.pdf
23. Ministerio del Interior, *Guía de procedimiento VPR5.0 y VPER4.1. Protocolo de valoración policial del riesgo y gestión de la seguridad de las víctimas de violencia de género* (2019). Disponible en: https://violenciadegenerotic.wordpress.com/wp-content/uploads/2019/05/instruccion-4-2019.pdf

Policial del Riesgo (VPR) y para la Valoración Policial de la Evolución del Riesgo (VPER). El primero describe 35 indicadores de riesgo agrupados en 5 grandes dimensiones temáticas que se cumplimenta por medio de preguntas a las que se responde con «sí», «no» o «no sabe» o de forma gradual (leves, graves, muy graves). En el segundo encontramos una estructura similar con respuestas graduales también (no sabe, no, en ocasiones, con frecuencia, sí). El sistema arroja un nivel de riesgo (bajo o no apreciado, medio, alto o extremo) con medidas de seguimiento y protección asociadas a cada nivel.

Sin aplicación nacional, pero con un gran impacto en la investigación del uso de la IA en el contexto judicial, no puede dejar de hacerse mención al sistema COMPAS (*Correctional Offender Management Profiling for Alternative Sanctions*) que utiliza una tecnología de *machine learning* focalizada a ofrecer datos sobre predicción delictiva y más concretamente sobre riesgos de reincidencia. Una de sus finalidades más relevantes se centra en una mejor adecuación de los programas de rehabilitación y una correcta reinserción. Estos datos no serían aplicables únicamente a personas ya condenadas— valorándose la adecuación en la ejecución de la pena y en su caso la valoración de la libertad condicional—, sino también la prisión provisional en algunos casos. Encontramos numerosas experiencias fuera de España como por ejemplo en EEUU, donde varios Estados y condados utilizan herramientas de IA de evaluación de riesgos (entre otras, COMPAS y PSA)[24] desde hace ya años. El sistema COMPAS se hizo conocido por un reportaje que publicó la agencia ProPublica determinando, en 2016, que el algoritmo empleado por tal herramienta contenía sesgos racistas. La aplicación de esta herramienta, pero muy especialmente la decisión y argumentación del tribunal ante el recurso de apelación del condenado, ha convertido la sentencia del caso *State vs. Loomis*[25] en una sentencia clave en el análisis del uso de la IA en la actividad judicial.

A nivel europeo podría mencionarse el sistema HART (*Harm Assessment Risk Tool*), utilizada también para informar sobre el riesgo de reincidencia de condenados.

Ambas herramientas requieren en todo caso de la supervisión humana y es justamente esta supervisión la que, en parte, confirmó en el caso *Loomis* su correcto uso, junto con otras herramientas. Abre sin embargo debates de

24. CUATRECASAS MONFORTE, C., «La inteligencia artificial y la investigación de delitos», *Revista Logos Guardia Civil*, núm. 1 (2023), p. 73.
25. Véase FERNÁNDEZ ARIENZA, A. «Comentario a la sentencia la Corte de apelaciones en el caso "State of Wisconsin v. Eric L. LOOMIS". Del Tribunal Supremo del Estado de Wisconsin», *Digital Law and Innovations Review*, núm. 5 (2020).

gran relevancia como son la afectación del derecho de defensa o qué se entiende exactamente por supervisión humana.

Podemos concluir que el uso de las herramientas de predicción de riesgo desde el contexto judicial puede tener un gran recorrido en la toma de decisiones relativas a la adopción de medidas cautelares —u otras medidas de protección— así como en fase ejecución, en decisiones sobre el cumplimiento de penas (tanto en la adecuación de las medidas en régimen penitenciarios como en relación especialmente a la libertad condicional y la libertad provisional).

Sin entrar en detalle ya que no es objeto de esta reflexión, sí merece ser mencionado que las herramientas o metodologías para la evaluación del riesgo —de violencia o reincidencia— ha ido evolucionando hasta los debates que son hoy objeto de estudio: el uso de la IA como una nueva herramienta para ello. Partiendo en sus inicios de una evaluación de la peligrosidad, evoluciona a finales del siglo XX hacia una valoración de riesgo de violencia[26]. De manera muy breve, será suficiente decir que para la valoración del riesgo no es necesario analizar las causas de la violencia sino los factores de riesgo asociados a ello, tomando asimismo como elementos de análisis la vulnerabilidad de las víctimas —y por ende medidas de seguridad necesarias—. La valoración del riesgo se puede realizar «por medio de procedimientos clínicos, procedimientos actuariales y procedimientos mixtos, que tienen en común tomar una decisión pronóstica a partir de la información relevante (factores de riesgo y protección) de cada comportamiento a predecir (violencia física, sexual, contra la pareja, etc.)»[27]. Sin profundizar más en ello, hay que señalar que los debates sobre la metodología y respaldos científicos[28] en el modelo de valoración de riesgo son de gran relevancia en el diseño de las herramientas de IA, así como en la valoración de adecuación de ciertos criterios.

Estando asentadas en este contexto las herramientas actuariales, la pregunta que surge es cuáles son los riesgos de la automatización del proceso convirtiéndose en una herramienta de IA.

26. ARBACH-LUCIONI, K, DESMARAIS, S., HURDUCAS, C., et alli. «La práctica de la evaluación del riesgo de violencia en España», *Revista de la Facultad de Medicina*, vol. 63 núm. 3 (2015) DOI: http://dx.doi.org/10.15446/revfacmed.v63n3.48225
27. ANDRÉS-PUEYO, A., y ECHEBURÚA, E., «Valoración del riesgo de violencia: instrumentos disponibles e indicadores de aplicación», en *Psicothema*, vol. 22, núm. 3 (2010), p. 404.
28. URRUELA MORA, A., «¿Hacia un cambio de paradigma?: la configuración de un derecho penal de la peligrosidad mediante la progresiva introducción de medidas de seguridad aplicables a sujetos imputables en las recientes reformas penales españolas», *Cuadernos de Política Criminal*, vol. 115 (2015), pp. 119-160.

III. TENSIONES CON LOS DERECHOS FUNDAMENTALES EN FASE DE INSTRUCCIÓN

Como se ha visto, el uso de la IA en la actividad judicial puede ser muy variado por lo que, sin tener intención de agotar todas las tensiones existentes, se pretende a continuación destacar algunas de ellas que deben ser necesariamente resueltas para no poner en riesgo la salvaguarda de derechos fundamentales.

1. CUESTIONES INTRODUCTORIAS

La preocupación por salvaguardar los derechos fundamentales ante la irrupción de la IA ha sido constante[29]. En el año 2016 la Comisión Europea para la Eficacia de la Justicia puso de manifiesto la necesidad de establecer límites adecuados para garantizar y preservar las garantías procesales ante los riesgos que entraña la utilización de sistemas automatizados dentro de un proceso penal. Lo mismo se reflejó en la misma Comisión ya en 2018, en la Carta Ética Europea sobre el uso de la Inteligencia Artificial en los sistemas judiciales y su entorno, poniendo en el centro del diseño y utilización de la IA el respeto a los derechos fundamentales. Así, recoge los principios que deben regir en la utilización de IA en la justicia[30]:

- respeto por los derechos fundamentales, haciendo hincapié en el diseño de sistema de IA para que su utilización se facilite la toma de decisiones judiciales sin menoscabo de las garantías del derecho de acceso a la justicia y a un juicio justo;
- no discriminación;
- calidad y seguridad;
- transparencia;
- imparcialidad y justicia;
- control del usuario.

---

29. Véase en este sentido el análisis detallado del recorrido normativo de la IA en el proceso penal desde una perspectiva europea en NOYA FERREIRO, LOURDES, «Límites a la utilización de la inteligencia artificial en el proceso penal. Una perspectiva europea», en *Inteligencia artificial y proceso penal: un reto para la justicia*, CASTILLEJO MANZANARES, R. y NOYA FERREIRO, L. (Dir.), Pamplona, Aranzadi, 2023, pp. 257-286.
30. Carta Ética Europea sobre el uso de la inteligencia artificial en los sistemas judiciales y su entorno, adoptada el 3 de diciembre de 2018 por la Comisión europea para la eficiencia de la Justicia (CEPEJ), del Consejo de Europa.

Esta Carta fue seguida de las Directrices éticas para una IA fiable en 2019 estableciendo, en lo relativo a los sistemas de justicia, sin ser un documento específico de esta materia, que las herramientas de IA deben incluir el compromiso «*de asegurar el respeto de las garantías procesales y la igualdad ante la ley*».

Posteriormente en 2021 en la propuesta Reglamento se establecía que «*Deben considerarse de alto riesgo ciertos sistemas de IA destinados a la administración de justicia y los procesos democráticos, dado que pueden tener efectos potencialmente importantes para la democracia, el Estado de Derecho, las libertades individuales y el derecho a la tutela judicial efectiva y a un juez imparcial. En particular, a fin de evitar el riesgo de posibles sesgos, errores y opacidades, procede considerar de alto riesgo aquellos sistemas de IA cuyo objetivo es ayudar a las autoridades judiciales a investigar e interpretar los hechos y el Derecho y a aplicar la ley a unos hechos concretos*»[31]. De manera específica, el anexo al Reglamento concretaban como sistemas de IA de alto riesgo los aplicados a las evaluaciones del riesgo sobre la reincidencia de un sujeto o sobre las víctimas de un delito, aquellos destinados a detectar el estado emocional de una persona, los utilizados para ponderar la fiabilidad de las pruebas presentadas, los destinados a la predicción de delitos, y en concreto en el ámbito policial, aquellos destinados a buscar interacciones complejas en grandes conjuntos de datos para identificar patrones desconocidos o descubrir relaciones ocultas en los datos analizados.

Sin embargo, esta calificación de alto riesgo no significa en ningún caso su prohibición o su no deseabilidad, sino que exige el cumplimiento de requisitos específicos como se concretan finalmente en el Reglamento de Inteligencia Artificial de 2024. Por ello, Libro Blanco sobre la inteligencia artificial en 2020 resaltaba que «*El uso de la inteligencia artificial puede afectar a los valores sobre los que se fundamenta la UE y provocar la conculcación de derechos fundamentales, como la libertad de expresión, la libertad de reunión, la dignidad humana, la ausencia de discriminación por razón de sexo, raza u origen étnico, religión o credo, discapacidad, edad u orientación sexual, y, en su aplicación en determinados ámbitos, la protección de los datos personales y de la vida privada, el derecho a una tutela judicial efectiva y a un juicio justo, o la protección de los consumidores. Estos riesgos pueden ser resultado de defectos en el diseño general de los sistemas de IA (especialmente en lo que se refiere a la supervisión humana) o del uso de datos que puedan ser sesgados sin una corrección previa (por ejemplo, se entrena un sistema utilizando única o principalmente datos relativos a hombres, y ello se traduce en resultados peores con relación a las mujeres)*».

31. Disponible en: https://eur-lex.europa.eu/legal-content/ES/TXT/?uri=celex%3A52021PC0206

Aunque el desarrollo de numerosos instrumentos a nivel europeo ha ido abordando estos debates y trazando las líneas generales de los contextos en los que parece más o menos arriesgado incorporar la IA, el Reglamento de Inteligencia Artificial de mayo de 2024[32] —en adelante Reglamento de IA de 2024— establece un marco jurídico para la aplicación de la IA abordando de manera específica su comercialización, no siendo esta una cuestión menor. Además, reconoce algunas prohibiciones que se consideran inasumibles acorde a los valores de la Unión Europea y establece, entre cosas, requisitos específicos para la aplicación de sistema de IA de alto riesgo. De manera muy resumida, y en coherencia con lo visto hasta ahora, su regulación se basa en la diferenciación de distintos niveles de riesgo:

- Riesgo inaceptable, que conlleva una prohibición completa;
- Alto riesgo, con la exigencia estricta de requisitos y obligaciones;
- Casos especiales, en los que no tiene por qué haber un riesgo elevado pero que exige determinadas obligaciones de transparencia;
- Resto de sistemas sin riesgo y por tanto sin regulación especial.

En lo que nos ocupa, merece mencionarse que se reconoce como un riesgo inaceptable los sistemas de predicción de probabilidad de que una persona cometa un crimen a partir de su perfilado o de los rasgos y características de su personalidad —no excluye por tanto herramientas predictivas de riesgo que usen otros valores—.

Dentro de los sistemas considerados de alto riesgo, se destacarían los sistemas de biometría, aplicación de la ley y Administración de justicia y procesos democráticos. Respecto a los requisitos para estos sistemas de alto riesgo, se exige un sistema de gestión de riesgos durante todo el ciclo de vida del sistema, asegurar la calidad y la adecuación de los datos de entrenamiento, contar con documentación técnica, permitir un registro de los eventos que se den, proporcionar instrucciones de uso comprensibles, permitir la supervisión humana *efectiva* y cumplir con niveles adecuados de precisión, solidez y ciberseguridad. Respecto a las obligaciones del proveedor, están dirigidas al aseguramiento de los requisitos previos, contar con sistema de calidad y realizar un seguimiento del funcionamiento adecuado del sistema.

32. Resolución legislativa del Parlamento Europeo, de 13 de marzo de 2024, sobre la propuesta de Reglamento del Parlamento Europeo y del Consejo por el que se establecen normas armonizadas en materia de inteligencia artificial (Reglamento de Inteligencia Artificial) y se modifican determinados actos legislativos de la Unión (COM(2021)0206 – C9-0146/2021 – 2021/0106(COD)), Disponible en: https://www.europarl.europa.eu/doceo/document/TA-9-2024-0138_ES.pdf

Respecto a las obligaciones de los responsables del despliegue, interesa destacar la información a las personas afectadas por el uso de sistemas de IA en la toma de decisiones y la evaluación de impacto de derechos fundamentales.

Finalmente merece una breve mención el principio de exclusividad jurisdiccional, recogido en el art. 117.1 de la Constitución Española —en conjunción con sus arts. 23.2 y 103, y el art. 301 de la Ley Orgánica 6/1985, de 1 de julio, del Poder Judicial—. Aunque hasta ahora se ha vetado el uso de la IA en el ámbito procesal sin supervisión humana, el impacto de su uso genera complejos debates. En relación con la vigilancia humana, el art. 14 del Reglamento de Inteligencia Artificial establece que los sistemas de IA de alto riesgo entre los que se encuentra la justicia, «*se diseñarán y desarrollarán de modo que puedan ser vigilados de manera efectiva por personas físicas durante el período que estén en uso, lo que incluye dotarlos de una herramienta de interfaz humano-máquina adecuada, entre otras cosas*». De manera específica destaca que esta vigilancia humana deberá prevenir o reducir al mínimo los riesgos para los derechos fundamentales.

A continuación, se van a destacar únicamente tres debates en los que se observa un riesgo diferenciado. En primer lugar, el funcionamiento por IA supone para su correcto avance y funcionamiento de técnicas de *Big Data* lo que supone tensiones con la intimidad y la privacidad. Por otra parte, el uso de *machine learning* en este contexto supone una importante dificultad de trazabilidad de las variables que finalmente proponen una decisión afectando al derecho de defensa, pero también de manera general a la tutela judicial efectiva. Finalmente se abordará brevemente el riesgo de los sesgos.

2. INTIMIDAD Y PRIVACIDAD

Como se ha señalado, una de las piezas clave de la IA es el uso de *Big Data*. La digitalización actual facilita una retroalimentación continua de estos datos que son cedidos con cada vez mayor facilidad, si no es en ocasiones sin ninguna consciencia de ello. El Reglamento 2016/679 del Parlamento Europeo y de Consejo, de 27 de abril de 2016 relativo a la protección de las personas físicas en lo que respecta al tratamiento de datos personales y a la libre circulación de estos datos y por el que se deroga la Directiva 95/46/CE[33] —en adelante Reglamento General de Protección de Datos— señala en su consi-

33. Disponible en: https://www.boe.es/doue/2016/119/L00001-00088.pdf, en consonancia con lo establecido en Reglamento (UE) 2018/1725 del Parlamento Europeo y del Consejo, de 23 de octubre de 2018, relativo a la protección de las personas físicas en lo que respecta al tratamiento de datos personales por las instituciones, órganos y organismos de la Unión, y a la libre circulación de esos datos, y por el que se derogan el Reglamento (CE) n.º 45/2001 y la Decisión n.º 1247/2002/CE.

derando primero que «*La protección de las personas físicas en relación con el tratamiento de datos personales es un derecho fundamental. El artículo 8, apartado 1, de la Carta de los Derechos Fundamentales de la Unión Europea ("la Carta") y el artículo 16, apartado 1, del Tratado de Funcionamiento de la Unión Europea (TFUE) establecen que toda persona tiene derecho a la protección de los datos de carácter personal que le conciernan.*». Esto en coherencia con los arts. 18.3 y 18.4 de la Constitución Española que garantizan el secreto de las comunicaciones y la limitación del uso de la informática para garantizar el honor y la intimidad personal y familiar de los ciudadanos y el pleno ejercicio de sus derechos respectivamente.

En este sentido merece ser señalado que el derecho a la intimidad está ligado al derecho a la dignidad de la persona y al libre desarrollo de la personalidad, como señalaba la STC núm. 17/2013, de 31 de enero, recordando que «*el derecho a la intimidad personal garantizado por el art. 18 CE, estrechamente vinculado con el respeto a la dignidad de la persona (art. 10.1 CE), implica la existencia de un ámbito propio y reservado frente a la acción y el conocimiento de los demás, necesario, según las pautas de nuestra cultura, para mantener una calidad mínima de la vida humana. Además, el art. 18 CE confiere a la persona el poder jurídico de imponer a terceros, sean estos poderes públicos o simples particulares (STC 85/2003), de 8 de mayo, F. 21), el deber de abstenerse de toda intromisión en la esfera íntima y la prohibición de hacer uso de lo así conocido, y de ello se deduce que el derecho fundamental a la intimidad personal otorga cuanto menos una facultad negativa o de exclusión (...)*».

MIRÓ LLINARES extiende esta protección desde el derecho a la privacidad informática que esta «incluye la posibilidad de disponer de aquellos datos que, no siendo propios del núcleo duro de la intimidad, como podrían ser aquellos que desvelan las características más personales del individuo, lo hacen respecto de otras características que, unidas todas ellas de manera coherente, podrían dar lugar a la concreción y perfilación de alguien específico»[34]. Ello cobra pleno sentido, más cuando nos trasladamos al contexto de la *Big Data* con posibilidad de rastrear y conectar datos que de manera individual no tendrían por qué aportar información especialmente sensible de la persona[35].

34. MIRÓ LLINARES, F., «Inteligencia artificial y justicia penal: más allá de los resultados lesivos causados por robots», *Revista de Derecho Penal y Criminología*, 3.ª Época, n.º 20, (julio de 2018), p. 116.
35. Véase en detalle en ÁLVAREZ BUJÁN, M. V., «Inteligencia artificial y medidas cautelares en el proceso penal: tutela judicial efectiva y autodeterminación informativa en potencial riesgo». *Revista Española de Derecho Constitucional*, 127 (2023) pp. 177-207. DOI: https://doi.org/10.18042/cepc/redc.127.06

Respecto al tratamiento de datos, el artículo 4 del Reglamento General de Protección de Datos, en consonancia con el artículo 5 de la LO 7/2021, de 26 de mayo, de protección de datos personales tratados para fines de prevención, detección, investigación y enjuiciamiento de infracciones penales y de ejecución de sanciones penales, reconocen como «tratamiento» «*cualquier operación o conjunto de operaciones realizadas en datos personales o conjuntos de datos personales, ya sea por procedimientos automatizados o no, como la recogida, registro, organización, estructuración, conservación, adaptación o modificación, extracción, consulta, utilización, comunicación por transmisión, difusión o cualquier otra forma de habilitación de acceso, cotejo o interconexión, limitación, supresión o destrucción*». Sin embargo, se establece en el art. 2.3 que no se aplicará al tratamiento de datos «*El presente Reglamento no se aplicará al tratamiento de datos personales operativos por parte de Europol y de la Fiscalía Europea hasta que el Reglamento (UE) 2016/794 del Parlamento Europeo y del Consejo (15), y el Reglamento (UE) 2017/1939 del Consejo (16) se adapten con arreglo al artículo 98 del presente Reglamento*».

A nivel nacional debe ser mencionada la LO 13/2015, de 5 de octubre, de modificación de la Ley de Enjuiciamiento Criminal para el fortalecimiento de las garantías procesales y regulación de las medidas de investigación tecnológica, cuyo objetivo era asegurar las garantías necesarias para la realización lícita de determinadas diligencias de investigación tecnológica, las cuales no tenía cobertura normativa hasta el momento.

Señalar finalmente que el Reglamento de Inteligencia Artificial de 2024 establece en su art. 2.7 que «*El Derecho de la Unión en materia de protección de los datos personales, la intimidad y la confidencialidad de las comunicaciones se aplicará a los datos personales tratados en relación con los derechos y obligaciones establecidos en el presente Reglamento. El presente Reglamento no afectará a los Reglamentos (UE) 2016/679 o (UE) 2018/1725 ni a las Directivas 2002/58/CE o (UE) 2016/680, sin perjuicio del artículo 10, apartado 5, y el artículo 59 del presente Reglamento*».

3. EL DERECHO DE DEFENSA. AFECTACIÓN POR LA FALTA DE TRANSPARENCIA O TRAZABILIDAD Y ACCESIBILIDAD

Uno de los derechos que más preocupa, y sobre el cual podemos aprender de otras experiencias internacionales, es el derecho de defensa, que en este caso podría extenderse además de por supuesto al proceso judicial, a la fase policial.

Como sabemos, el principio de contradicción implica que ambas partes deben conocer todos los elementos de hecho o de derecho que puedan influir en la resolución del proceso, a fin de poder rebatirlos y argumentar en su contra[36]. Aunque hasta ahora se ha hecho especial referencia al uso de la IA por parte de operadores jurídicos, estos podrían ser utilizados por las partes teniendo en ambos casos un impacto en el derecho de defensa.

En cualquiera de los casos, una de las primeras cuestiones problemáticas es la opacidad de los algoritmos utilizados en IA. El desconocimiento del funcionamiento impide por tanto que las partes puedan impugnarlo adecuadamente. Como se adelantaba, ejemplo de ello es el Caso *State versus Loomis* en el que por medio del uso del sistema COMPAS se valoró un alto riesgo de reincidencia lo que motivó una pena privativa de libertad. Podemos en este caso hablar no solamente de falta de transparencia del algoritmo sino incluso de falta de acceso al mismo. En este caso, emerge además otro debate y es la comercialización de herramientas con impacto en los sistemas de justicia, cuestión que se ha visto abordada por el Reglamento de Inteligencia Artificial.

Aunque gran parte de la doctrina española entiende que no sería aplicable conforme a la normativa española[37] un uso e interpretación de estas características, merece reflexionar sobre algunas cuestiones. No se trata en este caso únicamente de impugnar el resultado de los datos obtenidos por IA sino también su funcionamiento. Es necesario por tanto exigir la transparencia de forma comprensible —su *explicabilidad*— y la accesibilidad de los sistemas de IA, ya que sin ello no es posible someterlos a contradicción —ni en fase de instrucción ni, especialmente en juicio— para que sus resultados pudieran tener eficacia probatoria en el proceso judicial. Afirma CORVALÁN que *«la inteligencia artificial debe ser transparente en sus decisiones, lo que significa que se pueda inferir o deducir una explicación entendible acerca de los criterios en que se basa para arribar a una determinada conclusión, sugerencia o resultado»*[38].

En este ejercicio continuado de comparación entre la inteligencia humana y la inteligencia artificial, podrían surgir algunas voces indicando que se exige de las decisiones alcanzadas por IA algo que no se exige de

36. MONTERO AROCA, J., *Principios del proceso penal: una explicación basada en la razón*. València, Tirant lo Blanch, 1997, pp. 141-142.
37. ROMEO CASABONA, C. M., «Riesgo, procedimientos actuariales basados en Inteligencia Artificial y medidas de seguridad», *Revista Penal*, n.º 42, (julio 2018), pp. 165 y ss.
38. CORVALÁN, J. G., «Inteligencia artificial: retos, desafíos y oportunidades. Prometea: la primera inteligencia artificial de Latinoamérica al servicio de la Justicia», *Revista de investigaÇoes Constitucionais*, vol. 5, núm. 1, (2018) pp. 295-316.

las decisiones humanas[39]. Y si bien es cierto que la exigencia de argumentación motivada de las decisiones judiciales mantiene una parcela que podría asimilarse a esa «caja negra» de la IA en cuanto a su inaccesibilidad, lo cierto es que no parece razonable esta comparación por el impacto exponencial que tienen los resultados arrojados por medio de IA —y, valga mencionarse, sin la existencia de esta argumentación motivada ni nada que se le asemeje—.

Por otra parte, debe enfrentarse la falibilidad de los sistemas de IA[40]. Ello puede darse por error en sentido estricto de los sistemas, pero también por el propio funcionamiento del aprendizaje autónomo ya que dicho entrenamiento supera la programación previa accediendo incluso a datos —autogenerados— inexistentes previamente y convirtiéndose en un procedimiento, además de totalmente indescifrable para el ser humano y por lo tanto aumentando dicha opacidad, con posibles desviaciones respecto a los criterios establecidos inicialmente.

Finalmente, respecto a la accesibilidad merece una brevísima mención su revisión desde otra faceta, es la de la necesaria búsqueda de una justicia universal también en esta digitalización de la justicia[41]. No encontramos en la Convención de los derechos de las personas con Discapacidad mención específica a la Inteligencia Artificial, aunque contamos en su art. 2 con una definición de la comunicación, haciendo mención a «*a los lenguajes, la visualización de textos, el Braille, la comunicación táctil, los macrotipos, los dispositivos multimedia de fácil acceso, así como el lenguaje escrito, los sistemas auditivos, el lenguaje sencillo, los medios de voz digitalizada y otros modos, medios y formatos aumentativos o alternativos de comunicación, incluida la tecnología de la información y las comunicaciones de fácil acceso*». Tampoco a nivel nacional encontramos menciones específicas hasta la Ley 15/2022, de 12 de julio, integral para la igualdad de trato y la no discriminación, incluyendo una mención espe-

---

39. Recuerda SIMÓN CASTELLANOS que «los jueces toman decisiones en el marco de un ejercicio cognitivo que vincula la experiencia —vital y profesional—, las emociones y el contexto, el diálogo con otros elementos políticos y sociales, la ideología base, los heurísticos de pensamiento descritos por Kahneman, Slovic y Tversky (1982), la memoria y estadística prima facie —es decir, aquello que recuerdan y que les viene a la cabeza de forma casi automática sobre casos anteriores—, la intuición (Myers, 2002, p. 16), la fatiga —mental y física— y la comodidad, placer, satisfacción e incluso el éxito pretérito en situaciones análogas-», en SIMÓN CASTELLANOS, P., «Inteligencia artificial y valoración de la prueba: las garantías jurídico-constitucionales del órgano de control», *Revista de Derecho Themis*, 79, (2021), pp. 288.
40. BARONA VILAR, S., «La seductora algoritmización de la justicia. Hacia una justicia poshumanista (Justicia+) ¿utópica o distópica?» *El Cronista del Estado Social y Democrático de Derecho*, núm. 100, (2022) p. 44.
41. PIÑAR MAÑAS, J. L., «Derecho, ética e innovación tecnológica», *REDA*, 195, (2018), pp. 11-30.

cífica a la IA y la toma de decisiones automatizadas, en el Capítulo II «*El derecho a la igualdad de trato y la no discriminación en determinados ámbitos de la vida política, económica, cultural y social*». En su artículo 23 señala a su vez que se promoverá la realización de evaluaciones de impacto que determinen el posible sesgo discriminatorio. Por su parte, el Reglamento de Inteligencia Artificial sí recuerda la importancia de la accesibilidad en el uso de la IA en su considerando 80 estableciendo que «*(...) la Unión y todos los Estados miembros están legalmente obligados a proteger a las personas con discapacidad contra la discriminación y a promover su igualdad, a garantizar que las personas con discapacidad tengan acceso, en igualdad de condiciones con las demás, a las tecnologías y sistemas de la información y las comunicaciones, y a garantizar el respeto a la intimidad de las personas con discapacidad. Habida cuenta de la importancia y el uso crecientes de los sistemas de IA, la aplicación de los principios de diseño universal a todas las nuevas tecnologías y servicios debe garantizar el acceso pleno e igualitario de todas las personas a las que puedan afectar las tecnologías de IA o que puedan utilizar dichas tecnologías, incluidas las personas con discapacidad, de forma que se tenga plenamente en cuenta su dignidad y diversidad inherentes. Por ello es esencial que los proveedores garanticen el pleno cumplimiento de los requisitos de accesibilidad, incluidas la Directiva (UE) 2016/2102 del Parlamento Europeo y del Consejo38 y la Directiva (UE) 2019/882. Los proveedores deben garantizar el cumplimiento de estos requisitos desde el diseño. Por consiguiente, las medidas necesarias deben integrarse en la medida de lo posible en el diseño de los sistemas de IA de alto riesgo*».

Reflejo de algunos avances en esta relación entre el uso de la IA y el derecho de defensa es la reciente Ley Orgánica 5/2024, de 11 de noviembre, del Derecho de Defensa que hace una brevísima mención a la IA en su art. 12.4 estableciendo que «*Las personas tienen derecho a conocer con transparencia los criterios de inteligencia artificial empleados por las plataformas digitales, incluidas las que facilitan la elección de profesionales de la abogacía, sociedades de intermediación y cualesquiera otras entidades o instituciones que presten servicios jurídicos*» —junto a una mención en su art. 12.1 a la accesibilidad universal—.

4. ARGUMENTACIÓN MOTIVADA, AUTOMATISMOS Y EFICIENCIA

Una de las preguntas esenciales, a la luz de todo lo abordad hasta ahora, es si la IA permite alcanzar una justicia de mayor calidad, preservando derechos y garantías fundamentales. El deseo que poder aprovechar la IA en Justicia es clara: la agilización de ciertos procesos. La cuestión del tiempo y el aprovechamiento de recursos para aumentar la calidad de la justicia es una constante. No es una cuestión nueva y quizá nunca lleguemos a satisfacer plenamente este deseo a la luz de la volatilidad de las expectativas y el constante avance de la sociedad líquida; por ello merece preguntarse hasta dónde queremos avanzar en la eficiencia de la Administración de Justicia o cuáles son los riesgos que la justicia *puede permitirse*.

Partimos para ello de ciertas conclusiones. La primera es que queda asumido que una de las bondades de la IA es su capacidad de tratamiento y procesamiento de datos: en primer lugar, por medio del manejo de *big data* y en segundo lugar por la capacidad informática para alcanzar probabilidades —estableciendo conexiones específicas favorecidas por el algoritmo—. Ello, unido a que existen muchas tareas semiautomáticas en las tareas judiciales, permite afirmar que existe sin lugar a duda una oportunidad de mejora en la Administración de Justicia por medio del uso de la IA. Se podría así solventar o al menos reducir una de las grandes tareas pendientes de la Administración de Justicia que es el tiempo de respuesta. Además de la agilización de ciertas tareas, se daría un mejor aprovechamiento de los recursos y, de manera indirecta, permitiría reducir la excesiva burocracia de algunos procedimientos. En esta línea, podríamos incluso aventurarnos a predecir un tiempo mayor para los operadores jurídicos en aquellas tareas que no son automática, revirtiendo ello en una mejor calidad de su labor.

Hablamos por tanto de poder lograr una mayor eficiencia de la justicia e incluso, en algunas parcelas podríamos hablar de una mayor accesibilidad —existiendo riesgos también en contra en este sentido—.

Sin embargo, esta posibilidad de conseguir predicciones, recomendaciones, tomar decisiones, u ofrecer resultados por medio de IA incorpora ineludiblemente el *automatismo*. Una de las preguntas clave es por tanto si el automatismo es un problema en la actividad judicial.

Establece en este sentido SAN MIGUEL que «El automatismo de las decisiones predictivas nos dirige hacia la estandarización de pautas y argumentos jurídicos implicando, indirectamente, la eliminación de los criterios de interpretación, lo que podría conllevar a resultados indeseados, erráticos e insatisfactorios»[42]. Al analizar esta cuestión, como se señalaba, no son pocos los autores que realizan una comparativa entre la inteligencia humana y la inteligencia artificial, buscando desde estas el lugar exacto en el que reside el riesgo de esta creación humana aplicada a la actividad judicial. Es decir, la preocupación se centra en aquello que, en esta toma de decisiones, recomendaciones o presentación de determinados resultados, difiere de lo que hasta ahora hace la inteligencia humana, aun conscientes

42. SAN MIGUEL CASO, C. «La aplicación de la Inteligencia Artificial en el proceso: ¿un nuevo reto para las garantías procesales?», Revista IUS ET SCIENTIA, Vol. 7, núm. 1 (2021) Disponible en: https://dx.doi.org/10.12795/IETSCIENTIA

que existen ciertos automatismos —sin IA— en la actividad judicial. Así, una de las diferencias sería la forma de alcanzar el resultado o la respuesta. Afirma BARONA que no puede equipararse la IA con el pensamiento humano ya que la primera realizar operaciones puramente lógicas[43], que responden al sistema en el que se encuentre inmerso y que dirige la conexión de datos disponibles obteniendo un resultado. Esto último, también la aleja aun sea parcialmente del pensamiento humano.

Parece por tanto que uno de los riesgos del uso de la IA sería la ausencia de interpretación, argumentación y motivación de la decisión. En primer lugar, porque no existe una *interpretación* de los hechos racional sino únicamente aplicando un silogismo lógico —aun sea desde una cantidad ingente de datos—, y en segundo lugar porque ni siquiera es posible en algunos casos recuperar cierta trazabilidad de este silogismo lógico que se ha visto afectado por este el aprendizaje autónomo.

En sentido contrario, las decisiones judiciales deber ser motivadas, argumentando el juzgador las operaciones efectuadas. SAN MIGUEL recuerdas que «La aplicación del derecho no es una ciencia exacta y tampoco debería convertirse en una ciencia experimental, por lo que, se debería primar, siempre y en todo caso, la labor interpretativa, argumentativa y consciente que realiza el juez a la hora de fundamentar una decisión judicial, aspecto que desde la perspectiva intrínseca de los sistemas artificiales no se podrá conseguir de modo alguno»[44]. Ello no niega la utilidad del uso de la IA en el ámbito del derecho, pero sí descarta la sustitución de la decisión humana, relegando la utilidad de la IA a una herramienta de apoyo en la toma de decisiones y desarrollo de las labores de los operadores jurídicos[45]. En este sentido, entendiendo la IA como herramienta de apoyo para alcanzar resultados que exceden de los conocimientos de judicatura, pero que pueden favorecer una mejor toma de decisiones, resultan de interés los

43. BARONA VILAR, S., *Algoritmización del derecho y de la justicia: De la inteligencia artificial a la Smart Justice,* Valencia, Tirant lo blanch, 2021.
44. SAN MIGUEL CASO, C. «La aplicación de la Inteligencia Artificial en el proceso: ¿un nuevo reto para las garantías procesales?», *Revista IUS ET SCIENTIA,* Vol. 7, núm. 1 (2021) Disponible en: https://dx.doi.org/10.12795/IETSCIENTIA
45. En aquellos casos en los que se optase por una sustitución integral en la toma de decisiones, carecería de sentido hablar de inmediación y oralidad, véase GÓMEZ COLOMER, J. L. (2022), «Derechos fundamentales, proceso e inteligencia artificial: una reflexión», en, *Inteligencia artificial legal y Administración de Justicia,* CALAZA LÓPEZ, S. (Dir.) y LLORENTE SÁNCHEZ-ARJONA, M. (Dir.) Cizur Menor: Aranzadi, 2022, p. 263.
También merecería ser mencionado el impacto que podría tener sobre el principio de imparcialidad en la actuación jurisdiccional al basarse la decisión del juez sobre una decisión inicial de la máquina. Ello puede verse intensificado en caso de que exista algún sesgo en el sistema de IA.

paralelismos y consiguientes debates que se han realizado respecto a la posibilidad categorización de la IA como prueba científica[46].

Frente a estos posicionamientos más cautelosos, algunos autores señalan que «(...) debemos detenernos y deshacernos de ciertos apriorismos (...), pues si hemos dicho que el automatismo se manifiesta también en un hardware de carne y hueso, la suspicacia humanista que se nos despierta cuando escuchamos la conjunción del concepto de justicia e inteligencia artificial debería evaporarse o, al menos relativizarse. Y debería relativizarse porque la crítica debe centrarse en los procesos formales que cometen o devienen en injusticias, con independencia de que sean aplicados por operadores jurídicos humanos o artificiales»[47]. Sin negar la existencia de automatismos en la actividad judicial, no parecen comparables cuando pasamos a un sistema opaco que, aun logrando transparencia, se aleja de lo exigido para dar cumplimiento a la tutela judicial efectiva, y es una respuesta motivada sobre el fondo del asunto. En este sentido, «del mismo modo que la asistencia de un sistema algorítmico puede mejorar la toma de decisiones judiciales, el elemento humano es fundamental, pues el razonamiento jurídico y la adaptación y evolución de la jurisprudencia y del derecho a la sociedad y sus constantes cambios requieren del pensar humano»[48] o, acudiendo a las palabras de BARONA VILAR es necesario dar una respuesta que sea «el resultado del pensar jurídicamente»[49]. Y esto porque la argumentación jurídica consiste en una actividad persuasoria de la aplicación de la norma en la que, en la toma de decisiones, no solamente se realiza una inferencia lógico-jurídica, sino que también se recorre a la consideración de elementos sociológicos y retóricos acotados a un contexto social determinado[50].

Sí merecen especial mención ciertas decisiones como son la adopción de medidas cautelares, en las que estos automatismos se encuentran más presentes, llegando a formar parte del proceso argumentativo la revisión de

46. LOREDO COLUNGA, M., «Inteligencia artificial y prueba: una aproximación desde la perspectiva comunitaria», en *Inteligencia artificial y proceso penal: un reto para la justicia*, CASTILLEJO MANZANARES, R. y NOYA FERREIRO, L. (Dir.), Pamplona, Aranzadi, 2023, p. 220 y ss.

47. SIMÓN CASTELLANO, P, *Justicia cautelar e inteligencia artificial. La alternativa a los atávicos heurísticos judiciales*, Barcelona, Bosch Editor, 2021, p. 260.

48. DE LUIS GARCÍA, E. «Justicia, inteligencia artificial y derecho de defensa» *Revista de internetm derecho y política*, núm. 39 (2023).

49. BARONA VILAR, S, *Algoritmización del derecho y de la justicia. De la Inteligencia Artificial a la Smart Justice*. València: Tirant lo Blanch. 2021, pp. 602-603.

50. DE ASÍS PULIDO, M., «Derecho al debido proceso e inteligencia artificial», en *Inteligencia artificial y derecho. El jurista ante los retos de la era digital*, Madrid, Aranzadi, 2021, p. 83.

casos análogos que han sido resueltos con anterioridad ante la falta de actividad probatoria[51]. En estos casos, cobra si cabe más sentido valorar si es posible alcanzar mejores respuestas, sobre la base de mejores datos respecto a la calidad que es alcanzable solamente por medio de la inteligencia —y memoria— humana[52]. En cualquier caso, los elementos a valorar son igualmente complejos y la IA parece arrojar seguridad solamente en algunos de ellos[53].

¿Supondría entonces su uso como herramienta de apoyo una vulneración de la tutela judicial efectiva? En este sentido, DE HOYOS SANCHO considera que sigue existiendo el riesgo de que judicatura acomode sus decisiones al resultado de la herramienta algorítmica, sin valoraciones adicionales[54], cuestión especialmente compleja porque entra a valorar el grado de vinculación de la decisión del juez o jueza con el resultado obtenido por la IA utilizada. Este debate se podría trasladar, en sentido opuesto, tomando decisiones contrarias a los resultados brindados por IA. Una posible forma de solventarlo sería, junto a la exigencia de transparencia de la IA, la exigencia de una motivación por parte de judicatura indicando no solamente si se acoge o no a este resultado, sino además que justifique el motivo para haber actuado de un modo u otro.

No debe pasar desapercibido que estos requisitos conllevan a la fuerza una exigencia, y es la formación de los operadores jurídicos en las herramientas de IA que puedan utilizar no solamente para conocer sus posibles resultados —expectativas de respuestas alcanzables— sino también su funcionamiento básico para poder, desde este, argumentar el alinearse o no a las respuestas obtenidas[55], como se desprende del Reglamento de IA de 2024.

---

51. SIMÓN CASTELLANO, P, *Justicia cautelar e inteligencia artificial. La alternativa a los atávicos heurísticos judiciales*, Barcelona, Bosch Editor, 2021, p. 120.
52. NEIRA PENA, A. M. (2021), «Inteligencia artificial y tutela cautelar. Especial referencia a la prisión provisional». *Revista Bras. de Direito Processual Penal*, 7, 3, 1897-1933 (2021), p. 1905. Disponible en: https://doi.org/10.22197/rbdpp.v7i3.618.
53. ÁLVAREZ BUJÁN, M. V., «Inteligencia artificial y medidas cautelares en el proceso penal: tutela judicial efectiva y autodeterminación informativa en potencial riesgo». *Revista Española de Derecho Constitucional*, 127 (2023) pp. 198 y ss.
54. DE HOYOS SANCHO, M. (2020), «El libro blanco sobre inteligencia artificial de la Comisión Europea. Reflexiones desde las garantías esenciales del proceso penal como "sector de riesgo"». *REDE. Revista española de derecho europeo*, n.º 76, (2020) págs. 9-43. DOI: https://doi.org/10.37417/REDE/ num76_2020_534 p. 36.
55. ARIZA COLMENAREJO, M. J., «Impugnación de las decisiones judiciales dictadas con auxilio de Inteligencia Artificial», en *Inteligencia artificial legal y Administración de Justicia*, CALAZA LÓPEZ, S. (Dir.) y LLORENTE SÁNCHEZ-ARJONA, M. (Dir.). Cizur Menor: Aranzadi, 2022, págs. 29-54.

Asimismo, deben garantizarse la transparencia, publicidad, auditabilidad, trazabilidad y derecho a recurso (y protesta) frente al algoritmo[56].

5. SESGOS

Como suele ocurrir con las nuevas realidades, aunque se pueden generar beneficios para sus destinatarios o usuarios, no es menos cierto que también hay riesgos importantes, fundamentalmente por los sesgos que se generan[57].

Los sesgos parecen un mal sin solución en el uso de la IA, pero no por ello debe excluirse su estudio ya que, de utilizarse la IA como herramienta complementaria, uno de los requisitos sería la capacidad —humana— de valorar los resultados brindados. Parte de ello es detectar riesgos de sesgos en la respuesta final.

Se opta en este caso por distinguir diferentes sesgos que se encuentran a su vez interrelacionados:

- Sesgos en el diseño
- Sesgo de automatización: Serían aquellos provocados por el uso de la IA sin cuestionamiento de los resultados brindados. Ello reafirmaría por otra parte datos ya sesgados que podrían volver a nutrir la base de datos de la IA.
- Sesgos de aprendizaje autónomo: Serían aquellos que se van generando por el funcionamiento autónomo de la IA, lo que conlleva además una mayor dificultad de control o detección al no encontrarse en el diseño inicial.

5.1. Sesgo en el diseño. Especial atención a la calidad de los datos de entrenamiento

Los sesgos algorítmicos pueden provenir, por una parte, del diseño de la herramienta al incorporar quien diseña la herramienta dichos sesgos —de manera voluntaria o no—, es decir, por la parcialidad de validador. Por otra, y ajustando un poco más esta definición, por los propios patrones no aleatorios que se establecen en el diseño (edad, género, etc.) —pudiendo

56. IMÓN CASTELLANO, P, *Justicia cautelar e inteligencia artificial. La alternativa a los atávicos heurísticos judiciales*, Barcelona, Bosch Editor, 2021, p. 164.
57. COTINO HUESO, L., «Riesgos e impactos del big data, la inteligencia artificial y la robótica. Enfoques, modelos y principios de la respuesta del Derecho», *RGDA*, 50, (2019).

estar relacionado con los sesgos relacionados con la calidad de los datos de entrenamiento—. Estos sesgos, en concreto el de género, fue justamente el que se alegó en la apelación del caso *Loomis* considerando el Tribunal que el uso del género promovía la precisión de la IA —además de no quedar demostrado que la sentencia se basara realmente en este factor—. Podríamos estar hablando tanto de una base de datos sesgada *«por no ser una muestra aleatoria estadísticamente válida de la población de interés, o porque, en algunos casos, contienen el historial de decisiones anteriores tomadas por seres humanos, basadas en los factores que se reflejan en ellas»*[58].

La supervisión y reducción de estos sesgos tiene un alto componente ético sobre los que existen ya interesantes debates en relación con las variables utilizadas[59], pero desde una aproximación general puede afirmarse que este sesgo podría reducirse y/o detectarse asumiendo la falibilidad de la IA —cuestión relacionada con los sesgos por automatismo— pero también mejorando los sistemas de revisión de adecuación de los datos de entrenamiento.

Además, dentro de los sesgos de diseño debe destacarse de manera diferenciada los sesgos introducidos por mala *calidad de los datos de entrenamiento*. Se señalaba previamente que uno de los elementos esenciales para el funcionamiento de la IA son los datos masivos que pueden obtenerse de formas variadas pero que, ajustado a la actividad judicial podrían provenir de datos estadísticos, decisiones judiciales, etc. Como no puede ser de otra manera, los datos a los que tiene acceso la IA son los que pertenecen al pasado. Sin embargo, el derecho no es estático, y es de hecho el ámbito judicial una importante parcela de creación del Derecho.

Así, de una parte, y atendiendo a la calidad de los datos disponibles, debemos asumir que existe una gran complejidad para obtener resultados adecuados sobre materias de alta complejidad social o de alta especialización —tanto por disponibilidad representativa de datos como por variabilidad—. En esto, además de los avances del Derecho debemos tener presente que las respuestas brindadas por la Administración de Justicia —de las que se nutre la IA— se ven afectadas también por los medios disponibles en aquel momento e, incluso, la normativa vigente en aquel momento. Así,

58. AZUAJE PIRELA, M. y FINOL GONZÁLEZ, D., Transparencia algorítmica y la propiedad intelectual e industrial: tensiones y soluciones. *Revista La Propiedad Inmaterial*. 30 (dic. 2020), 111-146. DOI: https://doi.org/10.18601/16571959.n30.05, p. 114.

59. MIRÓ LLINARES, FERNANDO, Inteligencia artificial y justicia penal: más allá de los resultados lesivos causados por robots, Revista de Derecho Penal y Criminología, 3.ª Época, n.º 20, (julio de 2018), pp. 87-130. p. 125.

en algunos casos, los datos arrojados podrían no ser un correcto reflejo de la realidad pudiendo considerarse un fallo en la calidad de estos.

En este sentido, un ejemplo claro puede ser la participación de personas con discapacidad pasando de un sistema de sustitución en la toma de decisiones a un sistema de medidas de apoyo en fechas recientes, por medio de la Ley 8/2021. Esto tiene un impacto mucho más profundo en el funcionamiento de la Administración de Justicia, así como en las decisiones que hayan podido tomarse en ciertos asuntos. Por ejemplo, la participación de la figura del facilitador en el proceso desde su inicio podría tener un impacto significativo en su desarrollo. Así, volviendo a la fiabilidad de los resultados obtenidos por medio de IA en el contexto de la discapacidad, cabría preguntarse si los datos obtenidos previamente a la entrada en vigor de la Ley 8/2021 son datos sobre los que deseamos efectivamente sustentar las respuestas futuras.

Igualmente relacionado con la adecuación de los datos, nos podríamos encontrar con un problema de representación adecuada, no acotado únicamente al ámbito jurídico sino al contexto social. Toma aquí nuevamente relevancia la accesibilidad de la justicia en términos generales, y es que la IA se va a ver inevitablemente afectada por ello, remontándose la problemática a los propios sistemas y plataformas para el cribado inicial de los datos, que de no ser totalmente accesibles ni incorporar ajustes razonables, generarán quizá datos erróneos y, de nuevo, sesgados. Finalmente puede a su vez tener relación con los sesgos de diseño inicial ya que será el validador quien decida qué datos, de dónde y cómo deben ser recogidos y etiquetados, pudiendo incorporar sesgos discriminatorios hacia las personas con discapacidad[60] en caso de ausencia de formación especializada en la materia[61].

60. VALLE ESCOLANO, R., «Inteligencia artificial y derechos de las personas con discapacidad: el poder de los algoritmos», *Revista Española de Discapacidad*, 11 (1), p. 18.

61. A modo de ejemplo, puede señalarse el estudio previamente mencionado sobre el funcionamiento del sistema VioGén, el cual arrojaba conclusiones sobre la posible existencia de sesgos hacia mujeres en situaciones más desfavorecidas, tomando como uno de los criterios que reconocía un menor riesgo el no tener hijos, cuestión que resalta de forma clara un problema de calidad en el diseño, que podría venir por una falta de conocimiento de la materia específica y posibles sesgos previos —no de la IA —. Resulta en este sentido muy interesante resaltar las palabras de LLORENTE SÁNCHEZ ARJONA, que además de profundizar en la problemática de la incorporación de sistemas de IA desde sectores públicos o privados, destaca la conveniencia de crear equipos interdisciplinares para alcanzar la mayor objetividad posible, a la que añado un mayor nivel de conocimiento especializado. Véase en LLORENTE SÁNCEZ-ARJONA, M., «Prevención del delito y prueba inteligente. Hacia un nuevo paradigma de proceso penal», en *Inteligencia artificial y proceso penal: un reto para la justicia*, CASTILLEJO MANZANARES, R. y NOYA FERREIRO, L. (Dir.), Pamplona, Aranzadi, 2023, pp. 246-247.

Así, es esencial que el uso de la IA en la Administración de Justicia exija mecanismos de supervisión de la calidad de los datos, así como una incorporación precisa de los mismos con el objetivo de implementar «buenas tecnologías»[62], tal y como exige el Reglamento de IA. Indicaba CASTILLEJO MANZANARES tiene pleno sentido, en el ámbito de la UE, la creación de una Agencia sobre la IA «para examinar, filtrar y verificar la calidad de los sistemas y su conformidad con la legalidad vigente, tanto con carácter previo a su introducción en el mercado o a su puesta en circulación»[63]. El Reglamento de 2024 hace referencia a esta cuestión señalando que «*Es preciso instaurar prácticas adecuadas de gestión y gobernanza de datos para lograr que los conjuntos de datos para el entrenamiento, la validación y la prueba sean de alta calidad. Los conjuntos de datos para el entrenamiento, la validación y la prueba, incluidas las etiquetas, deben ser pertinentes, lo suficientemente representativos y, en la mayor medida posible, estar libres de errores y ser completos en vista de la finalidad prevista del sistema*». Es útil apoyarse también en los principios FAIR en línea con estos objetivos, abordados en el Libro Blanco sobre la IA de 2020[64].

5.2. Sesgos de automatización

Lo cierto es que la IA, aun utilizada como herramienta auxiliar a la decisión de judicatura, podría provocar, como ya se evocó, una «*merma ineludible en la capacidad decisoria del juez, cercenando el razonamiento lógico deductivo desplegado en la formulación de la sentencia*»[65] haciendo referencia a una eventual petrificación de las decisiones judiciales que no solo se plasma en el resultado final, sino que conlleva, entre otras muchas cuestiones, a la constricción de la labor judicial y a una despersonalización del sistema judicial. Este sesgo se alejaría del funcionamiento propio de la IA y sería mitigable con una correcta utilización de la misma, siendo como se adelantaba necesaria una formación especializada en su uso[66].

62. MAGRO SERVET, V., «La aplicación de la inteligencia artificial en la Administración de Justicia». *Diario La Ley*, n.º 9268, sección doctrina, (2018).
63. CASTILLEJO MANZANARES, R., «Una pregunta difícil de responder: ¿Es la IA imparcial?», en *Inteligencia artificial y proceso penal: un reto para la justicia*, CASTILLEJO MANZANARES, R. y NOYA FERREIRO, L. (Dir.), Pamplona, Aranzadi, 2023, p. 85.
64. Se habla en este sentido de que sean fáciles de encontrar, accesibles, interoperables y reutilizables. Disponible en: https://commission.europa.eu/document/download/d2ec4039-c5be-423a-81ef-b9e44e79825b_es?filename=commission-white-paper-artificial-intelligence-feb2020_es.pdf
65. BARONA VILAR, S., «Inteligencia artificial o la algoritmización de la vida y de la justicia: ¿solución o problema?». *Revista Boliviana de Derecho*, n.º 28, (2019) pp. 18-49.
66. En el artículo 4.4 del Reglamento de Inteligencia Artificial de 2024 se hace mención, en lo relativo a la vigilancia humana la relevancia de poder «*a) entender adecuadamente las capacidades y limitaciones pertinentes del sistema de IA de alto riesgo y poder vigilar*

5.3. Sesgo por aprendizaje autónomo

Relacionada con la cuestión anterior, uno de los riesgos más obvios es el estancamiento de las respuestas retroalimentándose y confirmando al algoritmo respuestas o probabilidades que responden a una realidad pasada que si bien puede ser de utilidad en muchos casos, no lo será en todos.

Independientemente de la causa, a nadie se le escapa que los sesgos existen también en las decisiones humanas, sin embargo, parece que los aplicados por la IA tendrían un impacto en los derechos de mayor intensidad o gravedad. Esto en primer lugar por la dificultad de poder rastrear y por tanto detectar en qué punto se introdujo dicho sesgo y el impacto real que ha tenido en la respuesta. Por otra parte, y siendo esto de mayor gravedad, el alcance que puede tener la respuesta con dicho sesgo, pudiendo asentarse en la *Big Data* y trasladarse a otras muchas decisiones. En este sentido, MARTÍNEZ GARAY, afirma «*que los algoritmos son un mero reflejo de los datos con los que se los alimenta, de modo que si esos datos incorporan sesgos el algoritmo los reproducirá, o peor aún, los exacerbará*»[67]. Se deduce además que perpetuaría una discriminación algorítmica hacia grupos infrarrepresentados pudiendo suponer una grave vulneración de derechos fundamentales.

Se diferencia así del impacto de los sesgos que se dan en las decisiones humanas en su impacto, no presentándose como interpretación acotada (o semi acotada si se quiere incorporar la confirmación y aplicación de este sesgo en la jurisprudencia), sino que el mismo se incorpora a la «maquinaria» pudiendo tener un impacto en otros asuntos que nunca hubiesen entrado en contacto con este sesgo sin IA.

---

debidamente su funcionamiento, por ejemplo, con vistas a detectar y resolver anomalías, problemas de funcionamiento y comportamientos inesperados; b) ser conscientes de la posible tendencia a confiar automáticamente o en exceso en la información de salida generada por un sistema de IA de alto riesgo ("sesgo de automatización"), en particular con aquellos sistemas que se utilizan para aportar información o recomendaciones con el fin de que personas físicas adopten una decisión; c) interpretar correctamente la información de salida del sistema de IA de alto riesgo, teniendo en cuenta, por ejemplo, los métodos y herramientas de interpretación disponibles; d) decidir, en cualquier situación concreta, no utilizar el sistema de IA de alto riesgo o desestimar, invalidar o revertir la información de salida que este genere; e) intervenir en el funcionamiento del sistema de IA de alto riesgo o interrumpir el sistema pulsando un botón de parada o mediante un procedimiento similar que permita que el sistema se detenga de forma segura».

67. MARTÍNEZ GARAY, L., «Peligrosidad, algoritmos y due process: El caso State v. Loomis». *Revista de Derecho Penal y Criminología*, núm. 20, (2028), pp. 485-502.

En consecuencia, nos encontramos con sesgos propios e inherentes al sistema que exigen por ende establecer unos principios de transparencia algorítmica y de imparcialidad del validador[68].

IV. REFLEXIONES FINALES

La IA en el ámbito judicial ofrece innumerables bondades entre las cuales destaca la agilización y por tanto la eficiencia de la Administración de Justicia. También podemos encontrar algunos usos en los que la respuesta podría ser de mayor calidad por medio de un adecuado análisis de datos masivos fuera del alcance de los operadores jurídicos sin el uso de la IA.

Sin embargo, este deseo de aprovechar estas oportunidades requiere de una valoración pausada de las consecuencias a corto y largo plazo de la IA en diferentes contextos. No puede suponer en ningún caso la cesión a un sistema de automatización de la justicia que mermaría derechos fundamentales y en concreto, tendría un denso impacto en la tutela judicial efectiva en sentido amplio.

Debemos tener presente el componente economicista existente en la incorporación de la IA a la actividad judicial no sucumbiendo a este deseo de eficiencia[69] sin evaluarlo de manera detenida. Y esto porque como se ha visto, el alcance de la IA como herramienta auxiliar parece permitir, más que respuestas automáticas, propuestas que deberán en todo caso analizarse, valorarse y justificarse en caso de aplicación.

Desde esta perspectiva, las voces de alarma de parte de la doctrina sobre la idea de deshumanización de la justicia, vinculada a este automatismo, parecen difuminarse. Lo cierto es que la ciudadanía, los operadores jurídicos, los grupos de expertos de diferentes disciplinas han realizado numerosas propuestas para la mejora de la calidad de la Administración de Justicia. Que estas aproximaciones se desarrollen sobre distintos elementos o criterios de calidad no significa por ello que resulten en sí mismos incoherentes. Así, algunos autores hacen referencia a las herramientas alternativas de resolución de conflictos (Alternative Dispute Resolution – ADR's) en las cuales, de hecho, también se trabaja ya la incorporación de IA —con una mención específica en el Reglamento de IA 2024—. Así, las ADR's surgieron como herramientas que podemos calificar como de «agilización procesal»

68. CORVALÁN, J. G., «Inteligencia artificial: retos, desafíos y oportunidades. Prometea: la primera inteligencia artificial de Latinoamérica al servicio de la Justicia», *Revista de investigaÇoes Constitucionais*, vol. 5, núm. 1, (2018) pp. 295-316.
69. BARONA VILAR, S., «Inteligencia artificial o la algoritmización de la vida y de la justicia: ¿solución o problema?». *Revista Boliviana de Derecho*, n.º 28, (2019) pp. 41 y 42.

o permitiendo desjudicializar aquellos asuntos que, bajo criterios algo abstractos a veces, «nunca debieron llegar a su judicialización». Desde el conocimiento profundo de las ADR's es posible sumar una característica más: la calidad de la respuesta. Así, soy más partidaria de reconocer su impacto descongestionante de la Administración de Justicia como una consecuencia secundaria o indirecta, siendo su carta de presentación más justa la de brindar una forma de gestión más adecuada al caso concreto permitiendo, entre otras cosas, un mayor cumplimiento del acuerdo. Estas herramientas, y en concreto la mediación, logran estos resultados por medio del dialogo, permitiendo la participación activa de las partes en la gestión del asunto que les ocupa y de un acompañamiento de un tercero neutral e imparcial. Este tercero no solamente tiene formación especializada en gestión de conflictos, sino que además puede contar con una especialización en materias específicas. Así, esta herramienta se enorgullece en no pocas ocasiones de poder «crear un traje a medida» para las partes y el conflicto que les ocupa. Esto, sin duda alguna, parece ir en dirección opuesta a esta automatización de las respuestas brindadas por IA.

¿Supone entonces la irrupción de la IA la deshumanización de la justicia contraria a numerosos avances que se han dado desde los años 60? Tanto como respuesta general, como incluso en el uso de la IA en ADR's, considero que la respuesta es que no tiene porqué. Se trata quizá «simplemente» de asignar a cada herramienta —incluyendo la inteligencia humana— las tareas en las que va a obtener resultados óptimos. Se trata por tanto de revisar también lo que entendemos por «eficiencia».

Así, encuentro una reflexión similar en la defensa del uso de las ADR's y la IA: propuestas como herramientas de agilización, su uso respetuoso con los derechos y en concreto de la tutela judicial efectiva únicamente es viable desde su incorporación como herramientas de calidad en la Administración de justicia. Así recuperando las palabras de MARTÍN DIZ, es «prioritario el asentamiento de la Inteligencia Artificial y su aplicación al ámbito del derecho procesal con garantías por delante de su eficiencia, más aún cuando por su innegable grado de avance tecnológico, y por lo que pudiera servir en futuras décadas como elemento de asistencia a abogados y de predictibilidad a jueces, la eficiencia se le presume»[70].

Este planteamiento viene además a cumplir con lo que el Libro Blanco sobre la inteligencia artificial de 2020 reconocía como un requisito previo a

70. MARTÍN DIZ, F., «Inteligencia artificial y proceso: Garantías frente a eficiencia en el entorno de los derechos procesales fundamentales», en *Justicia ¿Garantías vs eficacia?*, F. JIMÉNEZ CONDE Y R. BELLIDO PENADÉS, (Dirs.), Valencia, Tirant lo Blanch, 2020, pp. 815-827.

la adopción de la IA, y es generar confianza. Respecto a esta confianza, la Comisión Europea publicó en 2019 una Comunicación sobre «Generar confianza en la inteligencia artificial centrada en el ser humano»[71], la cual acogía favorablemente los siete requisitos esenciales contemplados en las directrices del grupo de expertos de alto nivel, siendo estos los siguientes:

- la acción y supervisión humanas;
- la solidez técnica y seguridad;
- la gestión de la privacidad y de los datos;
- la transparencia;
- la diversidad, no discriminación y equidad;
- el bienestar social y medioambiental;
- y la rendición de cuentas.

Esto, como no puede ser de otra manera, debe materializarse por medio de un marco regulador acorde a los valores de la UE y sirviéndonos además de las experiencias internacionales que ya existen en la materia. Pese a la premura por incorporar aquello que ya empapa la sociedad, esta debe materializarse desde la reflexión sosegada, recordando que la aproximación generalizada que nos ofrece la IA puede llevar a socavar algunos avances en derechos. Así, frente a la urgencia de satisfacer nuestros deseos de dotar a la justicia de mayor eficiencia, es necesario afrontar los grandes retos éticos que provoca.

V. BIBLIOGRAFÍA

ÁLVAREZ BUJÁN, M. V., «Inteligencia artificial y medidas cautelares en el proceso penal: tutela judicial efectiva y autodeterminación informativa en potencial riesgo». *Revista Española de Derecho Constitucional*, 127 (2023) pp. 177-207. DOI: https://doi.org/10.18042/cepc/redc.127.06

ANDRÉS-PUEYO, A., y ECHEBURÚA, E., «Valoración del riesgo de violencia: instrumentos disponibles e indicadores de aplicación», en *Psicothema*, vol. 22, núm. 3 (2010), pp. 403-409.

71. Comisión Europea, Comunicación de la Comisión al Parlamento Europeo, al Consejo, al Comité Económico y Social Europeo y al Comité de las Regiones. *Generar confianza en la inteligencia artificial centrada en el ser humano*. COM(2019) 168. Disponible en: https://eur-lex.europa.eu/legal-content/ES/TXT/PDF/?uri=CELEX:52019DC0168&from=PT

ARBACH-LUCIONI, K, DESMARAIS, S., HURDUCAS, C., et alli. «La práctica de la evaluación del riesgo de violencia en España», *Revista de la Facultad de Medicina,* vol. 63 núm. 3 (2015) DOI: http://dx.doi.org/10.15446/revfacmed.v63n3.48225

ARROM LOSCOS, R. «Aportaciones de la inteligencia artificial asistencial con relación a la valoración del riesgo ex art. 15 del estatuto de las víctimas del delito», en Inteligencia artificial y proceso penal: un reto para la justicia, CASTILLEJO MANZANARES, R. y NOYA FERREIRO, L. (Dir.), Pamplona, Aranzadi, 2023, pp. 44-57.

ARIZA COLMENAREJO, M. J., «Impugnación de las decisiones judiciales dictadas con auxilio de Inteligencia Artificial», en *Inteligencia artificial legal y Administración de Justicia,* CALAZA LÓPEZ, S. (Dir.) y LLORENTE SÁNCHEZ-ARJONA, M. (Dir.). Cizur Menor: Aranzadi, 2022.

ARIZA COLMENAREJO, M.ª J. «Fuentes de datos al servicio de sistema de inteligencia artificial dirigidos a la toma de decisiones?», en Inteligencia artificial y proceso penal: un reto para la justicia, CASTILLEJO MANZANARES, R. y NOYA FERREIRO, L. (Dir.), Pamplona, Aranzadi, 2023, pp. 15-40.

ARMENTA DEU, T. *Derivas de la justicia. Tutela de los derechos y solución de controversias en tiempos de cambio.* Marcial Pons, Madrid, 2021.

AZUAJE PIRELA, M. y FINOL GONZÁLEZ, D., Transparencia algorítmica y la propiedad intelectual e industrial: tensiones y soluciones. *Revista La Propiedad Inmaterial.* 30 (dic. 2020), 111-146. DOI: https://doi.org/10.18601/16571959.n30.05

BARONA VILAR, S., «La seductora algoritmización de la justicia. Hacia una justicia poshumanista (Justicia+) ¿utópica o distópica?» *El Cronista del Estado Social y Democrático de Derecho,* núm. 100 (2022) pp. 36-47.

BARONA VILAR, S., *Algoritmización del derecho y de la justicia: De la inteligencia artificial a la Smart Justice,* Valencia, Tirant lo Blanch, 2021.

BARONA VILAR, S., «Inteligencia artificial o la algoritmización de la vida y de la justicia: ¿solución o problema?». *Revista Boliviana de Derecho,* n.º 28 (2019) pp. 18-49.

CASTILLEJO MANZANARES, R., Una pregunta difícil de responder: ¿Es la IA imparcial?, en *Inteligencia artificial y proceso penal: un reto para la justicia,* CASTILLEJO MANZANARES, R. y NOYA FERREIRO, L. (Dir.), Pamplona, Aranzadi, 2023, pp. 81-102.

CORVALÁN, J. G., «Inteligencia artificial: retos, desafíos y oportunidades. Prometea: la primera inteligencia artificial de Latinoamérica al servicio de la Justicia», *Revista de investigaÇoes Constitucionais,* vol. 5, núm. 1 (2018) pp. 295-316.

COTINO HUESO, L., «Riesgos e impactos del big data, la inteligencia artificial y la robótica. Enfoques, modelos y principios de la respuesta del Derecho», *RGDA,* 50 (2019).

COTINO HUESO, L., «Big data e inteligencia artificial. Una aproximación a su tratamiento jurídico desde los derechos fundamentales», *Dilemata,*9, núm. 24 (2017), pp. 131-150.

CUATRECASAS MONFORTE, C., «La inteligencia artificial y la investigación de delitos», *Revista Logos Guardia Civil,* núm. 1 (2023), pp. 62-84.

DE ASÍS PULIDO, M., «Derecho al debido proceso e inteligencia artificial», en *Inteligencia artificial y derecho. El jurista ante los retos de la era digital,* Madrid, Aranzadi, 2021, pp. 67-89.

DE HOYOS SANCHO, M. (2020), «El libro blanco sobre inteligencia artificial de la Comisión Europea. Reflexiones desde las garantías esenciales del proceso penal como "sector de riesgo"». *REDE. Revista española de derecho europeo,* n.º 76 (2020) pp. 9-43.

DE LUIS GARCÍA, E. «Justicia, inteligencia artificial y derecho de defensa» *Revista de internetm derecho y política,* núm. 39 (2023).

GÓMEZ COLOMER, J. L. (2022), «Derechos fundamentales, proceso e inteligencia artificial: una reflexión», en *Inteligencia artificial legal y Administración de Justicia,* CALAZA LÓPEZ, S. (Dir.) y LLORENTE SÁNCHEZ-ARJONA, M. (Dir.) Cizur Menor: Aranzadi, 2022, pp. 257-287.

GONZÁLEZ PULIDO, I., «El uso de la inteligencia artificial generativa en la investigación de la ciberdelincuencia de género; ante el auge de los deepfakes», *Revista IUS ET SCIENTIA,* Vol. 9, núm. 2 (2023) pp. 157-180 Disponible en: http://doi.org/10.12795/IESTSCIENTIA.2023.i02.08

KROPP, P. R., HART, S. D., WEBSTER, C. D. y EAVES, D. *Manual for the Spousal Assault Risk Assessment Guide* (2 ed.). Vancouver, BC: British Columbia Institute on Family Violence. 1995.

LLORENTE SÁNCEZ-ARJONA, M., «Prevención del delito y prueba inteligente. Hacia un nuevo paradigma de proceso penal», en Inteligencia artificial y proceso penal: un reto para la justicia, CASTILLEJO MANZA-

NARES, R. y NOYA FERREIRO, L. (Dir.), Pamplona, Aranzadi, 2023, pp. 237-254.

LOREDO COLUNGA, M., «Inteligencia artificial y prueba: una aproximación desde la perspectiva comunitaria», en *Inteligencia artificial y proceso penal: un reto para la justicia,* CASTILLEJO MANZANARES, R. y NOYA FERREIRO, L. (Dir.), Pamplona, Aranzadi, 2023, pp. 213-235.

LÓPEZ-OSSORIO, J. J., GONZÁLEZ-ÁLVAREZ, J. L., & ANDRÉS-PUEYO, A.: «Eficacia predictiva de la valoración policial del riesgo de la violencia de género», *Psychosocial Intervention,* vol. 25, núm. 1 (2016), pp. 1-7.

MAGRO SERVET, V., «La aplicación de la inteligencia artificial en la Administración de Justicia». *Diario La Ley,* n.º 9268, sección doctrina (2018).

MARTÍN DIZ, F., «Modelos de aplicación de Inteligencia Artificial en justicia: asistencial o predictiva versus decisoria» en *Justicia algorítmica y neuroderecho: una mirada multidisciplinar,* BARONA VILAR, S. (ed.). Tirant lo Blanch. Valencia 2021 págs. 65-85.

MARTÍN DIZ, F., «Inteligencia artificial y proceso: Garantías frente a eficiencia en el entorno de los derechos procesales fundamentales», en *Justicia ¿Garantías vs eficacia?,* F. JIMÉNEZ CONDE Y R. BELLIDO PENADÉS (Dirs.), Valencia, Tirant lo Blanch, 2020, pp. 815-827.

MARTÍNEZ GARAY, L., «Peligrosidad, algoritmos y *due process*: El caso State v. Loomis». *Revista de Derecho Penal y Criminología,* núm. 20 (2028), pp. 485-502.

McCARTHY, J., «A Proposal for the Dearmouth Summer Research Project on Artificial Intelligence, August 31, 1955», *Al Magazine* 27 (2006) p. 12.

MIRÓ LLINARES, F., «Inteligencia artificial y justicia penal: más allá de los resultados lesivos causados por robots», *Revista de Derecho Penal y Criminología,* 3.ª Época, n.º 20 (julio de 2018), pp. 87-130.

MONTERO AROCA, J., *Principios del proceso penal: una explicación basada en la razón.* València, Tirant lo Blanch, 1997, pp. 141-142.

MORENO CATENA, V., «Inteligencia artificial y resolución de conflictos de consumo» *en Hacia una tutela efectiva de consumidores y usuarios,* ROMERO PRADAS, M.ª I. (Dir.) Tirant lo Blanch, Valencia, 2022. p. 84.

NEIRA PENA, A. M. (2021), «Inteligencia artificial y tutela cautelar. Especial referencia a la prisión provisional». *Revista Bras. de Direito Proces-*

sual Penal, 7, 3, 1897-1933 (2021), p. 1905. Disponible en: https://doi.org/10.22197/rbdpp.v7i3.618.

NIEVA FENOLL, J., *Inteligencia artificial y proceso judicial*, Marcial Pons, Madrid, 2018.

NOYA FERREIRO, LOURDES, «Límites a la utilización de la inteligencia artificial en el proceso penal. Una perspectiva europea», en *Inteligencia artificial y proceso penal: un reto para la justicia*, CASTILLEJO MANZANARES, R. y NOYA FERREIRO, L. (Dir.), Pamplona, Aranzadi, 2023, pp. 257-286.

PIÑAR MAÑAS, J. L., «Derecho, ética e innovación tecnológica», *REDA*, 195 (2018), pp. 11-30.

ROMEO CASABONA, C. M, «Riesgo, procedimientos actuariales basados en Inteligencia Artificial y medidas de seguridad», *Revista Penal*, n.º 42 (julio 2018), pp. 165 y ss.

SAN MIGUEL CASO, C. «La aplicación de la Inteligencia Artificial en el proceso: ¿un nuevo reto para las garantías procesales?», *Revista IUS ET SCIENTIA*, Vol. 7, núm. 1 (2021) Disponible en: https://dx.doi.org/10.12795/IETSCIENTIA

SIMÓN CASTELLANO, P, *Justicia cautelar e inteligencia artificial. La alternativa a los atávicos heurísticos judiciales*, Barcelona, Bosch Editor, 2021.

SIMÓN CASTELLANOS, P., «Inteligencia artificial y valoración de la prueba: las garantías jurídico-constitucionales del órgano de control», *Revista de Derecho Themis*, 79 (2021), pp. 283-297.

SOLAR CAYÓN, J. I. *La inteligencia artificial jurídica. El impacto de la innovación tecnológica en la práctica del Derecho y el mercado de servicios jurídicos.* Aranzadi, Pamplona 2019.

URRUELA MORA, A., «¿Hacia un cambio de paradigma?: la configuración de un derecho penal de la peligrosidad mediante la progresiva introducción de medidas de seguridad aplicables a sujetos imputables en las recientes reformas penales españolas», *Cuadernos de Política Criminal*, vol. 115 (2015), pp. 119-160.

VALLE ESCOLANO, R., «Inteligencia artificial y derechos de las personas con discapacidad: el poder de los algoritmos», *Revista Española de Discapacidad*, 11 (1), p. 18.

VI

Últimos pronunciamientos del Tribunal de Justicia de la Unión Europea sobre cesión de datos de telecomunicaciones para fines de investigación criminal[1]

José Luis Rodríguez Lainz
Magistrado titular del Juzgado de Instrucción 4 de Córdoba

SUMARIO: I. INTRODUCCIÓN: DE LA IMPORTANCIA ESTRATÉGICA DEL CONTENIDO AL DATO COMO FUENTE DE INVESTIGACIÓN CRIMINAL. II. LOS DATOS CONSERVADOS POR MOTIVOS COMERCIALES POR LAS OPERADORAS DE TELECOMUNICACIONES O DE REDES PÚBLICAS DE COMUNICACIONES ELECTRÓNICAS COMO FUENTE DE INVESTIGACIÓN SOMETIDA AL MANDATO DEL ART. 15.1 DE LA DIRECTIVA 2002/58/CE. III. LAS ÚLTIMAS RESOLUCIONES DEL TRIBUNAL DE JUSTICIA DE LA UNIÓN EUROPEA SOBRE CESIÓN DE DATOS COMERCIALES RELATIVOS A COMUNICACIONES. *1. El primer referente: La STJUE del caso Ministerio Fiscal. 2. El relativo silencio de las SSTJUE de los casos LA QUARRATURE DU NET y otros y G.D. y COMISSIONER AN GARDA SIOCHÁNÁ. 3. La cesión de datos comerciales en la STJUE del caso SPETSIALIZIRAN NAKAZATELEN SAD . 4. El impacto de la STJUE del caso A.G. y LIETUVOS RESPUBLIKOS GENERALINĖ PROKURATŪRA. 5. Irrupción del criterio penológico en el juicio de*

1. El presente trabajo ha sido elaborado en el marco del Proyecto I+D «Inteligencia artificial, Justicia y Derecho: ¿irrupción o disrupción tecnológica en el proceso penal» (PID 2020-119324GB-100). Ministerio de Ciencia, Innovación y Universidades.

proporcionalidad y reafirmación/reconsideración de la doctrina del TJUE sobre cesión de datos comerciales: Las SSTJUE de los casos GIUDICE DELLE INDAGUINI PRELIMINARI PRESSO IL TRIBUNALE DI BOLZANO y LA QUADRATURE DU NET y otros II IV. BREVE REFERENCIA AL TRATAMIENTO DE LA CESIÓN DE DATOS COMERCIALES A LOS EFECTOS DE INVESTIGACIÓN CRIMINAL EN LA LEY DE ENJUICIAMIENTO CRIMINAL.

I. INTRODUCCIÓN: DE LA IMPORTANCIA ESTRATÉGICA DEL CONTENIDO AL DATO COMO FUENTE DE INVESTIGACIÓN CRIMINAL

Cuando a finales de la década de los noventa del pasado Siglo comencé a mostrar cierto interés por el mundo de las entonces comunicaciones telefónicas y su injerencia como técnica de investigación, la relevancia de los datos que se generaban con motivo de una determinada conversación telefónica en la investigación criminal era realmente escasa. Solamente interesaba conocer qué terminales telefónicos habían interconectado con el teléfono intervenido; y con menos trascendencia, la datación y duración de la llamada.

En un universo en el que primaba la telefonía fija y la incipiente telefonía móvil analógica bajo la revolucionaria tecnología GSM estaba solamente empezando a despuntar, conceptos como geolocalización, tasa o volumen de descarga o metadatos eran grandes desconocidos o simplemente escapaban de las capacidades reales de introspección.

Paralelamente a este desinterés por el dato, desde la ya célebre STEDH de 4 de agosto de 1984 (caso MALONE v. Reino Unido, asunto 8691/79) el dato relativo a las comunicaciones, que incluso había sido cuestionado como amparado por el secreto o confidencialidad de las comunicaciones, comenzó a tener un especial interés jurídico. Interés que llevó al Alto Tribunal europeo a considerar la información sobre origen y destino de la comunicación, duración y datación de la misma como integrantes de ese concepto de respeto de la correspondencia privada que reconocía el art. 8.1 del Convenio Europeo para la protección de los Derechos Humanos y de las Libertades Fundamentales, de 4 de noviembre de 1950 —CEDH—[2]. Casi

2. «*The Court does not accept, however, that the use of data obtained from metering, whatever the circumstances and purposes, cannot give rise to an issue under Article 8 (art. 8). The records of metering contain information, in particular the numbers dialed, which is an integral element in the communications made by telephone. Consequently, release of that information to the police without the consent of the subscriber also amounts, in the opinion of the Court, to an interference with a right guaranteed by Article 8*».

veinte años después todo ha cambado. El dato ha destronado en no pocos supuestos al contenido; interesando a nivel policial más dar forma a un perfil detallado sobre los contactos y movimientos de un sospechoso de traficar con drogas que saber qué orden transmite a sus subalternos para hacer acopio de un alijo en la costa de Cádiz.

El contexto en que se redactara el CEDH, así como la ausencia de una norma concreta que distinguiera, como sí hace actualmente el art. 8 de la Carta de Derechos Fundamentales de la Unión Europea —CDFUE— la confidencialidad de las comunicaciones frente a la protección de los datos personales, están detrás de la ausencia de un tratamiento específico de lo que sería el secreto de las comunicaciones desde una perspectiva dinámica, de la no intromisión en una telecomunicación mientras está en curso, como atributo de la libertad de comunicaciones; frente a una dimensión estática que convertiría el mismo contenido conservado en cualesquiera soportes físicos o digitales y los datos asociados a aquéllas en simples datos de carácter personal. La capacidad expansiva del entorno de la privacidad que asume el art. 8.1 del CEDH está detrás de esta visión dual de un derecho al respeto de la correspondencia privada que contrasta claramente con esas concepciones en las que la protección del secreto de las comunicaciones adquiere una dimensión eminentemente formal.

Hemos de concebir ese derecho al respeto de la correspondencia privada como la protección frente a injerencias ajenas, incluso dentro del vínculo de confidencialidad que une al usuario con el prestador de servicios de comunicaciones, tanto de las comunicaciones desde que son emitidas hasta que llegan a su buen fin o son fallidas, como de los propios contenidos o datos que se generan con motivo de su trasunto una vez que la comunicación ha llegado a su término.

Pero esta misma sentencia, seguida muy de cerca casi 20 años después por la STEDH, Secc. 3.ª, de 25 de septiembre de 2001 (caso P.G. y J.H. v. Reino Unido; asunto 44787/98), aportaba igualmente una nueva dimensión a estos datos relativos a las comunicaciones: La existencia de una indiscutible legitimación del operador que prestaba el servicio de telefonía para conservar y tratar esos mismos datos amparados por el art. 6.1 del CEDH en tanto en cuanto ello fuera preciso para tal cometido. Encontraba de este modo un firme sustento en la jurisprudencia del TEDH la idea de que las operadoras de comunicaciones electrónicas estarían legitimadas para el almacenamiento y tratamiento de estos datos, siempre siguiendo un referente de finalidad o funcionalidad, y que la información así tratada pudiera tener acceso a una investigación criminal.

Conforme tales datos iban ganando peso tanto en volumen como en diversidad, y podían contrastarse y enriquecerse con nuevas categorías de datos que no necesariamente tenían un origen unívoco, la capacidad de tratamiento y análisis automatizado de los mismos llegó a convertir a estos datos en objeto de especial interés en el contexto de la investigación criminal. Los datos de localización permitían realizar un seguimiento electrónico en tiempo real al portador del dispositivo móvil de comunicaciones; pero, a su vez reconstruir los movimientos de una persona en un pasado más o menos alejado en el tiempo del momento de la indagación. Los metadatos[3] que navegan en las cabeceras IP —*IP headers*— de los paquetes de datos permitían, a su vez, acceder a valiosísima información sobre sobre titularidad o dominio, datación, volumen y naturaleza de la información, e identidades de destino y origen.

Toda esta información, convenientemente cruzada con datos almacenados sobre los usuarios con inimaginables orígenes, permitía generar detallados y acertados perfiles sobre los más recónditos secretos de la vida íntima de las personas que podían convertirse en objetivo en una investigación criminal. Saber de los hábitos y rutinas de una persona investigada podía permitir predecir y anticipar sus pasos, a la vez que abrir el camino para nuevas líneas de investigación; y ello con un mayor nivel de expectativa de eficacia que la simple audición de conversaciones de supuestos delincuentes que solían hablar en lenguajes abiertamente crípticos o que, cada vez más, dejaban el tránsito de información directamente relacionada con el objeto de la investigación para canales de comunicaciones que preveían inmunes a la injerencia policial.

Si en un principio la capacidad de control de las operadoras sobre los datos de tráfico que manejaban se limitaba a referentes identificadores, cuantitativos y de datación y duración de la medida, las nuevas técnicas de control e indagación dieron paso a una capacidad de control y análisis sin precedentes. El filtrado o análisis automatizado ciego de metadatos, e incluso contenidos de paquetes de datos, se convertiría en una clave esencial en la política de las operadoras de comunicaciones para la prestación de sus servicios de comunicaciones electrónicas o acceso a las redes.

Este filtrado tenía por finalidad la implementación de medidas de seguridad, búsqueda de amenazas en la red u optimización en la presta-

3. HOWE, D. (Free on-line Dictionary of Computing (FOLDOC). 1993. (http://wombat.doc.ic.ac.uk/foldoc) definía al metadato como *«toda aquella información descriptiva sobre el contexto, calidad, condición o características de un recurso, dato u objeto que tiene la finalidad de facilitar su recuperación, autentificación, evaluación, preservación y/o interoperabilidad».*

ción del servicio. Si las dos primeras finalidades permitían detectar riesgos asociados a malware, accesos inconsentidos o control de utilización de los dispositivos para finalidades no deseadas por los abonados, los procedimientos de optimización llegaban a canalizar la preferencia en el aprovechamiento de las capacidades de la red en cada momento; y ello, priorizando la atención a determinados servicios frente a otros. Frente a esta realidad de la capacidad de las operadoras de favorecer la presentación de determinados servicios frente a otros nacería en el Derecho de la Unión Europea el principio de la *neutralidad en la red*[4]; con la idea de poner coto a estrategias de las grandes operadoras tendentes a imponer a los usuarios discriminaciones, bloqueos y filtrados de comunicaciones en función de varios criterios[5].

El Reglamento (UE) 2015/2120 introducirá en su art. 3.2 los principios de transparencia, no discriminación y proporcionalidad en el empleo de estas técnicas de filtrado. No llega a oponerse frontalmente al empleo de técnicas de filtrado que supongan búsquedas ciegas, incluso superando el umbral de los metadatos para pasar a contenidos; pero sí se proscribirá lo que se define como el acceso a *contenido específico*, a la vez que se impone la limitación temporal por más tiempo del necesario. El Reglamento no define en concreto qué entiende por *contenido específico*; aunque si acudimos a lo que nos dice su considerando 10 («*La gestión razonable del tráfico no requiere técnicas que supervisen el contenido específico de los datos que se transmiten por el servicio de acceso a internet*»), llegaremos a la conclusión de que lo que se pretende proteger es la información que se transmite en la carga útil de los distintos paquetes de datos que circulan por Internet: su contenido[6].

Ante el reto de esta nueva realidad surgirá, al menos en el entorno doctrinal nacional un derecho de nueva generación: el derecho al entorno vir-

4. La culminación de la tendencia del legislador comunitario por favorecer la instauración de este principio de neutralidad en la red debe encontrarse sin duda en el Reglamento (UE) 2015/2120 del Parlamento Europeo y del Consejo de 25 de noviembre de 2015 por el que se establecen medidas en relación con el acceso a una internet abierta y se modifica la Directiva 2002/22/CE relativa al servicio universal y los derechos de los usuarios en relación con las redes y los servicios de comunicaciones electrónicas y el Reglamento (UE) nº 531/2012 relativo a la itinerancia en las redes públicas de comunicaciones móviles en la Unión.

5. Entre estos criterios se encontraban la cualidad del cliente a efectos comerciales o la política comercial de dar preferencia a determinados contenidos frente a otros (transferencia de datos frente a P2P ...).

6. Abordo dicha cuestión en mi trabajo: «*Sobre la licitud del uso de herramientas de filtrado automático de contenidos y metadatos en comunicaciones electrónicas en la lucha contra la pornografía infantil (Comentario a las SSTS, Sala 2.ª, 694/2020 y 807/2022)*». Diario LA LEY, N.º 10247, Sección Tribuna, 14 de Marzo de 2023, ARANZADI-LA LEY (LA LEY 1674/2023).

tual, que aún no ha encontrado parangón a nivel del Derecho de la Unión. Aunque pueden encontrarse ciertos precedentes a nivel de trabajos legislativos o doctrinales[7], el concepto mismo de entorno virtual encontró por primer referente doctrinal a GONZÁLEZ-CUÉLLAR[8]. El derecho al entorno virtual es consecuencia de la apreciación de que esa preocupante falta de control del ciudadano sobre los datos que le atañen, unido a la potencialidad invasiva derivada de la capacidad de análisis conjunto de estos datos por quienes acceden a ellos, convertía a las herramientas de protección que brindan los ordenamientos jurídicos del entorno de la Unión Europea en inoperantes por sí mismos; proponiendo un abordaje conjunto de todas estas herramientas.

GONZÁLEZ-CUÉLLAR, de hecho, llegó a definir tal derecho al entorno virtual como: «*Toda la información en formato electrónico que, a través del uso de las nuevas tecnologías, ya sea de forma consciente o inconsciente, con voluntariedad o sin ella, va generando el usuario, hasta el punto de dejar un rastro susceptible de seguimiento por los poderes públicos*». Tal definición muestra una mayor preocupación por aquello que, como consecuencia del rastro de nuestras conexiones a redes de comunicaciones, queda fuera de nuestro ámbito de disponibilidad. Pero lo que realmente pretende esta doctrina es enriquecer tal objeto específico necesitado de una férrea protección jurídica, abriéndolo a la realidad de que un dispositivo informático conectado a una red pública de comunicaciones es mucho más que la información que alberga en su seno[9]. Tal doctrina no solo encontró un cálido acogimiento en

---

7. Véase en este sentido la conclusión IV del Acuerdo del Pleno del Senado por el que se aprueba el Informe de la Comisión Especial sobre redes informáticas (650/000006), de 9 de diciembre de 1999 (BOCG: Serie I, BOLETÍN GENERAL Núm. 812, de 27 de diciembre de 1999). A nivel doctrinal también pueden citarse como precedentes a tal doctrina los trabajos de ÁLVAREZ-CIENFUEGOS SUÁREZ, José María («*La defensa de la intimidad de los ciudadanos y la tecnología informática*»; Editorial Aranzadi, Colección Divulgación Jurídica, Pamplona 1999; págs. 13-15), quien parte ya de la necesidad de una lectura conjunta del art. 18 de la Constitución Española —CE— en *clave informática*; o la tesis defendida por LLANEZA GONZÁLEZ, Paloma, en su trabajo: «*Internet y comunicaciones digitales*» (Editorial Bosch, primera edición, Barcelona 2000, pág. 236).
8. GONZÁLEZ-CUÉLLAR SERRANO, Nicolás: «*Garantías Constitucionales en la persecución penal en el entorno digital*, en *Derecho y Justicia penal en el Siglo XXI*». *Liber amicorum en homenaje al Profesor Antonio González-Cuéllar García*; Editorial Colex, Madrid 2006, págs. 887-916.
9. Abordo con más detalle esta cuestión en: COLOMER HERNÁNDEZ y otros: «*Cesión de datos y evidencias entre procesos penales y procedimientos administrativos sancionadores o tributarios*». (capítulo 8: «*Sobre la influencia de la jurisprudencia del Tribunal Europeo de Derechos Humanos en la actual regulación legal del llamado "derecho al entorno virtual"*») Editorial Aranzadi, S.A.U., Enero de 2017; así como en: «*Registro de dispositivos de almacenamiento masivo de información*»; en: Miscelánea; Cuadernos Digitales de Formación N.º volumen: 69 Año: 2017. Biblioteca del Consejo General del Poder Judicial.

la jurisprudencia de la Sala Segunda de nuestro Tribunal Supremo en sentencias tales como las SSTS 342/2013, de 17 de abril; 786/2015, de 4 de diciembre; 204/2016 de 10 marzo; 426/2016 de 19 mayo; o 498/2018, de 3 de octubre, sino que penetró definitivamente en nuestra LECRIM con la introducción de los nuevos arts. 588 sexies a y 588 sexies b.

El Derecho de la Unión Europea ha centrado, sin embargo, su política de protección de los usuarios de redes de telecomunicaciones en una decidida apuesta por una acentuada, casi obsesiva, salvaguardia de los datos personales. Su origen ha de encontrarse en la Directiva 95/46/CE[10], como pionera apuesta por someter a regulación el complejo y cambiante ámbito normativo de la protección de datos de carácter personal. Pero el punto álgido en materia de comunicaciones electrónicas vendrá representado, sin la menor duda, por la Directiva 2002/58/CE[11].

Tal es la relevancia jurídica de esta norma que ni siquiera el Reglamento (UE) 2016/679 —RGPD— [12] ha sido capaz de imponerse a la enorme y atrayente fuerza normativa de la Directiva 2002/58/CE. Ni siquiera podemos sostener en puridad un carácter integrador o supletorio de la nueva configuración de los derechos que nacen en torno al concepto de la protección de datos personales garantidos por el art. 8 de la Carta de derechos Fundamentales de la Unión Europea —CDFUE—. De hecho, el art. 95 del RGPD llega a reconocer de forma incontestable la naturaleza de norma especial que mantiene la Directiva 2002/58/CE, en cuanto respecta al tratamiento de datos relacionados con las comunicaciones electrónicas. Que el RGPD haya de penetrar en dicha regulación especial es algo jurídicamente inevitable; pero el precepto limita tal penetración, en tanto que concretas disposiciones del Reglamento supusieran la imposición de «*...obligaciones adicionales a las personas físicas o jurídicas en materia de tratamiento en el marco de la prestación de servicios públicos de comunicaciones electrónicas en redes públicas de comunicación de la Unión en ámbitos en los que estén sujetas a obligaciones específicas con el mismo objetivo establecidas en la Directiva 2002/58/CE*».

---

10. Directiva 95/46/CE del Parlamento Europeo y del Consejo, de 24 de octubre de 1995, relativa a la protección de las personas físicas en lo que respeta al tratamiento de datos personales y a la libre circulación de estos datos.
11. Directiva 2002/58/CE del Parlamento Europeo y del Consejo de 12 de julio de 2002 relativa al tratamiento de los datos personales y a la protección de la intimidad en el sector de las comunicaciones electrónicas (Directiva sobre la privacidad y las comunicaciones electrónicas).
12. Reglamento (UE) 2016/679 del Parlamento Europeo y del Consejo de 27 de abril de 2016 relativo a la protección de las personas físicas en lo que respecta al tratamiento de datos personales y a la libre circulación de estos datos y por el que se deroga la Directiva 95/46/CE (Reglamento General de Protección de Datos).

II. LOS DATOS CONSERVADOS POR MOTIVOS COMERCIALES POR LAS OPERADORAS DE TELECOMUNICACIONES O DE REDES PÚBLICAS DE COMUNICACIONES ELECTRÓNICAS COMO FUENTE DE INVESTIGACIÓN SOMETIDA AL MANDATO DEL ART. 15.1 DE LA DIRECTIVA 2002/58/CE

La jurisprudencia del Tribunal de Justicia de la Unión Europea que de forma directa o indirecta ha abordado la regulación de la cesión de datos relativos a las comunicaciones para fines de investigación criminal ha partido siempre del referente de la Directiva 2002/58/CE; y más en concreto de sus arts. 5, 6, 9 y 15. Por su puesto que el Reglamento (UE) 2023/1543[13] va a revolucionar la transferencia transnacional de datos a los efectos de investigaciones criminales en el espacio jurídico de la Unión Europea; pero teniendo en cuenta que su entrada en vigor se ha diferido hasta el 18 de agosto de 2026 —art. 34.2—, no parece que urja precisamente abordar el tema desde la perspectiva de dicha norma. Incluso cabría la posibilidad de que quedara técnicamente desfasada a su entrada en vigor, pese a la trascendencia que habría tenido su imperiosamente necesaria aplicación inmediata tras años de laboriosa tramitación, o que finalmente ni siquiera llegara a ver la luz.

Es el art. 5.1 de la Directiva 2002/58/CE es la norma que centra el ámbito subjetivo y finalidad jurídica de todo el entramado de reglas que disciplinan la prestación de servicios de comunicaciones electrónicas. Son los prestadores de redes públicas de comunicaciones y servicios de comunicaciones los destinatarios de las obligaciones que se desarrollan a lo largo del articulado de la Directiva. Y la finalidad queda determinada por la garantía de la confidencialidad de las comunicaciones y de los datos de tráfico asociados a ellas.

Destaca cómo el legislador comunitario opta por un concepto, el de la confidencialidad de las comunicaciones, que se centra en el vínculo contractual que une a los usuarios con el correspondiente prestador del servicio. Es en tanto que existe dicho vínculo de confidencialidad que se impone al prestador el deber de garantizar que contenidos y datos de tráfico no trasciendan a terceras personas que no participen en un determinado pro-

13. Reglamento (UE) 2023/1543 del Parlamento Europeo y del Consejo, de 12 de julio de 2023, sobre las órdenes europeas de producción y las órdenes europeas de conservación a efectos de prueba electrónica en procesos penales y de ejecución de penas privativas de libertad a raíz de procesos penales. La norma es complementada, como es conocido, por la Directiva (UE) 2023/1544 del Parlamento Europeo y del Consejo, de 12 de julio de 2023, por la que se establecen normas armonizadas para la designación de establecimientos designados y de representantes legales a efectos de recabar pruebas electrónicas en procesos penales.

ceso comunicativo. No se preocupa tanto por el respeto de las comunicaciones de las personas, el secreto, como un derecho fundamental garantido como tal en el art. 7 de la CDFUE, como por el cumplimiento de tal vínculo de confidencialidad en el que reside la propia confianza en el normal funcionamiento de las redes de comunicaciones. Que se proscriba «*...la escucha, la grabación, el almacenamiento u otros tipos de intervención o vigilancia de las comunicaciones y los datos de tráfico asociados a ellas por personas distintas de los usuarios*», lo es más por la exigencia de ese deber de confidencialidad que por la salvaguardia de ese derecho fundamental que converge con tal obligación del prestador.

El primer gran bloque de datos que conforma el ámbito de protección de la Directiva no es precisamente el de los contenidos, sino los datos de tráfico. La norma es esencialmente técnica, y centra su preocupación en la necesaria regulación de unos datos que son cruciales para la prestación de servicios de comunicaciones electrónicas. No hay una preocupación específica por proteger unos contenidos cuyo almacenamiento y uso debería someterse a un estricto principio de consentimiento expreso del usuario. Ni siquiera circunstancias en las que pudiera sugerirse la aplicación de la doctrina sobre la expectativa razonable de privacidad podrían llegar a cuestionar una exigencia de consentimiento expreso y por estrictas razones funcionales, que incluso llega a vislumbrarse en el tratamiento que se dedica en el art. 9 a datos relacionados con servicios con valor añadido.

El art. 2.b) define los datos de tráfico desde una perspectiva finalística, que huye deliberadamente de la definición descriptiva que nos sugiere el art. 1.d) del Convenio Europeo sobre la Ciberdelincuencia[14]; de tal modo que se considera dato de tráfico «*cualquier dato tratado a efectos de la conducción de una comunicación a través de una red de comunicaciones electrónicas o a efectos de la facturación de la misma*». Ya desde la propia definición que propone la Directiva se están anticipando las dos concretas finalidades que permiten el almacenamiento y tratamiento de los datos de tráfico en el art. 6: La funcionalidad para la prestación de un concreto servicio de comunicaciones demandado por el usuario y las necesidades de facturación. De ahí que ese criterio de funcionalidad solamente permita el almacenamiento y tratamiento de datos de tráfico por proveedores de redes públicas de comunicaciones o de servicios de comunicaciones electrónicas disponibles al

14. Dicho precepto entiende por datos relativos al tráfico: «*...todos los datos relativos a una comunicación realizada por medio de un sistema informático, generados por este último en tanto que elemento de la cadena de comunicación, y que indiquen el origen, el destino, la ruta, la hora, la fecha, el tamaño y la duración de la comunicación o el tipo de servicio subyacente*» (traducción no oficial facilitada por el Consejo de Europa en la dirección file:///C:/Users/ulrri/Downloads/ETS_185_spanish.PDF.pdf).

público durante el tiempo necesario para la transmisión de una comunicación; mientras que el almacenamiento por necesidades de facturación solamente podrá alongarse «*...hasta la expiración del plazo durante el cual pueda impugnarse legalmente la factura o exigirse el pago*». Superados ambos hitos, el destino de tales datos no habría de ser otro que el de su eliminación o anonimización; a no ser que una norma nacional o una autoridad competente pudieran imponer una conservación por espacios de tiempo superiores.

A estos datos de tráfico se adicionarán unos datos que, sin parangón en el contexto de las comunicaciones telefónicas tradicionales, llegan realmente a asimilarse a los datos de tráfico: Los datos de localización. Tal asimilación se llega a sobreentender en el Convenio de Budapest, pero es objeto de una auténtica integración en ese tratamiento conjunto que se realiza del concepto amplio de datos de tráfico y de localización en los arts. 2.c) y 6 de la Directiva. Realmente, la asociación que puede realizarse entre el dato de tráfico y el de localización integrado con éste es prácticamente de convergencia o asimilación. Son datos de localización, nos dirá el primero de los preceptos citados, «*cualquier dato tratado en una red de comunicaciones electrónicas que indique la posición geográfica del equipo terminal de un usuario de un servicio de comunicaciones electrónicas disponible para el público*». El dato de localización asociado a los datos de tráfico participa del mismo modo que éstos en la conducción de una comunicación; aunque igualmente puede asumir una finalidad meramente accesoria o ser consecuencia de la generación y tránsito de los datos de tráfico en sentido estricto.

Diferentes de los datos de localización, como los descritos en el párrafo anterior, serían los datos de localización distintos a los de tráfico, relacionados con el concepto de servicios con valor añadido; y que se someten al mandato del art. 9 de la Directiva 2002/58/CE[15]. Rige en este supuesto un criterio de exclusiva aplicación del principio del consentimiento como base de la captación misma del dato para la prestación del concreto servicio que

15. El art. 2,g) de la Directiva define al servicio de valor añadido como: «*Todo servicio que requiere el tratamiento de datos de tráfico o datos de localización distintos de los de tráfico que vayan más allá de lo necesario para la transmisión de una comunicación o su facturación*». El considerando décimo octavo recoge como ejemplos de servicios de valor añadido las recomendaciones sobre tarifas menos costosas, orientación vial, información sobre tráfico, previsiones meteorológicas e información turística. Siguiendo el ejemplo de la información sobre tráfico, la ubicación vía GPS o a través de posicionamientos en contacto con redes Wi-FI es compartida con el prestador del servicio; quien ubica al dispositivo móvil en la cartografía empleada, sugiriendo rutas o facilitando la llegada al destino solicitado por el usuario. El dato de geoposicionamiento no es extraído por el prestador del servicio como consecuencia de un tráfico de comunicaciones, sino por la compartición por el usuario del dato que genera su dispositivo en función a su localización geográfica.

se ofrece al usuario. Ya no estamos hablando de un consentimiento que se presupone, ni de un legítimo derecho del prestador a tratar unos datos que son precisos para la prestación del servicio concertado con el abonado. Los servicios de valor añadido que requieren de estos datos de localización distintos a los de tráfico han de ser expresamente demandados y/o aceptados por el abonado o usuario; y solo en base a ese consentimiento, precedido de una adecuada información sobre el tratamiento y su alcance, surgirá la posibilidad de acceso y tratamiento a los mismos, de nuevo en un contexto de previa anonimización, o en la medida y por el tiempo necesarios para la prestación del servicio —art. 9.1—.

Las limitaciones técnicas que en cierto modo lastraron a las comunicaciones electrónicas tal y como fueran entendidas en la Directiva 2002/58/CE dieron lugar a que determinadas formas de comunicación bajo el soporte técnico de redes de comunicaciones electrónicas, Internet, pudieran entenderse que quedaron fuera de su ámbito de aplicación. Como hábil estrategia para sortear la presión de determinados lobbies del mundo de los servicios de la sociedad de la información, el legislador comunitario optó, casi de forma subrepticia, por una ampliación de la Directiva a través de la Directiva (UE) 2018/1972[16]. A través de un complejo entramado de referentes en los considerandos y preceptos, se establecería el sometimiento a la disciplina de la Directiva 2002/58/CE a lo que se definía como *servicios de comunicaciones interpersonales independientes de la numeración*; dentro de los que se encontrarían, a modo de ejemplo, el *correo web* y *los servicios de mensajería* —Considerando 7—. La integración de los prestadores de estos servicios al mandato de la Directiva 2002/58/CE es compleja, y no está precisamente exenta de excepciones; pero representa una importante evolución en el interés comunitario por brindar a este nuevo ámbito un nivel de protección equiparable a las tradicionales comunicaciones telefónicas.

El siguiente nivel de expansión vendría representado por dos sentencias del TJUE: Las STJUE (Sala Cuarta) de 5 de junio de 2019 (caso SKYPE COMMUNICATIONS; asunto C-142/18), y (Gran Sala) de 6 de octubre de 2020 (caso LA QUADRATURE DU NET y otros; asuntos C-511/18, C-512/18 y C-520/18). Ambas sentencias, aparte de servir de sustento a esa expansión normativa hacia las comunicaciones vía Internet, incluirán dentro de los servicios de comunicaciones electrónicas no solo los servicios de llamadas telefónicas a través de Internet —*VoIP*—, sino también los servicios de alo-

16. Directiva (UE) 2018/1972 del Parlamento Europeo y del Consejo de 11 de diciembre de 2018 por la que se establece el Código Europeo de las Comunicaciones Electrónicas. Abordo con mucho más detalle la cuestión en mi trabajo «*Sobre la licitud del uso de herramientas de filtrado...*»; op. cit.

jamiento y tratamiento de datos en red. Así se expresaría el parágrafo 201 de la segunda de las sentencias citadas[17].

A todos éstos han de añadirse unos datos que cada vez están asumiendo un mayor grado de protagonismo en las estrategias de investigación criminal: Los datos de conectividad. Éstos no son sino aquellos datos que se generan independientemente de la conducción de una concreta comunicación; pero que son esenciales para garantizar de forma permanente la prestación del servicio de comunicaciones. El ejemplo paradigmático de éstos habría de encontrarse sin duda en la necesaria interconexión entre estaciones BTS y terminales móviles de comunicaciones a través de los canales de control y difusión, como forma de asegurar la prestación del servicio de telefonía móvil; o los llamados paquetes de administración y parte significativa de los paquetes de conocimiento, en relación con la conexión inalámbrica a redes Wi-Fi. Representan éstos una utilísima herramienta para localizar en el espacio y en el tiempo dispositivos móviles de comunicaciones; aunque se han visto notoriamente superados por el enorme abanico de fuentes de información que pueden derivarse del análisis de información conservada por prestadores de determinados servicios con valor añadido o, en general, de acceso y conexión a redes sociales que manejan datos de localización de gran precisión[18].

El art. 5.3 de la Directiva incluirá dentro de su ámbito de protección a estos datos de conectividad al permitir su almacenamiento o acceso de índole técnica al solo fin de efectuar o facilitar la transmisión de una comunicación a través de una red de comunicaciones electrónicas. Vuelve a regir

17. *«La obligación impuesta por la normativa nacional contemplada en el apartado 195 de la presente sentencia a los proveedores de servicios de comunicación al público en línea y a los proveedores de servicios de almacenamiento de conservar los datos de carácter personal relativos a estos servicios debe, en consecuencia, como ha observado, en esencia, el Abogado General en el punto 141 de sus conclusiones presentadas en los asuntos acumulados La Quadrature du Net y otros (C-511/18 y C-512/18, EU:C:2020:6), apreciarse a la luz de la Directiva 2002/58 o del Reglamento 2016/679».*

18. La técnica de análisis de esta información, basada en la petición de todos los datos de localización generados en determinados espacios de tiempo y por ubicaciones definidas por sus datos geodésicos, conocida como *geofencing*, parte del acceso de la autoridad policial, previa la correspondiente autorización judicial, a todos estos datos previa su anonimización; de suerte que recibida esta ingente información, la petición concreta de datos solamente afectará a aquellos dispositivos cuyos datos de permanencia o movimiento en el entorno del escenario de comisión del delito investigado casaran de forma más patente con el perfil del supuesto autor o autores del hecho. Véase sobre el particular el interesante trabajo de ORTIZ PRADILLO, Juan Carlos: *«"Geofencing": vestigios digitales y defensa de los derechos fundamentales ante una nueva diligencia tecnológica de investigación»*, en L. BACHMAIER (ed.) *«Prueba penal y derecho de defensa en la era digital: nuevos paradigmas y nuevos retos»*. Aranzadi, Cizur Menor 2024 (en prensa).

un principio de funcionalidad en la legitimidad del tratamiento, que permitirá la conservación y tratamiento de los datos mientras que sea preciso para la prestación del servicio o como consecuencia de la garantía de su mantenimiento[19].

Pero todos estos datos serían en sí mismo inútiles, inservibles, en tanto en cuanto no pudieran ser relacionados con las identidades electrónicas que están detrás de ellos. Es por ello que, aunque el tratamiento de éstos en la Directiva se muestra un tanto difuso, debe sobreentenderse: No podemos concebir la necesidad de una protección jurídica de tantos datos si no podemos atribuirlos a una determinada persona física o jurídica en su condición de usuaria o abonada.

Hablamos de datos de identidad, como aquellos que son precisos para facilitar información de la persona física o jurídica que está detrás de una determinada identidad electrónica. Pero la jurisprudencia del TJUE, a partir de la STJUE del caso LA QUADRATURE DU NET y otros, seguida muy de cerca por la STJUE (Gran Sala), de 5 de abril de 2022 (caso G.D. y COMISSIONER AN GARDA SÍOCHÁNA; asunto C-140/20), incorpora un concepto más amplio, el de la *identidad civil*; cuyo cometido es dotar de calidad, precisión y certeza a la identificación de la identidad física o jurídica que está detrás de una determinada identidad electrónica a la que se atribuyen determinados datos relativos a sus comunicaciones.

El § 71 de la sentencia del caso G.D. y COMISSIONER AN GARDA SIOCHÁNÁ nos aporta información sobre este concepto; que abarcaría a los datos precisos que «*...permitan identificar a las personas que han utilizado tales medios en el contexto de la preparación o la comisión de un acto delictivo*

19. En el supuesto de la telefonía móvil, los *canales de control* —RACH—, tienen por cometido comprobar periódicamente que el terminal sigue bajo la cobertura de una determinada BTS; para lo cual ésta envía mensajes de confirmación, del tipo información de señalización, por períodos regulares. Los llamados *canales dedicados*, destinados a canalizar la emisión/recepción de comunicaciones bidireccionales, tienen también la peculiaridad de que a su vez emiten señales de balizamiento encaminadas a escrutar el espectro radioeléctrico, localizando otras BTS cercanas, pertenezcan o no a la misma operadora; ello, a los efectos de tratar de garantizar la continuidad del servicio, ante el riesgo de pérdida o degradación de la cobertura. Nos resultan igualmente de especial interés los llamados *canales de difusión* —BCCH—, utilizados por las BTS para transmitir su existencia y ofrecimiento de servicio a los terminales telefónicos que se encuentran bajo su cobertura; siendo por esta vía por la que se consigue generar de los terminales la contestación automática que hace vulnerable a dispositivos de captación el número IMSI del terminal receptor. Así mismo, y dentro de los denominados canales dedicados, hay uno que tiene por finalidad específica notificar el apagado o desconexión del terminal. Ante esta situación, así como cuando se producen situaciones de pérdida de cobertura, la BTS emite, durante 72 horas, y a períodos regulares, señales tendentes a tratar de recuperar la conexión con el terminal.

grave». Como predicado directo de ello, la sentencia introduce una importante novedad, sin duda influenciada por la doctrina sentada por la STEDH, Secc. 5.ª, de 30 de enero de 2020 (caso BREYER v. Alemania; asunto 50001/12), al admitir, dentro de ese concepto amplio de identidad civil que permite su conservación preventiva, datos relacionados con el registro de tarjetas de telefonía de prepago. Registro, identificación del adquirente, vendedor, etc., serían datos que, según propone el § 72, podrían enriquecer sin duda esos datos que conforman las bases de datos sobre identidad civil de usuarios de servicios de comunicaciones electrónicas. Pero también podríamos acudir a ese concepto expansivo de *datos relativos a los abonados* a que se refiere el art. 19.3,b) del Convenio Europeo sobre la Ciberdelincuencia[20].

Buena prueba de que este concepto está en franca expansión lo encontramos en la STJUE (Gran Sala) de 30 de abril de 2024 (caso LA QUADRATURE DU NET y otros; asunto 470/21)[21]. La sentencia, referida al supuesto de almacenamiento de datos sobre IIPP dinámicas relacionadas con descarga ilícita de contenidos protegidos por la propiedad intelectual, sale al paso de la consideración dual de dichos datos como datos de tráfico, al circular como tales en las cabeceras IP de paquetes de datos, a la vez que como datos personales, sometidos como tales al RGPD. Considerar la asignación IP junto a la identidad electrónica a la que se asocia como un dato identitario sería, en sí mismo incorrecto; pues la asignación solo representa la atribución de un recurso técnico para que un usuario, a través de su identidad electrónica, conecte y navegue por Internet. Sin embargo, sí encontraría perfecto abrigo en ese concepto más amplio que representa la voz *identidad civil.*

A los efectos de su cesión legal con fines de investigación criminal, solamente nos resultarán de interés aquellos datos que permanezcan conservados por los diversos prestadores de servicios de redes públicas de comunicaciones, servicios públicos de comunicaciones electrónicas y servicios de la sociedad de la información sometidos al mandato de la Directiva 2002/58/CE. En tanto en cuanto la información pudiera ser objeto de injerencia directamente por los Poderes Públicos, sin necesidad de la colaboración o asistencia técnica de aquéllos, el supuesto quedaría extramuros del ámbito de protección de la Directiva. Así se vino a entender desde la STJUE del caso LA QUADRATURE DU NET y otros; donde es la no necesidad de inter-

20. «*(L)a identidad, la dirección postal o situación geográfica y el número de teléfono del abonado, así como cualquier otro número de acceso y los datos relativos a la facturación y al pago, disponibles en virtud de un contrato o de un acuerdo de prestación de servicio*».

21. En adelante nos referiremos a la sentencia como SJUE del caso LA QUADRATURE DU NET y otros II.

vención del correspondiente prestador el punto de inflexión que permite dar sentido a la excepción recogida en el art. 1.3[22], frente a los mandatos taxativos de los arts. 5.1 y 15.1.

No dejemos dejar atrás que con las SSTJUE de los casos LA QUADRATURE DU NET y otros, G.D. y COMISSIONER AN GARDA SIOCHÁNÁ, y, más recientemente la STJUE (Gran Sala) de 20 de septiembre de 2022 (casos SPACENET AG y TELEKOM DEUTSCHLAND GMBH: asuntos C-793 y 794/19)[23] se ha producido una línea aperturista a ciertas formas de regímenes de conservación preventiva y generalizada de datos relativos a las comunicaciones, aunque centrada en asignaciones de IIPP dinámicas a los efectos de la lucha contra la delincuencia grave, o datos de identidad civil, respecto de la denominada delincuencia ordinaria. Ello permitirá que podamos expandir el deber de colaboración de tales operadores a estas concretas fuentes de información, con tal que la normativa nacional se ajuste a las rígidas exigencias impuestas por tal doctrina jurisprudencial.

III. LAS ÚLTIMAS RESOLUCIONES DEL TRIBUNAL DE JUSTICIA DE LA UNIÓN EUROPEA SOBRE CESIÓN DE DATOS COMERCIALES RELATIVOS A COMUNICACIONES

1. EL PRIMER REFERENTE: LA STJUE DEL CASO MINISTERIO FISCAL

Aunque pudiéramos acudir sin duda al precedente anterior que representara la STJCE (Gran Sala) de 29 de enero de 2008 (caso PROMUSICAE; asunto C-275-06), será la STJUE (Gran Sala) de 2 de octubre de 2018 (caso MINISTERIO FISCAL; asunto C-207/16) la que represente el punto de arranque de la doctrina del Tribunal de Luxemburgo sobre la cesión de

22. Como bien es sabido, el art. 1.3 de la Directiva 2002/58/CE establece una cláusula de exceptuación de la norma, en cualquier caso, «*...a las actividades que tengan por objeto la seguridad pública, la defensa, la seguridad del Estado (incluido el bienestar económico del Estado cuando dichas actividades estén relacionadas con la seguridad del mismo) y a las actividades del Estado en materia penal*».

23. La reciente STJUE del caso LA QUADRATURE DU NET II podría suponer una nueva progresión hacia nuevas fórmulas de conservación preventiva basadas en la compartimentación de datos de diferente índole, entre los que se encontrarían, ahora sí los datos de tráfico. Nótese cómo define el nuevo campo al que se abre: «*...imponiendo a los proveedores de servicios de comunicaciones electrónicas la obligación de conservar las diferentes categorías de datos personales, como los datos de identidad civil, las direcciones IP y los datos de tráfico y los datos de localización*». Pero introducirá como garantía de evitación del riesgo de generación de perfiles de personas afectadas por la propia existencia de tales bases de datos el que ello se lleve a efecto «*...de una manera que asegure una separación en compartimentos estancos de esas diferentes categorías de datos que impida, en la fase de la conservación, cualquier explotación conjunta de esas diferentes categorías de datos, y por un período que no exceda de lo estrictamente necesario*». Obviamente, el abordaje de tan interesante cuestión supera con creces la finalidad del presente trabajo.

datos comerciales para fines de investigación criminal. Es aquí donde comienzan a tomar forma cuestiones tan relevantes como los principios de proporcionalidad y necesidad de la medida, el concepto de delincuencia grave frente a la delincuencia ordinaria y la reserva absoluta o relativa de previa autorización judicial o de autoridad administrativa independiente; auténticos pilares de tal doctrina.

La cuestión prejudicial, planteada por una Sección de la Audiencia Provincial de Tarragona, nace para confrontar nuestra ley nacional sobre conservación de datos, la aparentemente moribunda Ley 25/2007, de 18 de octubre, de conservación de datos relativos a las comunicaciones electrónicas y a las redes públicas de comunicaciones —LCDCE— con una jurisprudencia del TJUE que se había manifestado de forma marcadamente hostil con regímenes de conservación de tal naturaleza nacidos en implementación de la Directiva 2006/24/CE[24]. Sin embargo, el redactor de la cuestión prejudicial no llegó a ser plenamente consciente de que el objeto mismo de la injerencia no era una información que fuera objeto de conservación por mandato expreso de la LCDCE; sino un dato comercial de entre los regulados en los arts. 5.3 y 6 de la Directiva 2002/58/CE.

Efectivamente, la Policía Judicial solicita del Juzgado de Instrucción información sobre la correlación entre el dato IMEI de un teléfono móvil concreto y los posibles datos IMSI de tarjetas SIM que se hubieran introducido en aquél en el período de tiempo comprendido entre que se había cometido el delito objeto de investigación y la solicitud presentada. Se trataba de un delito que por la pena que pudiera corresponder, a salvo la concreta determinación de las lesiones padecidas por la víctima, no podría alcanzar el concepto de delito grave a los efectos de lo establecido en el art. 1 de la LCDCE: Un robo con violencia en el que los desconocidos autores habían empleado una extrema violencia contra la víctima.

La principal aportación de la sentencia no será tanto el abordaje de cuestiones referentes a las cesiones de datos relativos a las comunicaciones, como dar forma a todo un novedoso sistema de ponderación del juicio de proporcionalidad de la medida basado en una escala descendente. Escala descendente que iría perdiendo en nivel de exigencia en cuanto a la gravedad de la infracción criminal objeto de investigación en tanto que menor fuera el nivel de afectación a los derechos fundamentales concernidos o el

24. Directiva 2006/24/CE del Parlamento Europeo y del Consejo, de 15 de marzo de 2006, sobre la conservación de datos generados o tratados en relación con la prestación de servicios de comunicaciones electrónicas de acceso público o de redes públicas de comunicaciones y por la que se modifica la Directiva 2002/58/CE.

riesgo de dar forma a perfiles detallados sobre la vida privada de las personas afectadas por la medida

El punto álgido de esta escala se correspondería con aquellos supuestos en los que la información a la que pudiera accederse con la orden de cesión, los datos considerados en su conjunto, permitiera *«...extraer conclusiones precisas sobre la vida privada de las personas cuyos datos han sido conservados»* —§ 54—[25]. Esta referencia a tal nivel de injerencia solamente podría justificar el empleo de la medida de investigación en la lucha contra formas de delincuencia que pudieran encajar en el concepto de *delincuencia grave.* El concepto de delincuencia grave se extraería de lo que anticipara, a modo ejemplificativo, la STJUE (Gran Sala) de 21 de diciembre de 2016 (caso TELE2 SVERIGE AB, WATSON y otros; asuntos C-203/15 y C-698/15); que, a modo igualmente ejemplificativo, bebiera de la fuente de lo que al respecto nos dijera el considerando 9 de la defenestrada Directiva 2006/24/CE.

El punto ínfimo se equipararía con la mínima expresión de tal afectación de derechos fundamentales: cuando el acceso a datos como consecuencia de la orden de cesión no es *grave*; situación en la que la injerencia podría estar justificada *«... por el objetivo de prevenir, investigar, descubrir y perseguir "delitos" en general»* —§ 57—.

La sentencia nos dejaría muchas más oscuridades que luces en el camino de la definición de un concepto de delincuencia grave que, evidentemente, iba mucho más allá de la lucha contra el terrorismo y la criminalidad organizada. Era posible, más bien previsible, la existencia de otras nuevas infracciones criminales que pudieran ser objeto de tal calificativo a los efectos de las máximas expresiones de injerencia sobre la confidencialidad de las comunicaciones; y el propio legislador comunitario ha sido proclive a concretar listas de delitos que pudieran considerarse graves, o establecer una asimilación, ministerio lege, al concepto de delincuencia grave a los solos efectos de permitir el acceso a medios de investigación propios de los empleables en la lucha contra la delincuencia grave.

En el primer grupo de normas podríamos citar como ejemplo paradigmático, especialmente por su cierta asimilación con el supuesto de la conservación de datos relativos a comunicaciones, el de la Directiva (UE) 2016/681[26], referida a las bases de datos PNR. La Directiva asume la solución

25. La sentencia trae cita del referente del § 115 de la STJUE (Gran Sala) de 21 de diciembre de 2016 (caso TELE2 SVERIGE AB y WATSON y otros; asuntos C 203/15 y C 698/15).
26. Directiva (UE) 2016/681 del Parlamento Europeo y del Consejo, de 27 de abril de 2016, relativa a la utilización de datos del registro de nombres de los pasajeros (PNR) para la prevención, detección, investigación y enjuiciamiento de los delitos de terrorismo y de la delincuencia grave.

ya anticipada en la Decisión marco del Consejo 2002/584/JAI[27], ideada para excepcionar de su aplicación el criterio de la doble incriminación, consistente en la exigencia de la superación, conforme la legislación del Estado de emisión, del tope máximo penológico de, al menos, los tres años de pena privativa de libertad, en unión a una pertenencia a una lista de delitos que eran considerados graves[28].

En el segundo, las Directivas 2011/36/UE[29] y 2011/93/UE[30], referida la primera a la lucha contra la trata de seres humanos, y la segunda a la lucha contra abusos sexuales y pornografía infantil, inauguran una nueva serie de textos normativos del Derecho de la Unión que incorporan esa asimilación al concepto de delincuencia grave a los efectos de poder ser susceptibles de investigación mediante *instrumentos de investigación eficaces*, entre los que se encontraría la interceptación de comunicaciones y la vigilancia discreta, incluida la vigilancia electrónica —Considerando 27 de la Directiva 2011/93/UE— [31]. Recientemente se ha producido una auténtica eclosión de supuestos en los que se acude a esta asimilación al concepto de la delincuencia grave a los efectos de acceso a dichas medidas de investigación eficaces; tal y como ha sucedido, en concreto, en las Directivas (UE)

27. Decisión marco del Consejo 2002/584/JAI, de 13 de junio de 2002, relativa a la orden de detención europea y a los procedimientos de entrega entre Estados miembros.
28. Si la definición de delitos graves que se contiene en el art. 3,9) deja escaso margen a la discusión jurídica, esta cuestión queda aún más definitivamente zanjada en su Exposición de Motivos. En el Considerando 7 de la norma se especifica que, para garantizar que el tratamiento de los datos PNR se limite a lo necesario, «*...el establecimiento y la aplicación de criterios de evaluación debe limitarse a los delitos de terrorismo y a la delincuencia grave para las que es pertinente el uso de esos criterios*»; mientras que el Considerando 12 se mostrará aún más clarificador, advirtiendo que, aparte de la delimitación de los delitos de terrorismo por su normativa específica, «*(l)a definición de delitos graves deberá englobar las categorías de delito enumeradas en el anexo II de la presente Directiva*».
29. Directiva 2011/36/UE del Parlamento Europeo y del Consejo de 5 abril de 2011, relativa a la prevención y lucha contra la trata de seres humanos y a la protección de las víctimas y por la que se sustituye la Decisión marco 2002/629/JAI del Consejo.
30. Directiva 2011/93/UE, del Parlamento Europeo y del Consejo, de 13 de noviembre de 2011, relativa a la lucha contra los abusos sexuales y la pornografía infantil y por la que se sustituye la Decisión Marco 2004/68/JAI del Consejo.
31. «*Los responsables de la investigación y del enjuiciamiento de las infracciones contempladas en la presente Directiva deben disponer de unos instrumentos de investigación eficaces. Entre estos instrumentos podrán figurar la interceptación de comunicaciones, la vigilancia discreta, incluida la electrónica, el control de cuentas bancarias y otros medios de investigación financiera, teniendo en cuenta, entre otras cosas, el principio de proporcionalidad y la índole y gravedad de las infracciones que se estén investigando. Cuando proceda y de conformidad con el Derecho nacional, entre dichos instrumentos podrá encontrarse también la posibilidad de que los servicios de seguridad utilicen una identidad oculta en Internet*».

2024/1226[32], referida a la lucha contra vulneraciones de medidas restrictivas adoptadas por la Unión; 2024/1203[33], referida a la protección del medio ambiente, y 2024/1385[34], referida a la lucha contra la violencia contra las mujeres y doméstica.

Pero no deberíamos dejar atrás el hecho de que determinadas decisiones del legislador comunitario no podrían estar exentas del control de proporcionalidad en términos de definición normativa o de aplicación al caso concreto por parte del TJUE; que posiblemente una parte significativa de los delitos que, lege data, fueran considerados delincuencia grave o asimilables a ésta podrían no superar un control de proporcionalidad por parte del Alto Tribunal europeo.

Así sucedería, en concreto, con la STJUE (Gran Sala) de 21 de junio de 2019 (caso LIGUE DES DROITS HUMAINS; asunto C-817/19), referida a la Directiva 2016/681. La sentencia, en el § 149, coincide en la opinión defendida por el Abogado General de que buena parte de los delitos relacionados en el Anexo II de la Directiva PNR revestían, «*...por su naturaleza un nivel de gravedad incuestionablemente elevado*». Es más, en el parágrafo siguiente se tilda de garantía adicional esa exigencia de gravedad penológica que imponía la norma. Incluso llega a reconocer tal cualidad, en consonancia con la opinión del Abogado General en determinadas modalidades delictivas[35]. Pero a su vez advertía que la etiquetación por el legislador podría no corresponderse con determinadas infracciones criminales que ocultaran, tras su consideración como delitos graves, su verdadera trascendencia jurídica.

La jurisprudencia del TJUE evolucionaría de forma espectacular con las SSTJUE de los casos LA QUADRATURE DU NET y otros y G.D. y COMISSIONER AN GARDA SIOCHÁNÁ. En ambas sentencias se avanza en la delimitación de las infracciones que merecerían la consideración de graves,

32. Directiva (UE) 2024/1226 del Parlamento Europeo y del Consejo, de 24 de abril de 2024, relativa a la definición de los delitos y las sanciones por la vulneración de las medidas restrictivas de la Unión, y por la que se modifica la Directiva (UE) 2018/1673.
33. Directiva (UE) 2024/1203 del Parlamento Europeo y del Consejo, de 11 de abril de 2024, relativa a la protección del medio ambiente mediante el Derecho penal y por la que se sustituyen las Directivas 2008/99/CE y 2009/123/CE.
34. Directiva (UE) 2024/1385 del Parlamento Europeo y del Consejo, de 14 de mayo de 2024, sobre la lucha contra la violencia contra las mujeres y la violencia doméstica.
35. En concreto: la trata de seres humanos; la explotación sexual de los niños y la pornografía infantil; el tráfico ilícito de armas, municiones y explosivos; el blanqueo de capitales; la delincuencia informática; el tráfico de órganos y de tejidos humanos; el tráfico de estupefacientes y sustancias psicotrópicas; el tráfico de materias nucleares o radioactivas; el secuestro de aeronaves y buques; los delitos incluidos en la jurisdicción de la Corte Penal Internacional; el homicidio voluntario; la violación; el secuestro, y la detención ilegal y la toma de rehenes.

no por la tipología descriptiva de los mismos, sino de los bienes jurídicos que justificaran su tipificación.

En primer lugar, y dentro del margen de congruencia de la primera de las dos sentencias, se atenderá a la protección de los menores frente a riesgos contra su indemnidad sexual en las redes; pero se extenderá el amparo de una protección similar a la propia de la lucha contra la delincuencia grave a aquellas situaciones en que existiera «*...una amenaza para el bienestar físico y moral de un niño*».

La implicación de bienes jurídicos protegidos como criterio para la determinación de cuándo nos encontramos con un ejemplo de delincuencia grave o asimilable alcanzará su cénit desde el momento en que el TJUE opta por acudir a los bienes jurídicos que están detrás de la definición de concretos derechos fundamentales tal y como son recogidos en la CDFUE. Este claro paralelismo se traduce en la reafirmación del criterio que se sostuviera de la selección de bienes jurídicos protegidos que encuentran su razón de ser en concretos derechos fundamentales de entre los reconocidos en la CDFUE. Hablamos del derecho a la integridad física y psíquica —art. 3— [36]; la prohibición de la tortura y tratos inhumanos o degradantes —art. 4—; la libertad y seguridad —art. 6— y, en términos generales, la privacidad —art. 7— [37].

Ahora bien, sin duda inspiradas ambas sentencias en los precedentes de la STJUE del caso TELE2 SVERIGE AB y WATSON y otros, al a que se remite la STJUE del caso MINISTERIO FISCAL en su § 54, a la vista de que tal expansión del concepto de delincuencia grave pudiera dar lugar a convertir

36. Obviamente, la salvaguardia de la integridad de las personas debía presuponer la salvaguardia del derecho a la vida recogido en el art. 2. del CEDH.

37. «*Ahora bien, en la medida en que permite a los Estados miembros limitar los derechos y las obligaciones mencionados en los apartados 34 a 37 de la presente sentencia, el artículo 15, apartado 1, de la Directiva 2002/58 refleja el hecho de que los derechos consagrados en los artículos 7, 8 y 11 de la Carta no constituyen prerrogativas absolutas, sino que deben considerarse de acuerdo con su función en la sociedad. En efecto, como se desprende del artículo 52, apartado 1, de la Carta, esta admite limitaciones al ejercicio de esos derechos, siempre que se establezcan por ley, respeten el contenido esencial de los citados derechos y, ajustándose al principio de proporcionalidad, sean necesarias y respondan efectivamente a objetivos de interés general reconocidos por la Unión o a la necesidad de protección de los derechos y libertades de los demás. De este modo, la interpretación del artículo 15, apartado 1, de la Directiva 2002/58 a la luz de la Carta exige tener en cuenta asimismo la importancia de los derechos consagrados en los artículos 3, 4, 6 y 7 de la Carta y la que presentan los objetivos de protección de la seguridad nacional y de lucha contra la delincuencia grave al contribuir a la protección de los derechos y de las libertades de terceros (sentencia de 6 de octubre de 2020, La Quadrature du Net y otros, C-511/18, C-512/18 y C-520/18, EU:C:2020:791, apartados 120 a 122 y jurisprudencia citada)*» —§ 50—.

en regla general lo que debiera considerarse una excepción, ambas sentencias proponen la aplicación de un juicio de ponderación aplicado al caso concreto; un juicio de balance entre el verdadero interés público que estuviera detrás de la concreta infracción criminal objeto de investigación y la afectación de los derechos fundamentales de la persona afectada por la medida. Se trataría realmente, con claro parangón con el sistema de doble control de proporcionalidad al que nos someten los arts. 579.1 y 588 ter a, en relación con el art. 588 bis a.5 de nuestra LECRIM, de dar tratamiento a la pertenencia a la lista de delitos que pueden considerarse delincuencia grave o asimilable a ésta de presupuesto para la realización de un segundo juicio de proporcionalidad en sentido estricto.

Volviendo otra vez al análisis de la sentencia que estamos comentando, de forma deductiva podemos inferir de su fundamentación jurídica qué datos podrían tener la consideración de susceptibles de dar forma a la generación de perfiles que están detrás de ese nivel álgido de injerencia exigente del concepto de gravedad del delito; y, en contraposición, aquéllos que permitirían la emisión de una orden de cesión dentro del ámbito de la delincuencia ordinaria. Dentro de ese primer ámbito se encontrarían los datos que permiten conocer *«...la fecha, la hora, la duración o los destinatarios de las comunicaciones efectuadas con las tarjetas SIM en cuestión, ...[...]... los lugares en que estas comunicaciones tuvieron lugar* (o) *la frecuencia de estas con determinadas personas durante un período concreto»* —§ 60—; es decir, en esencia, los datos de tráfico y de localización asimilados a éstos. En el otro lado se encontrarían datos identitarios, en concreto, los números de abonado correspondientes a las tarjetas SIM, *«...así como a los datos personales o de filiación de los titulares de dichas tarjetas, como su nombre, apellidos y, en su caso, la dirección»* —§ 59—.

La aplicación de estas directrices al supuesto de hecho analizado en la cuestión prejudicial era evidente. Se tuvo en cuenta que la injerencia solo trataba de desvelar determinadas identidades que hubieran hecho uso del terminal telefónico sustraído, además del corto tiempo al que se retrotrajo el ámbito temporal de la orden de cesión de datos. Y de tales determinantes solamente pudo extraerse la conclusión de que la injerencia en modo alguno debiera considerarse grave; que el acceso a dichos datos estaría justificado *«...(p)or el objetivo de prevenir, investigar, descubrir y perseguir "delitos" en general, al que se refiere el artículo 15, apartado 1, primera frase, de la Directiva 2002/58, sin que sea necesario que dichos delitos estén calificados como "graves"»* —§§ 61 y 62—.

2. EL RELATIVO SILENCIO DE LAS SSTJUE DE LOS CASOS LA QUARRATURE DU NET Y OTROS Y G.D. Y COMISSIONER AN GARDA SIOCHÁNÁ

A salvo de lo que dirá el § 167 de la primera de las dos sentencias, las SSTEDH de los casos LA QUADRATURE DU NET y otros y G.D. Y COMISSIONER AN GARDA SIOCHÁNÁ apenas aportan novedades a la regulación y tratamiento jurisprudencial de la cesión de datos comerciales de comunicaciones electrónicas para fines de investigación criminal. De hecho, su atención se focaliza casi en exclusiva en aquellas medidas de conservación que nada tienen que ver con los criterios de funcionalidad que caracterizan a las bases de datos comerciales; que tienen por base una norma nacional que impone la conservación para determinadas finalidades ajenas a tal cometido o una decisión de autoridad competente que impone un concreto deber de conservación para determinadas finalidades legítimas. Pero eso no significa en modo alguno que no lleguen a mostrar un gran interés por una serie de pronunciamientos que atañen directamente a tal herramienta de investigación.

Interesan ambas sentencias en cuanto que mantienen, por no decir potencian, esa afirmación que ya se anticipara en el precedente de la STJUE del caso MINISTERIO FISCAL en cuanto a la potencialidad invasiva sobre la privacidad de las personas de la conservación y consiguiente tratamiento de datos de tráfico y localización. La afirmación que se contiene a este respecto en el § 115 de la primera de las sentencias citadas no puede ser más taxativa: «*Debe precisarse a este respecto que la conservación de los datos de tráfico y de localización constituye, por sí sola, por una parte, una excepción a la prohibición, prevista en el artículo 5, apartado 1, de la Directiva 2002/58, de que cualquier persona distinta de los usuarios almacene dichos datos y, por otra parte, una injerencia en los derechos fundamentales al respeto de la vida privada y a la protección de datos de carácter personal, consagrados en los artículos 7 y 8 de la Carta*». Pero además se destaca algo que era igualmente recalcado en dicho precedente: Que el criterio de ponderación ha de realizarse no en base a la afectación real, concreta, que se haya conseguido mediante el acto de injerencia sobre la privacidad de las personas afectadas por la medida, sino por la potencialidad lesiva derivada del empleo de tal técnica de injerencia[38].

Esta asociación entre los datos de tráfico y localización y la lucha contra la delincuencia grave se convertirá en una constante en ambas sentencias, y servirá de base para dar forma a las distintas modalidades de conserva-

38. «*...(S)iendo irrelevante que la información relativa a la vida privada de que se trate tenga o no carácter sensible o que los interesados hayan sufrido o no inconvenientes en razón de tal injerencia*», continuará afirmando el parágrafo.

ción de datos a las que dan carta de naturaleza; en clara expansión frente a sus precedentes inmediatos. Así ocurrirá, en concreto, con los ejemplos de conservación selectiva para fines de protección de la seguridad nacional; la captación de contenidos y datos de tráfico en tiempo real o de los *datos técnicos relativos a la localización de los equipos terminales utilizados*, donde incluso se enfatiza su potencialidad de generación de perfiles detallados de las personas investigadas por la inmediatez del acceso a la información; el tratamiento automatizado de éstos, al que seguidamente haremos referencia, o las *quick freezing orders* u órdenes de conservación rápida. Estas últimas, descartándose cualquier propósito de aplicarles un criterio de menor intensidad de la injerencia por la escasa afectación de concretos derechos fundamentes que se derivan de la sola conservación de los datos en poder de quien los poseía hasta la emisión de la correspondiente orden de cesión, son sometidas al mismo criterio de ponderación propio de la eventual orden que les sirviera de justificación.

Todas estas medidas quedarían condicionadas no solo a la superación de ese criterio finalístico de la lucha contra la delincuencia grave, sino a que las mismas «...*garanticen, mediante normas claras y precisas, que la conservación de los datos en cuestión está supeditada al respeto de las condiciones materiales y procesales correspondientes y que las personas afectadas disponen de garantías efectivas contra los riesgos de abuso*» —último párrafo del apartado 1 del fallo de la sentencia del caso LA QUADRATURE DU NET y otros—.

Pero hay un elemento que no queda claramente definido al menos en esta primera sentencia. La referencia a la cualidad de la autoridad con capacidad de acordar este tipo de medidas de conservación de datos solamente quedaría perfilada en algunos de los supuestos que son sometidos a análisis en esta primera sentencia. Así, la intervención en la decisión de autoridad judicial o administrativa independiente con capacidad de emitir acuerdos vinculantes queda garantizada para los supuestos de análisis automatizado de datos y recopilación de datos en tiempo real; mientras que en las órdenes de conservación rápida se habla tan solo de una *autoridad competente sujeta a un control jurisdiccional efectivo*. Cuál fuera la autoridad competente para la emisión de una orden de cesión de datos comerciales, bien de tráfico o localización o bien de simples datos de identidad civil, era una cuestión que quedaba huera de una respuesta convincente. Es más, en la STJUE del G.D. y COMISSIONER AN GARDA SIOCHÁNÁ, ni siquiera se preocupa el Tribunal de especificar qué está detrás del concepto de *autoridad competente*; solo de negar tal cualidad de autoridad administrativa independiente a «...*a un funcionario de la Policía asistido por una unidad integrada en este mismo cuerpo, con cierto grado de autonomía en el ejercicio de sus funciones y cuyas decisiones pueden ser objeto de un control jurisdiccional ulterior*». La posterior La STJUE

(Gran Sala) de 2 de marzo de 2021 (caso PROKURATUUR; asunto C-746/2018), se limitaría, igualmente a negar tal cualidad de autoridad administrativa independiente a un Fiscal investigador[39].

Pero hay dos cuestiones que sí nos podrán ser de especial interés a la hora de abordar el tratamiento de la cesión de datos comerciales en la jurisprudencia del TJUE, al poder ser objeto de extrapolación a ésta: Por una parte, la posibilidad de utilización de la información obtenida en el curso de una medida de injerencia para otras finalidades legítimas diversas; por otra, el tratamiento automatizado de datos de tráfico y localización, independientemente de la fuente de procedencia de éstos.

La primera de las cuestiones es resuelta de una forma taxativa en la sentencia del caso LA QUADRATURE DU NET y otros en su parágrafo 166; donde se establece un a modo de principio de no desescalada en la posibilidad de utilización para fines diversos de los que justificaran el acto de injerencia. Este parágrafo parece atender en un principio tan solo a supuestos de medidas cuyos datos se nutrieran de alguna de las medidas que pueden tener su origen en la excepción que contiene el art. 15.1 de la Directiva 2002/58/CE. Pero es que en el parágrafo siguiente se realiza una afirmación que podría servir de base al entendimiento de que dicha resolución sí se pronuncia abiertamente sobre el sometimiento a la exigencia de lucha contra la delincuencia grave de la cesión de datos comerciales de tráfico y localización; al reconocer la posibilidad de que los Estados miembros prevean en su normativa *«...que el acceso a los datos de tráfico y de localización pueda, dentro del respeto de estas condiciones materiales y procesales, efectuarse con fines de lucha contra la delincuencia grave o de protección de la seguridad nacional cuando tales datos sean conservados por un proveedor de conformidad con los artículos 5, 6 y 9 o incluso con el artículo 15, apartado 1, de la Directiva 2002/58»*.

Hacer referencia a la fuente de información basada en las facultades de almacenamiento y tratamiento de datos que poseen las operadoras por mandato de los arts. 5, 6 y 9 de la Directiva 2002/58/CE equivale a reconocer que tal fuente es legítima y que su acceso se somete a tal nivel de exigencia de la lucha contra la delincuencia grave. Pero la lectura del párrafo ha de condicionarse a su dependencia contextual con el parágrafo anterior, el § 166; cuyo nexo de unión se representa con la expresión *«A este respecto...»*

39. El apartado 1 del fallo de la sentencia parece poder permitir la expansión de su ámbito de aplicación a la cesión de datos comerciales; pero es evidente que la sentencia vuelve a enfrentarse a un régimen de conservación preventiva y generalizada de datos de origen legal. En el mismo sentido se pronunciará posteriormente la STJUE (Sala Cuarta) de 16 de diciembre de 2021 (caso SPETSIALIZIRAN NAKAZATELEN SAD; asunto C-742/19).

con el que principia el § 167. La afirmación, por tanto, aunque abre las puertas a los que nos dirán posteriores pronunciamientos, no permite realizar una afirmación incontestable, apodíctica, en tal sentido.

En primer lugar, se establece un principio general, por el cual se establece que: *«...el acceso a los datos de tráfico y de localización conservados por los proveedores con arreglo a una medida adoptada de conformidad con el artículo 15, apartado 1, de la Directiva 2002/58 solo puede estar justificado, en principio, por el objetivo de interés general para el que dicha conservación se impuso a estos proveedores»*. La sentencia comentada proscribe la posibilidad de que la información obtenida en la lucha contra la delincuencia grave o la protección de la seguridad nacional pueda ser ulteriormente reutilizada para la persecución y sanción de la delincuencia ordinaria; mientras que la del caso G.D. y COMMISIONER AN GARDA SIOCHÁNÁ establecerá el mismo criterio en lo referente a la desescalada de la información obtenida en el marco de medidas encaminadas a salvaguardar la seguridad nacional a los efectos de la lucha contra la delincuencia grave.

En el § 98 de esta última sentencia se viene a determinar que la posibilidad de una utilización de los datos objeto de conservación o tratamiento en base a una excepción lícita de entre las permitidas por el art. 15.1 de la Directiva 2002/58/CE para fines diversos a los inicialmente previstos se haría depender del criterio de que ello solo sería factible *«...si la importancia del objetivo perseguido por el acceso fuera mayor que la del objetivo que justificó la conservación»*. Y este principio de *jerarquía*, nos dirá el parágrafo 99, quebraría si se permitiera hacer uso de los datos conservados de forma generalizada como consecuencia de necesidades propias de la seguridad nacional para atender a demandas concretas de investigación de infracciones criminales graves. Obrar de otra forma, concluirá en el § 100, sería *«...privar de todo efecto útil a la prohibición de efectuar tal conservación a efectos de la lucha contra la delincuencia grave, recordada en el apartado 65 antes citado»*[40].

La STJUE del caso LA QUADRATURE DU NET y otros muestra una especial preocupación en cuanto respecta al tratamiento automatizado de datos; centrando su discurso jurídico en el establecimiento de una serie de reglas que sin duda podrían ser extrapolables al nuevo universo de la inteligencia artificial. De hecho, la inteligencia artificial se nutre de un ingente, inabarcable, volumen de información accesible tanto de fuentes abiertas como de fuentes propias a las que se habrá accedido por canales no precisamente transparentes.

40. A idéntica solución llegará la STJUE (Gran Sala) de 20 de septiembre de 2022 (casos SPACENET AG y TELEKOM DEUTSCHLAND GMBH: asuntos C-793 y 794/19) —§ 128—.

La necesidad de disponer de las adecuadas garantías en orden al respeto del principio de proporcionalidad, mediante el establecimiento de reglas claras y precisas sobre el alcance y aplicación de la medida, así como dotando a las personas cuyos datos son objeto de tratamiento de las garantías suficientes para poder proteger sus datos frente a riesgos de abuso, se convierte en el § 132 en una exigencia común a cualesquiera de las medidas que son abordadas en la sentencia. Pero acto seguido se pondrá un especial énfasis en que estas garantías sean convenientemente articuladas cuando los datos son sometidos a un tratamiento automatizado; sobre todo, continuará diciéndonos, «*...cuando existe un riesgo elevado de acceso ilícito a ellos*».

Una de las preguntas a las que se somete al TJUE en el caso LA QUADRATURE DU NET y otros atañe precisamente al tratamiento automatizado de datos; y a ellos dedica la sentencia sus §§ 169-182. La sentencia constata cómo el funcionamiento de cualquier régimen de tratamiento automatizado de datos supone una aplicación de procedimientos de búsqueda, entre ellos el filtrado, de ingente información organizada por categorías de datos. Ello casaría perfectamente con el volumen de información sobre tráfico de comunicaciones y geolocalizaciones que han de conservar y tratar las operadoras sometidas al mandato de la Directiva 2002/58/CE. Incluso cuando el tratamiento automatizado al que se someten tales datos impidiera en una primera fase de análisis identificar a los usuarios cuyos datos se están procesando, entenderá el § 171, ello no significará en modo alguno que no adquieran la consideración de datos personales; toda vez que el procedimiento previsto en la legislación francesa, en concreto, permitía identificar a los concretos usuarios que pudieran estar relacionados con una concreta amenaza terrorista en una fase ulterior.

Como no podía ser de otra forma, el empleo de estas técnicas en el análisis automatizado de categorías de datos de tráfico y localización es calificado por el TJUE como un tratamiento generalizado e indiferenciado que supone un grave ataque frente al derecho a la privacidad de todos los usuarios. No llega a negar la compatibilidad con el Derecho de la Unión de cualquier fórmula o procedimiento basado en el análisis automatizado de tales datos que son conservados por las distintas operadoras; pero los restringe a «*...aquellas situaciones en las que un Estado miembro se enfrenta a una amenaza grave para la seguridad nacional que resulta real y actual o previsible, y a condición de que la duración de dicha conservación se limite a lo estrictamente necesario*» —§ 177—. Amenaza grave contra la seguridad que definirá como su ámbito natural el de la prevención del terrorismo.

Obviamente, de lo que aquí estamos hablando es de un análisis, mediante procedimiento de filtrado, propio de técnicas conocidas como *bulk interception*; susceptibles de abarcar, aunque sea en una primera fase de búsquedas ciegas, cuando menos *a la naturaleza de la información consultada en línea* —§ 174—. Ello no significa que no puedan emplearse técnicas de análisis automatizado, como el cruce de datos, para concretas finalidades no tan ambiciosas como la prevención del terrorismo; y, en concreto, en la lucha contra la delincuencia grave.

Las propias exigencias de esta técnica de tratamiento automatizados nos permitirán extraer los condicionantes que impone el TJUE para el empleo de unas técnicas de tratamiento automatizado de datos que están detrás de una buena parte representativa de las herramientas de investigación tecnológica.

La primera reflexión nos lleva a constatar que el empleo de estas técnicas sería un acto diferenciable de la ulterior recopilación de datos derivada de tal análisis; que es la verdadera fuente de información. Pero no por ello perderá trascendencia esa necesaria introspección en decenas de miles de datos que han de ser objeto de un filtrado para una finalidad específica. En el ejemplo de la STJUE del caso MINISTERIO FISCAL, la simple búsqueda de una asociación entre el IMEI de un teléfono móvil robado y los IMSI de tarjetas SIM que se hubieran asociado a aquél comportó la necesidad de realizar un cruce de datos; accediendo a datos de trascendencia eminentemente técnica relacionados con la conectividad de dispositivos móviles.

Dicho esto, la primera exigencia parte de la necesidad de una regulación nacional, una base normativa que determine la finalidad perseguida por la medida; que no tendría por qué ser exclusivamente la prevención del terrorismo, sino que podría abarcar la representación misma del concepto de delincuencia grave como punto de partida. Esta base normativa habrá de incluir una adecuada delimitación de los requisitos materiales y procesales que regulen tal utilización.

La delimitación del alcance y finalidad de la búsqueda ha de ser siempre referida a un período estrictamente limitado. Debe garantizarse siempre, además, que los modelos o criterios sean objetivos no discriminatorios, ni menos basados esencialmente en datos sensibles.

La autoridad que lo ordene habría de estar investida de la condición de autoridad judicial o administrativa independiente. Pero, además, adquirirá una especial relevancia el hecho de que siempre los resultados obtenidos por esa búsqueda inteligente sean objeto de una reevaluación mediante medios no automatizados; al menos en tanto en cuanto pretendiera emplearse la información obtenida como base o presupuesto fáctico para llevar a cabo otro tipo de medidas invasivas de derechos fundamentales de las personas afectadas; cuando pretende derivarse la ejecución de otro tipo de medidas (intervenciones de comunicaciones o datos de tráfico y localización en tiempo real) de la información obtenida del tratamiento automatizado.

3. LA CESIÓN DE DATOS COMERCIALES EN LA STJUE DEL CASO SPETSIALIZIRAN NAKAZATELEN SAD

La STJUE (Sala Sexta) de 17 de noviembre de 2022 (caso SPETSIALIZIRAN NAKAZATELEN SAD; asunto C-350/21) sí ahondará de forma más incisiva sobre la cuestión de la licitud de órdenes de cesión de datos conservados por las operadoras por motivos comerciales; pero al igual que sucederá con su precedente de la STJE del caso MINISTERIO FISCAL, el tratamiento que se hace de tal supuesto se entremezcla con cierta facilidad con el ejemplo de la conservación generalizada e indiscriminada de datos, al modo de la Directiva 2006/24/CE, que es objeto de concreta cuestión prejudicial por la autoridad judicial búlgara. Interesa, eso sí, la estrecha relación que existe entre esta sentencia y una del TEDH: la STEDH, Secc. 4.ª, de 11 de enero de 2022 (caso EKIMDZHIEV y otros v. Bulgaria; asunto 70078/12)[41]; la cual aborda los mismos problemas estructurales de la normativa y práctica procesal en materia de injerencias sobre el entorno de la privacidad que padeciera el ordenamiento jurídico búlgaro. La influencia de esta sentencia en la STJUE de 17 de noviembre de 2022 es evidente.

La sentencia del caso SPETSIALIZIRAN NAKAZATELEN SAD comienza por hacer mención a esa afirmación un tanto asistemática que se introdujera en el § 167 de la sentencia del caso LA QUADRATURE DU NET y otros: La conformidad con el mandato del art. 15.1 de la Directiva 2002/58/CE de la emisión de órdenes de cesión de datos almacenados por motivos comerciales en aplicación de lo establecido en los arts. 5, 6 y 9 de la Directiva 2002/58/CE. A partir de aquí, pero con esa dificultad añadida que representa esa asistemática conjunción de ambas formas de injerencia, se desgranarán las que podrían definirse como las claves esenciales de esta medida de investigación tecnológica.

41. Realizo un extenso análisis de la sentencia y de sus precedentes en mi trabajo: «*Las medidas de investigación tecnológica y la afectación de derechos fundamentales a la luz de la doctrina del TEDH tras la Sentencia del caso Ekimdzhiev vs Bulgaria*». Diario La Ley, N.º 10084, Sección Tribuna, 7 de junio de 2022, LA LEY. La reciente STEDH, Secc. 1.ª, de 28 de mayo de 2024 (caso PIERZAK BYCHAWSKA-SINIARSKA y otros v. Polonia; asuntos 72038/17 y 25237718) muestra cómo el ordenamiento jurídico polaco nos enfrentaría a un escenario bastante cercano al que se analiza de la legislación búlgara.

El § 62 comienza recordándonos que la cesión de datos de tráfico y localización, aun conservados por motivos comerciales, es decir, de conformidad con lo establecido en dichos arts. 5, 6 y 9 de la Directiva[42], sigue representando una grave injerencia sobre derechos del entorno de la privacidad de personas afectadas por la medida; y ello por su especial potencialidad de poderse derivar de su análisis conjunto la obtención de esas conclusiones precisas sobre la vida privada de las personas cuyos datos han sido conservado, que tanto ha preocupado al Alto Tribunal.

De la anterior afirmación no podría derivarse otra conclusión que la de la exigencia de limitación de esa fuente de información tan solo para la lucha contra la delincuencia grave y la salvaguardia de la seguridad nacional. Pero no bastará, nos dirá la sentencia, con el simple reconocimiento de dicha limitación. La vinculación de la norma nacional al principio de proporcionalidad en su sentido amplio exigirá, por una parte, el establecimiento de las condiciones materiales y procedimentales que han de regir tal posibilidad de utilización de la fuente de información; y, por otra, el establecimiento de garantías suficientes para proteger a los ciudadanos del riesgo de abuso en el acceso a tal información —§ 62—. Concluye en tal sentido la sentencia exigiendo que la legislación nacional relativa a la retención, obviamente por parte de las correspondientes operadoras y por motivos comerciales, y acceso legítimo a tal fuente de información deberá incluir disposiciones que destaquen con claridad y precisión que el acceso a los datos almacenados deba limitarse a lo estrictamente necesario para lograr el fin perseguido con tal conservación —§ 65—[43].

42. *«D'emblée, il convient de rappeler qu'il est loisible aux États membres de prévoir dans leur législation qu'un accès à des données relatives au trafic et à des données de localisation peut avoir lieu à des fins de lutte contre la criminalité grave ou de sauvegarde de la sécurité nationale lorsque lesdites données sont conservées par un fournisseur d'une manière»*. La sentencia aun no ha sido traducida a más idioma que al francés. Las citas y referencias a la sentencia se basan en traducción automática facilitada por Google Translator, debidamente contrastada y corregida.

43. *«En outre, s'il appartient au droit national de déterminer les conditions dans lesquelles un tel accès doit être accordé, une législation nationale doit, pour satisfaire à l'exigence de proportionnalité, prévoir des règles claires et précises régissant la portée et l'application de la mesure en cause et imposant des exigences minimales, de telle sorte que les personnes dont les données à caractère personnel sont concernées disposent de garanties suffisantes permettant de protéger efficacement ces données contre les risques d'abus. En particulier, une législation nationale régissant l'accès des autorités compétentes à des données relatives au trafic et à des données de localisation conservées, adoptée au titre de l'article 15, paragraphe 1, de la directive 2002/58, ne saurait se limiter à exiger que l'accès des autorités aux données réponde à la finalité poursuivie par cette législation, mais elle doit également prévoir les conditions matérielles et procédurales régissant cette utilisation»*.

El siguiente paso será el del establecimiento, al menos en este supuesto de acceso a datos de tráfico y localización, de una estricta reserva de la previa decisión y control por una autoridad judicial o administrativa independiente. Curiosamente, la sentencia no llega a hacer mención explícita a la cuestión sobre la cualidad de la autoridad con capacidad de adoptar una medida de cesión o retención de datos; pero es una exigencia que aparece refrendada de forma implícita a lo largo de su discurso jurídico. Baste para ello con la referencia que se hace a una autoridad judicial en el § 75.

Vuelven a reproducirse, como podemos apreciar, los dos elementos nucleares que centran la posición jurídica del TJUE en cuanto a la cesión de datos comerciales para fines de investigación criminal; a los que obviamente habrían de añadirse las exigencias, comunes a otros supuestos de conservación de datos, de la previa previsión legal de forma debidamente explícita y detallada y proscripción de riesgos de abuso o arbitrariedad en su uso.

Pero donde realmente innova la sentencia es en el análisis que realiza de la situación del ordenamiento jurídico búlgaro y de su aplicación por los Tribunales nacionales en relación con el respeto de tres concretos aspectos relacionados directamente con el principio de proporcionalidad como cúspide de todo el sistema de garantías que se impone por mandato del art. 52.1 de la CDFUE: La garantía del respeto del principio de necesidad; la salvaguardia del derecho de información de las personas afectadas por tales medidas restrictivas de sus derechos fundamentales, y, directamente relacionada con la anterior, la exigencia del establecimiento de medidas reaccionales adecuadas para la salvaguardia de tales derechos por parte de dichas personas.

La STEDH del caso EKIMDZHIEV y otros v. Bulgaria constaba amargamente cómo, si bien la legislación búlgara aparentaba superar los cánones del principio de la calidad de la norma habilitante en lo referente a la exigencia de los principios de proporcionalidad y necesidad a nivel de definición normativa, su aplicación práctica mostraba tales deficiencias que convertían a la ley en prácticamente inoperante. Ello era especialmente destacable en orden a la motivación; al generalizarse el empleo en las resoluciones de modelos prácticamente hueros de contenido motivador, plantillas universales, que no aportaban contenido alguno a la información y justificación de la autoridad solicitante[44]. El tratamiento del principio de necesidad no escapaba precisamente de esta crítica; pues dichos modelos

44. Por contra, la STJUE (Sala Tercera) de 16 de febrero de 2023 (caso HAY y otros; asunto C-349/21), llega a admitir que el cometido de control y decisión para la práctica de una injerencia de tal naturaleza puede llevarse a efecto mediante una plantilla o modelo que se limite a hacer una referencia genérica a que la solicitud policial o fiscal

solamente incluían una frase en la que se indicaba que no existía una medida menos lesiva que pudiera permitir a acceder a la información que se demandaba.

El TJUE realizará una enunciación del principio de necesidad que abarca solamente una de las dimensiones de su definición asumida de forma generalizada por la jurisprudencia del TEDH. Esta concepción del principio parte de su dimensión instrumental, del empleo de herramientas o métodos que sean lo menos invasivos posibles de los derechos fundamentales concernidos; lo que supone la inexistencia de otra herramienta o método que permita alcanzar el mismo objetivo, con un coste para los derechos afectados claramente inferior. Sin embargo, el TJUE prefiere descender a los conceptos de objeto y alcance de la medida: a la definición de cuál es el concreto objetivo de la indagación y los límites temporales y de análisis al que ha de sustentarse la medida que pudiera acordarse. Se nos dirá, por ello, que la legislación nacional deberá establecer normas claras y precisas que regulen el alcance y la aplicación de la medida en cuestión —§ 64—. Concluyendo con esta apreciación, la sentencia comentada acude al precedente de la STJUE del caso PROKURATUUR para exigir de forma taxativa que tanto la categoría o categorías de datos mencionados como el período durante el cual se solicita el acceso a ellos se limiten, en función de las circunstancias del caso, a lo estrictamente necesario para los fines de la investigación de que se trate —§ 63—[45].

Mucho más interesante nos resulta el abordaje de la cuestión de la exigencia del no respeto del derecho de información por parte de las autoridades judiciales búlgaras. La STEDH del caso EKIMDZHIEV y otros v. Bulgaria hacía especial énfasis en que legislación y práctica procesal búlgaras apenas habían evolucionado en materia de puesta en conocimiento del acto de injerencia desde el escenario dibujado por la STEDH, Secc. 5.ª, de 28 de junio de 2007 (caso ASOCIACIÓN PARA LA INTEGRACIÓN EUROPEA Y LOS DERECHOS HUMANOS y EKIMDZHIEV v. Bulgaria;

---

cumple con las exigencias impuestas por la legislación nacional al respecto. La sentencia, realmente, nos sorprende con la afirmación que se hace de que una motivación por remisión como la indicada superaría los cánones de exigencia de cognoscibilidad impuestos por el derecho a un juicio equitativo al que se refiere el art. 47.3 de la CDFUE, con tal que una *lectura cruzada* de solicitud y autorización permitiera acceder a las razones por las cuales se autorizó la medida.

45. *«... (P)our satisfaire à l'exigence de proportionnalité, selon laquelle les dérogations à la protection des données à caractère personnel et les limitations de celle-ci doivent s'opérer dans les limites du strict nécessaire, il appartient aux autorités nationales compétentes d'assurer, dans chaque cas d'espèce, que tant la ou les catégories de données visées que la durée pour laquelle l'accès à celles-ci est sollicité soient, en fonction des circonstances de l'espèce, limitées à ce qui est strictement nécessaire aux fins de l'enquête en cause».*

asunto 62540/00); y ello en un escenario en el que el TEDH establecía un íntimo vínculo entre tal cognoscibilidad y los derechos a un juicio justo y al respeto de la privacidad de las personas afectadas; y, en concreto, como principal instrumento de defensa frente a riesgos de abuso y arbitrariedad derivados de las actuaciones discretas de los Poderes Públicos.

Ese mismo protagonismo que se confiere por el Tribunal de Luxemburgo en la STJUE del caso SPETSIALIZIRAN NAKAZATELEN SAD al equiparable derecho de información, como uno de los pilares de la protección de datos personales, le lleva a reconocer en aquél idéntico rol de baluarte para la garantía de la lucha contra tales situaciones de abuso y acceso ilícito. Precisamente, en el § 69 de la sentencia se destaca cómo la recopilación y tratamiento de los datos de tráfico de comunicaciones y localización objeto de cesión están sometidos al mandato de la Directiva (UE) 2016/680[46].

El derecho de información es, en concreto, objeto de reconocimiento y desarrollo en el art. 13 de la mencionada Directiva (UE) 2016/680. Pero el TJUE nos recuerda igualmente cómo el apartado 3 de dicho precepto prevé la posibilidad de que los Estados miembros de la Unión puedan retrasar, limitar o incluso omitir tal puesta en conocimiento en base a alguna de las finalidades que se describen en la norma; siempre que, apostilla, ello no suponga la exclusión por definición de cualquier derecho a la información —§ 72—. En cualquier caso, los mismos principios de proporcionalidad y necesidad en el contexto de una sociedad democrática serán igualmente de aplicación a este régimen de excepciones al respeto y exigencia de cumplimiento del derecho de información.

El establecimiento de remedios o recursos procesales efectivos contra el acceso ilícito a tales datos encuentra un nexo de unión incontestable con la garantía del derecho de información en la lucha contra riesgos de abusos o accesos ilícitos; pues de poco serviría informar al interesado de la existencia del acto de injerencia si resulta que carece de remedios jurídicos adecuados para defender sus intereses.

La STEDH del caso EKIMDZHIEV y otros v. Bulgaria destacaba cómo la legislación búlgara centraba las posibilidades de reacción frente a decisiones de cesión y tratamiento de datos por las personas afectadas prácti-

46. Directiva (UE) 2016/680 del Parlamento Europeo y del Consejo, de 27 de abril de 2016, relativa a la protección de las personas físicas en lo que respecta al tratamiento de datos personales por parte de las autoridades competentes para fines de prevención, investigación, detección o enjuiciamiento de infracciones penales o de ejecución de sanciones penales, y a la libre circulación de dichos datos y por la que se deroga la Decisión Marco 2008/977/JAI del Consejo.

camente a la posibilidad de ejercitar *a posteriori* una acción indemnizatoria; y ello siempre que se hubiera tenido conocimiento del acto de injerencia como consecuencia de que se hubiera iniciado finalmente una causa penal contra aquéllas. Más allá de esta posibilidad de obtener un resarcimiento económico, se aprecia cómo los Tribunales nacionales carecían de potestades para ordenar la destrucción del material obtenido como consecuencia de una medida de vigilancia declarada ilícita; siendo la respuesta intraprocesal de naturaleza eminentemente formal. Ni siquiera con la transposición en 2019 de la Directiva (UE) 2016/680 se llega a apreciar que el régimen de remedios procesales en materia de tales medidas especiales de vigilancia fuera lo suficientemente efectivo como demanda la norma objeto de implementación —§§ 353 y 354—.

El TJUE se preocupa especialmente de esta garantía esencial que supone la existencia de previsión legal de unos recursos efectivos frente a decisiones de injerencia del ámbito propio de la Directiva 2002/58/CE; exigencia que no solo vendría reconocida en el apartado 2 de dicho precepto, sino, muy en concreto, en el at. 54 de la Directiva (UE) 2016/680. Esta norma exige que la ley nacional garantice a los ciudadanos afectados el derecho a un recurso judicial efectivo cuando éstos consideren que el tratamiento de sus datos ha supuesto una violación de sus derechos. Importa tanto, en este sentido, no solo el hecho de que la norma nacional traslade las vías reaccionales a la sola posibilidad de reclamar una indemnización, sino que, por razón de que no existe un canal que garantice el derecho de información, los interesados jamás podrían tener a su disposición no ya un recurso efectivo, sino cualquier forma de oposición frente al acceso ilegal a sus datos.

4. EL IMPACTO DE LA STJUE DEL CASO A.G. Y LIETUVOS RESPUBLIKOS GENERALINĖ PROKURATŪRA

La STJUE (Sala Primera) de 7 de septiembre de 2023 (caso A.G. y LIETUVOS RESPUBLIKOS GENERALINĖ PROKURATŪRA; asunto C-162/22) analiza un supuesto de investigación de un delito de revelación de secretos que se imputaba a un fiscal lituano. En el procedimiento penal incoado a tal efecto se acordó la interceptación de comunicaciones tanto contra el referido fiscal como contra un abogado, del que se sospechaba era el receptor de la información bajo secreto del sumario que afectaba a sus clientes. La Fiscalía General incoa igualmente expediente administrativo sancionador contra el referido fiscal; que se nutre de información obtenida en la causa penal, y en concreto de la fuente de las conversaciones interceptadas. Al tener conocimiento de tal circunstancia, el fiscal interpone recurso de apelación ante la jurisdicción contencioso-administrativa alegando la vulneración de sus derechos fundamentales; en concreto su derecho a la confidencialidad de sus comunicaciones. El ordenamiento lituano permitía, en su Ley de Inteligencia Criminal, la utilización de la información obtenida de injerencias sobre comunicaciones, incluidos contenidos y datos de tráfico, para investigar no solo infracciones graves, sino también faltas disciplinarias o infracciones administrativas cometidas en el ejercicio del cargo y relacionadas con actos de corrupción.

La sentencia acomete el reto al que le enfrenta la cuestión prejudicial retomando la doctrina que ya se anticipara con vehemencia en su precedente de la STJUE del caso LA QUADRATURE DU NET y otros. Acude por ello a ese principio de proscripción de la cesión de datos obtenidos en el curso de una injerencia sobre derechos fundamentales relacionados con la protección de contenidos y datos de tráfico o datos de localización, protegidos por el mandato del art. 15.1 de la Directiva 2002/58/CE, para finalidades de menor trascendencia o relevancia que aquéllas que hubieran servido de justificación para la ejecución del acto de injerencia[47].

En este sentido, nos recuerda que, en aplicación del principio de proporcionalidad, existe una jerarquía entre los objetivos de interés general que permiten justificar una medida adoptada en virtud del artículo 15, apartado 1, de la Directiva 2002/58/CE, en función de su importancia respectiva; y que la importancia del objetivo perseguido por tal medida debe ser correlativa a la gravedad de la injerencia que supone.

Acoge igualmente esa idea de que la utilización de la información obtenida como consecuencia de tales actos de injerencia se haría depender de que el nuevo fin perseguido fuera de superior entidad. En este contexto nos recordará que el único ámbito normativo posible en el que una conservación generalizada e indiscriminada de datos de tráfico y localización, como la que recoge la legislación letona, con respeto del mandato del art. 15.1 de la Directiva 2002/58/CE, no puede ser otro que el de la seguridad nacional —§ 36*(48—)*; nunca para la salvaguardia de la seguridad pública o la lucha contra la delincuencia grave, ni menos la persecución de conductas corruptas no delictivas imputables a determinados servidores públicos. Destaca igualmente cómo tan importante es a los efectos de conformidad con el mandato de dicho precepto que la fuente de información sea respetuosa de su mandato, como que «*...el acceso a los mencionados datos concedido a las autoridades competentes también era conforme con dicha disposición*» —§ 30—.

Para despejar cualquier duda al respecto, el TJUE va incluso más allá, expandiendo tal regla a otras opciones de injerencia diversas al supuesto

47. En el mismo sentido se pronunciará la STJUE LA QUADRATURE DU NET II —§ 97—.

de la conservación generalizada de datos en relación con la seguridad nacional; concluyendo que solamente cabría una solución diferente a esta regla de exigencia de un nivel superior del bien jurídico protegido, «*...si la importancia del objetivo perseguido por el acceso fuera mayor que la del objetivo que justificó la conservación*» —§ 40—.

El mérito de la STJUE del caso A.G. y LIETUVOS RESPUBLIKOS GENERALINĖ PROKURATŪRA ha de encontrarse en la habilidad del Alto Tribunal por rearmarse de argumentos a la hora de justificar su postura. Por una parte, en su § 39 nos recuerda, con referencia a su precedente de la STJUE del caso LA QUADRATURE DU NET y otros, que la posibilidad de establecer limitaciones a los derechos previstos en los arts. 5, 6 y 9 de la Directiva debe ponderarse «*...determinando la gravedad de la injerencia que supone esa limitación y comprobando que la importancia del objetivo de interés general perseguido por dicha limitación guarde relación con tal gravedad*» —§ 39—. Si ello supondrá la necesidad de respetar la jerarquía de finalidades u *objetivos de interés general* superiores, la sentencia nos recordará igualmente que, a los efectos de lo establecido en el art. 15.1, no existen más fines públicos legítimos que los que estrictamente se definen en dicho precepto; en una norma que, al menos desde la STJUE del caso LA QUADRATURE DU NET, los considera como integrados en un inquebrantable *numerus clausus*.

Es cierto que la propia sentencia no niega en modo alguno que un expediente disciplinario tendente a sancionar determinadas conductas corruptas podría desempeñar un papel trascendental en tal finalidad pública; pero, aparte de ser considerado de forma insistente como un fin de menor entidad que la lucha contra la delincuencia grave y la preservación de la seguridad pública, el art. 15.1 de la Directiva 2002/58 no incluye en el listado de posibles finalidades la acción administrativa en la lucha contra determinados comportamientos inadecuados de funcionarios públicos.

Esta jurisprudencia del TJUE choca frontalmente con una jurisprudencia del TEDH que de forma reiterada se ha visto receptiva a aceptar situaciones de ulterior utilización de información obtenida en el curso de injerencias afectantes a la protección del derecho al respeto de la correspondencia para finalidades no solo diversas, sino de menor trascendencia pública que aquéllas para las que se acordara el acto de injerencia. Los más recientes ejemplos han de encontrarse en tres sentencias que muestran un clarísimo paralelismo entre sí: Las SSTEDH, Secc. 5.ª, de 16 de mayo de 2023, de los casos SHIPS WASTE OIL COLLECTOR B.V v. Holanda (asunto 2799/16), BURANDO HOLDING B.V. y PORT INVEST B.V. v. Holanda (asuntos 3124/16 y 3205/16) y JANSSEN DE JONG GROEP B.V. y otros v. Holanda (asunto 2800/16).

Las dos primeras sentencias abordaban un supuesto en que con motivo de una investigación criminal de delito ecológico (vertidos ilegales al mar) mediante el empleo de injerencias sobre contenidos de comunicaciones en tiempo real, se obtiene información sobre la existencia de prácticas colusorias de fijación de precios; la tercera a un supuesto cohecho, en el que igualmente se constatan prácticas colusorias de idéntica factura.

Ambas sentencias llegan a la conclusión de que, como quiera que la cesión de datos ordenada era una derivación de una orden de interceptación de telecomunicaciones en la que se habían garantizado las salvaguardias adecuadas contra el riesgo de arbitrariedad, no podría considerarse una interferencia ilimitada el poder ordenar una cesión de los datos así obtenidos; al menos en tanto en cuanto la ley nacional en estos supuestos de medidas de vigilancia discreta permitiera a las personas concernidas tener un conocimiento sobre el alcance y ejercicio por las autoridades competentes de esta potestad de transferencia de los datos —§ 51—. El abordaje del principio de proporcionalidad se realizará, además, constatando cómo la defensa de la economía, como uno de los fines de interés general referidos en el art. 8.2 del CEDH, confería a la salvaguardia del respeto de las normas de libre competencia la condición de imperioso interés general —*compelling general interest*— capaz de superar dicho juicio de proporcionalidad.

Un avezado lector podría contrargumentar refiriendo que ese interés por la defensa de la economía nacional sí aparece recogido como uno de los fines legítimos a que se refiere el art. 15.1 de la Directiva 2002/58/CE; pero no resulta difícil encontrar sentencias tales como la STEDH, Secc. 2.ª, de 18 de enero de 2022 (caso ADOMAITIS v. Lituania; asunto 14833/18), por citar entre las más recientes[49], en las que el fin público que se aduce para legitimar la transferencia de datos a un expediente administrativo sancionador es precisamente la lucha contra la corrupción o la garantía de la transparencia y honorabilidad en la prestación de determinados servicios públicos por las autoridades responsables. El Tribunal tuvo especialmente en consideración esa finalidad de garantizar la transparencia y rectitud en el desempeño del servicio público prestado por la institución que dirigía el interesado, un centro penitenciario, tratando de garantizar que no se ignoraran los objetivos perseguidos por tal institución —§ 84—.

Si queremos encontrar dónde radica la razón que define tal manifiesto distanciamiento de perspectivas jurídicas, hemos de acudir sin duda a la

49. En similares términos podemos citar los precedentes de las SSTEDH, Secc. 5.ª, de 16 de junio de 2016 (caso VERSINI-CAMPINCHI y CRASNIANSKI v. Francia; asunto 49176/11), y, Secc. 5.ª, de 29 de junio de 2017 (caso TERRAZZONI v. Francia; asunto 33242/12).

consideración de que el TJUE en ningún momento llega a reconocer un a modo de principio de degradación de la gravedad de la injerencia como consecuencia del agotamiento de la finalidad perseguida por ésta; que el hecho de que la información haya sido empleada para la investigación criminal en virtud de una orden de interceptación o cesión legal no abre las puertas a que esa misma información pueda ser reutilizada para otros fines públicos que no respetan el principio de jerarquía que tal jurisprudencia impone. Proporcionalidad y respeto de tal jerarquía se convierten en dos inamovibles pilares sustentados en el mandato del art. 15.1 de la Directiva 2002/58/CE.

Por el contrario, pese a esa concepción maximalista que el TEDH mantiene del derecho al respeto de la correspondencia, ese principio de degradación adquiere una inusitada vigorosidad en su jurisprudencia. La utilización de la información para otra finalidad pública no supone que la misma quede extramuros de la protección que el art. 8.1 del CEDH confiere al derecho a la correspondencia privada. De hecho, el principio de proporcionalidad sigue rigiendo en plenitud a la hora de ponderar esa utilización más allá de la concreta finalidad para la que la injerencia se acordara. Pero es esa degradación, esa propia legitimación que se deriva del origen lícito de la información obtenida, la que abre las puertas a la posibilidad de que la información pueda ser empleada para una finalidad de menor trascendencia pública que aquélla para la que se obtuviera.

5. IRRUPCIÓN DEL CRITERIO PENOLÓGICO EN EL JUICIO DE PROPORCIONALIDAD Y REAFIRMACIÓN/RECONSIDERACIÓN DE LA DOCTRINA DEL TJUE SOBRE CESIÓN DE DATOS COMERCIALES: LAS SSTJUE DE LOS CASOS GIUDICE DELLE INDAGUINI PRELIMINARI PRESSO IL TRIBUNALE DI BOLZANO Y LA QUADRATURE DU NET Y OTROS II

Las SSTJUE (Gran Sala) de 30 de abril de 2024 (caso GIUDICE DELLE INDAGUINI PRELIMINARI PRESSO IL TRIBUNALE DI BOLZANO; asunto C-178/22) y (Gran Sala) de 30 de abril de 2024 (caso LA QUADRATURE DU NET y otros; asunto 470/21) cierran, de momento, la larga lista de resoluciones del Tribunal de Luxemburgo que abordan de forma más o menos directa el régimen jurídico de la cesión de datos comerciales para la lucha contra la delincuencia. Pero no por ello no dejan de aportar importantes novedades; incluso sorprendernos con soluciones interpretativas en buena parte inimaginables frente a sus precedentes.

La STJUE del caso GIUDICE DELLE INDAGUINI PRELIMINARI PRESSO IL TRIBUNALE DI BOLZANO aborda un ejemplo concreto de acceso masivo a datos de tráfico y localización conservados por motivos comerciales para la investigación del hurto de concretos teléfonos móviles. Se solicitó, en concreto información sobre listado de llamadas, sitios visitados, duración de llamadas y conexiones, geolocalización en base a redes o repetidores y códigos de IMEI e identificación de abonados que hubieran hecho uso de los terminales. La diferencia con la información recabada en el caso MINISTERIO FISCAL era cualitativa y cuantitativamente evidente.

Que el TJUE considerara que el acceso a tales datos permitía extraer conclusiones precisas sobre la vida privada de las personas cuyos datos se habían conservado no debía ser algo que nos extrañara; como lo era también que se llegara a la más que predecible conclusión de que la injerencia sobre derechos fundamentales garantizados por los arts. 7 y 8 de la CDFUE solo podría ser tildada de grave —§ 39—. También se prevenía de que la limitación temporal en la retroacción en el acceso a tal información no debería ser considerada como un factor relevante para descartar ese riesgo de generación de perfiles detallados; toda vez que incluso de ellos podría seguir extrayéndose tal información detallada —§ 40—. La conclusión a la que se llegará en el § 43 no podía ser tampoco menos predecible: Tal circunstancia habría de conllevar que unas injerencias susceptibles de facilitar el acceso a esa información detallada sobre tráfico de comunicaciones y localización, dada su naturaleza grave, solamente podría justificar su empleo para objetivos de lucha contra la delincuencia grave o prevención de amenazas graves contra la seguridad pública —§ 42—.

El parágrafo siguiente se valdrá del precedente de la STJUE del caso PROKURATUUR para definir, como hiciera del mismo modo la sentencia del caso SPETSIALIZIRAN NAKAZATELEN SAD, una serie de componentes estructurales clave para cualquier normativa nacional que permitiera la cesión de datos comerciales con fines de investigación criminal. En este sentido, serán tres las claves en las que se centra la preocupación del TJUE: En primer lugar, que la normativa nacional establezca reglas claras y precisas que determinen el alcance y requisitos aplicables a tal acceso; en segundo lugar, que la medida solo afecte a datos de las personas de las que se sospeche que puedan estar implicadas en la comisión de un delito grave; y, en tercer lugar, que, como garantía de que la medida que se adopte se restrinja a lo estrictamente necesario, el acceso de las autoridades nacionales competentes se supedite, salvo caso de urgencia debidamente justificada, a un control previo efectuado bien por un órgano jurisdiccional, bien por una autoridad administrativa independiente.

Sin embargo, la más importante novedad que incorpora esta sentencia es, pese al precedente claramente contrario que supusiera la STJUE (Gran

Sala) de 21 de junio de 2019 (caso LIGUE DES DROITS HUMAINS; asunto C-817/19), referida a la Directiva 2016/681, la validación de la superación de un concreto límite penológico conforme a la legislación nacional, como criterio definidor del concepto de delincuencia grave: Delitos castigados con una pena máxima de privación de libertad no inferior a tres años; aunque sometido a la superación de dos criterios adicionales, como seguidamente veremos.

Ya hemos visto anteriormente cómo en la sentencia del caso LIGUE DES DROITS HUMAINS, y a pesar de que la normativa comunitaria partía, además del mismo criterio penológico, de una lista de delitos considerados graves por el propio legislador y que, al menos en parte contara con el reconocimiento como tales del Alto Tribunal, se llega a concluir que podríamos enfrentarnos a delitos que, aun alcanzando dicho umbral penológico, se corresponderían, realmente, «*..., habida cuenta de las especificidades del sistema penal nacional, no a delitos graves, sino a la delincuencia común*» —§ 151—. Con este precedente, cualquier intento de obtener el placet del TJUE a regímenes basados exclusivamente en un criterio penológico, al menos como el descrito, parecía abocado al más estrepitoso de los fracasos.

La STJUE del caso GIUDICE DELLE INDAGUINI PRELIMINARI PRESSO IL TRIBUNALE DI BOLZANO retoma curiosamente su argumento prácticamente donde lo dejó su precedente. Faltaríamos, eso sí, a la verdad si pretendiéramos reducir la nueva posición del TJUE a una cuestión de simple alcance, siquiera superación, de dicho criterio penológico de los tres años de pena privativa de libertad prevista para la infracción objeto de investigación.

La sentencia someterá este criterio penológico a dos exigencias que privarán de absoluto automatismo a su asimilación al concepto de delincuencia grave. La primera exigencia es en sí misma una obviedad; pues atañe a lo que sería el conocido como presupuesto habilitante («*...siempre que existan indicios suficientes de tales delitos...*»), así como a un principio de idoneidad con clara afinidad con el de necesidad de la medida («*...y que dichos datos sean pertinentes para constatar los hechos...*»)[50]. La segunda trata de establecer un distanciamiento frente a la solución contraria mostrada por la STJUE del caso LIGUE DES DROITS HUMAINS; y lo hace comprometiendo al órgano

50. La propia exigencia de tal presupuesto en tales términos es una expresión que introduce el órgano proponente en la cuestión a la que se somete al TJUE; y a la vez una derivación de una misma exigencia que se impone en la norma procesal italiana. No obstante, nos servirá de recordatorio en una cuestión, sobre todo la referente al presupuesto habilitante, que no ha llegado a encontrar un reconocimiento claro en los precedentes jurisprudenciales del TJUE.

judicial que ha de autorizar la medida conforme la legislación italiana a una ponderación sobre si ese tope penológico impuesto por el legislador nacional no esconde motivaciones diversas a la consideración de la gravedad ínsita de la concreta infracción criminal objeto de investigación. Por ello se impondrá como condición la de que el juez nacional competente «*...esté facultado para denegar tal acceso si se solicita en el marco de una investigación sobre un delito que manifiestamente no sea grave, habida cuenta de las condiciones sociales en el Estado miembro de que se trate*».

Resulta difícil tratar de dar contenido a ese concepto de *condiciones sociales del Estado miembro de que se trate*; pues la sentencia no llega a aclararlo. Partimos de que lo que se pretende realmente es desenmascarar supuestos de verdadera delincuencia ordinaria a los que el legislador nacional ha preferido imponer un plus punitivo. Tal técnica legislativa es equiparada a un proceso de auténtica desnaturalización del concepto de delincuencia grave. Tal noción podríamos relacionarla aparentemente con los conceptos de la *trascendencia jurídica del bien jurídico protegido* o *relevancia social del hecho* que tuvieran entrada en la jurisprudencia de nuestro Tribunal Constitucional —STC, Sala Primera, 82/2002, de 20 de abril— [51].

No debemos olvidar, en cualquier caso, que el TJUE sí mantiene su tesis de considerar ese límite penológico como tal vez excesivamente benévolo; que, como consecuencia de que la determinación penológica parte no de la pena mínima aplicable, sino de la pena máxima, podría abrir las puertas al acceso a datos de entre los protegidos por el art. 15.1 de la directiva 2002/58/CE para la investigación de delitos que, en realidad, no merecerían la consideración de delitos graves —§ 57—. Por ello ese criterio de las condiciones sociales del Estado en cuestión, aún pendiente de un desarrollo doctrinal que lo clarifique, no debería dar lugar a que el concepto de delincuencia grave pasara a abarcar a la generalidad de delitos, convirtiendo en regla general lo que debería ser la excepción.

La STJUE del caso LA QUADRATURE DU NET y otros II no se muestra tan impactante como la anterior a efectos del tratamiento de la cesión de datos comerciales para fines de investigación criminal. Su verdadera relevancia atañe realmente a las exigencias en orden a la forma en que las operadoras han de preservar determinados datos que sí pueden ser objeto, como las asignaciones de IP, de una conservación generalizada e indiscriminada de datos relativos a comunicaciones.

---

51. Desarrollo tal tesis en mi trabajo: «*Hacia una nueva dimensión del principio de proporcionalidad en la injerencia legal sobre comunicaciones en la jurisprudencia del Tribunal de Justicia de la Unión Europea*». Diario LA LEY, N.º 10538, Sección Doctrina, 3 de Julio de 2024, LA LEY.

Ya hemos anticipado cómo el § 97 aborda nuevamente el principio de jerarquía, o no desescalamiento, en la ulterior utilización de la información obtenida para una previa finalidad pública. Pero el parágrafo siguiente nos enfrenta a un serio dilema jurídico; pues contraviene con preocupante frialdad todo lo que hasta ahora se había dicho sobre la íntima relación entre los datos de tráfico y localización conservados por motivos comerciales y la naturaleza grave de la injerencia cuando se ordena una cesión de éstos.

Dicho apartado 98 afirma que: «*En cambio, tal objetivo de lucha contra las infracciones penales en general permite justificar que se dé acceso a los datos de tráfico y de localización que se hayan almacenado y por tanto conservado en la medida y por la duración necesarias para la comercialización de servicios, la facturación y la prestación de servicios de valor añadido, como autoriza el artículo 6 de la Directiva 2002/58 (véase, en este sentido, la sentencia de 6 de octubre de 2020, La Quadrature du Net y otros, C-511/18, C-512/18 y C-520/18, EU:C:2020:791, apartados 108 y 167)*».

Si la sentencia se limitara a realizar ese planteamiento sin una referencia a la STJUE del caso LA QUADRATURE DU NET y otros, todo quedaría en un cambio de criterio frente a unos referentes que, como hemos visto, y de forma contundente, defendían todo lo contrario. Siempre que se ha abordado de forma tanto directa como indirecta tal supuesto del acceso a datos conservados por motivos comerciales al amparo de lo establecido en los arts. 5, 6 y 9 de la Directiva 2022/58/CE lo fue para constatar ese enorme potencial de facilitar información detallada sobre datos de la vida privada de las personas. El cambio, simplemente, quedaría huero de justificación, como no fuera porque pretendiéramos destacar aquello que diferencia esta conservación de datos de la que se definiera en la Directiva 2006/24/CE. Justificación contractual en la conservación; sometimiento a la disciplina, como cualesquiera otras bases de datos privadas, de la Directiva (UE) 2016/680, o limitación en la capacidad real de conservación de estos datos podrían estar detrás de este clamoroso cambio de rumbo.

Pero hay algo que realmente habría de preocuparnos: De los dos parágrafos de la sentencia del caso LA QUADRATURE DU NET y otros que se citan, el primero, el § 108, se limita a explicar el fundamento legal de la conservación por motivos comerciales y los límites de funcionalidad que la limitan[52]. Es, en este sentido neutro a los efectos de servir de fundamento a tan clamorosa variación de criterio. El siguiente, el § 167, llega extrañamente a la conclusión antagónica a la argumentada en un parágrafo de la nueva

52. «*Por lo que se refiere, en particular, al tratamiento y al almacenamiento de los datos de tráfico por parte de los proveedores de servicios de comunicaciones electrónicas, del artículo 6 y de los*

sentencia que refiere inspirarse en aquél. Lo que nos dice dicho parágrafo es, efectivamente, lo contrario: Que la utilización de datos de tráfico y localización conservados por las operadoras al amparo de lo establecido en los arts. 5, 6 y 9 de la Directiva 2002/58/CE, siempre que así lo permita la norma nacional, solamente podría tener por finalidad legítima la «...*lucha contra la delincuencia grave o de protección de la seguridad nacional...*»[53].

Ello solo nos puede llevar a intuir que nos enfrentamos bien a un error en la redacción de tal argumento o a una lectura incorrecta del referente jurisprudencial. No encuentro argumentos para poder sostener que se ha producido, por tanto, un verdadero giro en la jurisprudencia del TJUE en cuando a la no consideración de injerencias sobre esta fuente de información como de naturaleza grave; y, en consecuencia, susceptibles de hacerlas accesibles a los efectos de la lucha contra la delincuencia ordinaria. Es más, la jurisprudencia del TJUE nos enfrenta en el mismo día a dos sentencias que defienden posturas absolutamente antagónicas. Esta última supondría un salto radical hacia una posición que rompe con todo lo defendido hasta el momento; que es lo que precisamente defiende la STJUE del caso GIUDICE DELLE INDAGUINI PRELIMINARI PRESSO IL TRIBUNALE DI BOLZANO. No encuentro razones que nos lleven a optar por ese cambio revolucionario que se fundamenta en una referencia errónea a unos precedentes que dicen precisamente lo contrario.

IV. BREVE REFERENCIA AL TRATAMIENTO DE LA CESIÓN DE DATOS COMERCIALES A LOS EFECTOS DE INVESTIGACIÓN CRIMINAL EN LA LEY DE ENJUICIAMIENTO CRIMINAL

Si hubiéramos de dar una calificación al nivel de homologación de la normativa española sobre cesión de datos comerciales al referente de la interpretación jurisprudencial de los arts. 5,6, 9 y 15.1 de la Directiva

considerandos 22 y 26 de la Directiva 2002/58 se desprende que este tratamiento solo está autorizado en la medida y durante el tiempo necesarios para la comercialización de los servicios, la facturación de estos y la prestación de servicios con valor añadido. Una vez expirado este plazo, los datos que hayan sido tratados y almacenados deberán eliminarse o hacerse anónimos. En relación con los datos de localización distintos de los datos de tráfico, el artículo 9, apartado 1, de dicha Directiva establece que esos datos solo podrán tratarse conforme a ciertos requisitos y tras haberse hecho anónimos o previo consentimiento de los usuarios o abonados (sentencia de 21 de diciembre de 2016, Tele2, C-203/15 y C-698/15, EU:C:2016:970, apartado 86 y jurisprudencia citada)».

53. «*A este respecto, los Estados miembros pueden prever en su normativa que el acceso a los datos de tráfico y de localización pueda, dentro del respeto de estas condiciones materiales y procesales, efectuarse con fines de lucha contra la delincuencia grave o de protección de la seguridad nacional cuando tales datos sean conservados por un proveedor de conformidad con los artículos 5, 6 y 9 o incluso con el artículo 15, apartado 1, de la Directiva 2002/58*».

2002/58/CE, esta habría de ser, al menos en mi modesta opinión, entre moderado y alto, aunque con alguna reserva.

En cuanto al objeto mismo de la injerencia, el art. 588 ter b de la LECRIM incluye correctamente dentro de su ámbito, y con sometimiento a un principio de equiparación en su tratamiento cuando nos enfrentamos a simples datos personales ajenos al sistema de protección del secreto de las comunicaciones, tanto a genuinos datos de tráfico o asociados al proceso de comunicación, incluidos los de localización, como a datos de conectividad. Estos últimos son definidos como aquellos que sean consecuencia de la puesta a disposición del usuario de un servicio o red de comunicaciones electrónicas. Se produce, además, un sometimiento a la posibilidad de tratamiento para fines de investigación criminal independientemente de que su canalización tenga lugar a través de redes de comunicaciones electrónicas o de la prestación de un servicio de la sociedad de la información o comunicación telemática análoga.

Es el art. 588 ter j la norma que centra todo el contenido regulador de la medida de injerencia. Pero en modo alguno hemos de olvidar que el precepto se nutre a su vez de las normas generales que se recogen en los arts. 588 bis a-588 bis k; de los artículos que se contienen en la Sección 1.ª del Capítulo V del Título VIII del Libro II de la LECRIM, así como de las normas reguladoras de la interceptación de comunicaciones en tiempo real de la Sección 2.ª, en cuanto sean precisas para completar su regulación.

El deber de colaboración frente a una orden de su cesión se recoge en el apartado 1 del referido art. 588 ter j. Al contrario de lo que sucede en el contexto del art. 15.1 de la Directiva 2002/58/CE, el deber de colaboración alcanza no solo a prestadores de servicios, en cuanto que conservados por motivos comerciales o de otra índole, sino también, en aplicación de lo establecido en el art. 588 ter e, en relación con el art. 7 de la Ley Orgánica 7/2021[54], a determinados terceros, en cuanto que faciliten el tránsito de la comunicación objeto de orden de cesión (por ejemplo, en el supuesto de los *men in the middle* de las redes TOR). La referencia a la legislación sobre conservación de datos ha de ser, obviamente, conforme al escaso ámbito de aplicación que al día de la fecha permite la jurisprudencia del TJUE y bajo sus estrictos condicionantes.

La reserva de autorización judicial en la cesión de datos de tráfico y localización es un imperativo en el art. 588 ter j.1 de la LECRIM. De hecho,

54. Ley Orgánica 7/2021, de 26 de mayo, de protección de datos personales tratados para fines de prevención, detección, investigación y enjuiciamiento de infracciones penales y de ejecución de sanciones penales.

en su último inciso se hace una mención expresa a esta exigencia de *autorización judicial*. No se admite, como sí permite la jurisprudencia del TJUE, una anticipación por autoridad fiscal o policial a la decisión de cesión de datos por razones de urgencia, con posterior ratificación por autoridad policial. Para tal posibilidad no tendríamos más opción que la de acudir a la orden de preservación de datos del art. 588 octies.

Surge la duda de si sería conforme con el mandato de la jurisprudencia del TJUE la posibilidad de que sea una autoridad policial o fiscal quien emita una orden de cesión sobre datos identitarios, tal y como permite el art. 588 ter m. Hemos de destacar que la exigencia sobre la cualidad de la autoridad que ordena la cesión de datos tiene como razón de ser la naturaleza grave de la injerencia; y hemos visto cómo la situación varía cuando nos enfrentamos a una injerencia no grave relacionada con la lucha contra la delincuencia ordinaria. En tales supuestos bastaría con una posibilidad efectiva de control o supervisión por autoridad judicial o administrativa independiente; y esta posibilidad de control viene garantizada por la puesta en conocimiento de la decisión a la autoridad judicial de conformidad con lo establecido en el art. 7.1 de la Ley Orgánica 7/2012. Puesta en conocimiento que habrá de posibilitar la toma de decisiones sobre la confirmación o desautorización de la decisión adoptada; lo que ha de suponer un control sobre la oportunidad y fundamentos jurídicos de una decisión que, como garantiza dicho precepto, debe ser objeto de la debida fundamentación.

La exigencia de la gravedad del delito como límite para permitir el acceso a dicha información era una cuestión que encontraba en parte solución en el propio preámbulo de la LO 13/2015. En dicho Preámbulo se hablaba de la exigencia del mismo nivel de gravedad que el propio de la interceptación de comunicaciones; es decir, el sistema mixto de lista cerrada, criterio penológico e instrumentalidad por el empleo de medios tecnológicos en la comisión del delito descrita por el art. 588 ter a de la LECRIM. Igualmente, la ubicación sistemática del art. 588 ter j de la LECRIM, insertado en una Sección, la 2.ª, de un Capítulo en el que la Sección 1.ª, intitulada *Disposiciones generales*, sí impone tal exigencia; que habría de extenderse a los preceptos de dicha Sección 2.ª, en tanto que no debieran considerarse excepcionados. Es cierto que la Circular 1/2019 de la Fiscalía General del Estado, sobre disposiciones comunes y medidas de aseguramiento de las diligencias de investigación tecnológica en la Ley de Enjuiciamiento Criminal, se basa, para defender lo contrario, en un seguimiento del periplo del que fuera el Anteproyecto de la LO 13/2015 hasta su redacción definitiva; pero esos dos argumentos de base contradecirán seriamente la fuerza de dicho argumento. En cualquier caso, la presión que sobre la norma impone la jurisprudencia del TJUE debe llevarnos necesariamente a optar por la solución de exigir esa consideración de delincuencia grave como límite para poder acceder a tal fuente de información. Obviamente, cuando nos enfrentemos a datos sobre identidad civil el nivel de exigencia se habrá de acondicionar al nivel propio de la delincuencia ordinaria.

La STJUE del caso GIUDICE DELLE INDAGUINI PRELIMINARI PRESSO IL TRIBUNALE DI BOLZANO ha despejado considerablemente las serias dudas que albergaba el sistema de determinación del concepto de delincuencia grave como consecuencia de la conjunción de los arts. 579.1 y 588 ter a de la LECRIM. Hay una perfecta sintonía con el concepto de delincuencia grave empleado por la legislación italiana; al que solamente habría que añadir ese criterio de ponderación que se impone al juez nacional para descartar determinadas infracciones criminales solo concebibles como mera delincuencia ordinaria. La sintonía con los conceptos de organización o grupo criminal en cuyo seno se desarrollaran concretas actividades delictivas y de terrorismo encontrarían una fácil correspondencia en la normativa del Derecho de la Unión al que la legislación penal española pretende equipararse.

La aplicación del llamado principio de jerarquía a la posibilidad de reutilización de información obtenida en el curso de una injerencia legal basada en el mandato del art. 15.1 de la Directiva 2002/58/CE al nuevo régimen del hallazgo casual o como consecuencia de una injerencia sobre contenidos o datos de tráfico o de localización de comunicaciones habrá de forzar, por el contrario, un retraimiento de la actual redacción del art. 579 bis de la LECRIM. Deberíamos reconsiderar la viabilidad de una vuelta hacia la consolidada doctrina del Tribunal Supremo sobre la necesidad de que la información obtenida, aparte de poder ser empleada como regla general, aunque sometida a un criterio de proporcionalidad, en el propio procedimiento en cuyo seno se desvelara, hubiera de superar el filtro que suponía la exigencia de que, en abstracto, el delito desvelado fuera de los que permitieran la práctica de una injerencia de la misma naturaleza que la que le sirviera de fundamento[55].

El más difícil escollo habría de encontrarse sin duda en ese componente instrumental del empleo de herramientas tecnológicas en la comisión del delito (*delitos cometidos a través de instrumentos informáticos o de cualquier otra tecnología de la información o la comunicación o servicio de comunicación*). No existe un precedente jurisprudencial en el TJUE que permita, por sí solo, considerar este componente tecnológico como susceptible de dar lugar a que un delito ordinario se convierta en grave por razón del empleo de

55. Podemos citar como ejemplos las SSTS 446/2012, de 5 de junio; 661/2013, de 15 de julio, y 1008/2013, de 8 de enero de 2014.

determinada tecnología en su comisión. La STJUE del caso LIGUE DES DROITS HUMAINS hacía mención, entre la lista de delitos que fueran aceptados como ejemplos de delincuencia grave, a la delincuencia informática; concepto éste con clara conexión con la relación de delitos que aparecen recogidos en la Directiva (UE) 2017/541 del Parlamento Europeo y del Consejo, de 15 de marzo de 2017, relativa a la delincuencia informática. Este concepto de delincuencia informática aparece reproducido como tal, también, en la lista del Reglamento 2016/794[56]; y en equiparación con la ciberdelincuencia en la Directiva 2016/681. Pero hemos de distinguir entre lo que son delitos informáticos en sentido estricto, que lo serían aquellos incluidos en la relación de delitos de tal naturaleza de la Directiva 2017/541, y la mera utilización para la delincuencia ordinaria de instrumentos informáticos.

Por su parte, el art. 1.1 de la LCDCE, con su referencia a los delitos graves contemplados en el Código Penal o en las leyes penales especiales como únicos susceptibles de permitir a las bases de datos que la ley regula, solo requeriría de la superación de ese peculiar juicio sobre las condiciones sociales del Estado miembro que justifican la determinación de la pena; máxime cuando la pena privativa de libertad propia del concento de delito grave es superior a cinco años de prisión, y en base a un criterio de tope mínimo, no máximo.

Por lo demás, y en cuanto a las exigencias propias de la resolución judicial, se garantizan adecuadamente los principios de reserva de autorización judicial y de especialidad; representado este último por la referencia que se hace en el art. 588, ter j.1 a la necesaria incorporación al proceso de la información que se obtenga. Además, los arts. 588 bis b y bis c enriquecen de contenido, tras su adecuada adaptación al tipo de injerencia concreta de la cesión de datos, el mandato de aquél precepto; mientras que la sumisión a los principios rectores del art. 588 bis a garantiza la superación de los principios de proporcionalidad, necesidad, idoneidad y especialidad. Además, el principio de necesidad se ve aún más afianzado en el apartado 2 del art. 588 ter j, al condicionar la solicitud de la orden de cesión de datos a la autoridad judicial a que su conocimiento «*...resulte indispensable para la investigación*».

El carácter secreto de la decisión judicial vendría garantizado, como aparente inamovible regla, en el art. 588 bis d. Pero es evidente que la fuerza de esa imposición de un carácter discreto en la práctica de diligencias de

56. Reglamento (UE) 2016/794 del Parlamento Europeo y del Consejo de 11 de mayo de 2016 relativo a la Agencia de la Unión Europea para la Cooperación Policial (Europol) y por el que se sustituyen y derogan las Decisiones 2009/371/JAI, 2009/934/JAI, 2009/935/JAI, 2009/936/JAI y 2009/968/JAI del Consejo.

investigación tecnológica debería verse excepcionada en determinados concretos supuestos. Al igual que en una decisión de registro de dispositivos de almacenamiento masivo de datos incautados al sospechoso de haber cometido determinado delito carecería de sentido imponer el carácter discreto de la actuación, por la misma razón de ser la orden de cesión de datos en una causa en el que todas las personas investigadas tuvieran conocimiento de la existencia del procedimiento no debería necesariamente verse sometida a una decisión y actuación discretas. Este precepto tiene sentido en tanto en cuanto nos enfrentemos a investigaciones preambulares, en las que la propia discreción en su ejecución es la clave para su buen fin; y en tanto en cuanto ello fuera realmente preciso.

El deber de puesta en conocimiento del acto de injerencia, así como la posibilidad de su restricción, podría haber encontrado su asiento no solo en la garantía de la puesta en conocimiento del procedimiento una vez levantada la fase en que la actuación se practicara de forma discreta, sino en el mandato del art. 588 ter i.3 de la LECRIM. No obstante, este régimen de deber de comunicación, basado en el derecho de información que recogiera el art. 13 de la Directiva (UE) 2016/680, ha encontrado como referente, en su vertiente negativa de determinación de excepciones legales al reconocimiento de tal derecho, en el art. 24.1 de la LO 7/21.

Sin embargo, tal vez el punto débil de la norma hubiera de encontrarse en el abordaje de la cuestión sobre el análisis automatizado de datos, objeto de una muy restrictiva aceptación por la jurisprudencia del TJUE. Se recoge en el art. 588 ter j.2 una referencia a lo que se define como *búsqueda entrecruzada o inteligente de datos* en el contexto de la cesión de datos. Pero la norma no aporta nada más; lo que nos lleva a la necesidad de realizar un profundo esfuerzo exegético que permita, en base a la aplicación de los principios rectores y las normas comunes sobre medidas de investigación tecnológica, dar contenido a las evidentes lagunas que se aprecian en lo que no es sino un reconocimiento nominativo de la técnica de investigación. Es cierto que la STJUE del caso LA QUADRATURE DU NET y otros realmente hace referencia a supuestos de conservación masiva de datos en los supuestos que sí permite tal técnica de investigación[57]; pero la mayor potencialidad de introspección en datos de la vida privada de personas afectadas por estas

57. En relación con la técnica conocida como geofencing, ORTIZ PRADILLO (ORTIZ PRADILLO, Juan Carlos: «*"Geofencing": vestigios digitales y defensa...*») se muestra abierto a la posibilidad de importación de dicha técnica a nuestro ordenamiento jurídico; aunque siendo exigente de un reforzamiento a nivel de garantías y salvaguardias legales «*...para no desvirtuar la protección de los derechos fundamentales de los ciudadanos tecnológicamente expuestos en su día a día, en general, y de los investigados en los procesos penales, en particular*».

técnicas, y más potenciadas por el empleo de inteligencia artificial, haría más que conveniente un desarrollo normativo de dicho precepto.

(48) «*A este respecto, la importancia del objetivo de protección de la seguridad nacional, interpretado a la luz del artículo 4 TUE, apartado 2, según el cual la protección de la seguridad nacional sigue siendo responsabilidad exclusiva de cada Estado miembro, supera la de los demás objetivos contemplados en el artículo 15, apartado 1, de la Directiva 2002/58, en particular los objetivos de combatir la delincuencia en general, incluso grave, y de protección de la seguridad pública. Por lo tanto, sin perjuicio del cumplimiento de los demás requisitos establecidos en el artículo 52, apartado 1, de la Carta, el objetivo de protección de la seguridad nacional puede justificar medidas que supongan injerencias en los derechos fundamentales más graves que las que podrían justificar esos otros objetivos*»

VII

Decisiones asistidas y proactivas en la fase intermedia del proceso penal[1]

M.ª Jesús Ariza Colmenarejo
Profesora Titular de Derecho Procesal
Universidad Autónoma de Madrid

I. INTRODUCCIÓN

La segunda década del siglo XXI se está caracterizando por la revolución tecnológica con unos niveles de repercusión similar a la revolución industrial del siglo XIX. La justicia no es ajena a esta impregnación de medios informáticos que pretenden incorporarse bajo la pretensión de mejorar exponencialmente los métodos de resolución heterocompositivos. La digitalización constituye una de las líneas de avance hacia sistemas de justicia más eficientes, sin que ello signifique una merma en los derechos y garantías procesales. Desde el punto de vista constitucional puede afirmarse que

1. El presente trabajo ha sido elaborado en el marco del Proyecto I+D «Inteligencia artificial, Justicia y Derecho: ¿irrupción o disrupción tecnológica en el proceso penal» (PID 2020-119324GB-100). Ministerio de Ciencia, Innovación y Universidades.

cualquier mejora en la justicia pasa por el reforzamiento del derecho a la tutela judicial efectiva, en cuyo contenido participa también la idea de una justicia eficiente. Así pues, la eficiencia en el servicio público de la justicia comparte el título constitucional del art. 24. El art. 24 CE demanda una tutela judicial eficaz y eficiente, lo que se traduce en una tutela rápida, justa, ágil, y satisfactoria para los derechos de las partes. En esta evolución irrumpen los avances que parecen materializar toda aspiración de justicia carente de errores judiciales, garantista, y dictada en tiempos razonables conforme a la era en que vivimos.

Conceptos como la automatización, robotización, inteligencia artificial, procesamiento de lenguaje natural, *machine learning*, etc., se convierten en los estandartes de modernidad que inevitablemente van a ser empleados en la actividad jurisdiccional. No obstante, ni todo lo que representa justicia digital es automatización, ni toda automatización puede ser calificada como auténtico uso de inteligencia artificial, ni cualquier tecnología está dentro de los conceptos mencionados. En todo caso, si nuestro camino avanza hacia la potenciación de la inteligencia artificial, exprimiendo sus utilidades en el proceso penal, deben visualizarse dos problemas que han de resolverse tanto en las normas procedentes de la UE como en las propias normas procesales nacionales. A riesgo de reduccionismo, parece que el último estadio en la cuestionable relación justicia-IA es la posibilidad de que los algoritmos sustituyan a los jueces. De ahí que el primer problema consiste en identificar sistemas de IA que pueden ser utilizados para la adopción, directa o indirecta, de decisiones judiciales, ya sean definitivas o bien interlocutorias. El segundo de los problemas será el de identificar el grado de intervención de la IA en las decisiones de los jueces; es decir, ese peligroso baile del que participan máquina y humano con distinto grado de responsabilidad, de independencia, de imparcialidad, y de validación. En función de cómo se vaya a regular este nuevo protagonista, tendremos que valorar el grado de adecuación, las fortalezas y los inconvenientes. Todo ello bajo los principios éticos legislativos previstos en el Reglamento IA de la UE.

II. EL VIGENTE PUNTO DE PARTIDA NORMATIVO-PROCESAL: REAL DECRETO-LEY 6/2023

Pensar en IA y actividad jurisdiccional no es algo nuevo. Si consideramos la inteligencia artificial como «*un sistema basado en una máquina que está diseñado para funcionar con distintos niveles de autonomía y que puede mostrar capacidad de adaptación tras el despliegue, y que, para objetivos explícitos o implícitos, infiere de la información de entrada que recibe la manera de generar resultados de salida, como predicciones, contenidos, recomendaciones o decisiones, que pueden influir en entornos físicos o virtuales*»[2], probablemente ya lo podamos ver reflejado en algunas cuestiones que toman como punto de partida criterios estadísticos, matemáticos y lingüísticos. Desde la Ley 18/2011, de 5 de julio, reguladora del uso de las tecnologías de la información y la comunicación en la Administración de Justicia, el devenir de las modificaciones ha incorporado progresivamente un sinfín de instrumentos en la idea de servir de avance a la gestión procesal y a la actividad jurisdiccional. No obstante, ya el art. 41 de la Ley 40/2015, de 1 de octubre, de Régimen Jurídico del Sector Público, prevé la actuación administrativa automatizada. Se considera como tal «*cualquier acto o actuación realizada íntegramente a través de medios electrónicos por una Administración Pública en el marco de un procedimiento administrativo y en la que no haya intervenido de forma directa un empleado público*». La definición es amplia y no tiene por qué equipararse a un acto emanado de un sistema de IA. Además, el apartado 2 establece que «*en caso de actuación administrativa automatizada deberá establecerse previamente el órgano u órganos competentes, según los casos, para la definición de las especificaciones, programación, mantenimiento, supervisión y control de calidad y, en su caso, auditoría del sistema de información y de su código fuente. Asimismo, se indicará el órgano que debe ser considerado responsable a efectos de impugnación*». Por lo tanto, se establecen ciertas garantías a la decisión automatizada, como es la necesidad de identificación previa del órgano competente para establecer especificaciones, programación, mantenimiento, supervisión, y control de calidad. Pero, sobre todo, preocupan en especial las posibilidades impugnatorias. No cabe duda de la eficacia que puede lograrse a este nivel, que no siempre puede trasladarse al ámbito de la actuación judicial[3].

Al margen del ámbito judicial, su aplicación al ámbito policial constituye una tendencia a la que se ve abocada también la justicia. Cabe recordar que sistemas como VioGén permiten identificar situaciones de riesgo de reincidencia contra víctimas en caso de violencia sobre la mujer, herramienta que emplea la policía judicial para establecer niveles de riesgo para justificar la adopción de medidas de protección policiales. Este tipo de sistemas no es ajeno al ámbito judicial tampoco, puesto que contribuyen a reforzar, desde un punto de vista más objetivo, cualquier decisión de carácter cautelar al arrastrarse desde los instantes preprocesales. En muchas ocasiones, la justificación dada por la policía sirve al juez para tomar decisiones sobre órdenes de protección. No puede afirmarse que el sistema queda incorporado a la resolución judicial, pero sirve de fundamento, aunque sólo sea como elemento de refuerzo no vinculante para el juez. No obstante, la

2. Definición del art. 3 del Reglamento de IA de 13 de junio de 2024.
3. GODOY, O., «De la digitalización a la inteligencia artificial: actividad administrativa, logaritmos y derechos», *Diario La Ley*, n.º 10504, 2024.

defectuosa valoración policial del riesgo en caso de violencia de género puede dar lugar a responsabilidad patrimonial del Estado[4].

También encontramos otras aplicaciones como Veripol o RisCanvi que se comportan como sistemas de valoración del riesgo en el ámbito policial y administrativo. La primera ayuda a la policía a discriminar denuncias falsas en relación con delitos de tipo patrimonial menor, lo que permite desempeñar la función de investigación de forma más eficiente y optimizando recursos[5]. El empleo de esta herramienta está en desuso por la de efectividad que presenta. La segunda es una herramienta que evalúa y gestiona el riesgo de la población penitenciaria catalana (centros penitenciarios de régimen ordinario y abierto y también de liberados condicionales)[6]. Se utiliza por los equipos de los centros penitenciarios para realizar un seguimiento personalizado de cada uno de los reclusos a fin de asignar tratamientos específicos para la reinserción, clasificación y concesión de permisos. Su repercusión a nivel judicial es prácticamente inexistente, pero permite adoptar decisiones en fase de ejecución penal.

Con las experiencias previas en las que aplicaciones que utilizan algoritmos propios de la IA son empleadas para la investigación y gestión de determinados aspectos relacionados con la justicia, el camino en el ámbito

4. MAGRO SERVET, V., «La responsabilidad patrimonial del Estado por defectuoso control de la valoración del riesgo de la víctima de violencia de género», *Revista CEFLegal*, 240, 2021, pp. 99-120. El magistrado autor del estudio analiza la Sentencia de la AN (Sala de lo Contencioso Administrativo) Sección 5.ª, de 30 de septiembre de 2020, rec. núm. 2187/2019. La misma trae causa de una demanda contra la Administración Pública por no haberse realizado una correcta evaluación del riesgo de la víctima, lo que derivó en una falta de adopción de orden de protección, finalizando en el asesinato de la víctima. Al margen del análisis de la sentencia sobre la adecuación de la actuación de la policía judicial, deja claro que la cuestión no es imputable al órgano judicial, ya que no existe relación de causalidad entre el hecho y la actuación del juez.
5. VeriPol se ha desarrollado para robos con violencia e intimidación, hurto/tirón, ya que en los últimos años se ha detectado un aumento en el número de simulaciones en este tipo de delito. «Por ejemplo, se sabe que, en los casos de robo, las declaraciones verdaderas se presentan más detalles, descripciones e información personal, frente a la insistencia exclusiva en el objeto extraído y la omisión de detalles sobre el atacante o cómo sucedió el incidente de las falsas. A partir de este análisis lingüístico, Veripol es capaz de crear un patrón eficaz», en (Lara Quijano-Sánchez, Federico Liberatore, José Camacho-Collados, Miguel Camacho-Collados, «Applying automatic textbased detection of deceptive language to police reports: Extracting behavioral patterns from a multi-step classification model to understand how we lie to the pólice». *Knowledge--Based Systems*, Vol 149, junio 2018. DOI: 10.1016/j.knosys.2018.03.010.
6. ESPARZA LEIBAR, I., «Derecho fundamental a la protección de datos de carácter personal en el ámbito jurisdiccional e Inteligencia Artificial», en *Inteligencia artificial legal y Administración de Justicia*, dirs. Calaza López, S, y Llorente Sánchez-Arjona, M., Pamplona, 2022, p. 189.

judicial se ha iniciado con el Real Decreto-Ley 6/2023, de 19 de diciembre, por el que se aprueban medidas urgentes para la ejecución del Plan de Recuperación, Transformación y Resiliencia en materia de servicio público de justicia, función pública, régimen local y mecenazgo (RDL). Esta norma ha incorporado ya una previsión de futuro, en consonancia lo que se regula en el ámbito administrativo sobre actuaciones automatizadas, lo cual se pretende implementar también en justicia. La referencia se realiza en el capítulo dedicado a las actuaciones automatizadas, proactivas y asistidas reguladas en los arts. 56 a 58 del RDL. Se trata de nociones que, sin mencionar expresamente a la inteligencia artificial, dejan entrever algún atisbo de uso de algoritmos o mecanismos similares. En cualquier caso, sienta determinados criterios para tener en cuenta en la incorporación de técnicas que ayudan al desarrollo de la función jurisdiccional, y, sobre todo, a la gestión procesal.

De manera paralela no se puede dejar de lado otro de los pilares fundamentales en el uso de inteligencia artificial y de sistemas de robotización del proceso, como es la necesidad de contar con datos de todo tipo que reviertan en el sistema y que permitan generar información inductiva que coadyuva en diferentes sectores. Por ello, el propio RDL establece el principio de orientación al dato para anticiparse a los problemas que pueda suscitar ese trasvase de comunicación entre todos los entes participantes[7]. La regulación sobre uso de datos en abierto, protección de datos de carácter personal, y uso de sistemas de IA van en paralelo por la afectación de los intereses generales en juego[8].

En este sentido, ya contamos con el Reglamento UE 2024/903, de 13 de marzo, por el que se establecen medidas a fin de garantizar un alto nivel de interoperabilidad del sector público en toda la Unión (Reglamento sobre la Europa Interoperable). Como se señala en el texto, «la interoperabilidad es una característica fundamental de un mercado único digital operativo y contribuye a una aplicación más eficaz de las características digitales de las políticas públicas, desde la justicia hasta la sanidad hasta el transporte». Con ello se pone el contrapeso a toda la normativa en materia de protección

7. SÁNCHEZ GÓMEZ, R., «La oficina judicial en la Administración de Justicia orientada al dato: sistemas de gestión procesal y nuevo expediente judicial electrónico», en *Next Generation Justice: Digitalización e Inteligencia Artificial*, dirs. Calaza López, S. y Ordeñana Gezuraga, I., Madrid, 2024, p. 880.

8. ESPARZA LEIBAR, I., «Derecho fundamental a la protección de datos de carácter personal en el ámbito jurisdiccional e Inteligencia Artificial», cit., p. 181, señala que la IA no se nutre en lo sustancial de datos de carácter personal, sino de otras variables que no requieren de un tratamiento tan específico.

de datos personales[9]. La tendencia hacia la interoperabilidad es imparable, lo que nos acerca a un grado de digitalización mayor y utilización de información a fines de muy diverso tipo, entre los que pueden encontrarse la IA.

Desde la UE se prevé la puesta en común de profesionales de la administración digital para definir la denominada agenda de interoperabilidad. Para ello se pone al frente el Comité de la Europa Interoperable respaldado por la Comunidad para la Europa Interoperable. La intención es fijar evaluaciones de interoperabilidad obligatorias para crear servicios públicos de «interoperabilidad desde el diseño». Con ello se quiere fomentar precisamente este principio, no sólo a nivel interno, sino también en su vertiente transfronteriza. El eje principal está en el Portal de la Europa Interoperable, una ventanilla única para fomentar el intercambio y la reutilización de soluciones de interoperabilidad fiables y de alta calidad entre las administraciones públicas. La base para materializar estos principios y que pueden servir también de nexo con los sistemas de IA es la creación de espacios controlados de pruebas para la experimentación de políticas, la iniciativa GovTech entre los sectores público y privado y los proyectos de apoyo a la aplicación de políticas, con el fin de desarrollar, probar y ampliar soluciones. En definitiva, la Europa interoperable tiene como objetivos Europa Interoperable la simplificación de la Administración, la interconexión de los registros electrónicos, el intercambio de datos y documentos, para no presentar documentos que ya estén en poder de las administraciones, y sobre todo, la reutilización de datos abiertos. Lo cierto es que a nivel nacional todavía queda mucho camino para lograr la interoperabilidad, habida cuenta de la multitud de plataformas existentes tanto para la gestión administrativa como para la procesal. Ello revierte en dificultades a la hora de establecer sistemas unitarios que utilicen datos de entrenamiento con suficientes garantías[10].

Volviendo a las actuaciones que regula el RDL, éste define estos tres conceptos con relativa ambigüedad, especialmente por la anticipación que existe ante la regulación del Reglamento de IA. Lo que parece comúnmente aceptado es la necesidad de que en la toma de decisiones más relevantes intervenga el factor humano. Éste ha de ser el punto que permita establecer

9. La Agencia Española de Protección de Datos ha publicado la Guía sobre Adecuación al RGPD de tratamientos que incorporan Inteligencia Artificial, de febrero de 2020, en la que se abordan las cuestiones como la ética de la IA. En este sentido, se señala que «La ética de la IA persigue proteger valores como la dignidad, la libertad, la democracia, la igualdad, la autonomía del individuo y la justicia frente al gobierno de un razonamiento mecánico». [https://www.aepd.es/guias/adecuacion-rgpd-ia.pdf].

10. NOYA FERREIRO, L., «Límites a la utilización de la inteligencia artificial en el proceso penal. Una perspectiva europea», en *Inteligencia artificial y proceso penal: un reto para la Justicia*, (Dirs.) Castillejo Manzanares, R. y Noya Ferreiro, L., Pamplona, 2023, p. 267.

una sistemática útil en el análisis de la inferencia de la IA en el ámbito judicial. Así se prevé en el Reglamento de IA, que en el considerando 13 recoge la existencia de la Directrices éticas para una IA fiable, de 2019, elaboradas por el Grupo independiente de expertos. En dichas directrices, se desarrollaron siete principios éticos no vinculantes para la IA cuyo objeto es contribuir a garantizar la fiabilidad y el fundamento ético de la IA. Los siete principios son: acción y supervisión humanas; solidez técnica y seguridad; gestión de la privacidad y de los datos; transparencia; diversidad, no discriminación y equidad; bienestar social y ambiental, y rendición de cuentas. Esas directrices «contribuyen al diseño de una IA coherente, fiable y centrada en el ser humano, en consonancia con la Carta y con los valores en los que se fundamenta la Unión». El primero de todos ellos es el principio de «acción y supervisión humanas», para lo cual, la herramienta estará al servicio de las personas, con respeto de la dignidad humana y la autonomía personal. Al mismo tiempo, el ser humano no debe perder el control nunca y debe permitirse su vigilancia en todo momento. Este principio está en consonancia con el art. 14 del RIA que establece la supervisión humana en los sistemas de alto riesgo, imponiendo la vigilancia «de manera efectiva por personas físicas». El objetivo de la supervisión humana es prevenir y reducir los riesgos, en nuestro caso, para los derechos fundamentales. Con esta finalidad se debe posibilitar que el responsable de despliegue, denominado usuario en textos previos de la tramitación del reglamento entienda las capacidades y limitaciones del sistema[11]. Además, se le debe facilitar interpretar correctamente los resultados de salida, al tiempo que permitir no utilizar el sistema de IA. Pero especialmente hay que tener en cuenta la «tendencia a confiar automáticamente o en exceso en los resultados de salida generados». Es lo que se denomina sesgo de automatización que está presente en la normativa y que constituye un riesgo real a la vista de las dificultades de comprensión de los sistemas, por mucho que se fomente el entendimiento.

Siguiendo al RDL, las actuaciones reguladas en los arts. 56 a 58 deben obedecer a criterios de publicidad y objetividad, con el fin de garantizar en todo momento el conocimiento del origen de la decisión. Precisamente uno de los principales problemas que se suscitan con este uso, es la opacidad del sistema de IA, cualquiera que sea el ámbito. La referencia a publicidad y objetividad esconde la idea de transparencia reflejada en el

11. Según establece el art. 3 RIA, responsable del despliegue es una persona física o jurídica, o autoridad pública, órgano u organismo que utilice un sistema de IA bajo su propia autoridad, salvo cuando su uso se enmarque en una actividad personal de carácter no profesional.

RIA[12]. Como se señala, «por transparencia se entiende que los sistemas de IA se desarrollan y utilizan de un modo que permita una trazabilidad y explicabilidad adecuadas, y que, al mismo tiempo, haga que las personas sean conscientes de que se comunican o interactúan con un sistema de IA e informe debidamente a los responsables del despliegue acerca de las capacidades y limitaciones de dicho sistema de IA y a las personas afectadas acerca de sus derechos». En consecuencia, la explicabilidad como manifestación de la transparencia del sistema entra a formar parte de las garantías de la IA[13]. Cuando nos movemos en el ámbito de la Administración de Justicia, la exigencia de contar con sistemas que expliquen a los ciudadanos cuáles son los algoritmos empleados, así como el origen de los datos que se utilicen, se encuentra conforme con los postulados del Reglamento de IA[14].

Al respecto hay que identificar cuáles de estos principios entrarían a formar parte del derecho a un proceso con todas las garantías sin indefensión, ya que la falta de transparencia puede impedir a la parte conocer los motivos de la decisión, aunque sea una decisión de carácter procesal. De ahí la importancia del papel que asume el Comité técnico estatal de la Administración judicial electrónica en la elaboración de programas, su supervisión y el control de calidad.

---

12. Considerando 27. No obstante, en las últimas versiones del Reglamento, anteriores a la definitiva, se incluía un art. 4 *bis* en el que se fijaban los principios generales aplicables a todos los sistemas, entre los que se encontraba la transparencia. A tal efecto se decía que los sistemas desarrollarán y facilitarán una «trazabilidad y explicabilidad adecuadas, haciendo que las personas sean conscientes de que se comunican o interactúan con un sistema de IA». En la versión última el precepto desaparece y ya no se fijan principios generales aplicables al sistema de IA.
13. Aunque no hay una definición del principio de explicabilidad, la UE lo identifica como uno de los cuatro principios éticos de la IA. En todo caso, AIGE MUT, M. B., «Digitalización de la justicia: especial referencia a los documentos electrónicos y al uso de la inteligencia artificial para realizar actuaciones automatizadas», en *Next Generation Justice: Digitalización e Inteligencia Artificial*, (Dirs.) Calaza López, S. y Ordeñana Gezuraga, I., Madrid, 2024, p. 1096, lo define como «la habilidad de explicar o presentar sistemas de IA en términos comprensibles para los humanos, pero incluso va más allá, porque englobaría también la propiedad de ser fidedigna con la realidad».
14. El art. 13 señala que «Los sistemas de IA de alto riesgo se diseñarán y desarrollarán de un modo que se garantice que funcionan con un nivel de transparencia suficiente para que los responsables del despliegue interpreten y usen correctamente sus resultados de salida. Se garantizará un tipo y un nivel de transparencia adecuados para que el proveedor y el responsable del despliegue cumplan las obligaciones pertinentes previstas en la sección 3». En cualquier caso, quedaría por determinar cuáles de las aplicaciones o actuaciones judiciales pueden ser consideradas de alto riesgo, eje central sobre el que gira la temática.

En cualquier caso, se ha intentado avanzar en la regulación identificando las actuaciones automatizadas, proactivas y asistidas. En realidad, la clasificación de actuaciones que recogen estos preceptos vuelve la mirada a los conceptos clásicos que han diferenciado entre impulso formal del proceso e impulso material, tal y como veremos más adelante[15].

1. ACTUACIONES AUTOMATIZADAS

En el nivel más sencillo y menos invasivo de entrada de un sistema de IA se encuentran las actuaciones automatizadas, en el que se excluye la intervención humana. Al igual que un navegador indica cuál es la opción más rápida para llegar a un lugar, el sistema informático, «adecuadamente programado» provoca una actuación judicial. El ámbito de aplicación está circunscrito a las actuaciones de trámite o resolutorias simples, en las que apenas hay margen de interpretación jurídica[16]. La propia norma establece un listado que no debe considerarse cerrado, habida cuenta de las situaciones potencialmente previsibles en las que puede ser de aplicación[17]. Así pues, un simple numerado o paginado de expedientes es una actuación automatizada, lo que en principio no ofrece aparentemente dificultad. Lo mismo cabe decir de la generación de copias y certificados.

Por el contrario, se enuncian otras actuaciones sobre las que el margen de interpretación jurídico-procesal es mayor, o al menos no tan automático como parece. Nos referimos, por ejemplo, a la declaración de firmeza, «de acuerdo con la ley procesal»[18], o la comprobación de repre-

15. CORTÉS DOMÍNGUEZ, V. y MORENO CATENA, V., *Introducción al Derecho Procesal*, 13.ª ed., Valencia, 2024, p. 276.
16. PARDO IRANZO, V., «Los principios del procedimiento en tiempos de justicia digital e inteligencia artificial: la regla de la automatización y sus consecuencias», en *Next Generation Justice: Digitalización e Inteligencia Artificial*, (Dirs.) Calaza López, S. y Ordeñana Gezuraga, I., Madrid, 2024, p. 127, recalca la idea de funciones repetitivas, lo que provoca la innecesaridad de intervención humana.
17. PARDO IRANZO, V., «Los principios del procedimiento en tiempos de justicia digital e inteligencia artificial: la regla de la automatización y sus consecuencias», cit., p. 130, señala otras actuaciones en las que es posible la automatización, como es la admisión de la demanda, el traslado inmediato a la parte contraria, pronunciamientos sobre excepciones procesales, o apreciación de cosa juzgada.
18. La declaración de firmeza aparece como una decisión automática que se produce por el mero transcurso del tiempo. No obstante, el sistema debe manejar muy bien qué tipo de resoluciones no son recurribles, y, en consecuencia, provocan una declaración de firmeza automática. Lógicamente, para ello la regulación procesal no debería dejar margen de duda, en especial cuando se trata de resoluciones que resuelven recursos y sobre los que últimamente ha habido dudas respecto de su recurribilidad.

sentaciones[19], pero, sobre todo, cabe resaltar que se trata de actuaciones con repercusiones procesales, a diferencia de lo que es un paginado o la generación de copias que puede considerarse una actuación administrativa o de gestión. La conveniencia de la automatización en ciertos ámbitos de la tramitación procesal resulta conveniente, aunque tal y como está regulado, parecen actividades que nada tienen que ver con el proceso, por lo que pueden considerarse como meramente administrativas[20]. En este caso, no estamos en presencia de IA, sino de mera robotización de la gestión judicial.

Una subespecie de las actuaciones automatizadas son las denominadas proactivas. La ausencia de intervención humana se recalca, pero en este caso la actuación se inicia mecánicamente. La peculiaridad estriba en el aprovechamiento de la información que obra en el seno de cualquier administración pública para generar avisos o efectos diferentes a los cuales servía esa información. Se trata de potenciar la interoperabilidad entre registros electrónicos y ficheros, de tal modo que lo que suceda en cualquier administración del Estado aproveche a un proceso judicial. La tipología parece corresponder con el impulso formal del proceso. El sistema será el que auto inicie a partir de determinada información, por lo que puede considerarse que su utilidad es avanzar en el procedimiento. Partiendo de esta premisa, hay que reformular el concepto de impulso procesal del art. 456 LOPJ y art. 179 LEC en el que se asigna al Letrado de la Administración de Justicia la función de impulso procesal. No obstante, aunque estas actuaciones proactivas se realizan automáticamente, hay que atribuir la responsabilidad al Letrado de la AJ como último garante del acto procesal.

Este tipo de actuaciones proactivas puede ser útil especialmente en materia de ejecución forzosa[21], en la que es necesario conocer si el deudor condenado tiene bienes con que hacer frente a la deuda reconocida en reso-

19. Se puede comprobar si hay o no hay representación, pero también habrá de comprobarse si la representación es bastante a los fines que se persiguen. Recordemos que no toda representación lo es para la realización de cualquier acto jurídico. La consulta en el registro electrónico de apoderamientos judiciales apud acta no tiene por qué efectuarse manualmente, por lo que, siendo competencia del letrado de la Administración de Justicia, la plataforma correspondiente puede constatar la existencia de la representación procesal automáticamente, sustrayéndolo del control del letrado AJ.

20. CASTILLEJO MANZANARES, R., «Digitalización y/o inteligencia artificial», en *Inteligencia artificial legal y Administración de Justicia,* (Dirs.) Calaza López, S, y Llorente Sánchez-Arjona, M., Pamplona, 2022, p. 77.

21. También sería el caso de procesos concursales, en los que la información de carácter patrimonial, empresarial, laboral y fiscal requiere ser unificada para tomar la vía de la liquidación o del mantenimiento de la empresa.

lución judicial. En el momento en que se detecte la incorporación de dichos bienes en el patrimonio, saltará el aviso, y se podrá abrir la vía de apremio contra el mismo. Del mismo modo, en el proceso penal, comportamientos que dejen rastro en cualquier Administración Pública (bien sea laboral, tributaria, o administrativa en general), pueden servir de aviso para identificar al investigado, o facilitar la adopción de medidas cautelares reales y personales, o incluso facilitar el intercambio de información entre administraciones a fin de poder valorar conductas delictivas (medioambiente, delitos fiscales, estafas, etc.)[22].

En cualquier caso, como característica común a las actuaciones automatizadas y a las proactivas, está su identificación como tales, lo que debe ser conocido especialmente por los intervinientes, entre los que se encuentran las partes, al tiempo que se producen sobre la base legal. La norma quiere evitar situaciones de incertidumbre respecto del autor de la decisión, lo que supondría nueva incertidumbre en cuanto a su impugnación, puesto que no se sabría ni quién provoca el fallo, ni dónde está el error. Por otro lado, el automatismo puede y debe ser prescindible, si bien la incorporación del sistema facilita la actividad judicial en términos de eficiencia. Aunque lo más determinante desde nuestro punto de vista es que se preserva la posibilidad de «deshabilitar, revertir o dejar sin efecto» las actuaciones automatizadas ya producidas. En este sentido, cabe error del sistema, detectable por cualquier participante en el proceso, y su impugnación, previa acreditación del fallo. A tal efecto, y hasta ahora, será posible interponer el correspondiente recurso previsto en la ley procesal, a fin de revocar cualquier actuación que infrinja las disposiciones legales o reglamentarias. Tal sería el supuesto, por ejemplo, en que la declaración de firmeza no fuera posible por errónea identificación de la resolución, cómputo de los plazos, o incluso la falta de constancia de la interposición de un recurso contra la misma. En definitiva, se trataría de fallos del sistema que deben ser razonablemente detectables, a riesgo de provocar indefensión de alguna de las partes.

Respecto de la catalogación de estas actuaciones dentro de los sistemas de alto riesgo del RIA entendemos que quedan excluidos. El anexo III al que remite el art. 6.2 no sería de aplicación puesto que todas estas actividades no se corresponden con el listado. Por lo tanto, no existen mayores afectaciones a los derechos de los ciudadanos que las que surgen del tratamiento

---

22. SIMÓN CASTELLANO, P., «Inteligencia artificial y Administración de Justicia: *¿Quo vadis, justitia?*», *Revista de los Estudios de Derecho y Ciencia Política*, n.º 33 2021, p. 9, quien señala como derechos afectados por el uso de estas tecnologías el principio de transparencia y el derecho fundamental a la protección de datos, que repercuten directamente en el proceso debido, el derecho de defensa y el principio de igualdad.

de datos de carácter personal que obra en la Administración de Justicia o en otra administración pública de la que se aprovecha la información.

2. ACTUACIONES ASISTIDAS

Un paso más próximo hacia la aparición de la IA en la actividad jurisdiccional se da con la regulación de las actuaciones asistidas. Según el art. 57 RDL, el sistema de información de la Administración de Justicia generaría un «borrador total o parcial de documento complejo basado en datos, que puede ser producido por algoritmos, y puede constituir fundamento o apoyo de una resolución judicial o procesal». En este caso, la propuesta va a requerir validación por autoridad competente, y siempre va a ser consecuencia de la instancia del usuario, lo que igualmente permite estar sometido a modificación. En realidad, lo que se está regulando es el mecanismo de ayuda, apoyo, o asistencia para jueces, fiscales y letrados de la Administración de Justicia, auténticos usuarios de las actuaciones asistidas, o, en la denominación del RIA, responsables del despliegue. La validación final evita el conflicto con la independencia e imparcialidad judicial, ya que serán los jueces los últimos responsables de la decisión, al tiempo que podrán apartarse de la propuesta que surja del sistema[23].

Pero también se prevén para la ayuda de fiscales. En estos casos la problemática sobre independencia e imparcialidad disminuye ya que los escritos de los fiscales son actos de parte en los que no están implicados estos principios al mismo nivel que sucede con las resoluciones del órgano judicial. En todo caso, sus actos de causación asistidos por inteligencia artificial tienen la misma repercusión que los realizados por un abogado de parte, circunstancia con la que se convive desde hace tiempo.

Distinto al anterior es el sistema que ayuda a los letrados de la Administración de Justicia. Desde el incremento de competencias con ocasión de la reforma de la LOPJ por la Ley Orgánica 19/2003, de 23 de diciembre, la participación del LAJ en la tramitación judicial no se limita al tradicional impulso formal, sino que va más allá. Sus competencias en materia de ejecución o de jurisdicción voluntaria les habilita para la elaboración de decretos que incide directamente en los derechos procesales de las partes (art.

23. AIGE MUT, M. B., «Digitalización de la justicia: especial referencia a los documentos electrónicos y al uso de la inteligencia artificial para realizar actuaciones automatizadas», cit., p. 1096, sostiene que el uso de herramientas de IA por los tribunales puede menoscabar la arquitectura procesal, especialmente si el juez accede en solitario a dichas herramientas. Se ponen de manifiesto los problemas de falta de imparcialidad como consecuencia de la imposibilidad de neutralizar los sesgos de los diseñadores del sistema y la brecha del principio de explicabilidad.

456 LOPJ). Probablemente son los principales beneficiados por la puesta en funcionamiento de la automatización en justicia, aunque la idea de obtener borradores o propuestas procedentes de sistemas de IA potencia la eficiencia de ciertos procedimientos que tienen asumidos, en especial en ejecución y jurisdicción voluntaria.

Asistimos, por lo tanto, a la irrupción de los algoritmos en el ámbito judicial y jurisdiccional. La norma permite la generación de un documento a modo de borrador, lo que, en efecto, permite un avance en el trabajo del órgano que va a dictar la resolución judicial o procesal. En principio sirve de ayuda, o de punto de partida. En ningún caso se pretende que sustituya la labor del profesional porque éste tendrá que validarlo.

Pero surgen dudas en cuanto a la afirmación del posible fundamento o apoyo de una resolución judicial o procesal. Si sólo se hubiese habilitado al sistema de IA para servir de apoyo, no cabría duda de que en última instancia es el juez, fiscal o LAJ quien elabora el documento. Ahora bien, se da entrada a la posibilidad de que sirva de fundamento, sin mayores especificaciones. Esto quiere decir que, íntegramente, el resultado del documento puede estar validado tal y como surge del sistema. El problema vendrá de la mano del razonamiento y motivación que utilice el juez, bien haciendo suyo el proceso argumentativo, o bien señalando al sistema como base de la fundamentación. Los riesgos en ambos casos los debe afrontar el justiciable, por mucha validación y control humano que se proclame[24].

En el otro extremo computacional están los sistemas de aprendizaje automático o *machine learning*, que debemos alejar de la toma de decisiones judiciales ya que presentan más problemas que ventajas, al menos por ahora[25]. La razón estriba en el hecho de que la aplicación al caso concreto de la norma jurídica exige un razonamiento adaptativo a multitud de mati-

24. PARDO IRANZO, V., «Los principios del procedimiento en tiempos de justicia digital e inteligencia artificial: la regla de la automatización y sus consecuencias», cit., p. 138, entiende que no todas las resoluciones deberían ser validadas en caso de tener un borrador. Sólo serían aquellas sencillas, reiterativas y estereotipadas.

25. Como se ha señalado por CAMACHO CLAVIJO, S., «La empresa de salud digital y la implementación de sistemas de IA», en *Digitalización, empresa y Derecho,* (Dir.) Fernández Amor, J. A., Barcelona, 2024, p. 156, la idea de IA se tiende a identificar al sistema que imita funciones cognitivas del ser humano. Por eso, la capacidad de aprender es una de esas cualidades, más específicas del *machine learning* o aprendizaje automático. Por su parte, el aprendizaje profundo tendrá un objeto predictivo en general. El sistema de IA tendría capacidad de inferencia y capacidad de aprendizaje. La capacidad de inferencia de un sistema de IA trasciende el tratamiento básico de datos que podemos encontrar en la programación tradicional, pues permiten el aprendizaje, el razonamiento o la modelización. CASTILLEJO MANZANARES, R., «Digitalización y/o inteligencia artificial», cit., p. 73.

ces que pueden concurrir, con un alto grado de creación argumentativa, y con percepciones que sólo puede realizar el ser humano[26]. La idea de emplear sistemas de IA que acudan a decisiones judiciales anteriores y extraigan patrones de razonamiento aplicables a casos futuros parecería viable y acertado. Ahora bien, esta mirada al pasado en la que se detectan situaciones similares puede ser insuficiente para crear una nueva resolución aplicable a una situación actual.

Por otro lado, un escenario de reiterado uso y asistencia de decisiones asistidas basadas en aprendizaje automático tiene la ventaja de establecer líneas jurisprudenciales estables, con la consiguiente creación de seguridad jurídica[27]. Ahora bien, al cabo de los años, esa línea jurisprudencial estará íntegramente basada en decisiones procedentes de sistemas artificiales, por lo que las posibilidades de cambio se reducen notablemente. La retroalimentación provoca arrastrar sesgos automatizados, diluidos en el tiempo y cada vez más difíciles de detectar.

Aquí entra en juego también el sesgo de automatización al que alude el art. 14.4 b) RIA. Consiste en la confianza ciega o en exceso en los resultados de salida generados por un sistema de IA de alto riesgo. Se relaciona con el principio de transparencia, trazabilidad y confianza. A pesar de que normativamente se intentan garantizar los principios de trasparencia y comunicación de la información[28], así como la supervisión humana, tanto desde la perspectiva del responsable del despliegue como desde el justiciable, la tendencia a la confianza constituye un riesgo real.

No hay que olvidar otra de las técnicas que emplea la IA, como es el procesamiento del lenguaje natural. El objetivo general es analizar cualquier texto para clasificar, organizar, busca o descubrir información no explícita, agilizando tareas que se realizan manualmente e identificando los

26. ARMENTA DEU, T., *Derivas de la justicia. Tutela de los derechos y solución de controversias en tiempos de cambios*, Madrid, 2021, p. 308, señala la necesidad de que en el razonamiento jurídico esté presente el sentido común, patrimonio del ser humano, al menos por ahora.
27. SIMON CASTELLANO, P., «Inteligencia artificial y valoración de la prueba: las garantías jurídico-constitucionales del órgano de control», *THĒMIS-Revista de Derecho*, n.º 79, 2021, p. 285.
28. Artículo 13 Transparencia y comunicación de información a los responsables del despliegue (RIA): «1. Los sistemas de IA de alto riesgo se diseñarán y desarrollarán de un modo que se garantice que funcionan con un nivel de transparencia suficiente para que los responsables del despliegue interpreten y usen correctamente sus resultados de salida. Se garantizará un tipo y un nivel de transparencia adecuados para que el proveedor y el responsable del despliegue cumplan las obligaciones pertinentes previstas en la sección 3».

elementos más relevantes de un texto[29]. Podemos afirmar que es la técnica que más utilidad tiene hoy en día en la Administración de Justicia, y la de más aplicación práctica detectada. La mayoría de los avances en la digitalización de la justicia que están poniéndose en marcha emplean la PLN y la textualización, lo que permite manejar textos para lograr su clasificación, la detección de información esencial, la elaboración de resúmenes, y multitud de tareas que toman como referente el contenido de un documento que obra en la causa[30].

El siguiente paso en la implementación de sistemas predictivos utilizados por jueces y magistrados consistirá en definir esa interrelación entre juez y sistema[31], al igual que generar unos recursos procesales en los que tenga cabida la impugnación de decisiones intervenidas por IA.

III. APLICABILIDAD DE LAS DECISIONES AUTOMATIZADAS Y ASISTIDAS EN LA FASE INTERMEDIA DEL PROCESO PENAL

El proceso penal cuenta en su estructura con la denominada fase intermedia, que viene condicionada por toda la fase de investigación y permite la adopción de decisiones determinantes para la marcha del proceso o su finalización. En este sector, conviene analizar algunas de las decisiones respecto de las que hipotéticamente podría aplicarse un sistema los previstos en el RDL, y más concretamente las actuaciones asistidas.

Es de todos conocido las diferentes trayectorias que puede continuar a la finalización de la fase de investigación. En algunos casos nos encontramos con decisiones de corte procesal previstas en el art. 666 LECrim como es la apreciación de falta de jurisdicción o incorrecta determinación de un órgano judicial concreto, mientras que, en otras, procede la aplicación de disposiciones de carácter material. Este último caso puede identificarse con la concurrencia de una causa de exención de responsabilidad penal del art. 637.3º

29. https://www.iic.uam.es/inteligencia-artificial/procesamiento-del-lenguaje-natural/ [fecha consulta 1.12.2024].
30. https://www.administraciondejusticia.gob.es/-/robotizacion-de-procesos-judiciales [fecha de consulta 2.12.2024]. Mediante la textualización están en marcha proyectos dirigidos al dictado de voz (su objetivo es el reconocimiento de voz para dictar y transcribir documentos automáticamente a gran velocidad), dictado jurídico que utiliza tecnología de redes neuronales profundas, sistemas de anonimización y seudonimización, clasificación de documentos electrónicos de manera automática basándose en el contenido de estos, además de buscadores inteligentes a través de la creación de un servicio que permite ofrecer búsquedas basadas en lenguaje natural.
31. CAMACHO CLAVIJO, S., «La empresa de salud digital y la implementación de sistemas de IA», cit., p. 162, considera que en realidad estamos ante una transformación de la forma de entender la actividad humana.

LECrim, o la misma decisión de apertura del juicio oral por existir indicios racionales de criminalidad. En ambas situaciones podemos valorar la posibilidad de que una decisión automatizada o asistida coadyuven en la continuación o no del proceso.

Las resoluciones judiciales objeto de reflexión serán el auto de sobreseimiento versus auto de apertura del juicio oral, y la decisión sobre jurisdicción o competencia objetiva, y procedimiento a seguir, además de la aplicabilidad en caso de grandes causas penales. No obstante, los principales estudios doctrinales sobre ayuda de sistemas de IA en la toma de decisiones judiciales se han abordado en el ámbito de las medidas cautelares, ya que las herramientas de predicción son eficaces para la evaluación de riesgos[32]. Al fin y al cabo, la IA puede explicarse desde términos estadísticos o matemáticos, pero con la ventaja de permitir analizar un elevado número de datos que de otra manera supondría un empleo de tiempo y recursos humanos desorbitado. Este tipo de decisiones, aunque también están dirigidas a analizar hechos y aplicar fundamentos legales, difiere de otras que interpretan los hechos como hechos probados a partir de la actividad probatoria. La probabilidad y el análisis indiciario no debe equipararse al de la certeza absoluta. Debemos de partir de la falibilidad de la máquina, ya que la existencia de sesgos y errores también está presente.

1. AUTO DE SOBRESEIMIENTO VS APERTURA DEL JUICIO ORAL

Al margen de las medidas cautelares, una postura favorable al uso de herramientas de este tipo en el proceso penal puede considerar su utilidad en el momento de tomar una decisión tan relevante como el sobreseimiento libre respecto del procesado o investigado. El auto de sobreseimiento se decide sobre la base de motivos de muy diverso tipo, sobre todo poniendo el acento en la base fáctica. El art. 637 LECrim establece como motivos la inexistencia de indicios racionales de haberse perpetrado el hecho, que éste no sea constitutivo de delito, o cuando concurra una causa de exención de responsabilidad penal en el procesado. Además, hay que añadir los motivos

32. Al respecto, PEREIRA PUIGVERT, S., «Justicia penal predictiva y medidas cautelares», en *Next Generation Justice: Digitalización e Inteligencia Artificial*, (Dirs.) Calaza López, S. y Ordeñana Gezuraga, I., Madrid, 2024, p. 1175; SIMON CASTELLANO, P., *Justicia cautelar e inteligencia artificial. La alternativa a los atávicos heurísticos judiciales*, Barcelona, 2021, pp. 93 y sig.; MIRÓ LLINARES, F., «Policía predictiva: ¿utopía o distopía? Sobre las actitudes hacia el uso de algoritmos de big data para la aplicación de la ley». *IDP. Revista de Internet, Derecho y Política*, n.º 30, 2020, doi:10.7238/idp.v0i30.3223; LLORENTE SÁNCHEZ-ARJONA, M., «Inteligencia artificial, valoración del riesgo y debido proceso», en *Inteligencia artificial legal y Administración de Justicia*, (Dirs.) Calaza López, S, y Llorente Sánchez-Arjona, M., Pamplona, 2022, p. 379.

del art. 666 que desembocan en el sobreseimiento, como es la existencia de cosa juzgada, la prescripción del delito o el indulto o amnistía[33].

La decisión de sobreseimiento puede equipararse a una sentencia absolutoria, si bien, se prescinde de la actividad probatoria y siempre que las evidencias generadas durante la fase de instrucción arrojen luz sobre la decisión. El derecho a la presunción de inocencia se encuentra menos afectado cuando se dicta el sobreseimiento, por lo que existe una laxitud en el grado de convencimiento del juez. En estos casos, en principio puede ser posible la actuación asistida que genere un borrador total o parcial del documento identificable como auto de sobreseimiento. Para materializarlo, el sistema tomaría como índices algunas diligencias de prueba específicas en función de la tipología de delitos. La información que obra en multitud de causas puede contribuir a elaborar estadísticamente qué tipos de diligencias son esenciales, habituales, o denotan una alta probabilidad de la declaración de culpabilidad[34], y, por lo tanto, dar paso a la apertura del juicio oral.

La creación de un sistema de IA que produzca actuaciones asistidas en los términos del art. 57 RDL y que sea aplicable a decisiones de sobreseimiento está íntimamente conectado con los sistemas de procesamiento de lenguaje natural (PLN). Si el auto de sobreseimiento se dicta sobre la base de la consideración de los hechos incorporados a la causa en diferentes documentos (denuncia, atestado, interrogatorios, escuchas telefónicas, documentos digitalizados, etc.) como constitutivos de delito, es esencial un sistema que detecte la correlación entre esos hechos debidamente ordenados y la norma penal[35]. De este modo, la sugerencia del programa a la hora de identificar la probabilidad de comisión de un delito puede acogerse por el órgano judicial acordando el auto de apertura del juicio oral. Igualmente, un análisis de las diligencias de investigación practicadas requiere una

33. PARDO IRANZO, V., «Los principios del procedimiento en tiempos de justicia digital e inteligencia artificial: la regla de la automatización y sus consecuencias», cit., p. 130, considera que la apreciación de excepciones procesales puede ser automatizada en el proceso civil, pero en el proceso penal la automatización resulta más compleja y peligrosa. Cabría la automatización de conformidades en los delitos menos graves o los juicios rápidos.
34. Así, por ejemplo, en caso de delitos contra la libertad sexual, parece imprescindible que se cuente al menos con la declaración de la víctima y con un informe médico o psicológico.
35. Vid. SOLAR CAYÓN, J.I., «La codificación predictiva: inteligencia artificial en la averiguación procesal de los hechos relevantes», *Anuario de la Facultad de Derecho*, n.º 11, 2018, p. 83, si bien el autor realiza el análisis con relación a un proceso civil en el que se maneja un elevado volumen de documentos.

valoración sobre su suficiencia para afrontar la apertura del juicio oral, o, por el contrario, el sobreseimiento[36].

El conjunto de datos que sirve de banco de información vendría de la mano de resoluciones anteriores, todas digitalizadas y debidamente anonimizadas. Se trata de analizar hechos abstractos, no autores, e identificar el carácter de hecho delictivo del mismo[37]. Si un comportamiento nunca ha sido objeto de condena por carecer de relevancia penal, lo lógico es pensar que el algoritmo sugiera el sobreseimiento. Incluso imaginamos sugerencias de determinadas diligencias para corroborar la necesaria continuación del proceso. Por supuesto, hay que contar con el amplio espectro delictivo, la dificultad en la investigación, y la multitud de diligencias a adoptar.

Puesto que estamos hablando de circunstancias fácticas evaluables por un sistema de generación de actuaciones asistidas, una mirada al RIA nos dice que se corresponde con sistemas de alto riesgo. Nada que ver con las actuaciones automatizadas que apenas tienen relevancia procesal, y sí alta relevancia gestora. Así, el anexo III en su apartado 6 se dedica a identificar como de alto riesgo, los sistemas de IA previstos para garantizar el cumplimiento del Derecho, entre los cuales se encuentran aquellos destinados a evaluar la fiabilidad de las diligencias y pruebas practicadas durante la investigación o el enjuiciamiento de delitos[38]. El foco de atención no está en los individuos, sino que se produce un desplazamiento del análisis

36. MARTÍNEZ CANTÓN, S., «Inteligencia artificial y resolución de "*cold cases*"», *Diario La Ley*, sección ciberderecho, n.º 83, 2024, mantiene la posibilidad de emplear la IA para analizar y optimizar las diligencias de investigación practicadas. Podría ayudar a filtrar conversaciones intervenidas, detectar términos que pongan de manifiesto la intencionalidad o motivación. Esto supone analizar datos que ya están en el caso en base a parámetros suministrados en casos anteriores. Incluso se propone la posible sugerencia de nuevas diligencias ante lagunas de información detectadas. GASCÓN INCHAUSTI, F., «Desafíos para el proceso penal en la era digital: externalización, sumisión pericial e inteligencia artificial», en *La justicia digital en España y la Unión Europea*, (Dirs.) Conde Fuentes, J. y Serrano Hoyo, G., Barcelona, 2019, p. 202, quien afirma las posibilidades de la IA en caso de pronunciamientos interlocutorios.

37. Es lo que se ha denominado con el término *insight*. Vid. MARTÍNEZ CANTÓN, S., «Inteligencia artificial y resolución de "*cold cases*"», cit.

38. NIEVA FENOLL, J., *Inteligencia artificial y proceso* judicial, Madrid, 2018, p. 18, explica el potencial de la IA para determinar la credibilidad de los medios de prueba a partir de datos registrados o estadísticos, como es el ejemplo de la prueba pericial para lo que se puede acudir a los criterios de Daubert, o la prueba testifical, para lo que incorporaríamos criterios elaborados en el campo de la psicología del testimonio; SIMÓN CASTELLANO, P., «Inteligencia artificial y valoración de la prueba: las garantías jurídico-constitucionales del órgano de control», cit., p. 287; BORRÁS ANDRÉS, N., «La verdad y la ficción de la inteligencia artificial en el proceso penal», en *La justicia digital en España y la Unión Europea*, (Dirs.) Conde Fuentes, J. y Serrano Hoyo, G., Barcelona, 2019, p. 35.

hacia la prueba, extensible a diligencias de investigación. La identificación en abstracto de una diligencia de investigación como idónea o no para continuar con la investigación penal y dar paso al juicio, se construye con parámetros de procesos anteriores. Si nos fijamos en el informe pericial, el contenido del mismo, así como la cualificación de sus autores, inciden directamente en su fiabilidad. Todos sabemos la importancia que estos informes tienen[39].

Pero no es sólo este punto en el que puede considerarse a la herramienta como de alto riesgo, ya que el apartado 8 señala aquellos «*sistemas de IA destinados a ser utilizados por una autoridad judicial, o en su nombre, para ayudar a una autoridad judicial en la investigación e interpretación de hechos y de la ley…*». En este caso, la decisión de sobreseimiento se construye básicamente por la interpretación de hechos y de la ley. Afirmar la tipicidad de los hechos, que en ocasiones han ocurrido, es un acto lógico derivado de la subsunción en la norma penal. La ayuda que puede prestar un algoritmo encuentra traducción en la mayor eficiencia de la justicia penal. Además, los factores en juego incrementan la tutela de los derechos fundamentales de presuntos autores que incluso sufren indebidamente medidas cautelares. Una justicia ágil y rápida podría mejorarse con estas herramientas. Ahora bien, las garantías que deben reunir son máximas, habida cuenta de que, aunque no estén prohibidos, estos sistemas con catalogados como de alto riesgo. La razón estriba no tanto en su utilidad como justificación de una decisión de sobreseimiento o absolutoria, sino en su utilidad como impulso de la apertura del juicio oral y de una acusación.

2. DECISIONES SOBRE COMPETENCIA OBJETIVA Y TIPO DE PROCESO

Se trata de una cuestión procesal que puede ser discutible durante la fase intermedia, ya que no siempre se identifica correctamente el órgano objetivamente competente que debe enjuiciar el delito. Sobre decisiones que afectan a la determinación del órgano decisor, el sistema puede extraer parámetros que lleven directamente a señalar al órgano sobre el que recae la competencia objetiva. Para ello, el sistema no sólo debería identificar los casos habidos hasta la fecha, sino de provocar una línea uniforme en la interpretación de normas procesales.

39. Cada vez tienen más importancia los informes de inteligencia policial, que utilizan también sistemas de IA para la valoración de riesgo y probabilidad de identificar al autor de los hechos de un delito. Son especialmente importantes en delitos cometidos por organizaciones criminales. Vid. DURÁN SILVA, C., «Policía judicial e informes de inteligencia: ¿hacia una solución definitiva?», *Revista Aranzadi de Derecho y Proceso Penal*, n.º 62, 2021.

Uno de los ejemplos más paradigmáticos de dudas en la determinación de la competencia objetiva es el caso del enjuiciamiento por tribunal de jurado. Las dudas respecto de la aplicación e interpretación del art. 5 de la LOTJ han provocado retrasos en la fase intermedia, además de estimación de recursos de casación ante el Tribunal Supremo decretando la nulidad del procedimiento con remisión de la causa para su enjuiciamiento ante el tribunal de jurado[40]. Se trata de casos en los que el análisis de las actuaciones, así como los escritos de acusación y defensa constituyen elementos a partir de los que se justifica la atribución de la competencia al tribunal del jurado de todos o parte de los delitos. En este sentido, también hay que tener en cuenta las dificultades de realizar un enjuiciamiento separado o conjunto cuando se acusa por varios delitos, y concurren alguno de los previstos en la LOTJ y otros cuya decisión queda excluida del ámbito del jurado.

A efectos de incorporar parámetros en un sistema de IA que resuelva la dicotomía, los dos criterios que pueden determinar el enjuiciamiento separado o conjunto de los delitos objeto de acusación son la relación de funcionalidad entre ellos y la hipotética autonomía de los fallos recaídos en sentencia. Ambas circunstancias pueden ser analizadas a partir de resoluciones anteriores, lo que nos conduce a las bases de datos contenidas en CENDOJ que en nada afecta a los derechos fundamentales de quienes ya han sido objeto de enjuiciamiento[41]. Toda la información que consta en CENDOJ está anonimizada, por lo que únicamente se utilizaría para la elaboración de patrones decisorios de los jueces a partir de delitos objeto de acusación y decisión. Pero los avances en la digitalización facilitan aún más contar con un elevado volumen de datos, porque ya no sólo constan sentencias, sino que de la Carpeta Justicia (art. 13 RDL) y del Portal de Datos de la Administración de Justicia (art. 81 RDL)[42] se podrá obtener información más completa a estos fines.

40. STS (Sala de lo Penal, Sección 1.ª) n.º 672/2018, de 19 de diciembre, en la que se aplica el Acuerdo no jurisdiccional de 9 de marzo de 2017 para afirmar la posibilidad de juzgar por separado delitos de cohecho y delitos contra la salud pública por tráfico de drogas.

41. ESPARZA LEIBAR, I., «Derecho fundamental a la protección de datos de carácter personal en el ámbito jurisdiccional e Inteligencia Artificial», cit., p. 185, señala como posibilidad de la IA el diagnóstico y la proposición al caso concreto, teniendo en cuenta los precedentes, la jurisprudencia y las normas de aplicación. También la doctrina ha señalado el riesgo de «petrificación» de la jurisprudencia si utilizamos la IA para identificarla. Vid. CONDE FUENTES, J., «La irrupción de la inteligencia artificial en el ámbito jurisdiccional: especial referencia a la toma de decisiones judiciales», en *Inteligencia artificial y proceso penal: un reto para la Justicia,* (Dirs.) Castillejo Manzanares, R. y Noya Ferreiro, L., Pamplona, 2023, p. 120 y sig.

42. Se habla de incorporar datos abiertos, por lo que se facilita el manejo y tratamiento de la información.

Con similar base encontramos problemas en la atribución de la competencia objetiva al Juzgado de lo Penal o a la Audiencia Provincial por razón de la pena, e incluso entre la tramitación del procedimiento ordinario o del procedimiento abreviado. Algunos procedimientos se demoran con resoluciones de ida y vuelta sobre competencia objetiva, en los que incluso se producen dudas sobre el órgano si nos encontramos en caso de concurso de delitos. La necesidad de unificar criterios sobre aplicación de normas procesales, y agilizar una fase con fuertes connotaciones procesales, revierte en una mayor eficiencia. En estos casos, la pena solicitada por las acusaciones constituye el parámetro condicionante de la competencia objetiva y del tipo de procedimiento a seguir, y habrá que analizar estos escritos de parte. Por supuesto, no nos referimos a la posibilidad de que las partes empleen sistemas inteligentes automatizados de determinación de la cuantía de la pena, que es perfectamente posible y útil[43]. El uso concreto no afecta los derechos y garantías procesales porque en última instancia es el fiscal o el abogado quien elabora el escrito de acusación. Al órgano judicial no debe importarle esta circunstancia[44].

Al margen de lo anterior, un sistema que detecte cuantitativamente la pena solicitada puede dar como resultado una propuesta de resolución que designa el órgano ante el que celebrar el juicio o un procedimiento a seguir. Para ello, el análisis de los escritos de acusación puede ser suficiente, aunque los problemas en la práctica se pueden incrementar habida cuenta de la diferente o múltiple tipificación de hechos. La existencia de conexidad en el proceso penal puede ser otro de los elementos para tener en cuenta, y tal

43. Para la determinación de la pena ya está en marcha el programa Calculadora 988, que establece el resultado más favorable para el reo en una acumulación de condenas. Al introducir los datos necesarios, agiliza significativamente las comprobaciones y cálculos a realizar. Vid. ORTEGA MATESANZ, A., «Aritmética Jurídica e Inteligencia Artificial: sobre la Calculadora 988», *Revista de Estudios Jurídicos y Criminológicos*, n.º 9, 2024, pp. 141-204, DOI: https://doi.org/10.25267/REJUCRIM.2024.i9.05. En este caso no hablaríamos de una herramienta decisoria, sino de apoyo o asistencial.

44. No obstante, ya empiezan a surgir casos en los que se debe manifestar si la demanda o el escrito de parte está total o parcialmente elaborado por sistemas de IA. El ejemplo es la demanda a la start up DoNotPay, chatbot que en 2015 surge para asesorar jurídicamente a personas que no tienen recursos. El problema es que, además de ser un asesor sin titulación académica, en sistemas que emplean el precedente, en ocasiones la IA se inventa el precedente. En España ya contamos con una resolución que trata sobre el uso indebido de sistemas de IA por parte del abogado (Auto del Tribunal Superior de Justicia de Navarra de 4 de septiembre de 2024). En el incidente se resuelve sobre una posible apreciación de mala fe procesal en que podía haber incurrido un abogado al utilizar ChatGPT en la elaboración de su escrito. Como consecuencia del resultado, se citaron normas y jurisprudencia del ordenamiento colombiano. Advertida esta circunstancia por el propio abogado, procedió rápidamente a rectificarlo, lo que evitó la sanción procesal por mala fe.

conexidad puede detectarse por algoritmos que provoquen decisiones asistidas.

En este sentido, conviene analizar, por ejemplo, la reciente Consulta de la FGE 1/2024, de 21 de marzo, sobre algunas cuestiones relacionadas con la utilización fraudulenta de instrumentos de pago distintos del efectivo. Entre las cuestiones planteadas, hay algunas más subjetivas como si el delito de estafa del art. 249.2.b) CP admite el dolo eventual. Aquí la incursión de un sistema asistente es más limitada, ya que el ánimo o voluntad del sujeto requiere un alto grado de apreciación y valoración humana. La máquina es más fiable a partir de datos objetivos, sobre todo en un sistema en el que no se acude al precedente para la decisión.

Por el contrario, en la consulta se plantean aspectos más objetivables, como la identificación de la relación concursal cuando una acción pueda calificarse simultáneamente como delito de hurto del art. 234 CP o de robo del art. 237 CP y como delito de estafa del art. 249.2.b) CP. Este grado de interpretación normativa de los hechos incorporados a la causa puede ser resuelta mediante sistemas que analicen los escritos de las acusaciones. El juez puede hacerse ayudar para afirmar indiciariamente la existencia o no de concurso ideal entre los delitos de hurto o robo y el delito de estafa.

Hay que tener en cuenta que por ahora son decisiones adoptadas en la fase intermedia que pueden condicionar la determinación de la competencia objetiva o el tipo de procedimiento. Dejaríamos al margen la ayuda que prestaría al juez para la sentencia de condena o absolución, producto de la fase de prueba y en la que se necesita el absoluto convencimiento del juez y la identificación de la prueba de cargo.

3. DECISIÓN SOBRE LA CREACIÓN DE PIEZAS EN CASO DE GRANDES CAUSAS O CAUSAS COMPLEJAS

Uno de los problemas que se plantean en la actualidad en relación con el proceso penal son las causas complejas o grandes causas en las que resultan acusados un elevado número de sujetos además de la tipología de delitos. Por lo general, suelen llevar aparejados diversos inconvenientes, como es la necesidad de reforzar el órgano de instrucción, la demora en el enjuiciamiento de aquellos individuos respecto de los que ya no es necesario practicar ninguna diligencia de investigación más, y, sobre todo, el retraso para la celebración del juicio oral. Una de las propuestas que más se demandan desde diversos foros es la creación de piezas o la separación de los delitos para su enjuiciamiento por separado. Las reglas de conexión suelen conducir a aunar la decisión de los jueces en una sola sentencia, pero en la medida de lo posible, se busca esa separación.

Ejemplos de esta situación vienen repitiéndose en nuestra historia judicial. El principal problema es el análisis de diligencias para poder llegar a la conclusión de una posible separación de delitos. Ese análisis puede ser encomendado a un sistema de IA que identifique diligencias, delitos, e investigados, además de valorar que no se produce la ruptura de la continencia de la causa. Todo en base a causas anteriores y a los parámetros que, desde una configuración en la que participen juristas, determinen en cada caso cuándo se puede enjuiciar separadamente[45]. Resulta evidente la equiparación del sistema entre aquellos que el reglamento identifica como de alto riesgo, ya que se exige un análisis no sólo de los hechos sino de la normativa procesal y material aplicable.

IV. BIBLIOGRAFÍA

AIGE MUT, M. B., «Digitalización de la justicia: especial referencia a los documentos electrónicos y al uso de la inteligencia artificial para realizar actuaciones automatizadas», en *Next Generation Justice: Digitalización e Inteligencia Artificial* (Dirs.) Calaza López, S. y Ordeñana Gezuraga, I., Madrid, 2024.

ARMENTA DEU, T., *Derivas de la justicia. Tutela de los derechos y solución de controversias en tiempos de cambios*, Madrid, 2021.

BORRÁS ANDRÉS, N., «La verdad y la ficción de la inteligencia artificial en el proceso penal», en *La justicia digital en España y la Unión Europea* (Dirs.) Conde Fuentes, J. y Serrano Hoyo, G., Barcelona, 2019.

CAMACHO CLAVIJO, S., «La empresa de salud digital y la implementación de sistemas de IA», en *Digitalización, empresa y Derecho* (Dir.) Fernández Amor, J. A., Barcelona, 2024.

CASTILLEJO MANZANARES, R., «Digitalización y/o inteligencia artificial», en *Inteligencia artificial legal y Administración de Justicia* (Dirs.) Calaza López, S, y Llorente Sánchez-Arjona, M., Pamplona, 2022.

45. MARTÍNEZ CANTÓN, S., «Inteligencia artificial y resolución de "*cold cases*"», cit., pone de manifiesto la posibilidad de analizar vínculos entre casos por identificar información compartida. Así se extraería de causas en marcha o acaecidas, la intervención de sujetos idénticos, ubicaciones idénticas o próximas, o modus operandi similares. Desde nuestro punto de vista, en el supuesto de macrocausas, el procedimiento sería inverso, es decir, no detectar determinadas coincidencias o puntos de conexión contribuye a dar viabilidad a la separación de delitos y encausados en piezas.

CONDE FUENTES, J., «La irrupción de la inteligencia artificial en el ámbito jurisdiccional: especial referencia a la toma de decisiones judiciales», en *Inteligencia artificial y proceso penal: un reto para la Justicia* (Dirs.) Castillejo Manzanares, R. y Noya Ferreiro, L., Pamplona, 2023.

CORTÉS DOMÍNGUEZ, V. y MORENO CATENA, V., *Introducción al Derecho Procesal,* 13.ª ed., Valencia, 2024.

DURÁN SILVA, C., «Policía judicial e informes de inteligencia: ¿hacia una solución definitiva?», *Revista Aranzadi de Derecho y Proceso Penal,* n.º 62, 2021.

ESPARZA LEIBAR, I., «Derecho fundamental a la protección de datos de carácter personal en el ámbito jurisdiccional e Inteligencia Artificial», en *Inteligencia artificial legal y Administración de Justicia* (Dirs.) Calaza López, S, y Llorente Sánchez-Arjona, M., Pamplona, 2022.

GASCÓN INCHAUSTI, F., «Desafíos para el proceso penal en la era digital: externalización, sumisión pericial e inteligencia artificial», en *La justicia digital en España y la Unión Europea* (Dirs.) Conde Fuentes, J. y Serrano Hoyo, G., Barcelona, 2019.

GODOY, O., «De la digitalización a la inteligencia artificial: actividad administrativa, logaritmos y derechos», *Diario La Ley,* n.º 10504, 2024.

LARA QUIJANO-SÁNCHEZ, F. L., CAMACHO-COLLADOS, J., CAMACHO-COLLADOS, M., «Applying automatic textbased detection of deceptive language to police reports: Extracting behavioral patterns from a multi-step classification model to understand how we lie to the pólice». *Knowledge-Based Systems,* Vol 149, junio 2018. DOI: 10.1016/j.knosys. 2018.03.010.

LLORENTE SÁNCHEZ-ARJONA, M., «Inteligencia artificial, valoración del riesgo y debido proceso», en *Inteligencia artificial legal y Administración de Justicia* (Dirs.) Calaza López, S, y Llorente Sánchez-Arjona, M., Pamplona, 2022.

MAGRO SERVET, V., «La responsabilidad patrimonial del Estado por defectuoso control de la valoración del riesgo de la víctima de violencia de género», *Revista CEFLegal,* 240, 2021.

MARTÍNEZ CANTÓN, S., «Inteligencia artificial y resolución de «*cold cases*», *Diario La Ley,* sección ciberderecho», n.º 83, 2024.

MIRÓ LLINARES, F., «Policía predictiva: ¿utopía o distopía? Sobre las actitudes hacia el uso de algoritmos de big data para la aplicación de la ley». *IDP. Revista de Internet, Derecho y Política*, n.º 30, 2020, doi:10.7238/idp.v0i30.3223.

NIEVA FENOLL, J., *Inteligencia artificial y proceso* judicial, Madrid, 2018.

NOYA FERREIRO, L., «Límites a la utilización de la inteligencia artificial en el proceso penal. Una perspectiva europea», en *Inteligencia artificial y proceso penal: un reto para la Justicia* (Dirs.) Castillejo Manzanares, R. y Noya Ferreiro, L., Pamplona, 2023.

ORTEGA MATESANZ, A., «Aritmética Jurídica e Inteligencia Artificial: sobre la Calculadora 988», *Revista de Estudios Jurídicos y Criminológicos*, n.º 9, 2024, pp. 141-204, DOI: https://doi.org/10.25267/REJUCRIM.2024.i9.05.

PARDO IRANZO, V., «Los principios del procedimiento en tiempos de justicia digital e inteligencia artificial: la regla de la automatización y sus consecuencias», en *Next Generation Justice: Digitalización e Inteligencia Artificial* (Dirs.) Calaza López, S. y Ordeñana Gezuraga, I., Madrid, 2024.

PEREIRA PUIGVERT, S., «Justicia penal predictiva y medidas cautelares», en *Next Generation Justice: Digitalización e Inteligencia Artificial* (Dirs.) Calaza López, S. y Ordeñana Gezuraga, I., Madrid, 2024.

SÁNCHEZ GÓMEZ, R., «La oficina judicial en la Administración de Justicia orientada al dato: sistemas de gestión procesal y nuevo expediente judicial electrónico», en *Next Generation Justice: Digitalización e Inteligencia Artificial* (Dirs.) Calaza López, S. y Ordeñana Gezuraga, I., Madrid, 2024.

SIMÓN CASTELLANO, P., «Inteligencia artificial y Administración de Justicia: *¿Quo vadis, justitia?*», *Revista de los Estudios de Derecho y Ciencia Política*, n.º 33 2021.

SIMON CASTELLANO, P., «Inteligencia artificial y valoración de la prueba: las garantías jurídico-constitucionales del órgano de control», *THĒMIS-Revista de Derecho*, n.º 79, 2021.

SIMON CASTELLANO, P., *Justicia cautelar e inteligencia artificial. La alternativa a los atávicos heurísticos judiciales*, Barcelona, 2021.

SOLAR CAYÓN, J. I., «La codificación predictiva: inteligencia artificial en la averiguación procesal de los hechos relevantes», *Anuario de la Facultad de Derecho*, n.º 11, 2018.

VIII

Inteligencia Artificial como prueba [1]

Raquel Castillejo Manzanares
Catedrática de Derecho Procesal de la USC
Jefa de Sección de Estudios e Informes del CGPJ

SUMARIO: I. LA BRECHA DIGITAL CON LA IRRUPCIÓN DE LA INTELIGENCIA ARTIFICIAL. II. TRANSPARENCIA EN EL FUNCIONAMIENTO DE LOS ALGORITMOS. III. SISTEMAS PREDICTIVOS. IV. LOS SISTEMAS DE INTELIGENCIA ARTIFICIAL EN EL SISTEMA JUDICIAL. V. FIABILIDAD DEL SISTEMA DE IA. VI. FACTORES AFECTADOS EN EL PROCESO JUDICIAL CON LA INTRODUCCIÓN DE LA INTELIGENCIA ARTIFICIAL EN EL PROCESO.

I. LA BRECHA DIGITAL CON LA IRRUPCIÓN DE LA INTELIGENCIA ARTIFICIAL

La irrupción de la IA no está exenta de problemas, pues actualmente nos hallamos ante verdaderas dictaduras digitales. Se ha creado la clase de los irrelevantes, se trata de aquellos que no pueden ejercer su poder a través de los datos. Hay todavía muchas personas que no tienen capacidad para comunicarse por internet, tendrán problemas en esta nueva era. Sin embargo, por otro lado, hay muchas que están constantemente conectadas. Así bien, el auge de la IA puede acabar separando a la humanidad en una pequeña clase de superhumanos y una subclase enorme de homo sapiens inútiles.

---

1. El presente trabajo ha sido elaborado en el marco del Proyecto I+D «Inteligencia artificial, Justicia y Derecho: ¿irrupción o disrupción tecnológica en el proceso penal» (PID 2020-119324GB-100). Ministerio de Ciencia, Innovación y Universidades.

Es uno de los grandes peligros de la IA, y específicamente, los juristas tendremos que enfrentarnos a ella, a la brecha digital. Con esto nos referimos no sólo a la desigualdad en el acceso a herramientas digitales, que es el sentido tradicional de este concepto, sino también al problema del acceso a las aplicaciones de la IA por parte de los profesionales jurídicos, aplicaciones que sólo son accesibles a los grandes despachos. Por tanto, la desigualdad que provoca la brecha digital presenta una doble vertiente. De un lado, potencia la vulnerabilidad de los sectores más pobres de la población, al no verse los mismos beneficiados por los avances en la Ciber-justicia, sino más bien todo lo contrario. De otro, agrava la diferencia de poder entre los grandes despachos y aquellos más pequeños, al tener acceso los primeros a herramientas de tecnología punta que les permitan prestar mejores servicios jurídicos.

Si queremos evitar la concentración de toda la riqueza y el poder en manos de una pequeña élite, la clave es regular la propiedad de los datos. La carrera para poseer los datos ya ha empezado, encabezada por gigantes de los datos como Google, Facebook, Baidu y Tencent. Hasta ahora, muchos de estos gigantes parecen haber adoptado el modelo de negocio de los mercaderes de la atención. Captan nuestra atención al proporcionarnos de forma gratuita información, servicios y diversión, y después revenden nuestra atención a los anunciantes. Pero las miras de los gigantes de los datos apuntan probablemente mucho más allá que cualquier mercader de la atención que haya existido. Su verdadero negocio no es en absoluto vender anuncios. Más bien, al captar nuestra atención consiguen acumular cantidades inmensas de datos sobre nosotros, que valen más que cualquier ingreso publicitario. No somos pues sus clientes, somos su producto.

Por tanto, si queremos impedir que una reducida élite monopolice estos poderes y evitar que la humanidad se divida en castas biológicas, la pregunta es ¿quién posee los datos? Los datos sobre mi ADN, mi cerebro y mi vida ¿me pertenecen a mi? ¿pertenecen al gobierno? ¿A una empresa? ¿Al colectivo humano?

Permitir a los gobiernos que nacionalicen los datos frenará probablemente el poder de las grandes empresas, pero también podría desembocar en espeluznantes dictaduras digitales.

Actualmente hay tres modelos, la relativa a que la tutela del dato corresponde al mercado, es el sistema americano; o pertenece al Estado, sistema chino; o, por último, al ciudadano, sistema europeo.

II. TRANSPARENCIA EN EL FUNCIONAMIENTO DE LOS ALGORITMOS

En España, la primera regulación positiva de la Inteligencia Artificial se introduce por Ley 15/2022, de 12 de julio, integral para la igualdad de trato y la no discriminación[2]. Se incluye un precepto específico dedicado a la IA y los mecanismos para la toma de decisiones automatizadas, en el seno del Capítulo II «El derecho a la igualdad de trato y no discriminación en determinados ámbitos de la vida política, económica, cultural y social», y lo hace con el mandato a las Administraciones Públicas para que establezcan mecanismos para que los algoritmos que utilicen, involucrados en la toma de decisiones, tengan en cuenta la no discriminación, transparencia y la rendición de cuentas, siempre que sea factible técnicamente. De hecho, prevé el art. 23 que:

> «1. *En el marco de la Estrategia nacional de Inteligencia Artificial, de la Carta de Derechos Digitales y de las iniciativas europeas en torno a la Inteligencia Artificial, las Administraciones Públicas favorecerán la puesta en marcha de mecanismos para que los algoritmos involucrados en la toma de decisiones que se utilicen en las Administraciones públicas tengan en cuenta criterios de minimización de sesgos, transparencia y rendición de cuentas, siempre que sea factible técnicamente. En estos mecanismos se incluirán su diseño y datos de entrenamiento, y abordarán su potencial impacto discriminatorio. Para lograr este fin, se promoverá la realización de evaluaciones de impacto que determinen el posible sesgo discriminatorio.*
>
> 2. *las Administraciones Públicas, en el marco de sus competencias en el ámbito de los algoritmos involucrados en procesos de toma de decisiones, priorizan la transparencia en el diseño y la implementación y la capacidad de interpretación de las decisiones adoptadas por los mismos.*
>
> 3. *Las Administraciones Públicas y las empresas promoverán el uso de una Inteligencia Artificial ética, confiable y respetuosa con los derechos fundamentales, siguiendo especialmente las recomendaciones de la Unión Europea en este sentido.*
>
> 4. *Se promoverá un sello de calidad de los algoritmos*».

Esta ley es solo el comienzo, resultando, como no, una regulación insuficiente, lo que provoca como consecuencia, entre otras, la aparición de sesgos discriminatorios, y ello porque, aunque los ingenieros de *software* defi-

2. En otros países también se está regulando. Así en EEUU con la Algorithmic Accountability Act de 2022, los proyectos de Ley Algorithmic Justice and Online Plataform Transparency Act (2021-2022), la National Al Initiative Act (2020) o la Artificial Intelligence Capabilities and Transparency Act de 2021.
En China se probó Internet Inormation Service Algorithmic Recommendation management Provisionas, se trata de un Reglamento sobre algoritmos de recomendación en Internet exigible desde el 1 de marzo de 2022.

nen parámetros de análisis de minería de datos, los valores humanos están incrustados en cada paso en su diseño, por lo que el establecimiento de sistemas automatizados de decisión y los datos que les sirven de base pueden encontrarse sesgados en su origen, con lo que su tratamiento debe encontrase sometido a importantes cautelas establecidas legalmente.

Recordemos que, sin ir más lejos, en 2022 se planteó una controversia en España ante la sospecha de que los algoritmos usados por la herramienta VioGen podría vulnerar los derechos de las personas más desfavorecidas, pudiendo asignar un riesgo menos elevado a una mujer que no tiene hijos, aunque no aumenta el riesgo de aquellas que si los tienen. Además de ello, existe una falta de representación de grupos sociales como son, por ejemplo, las mujeres inmigrantes.

Por otro lado, el 45% de los casos reciben la calificación de riesgo no apreciado. Esta falta de apreciación del riesgo puede llevar a pensar que existen factores que aún no se están teniendo en cuenta, como la violencia psicológica o formas más nuevas de violencia no física

Esto pone de manifiesto la necesidad de transparencia en el funcionamiento de algoritmos o cualquier tipo de automatización que pueda condicionar una toma de decisión de ese calibre, cuáles son sus factores identificadores o qué tipo de variables manejan, así como su puesta a disposición del público en general con el fin de fomentar la confianza en el sistema[3].

III. SISTEMAS PREDICTIVOS

En China se persigue obtener la policía preventiva. Al estilo de lo visto en *Minority Report*, película de Tom Cruise en el que un equipo de policías evitaba crímenes que tres niños con poderes sobrenaturales predecían. China está intentando hacer lo mismo con una inteligencia artificial que reconoce caras.

En vez de usar a esos *precogs*, las autoridades chinas combinarán la tecnología de reconocimiento facial en combinación con el análisis predictivo. Varios de los ejemplos puestos por el *Financial Times* resultan reveladores: si una persona visita con frecuencia una tienda de armas el sistema considerará que es más probable que cometa crímenes. El *software* calculará las probabilidades de cometer un crimen de cada persona dependiendo de lo

3. PAZOS REGO, M. J., «La realidad de la Inteligencia Artificial en el Poder Judicial español». Derecho Digital e Innovación, núm. 15, sección Doctrina, primer trimestre de 2023, La Ley 2633/2023.

que haga, y si son muy altas avisará a la policía para que lo siga e impida que los cometa.

Esta tecnología no es una cosa del futuro, sino que ya está presente en 50 ciudades y provincias del país, y está enriquecida con años de bases de datos que el propio gobierno chino ha hecho sobre la población. Con el sistema de reconocimiento facial, la inteligencia artificial podrá saber quién es quién, registrar qué hace y dónde, y cruzar esa información con la ya existente.

Por otro lado, la compañía de servicios y tecnologías de la información, *Northpointe Inc.*, desarrolló un algoritmo que predice la probabilidad de que un reo pueda reincidir en un delito. El *Correctional Offender Management Profiling for Alternative Sanctions* (COMPAS) realiza una serie de cálculos basándose en el historial de cada uno de los delincuentes y, dependiendo del resultado, aconseja a los jueces sobre el número de años y el tipo de pena que cree prudente imponer.

COMPAS realiza una evaluación del criminal basada en una encuesta y a calificaciones en diferentes apartados tales como «*riesgo de reincidir*» o «*riesgo de reincidir con violencia*». También evalúa otros aspectos como el lugar de procedencia, el barrio en el que los reos habitan, la raza o edad de cada preso. Estos datos permiten que el algoritmo califique del 1 al 10 la posibilidad de que el reo vuelva a cometer un delito. Cuanto más alta sea la puntuación, la pena es más severa.

Otra herramienta es Hart (*Harm Assessment Risk Tool*) o Herramienta de evaluación de Riesgo de Daños, destinada a predecir la posibilidad de cometer delitos que presenta un sospechoso en un período de dos años. Se asienta sobre un sistema de IA, basándose en datos como la existencia o no de abuso de drogas o alcohol, falta de vivienda o problemas de salud mental. Fue desarrollada en colaboración con la Universidad de Cambridge. Se basa en el aprendizaje automático y se entrenó en los archivos de la Policía de Durham entre 2008 a 2012.

Por otro lado, la policía de *West Midlands* (Gran Bretaña) y la de Amberes han trabajado en un proyecto común con la finalidad de desarrollar una herramienta capaz de simplificar el largo proceso de análisis de datos de la escena del crimen. Se trata de observar la escena del crimen y buscar pruebas para posteriormente formular numerosas hipótesis y, tras centrarse en unas y descartar otras, acabar resolviendo el caso. Así ha nacido VALCRI

(*Visual Analytics form Sense-making in Criminal Intelligence análisis*)[4]. Se trata de una herramienta con inteligencia artificial que puede analizar toda la información obtenida en la escena del crimen y después relacionarla con otra disponible en la base de datos de la policía en muy poco tiempo. El procedimiento consiste en el procesamiento de todos los datos concernientes a un delito en concreto, tales como el *modus operandi*, las víctimas, el lugar o el momento en el que se ha cometido, a fin de compararlos con datos anteriores que forman parte de las bases de datos de la policía, tales como registros domiciliarios, interrogatorios o imágenes tomadas por la policía en otras escenas del crimen.

Después de este análisis, los agentes reciben la información obtenida en dos pantallas táctiles, en la que se muestran las líneas de investigación que la herramienta considera más pertinentes. Por tanto, pueden aparecer relaciones que los agentes hayan pasado por alto, pero también son ellos los que, mediante las pantallas, pueden escoger las líneas de investigación que consideren acertadas.

También son destacables los «mapas criminales» o «*hot spots*», herramientas científicas fundamentales para el estudio espacio temporal de los delitos cometidos en una zona y en un período de tiempo determinados. Tienen su origen en las investigaciones de los sociólogos Clifford Shaw y Henry Mckay[5] que, tras investigar las características de edad, sexo y lugar de residencia de numerosos delincuentes de Chicago, decidieron marcar los domicilios de éstos en un mapa de la ciudad, de manera que observaron que la delincuencia estaba concentrada en determinados barrios. Y es así como nacieron los mapas.

En España se desarrolla un proyecto piloto Predictive Police Patroling (P3-DSS) en el Cuerpo Nacional de Policía, en el Distrito Central de Madrid, para la implementación de un paradigma predictivo de patrullaje policial. Los objetivos son varios: pronosticar la distribución del crimen y el riesgo que se produce en determinado territorio, así como un sistema de optimización de la distribución de recursos humanos y el patrullaje. El algoritmo plantea la identificación de una gama de impactos diferentes. Esta herramienta permitirá optimizar los turnos policiales. Se combinan pues métodos de Policía predictiva con un modelo matemático de patrullaje.

4. COMISIÓN EUROPEA, Visual analytics for brighter criminal intellligence, Research and investigation, 2018.
5. CORZO TELLEZ, J., «¿Por qué son importantes los mapas de Hot Spots criminales?», El Universal, 2017.

La investigación se centra en sistemas dinámicos aplicados a modelos criminales y tiene como objetivo incidir en el análisis y el desarrollo de modelos matemáticos y estadísticos para la identificación de patrones temporales de hechos delictivos.

El nuevo sistema se basa en un algoritmo matemático multicriterio que, teniendo en cuenta distintos factores (como la carga de trabajo, el número de delitos cometidos en el turno policial anterior o el área de patrullaje) asigna a la patrulla un área de vigilancia, previniendo la comisión de delitos en el próximo turno, según una previsión del riesgo de delitos en el territorio.

Además, se ha creado en España un algoritmo que detecta denuncias falsas automáticamente, VeriPol. El sistema, pionero en el mundo, funciona gracias a la elaboración de un protocolo de investigación en tres fases: La primera, el análisis combinado con policías expertos en detectar simulaciones de delitos. En segundo lugar, técnicas de procesamiento del lenguaje natural aplicados al contenido escrito de la denuncia del supuesto delito. Y, por último, algoritmos matemáticos de estimación de la probabilidad de que una denuncia sea falsa.

La suma de las tres da como resultado una herramienta policial tecnológica de carácter predictivo que evita el sesgo humano y posee un manual de 91% de precisión. Se trata de analizar y detectar las combinaciones de palabras más comunes cuando se miente a un policía.

Problemas que presenta esta herramienta son, entre otros, que la mayoría de los datos proceden de Andalucía y, es por ello, que la cobertura de todo el espacio muestral del lenguaje no está reflejada en el sistema. Además, el entrenamiento al que se sometió a la inteligencia artificial partió de poco más de un millar de datos anónimos, escogidos aleatoriamente. Tengamos en cuenta que una herramienta de este tipo requiere unos datos dinámicos, capaces de atender a todo tipo de culturas sociolingüísticas. Los sesgos se acrecientan un poco más porque VeriPol debería procesar el lenguaje natural de los denunciantes, pero en realidad descifra aquellos que los policías recogen en las denuncias.

También funciona en España VIOGEN, que sirve para el seguimiento y protección de víctimas de violencia de género e hijos. La plataforma integra tecnológicamente toda la información sobre un caso o víctima, que procede de una doble fuente: por una parte, declaraciones de la víctima y testigos, de registros oficiales, de antecedentes policiales y registros accesibles para la Policía; y, por otra, hechos como la existencia de vejaciones, insultos, humillaciones, violencia, buscando valorar el nivel de riesgo de sufrir nuevas agresiones o una escalada en la gravedad o la frecuencia. El conjunto de datos se somete a algoritmos con puntuaciones introducidas en lo relativo a cada uno de los indicadores de riesgo, devolviendo una valoración de riesgo en cinco niveles que se comunica al Juzgados de Violencia sobre la Mujer y a la Fiscalía. La plataforma es pública, los algoritmos no son secretos, siendo producto del estudio continuado de expertos que trabajan en el desarrollo del sistema.

Entre los objetivos de este instrumento destaca la realización de valoraciones policiales del riesgo de las víctimas denunciantes de sufrir una nueva agresión. Para ello se sigue un protocolo en el que se emplean dos instrumentos complementarios: la Valoración Policial del Riesgo para realizar una estimación inicial y la Valoración Policial de la Evolución del riesgo para el seguimiento del caso[6].

El algoritmo calcula el nivel de riesgo. Pero sólo calcula, haciéndose necesaria la acción humana de supervisión y comprobación. A este respecto, recordemos una sentencia de 30 de septiembre de 2021 de la Sala de lo Contencioso-Administrativo de la Audiencia Nacional, en la se condenó al Ministerio de Interior por la deficiente protección que la Guardia Civil otorgó a una mujer que solicitó una orden de protección. Un cuestionario de cribado le otorgó riesgo bajo. Sin realizar más averiguaciones los agentes calificaron el riesgo como no apreciado, la misma valoración que hizo que el juzgado denegase la medida de protección a la fallecida. Consideró la Sala que «*la actuación de los agentes ante situaciones de violencia de género no debería quedar limitada a aspectos formales de atención a la denunciante, asistencia, información de derecho y citación a juicio, son que su actuación exige una atención preferente de asistencia y protección a las mujeres que han sido objeto de comportamientos violentos en el ámbito familiar, a los efectos de prevenir y evitar, en la medida de lo posible, las consecuencias del maltrato*». En este caso, el cuestionario

6. El formulario VPR, que contiene una serie de indicadores de riesgo o ítems (39), se cumplimenta por los agentes policiales, a partir de la información facilitada por la víctima cuando interpone la denuncia. Los datos introducidos se someten a un algoritmo matemático que, tras valorar automáticamente las puntuaciones de cada ítem, establece uno de los cinco niveles de riesgo que presenta la víctima de sufrir una nueva agresión a corto plazo: extremo alto, medio, bajo y no apreciado.
El resultado se incluirá en el atestado policial junto al resto de diligencias policiales llevadas a cabo.
Con este instrumento la autoridad policial que lleva a cabo la investigación del caso realiza las valoraciones urgentes del riesgo con el objetivo de conocer las necesidades inmediatas de protección e informar al juzgado del riesgo asociado a la víctima.
Cada nivel de riesgo lleva asignadas una serie de medidas policiales, de carácter obligatorio o complementario.
El resultado de la VPR se comunica al Juzgado junto a un informe que se incluye en el atestado y debe recoger los principales factores de riesgo apreciados.

de cribado de IA no apreció un riesgo que, con una entrevista personal y aplicando la perspectiva de género, se habría considerado.

Con agresores desconocidos funciona PROTOBADI, es un sistema que detecta en los lugares las personas que han cometido algún hecho delictivo.

Para trabajar con el abuso infantil se halla ICO, que combina Inteligencia Artificial con aprendizaje automático; también CAT que identifica a aquellos que pretenden tener encuentro físico con los menores; y GUARDIO, que analiza redes sociales para detectar ciberacoso.

Realmente lo que está en el espíritu de estas herramientas es el cambio que la policía ha experimentado de reactiva a predictiva. Según BALCELLS[7], *«varias han sido las causas del cambio que ha conducido a una policía eminentemente reactiva a una predictiva, pero uno fundamental ha sido el análisis geográfico d ellos delitos, dominio de la criminología medioambiental. La criminología medioambiental enmarca una serie de teorías con un nexo común: los hechos criminales y las circunstancias inmediatas donde los delitos ocurren. De acuerdo con Brantingham, la criminología ambiental entiende los hechos delictivos como la confluencia generada entre el delincuente, la víctima y las leyes que operan en entornos específicos en momentos y lugares particulares. Los Brantingham son los creadores de la teoría de la geometría del crimen, que subraya la falta de uniformidad y la no aleatoriedad del delito en las ciudades. Los autores parten de la premisa que el delincuente, al igual que el resto de conciudadanos, debe desplazarse para cometer sus delitos. El delito sucede en espacios que pueden ser predichos porque las oportunidades delictivas coinciden en zonas conocidas por el delincuente. A su vez, hay determinados espacios que se convierten en puntos calientes (hot spots) porque el nivel de convergencia de delincuentes y víctimas es muy elevado, y por lo tanto, las oportunidades se disparan»*.

Todos estos sistemas predictivos que, desde luego, resultan eficaces, adolecen de ciertos problemas. Siguiendo a BARONA VILAR[8], destacamos, por un lado, lo complicado que resulta el incorporar todo un engranaje inteligente policial que vigila y presenta una función predictiva que puede llegar a arrasar derechos y garantías constitucionalmente reconocidos.

Por otro lado, la elección por el sistema de vigilancia algorítmica es fruto de obtener más resultados con menos policías humanos, menos medios, pero consta de más control y más represión. Es, por tanto, una visión economicista del modelo, lo que siembra la viabilidad y expansión de este sistema.

7. BALCELLS, M., «Luces y sombras del uso de la inteligencia artificial en el sistema de justicia penal», en CERRILLO I MARTÍNEZ, A/PEGUERA POCH, M., *Retos jurídicos de la inteligencia artificial*, Cizur Menor, Navarra, Aranzadi, 2020, p. 149.
8. BARONA VILAR, S., *Algoritmización del derecho y de la justicia. De la Inteligencia Artificial a la Smart Justice*, Tirant lo Blanch, Valencia, 2021, pp. 458 y ss.

Además, se trata de un *software*, sistema computacional algorítmico y, por ende, no es infalible pues se basa en datos que dependerá su rigor de quién los controla.

No se puede olvidar tampoco que cabe dudar de la fiabilidad de los datos y sobre todo el modelo de manejo o minoría de datos que permite ese control predictivo.

Por último, y aunque es cierto que estos modelos eficientes, basados en riesgos, ahorran presupuestos y ofrecen resultados, también favorecen el racismo, el odio, la xenofobia, la homofobia..., porque se alimentan de prejuicios que provocan y multiplican los sesgos algorítmicos.

IV. LOS SISTEMAS DE INTELIGENCIA ARTIFICIAL EN EL SISTEMA JUDICIAL

A consecuencia de la existencia de dichos sistemas, en el ámbito jurisdiccional empiezan a aparecer sistemas automatizados de toma de decisiones basados en algoritmos que persiguen la rapidez y certeza jurídica en la aplicación del derecho, la seguridad en el resultado; en definitiva, el acierto en la decisión judicial. Así bien, en la actualidad, en determinados sistemas penales, se usan, como hemos visto, algoritmos predictivos que ayudan al juez en la toma de determinadas decisiones judiciales con la idea de lograr eficacia en el proceso de racionalizar la justicia.

En este marco, es cierto que el Poder Judicial debe adaptarse a la tecnología, a los cambios de la sociedad y avanzar con ella incorporando aquellos sistemas que ayuden a mejorar la calidad del servicio público proporcionando soluciones duraderas que faciliten el acceso a la justicia y garanticen en todo momento la participación inclusiva; pero también lo es que es preciso revisar son los sistemas de Inteligencia Artificial y sus algoritmos, de manera que nunca se puede dudar de la transparencia de la justicia, y ésta pueda derivar en situaciones injustas, provocando desigualdades entre los justiciables. Además de esto, no cabe obviar que la implementación de ella supone adaptar los trámites, oficinas y operadores de justicia a la nueva realidad manteniendo todas las garantías. Esto unido a la resistencia al cambio, así como múltiples trabas como la legislación obsoleta, falta de financiación, uso deficiente de recursos y una interoperabilidad limitada de los sistemas de información que pueden provocar diferentes niveles de calidad del servicio público de justicia en determinados territorios[9].

9. PAZOS RGO, M. J., «La realidad de la Inteligencia Artificial en el Poder Judicial español», Derecho Digital e innovación, número 15, sección Doctrina, primer trimestre de 2023, La Ley 2633/2023.

Pues bien, con independencia de estas circunstancias, con la aplicación de la inteligencia artificial al proceso es posible que se automaticen tareas que son mecánicas y no necesitan de intervención humana, tales como enviar notificaciones o comprobar que una demanda cumple los resultados formales necesarios para admitirla. La cuestión es si sirve para cuestiones procesales más complejas como la prueba.

En el más estricto ámbito judicial, las tecnologías de IA contribuyen a un mejor sistema judicial. Así Jurimetria, herramienta capaz de analizar un gran volumen de datos en muy poco tiempo, generalmente sentencias, para así extraer información y tendencias de su contenido[10].

Desde el Consejo General del Poder Judicial se ha facilitado a los jueces y magistrados el CENDOJ, buscador de jurisprudencia que usa la IA para facilitar la interacción entre el ordenador y la persona usuaria, mediante la comprensión y procesamiento del lenguaje de esta última, permitiendo extraer información de los documentos disponibles en su base de datos y obtener unos resultados en base a los criterios especificados por la persona usuaria.

Además, una aplicación de seudonimización, a partir de ella todas las resoluciones que aparecen publicadas en el CENDOJ tienen nombres, direcciones, correos electrónicos..., no reales, por protección de datos. Se trata del proceso automático del KENDOJ, herramienta basada en *machine learning*. Tiene una aplicación de seudonimización automática que permite la validación y corrección posterior por el usuario. El Juez sólo tiene que subir un documento, que puede ser una resolución judicial o cualquier otro tipo de documento, si bien el sistema está optimizado por las primeras.

El CENDOJ también proporciona la «*Lectura fácil*», como método de adaptación y redacción de contenidos, realizado por los equipos de accesibilidad cognitiva de Plen Inclusión, que pretende hacer accesible la información a las personas con dificultades de comprensión lectora utilizando palabras sencillas y frases cortas. Así, cuando a una persona con diversidad funcional es sometida a tutela, puede resultar complicado para ésta entender qué es lo que está pasando.

También Themis, sistema de textualización automática, desarrollada por ETIQMEDIA, e implementada por el Ministerio de Justicia, diseñada para el ámbito judicial, que permite la localización precisa de momentos clave dentro de grabaciones de vistas judiciales y declaraciones mediante búsquedas por palabra.

10. *https://jurimetria.wolter.es/content/Inicio.aspx*.

Se ha evolucionada de sistemas expertos, en los que los programadores trasladaban al algoritmo las normas para tomar decisiones, a algoritmos que permiten el aprendizaje automático (*machine learning*). La automatización de decisiones mediante algoritmos basados en datos arroja grandes ventajas para optimizar la toma de decisiones y la gestión y mejora de la eficacia de muchos sectores públicos y privados. Su impacto social es muy relevante, y de ahí la aspiración desde diversos ámbitos para asegurar que dichos algoritmos nos permitan tomar decisiones más justas, basadas en datos, inmunes a la corrupción, los sesgos cognitivos o los conflictos de interés.

En esta línea existen actualmente instrumentos, como WATSON, que sirven de asistencia para la argumentación jurídica en base a análisis (estadística, descriptiva, porcentajes) de doctrina y jurisprudencia precedente. En concreto, con ella se permite obtener, en cuestión de pocos segundos, argumentos a favor y en contra de una determinada cuestión jurídica, a partir del análisis de la jurisprudencia.

En marzo de 2016 la inteligencia artificial predijo con un 79% de exactitud las decisiones del TEDH. Se analizaron automáticamente textos de casos usando el aprendizaje automático. Se identificaron 584 grupos de datos, asuntos, en idioma inglés relacionados con los artículos 3, 6 y 8 de la Convención de los Derechos Humanos y se aplicó un algoritmo para hallar patrones en el texto. Para prevenir subjetividades y aprendizajes erróneos, se eligió igual número de casos de violación que de no violación del Convenio. Los factores más relevantes para la predicción de la decisión de la Corte resultaron ser el lenguaje usado, los temas y circunstancias mencionados en el texto del caso. Combinando la información extraída de los temas cubiertos y las circunstancias y cruzándolos con los tres artículos referidos de la Convención se logró una precisión del 79%.

En noviembre del 2018 el foro económico mundial se hizo eco de un estudio de *lawGeek* en el que se enfrentó el programa informático *LawGeek*, una red neuronal de aprendizaje profundo, con 20 abogados. El reto consistía en el examen de cinco acuerdos de confidencialidad de más de 3000 cláusulas y que se identificarán 30 problemas legales habituales en este tipo de acuerdos. Los 20 abogados necesitaron una media de 92 minutos para revisar los acuerdos, la IA necesitó 26 segundos, un 99,528% menos. Los abogados alcanzaron un nivel de precisión del 85%, la IA obtuvo un 94%.

Actualmente bufetes estadounidenses contratan un abogado de inteligencia artificial llamado Ross, creado por IBM. Él comprende el lenguaje humano y rastrea más de 10.000 páginas por segundo, responde de manera coherente y de forma más rápida que cualquier abogado.

Hay otros que permiten asistir al Juez en su tarea ofreciendo hipótesis de reconstrucción de los hechos, así mediante el programa STEVIE; confeccionando posibles estrategias de acusación y defensa, como el programa ECHO; o bien, elaborando el conjunto posible de coartadas que puede alegar el acusado teniendo en cuenta los hechos del caso, como el programa ALLIBI.

Mas concretamente, en el estricto campo de valoración de la prueba destaca hoy el programa ADVOKATE, desarrollado por distintas Universidades escocesas, que asiste al juez en la valoración de la credibilidad *a priori* de los testigos. También existen algoritmos que valoran las declaraciones de dichos testigos, llevando a cabo un análisis de la credibilidad *a posteriori* y que a veces se combinan con tecnologías basadas en la neurociencia para detectar mentiras. Pero estos avances tecnológicos no se limitarán a la valoración de la prueba testifical, sino que, dada la capacidad de la inteligencia artificial de analizar y extraer información relevante de documentos, también se extenderán por las pruebas documentales a medida que se vayan desarrollando las técnicas de procesamiento de lenguaje natural, que facilitarán la identificación de errores, vicios o falsedades en dichas pruebas[11].

Desde luego que la tecnología de procesamiento de lenguaje natural es otra de las herramientas que, sin duda, va a tener aplicación en el ámbito jurisdiccional, incorporando en los sistemas de gestión procesal materiales audiovisuales. Las tecnologías digitales del lenguaje son aquellas capacidades, herramientas informáticas y algoritmos que hacen posible que las máquinas puedan entender y generar expresiones en lenguaje humano en múltiples idiomas. La documentación audiovisual de actos procesales, como declaraciones, comparecencias y vistas, necesitará de un procesamiento de su contenido sonoro de gran calidad y precisión.

Los algoritmos de NLP son grandes consumidores de datos que sirven de entrada para el entrenamiento de los modelos de inteligencia artificial que hacen posible el entendimiento del lenguaje humano por parte de las máquinas[12].

---

11. DE ASÍS PULIDO, M., *Derecho al debido proceso e inteligencia artificial, en Inteligencia artificial y derecho. El jurista ante los retos de la era digital*, Aranzadi, Madrid, 2021, p. 83.
12. Un ordenador convencional basado en tecnología del silicio es una máquina, que, a pesar de su complejidad, se basa en el simple principio de codificar y decodificar información digital binaria basada en ceros y unos. Por lo tanto, parece lógico pensar que, para hacer que una máquina entienda nuestro lenguaje, debemos de convertir el texto en códigos binarios. Esto se conoce como codificación de texto o text enconding.

Alan Turing, conocido como uno de los padres de la Inteligencia Artificial y de los antepasados de los ordenadores, publicó en 1950 un artículo titulado «*Computing Machinery and intelligence*», que puede considerarse el texto que inaugura la historia del NLP. Hasta la década de 1980, la mayoría de los sistemas de procesamiento de lenguaje natural se basan en conjuntos complejos de reglas pre-definidas o fijas (Hard-Rules). A partir de 1980 se produce una revolución en el campo de NLP, gracias a la potencia de cálculo de los ordenadores y a la mayor cantidad de textos digitalizados, se empiezan a aplicar técnicas estadísticas basadas en modelo de *machine learning* sencillos. En 1990 con el boom de los ordenadores personales y la Ley de Moore cumpliéndose, el volumen de datos de entrenamiento aumenta exponencialmente trayendo consigo cada vez mejores resultados.

Es en 2013 cuando investigadores de un equipo de Google inventaron un nuevo modelo para la representación de texto llamado word2vec, un modelo de *Deep Learning* capaz de representar el significado semántico.

Ya en la siguiente década la existencia de algoritmos pre-entrenados como word2vec Glove, fastText, acelera y democratiza el desarrollo de soluciones para NLP. Se van añadiendo cada vez más lenguajes diferentes al inglés.

Ejemplos donde se puede adoptar PLN es como resumidor de documentos, como identificador de palabras y frases en lenguaje hablado por los humanos y transformarlas en un formato legible para el sistema informático; generando textos naturales; detectando diferentes idiomas y agilizando procesos en entornos multilingües; autocompletando tanto en buscadores como en herramientas para la escritura de texto; analizando el sentimiento y la intencionalidad de los mensajes en redes sociales; y extrayendo información clave.

Asimismo, resulta destacable la tecnología del reconocimiento facial. Esta tecnología posibilita el reconocimiento de los rasgos faciales de una persona. En el marco del procedimiento probatorio penal puede servir, bien para que los datos fruto de la comunicación no verbal, que pueden pasar desapercibidos para el ser humano, puedan llegar, si se interpretan con el reconocimiento facial, a ser valorados también por el juez como prueba; o bien para averiguar la identidad del presunto autor del hecho o, incluso, en el caso de identificación de testigos, peritos o, también, requisitoriados[13].

13. Polémico ha sido el proyecto *iBorderCtrl*, que mediante el uso de tecnología de reconocimiento biométrico permite al personal de fronteras recopilar dichos datos de la persona migrante a efectos de incorporarlos a la base correspondiente, así como

Por esta tecnología ha apostado el Reino Unido. En las calles de Londres se encuentran cámaras que escanean el rostro, de forma que los patrones que definen la cara serán cruzados en tiempo real con los de una lista negra de la policía, compuesta por criminales en busca y captura, así como por personas que suponen un riesgo a los demás y a ellos mismos.

La policía del sur de Gales hizo también su propia prueba piloto en dos partidos de futbol en 2018, colocando furgones con cámaras dotadas de sistemas de reconocimiento facial capaces de registrar 50 rostros por segundo en los alrededores de un estadio, en Cardiff. El Sr. Bridges, un activista para las libertades civiles, les llevó a juicio y ganó, en cuanto se resolvió que el uso indiscriminado de esta tecnología colisiona con el derecho a la privacidad y con las leyes de protección de datos, entre otros.

V. FIABILIDAD DEL SISTEMA DE IA

A la vista de los diferentes sistemas de IA que vienen utilizándose, cabe preguntar por sr papel en el proceso penal, bien como medio de prueba o utilizada junto con los medios de prueba tradicionales para que puedan éstos ser más efectivos, y así ayudar al juez en la valoración judicial de la prueba.

Como ya hemos mencionado el uso de herramientas inteligentes de valoración del riesgo es ya una realidad en la actuación policial para la prevención e investigación de los delitos y, poco a poco, está empezando a serlo también en la determinación judicial y en el tratamiento penitenciario. Todo ello será posible a través de la prueba pericial que se pueda aportar al proceso.

Una vez introducida la prueba de sistemas de Inteligencia Artificial en el proceso, el juez podría valorarla y utilizarla en su motivación para dictar una resolución. Esto que resulta un tanto disruptivo en la mente de muchos juristas, resulta habitual en el mundo de la medicina. Un médico acude a un tac, una resonancia… para su diagnóstico. El problema aquí no es tanto que se acuda a la inteligencia artificial, sino a que el instrumento médico valora el presente del enfermo y la judicial se nutre de datos del pasado, y

detectar si es o no ciudadano comunitario en el momento de ingresar, o emitir una valoración sobre si dice o no la verdad al personal de migraciones.

A través de *iBordereCtrl*, se evaluaron múltiples tecnologías digitales novedosas para su aplicación en el monitoreo y control de fronteras terrestres. Usaron varias tecnologías, ente ellas la biometría que mejora la precisión de la identificación basándose en datos existentes incrustados en el pasaporte, verificación de documentos, evaluación basada en reglas de los diversos pasos y procesos de control fronterizo, análisis basados en inteligencia artificial.

estos datos, son datos con desequilibrio, hay desequilibrio entre las clases, por ejemplo, por el simple hecho de que tenemos menos ejemplos de unas clases que de otras. Todo ello nos conduce a que, si generalizamos, se cometen errores de sesgo.

Resulta obvio que habrá que explicar al órgano jurisdiccional el sistema por el cual el mecanismo de inteligencia artificial llega a un resultado, y por ello será necesario introducir la prueba pericial.

Así bien, no cabe a continuación sino plantearnos la cuestión relativa a si se admite la inteligencia artificial en el proceso, pasa por verificar su fiabilidad o señalar los requisitos que deberían cumplir para hacer prueba en el proceso. Para ello, hemos de tener en cuenta que toda validación de un algoritmo debe prestar atención tanto a la posibilidad de que éste presente sesgos que discriminen a unas personas frente a otras, de acuerdo con los intereses o las inclinaciones de los programadores, como a su grado de viabilidad predictivida, lo que en muchas ocasiones responderá a la propia calidad de los datos utilizados en su confección. A este respecto señala el Considerando M de la Resolución del Parlamento Europeo de 14 de marzo de 2017, que «*debe hacerse una distinción entre cantidad y calidad de los datos a fin de facilitar la utilización eficaz de los macrodatos (algoritmos y otras herramientas analíticas); y que los datos y/o los procedimientos de baja calidad en los que se basan los procesos de toma de decisiones y las herramientas analíticas podrían dar lugar a algoritmos sesgados, correlaciones falsas, errores, una subestimación de las repercusiones éticas, sociales y legales, el riesgo de utilización de los datos con fines discriminatorios o fraudulentos y la marginación del papel de los seres humanos en esos procesos, lo que puede traducirse en procedimientos deficientes de toma de decisiones con repercusiones negativas en las vidas y oportunidades de los ciudadanos, en particular los grupos marginalizados, así como generar un impacto negativo en las sociedades y empresas*». Es por ello que, como manifiesta el Parlamento Europeo, en su Resolución de 14 de marzo de 2017, considerando 20, serán necesarias «*evaluaciones periódicas sobre la representatividad de los conjuntos de datos, así como examinar la exactitud e importancia de las predicciones*».

Pues bien, como en los coches que pasan la ITV, la máquina tendría que ser sometida a un testeo, presentándole casos, a fin de ver si introducen sesgos o no. Un organismo independiente debería realizar este testeo. Siendo preciso, por tanto:

En primer lugar, mecanismos de control previos, invalidando los que incurran en sesgos. En efecto, son fundamentales los datos que introducimos, y es precisamente con ellos con los que se generan graves problemas.

Por un lado, cabe destacar que no representan todos los escenarios. A veces la máquina no sabe porque hay un escenario que no se ha introducido, en este supuesto generaliza. Esto es producto de que no se ha introducido mucha información.

Por otro, no siempre el sesgo nace de forma intencionada. Los sistemas de inteligencia artificial y de aprendizaje automático se alimentan de datos y patrones relacionales por lo que, si en los datos de aprendizaje, se encuentran sesgos, la capacidad cognitiva contará con ellos. Además, es inherente al propio sistema algorítmico, matemático o relacional el que puedan existir sesgos a la hora de aplicar la propia metodología de cálculo e interpretación. Estas técnicas se basan en el uso y clasificación de los datos. Tengamos en cuenta que enseñamos a la Inteligencia artificial mediante datos e informaciones lo que es cada cosa. Ya estamos clasificando directamente mediante los conjuntos de aprendizaje. Es obvio, que en este modelo de aprendizaje cabe sesgo en la clasificación o simplemente ausencias en el conjunto de los datos de entrenamiento y validación. Así se crea uno de los sesgos más importantes y a los que son vulnerables los sistemas de Inteligencia Artificial.

Es por esto, que el sesgo, o la ausencia de muestra real o total, siempre estará presente, pero, además, podemos aumentarlo al tratar la información con el prejuicio matemático o algorítmico de su creador.

Por ejemplo, si en una imagen aparece una persona con pelo largo y rasgos de mujer, el *software* no es capaz de detectar el objeto que sostiene como una taladradora y lo puede cambiar como un secador. Pues bien, en el ámbito policial y judicial, ello puede tener consecuencias terribles pues los sistemas de predicción delictiva o de análisis de riesgos trabajarán con datos extraídos de intervenciones policiales o judiciales previas que pueden estar cargadas de sesgos (*dirty data*).

El problema, es, además, especialmente grave cuando, no existen estudios, como es el caso de Europa, dirigidos a identificar esos *dirty data*. Por ejemplo, en España, no existen datos policiales sobre el origen racial de las personas paradas por la policía para ser identificadas, aunque estudios independientes ponen de manifiesto que el porcentaje de personas de raza gitana, árabe, norteafricanos o latinoamericanos es muy superior a la de otras etnias u orígenes raciales[14].

---

14. SOUZA DE MENEZES, C/AGUSTINA SANLLEHÍ, J. R., *Big Data, inteligencia artificial y policía predictiva. Bases para una adecuada regulación legal que respete los derechos fundamentales*, en Dupuy, Daniela et al., Cibercrimen III. Inteligencia artificial. Automatización, algoritmos y predicciones en el derecho Penal y procesal penal, buenos Aires, BdeF, 2020, p.163.

Puede haber soluciones para evitar los sesgos que pasan por tener sistemas de *big data* para combatirlos en los datos de entrada a los sistemas de inteligencia artificial; verificar cada una de las salidas del sistema, relacionarla con las entradas que motivaron la decisión y evaluar el acierto final; o realizar un prechequeo de los datos que alimentan los modelos que detectan potenciales sesgos de origen y poderlos eliminar o minimizar antes de que los algoritmos trabajen con ellos[15].

En segundo lugar, preservar el derecho a la protección de datos de carácter personal debido a la gran cantidad de datos que son necesarios manejar en el uso de la inteligencia artificial.

En tercer lugar, incidir en IA explicada, esto es, en conocer los criterios empleados.

Esto se ha de entender mejor remitiéndonos a una prueba que hemos de destacar como muy reconocida y de gran fiabilidad. Nos referimos a la prueba de ADN, cuya importancia resulta transcendental.

En esta prueba, habiéndose asegurado la cadena de custodia, el margen de error queda reducido al mínimo y los resultados que se obtengan gozarán de una gran fiabilidad y precisión. Tengamos en cuenta a este respecto

15. A todo ello se unen los datos con sesgo oculto. Hay algunos sesgos que no se manifiestan a primera vista, pero están. Recuerden como se llaman todas las aplicaciones que nos ayudan: Siri, Alexia. O cuando un proceso automatizado determina descartar las aplicaciones de mujeres para un trabajo en Amazon, o como le pasó a una investigadora del Instituto de Tecnología de Masachusents (MIT) Joy Buolamwini, cuando el sistema de reconocimiento facial falla con su tono de piel.
Es posible también que los datos contengan errores (IMPACT). Realmente es difícil asegurar la calidad de los datos que se ponen en línea y esto repercute en la propia fiabilidad de las elaboraciones realizadas por los sistemas de Big Data Analytics, corriendo el riesgo de frustrar su aportación, incluso en aquellos casos en los que sería extremadamente útil. E incluso, a veces, los datos provienen de distintas fuentes y eso hace que en muchas ocasiones sean incompatibles.
Es posible que cuando no se tengan datos se utilicen datos sustitutivos. Tengamos en cuenta que el establishment tecnológico se ver reforzado por la ventaja competitiva resultante de la posesión de una posición monopolística o dominante en determinados sectores, que le permite adquirir continuamente una enorme cantidad de datos y ser capaz de procesarlos de forma cada vez más inteligente. Al mismo tiempo, los sujetos públicos se ven obligados a recurrir a los poderes privados para adquirir la información necesaria para el desempeño de sus funciones.
Por último, además si se entrena la caja negra con un objetivo determinado, sin límites en el uso de datos, podemos tener resultados no deseados. De hecho, el problema de la opacidad de las *black box* que realizan las elaboraciones, ocultando el razonamiento utilizado para tomar determinadas decisiones. En este marco, la opacidad es casi absoluta: normalmente no es posible saber qué y cuánta información se adquiere y elabora realmente, ni cómo es, ni controlar realmente su circulación.

que los laboratorios oficiales que disponen de la pertinente acreditación, como acontece en los casos de las pruebas de ADN, revisten una especialidad probatoria, ya que se les otorga mayor valor y grado de fiabilidad que a los demás tipos de dictámenes o informes. Este fenómeno se residencia en el hecho de que son realizados por personal especializado que cuenta con instalaciones y garantías específicamente apropiadas, al aplicar protocolos científicos estandarizados en relación al método y desarrollo de los análisis periciales y contar con materiales y métodos técnicos adecuados para desempeñar sus labores.

En definitiva, la prueba de ADN se descompone en cuatro grandes etapas como dibuja CARRACEDO ÁLVEREZ, la primera de ellas, la relativa al análisis laboratorial de la muestra, en el seno del cual se debe analizar el mayor número de poliformismos de ADN posible, obteniendo un perfil genético de la muestra objeto de análisis. La segunda es la comparación de los resultados con los obtenidos en el inculpado o en la víctima. La tercera es la que guarda relación con la valoración probabilística de la prueba en el caso de coincidencia de patrones. Aquí, pueden producirse dos situaciones. Puede darse el supuesto de que los patrones sean diferentes en uno o más grupos con lo que se concluirá que ese vestigio biológico no se corresponde con el individuo con el que se compara. Opuestamente, puede acontecer que los polimorfismos de ADN analizados en el vestigio se correspondan con el individuo con el que se comparan. Entonces hay que valorar la probabilidad de que ese vestigio provenga de ese individuo, lo que depende de la frecuencia de esos grupos de población. La cuarta y última fase es la consistente en la emisión del correspondiente informe medicolegal y, en su caso, la comunicación de los resultados en el juicio oral.

En este marco, CARRACEDO[16] explica que cuando se analizan polimorfismos genéticos en manchas biológicas y se intenta comprobar si coinciden con los de un individuo en concreto, al que se le ha extraído una muestra biológica, pueden producirse dos tipos de resultados: que coincidan uno o varios marcadores analizados o qué coincidan todos. En el primer caso, puede afirmarse que la mancha analizada no corresponde al individuo con un margen de error prácticamente despreciable y que depende, en todo caso, de la seguridad analítica del laboratorio. Sin embargo, el problema se presenta cuando coinciden los grupos analizados en el individuo y en la mancha. No obstante, es de vital transcendencia que, aunque coincidan varios marcadores siempre existirá una incertidumbre sobre si la mancha pertenece al individuo, ya que, en muchas ocasiones, puede ser mínima,

16. CARRACEDO ÁLVAREZ, A., «Valoración de la prueba de ADN», en MARTÍNEZ JARRETA, MB., *La prueba de ADN en medicina forense*, Masson, 1999, p. 302.

pero siempre es evaluable y no puede hablarse en ningún caso de incriminación o seguridad absoluta. Siempre se ha de proceder a la valoración probabilística de la coincidencia de grupos.

Consecuentemente los análisis genéticos no proporcionan resultados de identificación plena y esta es la razón por la cual la moderna ciencia forenses, y en concreto la genética forense, no valora los resultados de las pruebas en términos de fiabilidad absoluta, sino que valoran el mayor o menor grado de incertidumbre en términos de probabilidades.

Consecuentemente la labor de los/as peritos/as no pasa por valorar las posibilidades de que los vestigios encontrados pertenezcan o no al sujeto encausado, sino que simplemente se circunscribe a la tarea de explicarle, de un modo comprensible, al órgano jurisdiccional los resultados que las pruebas genéticas han arrojado. En última instancia, es el tribunal en ejercicio de su labor jurisdiccional, quien debe desarrollar las tareas de apreciación y valoración de las pruebas de ADN, atendiendo, no sólo a los resultados que de las mismas se deriven, sino también al conjunto de pruebas y de indicios existentes, pues de otro modo, se estaría conculcando el derecho a la defensa.

Todo lo que implica y hace necesario que los órganos jurisdiccionales conozcan en cierta medida la técnica pericial de ADN, así como los problemas que puede ocasionar su uso inadecuado o incorrecto. Pero además es preciso que los/as peritos/as depongan en la fase de juicio oral explicando cuál ha sido el resultado de los análisis genéticos, cómo se ha llegado al mismo, en qué términos se ha garantizado la cadena de custodia de las muestras biológicas analizadas, cuál ha sido la población o subpoblación tomada como referente en el análisis y con qué frecuencia aparecen esos perfiles genéticos en la misma…

Ello no quiere decir que dichos informes periciales no puedan ser impugnados, refutados y contradichos, oportunamente explicados a efectos de una adecuada valoración judicial. Pues bien, en igual forma será preciso que se exija el comportamiento a fin de introducir el sistema de Inteligencia Artificial en el proceso, de forma que se conozcan por el juez los criterios empleados.

En cuarto lugar, configurar también sistemas de control de funcionamiento. Se hace preciso auditar el sistema de forma periódica, esto implica, verificar y validar los sistemas inteligentes. Con la verificación se trata de comprobar si se ha construido un sistema correctamente, lo que implica asegurarse de que el *software* implementado no contiene errores, y que el producto final satisface los requisitos y las especificaciones de diseño.

Con la validación se trata de analizar la calidad del sistema inteligente en su entorno real de trabajo, lo que nos permite determinar si el producto desarrollado satisface convenientemente las expectativas inicialmente depositadas en él.

Hemos de tener en cuenta que con la Inteligencia Artificial se utilizan metodologías científicas que requieren de verificación. En esto último es donde hasta ahora podemos encontrar el problema para definirla como prueba científica.

Según la define GIUNTA[17], consiste en «*operaciones probatorias para las cuales, en el momento de la admisión, de la asunción y de la valoración, se usan instrumentos de conocimiento atinentes a la ciencia y a la técnica, es decir, principios y metodologías científicas, métodos tecnológicos, aparatos técnicos cuyo empleo requiere la competencia de expertos*». La prueba científica es, en esencia, un método, pues designa un fenómeno muy complejo, articulado y diversificado en múltiples formas de manifestación. En términos generales se designan los supuestos en que el método científico es utilizado en la actividad probatoria para aportar el conocimiento o la demostración de un hecho[18].

Según VERBIC[19], prueba científica es un resultado probatorio que, a través de la utilización de criterios científicos, se obtiene respecto de enunciados de hecho cuyo análisis y valoración escapa al conocimiento de la cultura media del juez. Por ello, para que una prueba sea científica:

a. Ha de precisar de un experimento que se realice sobre una fuente particular, específica, donde se registre el hecho.

b. Ha de existir una ley científica o tecnología aceptada por la comunidad de referencia que avale el mencionado experimento.

c. Ha de reinar la necesidad de contar con elementos especializados o de alta tecnología para realizar los experimentos necesarios para obtener la información que se busca.

d. Su análisis y evaluación ha de superar el nivel medio de conocimiento.

---

17. GUINTA, F., *Questioni scientifiche e prova sicentifica tra categorie sostanziali e regole di giudizio*, Criminalia, 2014, pp. 561 a 587.
18. TARUFFO, *La prueba de los hechos*, editorial Trotta, 2011, p. 277.
19. VERBIC, F., «La prueba científica en el proceso judicial. Identificación de la noción en el marco de la teoría general de la prueba. Problemas de admisibilidad y atendibilidad», Rubinzal Culzoni, Santa Fe, 2008, pp. 40 y ss.

En su producción ha de predominar una metodología regida por principios propios y rigor científico.

f. Han de requerirse profesionales altamente capacitados y cualifica-
e. dos para la comprensión del fenómeno o la aplicación de criterios.

g. Su producción ha de exigir extremar el control de contradicción —sobre todo cuando estamos ante análisis irrepetibles—.

h. Los resultados probatorios deben arrojar un elevado nivel de certeza, en ocasiones expresados en términos probabilísticos.

i. Han de valorarse de forma particularísima, en tanto que para poder apartarse de las conclusiones derivadas de estas pruebas el juez debe dar fundamentos de un peso equivalente al aportado por ellas y, en consecuencia, cargados de mayor motivación que la exigida para otra prueba no científica.

En definitiva, la prueba científica únicamente inserta en el proceso conocimientos científicos que estén respaldados por un método homologado por la comunidad científica de referencia, con lo que el nivel de cientificidad exigido supera la de cualquier otra prueba. De acuerdo con estas características lo que se está exigiendo para que una prueba sea científica es que tenga un grado de fiabilidad muy alto. La prueba científica es una prueba cuya principal virtud es la de ofrecer conclusiones con un grado de probabilidad suficientemente alto como para lograr la certeza del hecho. Así bien, es aquella que se constituye a través de la utilización de un método científico en cualquier momento de su actividad probatoria, que precisa de conocimientos sectoriales y especializados que escapan del saber judicial, y que se vale de leyes y principios científicos y, con frecuencia, de equipos y procedimientos de elevado nivel tecnológico, que requieren de personal cualificado para llegar a producir unos resultados objetivos, cuyas concusiones son, además, susceptibles de verificación y control[20]. Actualmente esto no es posible con los sistemas de Inteligencia artificial pues, como ya hemos tenido posibilidad de analizar, los algoritmos además de presentar sesgos, bien derivados de los intereses o inclinaciones de los programadores, bien de la calidad de los datos utilizados, que inciden de manera directa en la fiabilidad predictiva; no son métodos, hasta ahora, homologados por la comunidad científica de referencia, no siendo su grado de fiabilidad alto. Para ello han de tomarse decisiones relativas a auditar su funcionamiento, determinando cuáles son los mecanismos aptos para garantizar la adecuada auditoria.

20. SÁNCHEZ RUBIO, A., *La prueba científica en la justicia penal*, Tirant lo Blanch, 2019.

En quinto lugar, es preciso garantizar la acción humana en estas supervisiones. No se debe dejar toda la carga de evaluación en la IA. Este tema se convierte en fundamental en cuanto ya se está intentando atribuir responsabilidad a los instrumentos de Inteligencia Artificial. Considero que, siendo válido que dependamos en ciertas ocasiones de estos sistemas por razones de eficacia, siempre ha de ser posible atribuir la responsabilidad ética y jurídica, en cualquier etapa del ciclo de vida de estos sistemas, así como en los casos de recursos relacionados con sistemas de IA, a personas físicas o entidades jurídicas existentes. Por tanto, un sistema de IA nunca podrá reemplazar la responsabilidad final de los seres humanos y su obligación de rendir cuentas.

Nos ilustra BOURCIER[21] sobre un caso acaecido en 1986, Julia Engle sufrió una operación quirúrgica rutinaria en un hospital. La operación fue bien, y se le inyectó un analgésico por medio de un ordenador. El sistema equipado con un «módulo experto» que dosificaba automáticamente los medicamentos estaba mal regulado, y le inyectó una dosis que le hizo entrar en coma. Cinco días después entró en coma profundo. La interpretación de la situación es clara: las enfermeras tendrían que haberse dado cuenta, de forma que hubiesen podido corregir la actuación de la máquina.

De hecho, hemos de exigir, como se recomienda en el párrafo 63 del Proyecto de Recomendación sobre la Ética de la Inteligencia Artificial que «*Los Estados miembros deberían reforzar la capacidad del Poder Judicial para adoptar decisiones relacionadas con los sistemas de IA en el marco del Estado de Derecho y de conformidad con el derecho y las normas internacionales, en particular en lo que respecta a la utilización de los sistemas de IA en sus deliberaciones, velando al mismo tiempo porque se respete el principio de la supervisión humana. En caso de que los sistemas de IA sean utilizados por el poder judicial, se necesitan suficientes salvaguardias para garantizar, entre otras cosas, la protección de los derechos fundamentales, el estado de derecho, la independencia judicial y el principio de supervisión humana, así como para asegurar un desarrollo y una utilización de los sistemas de IA en el poder judicial que sean fiables, orientados al interés público y centrados en el ser humano*».

Por último, imprescindible se hace el favorecer la incorporación de juristas en el diseño de la IA.

En cualquier caso, en los diferentes controles del sistema, en la evaluación diferida de las distintas fases del proceso interno del sistema inteligente, el desarrollador del algoritmo no debe participar en la fase de valoración del mismo. De forma tal que considero acertado que, en las distintas

21. BOURCIER, D., *Inteligencia artificial y derecho*, Barcelona, 2003, pp. 164/165.

fases de intervención o evaluación de la Inteligencia Artificial, participen sujetos distintos, con la finalidad de garantizar una mayor fiabilidad de estos sistemas.

VI. FACTORES AFECTADOS EN EL PROCESO JUDICIAL CON LA INTRODUCCIÓN DE LA INTELIGENCIA ARTIFICIAL EN EL PROCESO

Para finalizar conviene recordar que son varios los factores que pueden verse afectados y se han de fortalecer, por un lado, los tecnológicos. Es necesaria la robustez, esto es, la exactitud, utilizando modelos diseñados de forma multidisciplinar.

También la utilización de fuentes certificadas y datos intangibles, por ello hay que buscar modelos de datos y la calidad de los mismos. Todo ello, habiendo establecido un entorno tecnológico seguro. Y es que, muchas veces, los datos con los que se alimenta no representan todos los escenarios y, por ello, generaliza. Además, en algunos casos, contienen errores. Todo ello afecta al grado de fiabilidad predictiva. A ese respecto ha señalado el Parlamento Europeo en su resolución de 14 de marzo de 2017, considerando 20, que serán necesarias «*evaluaciones periódicas sobre la representatividad de los conjuntos de datos, así como examinar la exactitud e importancia de las predicciones*».

En segundo lugar, los factores organizativos, tales como una normativa adecuada, una necesaria alfabetización digital y la participación, además de juristas, de otras disciplinas.

En tercero, factores relativos a los derechos de las personas, tales como la no discriminación y prohibición de sesgos, privacidad, así como protección de datos personales.

La IA usada en casos que se relacionan con complejidades sociales, reproduce y amplifica las injusticias. Este es el caso de sistemas que predicen delitos.

Es obvio que desde el punto de vista técnico se debe a la falta de representatividad de los datos, pero, si bien es cierto que existen sesgos involuntarios o propios de las limitaciones técnicas de estas tecnologías, también lo es que detrás hay personas que toman decisiones sobre qué diseñar, cómo y con qué propósito. En este sentido, la inteligencia artificial, usada en determinados contextos, puede no tener la objetividad y neutralidad que debería.

Por lo que se refiere a la protección de datos e IA, cobra especial relevancia el principio de información previa, esto es, derecho de información que las partes, operadores jurídicos o, en su caso, terceros, deben tener sobre el tratamiento, uso y destino que se va a aplicar a sus datos personales.

Pero, además, son también relevantes otros principios relativos a la protección de datos, se trata de la confidencialidad, integridad, trazabilidad y minimización, esto es, la conservación de los datos sólo por el tiempo que sea necesario y sólo para la finalidad para la que han sido recogidos.

Una vez utilizada la IA en un proceso judicial, es preciso respetar, cuando se estén tratando datos de carácter personal, los derechos de acceso, rectificación, y supresión, así como, en su caso, oposición y limitación que tienen los afectados.

En cuarto lugar, factores propios del sector público, como la transparencia, explicabilidad y rendición de cuentas.

Se hace preciso en la configuración de la IA que cuando un ciudadano acuda a un proceso, entienda de forma clara, el sistema de IA que se esté aplicando y por qué se toman unas decisiones u otras. Se trata de un principio esencial de transparencia.

En la propuesta de Reglamento del Parlamento Europeo y del Consejo por el que se establecen Normas Armonizadas en materia de Inteligencia Artificial y se modifican determinados actos legislativos de la Unión, se contemplan una serie de procedimientos de verificación de la calidad de los Sistemas de IA que se empleen en la UE, si bien sólo e forma excepcional se prevé la intervención activa de las autoridades. Este tipo de auditoría pública ya opera en otras tecnologías vinculadas con la Administración de Justicia.

Es por ello necesario crear, en el ámbito de la UE, una Agencia sobre IA que tenga competencia para examinar, filtrar y verificar la calidad de los sistemas y su conformidad con la legalidad vigente, tanto con carácter previo a su introducción en el mercado o a su puesta en circulación.

Tal agencia serviría para realizar las tareas de análisis y verificación de la calidad y conformidad de los sistemas, ya que, por un lado, sería una institución pública la que habría detrás del proceso, lo cual es fundamental a efectos de generar confianza en los ciudadanos, puesto que el interés único es el oficialmente anunciado, y, además, hay un riesgo bajo de filtraciones de las patentes millonarias que suele haber detrás de tales herramientas.

En cualquier caso, y comenzando por la ineludible exigencia de que se hace preciso comprender y explicar los sistemas inteligentes, es cierto que hay que evitar el extremo, en el sentido de pretender su total transparencia y explicabilidad. La transparencia implica que los justiciables deberían estar plenamente informados cuando una decisión se basa en algoritmos de IA o se toma a partir de ellos. En estas circunstancias deben tener la oportunidad de solicitar información del actor de la IA o a las Instituciones del sector público de Justicia. Además, las personas deberían poder conocer los motivos por los que se ha tomado una decisión que afecta a sus derechos y libertades y tener la posibilidad de impugnarlo. La transparencia, en conclusión, puede permitir a las personas comprender como se implementa cada etapa de un sistema de IA, en función del contexto y la sensibilidad del sistema en cuestión. También puede proporcionar información sobre los factores que influyen en una predicción o decisión específicas, y sobre la existencia o no de garantías adecuadas.

La explicabilidad, por su parte, supone hacer inteligibles los resultados de los sistemas de IA, y facilitar información sobre ellos. También se refiere a la inteligibilidad de la entrada, salida y funcionamiento de cada componente algorítmico y la forma contribuye a los resultados de los sistemas.

Por último, todos los factores relativos al sistema de justicia y proceso. Los atinentes al sistema de justicia se concretan en la posibilidad de acceso a la justicia sin discriminación, esto es, el derecho a la tutela judicial efectiva, dada la posible brecha digital y las personas en condición de vulnerabilidad; en la independencia judicial, pudiendo apartarse de forma efectiva; y en el posible riesgo para el ejercicio de la función judicial, y ello debido a que se hace necesario por parte de los jueces y magistrados, suficiente comprensión sobre la IA usada para garantizar responsabilidad por las decisiones tomadas con su asistencia.

Finalmente, en el marco del proceso con todas las garantías destaca precisar cuáles son las fuentes de datos, así como el derecho de defensa frente a una decisión algorítmica.

IX

La exención de prueba por notoriedad en el proceso penal en el contexto de internet y de la IA

Brian Buchhalter Montero
Inv. Predoctoral (FPU)
Universidad Complutense de Madrid

I. INTRODUCCIÓN[1]

La institución de la notoriedad es antigua: *notoria non egent probatione* o *manifesta probatio non indigent*, se ha dicho[2]. El Derecho procesal español, pasados varios siglos de silencio, la ha reconocido de manera expresa en el art. 281.4 LEC (que, a través del art. 4 LEC, se proyecta sobre el resto de procesos, incluido el penal). Así: «No será necesario probar los hechos que gocen de notoriedad absoluta y general».

El laconismo de este precepto ha habilitado notables discusiones teóricas en nuestro país, que enlazan con los clásicos debates de juristas alemanes e italianos. Algunos autores patrios han puesto de relieve, sin embargo, que la institución no es tan relevante en la práctica como se podía pensar, atendidos esos debates académicos. En ese sentido, DE LA OLIVA hizo notar que aquellas discusiones eran «desproporcionadas respecto de su importancia práctica»[3] y algunos autores como el uruguayo CARNELLI, incluso,

1. Las abreviaturas utilizadas en el texto son las siguientes: AP (Audiencia Provincial); BGH (*Bundesgerichtshof*, Tribunal Supremo de Alemania); CC (Código Civil); GG (*Grundgesetz*, Ley Fundamental de Bonn); LEC (Ley de Enjuiciamiento Civil); LENCC (Ley de Enjuiciamiento sobre los negocios y causas de comercio); RAE: (Real Academia Española de la Lengua); StPO (*Strafprozessordnung*, Ordenanza procesal penal de Alemania); TC (Tribunal Constitucional); TS (Tribunal Supremo); ZPO (*Zivilprozessordnung*, Ordenanza procesal civil de Alemania).
2. Una breve historia de la institución de notoriedad hay en ALLORIO, E., «Observaciones sobre el hecho notorio», en *Problemas de Derecho procesal*, Tomo II, traducción de SENTÍS MELENDO, Ediciones Jurídicas Europa-América, Buenos Aires, 1963, pp. 393 y ss. *Cfr.*, también, SCHMOECKEL, M., «Requisitos de prueba, la exigencia de un mínimo de prueba y la notoriedad en el Derecho procesal medieval (siglos IX – XII)», *Anuario argentino de Derecho canónico*, Vol. XIV, 2007, pp. 241 y ss. (especialmente pp. 254 y ss.); CARNELLI, L., *El hecho notorio*, Ediciones Jurídicas Olejnik, Santiago de Chile, 2020 (orig. 1944), pp. 33 y ss.; o CABAÑAS GARCÍA, J. C., «Premisas básicas para una posible redefinición de la teoría procesal sobre el hecho notorio», *Justicia: Revista de Derecho procesal*, Núm. 3, 1991, p. 567. En el contexto del *common law* se prefiere la segunda formulación (*manifesta probatione non indigent*): KEEFFE, A. H., LANDIS, W. B. y SHAAD, R. B., «Sense and Nonsense About Judicial Notice», *Stanford Law Review*, Vol. 2, Núm. 4, 1950, p. 664. Y, por último, una prolija historia de la institución en el *common law* hay en: BELLIN, J., y FERGUSON, A. G., «Trial by Google: Judicial Notice in the Information Age», *Northwestern University Law Review*, Vol. 108, Núm. 4, pp. 1137 y ss.
3. DE LA OLIVA SANTOS, A., «Artículo 281. Objeto y necesidad de la prueba», en DE LA OLIVA SANTOS, A. *et al.* (Coords.), *Comentarios a la Ley de Enjuiciamiento Civil*, Civitas, Madrid, 2001, p. 514. En ese mismo sentido, *cfr.* GARCIMARTÍN MONTERO, R., «Artículo 281. Objeto y necesidad de la prueba», en CORDÓN MORENO, F. *et al.* (Coords.), *Comentarios a la Ley de Enjuiciamiento Civil*, Vol. I, Aranzadi, Navarra, 2001, p. 1005.

han propuesto la supresión de la institución[4]. A aseveraciones parejas ya opuso STEIN, en 1893, algunas razones de peso:

> «En casi todos los procesos, todo tribunal debe tener en cuenta las circunstancias sociales y confesionales de su distrito, la distancia de cada localidad al lugar de jurisdicción o la personalidad de los residentes de su tribunal. Pero, sobre todo, en los procesos penales, especialmente en los casos de injurias por parte de la prensa y disputas similares, los hechos y circunstancias políticas ocupan un espacio tan extraordinariamente amplio que uno no puede sino darse cuenta con asombro cuánto han sido descuidados los hechos notorios por la doctrina procesal penal hasta tiempos recientes»[5].

Y, efectivamente, la notoriedad es relevante ya no solo respecto de los delitos que hacía notar STEIN en su momento, sino respecto de los que se cometen a través de Internet[6] o los que se esclarecen con información *online*: por Google Maps fueron identificados, recientemente en España, varios sujetos que transportaban una voluminosa bolsa de plástico que contendría, al parecer, el cadáver de una víctima de homicidio[7]. Pero, aun así, al margen de la relevancia práctica de la institución y del aumento de los estudios sobre ella, todavía quedan cuestiones por someter a escrutinio. En este sentido, pretendo examinar la institución en el contexto de Internet y de la IA: tal como en su momento nadie creía «a pies juntillas todo lo que publican los periódicos» y tal como «no cabe negar que éstos, la radio y la

---

4. Para la notoriedad reservaba calificativos algo ásperos. Decía, así, que se trataba de un «instituto peligroso e innecesario, sin verdaderos precedentes, de nombre incorrecto y discutible en su constitución, en sus fines y alcance» (CARNELLI, L., *El hecho notorio..., op. cit.*, p. 185).
5. STEIN, F., *Das private Wissen des Richters*, Verlag von C. L. Hirschfeld, Leipzig, 1893, p. 140. *Cfr.* traducción española de DE LA OLIVA SANTOS, A., *El conocimiento privado del juez: investigaciones sobre el derecho probatorio en ambos procesos*, Universidad de Navarra, Navarra, 1973.
6. Sobre esos delitos, *cfr.* VELASCO NÚÑEZ, E., *Delitos cometidos a través de Internet*, La Ley, Madrid, 2010; y PERRINO PÉREZ, A. L., *El derecho penal y las nuevas tecnologías – Aspectos sustantivos y procesales de la ciberdelincuencia*, Cuniep, Madrid, 2024.
7. «Unas imágenes de Google Maps, claves en la detención de una mujer y su pareja por desmembrar al marido de ella en el pueblo soriano de Tajueco», *El Mundo*, 18 de diciembre de 2024. Pero, aun así, el interés por la notoriedad no puede justificarse solo en su importancia práctica creciente: si únicamente abordáramos las instituciones que tienen trascendencia práctica (directa o inmediata digamos), disciplinas como la Historia del Derecho, el Derecho romano o la Filosofía del Derecho caerían en el olvido. Con eso, ni el «jurista» sería más que un gestor, ni la Historia del Derecho —por ejemplo— excedería la condición de pobres antecedentes históricos (en el contexto del art. 3.1 CC).

televisión han aumentado la aplicabilidad prudente de la notoriedad»[8], algo parecido sucede hoy con Internet y la IA. La pregunta es, por tanto, ¿hasta qué extremo la difusión masiva de Internet y de la IA afecta a la institución de la notoriedad? Para (intentar) dar respuesta, entonces, a la pregunta por la notoriedad en relación con Internet y la IA, este trabajo se escinde en las siguientes partes: primero, un estado general de la cuestión (II); después, una definición propia de notoriedad (III); un estudio de los ámbitos objetivos (IV) y subjetivos (V) de la institución; más adelante, un análisis de la información proveniente de Internet y de la IA *in abstracto* (VI); y, por último, el estudio de algunas cuestiones prácticas que se plantean en el proceso penal (VII).

II. ESTADO DE LA CUESTIÓN

A diferencia del art. 297 del Proyecto de Código procesal civil de CARNELUTTI[9], el art. 281.4 LEC no define la notoriedad, sino que se limita (siguiendo a la jurisprudencia de finales del siglo XX)[10] a enlazar lo notorio con lo *absoluta* y *generalmente conocido*. Una interpretación gramatical del art. 281.4 LEC no conduce, tampoco, a delimitación alguna: el Diccionario de la RAE define lo «notorio» como aquello que es público y conocido por todos (1.ª acepción). Han sido, por tanto, la jurisprudencia y la doctrina las que han restringido el desbocado tenor del art. 281.4 LEC. El TS ha mantenido, por su parte, que para entender dada la notoriedad de un hecho basta con que el Tribunal enjuiciador conozca el hecho y tenga la convicción de que ese conocimiento es

> «[...] compartido y está generalizado, en el momento de formular el juicio de hecho —límite temporal—, entre los ciudadanos medios, miembros [de] la comunidad cuando se trata de materias de interés público, ya entre los consumidores que forman parte del segmento al que los mismos afectan —ámbito de difusión del conocimiento—, en el que se desarrolla el litigio —límite espacial— [...]»[11].

8. DE LA OLIVA, A. y FERNÁNDEZ, M. A., *Derecho procesal civil*, II, Centro de Estudios Ramón Areces, Madrid, 1997, p. 314.
9. «Se conceptúan públicamente notorios aquellos hechos cuya existencia es conocida de la generalidad de los ciudadanos en el tiempo y lugar en que ocurre la decisión» (transcrito en: ALLORIO, E., «Observaciones sobre el hecho notorio», en *Problemas...*, *op. cit.*, p. 396).
10. STS (Sala de lo Civil) 57/1998, de 4 de febrero: «[...] para que hechos notorios puedan actuar en el área probatoria del proceso han de tener unas características rotundas de ser conocidos de una manera *general y absoluta*» (FJ 1). La cursiva es mía.
11. STS (Sala de lo Civil) 24/2016, de 3 de febrero FJ 5.

De esta manera, los Tribunales delimitan la notoriedad en el tiempo, en el espacio y respecto de las personas. Otras resoluciones han ofrecido algo más de detalle y han puesto de relieve que notorios son los hechos tan generalizadamente percibidos o divulgados, sin refutación, de manera que un «hombre razonable y con experiencia de la vida puede declararse tan convencido de ellos como el juez en el proceso mediante la práctica de la prueba»[12]. En esa última definición trasluce la ya clásica dada por STEIN en 1893:

«Podemos, entonces [...] asumir la notoriedad fuera del proceso [...] cuando los hechos están tan generalmente percibidos o cuando están tan generalmente difundidos sin refutación seria, que un hombre razonable y con experiencia en la vida se puede declarar tan convencido de ellos como el Juez en el proceso tras la práctica de la prueba»[13].

Como se aprecia, a pesar de esta delimitación (espacial, temporal y personal) en la institución de la notoriedad siguen dominando elementos normativos, como es natural e insoslayable. Así sucede con términos como «hombre razonable» o, por ejemplo, «sin refutación». Por eso, no solo el conocimiento de ciertos hechos varía en las coordenadas señaladas por el TS, sino también el contenido de esos elementos normativos. De ahí no se sigue, sin embargo, que el concepto de «notoriedad» sea relativo, como ha mantenido el TC[14] o algún sector de la doctrina[15]. Lo que es relativo es el contenido de la institución, pero no ella misma, como no es relativo el concepto de delito (en un Derecho concreto), sino los delitos en particular.

12. STS (Sala de lo Civil) 654/2007, de 12 de junio, FJ 2.
13. STEIN, F., *Das private..., op. cit.*, 147.
14. STC 59/1986, de 19 de mayo, FJ 5: «[...] la notoriedad es un concepto relativo e indeterminado, vario y plural, y lo mismo puede referirse a hechos procesales, que extraprocesales».
15. MORENO CATENA, V., «Artículo 281. Objeto y necesidad de la prueba», en ESCRIBANO MORENA, F., (Coord.), *El proceso civil*, Vol. III, Tirant lo Blanch, Valencia, 2001, p. 2196: «El concepto de notoriedad es, pues, siempre relativo, tanto en el espacio como en el tiempo; la falta de controversia —acreditado— y la publicidad de su conocimiento —común en un grado de cultura media— constituyen, a nuestro entender, los elementos carácter´siticos que identifican hecho notorio y justifican la inutilidad probatoria». También MONTERO AROCA, J., *El proceso civil – Los procesos ordinarios de declaración y de ejecución*, Tirant lo Blanch, Valencia, 2014, p. 625: «La notoriedad es esencialmente un concepto relativo, pues en términos absolutos no existen hechos notorios sin limitación de tiempo y espacio. La notoriedad de un hecho no supone que todos los pertenecientes al grupo tengan un efectivo conocimiento del mismo, sino que lo normal es que lo conozca el hombre dotado de una cultura de grado medio, entre los cuales tiene que estar necesariamente el Juez [...]».

Pero al margen de esa discusión conceptual, la relatividad del contenido de la notoriedad se ha ido debilitando a lo largo de los años y muy notablemente desde la difusión masiva de Internet y la IA. De eso ha advertido, entre nosotros, NIEVA FENOLL[16]. En Alemania, la cuestión ha dado lugar a varios estudios monográficos, incluso doctorales[17]. También en Estados Unidos[18]. En la jurisprudencia nacional, sin embargo, el tratamiento de la notoriedad, a la vista de los avances de Internet y de la IA, es poco consistente. Algunas resoluciones, por ejemplo, mantienen que no es notoria una información «para cuya obtención haya que efectuar una mínima investigación por Internet»[19]. Otras, por el contrario, mantienen que es notoria la diferencia entre ciertas publicaciones y que esa circunstancia no pasa desapercibida a «cualquiera que utiliza mínimamente Internet»[20]; o, por ejemplo, que el coste de ciertas drogas comunes resultaría consultable en Internet, «por lo que se aproximarían a su consideración como un hecho notorio»[21] (sin que quede muy claro en qué consiste esa «aproximación»). Y, en fin, algunas resoluciones han entendido que el Juez no puede «[...] usar información obtenida de Internet a través de una búsqueda de Google, y cuya fuente se desconoce, pues no estamos ante la información y publicación de las estadísticas del Banco de España, regladas y de público y notorio conocimiento»[22], con lo que parece que la información publicada por el Banco de España sí podría ser notoria.

Esta situación de indefinición, por tanto, hace necesario repreguntarse por el rol de la notoriedad en los tiempos de Internet y la IA. Eso exige, en primer término, revisar algunos conceptos de notoriedad que se han ido ofreciendo, para examinar hasta qué punto sirven hoy. Tanto STEIN[23] en su momento como el TC[24] hace varias décadas rechazaron, por tautológica,

16. NIEVA FENOLL, J., *Derecho procesal II*, 2.ª ed., Tirant lo Blanch, Valencia, 2022, p. 194. Del mismo autor, *cfr.* en general sobre la materia: NIEVA FENOLL, J., *Inteligencia artificial y proceso judicial*, Marcial Pons, Madrid, 2018 (en las pp. 79 y ss. se ocupa de la prueba, pero no de la notoriedad).
17. MCCORKLE, A., *Allgemeinkundigkeit — § 291 ZPO als Rechtsgrundlage richterlicher Internetrecherchen?*, Mohr Siebeck, Tübingen, 2018; o HAAS, G. A., *Internetquellen im Zivilprozess — Zugleich ein Beitrag zur Auslegung des § 291 ZPO unter Berücksichtigung des US-amerikanischen Rechts*, Springer, Wiesbaden, 2019.
18. *Cfr.* BELLIN, J., y FERGUSON, A. G., «Trial by Google...», *op. cit.*, pp. 1137 y ss.
19. SAP Barcelona (Sección 19.ª) 380/2010, de 6 de octubre, FJ 2
20. SAN (Sección 2.ª) 2/2016, de 5 de febrero, FJ 3.2.1.3
21. ATS (Sala de lo Penal) s/n. de 21 de marzo de 2024, FJ 1.
22. SAP Viycaza (Sección 5.ª) 63/2022, de 10 de marzo, FJ 2.
23. STEIN, F., *Das private..., op. cit.*, p. 143.
24. STC 59/1986, de 19 de mayo, FJ 5: «Es expresión consagrada la de que los hechos notorios no necesitan prueba, frase en cierto modo tautológica, pues para ser cierta se precisaría saber antes qué hechos son notorios, [...]».

aquella definición que identificaba la notoriedad con la exención de prueba. A ese reproche se opuso con razón ALLORIO, para el que no había defecto alguno, sino solamente «una definición formal, como es formal, y no tautológica, la siguiente definición del delito: delito es el ilícito al cual el ordenamiento jurídico vincula, como sanción, una pena»[25]. Y, efectivamente, no es tautológica la definición porque lo notorio no siempre está exento de prueba, tal como sucede cuando la contraparte quiere probar que lo notorio no es lo afirmado, sino lo contrario. En ese sentido, la notoriedad no excluye siempre la prueba (porque puede probarse lo contrario de lo que se alega como notorio) ni tampoco la prueba excluye la notoriedad (porque no deja de ser notorio lo que se prueba).

Un entendimiento de la notoriedad que ha ido cayendo en el olvido en los sistemas del *civil law* es el original, proveniente del Derecho canónico, que defendió LAGENBECK en sus primeros trabajos a mitad del siglo XIX[26]. Notorio era, en ese sentido, lo que no podía negarse de buena fe. Aunque esa definición fue criticada en su momento por no poder explicar la relatividad del contenido de la notoriedad[27], no puede desconocerse que, en nuestro Derecho, cobra cierta relevancia a través de los arts. 11.1 LOPJ, 247.1 LEC y 19.1 LO 5/2024, que reconocen la institución de la buena fe procesal. Pero, en todo caso, en nuestro país están extendidas otras definiciones que no toman en consideración la buena o mala fe de las partes. Así, PRIETO-CASTRO entendía, bajo la LEC 1881, notorios los hechos

> «[...] que, por pertenecer a la ciencia y al arte, a la vida social, a la historia y, en general, a las nociones que se manejan en el trato social de la gente, son conocidos y tenidos por ciertos por un círculo más o menos grande de personas de cultura media»[28].

Por su parte, MONTERO AROCA atribuye la condición de notorios a los hechos «cuyo conocimiento forma parte de la cultura normal propia de un determinado grupo social en el tiempo en el que se produce la decisión judicial, incluyendo naturalmente al juez»[29]. Y, en un sentido similar,

---

25. ALLORIO, E., «Observaciones sobre el hecho notorio», en *Problemas..., op. cit.*, p. 392.
26. LANGEBECK, W., «Ueber das Wesen der Notorietät und ihre Bedeutung im Civilprozesse», *Zeitschrift für deutschen Zivilprozess*, IV Band, 1881, pp. 470 y 471. Antiguamente había definido como notorios los hechos que son conocidos por todos en el pueblo o en una parte de éste y que aparecen de manera tan creible que solo se pueden negar con mala voluntad.
27. STEIN, F., *Das private..., op. cit.*, p. 143.
28. PRIETO-CASTRO, L., *Tratado de Derecho procesal civil*, 2.ª ed., Tomo I, Aranzadi, Pamplona, 1985, p. 626.
29. MONTERO AROCA, J., *La prueba en el proceso civil*, 7.ª ed., Thomson Reuters – Civitas, Pamplona, 2011, p. 87.

GIMENO SENDRA entendía que para considerar notorio un hecho era necesario que éste fuera «conocido y tenido por cierto por una generalidad de personas dotadas de una cultura media, en el lugar y tiempo en que se dicta la resolución»[30].

III. DEFINICIÓN DE NOTORIEDAD

Como se aprecia, en las definiciones de notoriedad confluyen siempre elementos como cultura media, certeza, persona media, entre otros. A mi juicio, la notoriedad es una característica: a) que se predica de hechos, máximas de la experiencia y del Derecho (no abarcado por el principio *iura novit curia*); b) que aprecia el Juez, no necesariamente a instancia de parte; c) que exime de la prueba (aunque no impide la prueba en contrario); y d) que consiste en un conocimiento generalizado en el tiempo y en el lugar en que el Juez toma consciencia del hecho relevante para el proceso. Pero lo que define, para mí, esencialmente a la notoriedad es una actitud pasiva o meramente receptiva del Juez. Es decir, tal como se dice que la cultura política es lo que queda cuando se olvida la Historia, lo notorio es lo que queda cuando se olvidan los detalles. Y en ese sentido, desde el momento en que el Juez —ciudadano medio— debe buscar cierta información para *conocerla*, ésta no puede ser tenida por notoria. Cuestión distinta es que el Juez ya conozca esa información y lo único que pretenda a través de Internet o de una IA sea *cerciorarse* de que estaba en lo correcto. De tal manera, la información que provee un buscador de Internet o una IA de manera sencilla y sin gran esfuerzo puede ser notoria, pero no puede entenderse notoria una información que hay que rastrear y rastrear enojosamente en numerosas páginas webs (como tampoco es notoria la información que reclama exhaustivas indagaciones en bibliotecas para ser confirmada).

De esa información que procede de una búsqueda activa en Internet por parte del Juez hay que distinguir, sin embargo, la que el Juez recuerda por haber utilizado Internet en su vida privada. Es decir, es distinta la situación cuando el Juez está expuesto, por su uso de Internet, a una cantidad de información general que puede llegar a recordar y a tener por cierta para un proceso concreto.

Ejemplo: Un Juez residente en Paiporta (Valencia) puede haber experimentado por sus redes sociales que cierto puente que vinculaba Paiporta con Valencia capital quedó destruido en la riada del 29 de octubre de 2024. Distinto sería que el Juez buscara en Google o le preguntara a una IA por el estado de ese mismo puente sobre el que las partes no se han pronunciado

30. GIMENO SENDRA, V., *Derecho procesal civil*, 2.ª ed., Tomo I, UNED – Ediciones Jurídicas Castillo de Luna, Madrid, 2017, p. 505.

y que pretendiera valorar esa información sin haber dado a las partes oportunidad de alegar. De esa manera, su decisión sería sorpresiva (una *Überraschungsentscheidung*) y, por tanto, contraria al Estado de Derecho y a los derechos fundamentales de las partes.

IV. HECHOS, MÁXIMAS DE LA EXPERIENCIA Y DERECHO APLICABLE (NO ABARCADO POR EL PRINCIPIO IURA NOVIT CURIA)

Hecha esa sucinta aproximación al concepto de notoriedad, hay que examinar ahora qué abarca la exención de prueba. El art. 281.4 LEC se refiere a los *hechos* absoluta y generalmente notorios, lo que podría llevar a descartar la aplicación del precepto a máximas de la experiencia y, por su parte, al Derecho aplicable (cuando fuera distinto del que el Juez debe conocer en virtud de la máxima *iura novit curia*)[31], tanto en el proceso civil, como en el proceso penal. En la jurisprudencia lo común es que las normas sobre notoriedad se apliquen a hechos.

Por ejemplo, se ha tratado como notorio que el Banco Santander absorbió en 2013 a cierta otra entidad española (lo que puede ser comprobado «en las hemerotecas y en Internet»)[32], aunque en la jurisdicción civil se sostenga otra opinión[33]; que la población anciana fue vacunada prioritariamente durante la pandemia del COVID-19[34]; que entre los años 2007 y 2008

31. Aunque el Derecho extranjero es mayormente relevante en el proceso civil, no puede obviarse que también los Tribunales penales han aplicado Derecho penal extranjero (y no me refiero con eso a *considerar* el Derecho privado extranjero, por ejemplo, para llenar una norma penal en blanco). Sobre eso, *cfr.* BUCHHALTER MONTERO, B., «Aplicación del Derecho penal extranjero por Tribunales nacionales: ¿un aporte a la justicia y a la armonización europea?», *Anuario de Derecho penal y ciencias penales*, Tomo LXXVI, 2024, pp. 453 y ss.; y sobre la notoriedad del Derecho, en general: BUCHHALTER MONTERO, B., «El Derecho extranjero en el laberinto procesal civil: medios de fijación y posibilidades si estos fracasan (interés público o privado del litigio como criterio de decisión)», *Anuario de Derecho Civil*, Tomo LXXVII, Fasc. IV, 2024, pp. 1629 y ss.; en el mundo anglosajón: KEEFFE, A. H., LANDIS, W. B. y SHAAD, R. B., «Sense and Nonsense...», *op. cit.*, pp. 672 y ss., que se ocupan de la llamada *judicial notice of law*. Al final del trabajo proponen, incluso, una reforma legislativa que permitiera a los tribunales tener por notorio el Derecho extranjero: «[...] Cualquier Tribunal de instancia o de apelación de este Estado, a su discreción, puede tener por notoria las Leyes y estatutos de cualquier Estado extranjero o subdivisión política [...]».Interesante también: MCCORMICK, C. T., «Judicial Notice», *Vanderbilt Law Review*, Núm. 3, Vol, 5. 1952, pp. 303 y ss.; y STERN, W. B., «Foreign Law in the Courts: Judicial Notice and Proof», *California Law Review*, Vol. 45, Núm. 1, 1957, pp. 23 y ss.
32. SAP Madrid (Sección 5.ª) 5/2021, de 11 de febrero, FJ 1.
33. SAP Toledo (Sección 2.ª) 82/2024, de 17 de abril, FJ 2.
34. A. del Juzgado de Instrucción Núm. 2 de Santiago de Compostela /2021, de 12 de febrero, FJ 1.

se produjo una crisis financiera[35]; que el TC había suspendido, antes del 1 de octubre de 2017, una votación celebrada en Cataluña ese mismo día[36]; o que en cierto poblado español «se vende droga»[37].

Nada impide, sin embargo, tener por notorios no solo hechos, sino también máximas de la experiencia[38] y el Derecho (extranjero o consuetudinario), como veremos. Respecto de las máximas de la experiencia ha puesto de relieve DE LA OLIVA que son, en realidad, tratadas como hechos porque se forman a partir de la experiencia y que justamente ahí radica su carácter fáctico, «aunque se diferencien de un concreto hecho o circunstancia fáctica en que requieren una pluralidad de hechos para ser deducidas, bien de modo vulgar, bien científicamente»[39]. Pero seguir ese argumento supondría que también el Derecho es un hecho, porque se forma a partir de la experiencia y porque se manifiesta en el mundo empírico (en objetos como libros o a través de sonidos y gestos, si es consuetudinario). Pero, al margen de eso, la notoriedad también es asumible respecto del Derecho, tanto extranjero como consuetudinario. Algunas normas nacionales se refieren, de hecho, a la notoriedad del Derecho. Así sucede con los arts. 1.2 Ley 5/2015 de Derecho Civil Vasco[40]; 2.1 fr. 1 de la Ley 2/2006, de derecho civil de Galicia[41]; y con la Ley 3.II de la Compilación del Derecho Civil Foral de Navarra[42][43].

A lo anterior hay que agregar, todavía, otros argumentos que llevan a extender el ámbito de la notoriedad a las máximas de la experiencia y al Derecho no abarcado por el principio *iura novit curia*.

35. SAP Madrid (Sección 5.ª) 51/2020, de 12 de noviembre, FJ 1.
36. S. del Juzgado de lo Penal Núm. 2 de Manresa 132/2020, de 28 de septiembre, FJ 2.
37. SAP Islas Baleares (Sección 2.ª) 436/2019, de 13 de noviembre, FJ 3.
38. *Cfr.* art. 151 de la ZPO de Suiza. En la doctrina alemana es lugar común que las máximas de la experiencia pueden entenderse acreditadas por notoriedad: TRÜG, G. y HABETHA, J., «§ 244 StPO», en *Münchener Kommentar zur StPO*, 2. Aufl., C. H. Beck, München, 2024, ap. 215; BACHLER, L., «StPO § 244», en *BeckOK StPO mit RiStBV und MiStra*, 52. Edition, C. H. Beck, s/l. 2024, ap. 5; o KELLER, R., «Offenkundigkeit und Beweisbedürftigkeit im Strafprozeß», *Zeitschrift für die gesamte Strafrechtswissenschaft*, Núm. 101, Vol. 2., 1989, p. 417. Lo anterior no impide reconocer, otras posturas que mantienen una interpretación restrictiva del § 291 ZPO (equivalente a nuestro 281.4 LEC) y que, por tanto, rechazan que una máxima de la experiencia pueda ser eximida de prueba por esa vía. Así: HAAS, G. A., *Internetquellen..., op. cit.*, p. 84.
39. DE LA OLIVA SANTOS, A., «Artículo 281. Objeto y necesidad de la prueba», en DE LA OLIVA SANTOS, A. *et al.* (Coords.), *Comentarios..., op. cit.*, p. 511.
40. «[...] la costumbre que no sea notoria deberá ser probada».
41. «Los usos y costumbres notorios no requerirán prueba».
42. «La costumbre que no sea notoria deberá ser alegada y probada ante los Tribunales».
43. BUCHHALTER MONTERO, B., «El Derecho extranjero en el laberinto procesal civil...», *op. cit.*, pp. 1629 y ss.

1. INTERPRETACIÓN SISTEMÁTICA

Una interpretación sistemática del art. 281.4 LEC no excluye el Derecho y las máximas de la experiencia del ámbito de aplicación de la notoriedad, de modo que podrán ser aprehendidos a través de Internet y de una IA sin lesión alguna de los derechos de quienes intervienen en el proceso. Por una parte, de los aps. 1 y 2 del art. 281 LEC deriva que objeto de la prueba son «hechos que guarden relación con la tutela judicial que se pretenda obtener en el proceso» y también «la costumbre y el derecho extranjero». Es decir, sistemáticamente, la voz *hechos* a que se refiere el art. 281.4 LEC (y que rige por la vía del art. 4 LEC en el proceso penal) debe ser puesta en conexión con el objeto de la prueba que, teniendo a la vista los aps. 1 y 2 del mismo precepto, se extiende también al Derecho y a las máximas de la experiencia. A lo anterior, por otra parte, hay que agregar el sentido del art. 335.1 LEC. De él deriva que objeto de la prueba pueden ser esos necesarios «conocimientos científicos, artísticos, técnicos o prácticos» que se requieran para «valorar hechos o circunstancias relevantes en el asunto o adquirir certeza sobre ellos». De este modo, las normas generales sobre prueba (entre las que se ubica el art. 281.4 LEC) no pueden interpretarse desligadas, sistemáticamente, de las normas especiales (como la que contiene el art. 335.1 LEC). Y si hay que acreditar hechos (objeto de la prueba), ¿por qué quedarían fuera del ámbito de la notoriedad (o de las presunciones o la admisión) *otros* objetos de la prueba bajo el poder de disposición para o aportación de las partes?

2. INTERPRETACIÓN TELEOLÓGICA

Una interpretación teleológica del mismo art. 281.4 LEC lleva, igualmente, a extender su ámbito de aplicación más allá de los hechos: si la institución de la notoriedad se fundamenta, en parte, en la economía procesal (evitar malgastar recursos en probar algo que ya se sabe)[44], ese mismo sentido está presente respecto de las máximas de la experiencia y del Derecho aplicable (que el Tribunal no siempre tiene por qué conocer). Si de lo que se trata es de evitar malgastar recursos en *algo* que tanto las partes como el Tribunal conocen, ¿qué justifica una diferencia de trato en función del objeto de la prueba?

Al margen de eso, en relación con la finalidad de la notoriedad se ha hecho notar que es aconsejable una interpretación restrictiva, teniendo en cuenta los «importantes consecuencias y riesgos del manejo de hechos o

44. CABAÑAS GARCÍA, J. C., «Premisas básicas...», *op. cit.*, p. 568; o, para el *common* law MCCORMICK, C. T., «Judicial Notice...», *op. cit.*, p. 297.

máximas de la experiencia como notorios»[45]. Desde esta perspectiva no queda siempre claro, sin embargo, por qué una interpretación literal o restrictiva es *per se* más aconsejable que cualquier otra. Es decir: en la voz «hechos» se pueden subsumir circunstancias tan diversas que, sin dejar de ser hechos, podrían utilizarse *contra reum*. Por ejemplo, ninguna norma obliga (como se mantiene en la jurisprudencia y en la doctrina)[46] a tener solo por notorios hechos accesorios o no relevantes directamente para la culpabilidad del acusado. Por eso, una interpretación restrictiva solo permitiría subsumir circunstancias fácticas en los «hechos» a que se refiere el art. 281.4 LEC, pero eso no conduce necesariamente a salvaguardar la posición del investigado o acusado. Con eso quiero decir, entonces, que la institución de la notoriedad no exige ni *per se* ni atendidos sus efectos ninguna interpretación restrictiva de su ámbito de aplicación.

3. INTERPRETACIÓN HISTÓRICA

Además de lo anterior, tampoco una revisión de los antecedentes legislativos de la LEC 2000 conduce a excluir las máximas de la experiencia y el Derecho no cubierto por el principio *iura novit curia* del ámbito de la notoriedad.

El art. 282.4 del Proyecto de LEC presentado en el Congreso de los Diputados preveía que no sería necesario «probar los hechos que el Tribunal considere de notoriedad absoluta y general»[47]. Este texto fue modificado en el Informe de la Ponencia, en que el art. 282.4 del Proyecto de LEC recibió, ya, su redacción definitiva: «No será necesario probar los hechos que gocen

45. TRÜG, G. y HABETHA, J., «§ 244 StPO», en *Münchener..., op. cit.*, ap. 208. También: STC 59/1986, de 19 de mayo, FJ 5.
46. *Cfr.* epígrafe VII.1 de este trabajo.
47. Boletín Oficial de las Cortes Generales – Congreso de los Diputados, Núm. 147-1, 13 de noviembre de 1998, p. 70. A ese texto presentó el Grupo Socialista una enmienda de supresión, que motivaba de la siguiente manera: «Los tres primeros apartados hacen referencia a circunstancias que dependen de las partes y, por lo tanto, deducibles de los planteamientos de éstas en demanda y contestación; sin embargo el apartado cuarto hace referencia a una labor del juzgado o tribunal, por lo tanto la notoriedad es una causa de inadmisión de la prueba, pero no de justificación del objeto o necesidad de la prueba pues las partes no tienen un conocimiento apriorístico de qué entiende la parte por notorio. Por otro lado, la cuestión de la notoriedad, absoluta y general, sobre no aportar nada a la doctrina ya consolidada sobre los hechos notorios, únicamente introducirá un nuevo elemento de confusión. Y, finalmente, si un hecho es notorio en la localidad donde se está celebrando el juicio, ¿por qué someter a prueba la fecha de una fiesta patronal, que se conoce en esa localidad, aunque no sea de notoriedad absoluta y general?» (Boletín Oficial de las Cortes Generales – Congreso de los Diputados, Núm. 147 – 9, 26 de marzo de 1999, pp. 259 y 260).

de notoriedad absoluta y general»[48]. La supresión de la referencia al Juez tuvo su sentido, como pone de relieve DE LA OLIVA, en un

> «[...] intento de huir de la relatividad y de conjurar el temor (a nuestro entender, injustificado) a la apreciación de la notoriedad por el tribunal. Además de que no resulta muy preciso atribuir a los hechos el *goce* de la notoriedad, ese intento es vano, porque la decisión sobre esa característica de un hecho sólo puede corresponder al tribunal. Ni es de temer que un tribunal considere notorio un hecho y exonere de su prueba si existe controversia mínimamente fundada sobre su certeza ni hay de verdad, si bien se mira, hechos que siempre y por todos sean conocidos como ciertos»[49].

Pero, en todo caso, al margen de que fuera más o menos acertado ese tenor original, lo cierto es que el texto fue aprobado así por el Pleno del Congreso (aunque ya con la numeración actual). Así pasó, por tanto, al Senado[50] en que no hubo ni enmiendas[51], ni modificaciones en el Informe de la Ponencia[52], ni en la Comisión de Justicia[53] ni tampoco en el Pleno[54]. Con ese mismo tenor fue aprobado, luego, en el Congreso de los Diputados[55]. Teniendo en consideración este breve *iter* legislativo quiero hacer notar, entonces, que el legislador no mostró ninguna voluntad particular ni de restringir ni de ampliar el ámbito de aplicación de la notoriedad y que, por tanto, nada impide una extensión que trascienda el tenor literal del (hoy) art. 281.4 LEC.

48. Boletín Oficial de las Cortes Generales – Congreso de los Diputados, Núm. 147 – 12, 27 de julio de 1999, p. 843.
49. DE LA OLIVA SANTOS, A., «Artículo 281. Objeto y necesidad de la prueba», en DE LA OLIVA SANTOS, A. *et al.* (Coords.), *Comentarios..., op. cit.*, p. 514. Y en ese mismo sentido, algunos autores mostraron, con razón, preferencia por el tenor del Proyecto, porque «los hechos notorios están exentos de prueba no porque en sí sean notorios, sino porque el juez los ha calificado como tales»: MORENO CATENA, V., «Artículo 281. Objeto y necesidad de la prueba», en ESCRIBANO MORENA, F., (Coord.), *El proceso civil.., op. cit.*, p. 2197.
50. Boletín Oficial de las Cortes Generales – Congreso de los Diputados, Núm. 147 – 15, 5 de octubre de 1999, p. 1221.
51. *Cfr.* Boletín Oficial de las Cortes Generales – Senado, Núm. 154 (d), 27 de octubre de 1999, pp. 237 y ss.
52. Boletín Oficial de las Cortes Generales – Senado, Núm. 154 (e), 22 de noviembre de 1999, p. 400.
53. Boletín Oficial de las Cortes Generales – Senado, Núm. 154 (g), 26 de noviembre, de 1999, p. 774.
54. Boletín Oficial de las Cortes Generales – Senado, Núm. 154 (h), 14 de diciembre de 1999, p. 1012.
55. Boletín Oficial de las Cortes Generales – Congreso de los Diputados, Núm. 147 – 17, 29 de diciembre de 1999, p. 1777.

A reforzar esa tesis conducen, también, los antecedentes históricos de la LEC hoy vigente. En ese sentido, aunque ni la LENCC 1830, ni la LEC 1855 ni la LEC 1881 ofrecieron una definición de notoriedad, sí emplearon derivados suyos en sentidos muy diversos, que excedían lo puramente fáctico. Por ejemplo, a pesar de que la LEC 1881 se refirió mayoritariamente a la notoriedad de circunstancias fácticas[56], el art. 1729.8.º LEC 1881 ordenaba que se inadmitiera el recurso de casación cuando éste o la infracción alegada se refiriera a la «incongruencia de la sentencia con la demanda y las excepciones, y resulte notoriamente que no existe tal incongruencia». Por su lado, la LEC 1855 empleó los derivados de la voz «notoriedad» con menos generosidad, aunque como sinónimo de lo conocido por todos[57]. Todo lo anterior conduce a pensar, por tanto, que es razonable la interpretación histórica del art. 281.4 LEC que trasciende de su tenor («hechos») y abarca las máximas de la experiencia y el Derecho.

V. HOMBRE RAZONABLE Y CON EXPERIENCIA DE LA VIDA

Abordado ya el amplio ámbito objetivo de la notoriedad en general, hay ahora que examinar algunas breves cuestiones en relación con los sujetos. Como se ha visto, tanto en la jurisprudencia como en la doctrina se parte de la idea de que la notoriedad no es general y absoluta, sino que se restringe a «los ciudadanos medios, miembros [de] la comunidad cuando se trata de materias de interés público» o, por ejemplo, para los «consumidores que forman parte del segmento al que los mismos afectan [...]»[58]. De tal manera, el parámetro de la notoriedad es un «hombre razonable y con experiencia de la vida», que tiene sobre ellos un grado de convicción como el que adquiere el Juez «en el proceso mediante la práctica de la prueba»[59].

Como todo concepto jurídico indeterminado, esa persona razonable y con experiencia de la vida, solo puede concretarse en el caso particular (y para eso no queda más que confiar en el Juez)[60]. Esta relatividad ha llevado

56. Así, la LEC 1881 se refiería a la «notoria temeridad» (art. 108.I), a la «temeridad notoria» (art. 148.2.º.II), a la aparición de causas legítimas que «notoriamente hayan nacido después de dictada la sentencia», que permitían proponer recusación «en las diligencias para la ejecución de la sentencia», a la influencia «notoria» de un documento en un pleito (art. 514.I).

57. *Cfr.* arts. 1190.I y 1191, respecto de las sentencias definitivas dictadas en rebeldía.

58. STS (Sala de lo Civil) 24/2016, de 3 de febrero FJ 5

59. STS (Sala de lo Civil) 654/2007, de 12 de junio, FJ 2.

60. Normativamente, el Derecho alemán ofrece mayor asidero que el nuestro para confiar en el criterio judicial, pues el art. 92 GG emplea de manera expresa el verbo *confiar* (*anvertrauen*) cuando atribuye a los Jueces el ejercicio del Poder Judicial. Aunque la CE no emplea ese giro, no resta más opción para el operador jurídico que confiar en el criterio del Juez.

a algunos a rechazar, directamente, el parámetro de la persona razonable con cultura media. En ese sentido, CABAÑAS GARCÍA mantenía lo siguiente:

«Lamentablemente, la tesis presenta lagunas no menos apreciables que las contenidas en otras propuestas doctrinales. El concepto de cultura que se ofrece es tan vasto, que estando cualquier hecho al "alcance" de la persona, su ámbito podría devenir inconmensurable. En todo caso, ¿cuándo un hecho, y de qué tipo, puede ser considerado elemento integrante de esa cultura? Además, el concepto de hombre-receptor del HN [hecho notorio] está repleto de abstracciones y relativismos que escapan a una seria concreción: el "hombre medio", poseedor de una "cultura media", una "mediana instrucción", una "cierta cultura" y que pertenece a un "círculo más o menos grande" de personas, etc., no son más que elucubraciones tentativas que postergan, pero no resuelven, la definición del mismo a la sede jurisprudencial»[61].

Pero de lo que se trata con esta noción no es de dar una definición general omnicomprensiva y casuística de lo que es una persona razonable de cultura media, sino de establecer un parámetro normativo que, en el caso concreto, pueda llenar el Juez con arreglo a criterios de razonabilidad y, posteriormente, fiscalizables. Por eso mismo, nada exime al intérprete de intentar las máximas delimitaciones posibles, aun sabiendo que en algún supuesto pueden no ser suficientes para garantizar la seguridad jurídica. En ese sentido, a pesar de que la LEC no ofrece ninguna definición de esa «persona media», sí pueden ser de auxilio (art. 4.3 CC) las normas del CC relativas al «buen padre de familia»[62]. No tanto por que el concepto mismo ofrezca particular definición, sino porque pone el centro (normativo) en la persona media. Por eso mismo, es razonable entender que el parámetro con arreglo al cual se debe determinar lo que es notorio tiene que excluir: a) tanto lo que *no llega* al hombre medio, al buen padre de familia (lo absurdo o disparatado); y b) lo que *excede* de su conocimiento (el propio de expertos, técnicos, etc.)[63].

En relación con Internet y con la IA no puede soslayarse, por otra parte, que en la población existen, todavía, notables diferencias en cuanto a su

61. CABAÑAS GARCÍA, J. C., «Premisas básicas...», *op. cit.*, p. 582.
62. Arts. 497, 1094, 1104.II, 1719, 1788, 1801.II, 1867, 1889.I y 1903.VI. Interesante sobre el destino del concepto «buen padre de familia»: TOMÁS MARTÍNEZ, G., «La sustitución del «buen padre de familia» por el estándar de la «persona razonable»: reforma en Francia y valoración de su alcance», *Revista de Derecho Civil*, Vol. II, Núm. 1, 2015, pp. 57 y ss.
63. TRÜG, G. y HABETHA, J., «§ 244 StPO», en, *Münchener...*, *op. cit.*, ap. 216.

difusión y utilización. Si parece evidente que los jóvenes son duchos en cuanto a su manejo, no puede decirse lo mismo del resto de ciudadanos. Así, cuando se determina la influencia de Internet, por ejemplo, en lo notorio de un hecho o no (por ejemplo, publicado en diversas redes sociales) no puede darse por sentado que un Juez entrado en la madurez lo haya percibido, necesariamente. Por eso, la cultura media a que se ha referido la doctrina habitualmente y que parece aumentar en progresión lineal con la edad no puede darse por sentada en cuanto a Internet o a una IA[64].

VI. FUENTES DE INTERNET E INFORMACIÓN PROVENIENTE DE UNA IA

Para entender notoria cierta información en el proceso, algunos autores extranjeros han entendido bastante no sólo que aquella sea *conocida*, sino que pueda conocerse a través de fuentes generalmente accesibles y fiables. Así, en Estados Unidos se ha mantenido que la notoriedad se ha ido extendiendo de lo que el Juez sabe, a lo que *puede* saber[65].

Eso es, en todo caso, condición necesaria pero no suficiente: que una información sea general y sencillamente accesible no la hace notoria *per se*[66]. Lo que hay que examinar en relación con Internet y con la IA es qué debe entenderse por esas fuentes fiables y generalmente accesibles (al margen de que una investigación profunda de esas mismas fuentes excluye, como se ha dicho antes, la notoriedad: *cfr.* III). La discusión sobre ambas cuestiones es procesalmente relevante si se piensa que nuestro Derecho admite la contraprueba de la notoriedad (en contra de lo que mantienen algunos autores para el sistema del *common law*)[67]. Y, en ese sentido, si a instancia de una parte el Juez pretende tener por notoria una información

64. Así lo sugiere, también, el art. 6.5 LO 5/2024, de 11 de noviembre: «En el ámbito judicial, el Ministerio con competencias en materia de Justicia, las comunidades autónomas con competencia en esta materia y el Consejo General del Poder Judicial garantizarán que el uso de medios técnicos o informáticos en el proceso judicial no suponga una dificultad para garantizar la efectividad y certeza del derecho de información, especialmente en personas de la tercera edad o con discapacidad, asegurando que la brecha digital no condicione la efectividad de este derecho».

65. MCCORMICK, C. T., «Judicial Notice», *Vanderbilt Law Review*, Núm. 3, Vol, 5., 1952, p. 300.

66. TRÜG, G. y HABETHA, J., «§ 244 StPO», en *Münchener..., op. cit.*, Ap. 218; o KREHL, C., «§ 244 StPO», en *Karlsruher Kommentar zur Strafprozessordnung*, 9. Aufl., C. H. Beck, München, 2023, ap. 141. En la jurisprudencia civil española se hace notar, también, que la notoriedad pasa no solo por el conocimiento, sino también por el «libre acceso»: STS (Sala de lo Civil) 24/2016, de 3 de febrero FJ 5.

67. MCCORMICK, C. T., «Judicial Notice...», *op. cit.*, pp. 321 y 322, para quien que el Juez tenga por notorio un hecho excluye la prueba en contrato y requiere que el Juez advierta a las partes de que deben tener aquel hecho, por cierto.

que ha verificado por Internet, la parte contraria tiene derecho a oponerse a la notoriedad alegando, por ejemplo, que la fuente de que proviene esa información o no es generalmente accesible o, simplemente, no es fiable. Eso obliga, por tanto, a intentar desarrollar algunos parámetros que permitan, con criterios de razonabilidad, ayudar a determinar en el caso concreto qué fuentes provenientes de Internet o de una IA cumplen con tales condiciones.

1. FUENTES GENERALMENTE ACCESIBLES

En términos generales, la información que consta en Internet o a la que puede accederse sencillamente a través de una IA es generalmente accesible a efectos de la notoriedad[68]. Ahora bien, esta afirmación general exige algo más de concreción, pues Internet no se agota en los primeros resultados que ofrece Google cuando se busca algo en él. Aunque ofrecer parámetros cuantificables es complejo, parece razonable considerar generalmente accesible la información que consta, por lo menos, en las dos primeras páginas de resultados. Este criterio debe ser, sin embargo, flexibilizado por algunas otras consideraciones. De un lado, los resultados que aparecen en Google están condicionados habitualmente por anunciantes y responden, a menudo, a las preferencias del usuario. En ese sentido, no representan siempre un estándar general. De otro lado, aunque la información cuya notoriedad se pretende enjuiciar aparezca en la primera página que ofrece Google, de ahí no se sigue que sea siempre *generalmente accesible*. Eso requiere, más bien, que no sea necesario ningún conocimiento específico para poder aprehenderla.

Ejemplo: una búsqueda breve en Internet ofrece con celeridad las fórmulas de las distintas teorías de la relatividad, que pueden ser relevantes para ciertos procesos. Eso no significa, inmediatamente, ni que sea notoria ni que sea comprensible para el ciudadano medio (incluido el Juez)[69].

2. FIABILIDAD DE LAS FUENTES

Cuestión distinta de las posibilidades de acceso a la fuente es su fiabilidad. No se trata ya de que la información se pueda aprehender con sencillez, ni tampoco de que sea correcta *ad aeternum*, sino simplemente fiable. En la doctrina —y en la sociedad en general— existe debate sobre la fiabi-

68. TRÜG, G. y HABETHA, J., «§ 244 StPO», en *Münchener..., op. cit.*, ap. 218.

69. Con eso no quiero decir que la teoría sea relevante para los problemas del día a día. Al respecto, *cfr.* ROXIN, C. y GRECO, L., *Strafrecht – Allgemeiner Teil*, 5. Aufl., Bd. I, C. H. Beck, München, 2020, pp. 452 y 453.

lidad de la información que proviene de Internet[70]. Las discusiones más intensas se han centrado, particularmente, en determinar hasta qué punto es fiable la información que procede de la Wikipedia (a la que se recurre habitualmente en la jurisprudencia)[71] y a través de la que también es posible la comisión de un delito[72]. Mientras algunos autores ofrecen una valoración generalmente positiva de la información que allí consta[73], otros autores proponen, más cautelosamente, un examen concreto[74]. Desde luego, un

70. ESCHELBACH, R., «§ 261 StPO», en *BeckOK StPO..., op. cit.*, Ap. 27.
71. AAN (Sala de lo Penal) 526/2023, de 21 de julio, FJ 6: «Se puede comprobar en fuentes abiertas de Internet —en la misma Wikipedia— que en Escocia existen lo que en España denominaríamos seis partidos judiciales [...]»; SAP Sevilla (Sección 1.ª) 188/2023, de 27 de junio, FJ 2.5: «Si nos aventuramos a tomar la descripción de la web *wikipedia.org*, sus practicantes [de *parkour*], denominados *traceurs/traceuses*, tendrían como objetivo trasladarse de un punto a otro de la manera más sencilla y eficiente posible [...]»; SAP Barcelona (Sección 22.ª) 666/2021, de 16 de julio, FJ 2: «[...] en absoluto es un hecho notorio la edad a partir de la cual en los países de la América central y del Caribe el consentimiento de los menores es eficaz a estos efectos (si se consulta la Wikipedia se verá que las diferencias son abismales [...]) [...]»; SAP Valencia (Sección 3.ª) 112/2018, de 26 de febrero, FJ 1:«[...] consultada la Wikipedia (como fuente de información generalmente fiable) [...]»; SAP Cáceres (Sección 2.ª) 61/2018, de 23 de febrero, FJ 5: «[...] los chupitos tienen una capacidad de unos 30 ml y una graduación de alcohol entre 30% y 59% según Wikipedia [...]»; SAP Guipúzcoa (Sección 1.ª) 40/2015, de 17 de febrero, FJ 3: «La enciclopedia online Wikipedia recoge que es la bolsa de empleo que más tráfico registra, facilita el encuentro entre oferta y demanda de empleo mediante el almacenamiento de los currículum de los candidatos y de las ofertas de las empresas»; SAP Madrid (Sección 16.ª) 21/2012, de 20 de febrero, FJ 4: «En cuanto al sistema de salud de Israel (fuente Wikipedia) es universal, mixto [...]»; SAP Valencia (Sección 3.ª) 111/2011, de 15 de febrero, FJ 2: «Según la descripción contenida en la Wikipedia [...], las características de esta raza de perros [...]»; SAP Navarra (Sección 1.ª) 67/2010, de 20 de abril, FJ 3: «En segundo lugar, este tipo de medicamentos puede ver intensificados sus efectos depresores si su toma se asocia con el consumo de alcohol, como se indica en la información procedente de Wikipedia aportada también por la defensa, pero ello no afecta para nada al índice de alcohol en sangre o en aire espirado»; SAP Barcelona (Sección 3.ª) 10/2009, de 8 de enero, FJ 1: «En este sentido, aunque el recurrente alega que la palabra «oi» viene referida a un tipo de música antifascista, lo cierto es que el sentido de dicha palabra no es univoco, como se desprende claramente que la definición de dicho género musical realizado por la enciclopedia Wikipedia». Otras resoluciones descartan, directamente, la posibilidad de utilizar Wikipedia, salvo que quien haya elaborado la página correspondiente sea traído al proceso como perito: SAP Madrid (Sección 26.ª) 260/2022, de 27 de abril, FJ 1. Para otras resoluciones, sin embargo, la Wikipedia no sirve como base «para iniciar una actividad de instrucción que tendría valor prospectivo»: AAP Barcelona (Sección 5.ª) 670/2017, de 7 de septiembre, FJ 1.
72. *Cfr.* SAP Madrid (Sección 3.ª) 96/2007, de 26 de febrero (una falta, en aquel entonces).
73. SAENGER, I., «§ 291 ZPO», en Saenger, I. (ed.), *Zivilprozessordnung..., op. cit.*, ap. 3.
74. HUBER, M. y RÖß, S., «§ 291 ZPO», en MUSIELAK, H.-J. y VOIT, W, *Zivilprozessordnung mit Gericthsverfassungsgesetz*, 21. Aufl., Vahlen, München, 2024, ap. 1. También en Estados Unidos: *cfr.* con más referencias, BELLIN, J., y FERGUSON, A. G., «Trial by Google...», *op. cit.*, p. 1164.

criterio solo formal que pretenda dar por válidas unas ciertas páginas de Internet no es convincente[75]. Más bien, habrá que atender en concreto a la página en particular en el contexto del proceso. De nuevo, no es posible crear una lista tasada de páginas de Internet cuya información (¿toda?) sea fiable para el resto de los días.

Para determinar la fiabilidad de una página, BELLIN y FERGUSON han propuesto tres altamente razonables criterios, de manera que hay que considerar (siguiendo su postura): 1) la fuente del conocimiento de que se nutre la página; 2) la independencia de la fuente de manipulaciones relevantes; y 3) la motivación o intención de la página de asegurar la certeza de la información publicada[76]. En ese sentido, habrá que comprobar quién es el autor, qué intereses puede perseguir en la publicación de la información y hasta qué punto el autor está comprometido con que la información publicada sea correcta. Por otra parte, para dar respuesta a una cuestión similar, KELLER ha ofrecido el criterio de la «adecuación social»[77]. Así, sería generalmente accesible y fiable a los efectos de la notoriedad la información que aparece, por ejemplo, en los libros de los colegios, pues se trata de instituciones públicas en la que los niños y adolescentes debieran ser capacitados para orientarse —generalmente— en el mundo[78]. Ese criterio es razonable, pues el ciudadano medio adquiere las bases de su conocimiento en esas instituciones, pero su traslación automática a la información que procede de una IA o de Internet es dudosa (aunque la utilización cada vez más frecuente de dispositivos tecnológicos en la enseñanza infantil puede hacer necesario reconsiderar esa postura).

Una conjunción, por tanto, de estos criterios puede servir como parámetro para determinar si cierta página de Internet o cierta información proveniente de una IA es fiable a los efectos de la notoriedad. Habrá que ponderar, entonces: 1) de dónde procede la información; 2) cuál es su fiabilidad *in abstracto*; 3) cuál es la diligencia con que se conduce esa página y, por último, 4) hasta qué punto está extendida entre la ciudadanía. Todo lo anterior solo puede suceder, sin embargo, aproximadamente y más que un imperativo es una guía de razonabilidad.

VII. OTRAS CUESTIONES PRÁCTICAS

Aclarado lo anterior, hay todavía algunas cuestiones prácticas que deben abordarse: me refiero al acceso de la información proveniente de

75. HAAS, G. A., *Internetquellen im Zivilprozess...*, *op. cit.*, p. 81.
76. BELLIN, J., y FERGUSON, A. G., «Trial by Google...», *op. cit.*, pp. 1139 y 1140.
77. KELLER, R., «Offenkundigkeit...», *op. cit.*, p. 399.
78. KELLER, R., «Offenkundigkeit...», *op. cit.*, p. 399.

Internet o de una IA al proceso (al juicio oral, en particular); a la valoración de esa información; y, por último, a su revisión en instancias superiores.

1. ACCESO DE LA INFORMACIÓN NOTORIA AL ACTO DEL JUICIO ORAL

De un lado, es necesario determinar cómo accede la información al procedimiento penal y, en particular, al acto del juicio oral. En la doctrina sobre el proceso civil se ha discutido intensamente si la notoriedad hace decaer no solo la necesidad de la prueba, sino también la carga de alegar los hechos (debate también relevante para el proceso penal). STEIN propuso, en su momento, una distinción que ha hecho fortuna: los hechos principales o que sustentaran las pretensiones debían ser alegados necesariamente por las partes (aunque fueran notorios), mientras que los secundarios o accesorios podían ser tenidos en cuenta, aunque no fueran alegados[79]. Esta postura, aunque no unánimemente compartida[80], es asumida por la jurisprudencia constitucional española[81] y por algún sector de la doctrina nacional[82] y extranjera[83]. Una interpretación teleológica de las normas de la LEC conduce parcialmente a esa conclusión: si lo que se pretende es garantizar la economía procesal y que el Juez no quede, tampoco, de espaldas a la realidad, carece de sentido supeditar la vigencia de

79. STEIN, F., *Das private..., op. cit.*, p. 165.
80. Para CABAÑAS GARCÍA, por otra parte, bajo la LEC 1881, la notoriedad no hacía decaer la carga de alegar: «[...] si se admitiera que la parte no está obligada a alegar el HN [hecho notorio] principal, se estaría causando indefensión a la parte contraria, se trataría de una actividad netamente inquisitiva; el principio de congruencia de lafutura sentencia se rompería [...], y el simple carácter profiláctico y público (de la norma que lo consagre o de su reconocimiento doctrinal) que sustenta el instituto, se vendría abajo» («Premisas básicas...», *op. cit.*, pp. 588 y 589).
81. STC 59/1986, de 19 de mayo, FJ 5.
82. MONTERO AROCA, J., *La prueba..., op. cit.*, p. 90. El mismo autor había mostrado, antes, algunas dudas al respecto. Mantuvo que bajo el Derecho alemán no era necesario alegar los hechos pero que, en nuestro Derecho podía «llegarse a solución contraria porque el artículo 281.4 LEC excluye los hechos notorios de la prueba, pero no de la alegación»: MONTERO AROCA, J., *El proceso civil..., op. cit.*, p. 626. También: FERNÁNDEZ URZAINQUI, F. J., «Artículo 281. Objeto y necesidad de la prueba», en FERNÁNDEZ-BALLESTEROS, M. A. *et al.* (Coords.), *Comentarios a la nueva Ley de Enjuiciamiento Civil*, Tomo II, irgium – Atelier, Barcelona, 2000, p. 1297: «[...] la dispensa de prueba del hecho notorio, no releva a las partes de su alegación, al menos en cuanto se trate de un hecho básico o fundamental de la pretensión o excepción propuestas, siendo admisible una mayor flexibilidad en la toma en consideración de oficio de hechos notorios meramente accesorios o complementarios de aquellas».
83. ALLORIO, E., «Observaciones sobre el hecho notorio», en *Problemas..., op. cit.*, p. 403; o ROSENBERG, L., *Lehrbuch des deutschen Zivilprozessrechts*, 5. Aufl., C. H. Beck Verlag, München, 1951, p. 513.

la institución a que sean alegados los hechos por las partes. De tal manera, el principio de aportación de parte queda excepcionado, pero no lesionado. Ahora bien, también el Juez debe considerar los hechos que fundamentan la pretensión de oficio si son notorios: ninguna norma restringe el *deber* del Juez de apreciar la notoriedad de hechos (sean o no fundamentales para la pretensión civil o para la responsabilidad penal del acusado). Nada distinto sucede, entonces, en el proceso penal: si éste tiene por fin obtener la verdad material (aunque no a cualquier precio)[84] carece de sentido impedir que el Juez tome en consideración hechos que entiende notorios, con independencia de que sean principales o secundarios y beneficiosos o perjudiciales para el acusado (por ejemplo). De ese modo, el Juez debe poder traer al acto del juicio oral hechos que estime notorios, aunque ninguna de las partes los haya alegado.

Así lo ha admitido, por otra parte, el BGH alemán, de manera que incluso los elementos de la tipicidad objetiva pueden ser tenidos, también, por notorios[85]. En lo mismo ha incidido el TS, como se verá más adelante (*cfr*. VII.3.2.). Eso no significa, sin embargo, abrir la puerta a una desbocada indagación de oficio, aunque tampoco hay que desconocer el riesgo de abuso por parte del Juez. Por eso mismo, es natural que las partes pudieran dudar de la imparcialidad del Juez que trae al proceso hechos que (quizás provenientes de Internet o de una IA) puedan ser tenidos por notorios. Cuando la duda sobre la imparcialidad sea relevante, queda a disposición de las partes el instituto de la recusación (arts. 217 y ss. LOPJ)[86]. Ésta prosperará si la incorporación de esa información notoria quiebra la imparcialidad, tal como sucede con la prueba de oficio que prevé el art. 729.2.º LECrim[87]. Es decir, si la pruebas a que se refiere el art. 729 LECrim son compatibles con la configuración contradictoria del proceso penal español[88], salvo exageraciones por el Tribunal[89], es complejo mantener algo distinto para la notoriedad.

84. S. del BGH de 14 de junio de 1960 (1 StR 683/59), ap. 15.
85. S. del BGH de 17 de mayo de 2018 (3 StR 508/17), ap. 14.
86. Interesante a ese respecto, la S. del Arbeitsgericht Siegen, de 3 de marzo de 2006 (3 Ca 1722/05), cuyo primer *Leitsatz* (no oficial) dice así: «1. La investigación del juez en una fuente generalmente accesible y fiable para obtener información sobre hechos notorios no constituye motivo de recusación por falta de parcialidad. Las bases de datos de Internet también pueden considerarse fuentes generalmente accesibles y fiables».
87. Sobre eso, *cfr*. KHALAF REDA, A., «La nueva configuración de la prueba de oficio en el Anteproyecto de Ley de Enjuiciamiento Criminal de 2020», *La Ley Penal*, Núm. 150, 2021, s/p.
88. STS (Sala de lo Penal) 626/2019, de 18 de diciembre, FJ 28.
89. STS (Sala de lo Penal) 392/2018, de 26 de julio, FJ 9.

2. VALORACIÓN DE LA INFORMACIÓN

Ahora bien, que la información que el Juez entienda notoria pueda acceder al proceso no significa, inmediatamente, que pueda ser valorada. La valoración exige, antes, que el Juez haya posibilitado el debate no solo sobre la información en sí (el hecho), sobre su condición o no de notoria, sino sobre el cauce por el que ha sido obtenida[90]. Esto es una exigencia de *fairness*, como se ha hecho notar en Estados Unidos[91]. En Alemania es consecuencia necesaria del derecho fundamental a ser oído del art. 103.1 GG (*rechtliches Gehör*) y de garantizar el derecho a la prueba a quienes intervienen en el proceso[92]. Una idea similar debe mantenerse para el proceso penal español, especialmente tras la entrada en vigor de la LO 5/2024 (art. 7.1.I). De este modo, el Juez no solo debe traer al proceso la información que entienda notoria (la obtenga de donde la obtenga), sino que debe posibilitar el debate. Solo así pueden entenderse respetados los derechos fundamentales de los intervinientes a participar eficazmente en el proceso (igualdad de armas: art. 3.6 LO 5/2024).

A la valoración de esta información notoria no obsta, por otra parte, el art. 741.I LECrim que obliga al Juez a formar su convicción apreciando «pruebas practicadas en el juicio, las razones expuestas por la acusación y la defensa y lo manifestado por los procesados». Una interpretación literal excluiría toda información no proveniente de *pruebas practicadas* en el juicio y, por tanto, no solo los hechos notorios, sino también los establecidos a través de presunciones (por ejemplo). Eso carece de sentido alguno.

3. REVISIÓN EN INSTANCIAS SUPERIORES

Lo último que debe abordarse es el margen que los Tribunales de instancias superiores tienen para examinar la aplicación de la institución de la notoriedad, aunque esto no es privativo de la información que proviene de Internet o de una IA. Entre nosotros, ya MUÑOZ SABATÉ había dedicado unas breves líneas, basadas en su propia experiencia, a una cuestión parecida:

---

90. BACHLER, L., «StPO § 244», en *BeckOK...*, *op. cit.*, ap. 65.
91. MCCORMICK, C. T., «Judicial Notice», *Vanderbilt Law Review*, Núm. 3, Vol, 5. 1952, p. 319: «La [*fariness*] exigirá normalmente que el tribunal, antes de dictar una resolución definitiva por la que se tenga por notorio un hecho determinado, notifique a las partes su intención de hacerlo y les dé la oportunidad de presentar información que pueda influir en la conveniencia tener por notorio el hecho o en la veracidad de la cuestión que se va a tomar en cuenta».
92. EISENBERG, U., «Zur Reichweite der Offenkundigkeit von Tatsachen (hier zum islamistischen Terrorismus) – BGH, Urteil v. 17. 5. 2018 – 3 StR 508/17», *Juristische Rundschau*, Núm. 11, 2018, p. 584.

«A la pregunta "¿además de dedicarse usted al negocio de [...] no es cierto que también ejerce como [...]?", el Juez instructor la declaró impertinente basándose en que el hecho era notorio en la localidad. Con todo agradecerle la dispensa, le objeté que lo que para él resultaba notorio podría no serlo para la Audiencia caso de llegarse a juicio oral, pero no le convenció por lo visto mi alegato»[93].

La cuestión que planteo no es, sin embargo, exactamente la notoriedad de la información en la instrucción y después —en su caso— en el juicio oral, sino frente a los Tribunales de revisión.

3.1. Apelación

En el contexto del recurso de apelación contra resoluciones definitivas, el Tribunal no puede condenar al encausado que resultó absuelto en primera instancia ni agravar la sentencia condenatoria que le hubiera sido impuesta «por error en la apreciación de las pruebas» (art. 792.2.I LECrim). Si el Tribunal de apelación estima, por tanto, que existe un error en la apreciación de las pruebas, deberá anular la sentencia y devolver las actuaciones al Tribunal de instancia (art. 792.2.II LECrim). Estas previsiones vienen forzadas por la necesidad de garantizar la doble instancia, la debida inmediación en la práctica de pruebas personales y la igualdad entre las partes procesales[94].

En ese sentido, si el fundamento de esas normas es tal, nada puede impedir que el Tribunal de apelación revise la aplicación de la notoriedad en la instancia. No porque una interpretación literalista pudiera llegar a restringir el art. 729.2.I LECrim solo a la *apreciación de las pruebas* (y la notoriedad no lo es), sino porque respecto de la notoriedad no hay que garantizar ninguna inmediación, ni tampoco hay lesión de la igualdad de las partes procesales (siempre que se posibilite el debate). De tal manera, el Tribunal de apelación no solo puede revisar que sea razonable la aplicación de las normas sobre la notoriedad en la instancia (art. 281.4 LEC), sino que debe introducir los hechos notorios que le consten, posibilitar el debate y resolver teniéndolos en cuenta (aunque no hayan sido alegados ni discutidos en la instancia)[95]. Y resolver no solo en beneficio del reo, sino también

93. MUÑOZ SABATÉ, L., «Sobre la vinculación del tribunal superior a un hecho notorio declarado en la instancia», en *Estudios de práctica procesal*, Bosch, Barcelona, 1987, p. 30.

94. *Cfr.*, por todos, EXTEBERRÍA GURIDI, J. F., «Los recursos (I)», en GÓMEZ-COLOMER, J.-L. y BARONA VILAR, S., *Proceso penal – Derecho procesal III*, 4.ª ed., Tirant lo Blanch, Valencia, 2024, p. 515.

95. También se ha admitido así en Estados Unidos. *Cfr.* MCCORMICK, C. T., «Judicial Notice...», *op. cit.*, p. 323.

en su contra. Lo contrario sería obligar al Tribunal de apelación a pasar no solo por una (posible) equivocación del órgano *a quo*, sino a cerrar los ojos a una realidad que le consta como cierta.

3.2. Casación

En el contexto de la casación, la cuestión es algo más compleja, pues los hechos son intangibles en esa instancia, salvo supuestos excepcionales (art. 849.2.2.º LECrim). En ese sentido, el Tribunal de casación no está habilitado para modificar los hechos, pero sí para examinar que la aplicación de las normas relativas a la notoriedad es razonable (por la vía del art. 851.1.º LECrim como vicio *in iudicando*). El tenor de la norma, sin embargo, solo admite la contradicción interna en la declaración de hechos probados. Lo angosto del cauce procesal no ha impedido al TS, ahora bien, considerar notorios hechos que no fueron discutidos en la instancia. Así, por ejemplo, la STS (Sala de lo Penal) 339/2024, de 25 de abril, ha estimado notorio el hecho de que «en España, para comerciar con productos petrolíferos se precisa una autorización específica, dada su alta fiscalidad» (FJ 2.2). Al margen de que ese hecho pueda ser o no realmente notorio, el Tribunal de casación está en lo cierto cuando estima que *debe* introducir lo que considere notorio y posibilitar el debate sobre ello.

En ese mismo sentido, también es razonable la posición del TS que ha admitido la condena o agravación de la misma en casación con sustento en hechos notorios. Así, la STS (Sala de lo Penal) 128/2018, de 20 de marzo, ha tomado en consideración, para agravar la condena, el hecho de que el acusado sabía que sus víctimas llevaban dinero consigo, lo que era un «hecho notorio para los habitantes de la zona» (FJ 2)[96]. Y si era notorio para los habitantes de la zona, también lo era para él y, por tanto, el dolo (¡elemento de la tipicidad subjetiva!) está acreditado por notoriedad.

VIII. A MODO DE CONCLUSIÓN

1. La noción de notoriedad ha ido evolucionando en el tiempo desde su origen en el Derecho canónico, que entendió en un principio lo notorio como aquello que no se podía negar de buena fe. La institución está hoy prevista

96. A la apreciación de la notoriedad en casación se puso el Magistrado Luciano Varela Castro en un voto particular a esa resolución, de la que se apartaba por entender que condenaba por robo tomando como base: «[...] un hecho, en parte explícito (el hecho notorio del conocimiento de que los peregrinos viajan avituallados) y en parte implícito (que solamente por eso puede suponerse que decidió el autor la sustracción antes de ejercitar la violencia) que ni las partes ni los tribunales de instancia se pararon a considerar, lo que priva al tribunal de la imparcialidad implica en la exigencia del principio acusatorio» (ap. 2).

en el art. 281.4 LEC, que ha sido restringido por la jurisprudencia y la doctrina, de manera que el conocimiento no debe ser necesariamente ni general ni absoluto.

2. Tanto Internet como las IA han ampliado las fuentes de información accesibles, lo que no quiere decir que toda la información que de allí pueda obtenerse deba ser considerada notoria. Solo lo es la información que le consta al Juez, que es accesible generalmente, confiable y, sobre todo, que no requiera investigaciones profundas para su verificación.

3. La exención de prueba por notoriedad no se extiende solo a hechos, sino también a máximas de la experiencia y a las normas de Derecho respecto de las que no rija el principio *iura novit curia*. Así deriva de una interpretación sistemática de las normas generales y especiales sobre prueba y, especialmente, de una interpretación teleológica del art. 281.4 LEC. A ello no se oponen, por otra parte, ni los antecedentes históricos ni legislativos de aquel precepto.

4. El acceso de la información proveniente de Internet o de una IA que el Juez entienda notoria plantea tensiones entre la necesaria imparcialidad del Juez, la búsqueda de la verdad material en el proceso penal y los derechos de quienes intervienen en él. En ese sentido, aunque el Juez puede introducir en el acto del juicio la información que entienda notoria, para poder valorarla debe antes posibilitar el debate entre las partes. Si el celo del Juez es excesivo, queda a disposición de las partes la institución de la recusación.

5. Por último, los Tribunales de instancias superiores pueden revisar la aplicación de la notoriedad y los resultados alcanzados. Pueden, igualmente, condenar o agravar la condena ya impuesta.

IX. BIBLIOGRAFÍA

ALLORIO, E., «Observaciones sobre el hecho notorio», en *Problemas de Derecho procesal*, Tomo II, traducción de SENTÍS MELENDO, Ediciones Jurídicas Europa-América, Buenos Aires, 1963, pp. 393 y ss.

BACHLER, L., «StPO § 244», en *BeckOK StPO mit RiStBV und MiStra*, 52. Edition, C. H. Beck, s/l. 2024, ap. 1 y ss.

BELLIN, J., y FERGUSON, A. G., «Trial by Google: Judicial Notice in the Information Age», *Northwestern University Law Review*, Vol. 108, Núm. 4, pp. 1137 y ss.

BUCHHALTER MONTERO, B., «El Derecho extranjero en el laberinto procesal civil: medios de fijación y posibilidades si estos fracasan (interés público o privado del litigio como criterio de decisión)», *Anuario de Derecho Civil*, Tomo LXXVII, Fasc. IV, 2024, pp. 1629 y ss.

BUCHHALTER MONTERO, B., «Aplicación del Derecho penal extranjero por Tribunales nacionales: ¿un aporte a la justicia y a la armonización europea?», *Anuario de Derecho penal y ciencias penales*, Tomo LXXVI, 2024, pp. 453 y ss.

CABAÑAS GARCÍA, J. C., «Premisas básicas para una posible redefinición de la teoría procesal sobre el hecho notorio», *Justicia: Revista de Derecho procesal*, Núm. 3, 1991, pp. 565 y ss.

DE LA OLIVA SANTOS, A., «Artículo 281. Objeto y necesidad de la prueba», en DE LA OLIVA SANTOS, A. *et al.* (Coords.), *Comentarios a la Ley de Enjuiciamiento Civil*, Civitas, Madrid, 2001, pp. 514 y ss.

DE LA OLIVA, A. y FERNÁNDEZ, M. A., *Derecho procesal civil*, II, Centro de Estudios Ramón Areces, Madrid, 1997.

EISENBERG, U., «Zur Reichweite der Offenkundigkeit von Tatsachen (hier zum islamistischen Terrorismus) — BGH, Urteil v. 17. 5. 2018 — 3 StR 508/17», *Juristische Rundschau*, Núm. 11, 2018, pp. 579 y ss.

ESCHELBACH, R., «§ 261 StPO», en *BeckOK StPO mit RiStBV und MiStra*, 52. Edition, C. H. Beck, s/l. 2024, Ap. 1 y ss.

EXTEBERRÍA GURIDI, J. F., «Los recursos (I)», en GÓMEZ-COLOMER, J.—L. y BARONA VILAR, S., *Proceso penal — Derecho procesal III*, 4.ª ed., Tirant lo Blanch, Valencia, 2024, pp. 502 y ss.

FERNÁNDEZ URZAINQUI, F. J., «Artículo 281. Objeto y necesidad de la prueba», en FERNÁNDEZ-BALLESTEROS, M. A. *et al.* (Coords.), *Comentarios a la nueva Ley de Enjuiciamiento Civil*, Tomo II, irgium — Atelier, Barcelona, 2000, pp. 1291 y ss.

GARCIMARTÍN MONTERO, R., «Artículo 281. Objeto y necesidad de la prueba», en CORDÓN MORENO, F. *et al.* (Coords.), *Comentarios a la Ley de Enjuiciamiento Civil*, Vol. I, Aranzadi, Navarra, 2001, pp. 1004 y ss.

GIMENO SENDRA, V., *Derecho procesal civil*, 2.ª ed., Tomo I, UNED — Ediciones Jurídicas Castillo de Luna, Madrid, 2017.

HAAS, G. A., *Internetquellen im Zivilprozess — Zugleich ein Beitrag zur Auslegung des § 291 ZPO unter Berücksichtigung des US-amerikanischen Rechts*, Springer, Wiesbaden, 2019.

HUBER, M. y RÖß, S., «§ 291 ZPO», en MUSIELAK, H.—J. y VOIT, W, *Zivilprozessordnung mit Gericthsverfassungsgesetz,* 21. Aufl., Vahlen, München, 2024, Ap. 1 y ss.

KEEFFE, A. H., LANDIS, W. B. y SHAAD, R. B., «Sense and Nonsense About Judicial Notice», *Stanford Law Review*, Vol. 2, Núm. 4, 1950, pp. 664 y ss.

KELLER, R., «Offenkundigkeit und Beweisbedürftigkeit im Strafprozeß», *Zeitschrift für die gesamte Strafrechtswissenschaft*, Núm. 101, Vol. 2., 1989, pp. 381 y ss.

KHALAF REDA, A., «La nueva configuración de la prueba de oficio en el Anteproyecto de Ley de Enjuiciamiento Criminal de 2020», *La Ley Penal*, Núm. 150, 2021, s/p.

KREHL, C., «§ 244 StPO», en *Karlsruher Kommentar zur Strafprozessordnung*, 9. Aufl., C. H. Beck, München, 2023, ap. 1 y ss.

MCCORKLE, A., *Allgemeinkundigkeit — § 291 ZPO als Rechtsgrundlage richterlicher Internetrecherchen?*, Mohr Siebeck, Tübingen, 2018.

MCCORMICK, C. T., «Judicial Notice», *Vanderbilt Law Review*, Núm. 3, Vol, 5. 1952, pp. 296 y ss.

MONTERO AROCA, J., *El proceso civil — Los procesos ordinarios de declaración y de ejecución*, Tirant lo Blanch, Valencia, 2014.

MONTERO AROCA, J., *La prueba en el proceso civil*, 7.ª ed., Thomson Reuters — Civitas, Pamplona, 2011.

MORENO CATENA, V., «Artículo 281. Objeto y necesidad de la prueba», en ESCRIBANO MORENA, F. (Coord.), *El proceso civil*, Vol. III, Tirant lo Blanch, Valencia, 2001, pp. 2188 y ss.

MUÑOZ SABATÉ, L., «Sobre la vinculación del tribunal superior a un hecho notorio declarado en la instancia», en *Estudios de práctica procesal*, Bosch, Barcelona, 1987, p. 30.

NIEVA FENOLL, J., *Derecho procesal II*, 2.ª ed., Tirant lo Blanch, Valencia, 2022.

NIEVA FENOLL, J., *Inteligencia artificial y proceso judicial*, Marcial Pons, Madrid, 2018.

PERRINO PÉREZ, A. L., *El derecho penal y las nuevas tecnologías — Aspectos sustantivos y procesales de la ciberdelincuencia*, Cuniep, Madrid, 2024

PRIETO-CASTRO, L., *Tratado de Derecho procesal civil*, 2.ª ed., Tomo I, Aranzadi, Pamplona, 1985.

ROSENBERG, L., *Lehrbuch des deutschen Zivilprozessrechts*, 5. Aufl., C. H. Beck Verlag, München, 1951.

ROXIN, C. y GRECO, L., *Strafrecht — Allgemeiner Teil*, Bd. I, 5. Aufl., C. H. Beck, München, 2020.

SAENGER, I., «§ 291 ZPO», en SAENGER, I. (ed.), *Zivilprozessordnung*, 10. Aufl., Nomos, Baden-Baden, 2023, ap. 1 y ss.

SCHMOECKEL, M., «Requisitos de prueba, la exigencia de un mínimo de prueba y la notoriedad en el Derecho procesal medieval (siglos IX — XII)», *Anuario argentino de Derecho canónico*, Vol. XIV, 2007, pp. 241 y ss.

STEIN, F., *Das private Wissen des Richters*, Verlag von C. L. Hirschfeld, Leipzig, 1893.

STERN, W. B., «Foreign Law in the Courts: Judicial Notice and Proof», *California Law Review*, Vol. 45, Núm. 1, 1957, pp. 23 y ss.

TOMÁS MARTÍNEZ, G., «La sustitución del "buen padre de familia" por el estándar de la "persona razonable": reforma en Francia y valoración de su alcance», *Revista de Derecho Civil*, Vol. II, Núm. 1, 2015, pp. 57 y ss.

TRÜG, G. y HABETHA, J., «§ 244 StPO», en *Münchener Kommentar zur StPO*, 2. Aufl., C. H. Beck, München, 2024, ap. 1 y ss.

X

Elementos configuradores y riesgos de la IA como herramienta de policía predictiva

ALFREDO RODRÍGUEZ DEL BLANCO
Abogado y Doctorando en Derecho Procesal
Universidad de Oviedo

SUMARIO: I. INTRODUCCIÓN: LA IA COMO TECNOLOGÍA DISRUPTIVA. II. DESENTRAÑANDO LA IA PARA CONOCER SUS RIESGOS. *1. Datos: big data y data mining. 2. Algoritmos: del machine learning al deep learning.. 3. Capacidad informática: del deep learning a la computación cuántica.* III. LA IA EN EL REGLAMENTO (UE) 2024/1689, DE 13 DE JUNIO. IV. PRINCIPALES RIESGOS DE LA IA PARA EL ÁMBITO JURÍDICO. *1. Sesgos: bias in & bias out. 2. Falta de transparencia y explicabilidad: black box. 3. Alucinaciones algorítmicas: riqueza, estabilidad y ciberseguridad del dataset. 4. Ultrafalsificaciones: Deepfakes. 5. Amenaza a la privacidad.* V. EL EMPLEO DE IA EN LA INVESTIGACIÓN CRIMINAL (POLICÍA PREDICTIVA). VI. CONCLUSIONES. VII. BIBLIOGRAFÍA.

I. INTRODUCCIÓN: LA IA COMO TECNOLOGÍA DISRUPTIVA

La doctrina es pacífica al considerar la Inteligencia Artificial (en adelante IA) como una tecnología disruptiva, tanto por su capacidad para cambiar transversalmente nuestra sociedad, como por albergar un conjunto de riesgos que merecen ser contrastados con su prometedora eficacia y eficiencia.

En este último sentido, centrándonos en un plano jurídico, es también pacífica la doctrina al advertir que la IA puede afectar a un amplio elenco de derechos fundamentales: vida, libertad, seguridad, libertad de expresión y de pensamiento y, muy especialmente, tutela judicial efectiva, intimidad, secreto de las comunicaciones, protección de datos, igualdad y no discriminación. Algo que, en el ámbito específico del proceso penal no es cuestión baladí si nos detenemos a pensar que estamos, en definitiva, ante una tecnología potencial y especialmente idónea para la hipervigilancia de la ciudadanía y cuyo empleo alberga importantes retos atinentes a la privacidad o la explicabilidad y transparencia de sus resultados (*outputs*).

Es por ello que coincido con aquellos autores que consideran que nos corresponde a los juristas y operadores jurídicos, contribuir a la delimitación de los riesgos derivados de los sistemas de IA. No obstante, debido a los entresijos técnicos de esta tecnología, esos mismos autores coinciden en apuntar la necesidad de acometer dicho análisis con un abordaje multidisciplinar que nos permita entender primero cómo funciona la técnica, para después ser eficaces al tiempo de trazar los límites jurídicos pretendidos[1].

Así, descendiendo al ámbito del proceso penal, nos correspondería a los procesalistas analizar con rigor y profundidad los eventuales riesgos que pueden derivarse el empleo de sistemas de IA en la investigación criminal, muy especialmente en lo que concierne a las garantías procesales y a los derechos fundamentales implicados en la misma. Ahora bien, como adelantaba, para abordar esa labor con una mínima garantía del éxito pretendido, considero asimismo crucial que, *a priori*, sepamos responder qué es la IA y cómo funciona intrínsecamente. Así, en el presente trabajo se tratará de responder a dichas preguntas apriorísticas. Pues, solo entonces, estaremos en disposición de ejecutar dicho ulterior análisis, en pos de la salvaguarda de las susodichas garantías y derechos fundamentales, de un modo eficaz[2].

II. DESENTRAÑANDO LA IA PARA CONOCER SUS RIESGOS

La denominación (*nomen*) de IA se la debemos a JOHN MCCARTHY, quien acuñó el término allá por el año 1955 en la famosa *Summer Reasearch*

1. SIMÓN CASTELLANO, P., *Justicia cautelar e Inteligencia artificial: La alternativa a los atávicos heurísticos judiciales*, JM Bosch, Barcelona 2021, p. 25. En un mismo sentido *vid.* CAMPIONE, R., *La plausibilidad del derecho en la era de la inteligencia artificial: Filosofía carbónica y filosofía silícica del derecho*, Dykinson, Madrid 2020, pp. 109-112. Ambos autores coinciden en la necesidad de abordar un análisis multidisciplinar de la IA que coadyuve a delimitar los límites jurídicos de los riesgos derivados de dichos sistemas.
2. En el marco de la tesis doctoral por compendio de publicaciones que me encuentro realizando, ya he tenido la oportunidad de abordar ese ulterior análisis en RODRÍGUEZ DEL BLANCO, A., «Identificando los riesgos de la inteligencia artificial en la instrucción penal», *Revista General de Derecho Procesal Español*, núm. 64 (2024), pp. 1-66.

de Darthmouth para referirse a *«la ciencia y la ingeniería de hacer máquinas inteligentes, especialmente programas de computadora inteligentes»* [3].

Desde entonces, se ha puesto de manifiesto que la IA es una realidad extremadamente dinámica, lo que ha dificultado de forma significativa la elaboración de un concepto unívoco y atemporal [4]. No es objeto del presente epígrafe ahondar en el debate de cuál es la definición más adecuada de IA, ni tampoco realizar un detallado repaso histórico-evolutivo de los diferentes hitos tecnológicos hasta nuestros días [5].

Antes, al contrario, precisamente para sortear esa dificultad de alcanzar un concepto universal, lo que ahora se pretende es acercar al lector a una serie de elementos o componentes que conviene tener en cuenta al hablar

---

3. MCCARTHY, J., «*A Proposal for the Dartmouth Summer Research on Artificial Intelligence*», 1955.
4. Acerca de las diferentes definiciones doctrinales de la IA *vid.* DOMÍNGUEZ PADILLA, C., «Aspectos Relevantes de la implementación de la Inteligencia Artificial en el Proceso Judicial», en FONTESTAD PORTALÉS, L., PÉREZ TORTOSA, F., CALAZA LÓPEZ, S. (eds.), *La justicia en la sociedad 4.0: Nuevos Retos para el siglo XXI*, Colex, La Coruña 2023, pp. 483-496. El autor se refiere a la IA como: «*Cualquier sistema que es capaz de realizar tareas en circunstancias variables e impredecibles sin supervisión humana significativa, que puede aprendes de experiencia, resolver problemas o adoptar decisiones que requieren percepción, planificación, aprendizaje, comunicación o acción física o intelectiva similar a la humana*».
   En el mismo sentido *vid.* BARONA VILAR, S., *Algoritmización del Derecho y de la Justicia: De la Inteligencia Artificial a la Smart Justice*, Tirant lo Blanch, Valencia 2021, p. 97. La autora, tras repasar diversas conceptualizaciones (incluida la del Libro Blanco) concluye que la IA: «*es la ciencia que se ocupa de diseñar máquinas que emulan el pensamiento humano, siendo el Machine Learning el área de la IA que desarrolla los programas informáticos capaces de aprender por sí mismos y realizar predicciones*».
   Igualmente, ESPARZA LEIBAR, I., «Derecho fundamental a la protección de datos de carácter personal en el ámbito jurisdiccional e inteligencia artificial», en CALAZA LÓPEZ, S., LLORENTE SÁNCHEZ-ARJONA, M. (Dirs.), *Inteligencia artificial legal y administración de justicia*, Thomson Reuters Aranzadi, Cizur Menor 2022, pp. 181-209. Refiere el autor que «*es una rama de la computación como puede ser la traumatología de la medicina. Dentro de esta rama lo que encontramos es un conjunto de algoritmos, de recetas matemáticas y lógicas que tratan de simular comportamientos inteligentes*».
5. Acerca de dicha evolución tecnológica *vid.* GIRÓN SIERRA, J. M., *Introducción a la Inteligencia Artificial. La tecnología que nos cambiará para siempre*, Sekotia, Madrid 2023, pp. 63-103: el autor hace un nítido repaso desde el ábaco hasta las redes neuronales. En un mismo sentido *vid.* OLIVEIRA, A. L., FIGUEIREDO, M. A. T., «Artificial Intelligence: Historical Context and State of Art», en SOUSA ANTUNES, H., FREITAS, P. M., OLIVEIRA, A. L., MARTINS PEREIRA, C., VAZ DE SEQUEIRA, E., BARRETO XAVIER, L. (eds.), *Multidisciplinary Perspectives on Artificial Intelligence and the Law*, Springer, Cham (Suiza), 2024, pp. 3-24: los autores rastrean los orígenes históricos de la IA remontándose a Homero hasta llegar al citado McCarthy, para después analizar el estado de la técnica en alusión a los últimos avances en materia de *machine learning* y redes neuronales de la mano de Lecun, uno de los padres del *deep learning*.

de IA. Pues, como se apuntará, tales elementos son útiles catalizadores de la comprensión de los eventuales riesgos que el empleo de IA puede tener para las garantías procesales y los derechos fundamentales implicados en el proceso penal español, y específicamente en la investigación criminal.

De este modo, para acercarnos a los referidos componentes de la IA, considero muy útil apoyarnos en una de las definiciones de IA más simplificadas, pero a mi juicio también más didácticas: la recogida en el Libro Blanco de la UE que precedió al Reglamento (UE) 2024/1689 del Parlamento Europeo y del Consejo, de 13 de junio de 2024, por el que se establecen normas armonizadas en materia de inteligencia artificial. Conforme a dicha definición, el Libro Blanco, conceptúa la IA como una realidad trinómica —compuesta de tres elementos— al definirla como «*una combinación de tecnologías que agrupa datos, algoritmos y capacidad informática*»[6]. Esta definición, a pesar de su sencillez, aúna los tres pilares básicos o componentes sobre los que se asienta realmente su funcionamiento y a cuyo análisis dedicaremos las siguientes páginas: datos, algoritmos y capacidad informática.

Casualmente, esos mismos tres pilares, si bien con otro nombre, fueron los que observó TURING —quien es considerado uno de los padres de la computación moderna y precursor de la IA— en su famosa obra «*¿Pueden las máquinas pensar?*», al proponer el denominado «*Juego de la imitación*», más conocido actualmente como el «*Test de Turing*». En dicha obra, TURING, de forma semejante a lo recogido en el Libro Blanco, hablaba de «*computadora digital (digital computer)*» —para referirse a la IA— y decía que ésta se componía también de tres elementos: *(i) almacenamiento de datos* — que serían los datos—; *(ii) control o libro de reglas* —que sería el algoritmo—; y *(iii) unidad ejecutiva o de procesamiento de cálculo* —que sería la capacidad informática—[7].

De lo anterior, se podría inferir una definición de IA entendida como un conjunto de tecnologías basadas en computación que, nutriéndose de una selección de datos a la que se aplica uno o varios algoritmos preprogramados al efecto, es capaz de emular el aprendizaje y razonamiento humanos. De este modo, dedicaremos las siguientes páginas a conocer cada uno de esos tres componentes (datos, algoritmos y computación) y su interrelación

---

6. Para consultar el «*Libro Blanco sobre la inteligencia artificial – un enfoque europeo orientado a la excelencia y la confianza*» *cfr.* https://eur-lex.europa.eu/legal-content/ES/TXT/PDF/?uri=CELEX:52020DC0065 (último acceso 27/9/2024).
7. TURING, A. M., «Computing machinery and intelligence», *Mind New Series*, vol. 59, núm. 236 (1950), pp. 433-460.

para comprender qué es la IA, cómo funciona y, sobre todo cuáles pueden ser los riesgos que puede esconder para el ámbito jurídico.

1. DATOS: *BIG DATA* Y *DATA MINING*

Los datos son el combustible de la inteligencia artificial (*rectius* del algoritmo)[8]. Y ello puede advertirse del análisis lógico de las definiciones que hemos traído a colación (incluida la propia): si la IA está diseñada para que, simulando el pensamiento/razonamiento humano, nos aporte soluciones, decisiones, respuestas basadas en el análisis exhaustivo y cribado de «*experiencias pasadas*»; entonces, será lógico pensar que el punto de partida (el combustible) sean esas «*experiencias pasadas*». Y esas «*experiencias pasadas*» no son otra cosa que datos previamente recabados.

Siguiendo un razonamiento lógico, *a priori*, uno puede pensar que a mayor número de datos, mejor será el funcionamiento de la IA (más combustible tendrá esta). Sin embargo, esta afirmación no es necesariamente cierta, pues, a la postre, siendo la cantidad de los datos relevante, lo es también (más si cabe) su calidad. Y es aquí donde afloran los términos *big data*[9] y *data mining*.

Por lo que se refiere al *big data*, ha sido definido por algunos autores como: «*aquellos conjuntos de datos de mayor tamaño y complejos especialmente procedentes de las nuevas fuentes de datos […] que el software de procesamiento de datos convencional sencillamente no puede gestionar*». De esta definición se puede deducir que, si bien los datos *per se* son el combustible de la IA, para que esta alcance un funcionamiento optimizado hará falta recabar el mayor número posible de datos. Pero, lo que es aún más importante, será necesario cribar, filtrar u ordenar dichos datos para que los resultados aportados por la IA no sean erróneos, imprecisos o inventados. Este proceso de cribado (creando patrones de ordenación entre los datos masivos o *big data*) es lo que se conoce como *Data Mining* (*data analytics* o *data science*[10]).

8. BARONA VILAR, S., *op. cit.* (2021), p. 211: «*los datos son el petróleo del Siglo XXI*». Cita a su vez extraída de la entrevista a Juan Carlos Gutiérrez (IBM STORAGE para América Latina), https://www.infobae.com/america/tecno/2018/07/13/juan-carlos-gutierrez-los-datos-se-estan-convirtiendo-en-el-nuevo-petroleo-de-las-empresas/ (última consulta 29/09/2024).
9. Cuya primera alusión parece haber sido hecha por ERIK LARSON (1989) en la revista Harpers publicada en el Washington Post.
10. FAYYAD, U., PIATESTKY-SHAPIRO, G., SMYTH, G, «From Data Mining to Knowledge Discovery in Databases», *AI Magazine*, vol. 17, núm. 33 (1996), pp. 1-18.

Por cuanto se refiere al *data mining*, se ha venido a definir como: aquellas «*técnicas que se centran en la extracción no trivial de información implícita, previamente desconocida y potencialmente útil a partir de datos, a través de la exploración y el análisis— por medios automáticos o semiautomáticos— de grandes cantidades de datos con el fin de descubrir patrones con significado*»[11].

En definitiva, recuperando la susodicha definición tripartita, cuando hablamos de datos en el contexto de la IA, hacemos alusión realmente a estas dos realidades: (i) tanto la referida a los datos suministrados a la IA o recabados por la misma —*big data*—; (ii) como a su labor de cribado y filtrado o creación de patrones que facilitan el manejo masivo de datos con los que se alimenta la IA, haciendo su labor más eficaz y eficiente —*data mining*—.

Finalmente, debe puntualizarse que cuando nos referimos a «*alimentar la IA*», técnicamente deberíamos hablar de alimentar al segundo de los elementos de la definición trinómica: el algoritmo, al que pasamos a referirnos.

2. ALGORITMOS: DEL *MACHINE LEARNING* AL *DEEP LEARNING*.

El algoritmo es el corazón de la IA, su esencia. Desde un punto de vista computacional, puede definirse como el conjunto de listas de instrucciones diseñadas para resolver un cálculo o un problema abstracto. O, en un mismo sentido, como «*un número finito de pasos que convierten los datos de un problema (entrada o input) en una solución (salida o output)*»[12].

Esta misma idea es la que otros autores, ya desde el prisma jurídico, acogen para definir el algoritmo como «*el esquema ejecutivo de la máquina almacenando todas las opciones de decisión en función de los datos que se vayan conociendo*»[13]. Y, a su vez, esta idea no deja de ser en esencia la misma que ya hemos tenido oportunidad de citar al referirnos al *book of rules* (libro de reglas) de TURING, entendido nuevamente como aquel conjunto de instrucciones que el programador computacional establece en lenguaje infor-

11. COLMENERO GUERRA, J. A., «Algoritmo y proceso laboral», en CALAZA LÓPEZ, S., LLORENTE SÁNCHEZ-ARJONA, M. (Dirs.), *Inteligencia artificial legal y administración de justicia*, Thomson Reuters Aranzadi, Cizur Menor 2022, pp. 103-104. En este mismo sentido *vid.* FAYYAD, U., PIATESTKY-SHAPIRO, G., SMYTH, G, *op. cit.*
12. CORMEN, T., LEISERSON, C., RIVEST, R., STEIN, C., *Introduction to Algorithms*, The MIT Press, Cambridge (Massachusetts) 2009.
13. NIEVA FENOLL, J., *Inteligencia artificial y proceso judicial*, Marcial Pons, Madrid 2018, p.21.

mático para dicho algoritmo brinde una u otra solución ante los datos de entrada que se le proporcionen[14].

Como el lector seguramente ya se haya percatado, será labor del programador orientar el código informático hacia el problema concreto que se pretenda resolver y hacia el enfoque específico que se quiere que la IA adopte para resolverlo. De ello se deduce que, en definitiva, el fin a alcanzar por el algoritmo y las operaciones desplegadas para alcanzarlo, son una labor de pura programación informática y preestablecida a su funcionamiento.

No obstante, uno de esos fines para los cuales puede programarse un algoritmo es, precisamente, que el mismo (auto)aprenda de sus propias experiencias o resultados. Esta modalidad de funcionamiento programado es lo que se conoce como *reinforncement learning*. Esta técnica consiste en programar el algoritmo para que el mismo sea autodidacta en base a sus propios resultados, penalizando las respuestas incorrectas y premiando las correctas[15].

Del *reinforcement* learning, al que acabamos de aludir, se deriva a su vez el *machine learning*. La doctrina define al llamado *machine learning*, como la «*tecnología mediante la cual el sistema informático es capaz de aprender de sus propias experiencias y resolver problemas cada vez más complejos*»[16]. Este hito tecnológico, que hace capaz la existencia de los algoritmos más eficaces y ágiles, vino motivado por intentar salvar un estancamiento en el desarrollo del tercero de los elementos de la definición de IA que hemos manejado: la capacidad informática o potencia de procesamiento —en este caso de los ordenadores (*hardware*) sobre los que se hacían correr los algoritmos en los años 1980—.

Mediante *machine learning*, el algoritmo sería capaz de observar los datos de los que se nutre (*input*), para construir un modelo basado en los mismos y utilizar dicho modelo, simultáneamente, tanto para percibir una hipótesis acerca del mundo que observa (*input*) como para ser usados como una pieza más de su *software* con el que puede resolver problemas (*output*)[17]. Dicho en otras palabras, el *machine learning* permite que un sistema computacional

14. TURING, A. M., *op. cit.*, p. 437.
15. GIRÓN SIERRA, J. M., *op. cit.*, p.72.
16. CASTILLEJO MANZANARES, R., «Digitalización y/o inteligencia artificial», en CALAZA LÓPEZ, S., LLORENTE SÁNCHEZ-ARJONA, M. (Dirs.), *Inteligencia artificial legal y administración de justicia*, Thomson Reuters Aranzadi, Cizur Menor 2022, pp. 103-104.
17. RUSSELL AND NORVIG, *Artificial Intelligence: A Modern Approach.* Pearson 2021, p. 651.

sea capaz de aprender de sus propias experiencias y resuelva problemas complejos de un modo más eficiente y rápido, empleando un algoritmo que ha sido programado para realizar unas determinadas funciones, pero que, a la par, ha sido programado también para retroalimentarse de sus propias respuestas/soluciones (como si de nuevos datos se tratase).

De este modo, siguiendo con el símil de ser los datos el combustible de la IA (o el algoritmo), esta tecnología permitiría enriquecer dicho combustible: tras recabar los oportunos datos (*big data*) mediante técnicas específicas de cribado (*data mining*), el motor de la IA (algoritmo) se retroalimentaría con nuevos datos, que están enriquecidos por derivarse de un aprendizaje reforzado (*reinoforcement learning*) ejecutado por el propio algoritmo que ha sido codificado para ello, a fin de ir avanzando o profundizando en tal aprendizaje y adaptándose a los nuevos datos que va procesando. Esto, a la postre, generará un algoritmo cada más afinado y eficiente (*fine-tuned).*

En un primer estadio de esa evolución tecnológica (década de 1980), esta labor se hacía con supervisión del programador-educador persona física (*supervised machine learning*). Pero, posteriores descubrimientos tecnológicos fueron haciendo posible que esa labor pasara a poder realizarse (más eficientemente) mediante entrenamiento o aprendizaje automatizado no supervisado (*non-supervised machine learning*)[18].

En un estadio ulterior de dicha evolución tecnológica (década de 2010), siguiendo esa línea de buscar la eficacia de los algoritmos para suplir la falta de capacidad computacional, se llegaría a descubrir el denominado *deep learning* o aprendizaje profundo[19]. Esta tecnología —de la que LECUN, BENGIO y HINTON, son considerados sus padres— trata de imitar el comportamiento cerebral humano a través de una programación compuesta por varias capas superpuestas de procesamiento que permite que los modelos computacionales aprendan representaciones de datos con múltiples niveles de abstracción de un modo más eficiente e inspirado en el funcionamiento de la red neuronal humana[20].

A día de hoy, los propios padres del *deep learning* reconocen que la evolución en la última década está siendo exponencial, pero que el desarrollo a futuro de esta tecnología se espera que sea aún mayor debido a su gran capacidad de aplicación y desarrollo, en diversos campos, mediante el aprendizaje profundo no supervisado. Es decir, mediante la capacidad cada

---

18. OLIVEIRA, A. L., FIGUEIREDO, M. A. T., *op. cit.*, pp. 13-19.
19. OLIVEIRA, A. L., FIGUEIREDO, M. A. T., *op. cit.*, pp. 19-23.
20. LECUN, Y., BENGIO, Y., HINTON, G., «Deep learning», *Nature*, vol. 521 (2015), pp. 436-444.

vez mayor (por medio del empleo de redes neuronales, recurrentes o convolucionales o ambas) de crear algoritmos que permitan ser empleados para tareas cada vez más completas, más abstractas, y más complejas de un modo autónomo[21].

3. CAPACIDAD INFORMÁTICA: DEL *DEEP LEARNING* A LA COMPUTACIÓN CUÁNTICA

Por último, de forma paralela a esa evolución algorítmica motivada por el referido estancamiento en el campo de la capacidad computacional (*hardware*), también existieron esfuerzos científico-tecnológicos en este propio campo con el objetivo de lograr una mayor *capacidad informática* —para lograr máquinas u ordenadores más potentes—.

Tales esfuerzos también han ido dando sus frutos, si bien más lentamente, de la mano de la computación clásica construyendo ordenadores cada vez más potentes en los que hacer funcionar unos algoritmos cada vez más complejos y eficientes —y por ende que requieren mayor capacidad computacional—. No obstante, existe una tecnología, cuyo desarrollo está en ciernes, en la que se comienzan a depositar las futuras esperanzas de potenciar exponencialmente las capacidades de la IA: la computación cuántica.

En la computación clásica (basada en algebra Booleana: donde los valores son de verdadero o falso, o 0 o 1), los datos se procesan exclusivamente en estado binario (0-1. Verdadero-falso y sus posibles interrelaciones mediante las puertas lógicas: AND, OR, NOT, XOR; y las negadas de estas: NAND, NOT, XNOR). En este tipo de computación encontramos ciertos límites en dicha labor de procesamiento de los datos: cada *bit* ha de ir mutando entre 1 y 0 (verdadero o falso; si o no; afirmativo o negativo), no pudiendo simultanear esos estados.

Así, aunque ha ido habiendo avances técnicos progresivamente encaminados a realizar dichas operaciones booleanas en cada vez menor tiempo, no obstante, esa mejora se ve limitada por las leyes de la física, precisamente por la precitada imposibilidad de simultanear los referidos estados de los *bits*.

Esta limitación no se encuentra con la computación cuántica. En ella las partículas que las componen *qubits* (*quantum bits*) pueden lograr mayor velocidad operacional gracias a dos principios básicos de la física cuántica que son la superposición cuántica (el *qubit* puede simultanear valores de 0

21. GIRÓN SIERRA, J. M., *op. cit.*, pp. 195-203.

y 1; si y no; afirmativo y negativo) y el entrelazamiento cuántico (los *qubits* que hayan interactuado físicamente en algún momento seguirán entrelazados interactuando entre sí a pesar de la distancia que las separe por muy grande que ésta sea: no estando limitadas por la velocidad de la luz, que es una constante universal insuperable conforme a la física clásica). Gracias a ello, la mejora de eficiencia es exponencial, debido a poder operar con estados simultáneos y con cotas de velocidad de procesamiento no alcanzables con la física clásica y el álgebra booleana[22].

Por esta razón, este tipo de computación —cuyo poder de procesamiento es exponencialmente mayor que el de los ordenadores clásicos— está llamada a elevar en el futuro próximo las ya hoy asombrosas, capacidades de la IA, a cotas aun difícilmente determinables pero imaginables. Ahora bien, consecuentemente, puede que dicho avance conlleve también potenciar los riesgos derivados de la IA —a los que luego aludiré—.

III. LA IA EN EL REGLAMENTO (UE) 2024/1689, DE 13 DE JUNIO

El pasado 13 de junio de 2024 se publicó en el Diario Oficial de la UE (DOUE) la primera norma a nivel mundial que regula la IA de un modo integral: el Reglamento (UE) 2024/1689 del Parlamento Europeo y del Consejo, de 13 de junio de 2024, por el que se establecen normas armonizadas en materia de inteligencia artificial (RIA).

Como ya dijimos, no es objeto de este trabajo indagar los distintos conceptos de IA. Asimismo, tampoco es objeto de este artículo analizar el contenido del RIA. Sin embargo, sí considero de interés a los presentes efectos traer a colación cuál ha sido la conceptualización final de IA adoptada por dicha norma —de una relevancia incuestionable sobre la materia—. Máxime, cuando en este trabajo nos hemos apoyado en una concepción extraída de uno de los antecedentes legislativos más relevantes del RIA: el Libro Blanco sobre IA.

Así, como suele ser común en las normas de la UE, encontramos un precepto dedicado a definiciones. En dicho precepto (artículo 3.1 RIA), nos llama la atención que el RIA no define frontalmente lo que a efectos del mismo deba entenderse por IA o sus elementos, sino que se arroja una definición de «*sistemas de IA*»: «*un sistema basado en una máquina que está diseñado para funcionar con distintos niveles de autonomía y que puede mostrar capacidad de adaptación tras el despliegue, y que, para objetivos explícitos o implícitos, infiere de la información de entrada que recibe la manera de generar resultados de salida,*

22. BANAFA, A. (2023), *Quantum Computing and Other Transformative Technologies*, River Publishers, Gistrup (Dinamarca) 2023, pp. 11-12.

como predicciones, contenidos, recomendaciones o decisiones, que pueden influir en entornos físicos o virtuales». En este sentido, la *mens legislatoris* se orienta claramente a la regulación del mercado interior de la UE en este específico ámbito de *software* (sistemas de IA), más que a regular el fenómeno computacional (IA) *per se*. Así se deduce, a mi juicio, del Considerando I[23].

Esta definición legal, a su vez, se debe completar con el Considerando 12 del propio RIA. En el mismo, si bien tampoco se aborda una definición de IA directamente, se complementa la definición de sistemas de IA describiendo aquellas características de los mismos que le son propios[24]:

a) Autonomía. La cual indica un cierto grado de independencia de las acciones respecto a la intervención humana y de las capacidades para funcionar sin su intervención.

b) Capacidad de adaptación. La misma se refiere a las capacidades de autoaprendizaje que permiten al sistema cambiar mientras está en uso.

c) Inferencia. Que alude al proceso de obtención de resultados de salida, como predicciones contenidos, recomendaciones o decisiones, que puede influir en entornos físicos y virtuales, y a la capacidad de los sistemas de IA para deducir modelos o algoritmos, o ambos, a partir de información de entrada o de datos.

Como podrá percatarse el lector, el legislador de la UE no ha abordado realmente la definición de la IA, sino más bien la del *software* basado en IA. No obstante, al margen de las críticas que puedan hacerse a la ambigua conceptualización adoptada finalmente —en comparación con los antecedentes legislativos o el derecho comparado*(25—)*, si bien en la norma no se hace alusión a lo que aquí hemos denominado componentes de la IA, leyendo dicho Considerando 12 sí es posible advertir las notas características de aquellos componentes que hemos ido tratando —especialmente en

23. Considerando I RIA: «*El objetivo del presente Reglamento es mejorar el funcionamiento del mercado interior mediante el establecimiento de un marco jurídico uniforme, en particular para el desarrollo, la introducción en el mercado, la puesta en servicio y la utilización de sistemas de inteligencia artificial (en lo sucesivo, "sistemas de IA") en la Unión, de conformidad con los valores de la Unión, a fin de promover la adopción de una inteligencia artificial (IA) centrada en el ser humano y fiable, garantizando al mismo tiempo un elevado nivel de protección de la salud, la seguridad y los derechos fundamentales consagrados en la Carta de los Derechos Fundamentales de la Unión Europea*».

24. BARRIO ANDRÉS, M., «Objeto, ámbito de aplicación y sentido del Reglamento Europeo de Inteligencia Artificial», en MOISÉS BARRIO, A. (Dir.), *El Reglamento Europeo de Inteligencia Artificial*, Tirant Lo Blanch, Valencia 2024, pp. 22-47.

lo referente al uso de los datos y al empleo de autoaprendizaje automático al trabajar con dichos datos infiriendo resultados—.

Y, en definitiva, esto es realmente cuanto necesitamos ahora extraer de esta norma a los efectos de proseguir con otro de los objetos del presente trabajo: advertir cuáles son los principales riesgos que se derivan de la interacción de los componentes de la IA en su funcionamiento, de acuerdo con lo que ya hemos expuesto.

IV. PRINCIPALES RIESGOS DE LA IA PARA EL ÁMBITO JURÍDICO

Que el análisis de los riesgos derivados de la IA en el ámbito jurídico debe ser, para los juristas, uno de los elementos centrales de investigación sobre esta materia, queda fuera de toda duda. No en vano, esta idea queda reforzada desde el mismo momento en que el núcleo sustancial del articulado del precitado RIA se destina a establecer una normativa diferenciada de sistemas de IA basándose en el riesgo que puedan generar para la salud, la seguridad y los derechos fundamentales: sistemas prohibidos, sistemas de riesgo alto, sistemas de riesgo limitado y sistemas de riesgo mínimo[26].

De igual modo, resaltando la preponderancia de la temática del riesgo derivado del uso de la IA, ya adelantamos que los epígrafes antecedentes servirían para predisponernos a traer a colación —si bien de un modo esquemático dada la extensión del presente trabajo— aquellos riesgos que más evidentemente se derivan del uso de sistemas de IA en el ámbito del Derecho.

En este sentido, teniendo en mente el susodicho análisis de los elementos de la IA y su interrelación en el funcionamiento de la misma, se pueden advertir como principales puntos críticos y fuentes de riesgos: la procedencia y trazabilidad de los datos; su volumen, calidad, veracidad y seguridad; el sesgo en la creación del código del algoritmo; el control o ausencia de supervisión humana en su funcionamiento y/o aprendizaje; la explicabilidad del algoritmo, la privacidad, etc.

26. Sobre sistemas de IA prohibidos y de alto riesgo *vid.* MIGUEZ MACHO, L., TORRES CARLOS, M., «Sistemas de IA prohibidos y sistemas de alto riesgo», en MOISÉS BARRIO, A. (Dir.), *El Reglamento Europeo de Inteligencia Artificial*, Tirant Lo Blanch, Valencia 2024, pp. 49-86.
Y acerca de los sistemas de IA de riesgo limitado y mínimo *vid.* MUÑOZ GARCÍA, C., «Modelos de IA de uso general y sistemas de IA de riesgo limitado y mínimo», en MOISÉS BARRIO, A. (Dir.), *El Reglamento Europeo de Inteligencia Artificial*, Tirant Lo Blanch, Valencia 2024, pp. 87-109.

Así, la doctrina ha venido apuntando como riesgos más destacados de los sistemas de IA en el ámbito jurídico (donde la igualdad, la explicabilidad y la precisión fáctica son cruciales) los relativos al sesgo del algoritmo —el llamado *bias in & bias out: machine bias*— y a la falta de transparencia y explicabilidad del mismo —fenómeno de *black box*—; la precisión de sus resultados —evitando las llamadas alucinaciones—; la estabilidad y seguridad de todo el proceso —garantizando su ciberseguridad tanto en (i) el recabado y tratamiento de datos evitando el *data poisoning*, como en (ii) en de sus resultados de salida evitando ultrafalsificaciones o *deepfakes*—; la licitud y legitimidad de la procedencia de los datos empleados —garantizando la privacidad—. A continuación, arrojaremos algunas consideraciones a respecto de tales riesgos.

1. SESGOS: B*IAS IN & BIAS OUT*

En primer lugar, hablamos de sesgo del algoritmo cuando dicho algoritmo arroja resultados (*outputs*) sesgados. De este modo, atendiendo a cuantos hemos analizado en los anteriores epígrafes, resulta lógico pensar que la causa generatriz de dicho sesgo se halle (i) bien preexistente en los datos que se introducen al algoritmo (*inputs*) o (ii) bien inserta en el propio código computacional que rige el funcionamiento del algoritmo, otorgando una mayor preponderancia injusta a determinados valores frente a otros. A esta problemática se le conoce como *bias in & bias out*, dado que o bien los datos que nutren al algoritmo o bien el propio algoritmo *per se* albergan un sesgo de partida que, a su vez, genera un resultado predictivo sesgado y, por ende, injusto[27].

A este respecto, es preciso extremar precauciones al tiempo de seleccionar los datos que alimentan el algoritmo, a fin de proporcionar datos libres de sesgo. Asimismo, resulta crucial prever garantías que permitan una programación del algoritmo libre de sesgo desde el diseño (*in-design*), pues, no en vano, no debemos olvidar que la labor de programación no deja de ser realizada por un humano que, como es natural, contará con sus prejuicios e ideologías incluso de manera involuntaria o subconsciente. Aun con todo este riesgo carece de fácil solución, pues el sesgo siquiera a veces es eliminado con garantías del resultado predictivo a través de la supresión de

27. CASTETS-RENARD C., «Human Rights and Algorithmic Impact Assessment for Predictive Policing», en H. MICKLITZ, O. POLLICINO, A. REICHMAN, A. SIMONCINI, G. SARTOR, G. DE GREGORIO (eds.), *Constitutional Challenges in the Algorithmic Society*, Cambridge University Press 2021, pp. 93-110. En un mismo sentido *vid*. DOMINGO JARAMILLO, C., «Aplicación del sistema de reconocimiento facial para prevenir la violencia asociada al deporte en los encuentros calificados de alto riesgo», en CALAZA LÓPEZ, S., LLORENTE SÁNCHEZ-ARJONA, M. (Dirs.), *Inteligencia artificial legal y administración de justicia*, Thomson Reuters Aranzadi, Cizur Menor 2022, pp. 125-150.

conjuntos de datos que denoten raza, sexo, edad, creencias, etc. (ello por cuanto el propio sistema puede llegar a inferir un resultado sesgado al cruzar datos aparentemente igualitarios: *machine bias*[28]).

2. FALTA DE TRANSPARENCIA Y EXPLICABILIDAD: *BLACK BOX*

Como segundo riesgo destacable nos encontramos con la falta de transparencia del algoritmo. Ésta se produce cuando, sin perjuicio del acierto o falibilidad del resultado predictivo, éste no puede explicarse por basarse en operaciones computacionales muy complejas que opacan el proceso que condujo a la predicción. Lo que, a su vez, genera problemas a la hora de dotar de explicabilidad al resultado algorítmico. Este fenómeno se conoce con el nombre de *black box*, en referencia a la opacidad del funcionamiento del algoritmo que impide explicar el proceso que le ha llevado a dicho resultado[29].

A este respecto, resulta manifiesto que esa falta de transparencia, y por ende de explicabilidad, es un riesgo muy a tener en cuenta en el ámbito jurídico debido a la exigencia insoslayable de motivar las resoluciones judiciales como medio de su fiscalización[30]. El riesgo implicaría que no siempre es sencillo explicar el funcionamiento interno del algoritmo al cumplirse, con carácter general, que cuanto más complejo y eficaz es un algoritmo mayor complejidad tiene también su funcionamiento interno. Lo que, puede llegar a la incapacidad de poder conocer el proceso computacional que está detrás de los resultados brindados.

Por estas razones, ya han surgido corrientes doctrinales que abogan por apostar por el desarrollo de sistemas de IA explicables (*XAI: explainable AI*) que, si bien son menos eficientes y con una evolución más lenta, cuentan con la ventaja de ser capaces de proporcionar resultados (*outputs*) dotados de la correspondiente explicación del proceso seguido hasta dar con dicho resultado[31].

28. BORGES BLÁZQUEZ, R., *Inteligencia Artificial y Proceso Penal*, Thomson Reuters Aranzadi, Cizur Menor 2021, p. 76.
29. OLSEN, H. P., SLOSSER, J. L., HILDEBRANDT, T. T., «What's in the Box?», en H. MICKLITZ, O. POLLICINO, A. REICHMAN, A. SIMONCINI, G. SARTOR, G. DE GREGORIO (eds.), *Constitutional Challenges in the Algorithmic Society*, Cambridge University Press 2021, pp. 219-220.
30. GRAVETT, W. H., «Judicial decisión-making in the age of Artificial Intelligence», en SOUSA ANTUNES, H., FREITAS, P. M., OLIVEIRA, A. L., MARTINS PEREIRA, C., VAZ DE SEQUEIRA, E., BARRETO XAVIER, L. (eds.), *Multidisciplinary Perspectives on Artificial Intelligence and the Law*, Springer, Cham (Suiza), 2024, pp. 281-297.
31. VARAD VISHWARUPE, PRACHI M. JOSHI, NICOLE MATHIAS, SHREY MAHESHWARI, SHWETA MHAISALKAR, VISHAL PAWAR, «Explainable AI and Interpretable Machine Learning: A Case Study in Perspective», *Procedia Computer Science*, vol. 204 (2022), pp. 869-876.

3. ALUCINACIONES ALGORÍTMICAS: RIQUEZA, ESTABILIDAD Y CIBERSEGURIDAD DEL *DATASET*

Otro riesgo destacable es el del fenómeno de la alucinación (también llamado confabulación o delirio). Este se produce en aquellos casos en que la IA otorga o crea un resultado (*output*) que es inveraz, incorrecto o un sinsentido, en lugar de aportar información confiable, objetiva, precisa y veraz[32].

Dichas alucinaciones ocurren cuando el modelo de IA produce texto, imágenes, video, sonido, voz, etc. que incluye detalles, hechos o afirmaciones que resultan ficticios, engañosos o totalmente inventados[33]. Este fenómeno puede deberse a errores en la programación de su código y no necesariamente a fallos de ciberseguridad en el algoritmo.

No obstante, este último tipo de fallos de ciberseguridad son, sin lugar a dudas, otro gran foco de riesgo. Piense el lector que mediante operaciones de *hacking* podrían sabotearse los datos empleados por el algoritmo (*dataset*) con el fin malicioso de lograr que provoque resultados erróneos o dañinos. Este fenómeno se conoce con el nombre de *data poisoning*, y resulta evidente que supone un riesgo crítico para un ámbito como el jurídico en el que la búsqueda de la verdad resulta esencial en el seno de un proceso.

4. ULTRAFALSIFICACIONES: *DEEPFAKES*

Relacionado con el anterior apartado, tenemos otro riesgo derivado del uso de la IA en la afectación a la finalidad de persecución de la verdad, especialmente en el ámbito del proceso penal.

A este respecto, piénsese en que esta tecnología está perfectamente capacitada para crear archivos de sonido, imagen, video o texto con contenidos no reales o falsos o engañosos y cuya falsedad es práctica o totalmente imperceptible para los humanos. De ello se colige un riesgo de que tales

32. ZHANG, Y., LI, Y., CUI, L., *et alia.*, «Siren's Song in the AI Ocean: A Survey on Hallucination in Large Language Models», *arXiv preprint* arXiv:2309.01219, (2023). Según los autores, el concepto alucinación fue empleado para apelar a este fenómeno tras el surgimiento de los primeros sistemas de procesamiento de lenguaje natural (NLP). Siendo exponencialmente mayor su efecto con la aparición de los modelos de lenguaje grande (LLM), debido a su también exponencialmente mayor capacidad de procesamiento.
33. RAWTE, V., SHETH, A., DAS, A., «A survey of hallucination in large foundation models», *arXiv preprint* arXiv:2309.05922 (2023). Los autores destacan que este fenómeno se entiende fácilmente si se piensa en que los modelos de IA están diseñados para dar respuestas o creaciones plausibles en relación con la interacción del usuario, sin que su fin esencial sea que se ajuste a parámetros de veracidad u objetividad.

sistemas puedan ser empleados aviesamente para crear contenidos falsos que alteren maliciosamente el resultado de los procedimientos, con la consiguiente pérdida de confianza en aquellos soportes como medios de prueba[34].

Este fenómeno es el denominado *deepfake* o ultrasuplantaciones o ultrafalsificaciones y a él se refiere el artículo 50 RIA, en el sentido de establecer una salvaguarda ante este riesgo al exigir que los resultados de sistemas de IA consistentes en archivos de sonido, imagen, video o texto deban ser etiquetados como creados o manipulados mediante IA a fin de advertir la posibilidad de que se trate de una ultrafalsificación. No obstante, resulta reseñable que existen excepciones donde esa salvaguarda no sería aplicable y, por ende, el riesgo volvería a ser latente: ámbito de detección, prevención, investigación o enjuiciamiento de delitos.

5. AMENAZA A LA PRIVACIDAD

Por último, pero no por ello menos importante, está el siempre inherente riesgo de afectar a la privacidad *lato sensu*[35], el cual tiene también relación con la precitada ciberseguridad. Concretamente este riesgo se ubicaría en el momento en el que se recaben y criben los datos que serán empleados por el algoritmo, así como el tratamiento que éste les proporcione a través de sus sucesivas capas de procesamiento generando menciones a dichos datos o nuevos datos empleando los originarios. A tal efecto, resulta crucial que los datos empleados cuenten con la debida legitimidad y autorización personal y legal para poder ser empleados. Esto es, deben haberse recabado con pleno respeto a los derechos fundamentales y libertades públicas. Máxime si, eventualmente quieren introducirse los resultados del sistema de IA en un proceso judicial y ser empleados como prueba lícita.

---

34. MIGUEL FREITAS, P., «*Deepfakes*, conteúdo gerado por inteligencia artificial e verdade processual», en ARANGÜENA FANEGO, C., DE HOYOS SANCHO, M., PILLADO GONZÁLEZ, E. (Dirs.) *El proceso penal ante una nueva realidad tecnológica europea*, Aranzadi, Cizur Menor 2023, pp. 195-205. En un mismo sentido *vid*. DURAES, D., MIGUEL FREITAS, P., NOVAIS, P. «The relevance of deepfakes in the Administration of Criminal Justice», en SOUSA ANTUNES, H., FREITAS, P. M., OLIVEIRA, A. L., MARTINS PEREIRA, C., VAZ DE SEQUEIRA, E., BARRETO XAVIER, L. (eds.), *Multidisciplinary Perspectives on Artificial Intelligence and the Law*, Springer, Cham (Suiza), 2024, pp. 351-369.
35. Englobando a todos los derechos fundamentales insertos en el artículo 18 de la Constitución Española: Intimidad personal y familiar, propia imagen, inviolabilidad domiciliaria, secreto de las comunicaciones y protección de datos.

Es por ello por lo que parte de la doctrina destaca la importancia de desarrollar herramientas de IA tendentes a garantizar el estándar de privacidad requerido y su estabilidad en términos de ciberseguridad[36].

V. EL EMPLEO DE IA EN LA INVESTIGACIÓN CRIMINAL (POLICÍA PREDICTIVA)

Para finalizar, tras haber explicado el funcionamiento de los componentes de la IA y los riesgos derivados de la misma en el ámbito jurídico, se esbozarán unas notas acerca del empleo de la IA como herramienta de investigación criminal.

A este respecto, varios los autores destacan dos circunstancias que ponen en contexto el objeto de este apartado. Por un lado, se han hecho eco del papel, cada vez más preponderante, que la Policía tiene en la investigación criminal, y cómo dicho auge ha venido acompasado con un surgimiento y desarrollo de las medidas de investigación tecnológicas como las incorporadas en la LECrim mediante la LO 13/2015, de 5 de octubre[37]. Y, a la par de esa circunstancia, se suma la incorporación a la labor de la Policía de un creciente número de herramientas predictivas que, configuran la llamada *policía predictiva.*

Esas herramientas se orientan a gestionar los recursos policiales limitados de forma más eficaz y, en términos generales, operan identificando patrones tras un análisis masivo de datos entre los que haya analogías y semejanzas que permiten a la fuerza actuante estimar en el momento presente, una probabilidad de que algo ocurra en el futuro, basándose en la experiencia pasada. Sin ánimo de ahondar en el debate de un concepto sobre el que no hay un consenso universal, puede definirse la *policía predictiva* como el uso de una gran cantidad de datos históricos, que se analizan mediante técnicas cuantitativas, para estimar a través de algoritmos un valor desconocido, y cuyos resultados ayudarán a gestionar de forma más eficaz los recursos policiales, como por ejemplo, la distribución de las patrullas[38]. Fruto de este enfoque, empleando tecnología para predecir y prevenir el delito, varios autores advierten de un cambio de paradigma en la configuración de la labor policial: desde un enfoque reactivo (tras cometerse un

36. CORREIA, M., RODRIGUES, L. «Security and Privacy», en SOUSA ANTUNES, H., FREITAS, P. M., OLIVEIRA, A. L., MARTINS PEREIRA, C., VAZ DE SEQUEIRA, E., BARRETO XAVIER, L. (eds.), *Multidisciplinary Perspectives on Artificial Intelligence and the Law*, Springer, Cham (Suiza), 2024, pp. 81-101.
37. BARONA VILAR, S. (2021) *op. cit.*, pp. 511-518.
38. GONZÁLEZ ÁLVAREZ, J. L., SANTOS-HERMOSO, J., CAMACHO-COLLADOS, M., «Policía predictiva en España: aplicación y retos futuros», *Behavior&Law Journal*, núm. 1 (2020), pp. 26-41.

presunto delito) hacia un enfoque proactivo-preventivo (intentando evitar la comisión de un delito)[39].

Tal y como ocurre con cualquier herramienta o sistema de IA, de los sistemas de IA orientados a la policía predictiva, se derivan una serie de riesgos en los términos que se han aludido en el apartado anterior. No obstante, y sin perjuicio de que puedan concurrir todos los citados, resultan especialmente relevantes por la intensidad de la afectación a los derechos fundamentales a los que pueden afectar, los riesgos relativos a la transparencia del algoritmo empleados, a la privacidad de los datos utilizados y a la igualdad con que la herramienta sea diseñada y/o empleada en su despliegue.

A meros efectos ilustrativos, y a fin de hacer reflexionar al lector acerca de los riesgos expresados que pueden derivarse de tan potentes herramientas algorítmicas, referiré algunas de las empleadas actualmente por nuestras FFCCSS.:

a) PATRULLAJE Y SISTEMAS DE INFORMACIÓN GEOGRÁFICA (SIG): permite elaborar mapas de delitos y gestionar la labor de patrullaje;

b) VERIPOL: analiza la probabilidad de que una denuncia sea falsa;

c) CATT: en el ámbito del *online child grooming* analiza conversaciones entre menores y delincuentes sexuales que buscan contacto físico para arrojar la probabilidad de que éste se perpetre;

d) VIOGEN: siendo el más desarrollado en la actualidad, valora el riesgo de que una mujer que denuncia a su pareja o expareja por una agresión pueda sufrir otra;

e) P3-DSS: aún en fase de desarrollo, pronostica la distribución del crimen en el Distrito Central de Madrid y analiza el riesgo de que se produzca un delito en dicho territorio con el fin de optimizar el empleo de recursos policiales;

f) ABIS: determina en pocos segundos si en una imagen dada (foto o video) aparece el rostro de alguien del que se tengan registros.

39. BORGES BLÁZQUEZ, R., *Inteligencia Artificial y Proceso Penal,* Thomson Reuters Aranzadi 2021, p. 114.

Asimismo, en el ámbito internacional (China, Estados Unidos e Inglaterra, principalmente) podemos encontrar las siguientes herramientas de *predictive policing*:

a) CLOUD WALK: genera la probabilidad de comisión de un crimen en función de la identificación de la persona y sus movimientos;

b) FAST: identifica la probabilidad de comisión de un delito basándose en la frecuencia cardíaca o el patrón de la mirada del pasajero de avión antes del embarque;

c) PALANTIR GOTHAM: descubre potenciales criminales por patrones de su comportamiento en redes sociales;

d) VALCRI: analiza la escena del crimen y otorga hipótesis de reconstrucción del delito.

VI. CONCLUSIONES

Fruto del presente trabajo se han alcanzado las siguientes conclusiones:

1.- La IA se considera una tecnología disruptiva, capaz de transformar diversos ámbitos de la sociedad, pero también plantea riesgos significativos, especialmente en el contexto jurídico. Su uso en áreas como el proceso penal puede afectar derechos fundamentales esenciales, como la privacidad, la tutela judicial efectiva y la no discriminación, lo que exige un análisis cuidadoso de los riesgos asociados. Es crucial que los operadores jurídicos adopten un enfoque multidisciplinar apriorístico para entender cómo funciona la IA antes de poder establecer límites adecuados que protejan estos derechos, asegurando una integración efectiva y ética de esta tecnología en la investigación criminal y el sistema judicial.

2.- La IA se compone de una triada esencial: datos, algoritmos y capacidad informática. Estos interactúan para emular el razonamiento humano y producir soluciones a problemas complejos. Los datos, provenientes de fuentes masivas (*big data*) y procesados a través de técnicas como el *data mining*, son cruciales para alimentar los algoritmos, los cuales, mediante métodos como el *machine learning* y el *deep learning*, aprenden y mejoran con el tiempo. Además, el avance hacia la computación cuántica promete una mejora exponencial en la capacidad de procesamiento, lo que permitirá una mayor eficiencia en la IA, pero también podría intensificar los riesgos asociados a su uso, especialmente en contextos como el jurídico. La calidad de los datos, la precisión y la transparencia de los algoritmos, así como la capacidad computacional, son determinantes para evitar fallos y sesgos. A medida que la IA avanza, se requiere una atención rigurosa para mitigar los riesgos que su implementación podría suponer en ámbitos especialmente sensibles para los derechos fundamentales.

3.- El Reglamento (UE) 2024/1689, de 13 de junio, regula los «sistemas de IA», definiéndolos como máquinas con distintos niveles de autonomía, capacidad de adaptación y capacidad para hacer inferencias basadas en datos de entrada. Aunque no define explícitamente la IA, el Reglamento subraya la importancia de su autonomía, capacidad de adaptación e inferencia, orientándose más a la regulación de *software* de IA que al fenómeno computacional en sí. Este marco establece, no obstante, bases suficientes para identificar e intentar mitigar los riesgos asociados al uso de la IA para los derechos fundamentales, a través de una clasificación de sistemas en función de su riesgo.

4.- Los riesgos de la IA en el ámbito jurídico son diversos. Entre los más relevantes se encuentran: los sesgos algorítmicos (*bias in & bias out*), que pueden generar resultados injustos debido a datos sesgados o a la programación parcial del algoritmo; la falta de transparencia en los algoritmos, conocida como *black box*, también es un riesgo significativo, ya que dificulta la comprensión y la motivación de decisiones judiciales; las alucinaciones algorítmicas (información errónea generada por la IA debido a errores de diseño o de envenenamiento en el *dataset* o el código); las ultrafalsificaciones (*deepfakes*) que pueden suponer la manipulación de pruebas en el proceso judicial; y la amenaza a la privacidad derivada de la recabación y manejo de datos sin garantías adecuadas.

5.- El empleo de la IA en la investigación criminal. La policía predictiva representa un cambio de paradigma hacia un modelo preventivo basado en la tecnología. Sin embargo, este enfoque plantea serios desafíos, como el respeto a la igualdad, la privacidad y la transparencia en el uso de los sistemas. Los juristas deben desempeñar un papel clave en la delimitación de los límites legales y éticos de estas herramientas, garantizando que el progreso tecnológico no se realice en detrimento de los derechos fundamentales.

En definitiva, ante este disruptivo contexto, los juristas y operadores jurídicos tenemos por delante una ardua y apasionante labor para la delimitación de los riesgos derivados de estas tecnología en cada ámbito jurídico a fin de adaptar nuestras actuales legislaciones a esta nueva realidad de un modo eficaz —objeto al que dedico parte de la tesis doctoral que me encuentro realizando—: intentando conciliar un deseable desarrollo e implementación de la IA que permita una más eficaz labor policial y judicial, pero nunca a costa de sacrificar derechos fundamentales o garantías para alcanzar dicha cota de desarrollo.

VII. BIBLIOGRAFÍA

BANAFA, A. (2023), *Quantum Computing and Other Transformative Technologies,* River Publishers, Gistrup (Dinamarca) 2023.

BARONA VILAR, S., *Algoritmización del Derecho y de la Justicia: De la Inteligencia Artificial a la Smart Justice,* Tirant lo Blanch, Valencia 2021.

BARRIO ANDRÉS, M., «Objeto, ámbito de aplicación y sentido del Reglamento Europeo de Inteligencia Artificial», en MOISÉS BARRIO, A. (Dir.), *El Reglamento Europeo de Inteligencia Artificial,* Tirant Lo Blanch, Valencia 2024.

BORGES BLÁZQUEZ, R., *Inteligencia Artificial y Proceso Penal,* Thomson Reuters Aranzadi, Cizur Menor 2021.

BORGES BLÁZQUEZ, R., *Inteligencia Artificial y Proceso Penal,* Thomson Reuters Aranzadi 2021.

CAMPIONE, R., *La plausibilidad del derecho en la era de la inteligencia artificial: Filosofía carbónica y filosofía silícica del derecho,* Dykinson, Madrid 2020.

CASTETS-RENARD C., «Human Rights and Algorithmic Impact Assessment for Predictive Policing», en, H. MICKLITZ, O. POLLICINO, A. REICHMAN, A. SIMONCINI, G. SARTOR, G. DE GREGORIO (eds.), *Constitutional Challenges in the Algorithmic Society,* Cambridge University Press 2021, pp. 93-110.

CASTILLEJO MANZANARES, R., «Digitalización y/o inteligencia artificial», en CALAZA LÓPEZ, S., LLORENTE SÁNCHEZ-ARJONA, M. (Dirs.), *Inteligencia artificial legal y administración de justicia,* Thomson Reuters Aranzadi, Cizur Menor 2022, pp. 55-90.

COLMENERO GUERRA, J. A., «Algoritmo y proceso laboral», en CALAZA LÓPEZ, S., LLORENTE SÁNCHEZ-ARJONA, M. (Dirs.), *Inteligencia artificial legal y administración de justicia,* Thomson Reuters Aranzadi, Cizur Menor 2022, pp. 91-123.

CORMEN, T., LEISERSON, C., RIVEST, R., STEIN, C., *Introduction to Algorithms*, The MIT Press, Cambridge (Massachusetts) 2009.

CORREIA, M., RODRIGUES, L. «Security and Privacy», en SOUSA ANTUNES, H., FREITAS, P. M., OLIVEIRA, A. L., MARTINS PEREIRA, C., VAZ DE SEQUEIRA, E., BARRETO XAVIER, L. (eds.), *Multidisciplinary Perspectives on Artificial Intelligence and the Law*, Springer, Cham (Suiza), 2024, pp. 81-101

DOMINGO JARAMILLO, C., «Aplicación del sistema de reconocimiento facial para prevenir la violencia asociada al deporte en los encuentros calificados de alto riesgo», en CALAZA LÓPEZ, S., LLORENTE SÁNCHEZ-ARJONA, M. (Dirs.), *Inteligencia artificial legal y administración de justicia*, Thomson Reuters Aranzadi, Cizur Menor 2022, pp. 125-150.

DOMÍNGUEZ PADILLA, C., «Aspectos Relevantes de la implementación de la Inteligencia Artificial en el Proceso Judicial», en FONTESTAD PORTALÉS, L., PÉREZ TORTOSA, F., CALAZA LÓPEZ, S. (eds.), *La justicia en la sociedad 4.0: Nuevos Retos para el siglo XXI*, Colex, La Coruña 2023.

DURAES, D., MIGUEL FREITAS, P., NOVAIS, P. «The relevance of deepfakes in the Administration of Criminal Justice» en, SOUSA ANTUNES, H., FREITAS, P. M., OLIVEIRA, A. L., MARTINS PEREIRA, C., VAZ DE SEQUEIRA, E., BARRETO XAVIER, L. (eds.), *Multidisciplinary Perspectives on Artificial Intelligence and the Law*, Springer, Cham (Suiza), 2024, pp. 351-369.

ESPARZA LEIBAR, I., «Derecho fundamental a la protección de datos de carácter personal en el ámbito jurisdiccional e inteligencia artificial», en CALAZA LÓPEZ, S., LLORENTE SÁNCHEZ-ARJONA, M. (Dirs.), *Inteligencia artificial legal y administración de justicia*, Thomson Reuters Aranzadi, Cizur Menor 2022.

FAYYAD, U., PIATESTKY-SHAPIRO, G., SMYTH, G, «From Data Mining to Knowledge Discovery in Databases», *AI Magazine*, vol. 17, núm. 33 (1996), pp. 1-18.

GIRÓN SIERRA, J. M., *Introducción a la Inteligencia Artificial. La tecnología que nos cambiará para siempre*, Sekotia, Madrid 2023.

GONZÁLEZ ÁLVAREZ, J. L., SANTOS-HERMOSO, J., CAMACHO-COLLADOS, M., «Policía predictiva en España: aplicación y retos futuros», *Behavior&Law Journal*, núm. 1 (2020), pp. 26-41.

GRAVETT, W. H., «Judicial decisión-making in the age of Artificial Intelligence», en SOUSA ANTUNES, H., FREITAS, P. M., OLIVEIRA, A. L., MARTINS PEREIRA, C., VAZ DE SEQUEIRA, E., BARRETO XAVIER, L. (eds.), *Multidisciplinary Perspectives on Artificial Intelligence and the Law,* Springer, Cham (Suiza), 2024, pp. 281-297.

LECUN, Y., BENGIO, Y., HINTON, G., «Deep learning», *Nature,* vol. 521 (2015), pp. 436-444.

MCCARTHY, J., *A Proposal for the Dartmouth Summer Research on Artificial Intelligence,* 1955.

MIGUEL FREITAS, P., «*Deepfakes,* conteúdo gerado por inteligencia artificial e verdade processual», en ARANGÜENA FANEGO, C., DE HOYOS SANCHO, M., PILLADO GONZÁLEZ, E. (Dirs.) *El proceso penal ante una nueva realidad tecnológica europea,* Aranzadi, Cizur Menor 2023, pp. 195-205.

MIGUEZ MACHO, L., TORRES CARLOS, M., «Sistemas de IA prohibidos y sistemas de alto riesgo», en MOISÉS BARRIO, A. (Dir.), *El Reglamento Europeo de Inteligencia Artificial,* Tirant Lo Blanch, Valencia 2024.

MUÑOZ GARCÍA, C., «Modelos de IA de uso general y sistemas de IA de riesgo limitado y mínimo», en MOISÉS BARRIO, A. (Dir.), *El Reglamento Europeo de Inteligencia Artificial,* Tirant Lo Blanch, Valencia 2024.

NIEVA FENOLL, J., *Inteligencia artificial y proceso judicial,* Marcial Pons, Madrid 2018.

OLIVEIRA, A. L., FIGUEIREDO, M. A. T., «Artificial Intelligence: Historical Context and State of Art», en SOUSA ANTUNES, H., FREITAS, P. M., OLIVEIRA, A. L., MARTINS PEREIRA, C., VAZ DE SEQUEIRA, E., BARRETO XAVIER, L. (eds.), *Multidisciplinary Perspectives on Artificial Intelligence and the Law,* Springer, Cham (Suiza), 2024.

OLSEN, H. P., SLOSSER, J. L., HILDEBRANDT, T. T., «What's in the Box?», en, H. MICKLITZ, O. POLLICINO, A. REICHMAN, A. SIMONCINI, G. SARTOR, G. DE GREGORIO (eds.), *Constitutional Challenges in the Algorithmic Society,* Cambridge University Press 2021, pp. 219-235-

RAWTE, V., SHETH, A., DAS, A., «A survey of hallucination in large foundation models», *arXiv preprint* arXiv:2309.05922 (2023).

RODRÍGUEZ DEL BLANCO, A., «Identificando los riesgos de la inteligencia artificial en la instrucción penal», *Revista General de Derecho Procesal Español*, núm. 64 (2024), pp. 1-66.

RUSSELL AND NORVIG, *Artificial Intelligence: A Modern Approach*. Pearson 2021.

SIMÓN CASTELLANO, P., *Justicia cautelar e Inteligencia artificial: La alternativa a los atávicos heurísticos judiciales*, JM Bosch, Barcelona 2021.

TURING, A. M., «Computing machinery and intelligence», *Mind New Series*, vol. 59, núm. 236 (1950), pp. 433-460.

VARAD VISHWARUPE, PRACHI M. JOSHI, NICOLE MATHIAS, SHREY MAHESHWARI, SHWETA MHAISALKAR, VISHAL PAWAR, «Explainable AI and Interpretable Machine Learning: A Case Study in Perspective», *Procedia Computer Science*, vol. 204 (2022), pp. 869-876.

ZHANG, Y., LI, Y., CUI, L., ET ALIA., «Siren's Song in the AI Ocean: A Survey on Hallucination in Large Language Models», *arXiv preprint* arXiv: 2309.01219 (2023).

(25) *Ex gr.* la definición adoptada en 2019 por la Organización para la Cooperación y el Desarrollo Económicos (OCDE): «*un sistema basado en una máquina que puede, para un objetivo definido por el ser humano, hacer predicciones, recomendaciones o decisiones que influyen en entornos reales o virtuales*». Ello sin perjuicio de que la OCDE ha revisado dicha definición en noviembre de 2023 aproximándola a la que finalmente el RIA ha adoptado en junio de 2024.

XI

Sistemi predittivi in polizia. riflessioni sul caso spagnolo [1]

CRISTINA ALONSO SALGADO [2]
Professoressa di Diritto Processuale
Universidade de Santiago de Compostela

Nell'ambito delle potenzialità e dei rischi dell'intelligenza artificiale, analizzeremo nelle righe seguenti alcune delle principali caratteristiche di un sistema predittivo della polizia spagnola: Veripol. Il programma, creato nel 2017 e sviluppato –dopo un periodo pilota– nel 2018, è stato progettato per individuare le denunce false.

L'applicazione analizza il testo con metodi di elaborazione del linguaggio naturale, deducendo specificità utili che vengono trasferite a un modello matematico che valuta la probabilità di falsità. Nella sua presentazione, il Ministero dell'Interno ha sottolineato che lo strumento è in grado di dis-

1. Lavoro nell'ambito dei progetti di I+D+i: «Inteligencia artificial, Justicia y Derecho: ¿irrupción o disrupción tecnológica en el proceso penal?» (PID2020-119324GB-I00/AEI/10.13039/501100011033); e «El contrato de prestación de servicios en el actual entorno tecnológico y social (CONSERTECS)», (PID2021-122619OB). Una prima versione in spagnolo può essere consultata in: ALONSO SALGADO, Cristina, «Inteligencia artificial y policía predictiva: notas preliminares acerca de "VeriPol"», ALONSO SALGADO, Cristina, VALIÑO CES, Almudena e RODRÍGUEZ ÁLVAREZ, Ana (Dirs.), *Derecho, nuevas tecnologías e Inteligencia Artificial*, Dykinson, Madrid, 2023, pp. 50-60.
   Le traduzioni delle citazioni letterali sono opera di chi scrive.
2. Una prima versione in spagnolo può essere consultata in: ALONSO SALGADO, Cristina, «Inteligencia artificial y policía predictiva: notas preliminares acerca de "VeriPol"», ALONSO SALGADO, Cristina, VALIÑO CES, Almudena e RODRÍGUEZ ÁLVAREZ, Ana (Dirs.), *Derecho, nuevas tecnologías e Inteligencia Artificial*, Dykinson, Madrid, 2023, pp. 50-60.
   Le traduzioni delle citazioni letterali sono opera di chi scrive.

tinguere i modelli di comportamento basati sui dati, permettendo di identificare le specificità che «*differenziano maggiormente le denunce false da quelle vere*». All'epoca, il Ministero si era prodigato in elogi, osservando che si trattava del «*primo strumento di questo tipo al mondo e rappresenta una vera novità sia a livello di polizia che a livello accademico. Infatti, la ricerca sulla rilevazione della menzogna sui testi sta muovendo i primi passi e VeriPol è il primo modello che è stato stimato e validato su documenti reali e non su testi fittizi o scritti appositamente per l'indagine*»[3].

Inoltre, a fronte di questa alta considerazione e delle indiscutibili potenzialità dello strumento –almeno sulla carta– il Ministero ha posto l'obiettivo nello «(...) *sviluppo di efficaci strategie di prevenzione del crimine e nell'aumento dell'efficacia delle indagini. Si potrebbe definire come un metodo creato per prevedere la veridicità delle dichiarazioni delle vittime di gravi reati* (...) *Dall'analisi delle caratteristiche e dei coefficienti di VeriPol, è possibile trarre conclusioni sulla veridicità di quanto dichiarato in una denuncia. Infatti, il modello è in grado di discernere differenze significative nella narrazione delle denunce vere e false che portano alla migliore separazione tra queste due classi. Da questa analisi si può concludere che le denunce vere e false differiscono principalmente per tre aspetti: il modus operandi dell'aggressione, la morfosintassi della denuncia e la quantità di dettagli*»[4].

È quasi certamente troppo presto per trarre conclusioni solide sul programma. Tuttavia, anche se solo in prima pagina, l'analisi condotta da LIBERATORE, QUIJANO-SÁNCHEZ e CAMACHO-COLLADOS sull'uso del programma nelle città di Malaga e Murcia merita di essere sottolineata.

Questo perché sembra indicare un aumento più che notevole della percentuale di casi di false denunce risolti, nonché un notevole livello di accettazione dello strumento da parte dei membri della polizia[5].

In definitiva, con l'attuale sviluppo del programma e senza voler in alcun modo polemizzare rispetto alle conclusioni adottate dal Ministero, a nostro

3. ALONSO SALGADO, Cristina, «Acerca de la inteligencia artificial en el ámbito penal: especial referencia a la actividad de las fuerzas y cuerpos de seguridad», *Ius et scientia: Revista electrónica de Derecho y Ciencia*, v. 7, n. 1, 2021, p. 32.
4. MINISTERIO DEL INTERIOR DEL GOBIERNO DE ESPAÑA, «La Policía Nacional pone en funcionamiento la aplicación informática VeriPol para detectar denuncias falsas», 2018, http://www.interior.gob.es/prensa/noticias/-/asset_publisher/GHU8Ap6ztgsg/content/id/9496864 (01/02/2025).
5. LIBERATORE, Federico, QUIJANO-SÁNCHEZ, Lara e CAMACHO-COLLADOS, Miguel, «Applications of Data Science in Policing: VeriPol as an Investigation Support Tool», *European Law Enforcement Research Bulletin-Innovations in Law Enforcement*, 4, 2019, pp. 92 ss.

avviso Veripol presenta una certa quantità di chiaroscuri che meritano almeno una riflessione, sia per riconsiderare alcuni aspetti sia, se necessario, per ribadire lo stato attuale delle cose. Insistiamo sul punto appena esposto: ovviamente, questi strumenti evolvono man mano che le soluzioni che offrono vengono migliorate. Stiamo quindi lavorando sui parametri dello strumento che il Ministero ha reso pubblici. Questa precisazione deve servire come nota precauzionale per le seguenti considerazioni.

Innanzitutto, a livello aneddotico, o sicuramente molto preliminare, sorprende la scarsità di informazioni istituzionali sullo strumento. Stiamo parlando di un programma ad uso della polizia con un impatto, quindi, in un campo, quello del diritto penale, particolarmente delicato per quanto riguarda l'intelligenza artificiale. Il lettore potrebbe pensare: *nihil novum sub sole*. Tuttavia, non dobbiamo abituarci a ciò che non può certo funzionare come un'abitudine.

Il fatto che la procedura sia familiare non ostacola in alcun modo il giudizio di censura, poiché rivela un'operazione che, quanto meno, potrebbe essere migliorata.

Forse sarebbe stato opportuno operare con luce e stenografi per evitare alcune delle obiezioni che sono state sollevate sullo strumento, perché, a pensarci bene, lo stesso progetto iniziale, per la natura stessa del materiale che stiamo trattando, sembrava consigliare la presenza di giuristi, criminologi, filologi –si capirà poi perché–, ecc. Per quanto le poche informazioni che ci sono state fornite ci hanno permesso di intravedere, questa circostanza ha condizionato in modo significativo la valutazione iniziale dello strumento.

In secondo luogo, è vero che, in relazione a VeriPol, sono stati evidenziati due vantaggi non privi di interesse: da un lato, il fatto che il programma richiede solo la dichiarazione del denunciante per funzionare; dall'altro, che la diagnosi di valutazione viene offerta istantaneamente. Non si tratta di un aspetto secondario: da un punto di vista puramente teorico, la velocità di risposta può servire a migliorare l'efficienza del sistema, a ottimizzare la distribuzione di risorse sempre scarse, ecc.[6]

Tuttavia, queste presunte virtualità possono essere interpretate esattamente nel senso opposto: la domanda si articola unicamente sulla base di un racconto, non sulla base del confronto di diversi riferimenti allo stesso

6. GONZÁLEZ-ÁLVAREZ, José Luís, SANTOS-HERMOSO, Jorge e CAMACHO-COLLADOS, Miguel, «Policía predictiva en España. Aplicación y retos de futuro», *Behavior & Law Journal*, 6 (1), p. 30.

caso. La distribuzione efficiente a cui si fa riferimento non avviene quindi in relazione a un circuito comunicativo completo, che sarebbe ottimale, ma solo sulla base di quello più facilmente accessibile.

Si potrebbe confutare questa affermazione sottolineando che, senza costituire un circuito completo, in realtà lo strumento non indica quali accuse sono false, ma calcola la probabilità che quelle analizzate siano false. Ciononostante, sembra che sia stato scelto tuttavia, in una fase molto precoce dello sviluppo del programma[7] –e quindi molto suscettibile di miglioramenti– sembra essere stata presa la decisione di non incorporare variabili che avrebbero sicuramente arricchito la risposta di Veripol. Inoltre, anche se la decisione non è stata ovviamente automatizzata, è innegabile che stabilisca un bias iniziale. E, come la letteratura specializzata ha sottolineato in più occasioni, non si tratta di una questione secondaria che può essere trascurata o risolta sulla base di una fiducia acritica nei professionisti coinvolti nella decisione.

In terzo luogo, sebbene sia chiaro che la valutazione dello strumento non compromette la decisione dei membri della polizia, dato che né la decisione è ovviamente automatizzata, né il programma indica quali denunce sono false –calcola solo la probabilità che quelle esaminate siano false–, come anticipato, non c'è dubbio che stabilisca un pregiudizio iniziale. Quindi, anche se, insistiamo, la valutazione non compromette la decisione degli agenti, non la compromette in qualche modo? Non sembra ovvio che il criterio nella maggior parte delle occasioni sarà, appunto, l'assenza di essa, cioè l'assunzione di quanto indicato dal programma?[8]. E se così fosse, questo non metterebbe in discussione la «presunta» efficacia della riserva di umanità? Perché, in primo luogo, secondo il paradosso di Polanyi, conosciamo cose che non possiamo spiegare, perché gli schemi e i codici di interazione sono diversi, e ciò che si può riprodurre sono mere approssimazioni, per cui le correzioni umane in questo senso avranno solo il valore della soluzione, non della formazione per il futuro, cioè hanno il valore di spegnere l'incendio, ma non di prevenirlo. In secondo luogo, come sottolinea RIVERO ORTEGA: «*Anche se l'uso di sistemi automatizzati presenta vantaggi di efficienza nel breve termine, nel lungo periodo la loro inclinazione quantitativa può produrre effetti indesiderati di inflessibilità e inadeguatezza alle esigenze umane*»[9].

---

7. Per quanto pubblicato dal Ministero dell'Interno.
8. ALONSO SALGADO, Cristina, «Acerca de la inteligencia artificial en el ámbito penal: especial referencia a la actividad de las fuerzas y cuerpos de seguridad», *...op. cit.*, p. 33.
9. RIVERO ORTEGA, Ricardo, «¿Pueden los robots remplazar a los funcionarios?», *Derecho Digital e Innovación*, n. 16, 2023, La Ley 5543/2023.

E se, in effetti, l'evoluzione stessa degli eventi ci portasse a uno scenario come quello descritto sopra, nel caso in cui l'agente volesse discostarsi dal criterio di VeriPol, sarebbe necessaria una sorta di giustificazione?[10]

Sarà possibile giustificare chi alla fine eserciterà la riserva di umanità, una volta che l'«effetto tunnel» inizierà a prendere piede?[11].

In quarto luogo, a nostro avviso, la concezione del programma –almeno nella sua formulazione originale[12]– ammette una serie di obiezioni non trascurabili dal punto di vista criminologico: l'analisi –reale, effettiva e adeguatamente ponderata– dell'impatto della vittimizzazione primaria sulla dichiarazione che viene incorporata in VeriPol, tenendo conto delle variabili relative alla commissione del reato, ecc.[13]

In quinto luogo, vale la pena notare che, secondo quanto dichiarato dal Ministero dell'Interno nella presentazione di Veripol, «*le denunce vere e false si differenziano principalmente per tre aspetti: modus operandi dell'aggressione, morfosintassi della denuncia e quantità di dettagli*». Stando così le cose, sarebbe stato interessante incorporare una prospettiva puramente filologica per valutare con precisione questo riferimento alla morfosintassi. Non è che nello Stato spagnolo coesistano diverse lingue co-ufficiali, ma piuttosto che anche lo spagnolo parlato in territori bilingui ha caratteristiche specifiche che potrebbero influenzare la morfosintassi della testimonianza della denuncia. Inoltre, uno strumento basato sulla lingua avrebbe potuto anche tenere conto dell'influenza linguistica in territori senza status co-ufficiale ma confinanti con lingue di altri Stati, avrebbe potuto tenere conto della presenza più che significativa di popolazione straniera insediata in alcune province spagnole, ecc.

Estrapolare i risultati da un territorio all'altro, senza almeno fare degli aggiustamenti allo strumento, e sperare che questo non generi più di un ragionevole dubbio, è certamente sorprendente: una persona chi parla lo spagnolo usa lo stesso modello morfosintattico di una chi parla basco?

10. ALONSO SALGADO, Cristina, «Acerca de la inteligencia artificial en el ámbito penal: especial referencia a la actividad de las fuerzas y cuerpos de seguridad», ...*op. cit.*, p. 33.
11. BELTRÁN DE HEREDIA RUÍZ, Ignasi, «Automatización y obsolescencia humana», CERRILLO I MARTÍNEZ, Agustí e PEGUERA POCH, Miguel (Coords.), *Retos juridicos de la inteligencia artificial*, ...*op. cit.*, pp. 116-123.
12. Per quanto riguarda l'evoluzione di questo tipo di strumento, rimandiamo a quanto detto sopra..
13. ALONSO SALGADO, Cristina, «Acerca de la inteligencia artificial en el ámbito penal: especial referencia a la actividad de las fuerzas y cuerpos de seguridad», ...*op. cit.*, p. 33.

Non ci addentreremo ulteriormente in questa idea, ma le possibilità di miglioramento toccano anche altri aspetti filologici: non sono forse evidenti le implicazioni sociolinguistiche? Significa forse che denunciamo con lo stesso modello indipendentemente dalla nostra capacità in termini di registri linguistici, dalla nostra formazione e dalla nostra cultura?

In sesto luogo, non è almeno un po' fuorviante che lo stesso Ministero dell'Interno, che chiede rigore per parlare di false denunce di violenza di genere, si riferisca con una certa imprecisione alle denunce false quando fa riferimento a VeriPol? La stessa Polizia Nazionale ammette che le cifre che sostengono il successo di VeriPol si basano su casi che non sono stati giudicati, cioè i dati non derivano ovviamente da sentenze che dimostrano la falsità della denuncia, ma da indagini di polizia[14].

Ciò significa che la polizia ha progettato uno strumento il cui successo viene elevato agli altari del successo sulla base dei dati che la polizia stessa fornisce.

Infine, qual è il valore di VeriPol? Se è solo una risorsa in più nella panoplia delle risorse, allora questo è il valore che gli si dovrebbe attribuire. Il problema è che potrebbe essere più di una risorsa; il problema è che potrebbe diventare, a causa dei già citati rischi di automazione –che potrebbero eventualmente verificarsi in VeriPol– la risorsa con la maiuscola. Anche così, e dato che non potremmo essere in presenza di denunce palesemente false, dato che Veripol non basa i suoi risultati sulle sentenze, insistiamo: a cosa serve VeriPol?: semplicemente a ordinare la risposta della polizia in base a ciò che viene stabilito? Oppure è destinato ad avere un come rapporto probabilistico nel processo orale? Se si tratta della prima ipotesi, le obiezioni sono ovvie. Ma se l'idea di fondo è la seconda, il nostro giudizio deve essere severamente critico, perché la prova probabilistica o statistica potrebbe essere, nel meno impegnativo dei casi, una prova indiziaria, un elemento di corroborazione periferico, incapace, da solo, di ribaltare, quindi, la presunzione di innocenza. Per di più, a ben vedere, l'opzione più garantista non può che essere quella che impedisce che una prova tecnologica o statistica, configurata nell'unicità di una prova d'accusa, possa operare come tale senza la presenza di un qualche radicamento, collegamento o ancoraggio nel mondo analogico.

14. Nel Seminario «Intelixencia artificial. Reflexións urxentes», tenuto il 17 novembre 2021 presso la Facoltà di Giurisprudenza dell'Università di Santiago de Compostela, nell'ambito del Progetto I+D+i «Inteligencia artificial, Justicia y Derecho: ¿irrupción o disrupción tecnológica en el proceso penal?» (PID2020-119324GB-I00).

E questo perché –senza esaurire tutto ciò che riguarda il sistema di libera valutazione della prova– la presunzione nel suo aspetto di regola di giudizio che è quella che determina lo *standard* probatorio applicabile al processo penale stabilisce che, in caso di accenno di dubbio, la sentenza di assoluzione diventa inesorabilmente una sentenza di proscioglimento. E saremo d'accordo che, se c'è solo una prova probabilistica, il dubbio c'è sempre, perché c'è spazio –di rilevanza indeterminata– per l'incertezza.

Insomma, non è che la pletora di difficoltà, obiezioni e contestazioni sia piccola. Non è questo il punto. Perché tutti gli strumenti hanno una genesi e si evolvono insieme al progresso tecnologico. Ciò che è veramente problematico è che la nostra analisi di ciò che vediamo come obiezioni, rischi e difficoltà è condizionata –ma non, fortunatamente, determinata– dal compiacimento automatizzato e dal pregiudizio dell'automazione, dal fanatismo tecnologico e dal potere sbiancante del cosiddetto «*Mathwashing*».

Riferimenti bibliografici

ALONSO SALGADO, Cristina, «Acerca de la inteligencia artificial en el ámbito penal: especial referencia a la actividad de las fuerzas y cuerpos de seguridad», *Ius et scientia: Revista electrónica de Derecho y Ciencia*, v. 7, n. 1, 2021.

ALONSO SALGADO, Cristina, «El problema de la falta de transparencia en la interacción de la inteligencia artificial y la justicia», CALAZA LÓPEZ, Sonia e LLORENTE SÁNCHEZ-ARJONA, Mercedes (Dirs.), *Inteligencia artificial legal y Administración de Justicia*, Thomson Reuters Aranzadi, Cizur Menor (Navarra), 2022.

BELTRÁN DE HEREDIA RUÍZ, Ignasi, «Automatización y obsolescencia humana», CERRILLO I MARTÍNEZ, Agustí e PEGUERA POCH, Miguel (Coords.), *Retos juridicos de la inteligencia artificial*, Thomson Reuters Aranzadi, Cizur Menor (Pamplona), 2020.

CINELLI, Virginia e MANRIQUE GAN, Alberto, «El uso de programas de análisis predictivo en la inteligencia policial: una comparativa europea», *Revista de Estudios en Seguridad Internacional*, v. 5, n. 2, 2019.

GONZÁLEZ-ÁLVAREZ, José Luís, SANTOS-HERMOSO, Jorge e CAMACHO-COLLADOS, Miguel, «Policía predictiva en España. Aplicación y retos de futuro», *Behavior & Law Journal*, 6 (1).

LIBERATORE, Federico, QUIJANO-SÁNCHEZ, Lara e CAMACHO-COLLADOS, Miguel, «Applications of Data Science in Policing: VeriPol as an Investigation Support Tool», *European Law Enforcement Research Bulletin-Innovations in Law Enforcement*, 4, 2019.

NIEVA FENOLL, Jordi, *Inteligencia artificial y proceso judicial,* Marcial Pons, Barcelona, 2018.

RIVERO ORTEGA, Ricardo, «¿Pueden los robots remplazar a los funcionarios?», *Derecho Digital e Innovación*, número 16, 2023, La Ley 5543/2023.

RUBÍ PUIG, Antoni, «Retos jurídicos de la inteligencia artificial y adaptabilidad del derecho de daños», CERRILLO I MARTÍNEZ, Agustí e PEGUERA POCH, Miguel (Coords.), *Retos juridicos de la inteligencia artificial,* Thomson Reuters Aranzadi, Cizur Menor (Pamplona), 2020.

XII

La irrupción de la Inteligencia Artificial en el proceso: una mirada a los mecanismos de resolución de conflictos[1]

ALMUDENA VALIÑO CES
Profesora Ayudante Doctora (acred. Contratada Doctora) de Derecho Procesal
Universidad de Santiago de Compostela

I. LAS NUEVAS TECNOLOGÍAS Y LOS MECANISMOS DE RESOLUCIÓN DE CONFLICTOS

No hay duda alguna de que en la actualidad los conflictos que se generan presentan una naturaleza muy variada, lo que conlleva un gran tráfico jurídico. Para tratar de resolverlos, la ciudadanía ha recurrido tradicionalmente al proceso judicial como la vía habitual utilizada en el Derecho español. Con todo, ante una realidad que muestra que el proceso resulta, en no pocas ocasiones, ineficiente, no puede considerarse éste como la única vía para lograr la tutela efectiva, sino que han ido surgiendo diversas formas para tratar de solucionarlos, que *«van desde unas muy primitivas y simples*

1. El presente trabajo ha sido elaborado en el marco del Proyecto I+D «Inteligencia artificial, Justicia y Derecho: ¿irrupción o disrupción tecnológica en el proceso penal» (PID 2020-119324GB-100). Ministerio de Ciencia, Innovación y Universidades.

hasta procesos altamente especializados y regulados» [2]. Buen ejemplo de ello son los métodos alternativos de resolución de conflictos o *Alternative Dispute Resolution* (ADR) como habitualmente se denominan. Entre estos podemos destacar la negociación, la conciliación, la mediación o el arbitraje, en tanto constituyen modalidades convencionales de resolución de conflictos de carácter extrajudicial —en algún caso también intrajudicial— que han aportado numerosos beneficios al complejo marco de las relaciones personales.

Estas modalidades no han quedado al margen del avance imparable que están experimentando las nuevas tecnologías. Y es que, si bien es cierto que la integración del uso de las TIC se ha incluido ya en todos los sectores de la Administración, no es menos cierto que, siempre que la situación lo permita por la existencia de medios adecuados, se pretende impulsar su empleo en los referidos métodos de resolución de conflictos, por cuanto favorece la agilidad, la inmediatez y el menor coste. De este modo, no hay duda de que las nuevas tecnologías y los avances que en este ámbito se producen constituyen un impulso para estos métodos, lo que permite, a su vez, potenciar su utilización por los particulares con el objetivo de que alcancen acuerdos que solucionen sus controversias.

A este respecto se puede aludir, entre otras, a la mediación electrónica, cuya característica fundamental es la utilización de las nuevas tecnologías en todo o parte del procedimiento, de modo que todas o algunas de las sesiones pueden desarrollarse de manera virtual a través de medios electrónicos [3]. En esta línea, PÉREZ GURREA señala que la mediación electrónica se va a llevar a cabo en una plataforma de gestión de expedientes de solución de conflictos, mediante una web, por lo que presenta el mismo concepto, principios y características esenciales de la propia mediación, introduciendo únicamente una especificidad en cuanto al medio del que se sirven mediador y partes para desarrollar el procedimiento de mediación [4].

II. DE LAS ADR A LAS ODR

Los mecanismos alternativos de resolución de disputas (ADR) surgen como una respuesta a las necesidades de un número de conflictos, en los

2. RIVERA MORALES, R., «La Mediación Electrónica como forma alternativa de solución de conflictos», *Actualidad Civil*, núm. 5, Sección Derecho digital / A fondo, mayo de 2017, Wolters Kluwer, p. 2.
3. Para profundizar en esta modalidad de mediación: VALIÑO CES, A., *La mediación extrajudicial, intrajudicial y electrónica: una visión desde la óptica procesal civil*, Colex, A Coruña, 2023, pp. 278-295.
4. PÉREZ GURREA, R., «Estudio sistemático, normativo y doctrinal de la mediación en asuntos civiles y mercantiles: una especial referencia a la mediación electrónica», *Revista Digital Facultad de Derecho*, núm. 6, 2013, pp. 194-223.

que se busca la satisfacción de los intereses de las partes de manera rápida, sencilla y económica. Esta motivación resulta fundamental para garantizar la efectividad de los derechos y para generar la confianza entre las personas inmersas en el conflicto sin tener que renunciar a la protección jurídica y al acceso a la Justicia.

Con todo, en los últimos tiempos, podemos comprobar como Internet constituye un ámbito adecuado para la celebración de contratos cibernéticos y, en consecuencia, en un ámbito proclive para la aparición de problemas. Es por ello que, junto a estas ADR, aparecieron los mecanismos de resolución en línea: *Online Dispute Resolution* (ODR), como aquellas modalidades que se caracterizan por desarrollar su actividad, ya sea total o parcialmente, por vía electrónica y sin la intervención directa de los tribunales.

Este tipo de mecanismos nace en Estados Unidos donde han tenido un gran éxito las ADR. Es por ello que los operadores jurídicos, conscientes de las oportunidades que ofrecían las nuevas tecnologías relacionadas con Internet, decidieron trasladar distintos procedimientos —negociación, mediación y arbitraje— al entorno cibernético[5]. En este sentido, GARCÍA SALAZAR y REYES SÁNCHEZ consideran que el enorme aumento de la utilización de las tecnologías de la información por parte de la ciudadanía, los negocios a través de medios electrónicos y la economía digital constituyen el principio de la mediación en línea[6].

Concretamente, las ODR nacen motivadas por las transacciones económicas efectuadas en Internet en las primeras plataformas especializadas de venta de bienes y servicios, como por ejemplo eBay, PayPal, etc. Han sido justamente estas plataformas la que, ante la ausencia de medios de resolución de los conflictos derivados de las compras y ventas que se realizaban por Internet, han propiciado la necesidad de trabajar sobre tales formas de resolver las disputas que se planteaban. En consecuencia, el término ODR se ha gestado en Estados Unidos a mediados de los años noventa vinculado al desarrollo del e-commerce en un intento de buscar la confianza de las partes a través de mecanismos que ofrecen nuevas formas de resolver los conflictos mediante la utilización de la tecnología[7]. En definitiva, las ODR

5. CAZORLA GONZÁLEZ-SERRANO, M. C., «El auge de la mediación electrónica en la resolución de conflictos», en GARCÍA MAYO, M. (Dir.), *Cuestiones actuales en materia de mediación, familia y sucesiones*, Madrid, Bosch, 2020.
6. GARCÍA SALAZAR, L. F. y REYES SÁNCHEZ, A. M., «Resolución alternativa de conflictos: Mediación en línea como protección a los derechos del consumidor electrónico», *Iustitia*, 14, 2016, pp. 117-131.
7. Para un mayor análisis: VALIÑO CES, A., «Reflexiones en torno a la resolución en línea de conflictos surgidos en el ámbito del e-commerce», en BUENO DE MATA, F.

nacen *online* para solucionar controversias en este medio[8], por lo que se utilizan habitualmente para designar sistemas de gestión y resolución de conflictos que operan en un entorno electrónico[9].

Ahora bien, el hecho de que las ODR sean modalidades que se desarrollan en el entorno electrónico, no supone que la controversia tenga su origen necesariamente en una transacción electrónica. Así lo afirma VILALTA NICUESA, en cuanto señala que «*los métodos ODR están dirigidos a la resolución de todo tipo de controversias, tengan o no origen en una relación o contratación on-line*»[10]. En consecuencia, y a juicio de ALZATE SÁEZ DEHEREDIA y VÁZQUEZ DE CASTRO, podemos entender que la resolución de litigios en línea resulta especialmente apropiada para los conflictos que surgen en el comercio electrónico, generalmente entre partes que se encuentran separadas geográficamente, debido a que tiene sentido utilizar para su resolución el mismo medio en el que surgieron: Internet. No obstante, entienden estos autores que no existen motivos que impidan acudir a la resolución de litigios en línea para controversias surgidas fuera de la red e, incluso, para personas que comparten la misma localización geográfica[11].

A la vista de lo acabado de señalar, podemos observar como las ODR, gracias a la utilización de las nuevas tecnologías, proporcionan otros modos de gestionar la resolución de controversias que no se pueden vehiculizar a través de las ADR. En cualquier caso, debemos de tener en cuenta que las ADR y las ODR, tal y como asegura BARONA VILAR, pueden «*servir*» a la Justicia, mejorarla, complementar las vías disponibles, pero sin olvidar que

---

(Dir.), *Fodertics 7.0. Estudios sobre derecho digital,* Comares, S.L., Colecciones Obras Generales, Granada, 2019, pp. 501-510.

8. BARRAL VIÑALS, I., «La regulación de las Online Dispute Resolution (ODR) en el ámbito del consumo», en VV.AA., *La Plataforma ODR. ¿Un mecanismo al alcance de todos los consumidores*?, Zaragoza, ADICAE, 2016, pp. 32 y 33.

9. Esta categoría, que parte inicialmente de las modalidades ADR, alcanza una variedad de procesos electrónicos que permiten a las partes resolver sus disputas de manera eficiente, rápida y económica. Buena prueba de ello es la Plataforma de resolución de litigios en línea en materia de consumo, impulsada institucionalmente desde la propia Unión Europea, la cual lleva varios años en funcionamiento demostrando su utilidad para obtener una solución alternativa y extrajudicial a las controversias de manera remota e íntegramente telemática. Disponible para consumidores y empresas e-commerce en el siguiente enlace: https://ec.europa.eu/consumers/odr/main/?event=main.complaints.screeningphase. Se encuentra regulada en el Reglamento (UE) n.º 524/2013 del Parlamento Europeo y del Consejo, de 21 de mayo de 2013, sobre resolución de litigios en línea en materia de consumo.

10. VILALTA NICUESA, A. E., «Resolución electrónica de conflictos», en PEGUERA POCH, M., *Principios de Derecho de la Sociedad de la Información,* Aranzadi, Pamplona, 2010, p. 393.

11. ALZATE SÁEZ DEHEREDIA, R. y VÁZQUEZ DE CASTRO, E., *Resolución de disputas en línea (RDL). Las claves de la mediación electrónica,* Madrid, Reus, 2013, pp. 24 y 25.

el eje sobre el que debe moverse es siempre «*la persona*», su tutela, y no una finalidad económica[12].

Sin pretender realizar un análisis exhaustivo, a continuación, mostraremos algunas de las fortalezas y debilidades que presentan las ODR. En primer lugar, en cuanto a las fortalezas, cabe destacar que naturalmente con ellas no solo se amplían las vías de acceso a la justicia, sino que también aportan unos beneficios que las hacen especialmente adecuadas frente a otras formas de resolución de conflictos: su rapidez, eficiencia, bajo coste, deslocalización y especialización[13]. Además, las ODR permiten que el procedimiento se adapte a las condiciones de vida de las personas mediadas.

Aun cuando los beneficios mencionados permiten que las ODR se erijan como una vía de resolución de controversias todavía más competitiva respecto de la alternativa judicial, lo cierto es que también son numerosas las debilidades que presentan. Lo que, sin duda, no configura a esta modalidad *online* como la mejor opción en muchos casos. Así, es necesario que los principios esenciales –imparcialidad, neutralidad, confidencialidad, flexibilidad, etc.– que inspiran estas modalidades se fortalezcan. Y ello porque los principales inconvenientes se predican de las eventuales confrontaciones que, para la igualdad entre las partes, la seguridad jurídica y la confidencialidad[14], puedan entrañar. Además, debido a la utilización de los medios electrónicos, la persona que vaya a intervenir como tercero en esa ODR, deberá contar con una formación específica y adecuada[15]. Y aun cuando resulte lógico, para que a través de las ODR se alcance un acuerdo

---

12. BARONA VILAR, S., «Psicoanálisis de las ADR. Retos en la sociedad global del siglo XXI», *La Ley, Mediación y Arbitraje*, núm. 1, Sección Tribuna, Segundo trimestre de 2020, Wolters Kluwer España, p. 8.
13. VILALTA NICUESA, A. E., «La resolución de conflictos en línea», en VV.AA., *La Plataforma ODR. ¿Un mecanismo al alcance de todos los consumidores?*, Zaragoza, ADICAE, 2016, pp. 16 y 17.
14. En cuanto a la confidencialidad, para reducir los problemas causados en las mediaciones en línea, se deberá garantizar la identidad de las partes y determinar los requisitos técnicos en dos niveles: por un lado, programas informáticos y, por el otro, privacidad física en el espacio donde se realiza la sesión en línea, por la posible aparición de terceros (ALARCÓN GARCÍA, S., «A propósito del covid-19: ¿Sería recomendable para Chile la mediación familiar en línea?», *Revista chilena de derecho y tecnología*, vol. 9, núm. 1, junio de 2020, p. 98).
15. El entorno digital presenta múltiples desafíos para el tercero, además de saber cómo sobrellevar incidencias durante la práctica de la mediación *online* (problemas de conectividad, superar el desconocimiento de la plataforma de los clientes, etc.) debemos sumarle la «frialdad» y el «déficit» en áreas como la interpretación del lenguaje no verbal o la gestión emocional, por tanto, la formación de calidad es esencial. Además, el tercero debe garantizar que la comunicación sea fluida y continuada, así se evitarán los retrasos innecesarios que provocan ansiedad a las partes, máxime cuando el silencio en el entorno en línea se interpreta con frecuencia de modo muy negativo.

resulta fundamental que el tercero tenga conocimiento de las tecnologías digitales, además de tener acceso a internet y disponer de una buena conexión, todo ello para evitar el problema de la brecha digital.

III. LA INTELIGENCIA ARTIFICIAL EN LA RESOLUCIÓN DE DISPUTAS

1. CUESTIONES PRELIMINARES

En los últimos años, somos conscientes de que las TIC están dando un giro radical en el ámbito jurídico. Tanto es así que en un gran número de asuntos que se plantean, las respuestas que tradicionalmente se han dado se entienden desfasadas. Toda esta realidad, en efecto, requiere el diseño de nuevos conceptos e instrumentos de análisis que permitan adaptarse a las exigencias de una sociedad en transformación[16].

Nos encontramos, por tanto, en una época en la que se han logrado importantes avances con la introducción de las nuevas tecnologías, lo que sin duda constituye un paso más que necesario de cara a lograr la tan ansiada agilización del sistema judicial español[17]. Además, para conseguir la modernización del ámbito judicial no podemos dar la espalda a las TIC, en la medida en que posibilita una «*justicia de calidad y, al mismo tiempo, abierta, transparente y próxima al ciudadano*»[18].

La Justicia representa un servicio público y, por ende, los programas de mejora y modernización que se aborden «*deben implementarse salvaguar-*

16. PÉREZ LUÑO, A. E., «El derecho ante las nuevas tecnologías», en MARTÍN RÍOS, P. y VILLEGAS DELGADO, C. (Edits.), *El derecho en la encrucijada tecnológica. Estudios sobre derechos fundamentales, nuevas tecnologías e inteligencia artificial*, Tirant lo Blanch, Valencia, 2022, p. 29.
17. PASTOR PRIETO alude al grado en que se aprovechan las posibilidades que ofrecen las aplicaciones informáticas, indicando que la informatización de los órganos judiciales fue diseñada para ser una herramienta facilitadora del impulso procesal (PASTOR PRIETO, S., «Los nuevos sistemas de organización y gestión de la justicia: ¿mito o realidad?», en *III Conferencia sobre Justicia y Desarrollo en América Latina y el Caribe*, Banco Interamericano de Desarrollo, Quito, Ecuador, 2003, p. 13. Disponible en: https://biblioteca.cejamericas.org/handle/2015/345). A este respecto, YÁÑEZ VELASCO hace referencia al problema de calidad consecuencia de la dilación asociada directamente a una infrautilización de las tecnologías, lo cual enlaza con el nivel de Justicia derivado del grado de agilidad en las respuestas a las controversias (YÁÑEZ VELASCO, R., *L'Oficina Judicial a Catalunya. Mitjà real d'una Justícia eficaç pel ciutadà del segle XXI*, Barcelona, Centro de Estudios Jurídicos y Formación Especializada, 2008, p. 611).
18. DELGADO GARCÍA, A. M. y OLIVER CUELLO, R., «Iniciativas recientes de la e-justicia en España», *IDP: Revista de Internet, Derecho y Política*, núm. 4, 2007, p. 22. Para estos autores las TIC son condición necesaria para conseguir una Justicia más eficaz

dando el funcionamiento diario normal, lo que obliga a ir desarrollando poco a poco reformas graduales»[19]. En este escenario, la Inteligencia Artificial (IA) ostenta un papel trascendental como una herramienta que permite poner en práctica métodos tecnológicos, además de coadyuvar a acercar la Justicia al conjunto de la ciudadanía, en la medida en que, con carácter general, su acceso se presume más sencillo. Y es que, si se aplica de forma correcta y se le da un uso adecuado, puede aportar grandes beneficios para el ciudadano y para los profesionales del Derecho. *De facto*, se está empleando en la actividad privada y en sectores públicos, en tanto permite realizar de modo más eficiente y seguro toda una serie de tareas, lo que conlleva un profundo cambio para las organizaciones[20]. Ahora bien, debemos de tener presente, o por lo menos de momento, que la IA de la máquina no va a sustituir la inteligencia natural del profesional, pero cuanto menos va a ayudarle a desempeñar su función de un mejor modo, convirtiéndose en un complemento de su trabajo.

Cuando hablamos de IA, no existe una única definición que integre todo lo que comprende, máxime si tenemos en cuenta que la tecnología avanza constantemente, lo que en consecuencia provoca que su concepto también vaya variando. Es por ello que, aun cuando existen numerosas definiciones de IA, la idea principal que subyace en todas ellas es que nos encontramos ante una forma de hacer que las máquinas piensen y se comporten de manera inteligente, para lo que se les debe programar a través de *softwa-*

(DELGADO GARCÍA, A. M. y OLIVER CUELLO, R., *Impacte de les tecnologies de la informació i la comunicació en l'Administració de justicia: modernització i eficiencia*, Barcelona, Centro de Estudios Jurídicos y Formación Especializada, 2005). VELICOGNA, en este sentido, manifiesta que la integración de las TIC en la Administración de Justicia precisa un esfuerzo constante para lograr la eficiencia y además, esta integración debe de ir acompañada de la supresión de papel, pues de lo contrario tendríamos procedimientos paralelos y trabajos duplicados, en la medida en que convivirían sistemas antiguos y nuevas herramientas tecnológicas (VELICOGNA, M., «ICT within the Court in the E-justice era», *The Effectius Newsletter*, 6, julio de 2010, pp. 1-10). Ahora bien, CHAMORRO IBARROLA sostiene que la automatización *per se* no implica mejora en el servicio ni tampoco incremento en la productividad (CHAMORRO IBARROLA, R. L., *Analysis of ICT in the Strategic Modernisation Programme of the Paraguayan Supreme Court*, Tesis (MPA), Stellenbosch University, 2012, p. 151).

19. RAYÓN BALLESTEROS, M. C., «La necesaria modernización de la justicia: especial referencia al plan estratégico 2009-2012», *Anuario Jurídico y Económico Escurialense*, núm. 44, enero de 2011, p. 184.

20. Sirvan de ejemplo las experiencias en el ámbito del cumplimiento normativo para empresas. Estas se refieren a aplicaciones de cumplimiento normativo (*compliance*) para la prevención de infracciones, irregularidades y responsabilidades. Se aplica en todos los ámbitos (penal, laboral, fiscal o tributario, administrativo, etc.). Sin embargo, el más utilizado es el penal.

res[21]. Con todo, se suele ofrecer la siguiente definición de NAVAS NAVARRO que es, al parecer, una de las definiciones más próximas a la realidad de la IA: «*Es un campo de la ciencia y la ingeniería que se ocupa de la comprensión, desde el punto de vista informático, de lo que se denomina comúnmente comportamiento inteligente. También se ocupa de la creación de artefactos que exhiben este comportamiento*»[22].

Asimismo, BARONA VILAR señala que la concepción genérica con la que se identifica la IA es la que ofrece una noción omnicomprensiva desde la que las máquinas son capaces de llevar a cabo funciones inteligentes[23]. Esto es, son capaces de llevar a cabo acciones que serían consideradas como inteligentes si fuesen realizadas por personas[24]. Por su parte, CERRILLO I MARTÍNEZ afirma que la IA «*persigue emular las facultades intelectuales humanas en máquinas para que estas puedan realizar tareas propias de los seres humanos. En el estadio actual de desarrollo de la inteligencia artificial únicamente consigue realizar tareas específicas como traducir textos, conducir vehículos sin conductor o reconocer imágenes (es lo que se conoce como inteligencia artificial limitada) siendo aún un mito, para muchos inalcanzable, conseguir que los ordenadores puedan tener una conducta tan avanzada como una persona respecto a un amplio conjunto de tareas cognitivas (es decir, inteligencia artificial general)*»[25].

Con el término Inteligencia Artificial, por tanto, nos estamos refiriendo, tal y como afirma el Parlamento Europeo, a la «*habilidad de una máquina de presentar las mismas capacidades que posee el ser humano, como el razonamiento lógico, el aprendizaje, la creatividad y la capacidad de planear*», por tanto, de seleccionar o escoger en función de las distintas variables y alternativas posibles. A través de este tipo de inteligencia, los sistemas tecnológicos

21. En el marco de la IA, RUSELL y NORVIG diferencian cuatro tipos. En primer lugar, los sistemas que piensan como humanos, como, por ejemplo, las redes neuronales artificiales; en segundo lugar, los sistemas que actúan como humanos, como los robots; en tercer lugar, los sistemas que usan la lógica racional, como los sistemas expertos; y, en último lugar, los sistemas que actúan racionalmente, como los agentes inteligentes (RUSELL, S. y NORVIG, P., *Artificial intelligence: A modern approach*, Prentice Hall, New Jersey, Englewood Cliffs, 1995).
22. NAVAS NAVARRO, S., «Derecho e inteligencia artificial desde el diseño. Aproximaciones», en NAVAS NAVARRO, S., GÓRRIZ LÓPEZ, C., CAMACHO CLAVIJO, S., ROBERT GUILLÉN, S., CASTELLS I MARQUÈS, M. y MATEO BORGE, I. (Coords.), *Inteligencia artificial. Tecnología y derecho*, Tirant lo Blanch, Valencia, 2017, p. 24.
23. BARONA VILAR, S., *Algoritmización del Derecho y de la Justicia*, Tirant lo Blanch, Valencia, 2021, p. 92.
24. KAPLAN, J., *Inteligencia artificial. Lo que todo el mundo debe saber*, Teell, Zaragoza, 2017, p. 1.
25. CERRILLO I MARTÍNEZ, A., «El impacto de la inteligencia artificial en el Derecho Administrativo ¿Nuevos conceptos para nuevas realidades técnicas?», *Revista General de Derecho Administrativo*, núm. 50, 2019.

observan su entorno, se relacionen con él, solucionan problemas y actúan con una finalidad concreta[26].

En el marco de la Unión Europea, la Comisión también se ha pronunciado a este respecto. En la Comunicación acerca de la IA para Europa de abril de 2018, se dispone que «*El término inteligencia artificial (IA) se aplica a los sistemas que manifiestan un comportamiento inteligente, pues son capaces de analizar su entorno y pasar a la acción –con cierto grado de autonomía– con el fin de alcanzar objetivos específicos*»[27]. Asimismo, en el documento preparado por el Grupo de expertos de alto nivel sobre inteligencia artificial de la Unión Europea y publicado en abril de 2019, que recoge las Directrices éticas para una inteligencia artificial confiable (*Ethics Guidelines for Trustworthy AI*)[28], se señala que los sistemas de IA son «*sistemas de software (y en algunos casos también de hardware) diseñados por seres humanos que, dado un objetivo complejo, actúan en la dimensión física o digital mediante la percepción de su entorno a través de la obtención de datos, la interpretación de los datos estructurados o no estructurados que recopilan, el razonamiento sobre el conocimiento o el procesamiento de la información derivados de esos datos, y decidiendo la acción o acciones óptimas que deben llevar a cabo para lograr el objetivo establecido. Los sistemas de IA pueden utilizar normas simbólicas o aprender un modelo numérico; también pueden adaptar su conducta mediante el análisis del modo en que el entorno se ve afectado por sus acciones anteriores*»[29]. Y también en el *Libro Blanco de la Inteligencia Artificial* –publicado por la Comisión Europea el 19 de febrero de 2020–, se prevé que la IA es una combinación de tecnologías que agrupa datos, algoritmos y capacidad informática[30]. En efecto, para que la máquina pueda imitar el juicio humano será preciso que el sistema se base en el uso de algoritmos y se nutra necesariamente de datos, los procese y responda a ellos. De este modo, tanto la calidad y exactitud de los datos que se utilicen como la precisión del algoritmo –el cual copia la lógica humana en el ámbito del lenguaje computacional–, van a determinar la calidad y los resultados de ese ejercicio.

26. Disponible en: https://www.europarl.europa.eu/topics/es/article/20200827STO85804/que-es-la-inteligencia-artificial-y-como-se-usa
27. *Vid.* la Comunicación de la Comisión al Parlamento Europeo, al Consejo Europeo, al Consejo, al Comité Económico y Social Europeo y al Comité de las Regiones. Inteligencia artificial para Europa. COM (2018) 237 final (p. 1). Disponible en: https://eur-lex.europa.eu/legal-content/ES/TXT/PDF/?uri=CELEX:52018DC0237
28. Disponible en: https://op.europa.eu/es/publication-detail/-/publication/d3988569-0434-11ea-8c1f-01aa75ed71a1
29. Disponible en: https://digital-strategy.ec.europa.eu/en/library/ethics-guidelines-trustworthy-ai
30. *Libro Blanco sobre la inteligencia artificial: un enfoque europeo orientado a la excelencia y la confianza* (COM (2020) 65 final), p. 2.

Cuando hablamos de algoritmo nos estamos refiriendo, con carácter general, a una forma de obtener un determinado resultado a través de un conjunto o secuencia de pasos ejecutados de manera correcta y ordenada. También se concibe como «*el procedimiento para encontrar la solución a un problema mediante la reducción del mismo a un conjunto de reglas*»[31] o como el «*grupo de órdenes consecutivas que presentan una solución a un problema o una tarea*»[32]. Así, la IA se busca a través de algoritmos que responden a ciertos aspectos de la inteligencia humana y, en ocasiones, la superan en volumen, velocidad y profundidad[33].

Con el transcurso de los años, los algoritmos han ido evolucionando. Tanto es así que, tal y como señala CERILLO i MARTÍNEZ, en un momento inicial los algoritmos tomaban como base los sistemas expertos[34], en los cuales «*los programadores trasladaban al algoritmo las normas y los criterios para tomar decisiones que identificaban los expertos*», mientras que actualmente, los algoritmos que «*tienen un mayor potencial son aquellos que permiten el aprendizaje automático* (*machine learning*)»[35]. Este aprendizaje permite que los ordenadores sean capaces de aprender de los datos y de la experiencia y con base en ellos pueden tomar decisiones por sí mismos, lo que le permite mejorar su programación de forma automatizada[36]. Un nivel más avanzado de IA es el del aprendizaje profundo (*deep learning*). En este caso, a través de la utilización de una gran cantidad de datos, la IA pretende imitar el funcionamiento del cerebro humano y se lleva a cabo a través de redes neuronales profundas. Es por ello, que cuantos más datos se procesen, más precisos podrán ser los resultados. De este modo, no podemos hablar de IA sin pensar en unas bases de datos inmensas, exactas y actualizadas y un procesamiento posterior que emula el juicio humano. En este sentido es en el que debemos de recordar que la IA también es humana, toda vez que

31. BENÍTEZ IGLÉSIAS, R., ESCUDERO BAKX, G., KANAAN IZQUIERDO, S. y MASIP RODÓ, D., *Inteligencia artificial avanzada*, Editorial UOC, Barcelona, 2013, p. 13.
32. BARONA VILAR, S., *Algoritmización del Derecho y de la Justicia..., op. cit.*, p. 99.
33. LÓPEZ ONETO, M., *Fundamentos para un derecho de la inteligencia artificial*, Tirant lo Blanch, Valencia, 2020, pp. 46 y ss.
34. Son sistemas basados en computadoras, interactivos y confiables, que pueden tomar decisiones y resolver problemas complejos. La toma de decisiones se considera el más alto nivel de inteligencia y experiencia humana. Los sistemas expertos fueron los antecesores de los sistemas actuales de IA, aprendizaje profundo y aprendizaje automático (Disponible en: www.tecnologias-informacion.com/sistemas-expertos.html).
35. CERRILLO I MARTÍNEZ, A., «El impacto de la inteligencia artificial en el derecho administrativo ¿nuevos conceptos para nuevas realidades técnicas?», *Revista General de Derecho Administrativo (Iustel)*, núm. 50, 2019. Disponible en: https://laadministracionaldia.inap.es/noticia.asp?id=1509574#nota15.
36. MATEO BORGE, I., «La robótica y la inteligencia artificial en la prestación de servicios jurídicos», en NAVAS NAVARRO, S. (Ed.), *Inteligencia artificial. Tecnología Derecho*, Tirant lo Blanch, Valencia, 2017, p. 130.

parte de las bases de datos que se le permite procesar y del algoritmo ha sido diseñado por personas, incluso cuando se trata de algoritmos de aprendizaje autónomo[37].

Más allá de la necesidad de los datos y de los algoritmos, lo que no hay duda es de la importancia que presenta hoy en día la IA y es que se está utilizando, principalmente, en los campos del procesamiento del lenguaje natural o la robótica, entre otros. Pero al margen de estos usos, lo cierto es que también cuenta con numerosas manifestaciones en las Administraciones Públicas, las cuales la utilizan para fines legítimos. Así, sin pretender hacer un listado cerrado, cabe destacar: la prevención de riesgos, la detección de irregularidades, fraudes y casos de corrupción, el aviso del abandono escolar, el apoyo o asesoramiento en la toma de decisiones, por ejemplo, mediante sistemas de predicción policial[38] o de asistencia a médicos para el tratamiento de enfermedades, o incluso, la resolución de conflictos entre las Administraciones Públicas y la ciudadanía[39].

Sea o como fuere, lo que aquí nos interesa es la aplicación que se está llevando a cabo de la IA en el ámbito judicial, concretamente en lo que concierne a la resolución de conflictos, pues es una realidad que está muy presente en nuestros tribunales, constituyendo una vía que nuestra Justicia está condenada a explorar a corto plazo. A este respecto, señala MAGRO SERVET QUE «*la IA en la Justicia es una exigencia, una realidad y un camino que no tiene vuelta atrás y que es preciso seguir agrandando*»[40].

2. LAS ADR/ODR Y LA INTELIGENCIA ARTIFICIAL

La IA está alcanzando gran trascendencia en todos los ámbitos de nuestra vida diaria y, particularmente, va a ser esencial en la transformación del funcionamiento de la Administración de Justicia durante los próximos años. La utilización de las técnicas de IA en este ámbito puede conllevar importantes beneficios, en tanto permite facilitar y agilizar la actividad de la oficina judicial ahorrando tiempo y recursos a la Administración de Justicia; fortalecer la relación entre la Justicia y los ciudadanos —por ejemplo,

37. SIMÓN CASTELLANO, P., *Justicia cautelar e inteligencia artificial. La alternativa a los atávicos heurísticos judiciales*, Bosch, Barcelona, 2021, p. 48.
38. Para profundizar sobre este tema véase: ALONSO SALGADO, C., «Policía e inteligencia artificial. Algunas experiencias de interés», en FONTESTAD PORTALÉS, L. y JIMÉNEZ LÓPEZ, M. N. (Dirs.), *Justicia proceso y tutela judicial efectiva en la sociedad postpandemia,* Thomson Reuters Aranzadi, Cizur Menor (Navarra), 2022.
39. SIMÓN CASTELLANO, P., *Justicia cautelar e inteligencia artificial. La alternativa a los atávicos heurísticos judiciales..., op. cit.*, p. 55.
40. MAGRO SERVET, V., «La aplicación de la Inteligencia Artificial en la Administración de Justicia», *Diario La Ley*, núm. 9268, 2018, p. 2.

mediante los *chatbots*[41]— ofreciéndoles un servicio más cercano; mejorar el acceso a la jurisprudencia; ayudar en la toma de decisiones judiciales y asistir a la investigación judicial y fiscal; además de lograr una Justicia más transparente, eficiente, ágil y eficaz[42].

En efecto, en los últimos años, hemos sido testigos del incremento exponencial de la utilización de nuevas tecnologías en numerosos ámbitos de la vida, incluido el de la Justicia. Ya es una realidad la llamada Cuarta Revolución Industrial (4.0), que implica una sociedad en la que todo gira en torno a la tecnología, en la que la IA juega un papel protagónico, y en la que se produce una verdadera metamorfosis a nivel tecnológico en la Administración de Justicia.

Y como no podía ser de otra manera, la resolución de conflictos no ha quedado al margen[43], por lo que el arbitraje y la mediación también se encuentran inmersos en esta evolución, la cual viene marcada esencialmente por dos aspectos distintivos. Por un lado, «*la canalización de la resolución de arbitrajes y mediaciones hacia sedes y plataformas electrónicas*», en expresión de lo que venimos denominando como ODR y, por el otro, la aplicación inevitable de la IA, que efectivamente va abriéndose paso en el entorno de las ADR y ODR[44].

Así, las virtualidades de la IA se extienden a los medios extrajudiciales de resolución de disputas *online*. No se puede obviar que la relevancia que ostentan *per se* las ODR se ve ampliada por su combinación con la IA, cons-

41. Los *chatbots* son robots capaces de simular una conversación con una persona. Se trata de unos asistentes que cuentan con unas características que les permiten actuar como si fueran un ser humano. La primera de ellas tiene que ver con la tecnología de procesamiento del lenguaje natural, de modo que pueden entender las peticiones realizadas por las personas y la segunda tiene que ver con su facilidad para adquirir nuevos conocimientos.
42. GARCÍA-VARELA IGLESIAS, R., «El proceso de transformación digital en la Administración de Justicia española», *Diario La Ley*, núm. 9731, Sección Plan de Choque de la Justicia / Tribuna, 9 de noviembre de 2020, pp. 12 y 13.
43. Una de las aplicaciones de la IA que se está llevando a cabo, en cuanto al orden jurisdiccional civil y social, viene referida a la resolución extrajudicial de conflictos. Ejemplo de ello, como afirma SIMÓN CASTELLANO, es la utilización de «*técnicas de Justicia predictiva por parte de las compañías aseguradoras, que calculan y evalúan las posibilidades de éxito de acudir a los tribunales*» y, en el supuesto de que resulte inferior a un determinado porcentaje, optan por acudir a métodos de resolución extrajudicial de conflictos y evitar los costes que conlleva un proceso judicial (SIMÓN CASTELLANO, P., «Inteligencia artificial y Administración de Justicia: ¿Quo vadis, justitia?», *IDP. Revista de Internet, Derecho y Política*, núm. 33, abril de 2021, p. 6).
44. MARTÍN DIZ, F., «ADR, ODR e inteligencia artificial: evolución en el arbitraje y la mediación», en FERNÁNDEZ PÉREZ, A. (Dir.), *Interacción entre mediación y arbitraje en la resolución de litigios internacionales del siglo* XXI, Aranzadi, Cizur Menor (Navarra), 2021, p. 96.

tituyendo una de las líneas que presentan un mayor potencial de desarrollo en el futuro, debido, entre otros motivos, por el imparable avance de la tecnología, la telecomunicación y la computación. Y es que su utilización en este ámbito puede desempeñar dos grandes funciones: la asistencial o la decisoria[45]. La primera, como mecanismo de apoyo a quienes asumen responsabilidades en la controversia, ya sean las partes —para decidir sobre el acceso a una ODR o designar a quienes ocupen la posición de tercero imparcial en la resolución del litigio— o el tercero ajeno al mismo que ha de resolverlo —juez, árbitro o mediador—, ofreciendo datos y predicciones que puedan ayudar u orientar en alguna de las decisiones o actuaciones que deban desenvolver en su labor. Por su parte, la función decisoria implica que la persona que tiene que resolver o mediar va a ser sustituida por una IA, que va a ser la que juzgue, medie o lleve a cabo el arbitraje para resolver el conflicto. Sea como fuere, en cualquiera de las dos posibilidades, el objetivo de la IA en el contexto jurídico será resolver problemas concretos. Pese a ello, una IA en el ámbito del Derecho no necesariamente ha de articularse con el fin de utilizarse en litigios, sino que puede, por ejemplo, ser una herramienta para buscar antecedentes, para redactar documentos o para valorar datos objetivos con consecuencias jurídicas[46].

Con todo, debemos de tener en cuenta que el Derecho, la Justicia y la resolución de conflictos han de estar siempre bajo supervisión y control humano. En palabras de MARTÍN DIZ, la máquina es controlada por el ser humano y éste fortalece su aplicación. Este principio —*human in command*—, establecido en el Dictamen del Comité Económico y Social Europeo, constituye el núcleo desde el cual debiera expandirse la utilización de la IA[47].

2.1. Función asistencial

La IA puede servir de ayuda en el marco de las ADR/ODR, no sólo en el propio desarrollo del procedimiento, sino también antes de haberse iniciado este.

45. *Vid.* GONZÁLEZ FERNÁNDEZ, A. I., *La mediación como método de resoluciones de controversias*, Tirant lo Blanch, Valencia, 2023, p. 184.
46. MARTÍN DIZ, F., «Inteligencia artificial y medios extrajudiciales de resolución de litigios online (ODR): evolución de futuro en tiempos de pandemia global (Covid-19)», *La Ley, Mediación y arbitraje*, núm. 2, Sección Doctrina, 2020, p. 6.
A este respecto, cabe destacar que hay experiencias innovadoras en el ámbito de la mediación. En concreto, existen aplicaciones de resolución extrajudicial de conflictos y, especialmente, medios de resolución de disputas en línea: arbitraje y mediación electrónica junto a sistemas de negociación automatizada o asistida. Para saber más sobre la resolución inteligente de disputas véase: https://odrsolvo.com/.
47. MARTÍN DIZ, F., «Justicia digital post-covid19: el desafío de las soluciones extrajudiciales electrónicas de litigios y la inteligencia artificial», *Revista de Estudios Jurídicos y Criminológicos*, núm. 2, Universidad de Cádiz, 2020, p. 65.

En primer lugar, con carácter previo al inicio del procedimiento, la IA puede resultar de utilidad para decidir si es conveniente acudir a una ADR/ODR –como puede ser el arbitraje o la mediación–, como el mecanismo más adecuado para la resolución de conflictos. Esto es, puede servir para determinar si se trata o no de la opción más eficaz y ventajosa para las partes en ese asunto.

En este caso, no solo es útil para las partes a la hora de decidir cómo pueden resolver su controversia, sino también, para el caso de que tengan que intervenir los abogados, también puede resultar de interés a la hora de asistir a las partes en la determinación de la conveniencia o no de acudir a un arbitraje, y a cuál de sus modalidades, o a una mediación. Esta posibilidad se asemeja a la herramienta Jurimetría, la cual permite determinar la estrategia procesal más adecuada para lograr el éxito del caso concreto, mediante el análisis de numerosas decisiones judiciales. De esta forma, los abogados pueden ofrecer a sus clientes información estadística que, junto con su experiencia profesional, puede proporcionar una idea mucho más aproximada de lo que sucederá en un caso concreto, identificando claramente los riesgos y oportunidades que puedan existir[48].

A juicio de MARTIN DIZ, se podría ir más allá y una vez escogido el método más idóneo, la IA también podría ayudar a las partes a elegir un ADR *ad hoc* o institucional, indicándole ante qué institución o ayudándoles, en el supuesto de que opten por un ADR *ad hoc,* a configurar el procedimiento —forma de presentación de escritos, plazos, normas probatorias, etc.— realizando una serie de propuestas[49].

Un sistema de IA también puede resultar apropiado para la elección de un tercero neutral que asuma la autocomposición o heterocomposición del conflicto (pensemos en un árbitro, un mediador o un conciliador). Esta elección podría hacerse mediante formularios que las partes cumplimentaran previamente con una serie de datos de carácter objetivo que permitieran designar como tercero a la persona que, siendo especialista o experto en la materia objeto del litigio, es la más idónea en función de las particularidades del caso concreto. De este modo, se recurriría de una forma objetiva a la selección del profesional en función de criterios de especialidad o capaci-

48. VALIÑO CES, A., «Análisis de la aplicación de la inteligencia artificial en la Administración de Justicia», en PEREIRA PUIGVERT, S. y ORDÓÑEZ PONZ, F. (Dirs.), *Investigación y Proceso penal en el Siglo XXI: Nuevas tecnologías y protección de datos,* Aranzadi, Cizur Menor (Navarra), 2021, pp. 425-444.
49. MARTÍN DIZ, F., «Smart ODR: I-Arbitraje e I-Mediación. Integración de medios extrajudiciales de resolución de litigios e inteligencia artificial», en BARONA VILAR, S. (Ed.), *Justicia poliédrica en periodo de mudanza (Nuevos conceptos, nuevos sujetos, nuevos instrumentos y nueva intensidad),* Tirant lo Blanch, Valencia, 2022, p. 392.

dad. En estos casos, se añade un plus de objetividad, de tal suerte que la herramienta de IA asista a las partes en la elección y nombramiento del tercero, como ejemplo de adaptación a la realidad jurídico-social y tecnológica del momento, siempre que esa asistencia se efectúe con las máximas garantías de transparencia y control por el usuario[50].

Por último, y antes de que principie el procedimiento, el *software* inteligente puede asistir a las partes en la redacción del acuerdo de sometimiento al ADR que deseen. Nos referimos al convenio arbitral, en el caso del arbitraje, o a una cláusula de sometimiento, en el caso de la mediación, ya sea como documento independiente o inserto como cláusula en el contrato. De esta forma, se podría adecuar a las circunstancias concretas de las partes y a su objeto y evitar eventuales problemas que pudieran surgir acerca de la invalidez o ineficacia del acuerdo o del procedimiento extrajudicial de resolución de conflictos.

En segundo lugar, en cuanto al propio desarrollo del procedimiento, un sistema inteligente puede ayudar a las personas que intervienen en una ADR, en la medida en que pueden carecer de experiencia y no disponer de habilidades para negociar. No todo el mundo se desenvuelve de igual forma en cada situación. Además, en ocasiones, es complicado recordar todos los detalles presentes en un procedimiento, por lo que es fácil que se dude a la hora de tomar decisiones. Para estos casos, la IA puede ser un apoyo para las partes, en tanto se puede programar para responder a un conjunto de hipótesis y de datos de casos anteriores, previendo así cual podría ser la solución o, si se prefiere, el acuerdo más conveniente.

De igual modo, una utilidad provechosa de un sistema inteligente es la que tiene lugar en el procesamiento y análisis de datos y documentos. Con esta posibilidad, los abogados de las partes en un arbitraje o en un procedimiento de mediación pueden preparar sus posiciones y alegatos o también los propios árbitros y mediadores pueden revisar las posiciones de las partes con mayor agilidad e incluso con la ventaja de que, en el entorno tecnológico que propician las ODR, la interactividad puede ser superior que en el entorno físico presencial[51]. Así, gracias a esta herramienta y su función asistencial es factible obtener una mejor composición de los intereses en litigio y una preparación más completa de las sesiones entre los árbitros o mediadores y las partes y, en consecuencia, perfilar con precisión el pro-

50. MARTÍN DIZ, F., «ADR, ODR e inteligencia artificial: evolución en el arbitraje y la mediación...», *op. cit.*, p. 101.
51. MARTÍN DIZ, F., «Justicia digital post-covid19: el desafío de las soluciones extrajudiciales electrónicas de litigios y la inteligencia artificial...», *op. cit.*, p. 65.

nunciamiento de los árbitros en el laudo o los aspectos negociables que han de resolverse en la mediación.

En materia de prueba, fundamentalmente cuando estamos en el ámbito del arbitraje, también puede jugar un papel relevante un sistema de IA, en la medida en que es esencial disponer de programas que puedan detectar falsedades documentales para impedir la eficacia de tales documentos. Y es que, al igual que sucede con los peritos informáticos, existen *softwares* que permiten detectar si un archivo electrónico ha sido alterado o manipulado, lo que puede servir de ayuda en negociaciones, mediaciones, conciliaciones y para obtener laudos condenatorios. Asimismo, y más allá de la documentación, este tipo de herramienta serviría para detectar la veracidad o falsedad en las declaraciones de personas, nos referimos a los testigos o, incluso, a las propias partes.

Igualmente, un sistema de IA puede ayudar con el laudo o el acuerdo de mediación, en tanto puede asistir en la preparación y redacción del contenido del laudo o del acuerdo de mediación, particularmente en lo que se refiere a verificar que uno u otro alcanza a todo el objeto del litigio y a garantizar su coherencia interna e incluso su regularidad legal. Resulta posible que los terceros consulten con un sistema inteligente a la hora de investigar, resumir normativa y jurisprudencia aplicable, procesar y analizar los escritos de las partes y sus pretensiones. Efectivamente, la IA partiendo de toda una serie de datos objetivos sobre el asunto en cuestión, podría proporcionar formularios adaptados al caso concreto y que fuesen de gran utilidad para las terceras personas neutrales que intervengan, especialmente, para aquellas que carezcan de conocimientos jurídicos. Más allá de esta ayuda formal, a través de los formularios, el *software* inteligente podría llegar a tener un papel más relevante desde un punto de vista material a la hora de determinar si el laudo será estimatorio o desestimatorio. Y es que como ya se ha señalado *supra*, a día de hoy contamos con herramientas —como es la conocida Jurimetría—, que permiten predecir en diversas ADR distintas al arbitraje, «*con gran probabilidad de acierto, el resultado de un proceso, partiendo de un análisis de los precedentes jurisprudenciales en casos similares*»[52]. E incluso esta herramienta puede proporcionar datos estadísticos acerca de muchos otros extremos, como puede ser la previsible duración de los procedimientos, el grado de congestión de un concreto juzgado o institución de ADR en comparación con otros, las probabilidades de ganar siguiendo una determinada estrategia, las probabilidades de éxito en caso de impugnar el laudo, etc.[53]

52. MARCOS FRANCISCO, D., «Sistema Arbitral de Consumo: algunas propuestas "inteligentes" *de lege ferenda*», *InDret*, 1, 2004, p. 129.
53. MARCOS FRANCISCO, D., «*Smart* ODR y su puesta en práctica: el salto a la inteligencia artificial», *Revista General de Derecho Procesal*, núm. 59, 2023, pp. 22 y 23.

Una última utilidad que la IA puede reportar en un arbitraje o en una mediación electrónica reside en el análisis posterior del procedimiento arbitral o de mediación a fin de realizar recomendaciones y observaciones sobre su actividad. Se trataría de una especie de retroalimentación con el objeto de valorar los resultados del procedimiento.

A este respecto, MARTÍN DIZ señala que una herramienta de IA daría soporte y reforzaría las garantías de una ODR en la verificación de determinados elementos como la adecuación y correcta prestación del servicio por el proveedor de sistemas electrónicos a través de los cuales se desarrolla el arbitraje o la mediación y con ello la ausencia de elementos de inseguridad en las sesiones o actuaciones realizadas por medios electrónicos; el control del funcionamiento seguro de la plataforma electrónica utilizada en aspectos como la privacidad, confidencialidad, integridad, protección de datos o secreto de las comunicaciones; y la accesibilidad incondicional de las partes en el litigio y disponibilidad del expediente digital conformado[54].

2.2. Función decisoria

A la vista de lo expuesto en el apartado anterior, está claro que la IA podría utilizarse sin reparos como herramienta asistencial en una ADR o en una ODR. Sin embargo, cuando nos referimos a la posibilidad de que esa inteligencia asuma la función heterocompositiva o autocompositiva, no sucede lo mismo. Gracias a la flexibilidad y adaptación de la IA al entorno jurídico, *a priori* podríamos afirmar que no existe limitación alguna que lo impida, siempre y cuando se trate de litigios vinculados a derechos disponibles por las partes, ni tampoco desde un plano tecnológico, pues ya existen herramientas de IA diseñadas para ejercer como árbitros o mediadores. En suma, el carácter flexible propio de las ADR y de las ODR, permitiría la incorporación de la función decisoria o facilitadora de los denominados i-árbitros e i-mediadores, o lo que es lo mismo, sería factible la existencia de inteligencias artificiales que asuman esa función, tanto en la versión judicial o extrajudicial como en la presencial o en línea del arbitraje o de la mediación[55].

Ahora bien, a la vista del momento tan cambiante en el que nos encontramos, podríamos afirmar que todavía no estamos preparados, o no para asimilarlo, para que un sistema de IA pueda sustituir a un árbitro o a un

54. MARTÍN DIZ, F., «ADR, ODR e inteligencia artificial: evolución en el arbitraje y la mediación...», *op. cit.*, p. 103.
55. Esa sustitución puede llevarse a cabo en la forma de agentes relacionales, robots, avatares, etc., diseñados y calibrados como solución tecnológica a estos efectos (MARTÍN DIZ, F., «Justicia digital post-covid19: el desafío de las soluciones extrajudiciales electrónicas de litigios y la inteligencia artificial...», *op. cit.*, pp. 67 y 68).

mediador a la hora de adoptar decisiones en el marco de un procedimiento arbitral o de mediación. Y ello porque todavía existen determinados escollos difíciles de superar, como puede ser el de la posible afectación de derechos fundamentales de los justiciables[56] y los aspectos éticos que plantea la sustitución del factor humano por una máquina.

Más allá de lo acabado de señalar, desde un punto de vista estrictamente jurídico, cabría preguntarse primero si existe o no la posibilidad de que una IA actúe como tercero neutral. Si acudimos a la legislación nacional en materia de ADR, se puede comprobar que tanto la Ley 60/2003, de 23 de diciembre, de Arbitraje, como la Ley 5/2012, de 6 de julio, de mediación en asuntos civiles y mercantiles, en sus artículos 13 y 11 respectivamente, exigen que el tercero —árbitro o mediador— sean personas naturales. Por ello, para que en nuestro país una máquina sustituya totalmente al tercero neutral, sería necesario modificar estos artículos a fin de incorporar a las «*personas electrónicas*». En cuanto a la legislación internacional[57], podemos observar que se omite la referencia expresa a la necesaria condición «*humana*» del árbitro o del tercero neutral. A este respecto, MARCOS FRANCISCO entiende que la falta de mención expresa podría interpretarse en el sentido de que es posible que una IA actúe como tercero neutral. Sin embargo, también resulta posible entender lo contrario, defendiendo que del cuerpo normativo se desprende claramente —al referirse a la «*nacionalidad*» del árbitro[58] o del mediador[59]— la necesaria condición de persona física que debe tener ese tercero. Por este motivo, para garantizar una mayor seguridad, lo más apropiado sería que, de forma expresa, las normas lo

56. Para profundizar sobre la protección de los derechos fundamentales de las partes cuando estamos en presencia de sistemas de IA, véase, entre otros: MARTÍN DIZ, F., «Inteligencia Artificial y Derecho. Procesal: luces, sombras y cábalas en clave de derechos fundamentales», en MORENO CATENA, V. y ROMERO PRADAS, M. I. (Dirs.), *Nuevos postulados de la cooperación judicial en la Unión Europea. Libro homenaje a la Profª. Mª Isabel González Cano*, Tirant lo Blanch, Valencia, 2021, pp. 969-1006 y VALIÑO CES, A., «La inteligencia artificial y su aplicación en el proceso: los riesgos para la protección y garantía de los derechos», HERNÁNDEZ LÓPEZ, A. y LARO GONZÁLEZ, E. (Dirs.), *Proceso penal europeo: últimas tendencias, análisis y perspectivas*, Aranzadi, Cizur Menor (Navarra), 2023, pp. 49-70.

57. Nos referimos a la «Convención de Nueva York» de 1958 sobre el reconocimiento y la ejecución de las sentencias arbitrales extranjeras, de Nueva York, a la Ley Modelo de dicha CNUDMI sobre Arbitraje Comercial Internacional de 1985 —con enmiendas adoptadas en 2006— o la Ley Modelo sobre Conciliación Comercial Internacional, adoptada en el año 2002, que se modificó en el año 2018 y pasó a llamarse «Ley Modelo sobre Mediación Comercial Internacional y Acuerdos de Transacción Internacionales Resultantes de la Mediación».

58. *Vid.* apartados 1 y 5 *in fine* del artículo 11 —«Nombramiento de los árbitros»— de la Ley Modelo de Arbitraje Comercial Internacional.

59. *Vid.* apartado 4 del artículo 6 —«Número y designación de mediadores»— de la Ley Modelo de Mediación Comercial Internacional.

admitieran o lo prohibieran[60]. En efecto, para ofrecer una mayor seguridad jurídica, lo más apropiado sería modificar la referida legislación, nacional e internacional, a fin de prever claramente tal posibilidad.

A este respecto, MARTÍN DIZ con base en que la ventaja de la aplicación de la IA a las ODR es que «*apenas hay que llevar a cabo reformas legales*», entiende que la legislación nacional e internacional aplicables no impiden ni prohíben que se designe un árbitro o un mediador inteligente, «*aunque habitualmente la referencia se entienda a un árbitro o mediador humano*», debido a que ello sería posible por la flexibilidad propia de los ODR y porque se inspiran en el principio de libre disposición de las partes y autonomía de su voluntad[61]. Esta idea podría venir respaldada por el propio Tribunal Constitucional. Y ello porque si el Tribunal en resoluciones como la sentencia, de la Sala Segunda, 65/2021, de 15 de marzo, ha llegado a admitir que las partes pueden acordar que el laudo no tenga que motivarse[62], se podría defender lo mismo en relación con la no necesidad de que sea una persona natural quien actúe como tercero neutral, admitiéndose que las partes pacten que lo sea una IA[63].

Al hilo de esta sentencia, otra de las cuestiones que plantea la utilización de un sistema de IA en la función decisoria es que en estos casos no se puede hablar de decisiones motivadas, en la medida en que los resultados que arroja este sistema derivan de un proceso que responde a una pura estadística y cuya explicación se basa en meras operaciones matemáticas. Ciertamente, la cuestión de la legitimidad en el razonamiento informático y autónomo de la IA suscita dudas, en cuanto apenas existen sistemas preparados para motivar sus decisiones en el ámbito jurídico, requisito que

60. MARCOS FRANCISCO, D., «*Smart* ODR y su puesta en práctica: el salto a la inteligencia artificial...», *op. cit.*, pp. 26 y 27.
61. MARTÍN DIZ, F., «Inteligencia artificial y medios extrajudiciales de resolución de conflictos online (ODR): evolución de futuro en tiempos de pandemia global (Covid-19)...», *op. cit.*, pp. 6 y 22.
62. Su fundamento jurídico quinto dispone: «*Asentado, por consiguiente, el arbitraje en la autonomía de la voluntad y la libertad de los particulares (arts. 1 y 10 CE), el deber de motivación del laudo no se integra en el orden público exigido en el art. 24 CE para la resolución judicial, sino que se ajusta a un parámetro propio, definido en función del art. 10 CE. Este parámetro deberán configurarlo, ante todo, las propias partes sometidas a arbitraje a las que corresponde, al igual que pactan las normas arbitrales, el número de árbitros, la naturaleza del arbitraje o las reglas de prueba, pactar si el laudo debe estar motivado (art. 37.4 LA) y en qué términos. En consecuencia, la motivación de los laudos arbitrales carece de incidencia en el orden público*». En estos términos se pronuncia la STC, Sala Segunda, 50/2022, de 4 de abril (fundamento jurídico tercero) o la STC, Sala Primera, 79/2022, de 27 de junio (fundamento jurídico segundo).
63. MARCOS FRANCISCO, D., «Sistema Arbitral de Consumo: algunas propuestas "inteligentes" *de lege ferenda*...», *op. cit.*, p. 132.

como vimos es imprescindible en el laudo arbitral. Pese a ello, a juicio de MARTÍN DIZ, hay al menos cuatro modos en que la IA podría razonar: «*división de activos aritméticos, de acuerdo con un `árbol de decisiones´ basado en reglas de entrada, encontrar y seguir el caso más parecido o cercano con los hechos objeto de litigio y de manera similar al precedente de derecho común, o la minería de datos bruta*»[64].

En efecto, que un i-mediador o i-conciliador facilite una propuesta de solución sin razonarlo o justificarlo, podría llegar a admitirse porque su aceptación depende de las partes. Sin embargo, que un i-árbitro dicte un laudo sin una motivación o razonamiento alguno se puede entender inadmisible, máxime cuando así se prevé expresamente en el artículo 37.4 de la Ley de Arbitraje. Al hilo de la STC 65/2021, de 15 de marzo, *supra* referida, y a diferencia de lo que ocurre en la vía judicial, las partes podrían convenir que no sea preciso motivar el laudo. Con todo, esto no resulta sencillo, toda vez que a la hora de resolver o de proponer soluciones, es de vital importancia contar con una capacidad humana que, más allá de toda operación mecánica, permita aplicar el proceso interno y humano que conduzca a decidir, en el caso del arbitraje, o asistir, en el de la mediación, en un sentido u en otro en relación con el asunto. Naturalmente, el componente subjetivo que está ínsito en un tercero y que le ha llevado a tomar determinadas decisiones, resulta casi imposible trasladarlo a una IA.

Además, en este sentido, también entra en juego el riesgo de sesgo, discriminación o la imparcialidad respecto a los prejuicios que pueda tener la IA fruto de su diseño a la hora de introducir los datos y alimentar el algoritmo o a la hora de programar el *software*. Lo cierto es que este problema podría solventarse si todos los aspectos del programa de la computadora y los algoritmos utilizados hubiesen sido previamente estudiados por las partes en el litigio antes de someter la controversia a esta herramienta. Sin embargo, esta solución no haría otra cosa que dilatar el procedimiento e incrementar el coste al tener que recurrir a expertos informáticos y jurídicos que lo verificasen[65].

A este respecto, el Parlamento Europeo, en su Resolución de 20 de enero de 2021, *Inteligencia artificial: cuestiones de interpretación y de aplicación del*

64. MARTÍN DIZ, F., «ADR, ODR e inteligencia artificial: evolución en el arbitraje y la mediación...», *op. cit.*, p. 106.
65. MARTÍN DIZ, F., «ADR, ODR e inteligencia artificial: evolución en el arbitraje y la mediación...», *op. cit.*, pp. 105 y 106.

Derecho internacional[66], solicita que se «*mantenga informado al público sobre el uso de la IA en el ámbito de la justicia, y que dichos usos no den lugar a discriminación derivada de sesgos de programación*».

Asimismo, podríamos plantearnos si la introducción de un sistema de IA que sustituya al ser humano y actúe como tercero neutral afectaría a la esencia de las ADR/ODR. En cuanto al arbitraje o a la conciliación, la existencia de un i-árbitro o un i-conciliador, *a priori,* no tiene por qué afectar a su esencia. Ello, no obstante, esta afirmación no significa que la cualidad humana no sea importante, toda vez que el tercero neutral que propone o impone una decisión lo hace con base en sus propias experiencias personales y emocionales y su interactuación con las partes, por lo que para adoptar una u otra decisión va más allá de lo estrictamente lógico-jurídico. En cambio, en cuanto a la mediación, las cosas difieren en la medida en que el papel del mediador es capital y, con él, la capacidad de escucha y comprensión, construcción de confianza, generación de empatía, detección de emociones, etc., que en la actualidad es impensable que posea un *software* inteligente. A este respecto, GONZÁLEZ FERNÁNDEZ señala que el factor humano del mediador es indispensable, pues su intervención, por mínima que sea, siempre va a tener un carácter fundamental, por ejemplo, «*por su forma de percibir los hechos de una de las partes en detrimento de un robot*»[67]. En suma, en este sentido, entendemos que todavía queda un largo camino, o no tan largo, para conseguir que un sistema de IA desarrolle totalmente una verdadera mediación[68].

Asimismo, en esta función decisoria por parte de un sistema inteligente, existe otra problemática y es la posible responsabilidad derivada de la actuación de la IA como i-árbitro, i-mediador o i-conciliador, sobre todo al tomar decisiones jurídicamente vinculantes como sucede en el arbitraje. Por tanto, la duda que surge es ¿quién responde jurídicamente por ciertos hechos ilícitos cuando quien propone o toma la decisión es un *software* inteligente? Varias son las opciones. Podríamos pensar que la responsabilidad recaería en el programador, en quien lo haya comercializado o, en su caso, en la institución de ADR/ODR.

---

66. Resolución del Parlamento Europeo, de 20 de enero de 2021, sobre inteligencia artificial: cuestiones de interpretación y de aplicación del Derecho internacional en la medida en que la UE se ve afectada en los ámbitos de los usos civil y militar, así como de la autoridad del Estado fuera del ámbito de la justicia penal. Disponible en: https://www.europarl.europa.eu/doceo/document/TA-9-2021-0009_ES.pdf
67. GONZÁLEZ FERNÁNDEZ, A. I., *La mediación como método de resoluciones de controversias..., op. cit.,* p. 223.
68. ORDELIN FONT, J. L., «El uso de la inteligencia artificial en la mediación: ¿quimera o realidad?», *Revista del Instituto de Ciencias Jurídicas de Puebla,* vol. 15, núm. 48, 2021, pp. 372-374.

La Unión Europea se ha pronunciado a este respecto. En virtud de la Resolución del Parlamento Europeo, de 16 de febrero de 2017, con recomendaciones destinadas a la Comisión sobre normas de Derecho civil sobre robótica (2015/2103(INL)) y a fin de que se puede responder civilmente de los daños y perjuicios causados, ha llegado a plantear la posible atribución de personalidad jurídica a robots o inteligencias artificiales. En efecto, en este texto se está pidiendo a la Comisión considerar la creación a largo plazo de «*una personalidad jurídica específica para los robots, de forma que como mínimo los robots autónomos más complejos puedan ser considerados personas electrónicas responsables de reparar los daños que puedan causar, y posiblemente aplicar la personalidad electrónica a aquellos supuestos en los que los robots tomen decisiones autónomas inteligentes o interactúen con terceros de forma independiente*» y que determine «*si debe aplicarse el enfoque de la responsabilidad objetiva o el de gestión de riesgos*».

A pesar de ello, a tenor de la Resolución del Parlamento Europeo, de 20 de octubre de 2020, con recomendaciones destinadas a la Comisión sobre un régimen de responsabilidad civil en materia de inteligencia artificial (2020/2014(INL)), parece que esto no va salir adelante y es que se dispone que «*todas las actividades, dispositivos o procesos físicos o virtuales gobernados por sistemas de IA pueden ser técnicamente la causa directa o indirecta de un daño o un perjuicio, pero casi siempre son el resultado de que alguien ha construido o desplegado los sistemas o interferido en ellos; observa, a este respecto, que no es necesario atribuir personalidad jurídica a los sistemas de IA*». De igual modo, el Dictamen del Comité Económico y Social Europeo sobre la «Inteligencia artificial: las consecuencias de la inteligencia artificial para el mercado único (digital), la producción, el consumo, el empleo y la sociedad» (2017/C 288/01), en sus «conclusiones y recomendaciones», se pronuncia «*en contra de la introducción de cualquier tipo de personalidad jurídica para los robots o la IA, puesto que socavaría los efectos correctores preventivos de la legislación en materia de responsabilidad, generaría un riesgo moral tanto en el desarrollo como en la utilización de la IA y daría lugar a un posible uso indebido*» (punto 1.12).

Habida cuenta de lo acabado de señalar, parece que queda descartada la idea de atribuir personalidad jurídica a la propia IA y, por ende, que ésta responda civilmente de los daños y perjuicios causados. En consecuencia, lo suyo sería determinar, en caso de que interviniese una IA en la decisión, quién es el posible responsable y el tipo de responsabilidad que existiría, lo que podría hacerse a través de un eventual estatuto de la persona electrónica, máxime cuando también podría haber algún tipo de responsabilidad penal.

A la vista de las cuestiones analizadas, podemos concluir que no parece conveniente utilizar inteligencias artificiales como herramientas decisorias. Por tanto, en países como el nuestro, resulta una tarea compleja que un *software* actúe como tercero neutral en las ODR. Con ello y con todo, dado el constante avance de las tecnologías, no podemos descartar que, en un futuro no muy lejano, las máquinas, robots o avatares, de forma autónoma y respetando la esencia de las ADR/ODR, puedan actuar como árbitros, mediadores, conciliadores. Incluso, y tal y como señala MARTÍN DIZ, nos podemos plantear la posibilidad de una fórmula híbrida, esto es, configurar un modelo en el que el tribunal arbitral esté formado por una persona y un *software* inteligente o una comediación en la que intervenga un humano y una IA. De esta forma, y a propósito de la expresión de «*juez centauro*» acuñada por VELASCO NÚÑEZ y ORTEGA CACHÓN[69], podríamos hablar de «*árbitro centauro*» o de «*mediador centauro*» para referirnos a estas situaciones en las que existe una hibridación en las funciones arbitrales o mediadoras entre un ser humano y una IA[70].

Por su parte, no sucede lo mismo cuando nos referimos a la IA como herramienta asistencial, toda vez que cabe esperar una más rápida introducción y generalización en las ODR y, más en concreto, en sede de negociación, en la que ya hay plataformas que ofrecen respuestas o soluciones automáticas partiendo de bases de datos de reclamaciones similares.

En cualquier caso, de lo que sí estamos seguros es de que la incorporación de la IA en los procedimientos de ODR, indudablemente, contribuirá a gestionarlos de un modo mucho más eficaz y eficiente, tanto desde un punto de vista económico como temporal, en la medida en que las «máquinas» pueden trabajar sin descanso. Para ello, es más que necesario determinar una regulación que apueste decididamente por las TIC, pero sobre todo y con las debidas cautelas por la IA. Y es que somos conscientes de la importancia de contar con un marco normativo que ofrezca una regulación completa en esta materia. A este respecto, señala SIMÓN CASTELLANO que lo apropiado es establecer principios y normas concretas para gestionar los sistemas de IA en el ámbito judicial y contemplar un marco jurídico que integre todos los supuestos en los que el empleo de estos sistemas pueda conllevar un menoscabo de derechos. De este modo, se podría determinar

69. La expresión de «*juez centauro*» es utilizada en el ámbito jurisdiccional para referirse a la combinación de un juez humano con una IA en las funciones asistenciales o semidecisorias (VELASCO NÚÑEZ, E. y ORTEGA CACHÓN, I., «Jueces centauros: la inteligencia artificial se hibridará con los humanos», *Expansión Jurídico*, 20 de marzo de 2020).
70. MARTÍN DIZ, F., «ADR, ODR e inteligencia artificial: evolución en el arbitraje y la mediación...», *op. cit.*, pp. 111 y 112.

con seguridad jurídica las garantías, cautelas y salvaguardas concretas para cada uso específico[71]. Asimismo, el Consejo de Abogados y Sociedades de Abogados de Europa, en el documento publicado en 2020 sobre aspectos legales de la Inteligencia Artificial (*Considerations on the legal aspects of the AI*), también defendió la necesidad de determinar nuevos marcos jurídicos, a fin de regular los principios en lo que se haya de inspirar el uso de la IA, así como de los requisitos a cumplir, junto con códigos deontológicos que deban de observar los desarrolladores de la IA para actuar de manera responsable.

Esta demanda ha sido atendida con la publicación del Reglamento (UE) 2024/1689 del Parlamento Europeo y del Consejo, de 13 de junio de 2024, por el que se establecen normas armonizadas en materia de inteligencia artificial. Uno de los aspectos reseñables de este texto es la clasificación del nivel de riesgo de los diferentes sistemas de IA, entendiendo por riesgo «*la combinación de la probabilidad de que se produzca un perjuicio y la gravedad de dicho perjuicio*».

A ese respecto, su considerando 26 dispone: «*Con el fin de establecer un conjunto proporcionado y eficaz de normas vinculantes para los sistemas de IA, es preciso aplicar un enfoque basado en los riesgos claramente definido, que adapte el tipo y contenido de las normas a la intensidad y el alcance de los riesgos que puedan generar los sistemas de IA de que se trate*». En atención a ello, se entiende de alto riesgo «*los sistemas de IA destinados a ser utilizados por los organismos de resolución alternativa de litigios con esos fines, cuando los resultados de los procedimientos de resolución alternativa de litigios surtan efectos jurídicos para las partes. La utilización de herramientas de IA puede apoyar el poder de decisión de los jueces o la independencia judicial, pero no debe substituirlas: la toma de decisiones finales debe seguir siendo una actividad humana*» (considerando 61).

De igual modo, se prevé en el Anexo III que, de conformidad con el artículo 6.2, son de alto riesgo los sistemas de IA «*destinados a ser utilizados por una autoridad judicial, o en su nombre, para ayudar a una autoridad judicial en la investigación e interpretación de hechos y de la ley, así como en la garantía del cumplimiento del Derecho a un conjunto concreto de hechos, o a ser utilizados de forma similar en una resolución alternativa de litigios*».

A la vista de esta regulación, no resta sino reiterar la idea expuesta *supra*, de que no habría inconveniente en que un sistema de IA asistiese al tercero en su labor de ayuda a las partes para resolver su conflicto, es más, en ese sentido, puede aportar numerosas ventajas. En cambio, cuando

71. SIMÓN CASTELLANO, P., «Inteligencia artificial y Administración de Justicia: *¿Quo vadis, justitia?...*», *op. cit.*, p. 11.

hablamos de la función decisoria no es tan sencillo. El Reglamento entiende que nos encontramos ante una cuestión que implica un alto riesgo. Por este motivo, y con arreglo al artículo 14, para que un sistema de IA pueda adoptar decisiones, será necesario que, en todo caso, exista una supervisión humana a fin de prevenir o reducir al mínimo los riesgos que se puedan derivar del uso indebido o razonablemente previsible de la IA y cuando las decisiones basadas únicamente en el procesamiento automatizado produzcan efectos jurídicos o de otro tipo a las personas con los que se utiliza el sistema[72]. De esta manera, durante el período que esté en uso ese sistema podrá estar vigilado por personas físicas, a través de herramientas de interfaz humano-máquina adecuadas y si fuese necesario el responsable de ello puede decidir no utilizar la IA o descartar los resultados que se generen[73].

IV. BIBLIOGRAFÍA

ALARCÓN GARCÍA, S., «A propósito del covid-19: ¿Sería recomendable para Chile la mediación familiar en línea?», *Revista chilena de derecho y tecnología,* vol. 9, núm. 1, junio de 2020.

ALONSO SALGADO, C., «Policía e inteligencia artificial. Algunas experiencias de interés», en FONTESTAD PORTALÉS, L. y JIMÉNEZ LÓPEZ, M. N. (Dirs.), *Justicia proceso y tutela judicial efectiva en la sociedad postpandemia,* Thomson Reuters Aranzadi, Cizur Menor (Navarra), 2022.

ALZATE SÁEZ DEHEREDIA, R. y VÁZQUEZ DE CASTRO, E., *Resolución de disputas en línea (RDL). Las claves de la mediación electrónica,* Madrid, Reus, 2013.

BARONA VILAR, S., *Algoritmización del Derecho y de la Justicia,* Tirant lo Blanch, Valencia, 2021.

BARONA VILAR, S., «Psicoanálisis de las ADR. Retos en la sociedad global del siglo XXI», *La Ley, Mediación y Arbitraje,* núm. 1, Sección Tribuna, Segundo trimestre de 2020, Wolters Kluwer España.

BARRAL VIÑALS, I., «La regulación de las Online Dispute Resolution (ODR) en el ámbito del consumo», en VV.AA., *La Plataforma ODR. ¿Un mecanismo al alcance de todos los consumidores?*, Zaragoza, ADICAE, 2016.

BARRIO ANDRÉS, M. (Dir.), *Comentarios al Reglamento Europeo de Inteligencia Artificial,* La Ley, Madrid, 2024.

72. BARRIO ANDRÉS, M. (Dir.), *Comentarios al Reglamento Europeo de Inteligencia Artificial,* La Ley, Madrid, 2024, pp. 300 y 301.
73. Artículo 14.1, 2 y 4 d) del Reglamento.

BENÍTEZ IGLÉSIAS, R., ESCUDERO BAKX, G., KANAAN IZQUIERDO, S. y MASIP RODÓ, D., *Inteligencia artificial avanzada*, Editorial UOC, Barcelona, 2013.

CAZORLA GONZÁLEZ-SERRANO, M. C., «El auge de la mediación electrónica en la resolución de conflictos», en GARCÍA MAYO, M. (Dir.), *Cuestiones actuales en materia de mediación, familia y sucesiones*, Madrid, Bosch, 2020.

CERRILLO I MARTÍNEZ, A., «El impacto de la inteligencia artificial en el derecho administrativo ¿nuevos conceptos para nuevas realidades técnicas?», *Revista General de Derecho Administrativo (Iustel)*, núm. 50, 2019. Disponible en: https://laadministracionaldia.inap.es/noticia.asp?id=1509574#nota15.

CHAMORRO IBARROLA, R. L., *Analysis of ICT in the Strategic Modernisation Programme of the Paraguayan Supreme Court*, Tesis (MPA), Stellenbosch University, 2012.

DELGADO GARCÍA, A. M. y OLIVER CUELLO, R., *Impacte de les tecnologies de la informació i la comunicació en l'Administració de justícia: modernització i eficiencia*, Barcelona, Centro de Estudios Jurídicos y Formación Especializada, 2005.

DELGADO GARCÍA, A. M. y OLIVER CUELLO, R., «Iniciativas recientes de la e-justicia en España», *IDP: Revista de Internet, Derecho y Política*, núm. 4, 2007.

GARCÍA SALAZAR, L. F. y REYES SÁNCHEZ, A. M., «Resolución alternativa de conflictos: Mediación en línea como protección a los derechos del consumidor electrónico», *Iustitia*, 14, 2016, pp. 117-131.

GARCÍA-VARELA IGLESIAS, R., «El proceso de transformación digital en la Administración de Justicia española», *Diario La Ley*, núm. 9731, Sección Plan de Choque de la Justicia / Tribuna, 9 de noviembre de 2020.

GONZÁLEZ FERNÁNDEZ, A. I., *La mediación como método de resoluciones de controversias*, Tirant lo Blanch, Valencia, 2023.

KAPLAN, J., *Inteligencia artificial. Lo que todo el mundo debe saber*, Teell, Zaragoza, 2017.

LÓPEZ ONETO, M., *Fundamentos para un derecho de la inteligencia artificial*, Tirant lo Blanch, Valencia, 2020.

MAGRO SERVET, V., «La aplicación de la Inteligencia Artificial en la Administración de Justicia», *Diario La Ley*, núm. 9268, 2018.

MARCOS FRANCISCO, D., «Sistema Arbitral de Consumo: algunas propuestas "inteligentes" *de lege ferenda*», *InDret*, 1, 2004.

MARCOS FRANCISCO, D., «*Smart* ODR y su puesta en práctica: el salto a la inteligencia artificial», *Revista General de Derecho Procesal*, núm. 59, 2023.

MARTÍN DIZ, F., «Inteligencia artificial y medios extrajudiciales de resolución de litigios online (ODR): evolución de futuro en tiempos de pandemia global (Covid-19)», *La Ley, Mediación y arbitraje*, núm. 2, Sección Doctrina, 2020.

MARTÍN DIZ, F., «Justicia digital post-covid19: el desafío de las soluciones extrajudiciales electrónicas de litigios y la inteligencia artificial», *Revista de Estudios Jurídicos y Criminológicos*, núm. 2, Universidad de Cádiz, 2020.

MARTÍN DIZ, F., «ADR, ODR e inteligencia artificial: evolución en el arbitraje y la mediación», en FERNÁNDEZ PÉREZ, A. (Dir.), *Interacción entre mediación y arbitraje en la resolución de litigios internacionales del siglo XXI*, Aranzadi, Cizur Menor (Navarra), 2021.

MARTÍN DIZ, F., «Inteligencia Artificial y Derecho. Procesal: luces, sombras y cábalas en clave de derechos fundamentales», en MORENO CATENA, V. y ROMERO PRADAS, M. I. (Dirs.), *Nuevos postulados de la cooperación judicial en la Unión Europea. Libro homenaje a la Profª. M.ª Isabel González Cano*, Tirant lo Blanch, Valencia, 2021, pp. 969-1006.

MARTÍN DIZ, F., «Smart ODR: I-Arbitraje e I-Mediación. Integración de medios extrajudiciales de resolución de litigios e inteligencia artificial», en BARONA VILAR, S. (Ed.), *Justicia poliédrica en período de mudanza (Nuevos conceptos, nuevos sujetos, nuevos instrumentos y nueva intensidad)*, Tirant lo Blanch, Valencia, 2022.

MATEO BORGE, I., «La robótica y la inteligencia artificial en la prestación de servicios jurídicos», en NAVAS NAVARRO, S. (Ed.), *Inteligencia artificial. Tecnología Derecho*, Tirant lo Blanch, Valencia, 2017, pp. 123-150.

NAVAS NAVARRO, S., «Derecho e inteligencia artificial desde el diseño. Aproximaciones», en NAVAS NAVARRO, S., GÓRRIZ LÓPEZ, C., CAMACHO CLAVIJO, S., ROBERT GUILLÉN, S., CASTELLS I MARQUÈS, M. y MATEO BORGE, I. (Coords.), *Inteligencia artificial. Tecnología y derecho*, Tirant lo Blanch, Valencia, 2017.

ORDELIN FONT, J. L., «El uso de la inteligencia artificial en la mediación: ¿quimera o realidad?», *Revista del Instituto de Ciencias Jurídicas de Puebla,* vol. 15, núm. 48, 2021.

PASTOR PRIETO, S., «Los nuevos sistemas de organización y gestión de la justicia: ¿mito o realidad?», en *III Conferencia sobre Justicia y Desarrollo en América Latina y el Caribe,* Banco Interamericano de Desarrollo, Quito, Ecuador, 2003

PÉREZ GURREA, R., «Estudio sistemático, normativo y doctrinal de la mediación en asuntos civiles y mercantiles: una especial referencia a la mediación electrónica», *Revista Digital Facultad de Derecho,* núm. 6, 2013, pp. 194-223.

PÉREZ LUÑO, A. E., «El derecho ante las nuevas tecnologías», en MARTÍN RÍOS, P. y VILLEGAS DELGADO, C. (Edits.), *El derecho en la encrucijada tecnológica. Estudios sobre derechos fundamentales, nuevas tecnologías e inteligencia artificial,* Tirant lo Blanch, Valencia, 2022.

RAYÓN BALLESTEROS, M. C., «La necesaria modernización de la justicia: especial referencia al plan estratégico 2009-2012», *Anuario Jurídico y Económico Escurialense,* núm. 44, enero de 2011.

RIVERA MORALES, R., «La Mediación Electrónica como forma alternativa de solución de conflictos», *Actualidad Civil,* núm. 5, Sección Derecho digital / A fondo, mayo de 2017, Wolters Kluwer.

RUSELL, S. y NORVIG, P., *Artificial intelligence: A modern approach,* Prentice Hall, New Jersey, Englewood Cliffs, 1995.

SIMÓN CASTELLANO, P., «Inteligencia artificial y Administración de Justicia: ¿*Quo vadis, justitia*?», *IDP. Revista de Internet, Derecho y Política,* núm. 33, abril de 2021.

SIMÓN CASTELLANO, P., *Justicia cautelar e inteligencia artificial. La alternativa a los atávicos heurísticos judiciales,* Bosch, Barcelona, 2021.

VALIÑO CES, A., «Reflexiones en torno a la resolución en línea de conflictos surgidos en el ámbito del e-commerce», en BUENO DE MATA, F. (Dir.), *Fodertics 7.0. Estudios sobre derecho digital,* Comares, S.L., Colecciones Obras Generales, Granada, 2019, pp. 501-510.

VALIÑO CES, A., «Análisis de la aplicación de la inteligencia artificial en la Administración de Justicia», en PEREIRA PUIGVERT, S. y ORDÓÑEZ PONZ, F. (Dirs.), *Investigación y Proceso penal en el Siglo XXI: Nuevas tecno-*

logías y protección de datos, Aranzadi, Cizur Menor (Navarra), 2021, pp. 425-444.

VALIÑO CES, A., *La mediación extrajudicial, intrajudicial y electrónica: una visión desde la óptica procesal civil*, Colex, A Coruña, 2023.

VALIÑO CES, A., «La inteligencia artificial y su aplicación en el proceso: los riesgos para la protección y garantía de los derechos», HERNÁNDEZ LÓPEZ, A. y LARO GONZÁLEZ, E. (Dirs.), *Proceso penal europeo: últimas tendencias, análisis y perspectivas*, Aranzadi, Cizur Menor (Navarra), 2023, pp. 49-70.

VELASCO NÚÑEZ, E. y ORTEGA CACHÓN, I., «Jueces centauros: la inteligencia artificial se hibridará con los humanos», *Expansión Jurídico*, 20 de marzo de 2020.

VELICOGNA, M., «ICT within the Court in the E-justice era», *The Effectius Newsletter*, 6, julio de 2010, pp. 1-10.

VILALTA NICUESA, A. E., «Resolución electrónica de conflictos», en PEGUERA POCH, M., *Principios de Derecho de la Sociedad de la Información*, Aranzadi, Pamplona, 2010, pp. 391-442.

VILALTA NICUESA, A. E., «La resolución de conflictos en línea», en VV.AA., *La Plataforma ODR. ¿Un mecanismo al alcance de todos los consumidores?*, Zaragoza, ADICAE, 2016.

YÁÑEZ VELASCO, R., *L'Oficina Judicial a Catalunya. Mitjà real d'una Justícia eficaç pel ciutadà del segle XXI*, Barcelona, Centro de Estudios Jurídicos y Formación Especializada, 2008.

XIII

Eficiencia procesal, letrado de la administración de justicia, automatización e IA [1]

ANA MARÍA RODRÍGUEZ TIRADO
Catedrática de Universidad
Área de Derecho Procesal
Universidad de Cádiz
https://orcid.org/0000-0003-2723-511X

SUMARIO: I. INTRODUCCIÓN. II. EL LETRADO DE LA ADMINISTRACIÓN DE JUSTICIA: LA EVOLUCIÓN DE LA FE PÚBLICA Y LA DOCUMENTACIÓN DE LAS ACTUACIONES. III. LA EFICIENCIA DEL SERVICIO PÚBLICO DE JUSTICIA DE LA LEY ORGÁNICA 1/2025. LETRADO DE LA ADMINISTRACIÓN DE JUSTICIA Y OFICINA JUDICIAL. *1. Nuevos horizontes de la eficiencia del servicio público de Justicia. 2. Hacia un nuevo modelo de estructura organizativa del servicio público de Justicia. Letrado de la Administración de Justicia y Oficina Judicial. 3. Eficiencia, Estadística Judicial y Justicia orientada al dato.* IV. EL LETRADO DE LA ADMINISTRACIÓN DE JUSTICIA: LAS NUEVAS TECNOLOGÍAS, AUTOMATIZACIÓN E INTELIGENCIA ARTIFICIAL (IA). *1. Fe pública judicial y la función de documentación del Letrado de la Administración de Justicia y las nuevas tecnologías. 2. El Letrado de la Administración de Justicia y las medidas de eficiencia digital en el Real Decreto-ley 6/2023. Automatización e IA.* 2.1. El Letrado de la Admi-

1. Este trabajo de investigación se enmarca en el Proyecto de Investigación «Inteligencia artificial, Justicia y Derecho: ¿irrupción o disrupción tecnológica en el proceso penal?», Programa Estatal de Generación del Conocimiento 2020 (2020-PN135), PID2020-119324GB-I00, IP Lourdes NOYA FERREIRO.

I. INTRODUCCIÓN

La recién aprobada Ley Orgánica 1/2025, de 2 de enero[2], de medidas para la eficiencia del servicio público de Justicia establece un nuevo modelo de organización judicial basado en los Tribunales de Instancia. Suprime los juzgados como órganos unipersonales y potencia los MASC con el establecimiento de su obligatoriedad en el orden jurisdiccional civil (y sus excepciones). En este nuevo diseño, se modifica la configuración de la Oficina Judicial y se crean las Oficinas de Justicia[3] para reforzar la justicia de proximidad en los municipios que no son sede de partido judicial, como apoyo al juez de paz. Este reforzamiento de la Administración de Justicia persigue la cohesión social y territorial, dada la vertebración territorial en núcleos urbanos y rurales. La cohesión social y territorial del modelo implica establecer medidas que eliminen trabas u obstáculos que dificulten o impidan el acceso al servicio público de Justicia de personas y colectivos sociales en los que concurran factores de vulnerabilidad.

Como servicio público de Justicia, en principio, se ha de ceñir a la vía judicial en cuanto que los MASC distintos de la vía jurisdiccional y que, además, queden fuera de la esfera judicial no podrá entenderse comprendidos en dicho servicio público al ser o poder ser gestionados desde el ámbito privado. No obstante, el derecho a la información y facilitar el acceso a los mismos se ha de ofrecer desde el servicio público. En este sentido, se prevé que unidades administrativas ejercen funciones al respecto y con el apoyo de las Oficinas de Justicia en los ámbitos rurales.

Así, esta Ley Orgánica 1/2025, de 2 de enero, ha introducido cambios en nuestro sistema de Justicia, cuyo primer nivel basado en el juzgado como órgano unipersonal pasa a estar basado en una primera instancia de justicia colegiada, pero no en el ejercicio de la función jurisdiccional que será individual. Este modelo apuesta por la preponderancia de servicio público de la Justicia frente a la configuración de la Justicia como Poder Judicial con un titular de la potestad jurisdiccional al frente de cada juzgado en la justicia

2. En adelante, LOEJ.
3. *Vid.* ORDEÑANA GEZURAGA, Ixusko, *La justicia de paz: nuevos tiempos, ¿nuevas (infra)estructuras?: Disquisiciones ante la creación de oficinas de justicia en los municipios en lugar de los juzgados de paz*, Barcelona, 2023, 1.ª ed.

de instancia. Por su parte, el legislador justifica el cambio de diseño en la justicia de instancia en alcanzar la eficiencia organizativa del servicio público de Justicia. De esta forma, confluirían tres «eficiencias» a alcanzar por el sistema: eficiencia organizativa, procesal y digital. La llamada eficiencia digital[4] atiende a las nuevas tecnologías e IA que son herramientas al servicio de la Administración de Justicia dirigida a la eficiencia procesal y al mejor funcionamiento de la organización judicial y administrativa de la Justicia.

Previamente, en diciembre de 2023, se introdujeron medidas de eficiencia digital a través del Real Decreto-ley 6/2023, de 19 de diciembre[5], por el que se aprueban medidas urgentes para la ejecución del Plan de Recuperación, Transformación y Resiliencia en materia de servicio público de justicia, función pública, régimen local y mecenazgo, que fue validado por el Congreso[6]. Estas medidas de eficiencia actualizaron las funciones del Letrado de la Administración de Justicia a la utilización de nuevas tecnologías, y que se completan con las medidas de eficiencia procesal previstas en la Ley Orgánica 1/2025.

El objeto del presente trabajo se centra en efectuar una aproximación a la figura del Letrado de la Administración de Justicia y sus funciones desde una perspectiva evolutiva y la incorporación de las nuevas tecnologías en el ejercicio de sus funciones procesales, en particular, de las dación de fe y de documentación de las actuaciones a partir de las medidas de eficiencia digital y procesal introducidas por el Real Decreto-Ley 6/2023. Previamente, se efectuará un análisis de la eficiencia en el ámbito de la Administración de Justicia y, en general, de la modificación incorporada en la Ley Orgánica del Poder Judicial en la nueva Ley Orgánica 1/2025 en la medida en que afecta a la organización de la Oficina Judicial en la que se integra el Letrado de la Administración de Justicia, que se suman a las medidas de eficiencia digital y procesal de la reforma de diciembre de 2023, así como un breve acercamiento a la Estadística Judicial como fuente de información para medir la eficiencia de la Justicia.

4. *Vid.* BUENO DE MATA, Federico (Dir.), *FODERTICS 12.0: Innovación legal y eficiencia digital*, Granada, 2024.
5. En adelante, RD-L 6/2023.
6. Por Resolución de 10 de enero de 2024 del Congreso de los Diputados (BOE núm. 11, de 12 de enero de 2024).

II. EL LETRADO DE LA ADMINISTRACIÓN DE JUSTICIA: LA EVOLUCIÓN DE LA FE PÚBLICA Y LA DOCUMENTACIÓN DE LAS ACTUACIONES

El antecedente inmediato del Letrado de la Administración de Justicia es la figura del Secretario Judicial, cuyo cambio de denominación fue obra de la Ley Orgánica 7/2015, de 21 de julio, a través de su artículo único, apartado 56. La modificación de las funciones asumidas por el actual Letrado de la Administración de Justicia había comenzado mucho antes con la modificación acometida por la Ley Orgánica 19/2003, de 23 de diciembre. La Ley 13/2009, de 3 de noviembre, fue la encargada de implantar la nueva Oficina Judicial que, a tenor de la Ley Orgánica 1/2025, de 2 de enero, ha quedado «antigua» con una nueva remodelación en aras de la eficiencia del servicio público de Justicia. Es curioso comprobar que, en 2009, el legislador justificaba la implantación de la nueva Oficina Judicial como uno de los medios esenciales para conseguir un «servicio público de la Justicia ágil, transparente, responsable y plenamente conforme a los valores constitucionales» (parágrafo I del Preámbulo). Casi veinte años después, la justificación resulta bastante similar.

La construcción de la figura del Letrado de la Administración de Justicia a través de los años nos obliga a retroceder hasta la Baja Edad Media para comprender su origen y su incorporación al ámbito judicial como ya tuvimos ocasión de analizar en trabajos previos[7]. Así, el nacimiento de su antecedente remoto se incardina en un momento en el que el Derecho está en plena transformación en un contexto de cambio social, económico y político. Con la penetración del Derecho romano-canónico[8], entre sus principales innovaciones, se incorpora a nuestro proceso los principios de escritura y mediación, así como el sistema de recursos devolutivos. Con estos cambios, la implantación del principio de escritura se convierte en una exigencia en el proceso al hacer necesario representar y atestiguar cuando acontece, debiendo recaer en una persona distinta de las partes y del órgano juzgador la redacción de las actuaciones en documentos y que, además, respondiera de la veracidad de lo actuado, es decir, que diera fe pública de las actuaciones, como función principal, que no única al ir asumiendo otras funciones atribuidas progresivamente en el tiempo. En cuanto a una vinculación

7. RODRÍGUEZ TIRADO, Ana M., *Las funciones procesales del Secretario Judicial*, Barcelona, 2001, pp. 13 y ss.

8. Se ha de tener en cuenta que, en la etapa anterior, en la Alta Edad Media, el proceso estaba dominado por la oralidad y sin existir un sistema de recursos instaurado, por lo que no existía la necesidad de dejar constancia por escrito de cuanto acontecía en el pleito. *Vid.* RODRÍGUEZ TIRADO, Ana M., *Las funciones procesales del Secretario Judicial, op. cit.*, p. 14.

normativa, se atribuye a la Decretal *De Probationibus* conferir con carácter permanente la dación de fe a una persona pública sobre las actuaciones judiciales para dar «seguridad para el juez y para las partes»[9]. Esa persona pública es el *escribano*, antecedente remoto del Letrado de la Administración de Justicia, y que recibió diversas denominaciones a lo largo de los siglos[10] hasta que se afianzó esta denominación, que, a finales del siglo XIX, dio paso a la de Secretario Judicial.

El escribano se rodea de las características de persona objetiva, imparcial, técnica y responsable, encargándose de la documentación de las actuaciones y dejando constancia de su veracidad en el marco de un incipiente sistema judicial y teniendo en cuenta que también era fedatario de actuaciones extrajudiciales[11].

En los ordenamientos jurídicos hispánicos, se reguló en diversos cuerpos legales. Así, es posible encontrar referencias dispersas sobre alguna o algunas tareas atribuidas a los escribanos o notarios en distintos fueros medievales[12], incluso anteriores a la recepción de la Decretal de 1215. Es una institución que va afianzando sus bases a lo largo del tiempo, ligado a la fe pública y a la documentación.

En el siglo XIX, la figura del escribano —en algunos textos ya se introduce la denominación de Secretario Judicial— adquiere una nueva dimensión en la medida en que se escinde el oficio de fedatario en dos en atención a la dación de fe en las actuaciones judiciales o en actuaciones extrajudiciales. Se dio origen a la atribución de la fe pública a los Secretarios Judiciales (actuaciones judiciales) y a los Notarios (actuaciones extrajudiciales). Téngase en cuenta que se trata de una época en que las actuaciones se dividían en judiciales y extrajudiciales. En efecto, a mediados del siglo XIX, con la Ley para el arreglo del Notariado de 28 de mayo de 1862, se escindió legal-

9. RODRÍGUEZ TIRADO, Ana M., *Las funciones procesales del Secretario Judicial, op. cit.*, p. 15.
10. En los ordenamientos jurídicos hispánicos, «a pesar de las diversas denominaciones utilizadas para designar al depositario de la fe pública, la de escribano se asienta a lo largo de los siglos y, en la Edad Moderna, se prefiere utilizar esta fórmula para referirse a los *funcionarios* investidos de la función de fe pública. Aun cuando se habla de *escribano* (o incluso de notario), este se articula en distintas clases a lo lago del tiempo y en los diversos cuerpos legales» (RODRÍGUEZ TIRADO, Ana M., *Las funciones procesales del Secretario Judicial, op. cit.*, pp. 17 y 18).
11. Se encargaba de dar fe de lo ocurría en los juicios como de lo que estipulaba en las convenciones: *vid.* RODRÍGUEZ TIRADO, Ana M., *Las funciones procesales del Secretario Judicial, op. cit.*, p. 16.
12. Como, por ejemplo, el Fuero de Soria, el Fuero Juzgo y el Fuero Viejo de Castilla: *vid.* RODRÍGUEZ TIRADO, Ana M., *Las funciones procesales del Secretario Judicial, op. cit.*, p. 17.

mente el oficio fedatario en dos en atención a sendos campos de actuación de la fe pública: el judicial y el extrajudicial (art. 1.º). Una de las razones que contribuyó a la separación de la fe pública en dos instituciones distintas es que el Derecho comienza a adquirir mayor especialización y aumenta la actividad jurídica, buscándose así «un cierto grado de especialización de los escribanos con acotamiento de su terreno de actuación, bien circunscrito dentro del ámbito judicial, bien dentro del extrajudicial»[13]. La denominación de escribano aún se mantuvo (por ejemplo, escribanos de actuaciones) y convivió con el nuevo de Secretario Judicial[14]. Es el Real Decreto de 1.º de junio de 1911 la norma que sustituyó definitivamente el nombre de escribano por el de Secretario Judicial en el ámbito de las actuaciones judiciales. En 1995, GIMENO SENDRA ponía de relieve que no ha sido superada la «eterna polémica cuestión de la naturaleza jurídica del Secretario, ya que la configuración de este cualificado colaborador de la Jurisdicción ha de depender forzosamente no sólo de su ubicación, sino también de su capacidad de actuación en la esfera del proceso»[15].

La denominación de Secretario Judicial ha perdurado hasta 2015. Así, por Ley Orgánica 7/2015, de 21 de julio, se introdujo el cambio de denominación de Secretario Judicial por la de Letrado de la Administración Justicia. Es una forma de desligar el origen vinculado a la dación de fe a fin de que haya una acomodación a la formación y nuevas funciones asumidas como la de dictar resoluciones procesales (diligencias de ordenación y decreto, art. 206.2 LEC).

En 2003, el legislador anunciaba que era necesario abordar una profunda reforma para alcanzar los objetivos previstos en el Pacto de Estado para la reforma de la Justicia de 28 de mayo de 2001, centrándose en la modificación de la Ley Orgánica del Poder Judicial por Ley Orgánica 19/2003, de 23 de diciembre. Esta reforma afectó a «los aspectos fundamentales del poder

13. Esta escisión no fue efectiva, dado el periodo transitorio que se extendió desde 1862 hasta principios del siglo XX. Podemos hablar de un cambio gradual, debido a razones organizativas y económicas (RODRÍGUEZ TIRADO, Ana M., *Las funciones procesales del Secretario Judicial*, *op. cit.*, p. 20).

14. Por ejemplo, el Real Decreto de 14 de octubre de 1882, por el que se aprueba la Ley adicional a la Ley orgánica del Poder Judicial (o Ley para el establecimiento de los Juzgados y Tribunales de lo Criminal), proporciona cierta uniformidad terminológica y conceptual de los Secretarios Judiciales, a los que la Ley provisional de Organización de los Tribunales de 1870 había otorgado el carácter de oficio con carácter autónomo e independiente con respecto a la anterior figura del escribano (arts. 470 y ss. y Disposiciones transitorias undécima, decimotercera, decimosexta y decimoséptima).

15. GIMENO SENDRA, Vicente, «Las garantías constitucionales en el proceso y el Secretario Judicial en el marco del Consejo de Europa», en *Poder Judicial*, 2.ª época, 1995 (junio), núm. 38, p. 253.

judicial y de la propia Administración de Justicia». Se configuraron las funciones del Letrado de la Administración de Justicia y con la remodelación de la Oficina Judicial, además de la reorganización orgánica del estatuto profesional del personal al servicio de la Administración de Justicia[16].

La regulación de las funciones del Secretario Judicial desaparecieron de los arts. 279 a 291 LOPJ, dentro del Título IV «De la fe pública judicial y de la documentación» del Libro III «Del régimen de los Juzgados y Tribunales», a efectos de ampliar las funciones y dejar de estar vinculadas principalmente a la dación de fe. Las funciones de este cuerpo nacional de funcionarios pasó a regularse en el Libro V «De los Letrados de la Administración de Justicia y de la Oficina Judicial», siendo objeto de varios reformas posteriores a la de 2003. Lo cierto es que la regulación de sus funciones se abordan en el Título II, que se dedica a la regulación de los Letrados de la Administración de Justicia: su estatuto personal, ordenación, régimen disciplinario y sus funciones. En el anterior Título IV del Libro III, las funciones procesales del Secretario Judicial —en su anterior denominación— se diluían como parte de la regulación de la actividad procesal junto al tiempo de las actuaciones, la forma de constitución de los tribunales, la regulación de forma de producirse las actuaciones judiciales y de la responsabilidad de la Administración de Justicia.

En 2025, se vuelve a efectuar una nueva remodelación de la Oficina Judicial, si bien no se afectan las funciones procesales del Letrado de la Administración de Justicia.

Sin embargo, en cuanto a las funciones de dación de fe y documentación, desarrolladas en los arts. 145 y ss. LEC, se advierta la actualización de la documentación de las actuaciones con el uso de las nuevas tecnologías, que será objeto de otra parte de este trabajo. Se ha de tener en cuenta que la Ley Orgánica del Poder Judicial regula las funciones de los Letrados de la Administración de Justicia en los arts. 452 y ss., dedicando los arts. 453 y 454 LOPJ a la dación de fe y a la documentación de las actuaciones, de los que parte como base los arts. 145 y ss. LEC, que es de aplicación supletoria a las leyes que regulan los procesos penales, contencioso-administrativos,

16. «No sólo se definen con mayor precisión sus funciones, sino que se le atribuyen otras, potenciando así sus capacidades profesionales. Asume, además, responsabilidades en materia de coordinación con las Administraciones Pública con competencia en materia de Justicia».
«En lo que se refiere a la fe pública, el Secretario Judicial, en el seno de la Administración de Justicia, ejerce con exclusividad esta función, que se redefine a fin de circunscribirla a lo verdaderamente trascendente, compatibilizándola con la utilización de las nuevas tecnologías» (Exposición de Motivos de la Ley Orgánica 9/2023, de 23 de diciembre, parágrafo VII).

laborales y militares (art. 4 LEC). Al respecto, la Ley de Enjuiciamiento Criminal no tiene particularidad alguna sobre dichas funciones, por lo que será de aplicación el desarrollo de la norma procesal civil.

Los Letrados de la Administración de Justicia han de ejercer sus funciones «con sujeción al principio de legalidad e imparcialidad en todo caso, al de autonomía e independencia en el ejercicio de la fe pública judicial, así como al de unidad de actuación y dependencia jerárquica en todas las demás que les encomienden la propia Ley Orgánica del Poder Judicial y las normas del procedimiento respectivo, así como su reglamento orgánico». En lo que concierne a la fe pública judicial, el Letrado de la Administración de Justicia la ejercerá con exclusividad y plenitud, de modo que son los encargados de dar fe de la realización de los actos procesales en el tribunal y ante el tribunal y de la producción de hechos de transcendencia procesal documentándolas mediante actas y diligencias (art. 453.1 LOPJ). ¿Se ha incorporado medidas de eficiencia digital en el ejercicio de estas funciones? ¿Y de eficiencia organizativa? A estas cuestiones, se tratará de responder en los epígrafes siguientes, adelantado la respuesta positiva, si bien con matices en la segunda redundando en la Oficina Judicial.

III. LA EFICIENCIA DEL SERVICIO PÚBLICO DE JUSTICIA DE LA LEY ORGÁNICA 1/2025. LETRADO DE LA ADMINISTRACIÓN DE JUSTICIA Y OFICINA JUDICIAL

1. NUEVOS HORIZONTES DE LA EFICIENCIA DEL SERVICIO PÚBLICO DE JUSTICIA

El objetivo de disminuir la litigiosidad y los tiempos de duración de los procedimientos en los que se encaucen los distintos procesos es una constante en el legislador desde hace décadas. Son síntomas a tener en cuenta al realizar un diagnóstico del estado de la Administración de Justicia, del servicio público de Justicia o, sencillamente, de la Justicia en España. La expresión de «agilización procesal» se ha acompañado a algunas normas procesales en el pasado. Baste recordar la Ley 37/2011, 10 de octubre, de medidas de agilización procesal; Ley 41/2015, de 5 de octubre, de modificación de la Ley de Enjuiciamiento Criminal para la agilización de la justicia penal y el fortalecimiento de las garantías procesales, o la Ley 19/2009, de 23 de noviembre, de medidas de fomento y agilización procesal del alquiler y de la eficiencia energética de los edificios, por ejemplo.

Con el Plan de Recuperación, Transformación y Resiliencia, en el que se inserta el Plan Justicia 2030, se ha puesto el énfasis en la «eficiencia» procesal, organizativa y digital de la Justicia con el fin de modernizarla, más que en la «agilización». Parte del fortalecimiento de la Justicia como servicio público.

Al respecto, el Plan de Recuperación, Transformación y Resiliencia, entre las 102 medidas de reforma contenidas en el Plan, «se traducen en acciones diferentes para reforzar y modernizar los ámbitos principales que condicionan la estructura y trayectoria económica del país» como la de «modernizar la Administración pública, a través de la digitalización de su funcionamiento y servicios, la revisión de sus procesos para hacerlos más eficientes, el refuerzo del capital humano, la reforma en áreas claves como la Justicia o la mejora de la evaluación de políticas públicas»[17]. Prevé reformas normativas, en este marco, para mejorar la modernización de la Justicia. Así, «es preciso destacar el papel fundamental de la modernización y digitalización de la Administración pública en el impulso de la eficiencia y la productividad del conjunto de la economía. La modernización y digitalización en el ámbito de las políticas del mercado de trabajo, la Seguridad Social, la administración de justicia, o de la salud, así como la mejora de los instrumentos de comunicación y relación con los ciudadanos (mediante la activación de apps, la digitalización de los servicios consulares y de la administración territorial para el despliegue de las políticas de inclusión) serán claves para aumentar la eficiencia de esta parte tan importante de la economía y reforzar el estado de bienestar, acercándolo a los ciudadanos y empresas en todo el territorio nacional»[18].

Este Plan de Recuperación, Transformación y Resiliencia se organiza en torno a cuatro ejes transversales que se proyectan a través de diez políticas palanca, siendo la cuarta la de «una administración para el siglo XXI» como uno de los sectores tractores. A su vez, estas diez palancas incluyen los «treinta componentes que articulan los proyectos coherentes de inversiones

---

17. Plan de Recuperación, Transformación y Resiliencia, https://www.mjusticia.gob.es/es/AreaTematica/fondos-next-generation/Documents/Documento%20completo%20PRTR.pdf (p. 121) (último acceso: 18/12/2024).
«A través de los treinta componentes del Plan, se recogen las reformas transformadoras que reforzarán el impacto de las inversiones, concretadas en cambios normativos, modificación y revisión de procedimientos administrativos o actuaciones concretas de las distintas Administraciones. La mayoría de reformas, tienen carácter horizontal —impulsando los cuatro ejes de transición verde, transformación digital, cohesión social y territorial e igualdad de género, para el conjunto de la economía— y algunas están específicamente dirigidas a impulsar la modernización de sectores tractores, como el comercio, el turismo, el sector agroalimentario, la salud, el de la automoción, aeronáutico, o las Administraciones públicas» (*ibidem*, p. 122).
18. Plan de Recuperación, Transformación y Resiliencia, https://www.mjusticia.gob.es/es/AreaTematica/fondos-next-generation/Documents/Documento%20completo%20PRTR.pdf (p. 121) (último acceso: 18/12/2024).
«En el plano de la resiliencia institucional destaca igualmente en el componente 11 la reforma para el impulso del Estado de derecho y la eficiencia del servicio público de

y reformas para modernizar el país»[19]. La palanca cuarta prevé la modernización de la administración, siendo la «reforma del sistema de administración de justicia, para dotarla de mayor eficiencia y eficacia», prioritaria[20]. Fruto de este Plan de Recuperación es el Plan Justicia 2030, previsto en el Anexo I de aquel[21].

Se aprobó una segunda fase del Plan con la incorporación de una Adenda en 2023. En materia de Justicia, la previsión de avanzar «en la mejora y modernización del servicio público de Justicia con la aprobación de la Ley orgánica del derecho a la defensa que desarrolla un derecho fundamental de los ciudadanos». Ha dado lugar a la Ley Orgánica 5/2024, de 11 de noviembre, del derecho a la defensa. La segunda fase recoge como «uno de los grandes retos de la democracia española: la agilización de la Justicia a través de reformas en los procedimientos y modernización de sus infraestructuras»[22].

---

la Justicia, a través de varios proyectos normativos e inversiones para digitalizarla y hacerla más accesible y eficiente» (*ibidem*, p. 75).

«A través de los treinta componentes del Plan, se recogen las reformas transformadoras que reforzarán el impacto de las inversiones, concretadas en cambios normativos, modificación y revisión de procedimientos administrativos o actuaciones concretas de las distintas Administraciones. La mayoría de reformas tienen carácter horizontal —impulsando los cuatro ejes de transición verde, transformación digital, cohesión social y territorial e igualdad de género, para el conjunto de la economía— y algunas están específicamente dirigidas a impulsar la modernización de sectores tractores, como el comercio, el turismo, el sector agroalimentario, la salud, el de la automoción, aeronáutico, o las Administraciones públicas» (ibidem, p. 120).

19. Plan de Recuperación, Transformación y Resiliencia: https://www.mjusticia.gob.es/es/AreaTematica/fondos-next-generation/Documents/Documento%20completo%20PRTR.pdf (pp. 24 y 25) (último acceso: 18/12/2024)

20. Ibidem, p. 28. «No es posible abordar una auténtica transformación de la economía y la sociedad sin una Administración pública que actúe como tractor de los cambios tecnológicos, impulsando innovaciones, acompañando al sector privado, activando a los sectores y creando nuevos modelos de negocio replicables y escalables en el conjunto de la economía. Se plantea por ello una modernización de la Administración para responder a las necesidades de la ciudadanía y la economía en todo el territorio. Se basa en la digitalización de los servicios y del funcionamiento de la Administración, y la transición energética de la infraestructura y parque público, por su efecto arrastre sobre el resto de la economía» (*ibidem*).

21. *Ibidem*, p. 254. El Plan Justicia 2030 se prevé con un programa de medidas con una temporalidad de diez años hasta 2030 para transformar el sistema de Justicia «en un auténtico servicio público», que ha de promover, entre otras acciones, una mayor eficiencia del servicio público y garantizando el acceso a la Justicia en todo el territorio. El Plan Justicia 2030 se ha de vertebrar en tres ejes estratégicos: Acceso a la Justicia, Consolidación de garantías y derechos y Eficiencia operativa del servicio público de la Justicia y transformación digital, lo que permitirá incrementar la cohesión y coordinación territorial.

22. Https://planderecuperacion.gob.es/sites/default/files/2023-10/02102023_adenda_plan_recuperacion_documento_completo.pdf (último acceso: 18/12/2024) (pp. 52 y 158).
Así, se prevé la «reforma para el impulso del Estado de Derecho y la eficiencia del servicio

En cuanto a la promoción de la cohesión territorial, el Plan de Recuperación establece medidas para impulsar los servicios públicos en el medio rural, como las oficinas municipales de justicia, que en la Ley Orgánica de eficiencia del servicio público de Justicia se regula como Oficinas de Justicia, «o la mejora de la seguridad en estas áreas»[23]. De esta forma, garantizar la cohesión social y territorial en el acceso al servicio público de Justicia.

En el Plan Justicia 2030, se efectúa el diagnóstico a partir de datos utilizados —los síntomas— a partir del cual se articula la respuesta partiendo de un objetivo general: «transformar el servicio público de Justicia para hacerlo más accesible, eficiente y contribuir al esfuerzo común de cohesión y sostenibilidad». A su vez, este objetivo general se articula en tres objetivos específicos: acceso a derechos y libertades, contribuir a la sostenibilidad y cohesión social y eficiencia del servicio público de Justicia. Así, se pretende hacer «más eficiente» la gestión del servicio público de Justicia «aprovechando una transformación digital que facilita la organización más flexible y procesos más continuos» hacia la ciudadanía, facilitando un «servicio más accesible, más ajustado a la demanda social cotidiana, más entendible, más cercano y asegurando que nadie se quede atrás». Y también se dirige hacia «la conexión del servicio con el proyecto de país y la construcción europea en el nuevo contexto», de modo que la Justicia «puede contribuir a la activación económica, la transición ecológica, la lucha contra la despoblación[24], la cohesión

---

público de justicia. Se establece un plan de trabajo para diez años cuyo objetivo es la adaptación y mejora de la administración de Justicia para y hacerla más accesible y eficiente, digitalizarla y promover su transformación ecológica» (*ibidem*).

23. Plan de Recuperación, Transformación y Resiliencia: https://www.mjusticia.gob.es/es/AreaTematica/fondos-next-generation/Documents/Documento%20completo%20PRTR.pdf (p. 71) (último acceso: 18/12/2024)

24. En el Plan de Recuperación, Transformación y Resiliencia, en la Palanca I, se dispone que «las ciudades tienen un papel fundamental en la transformación económica y social. Pero junto a las áreas metropolitanas debe tenerse en cuenta a la población que vive en otros entornos, como el rural. Resulta necesario articular medidas específicas para la España despoblada que impulsen la innovación social y territorial y faciliten el desarrollo de nuevos proyectos profesionales, la fijación de población, la atracción de talento, la prestación de servicios, así como un uso sostenible de nuestros recursos».
Dentro de la prestación de servicios, entraría el Servicio Público de Justicia. Sin embargo, no se recoge expresamente en sus componentes. No obstante, en «la igualdad de género y el refuerzo de la cohesión social y territorial constituyen dos ejes centrales del Plan de Recuperación, con el fin de compensar el impacto diferencial de la pandemia y lograr un crecimiento más inclusivo y sostenible desde el punto de vista social», «En este contexto, los Fondos Europeos Next Generation EU son una oportunidad para garantizar una recuperación más justa e inclusiva. Esta crisis, al igual que la financiera de 2008 y su recaída en 2012, ha golpeado con más intensidad a los grupos más vulnerables, a los trabajadores menos cualificados, a las mujeres y a las generaciones más jóvenes. Las intervenciones deben estar diseñadas para que realmente esos grupos perciban los beneficios de los recursos europeos y se beneficien de la recuperación. Por ello, el Plan

social, la educación, el ejercicio de los derechos humanos o la prevención de la corrupción»[25].

Para el desarrollo del Plan Justicia 2030, se detectan nueve puntos de incidencia, que se transforman en programas y, dentro de estos, se agrupan los proyectos. Así, cada objetivo cuenta con tres programas y cada uno de estos programas se despliega en tres proyectos y, en su caso, con subproyectos[26].

Estos a su vez se pueden componer de cuantos subproyectos sean necesarios para su adecuada ejecución. Los programas, agrupados por objetivos,

incluye muy claramente este componente social, de igualdad de oportunidades y de género. Las reformas tienen que estar basadas en la solidaridad, la integración, la justicia social y una distribución justa de la riqueza con el fin de afrontar los problemas de desigualdad, dar protección a los grupos más vulnerables y mejorar los niveles de vida de todos los ciudadanos, esencial para la igualdad de oportunidades».
«Teniendo en cuenta la diversidad de nuestras sociedades, el Plan trabaja desde un doble enfoque. Por una parte, propicia el desarrollo de procedimientos que incorporen la dimensión de género y de igualdad de oportunidades en todos los procedimientos administrativos que se desarrollen en el marco de las reformas e inversiones del Plan de Recuperación. Por otra, cada uno de los componentes incorporará el enfoque de género y de inclusión de colectivos vulnerables, en las distintas reformas e inversiones, creando un enfoque integral de igualdad de género y de oportunidades».
Entre los procedimientos transversales de igualdad de género y oportunidades, se prevé que «todos los componentes de este Plan procurarán un impacto de genero positivo en la sociedad mediante la incorporación de la dimensión de género en los sistemas de recogida y análisis de información, así como de otros colectivos minoritarios o en riesgo de exclusión, a fin de desarrollar indicadores que puedan tener en consideración posibles diferencias en los comportamientos, necesidades, actitudes, efectos sobre la salud de los riesgos medioambientales, etc.».
(https://www.mjusticia.gob.es/es/AreaTematica/fondos-next-generation/Documents/Documento%20completo%20PRTR.pdf) (último acceso: 18/12/2024).

25. https://www.justicia2030.es/objetivos (último acceso: 13/12/2024).
26. https://www.justicia2030.es/objetivos (último acceso: 13/12/2024).
Los objetivos que prevé son acceso a derechos y libertades, contribuir a la sostenibilidad y cohesión y eficiencia del servicio público de Justicia.
El Objetivo 1 «Acceso a derechos y libertades» se articula en tres programas:
a) Accesibilidad a la justicia (proyectos: acceso universal, lenguaje accesible, educación jurídica básica).
b) Profesionales de la justicia (proyectos: acceso y desarrollo profesional, formación y igualdad y conciliación).
c) Nuevas realidades sociales (proyectos: accesibilidad de grupos vulnerables, protección de víctimas y denunciantes y estudios socio-jurídicos proactivos).
El Objetivo 2 «Eficiencia del servicio público de Justicia», organizado en torno a tres programas:
a) Eficiencia organizativa (proyectos: ley de eficiencia organizativa del Servicio Público de Justicia, Tribunales de Instancia y Oficina judicial y Oficinas de Justicia en los municipios).

son los siguientes. Ya se han materializado algunos proyectos o subproyectos del Plan Justicia 2030 como la Ley del derecho de defensa o la Ley por la que se establecidas medidas de eficiencia digital. Como se ha expuesto más arriba, se haya en tramitación la Ley que establece medidas de eficiencia organizativa y de eficiencia procesal con la regulación de los MASC.

En el Plan Justicia 2030, se recoge que «la Justicia orientada al dato va a proveer de una fuente de información muy grande que potencialmente puede abrir líneas de investigación. La evolución de la sociedad se muestra en los datos que genera el Servicio Público de Justicia que se van a poner al servicio de la investigación»[27].

Por consiguiente, son tres las dimensiones con las que se pretende afrontar la modernización de la Justicia, que se consolida como servicio público de Justicia, que confluyen en el fin común que el servicio público de Justicia sea eficiente. Para ello, requiere la adopción de medidas de eficiencia digital, de eficiencia organizativa y de eficiencia procesal. Las de eficiencia digital, que no dejan de ser herramientas al servicio de la eficiencia

---

b) Eficiencia procesal (proyectos: ley de eficiencia procesal del Servicio Público de Justicia —Ley de eficiencia procesal, MASC y ODR—, sistemas de ejecución —modelo de ejecución y Oficina de Recuperación y Gestión de Activos— y Ley de Enjuiciamiento Criminal —nueva ley basada en la figura del fiscal instructor—).

c) Eficiencia digital (proyectos: ley de eficiencia digital del Servicio Público de Justicia, analítica legislativa y judicial —Inteligencia artificial para la eficiencia de la Justicia e Impulso a la Comisión de Codificación— y actuaciones telemáticas —inmediación digital y servicios no presenciales, fe pública digital y puesto de trabajo deslocalizado y teletrabajo—).

El Objetivo 3 «Contribuir a la sostenibilidad y cohesión» estructurado en tres programas:

a) Servicios a la ciudadanía (proyectos: nuevo modelo de Registro Civil, atención a la ciudadanía —cita previa, carpeta ciudadana y notificación electrónica — y sistema de calidad —sello de calidad—).

b) Sociedades sostenibles (proyectos: defensa del Estado de Derecho —seguimiento de dictámenes en materia de derechos humanos, impulso del Estado de Derecho en la Unión Europea, lucha contra la corrupción—, justicia medioambiental y sedes sostenibles —sedes judiciables sostenibles y sedes administrativas sostenibles— y justicia para la transformación económica —eficiencia judicial para la actividad empresarial, regulación de la insolvencia para la segunda oportunidad, gestión eficiente de depósitos y consignaciones —).

c) Coordinación y cohesión institucional (proyectos: cogobernanza en justicia —arquitectura de cogobernanza—, justicia basada en datos —plataforma de justicia basada en datos— y ecosistema digital interoperable —sistema de gestión procesal y aplicaciones de soporte a la actividad judicial—).

27. https://www.justicia2030.es/objetivos (último acceso: 13/12/2024).

procesal[28], se aprobaron por el ya citado Real Decreto 6/2023, de 19 de diciembre. El Preámbulo de esta norma justifica que «la consolidación en nuestra sociedad de las nuevas tecnologías, la evolución cultural de una ciudadanía consciente de los retos que comporta la digitalización y, sobre todo, la utilidad de los nuevos instrumentos y herramientas tecnológicas al servicio de una mejor y más eficiente gestión de los recursos públicos, también en el marco de la Administración de Justicia, implica para los poderes públicos el imperativo de abordar correctamente este nuevo marco relacional y, con él, delimitar y potenciar el entorno digital con el propósito de favorecer una más eficiente potestad jurisdiccional» (parágrafo II). Añade que, gracias a la Ley 18/2011, de 5 de julio, reguladora del uso de las tecnologías de la información y la comunicación en la Administración de Justicia[29], se estableció «un verdadero marco tecnológico para el servicio público de Justicia, más allá de la utilización de herramientas tecnológicas concretas como el ordenador o los sistemas de gestión procesal». Alude, entre otros, al Punto de Acceso General de la Administración de Justicia y a la Sede Judicial Electrónica, el expediente judicial electrónico con posibilidad del uso de firma electrónica e, incluso, la práctica de actos de comunicación por medios electrónicos.

El legislador de 2023 vincula eficiencia y eficacia a la utilidad de que pueden reportar «los nuevos instrumentos y herramientas tecnológicos al servicio de una mejor y más eficiente gestión de los recursos públicos, también en el marco de la Administración de Justicia»[30]. Hace hincapié en la necesidad de que todo el territorio nacional «cuente con sistemas comunes, o de características análogas, interoperables, como garantía del derecho fundamental de acceso a la Justicia en igualdad de condiciones en todo el territorio del Estado» (Parágrafo II del RD-L 6/2023). Es decir, el legislador apela a la co-gobernanza Estado-Comunidades Autónomas para que la eficiencia judicial se mejore con la implantación de las nuevas tecnologías, de manera que puedan interactuar con independencia de la parte del territorio en que se actúe. Un objetivo muy loable dada la situación de desconexión entre juzgados, incluso dentro de la misma comunidad autónoma. Se prioriza la eficiencia en tiempo y resultados garantizando el derecho a la tutela judicial efectiva a juicio del propio legislador. Este Real Decreto-ley aborda reformas de diversa índole, no sólo procesales, sino también en materia de discapacidad y función pública en el marco del Plan de Recuperación,

28. *Vid.* CARO CATALÁN, José (Dir.), *La optimización de la Justicia: reflexiones sobre la eficiencia procesal*, Barcelona, 2025; HERRERO PEREZAGUA, Juan F. (Dir.), *La justicia tenía un precio*, Barcelona, 2023.
29. El Real Decreto-ley 6/2023 deroga la Ley 18/2011, de 5 de julio, por su Disposición derogatoria única.
30. Parágrafo II del Preámbulo de RD-L 6/2023.

Transformación y Resiliencia. Además, el cumplimiento de dicho objetivo de eficiencia repercute en la actualización de las funciones de dación de fe y de documentación orientadas a la eficiencia digital y al dato[31]. Cuestión diferente será la repercusión en el ejercicio de las mismas a través de sistemas autorizados.

Es loable la determinación del legislador en la mejora del funcionamiento de los tribunales (lo usamos genéricamente dada la inminente eliminación de los juzgados), de la Justicia en general, con la normalización de las sedes electrónicas, del expediente judicial electrónico, interoperabilidad[32], Punto de Acceso General de la Administración de Justicia (arts. 8-12 RD-L 6/2023), Carpeta de Justicia (arts. 13-18 RD-L 6/2023), sistemas de identificación y firma en la Administración de Justicia (arts. 19-27 RD-L 6/2023) y la tramitación electrónica de los procedimientos judiciales (arts. 31 y ss. RD-L 6/2023). Ahora bien, esta reforma de 2023 incluía otros objetivos diversos que conllevó no sólo la adaptación de las leyes procesales a las nuevas tecnologías, sino también a otras materias de política social o europea.

Desde el ámbito administrativo, se viene diferenciando entre actuaciones administrativas automatizada (AAA) y procesos robóticos automatizados (RPA)[33], pudiendo utilizarse estos últimos para elaborar estadísticas. A juicio de PADILLA RUIZ y referido al ámbito de la Administración Pública[34], afirma que «se ha comprobado que las RPA aumentan la eficiencia entre el 50 y el 90%,

31. *Vid.* BARONA VILAR, Silvia, «Ecosistema digital de Justicia eficiente (De la Justicia digital orientada al documento a la Justicia orientada al dato)», en *Actualidad civil*, núm. 5, 2023, pp. 1 y ss.
32. Según la Disposición Adicional primera, se prevé un plazo de cinco años desde la entrada en vigor del Libro Primero del Real Decreto-ley 6/2023 para que las administraciónes garanticen la interoperabilidad entre los sistemas al servicio de la Administración de Justicia.
33. PADILLA RUIZ, Pedro, «Actuaciones administrativas automatizadas y automatización robótica de procesos en la gestión de personas», en *Revista Vasca de Gestión de Personas y Organizaciones Públicas*, núm. 24 zk./2023, pp. 58-61. Este autor define como actuaciones administrativas automatizadas las «aplicaciones informáticas de escritorio, web o en la nube, que permiten realizar las tareas propias que exige un procedimiento administrativo y generar los documentos resultantes», mientras que, «por procesos robóticos automatizados», entiende que pueden ser considerados «como una subespecie de las actuaciones administrativas automatizadas, cuyo funcionamiento es idéntico, al ser robots software, pero cuyo funcionamiento difiere un poco. [...] los RPA reproducen los mismos procesos que realizamos las personas físicamente ante la pantalla del ordenador sobre cualquier programa, por tal motivo son multipropósito» (*ibidem*, pp. 54, 55 y 60).
34. Sobre los objetivos del Plan de Digitalización de las Administraciones Pública 2021-2025 (Servicios digitales, accesibles, eficientes, seguros y fiables; políticas públicas basadas en datos y modernización de la gestión de datos, y democratización del acceso a las tecno-

si bien hay algunos casos en que estos resultados son muy superiores, dependiendo de la tarea que se automatiza»[35].

Ahora bien, la duda que surge es si toda persona va a disponer de dichos medios para acceder y en qué plazo estarán todos los órganos judiciales dotados de los medios tecnológicos para el normal desarrolla de la actividad procesal. ¿Se reducirán los tiempos en las tramitaciones procesales? Entiéndase que será necesario medir la duración razonable conforme a las previsiones legales sin obviar las garantías constituciones y procesales reconocidas[36]. ¿La

---

logías emergente): https://administracionelectronica.gob.es/pae_Home/pae_Estrategias/Plan_Digitalizacion_AAPP/Objetivos.html (Último acceso: 24/8/2024).
Se enumeran como principios rectores: Responsabilidad centralizada, ejecución colaborativa, reutilización, sostenibilidad, orientación a resultados y visión global y sectorial. Dentro de los ejes de dicho Plan, el eje 2, denominado «Proyectos de alto impacto en la digitalización del Sector Público», «persigue desarrollar líneas estratégicas específicas para la digitalización de determinados ámbitos funcionales de la Administración General del Estado denominados tractores, entre los que cabe destacar sanidad, justicia y empleo» (https://administracionelectronica.gob.es/pae_Home/pae_Estrategias/Plan_Digitalizacion_AAPP/ejes-estrategicos.html) (Último acceso: 24/8/2024).
Resulta relevante diferenciar la justicia, considerada como servicio, dirigida al ciudadano de la administración de justicia por jueces y tribunales. Ciertamente, la infraestructura de recursos materiales y humanos, los cuerpos al servicio de la Administración de Justicia, han de estar incluidos, evidentemente, en el marco del Plan de Digitalización, así como facilitar las herramientas que permitan utilizar la digitalización en la tramitación de los procesos judiciales. Por nuestra parte, no entramos en el debate de la IA en los modelos predictivos, prescriptivos o de diagnóstico.

35. *Ibidem*, pp. 61 y 62. PADILLA RUIZ, Pedro, añade que, «en el caso de los RPA(,) se puede aplicar a multitud de entornos y aplicaciones, no resultando intrusivos al no afectar al funcionamiento interno de las aplicaciones, con lo que no hay peligro de perder garantías o provocar errores en ellas. [...] Los procesos robóticos también cuentan con algunas desventajas. Entre ellas destacaremos que son una tecnología aún desconocida y no ampliamente utilizada, que requieren de un entrenamiento, si bien no suele ser excesivamente complejo; y finalmente, que esta tecnología no puede aplicarse siempre» (*ibidem*, p. 62). Alude al marco general de potenciación de la implantación de las nuevas tecnologías en el ámbito de la Administración Pública a través de la Ley 39/2015, de 1 de octubre, y la Ley 40/2015, de 1 de octubre. En el ámbito judicial, se incorporó en la Ley de Enjuiciamiento Civil a través de la Ley 42/2015, de 5 de octubre, con la incorporación de la subasta judicial electrónica y la obligatoriedad general de comunicación con la Administración de Justicia por medios electrónicos (una obligatoriedad con muchas excepciones). Asimismo, se reguló el sistema LexNET por el Real Decreto 1065/2015, de 27 de noviembre. Con motivo de la pandemia y las limitaciones de la presencialidad física para efectuar actuaciones procesales en Juzgados y Tribunales, la Ley 3/2020, de 18 de septiembre, adoptó medidas que facilitaran la celebración de vistas y actos procesales a través de presencia telemática.

36. *Vid.* OLIVAS MORILLO, Pedro Luis, «La eficiencia procesal y su relación con las garantías procesales de los justiciables», en *Más allá de la Justicia: nuevos horizontes del Derecho Procesal*, (Dir.) SÁNCHEZ RUBIO, Ana, Valencia, 2024, pp. 345 y ss.; JIMÉNEZ CONDE, Fernando; BELLIDO PENADÉS, Rafael (Dirs.), *Justicia: ¿garantías «versus» eficiencia?*, Valencia, 2019.

estructura organizativa judicial actual facilita el acceso de la ciudadanía a la Justicia con independencia del territorio en que se encuentren? ¿Cómo afecta al cumplimiento de las funciones de dación de fe y de documentación del Letrado de la Administración de Justicia?

Si analizamos datos de la Estadística Judicial y, en concreto, las series temporales, se puede comprobar que la eficiencia procesal se ha mantenido en términos similares a pesar de las reformas legislativas referidas y acontecidas en la última década por *mor* de la eficiencia. GIMENO BEVIÁ se refiere a la jurimetría en la acepción de «instrumento o sistema para la medición, estadística y analítica judicial», que, entre otras funciones, en el uso de la Estadística Judicial permite obtener «una fotografía exacta del órgano judicial»[37].

En el análisis que se efectúa en Justicia 2030, se concluye que el problema de la eficiencia del sistema judicial «no es sólo cuestión de recursos económicos y humanos. Más allá de comparaciones con otros Estados de nuestro entorno, al analizar el funcionamiento de la Justicia española vemos que, además de los recursos, el problema también se debe a unas estructuras y medios no del todo eficientes. En los últimos 10 años el número de asuntos ingresados en nuestros tribunales ha descendido un 34% al pasar de 9.567.676 asuntos en 2009 a 6.279.302 en 2019. Este descenso, junto con el incremento de órganos judiciales y de medios personales y materiales experimentado en dicho período, debería haber supuesto una importante mejoría en la situación del servicio público de Justicia. Sin embargo, en este período de tiempo la duración media estimada de los procedimientos en el conjunto de las jurisdicciones han pasado en primera instancia de 66 días en 2009 a 162 en 2019. En la segunda instancia el crecimiento es similar al haber pasado de 63 a 138 días, y todo ello pese a la dedicación de jueces, magistrados, fiscales, LAJs y resto de personal al servicio del Administración de Justicia»[38].

Continua este Plan, afirmando que, a pesar de que el número de asuntos ingresados desde 2015 se ha reducido un 26% y que el número de asuntos resueltos se ha reducido un 29,8%, el número de asuntos en trámite ha aumentado un 16,4%. Las tasas de pendencia no han mejorado, hemos

37. La jurimetría «permite, gracias también al uso de inteligencia artificial, conocer y evaluar, a través de distintos parámetros, el estado de la Administración de Justicia» (GIMENO BEVIÁ, Jordi, «Los sistemas de jurimetría en tiempos de eficiencia procesal y de Legal Tech: retos, oportunidades y riesgos», en *Revista General de Derecho Procesal*, 2024, núm. 63, p. 13).

38. https://www.justicia2030.es/punto-de-partida (Último acceso: 22/8/2024).

pasado de una tasa del 0.28% en 2015 al 0.47% en 2019. Situación que previsiblemente se verá agravada por el impacto del COVID-19.

Téngase en cuenta que el descenso señalado de asuntos ingresados desde 2015, bien interpretadas los datos conforme a las reformas procesales y penales incorporadas en ese período, es ficticio. Recuérdese la habilitación de las tasas judiciales para las personas físicas, la despenalización de algunas faltas y la eliminación de la estadística judicial de los delitos sin autor conocido que se comunican al juzgado, salvo en determinados supuestos, datos sobre los que se volverá más adelante.

En la siguiente tabla se contiene datos de asuntos ingresados en 2023 en los distintos órdenes jurisdiccionales conforme a la Estadística Judicial[39], apreciándose en casi 2.500.000 asuntos ingresados en 2023 con respecto a 2019.

Ingresados	Total	Civil	Penal	Contenc.	Social
España	**8.749.452**	**1.941.359**	**6.173.074**	**206.751**	**427.966**

Si hablamos de duración de la tramitación procesal, no ha de perderse de vista que el Tribunal Constitucional ha construido una sólida doctrina de las dilaciones indebidas en la resolución de los procesos judiciales en las distintas instancias[40]. Así, el Tribunal Constitucional considera que se trata de un concepto jurídico indeterminado, por lo que «exige examinar cada supuesto a la luz de aquellos criterios que permitan verificar si ha existido efectiva dilación y, en su caso, si esta puede considerarse justificada, por cuanto "no toda infracción de plazos procesales o toda excesiva duración temporal de las actuaciones judiciales supone una vulneración del derecho fundamental"» a un proceso sin dilaciones indebidas. Al respecto, ha construido su doctrina, alineada con la jurisprudencia del TEDH, sobre la base de que «el juicio sobre el contenido concreto de las dilaciones, y sobre si son o no indebidas, debe ser el resultado de la aplicación a las circunstancias específicas de cada caso de los criterios objetivos que a lo largo de nuestra jurisprudencia se han ido precisando, y que son: (i) la complejidad del litigio; (ii) los márgenes ordinarios de duración de los litigios del mismo tipo;

39. https://www.poderjudicial.es/cgpj/es/Temas/Estadistica-Judicial/Informes-Datos-de Justicia/ch.Andalucia.formato2/ (Último acceso: 21/8/2024).

40. En relación con las dilaciones indebidas tienen origen en causas estructurales y no de la omisión o negligencia de los órganos judicial, el Tribunal Constitucional ha establecido doctrina del derecho a un proceso sin dilaciones indebidas, que es un concepto jurídico indeterminado, entendiendo que «no puede identificarse con una mera

(iii) el interés que arriesga el demandante de amparo; (iv) su conducta procesal; y (v) la conducta de las autoridades»[41].

Si se atiende al último de los criterios objetivos, es decir, a la conducta de las autoridades, el Tribunal Constitucional ha afianzado su doctrina al declarar el retraso o demora de juzgados y tribunales por motivos estructurales, aun cuando no sea imputable directamente al órgano judicial ni conlleve responsabilidad a las personas intervinientes en el procedimiento, «no impide apreciar la vulneración del derecho del recurrente a un proceso sin dilaciones indebidas, pues esta situación no altera su naturaleza injustificada, en tanto que el ciudadano es ajeno a esas circunstancias»[42]. Al Estado corresponde dotar «a los órganos judiciales de los medios personales y materiales precisos para el correcto desarrollo de las funciones que el ordenamiento les encomiende», por cuanto «es exigible que jueces y tribunales cumplan su función jurisdiccional, garantizando la libertad, la justicia

---

infracción de los plazos procesales o una excesiva duración temporal de las actuaciones judiciales, sino que es el resultado de la aplicación a las circunstancias específicas, que son: (i) la complejidad del litigio; (II) los márgenes ordinarios de duración de los litigios del mismo tipo: (iii) el interés que arriesga el demandante de amparo; (iv) su conducta procesal; y (v) conducta de las autoridades» (STC 135/2024, de 4 de noviembre de 2024, fj 3, ECLI:ES:TC:2024:135).

El Tribunal Constitucional analiza los márgenes ordinarios de demora para concluir si ha existido dilaciones indebidas. Para ello, utiliza la estadística publicada por el Consejo General del Poder Judicial relativa a la actividad de los órganos judiciales, así como supuestos similares ya analizados por el Tribunal Constitucional en los que apreció dilaciones indebidas. «El hecho de que la demora denunciada se deba a motivos estructurales, no imputables directamente al órgano judicial, no impide apreciar la vulneración del derecho del recurrente a un proceso sin dilaciones indebidas, pues esta situación no altera su naturaleza injustificada, en tanto que el ciudadano es ajeno a esas circunstancias» (*ibidem*).

Ahora bien, otorgar el amparo declarando que se ha vulnerado el derecho a un proceso sin dilaciones indebidas del art. 24.2 CE no supone la nulidad de las resoluciones impugnadas ni la adopción de medidas, como en el caso concreto, de anticipación del señalamiento para la vista, debido a que «el carácter estructural de los referidos retrasos, ello podría agravar la posición de terceros no recurrentes» (fi 4). Concluye manifestando que, «en casos como el presente, en el que la dilación se produce por causas estructurales, sin responsabilidad personal del titular del órgano judicial, los efectos limitados de las sentencias de este tribunal para reparar la lesión del derecho fundamental a no padecer dilaciones indebidas, puede verse contrarrestada por la correspondiente indemnización por un funcionamiento anormal de la administración de justicia, acción que será pertinente y útil, incluso, sin necesidad de plantear un recurso de amparo que, en caso de estimación, tendrá efectos meramente declarativos» (fj 4).

41. STC (Sala Primera) núm. 125/2022, de 10 de octubre, ECLI:ES:TC:2022:125, fj 3.

42. STC (Sala Primera) núm. 125/2022, de 10 de octubre, ECLI:ES:TC:2022:125, fj 3. El Tribunal Constitucional sostiene que no es posible restringir el alcance y el contenido del derecho a un proceso sin dilaciones indebidas «(dado el lugar que la recta y eficaz administración de justicia ocupa en una sociedad democrática) en función de circunstancias ajenas a los afectados por las dilaciones» (ibidem).

y la seguridad, con la rapidez que permita la duración normal de los procesos»[43].

A este respecto, el art. 37.1 LOPJ encomienda «al Ministerio de Justicia o al órgano competente de la comunidad autónoma con competencia en materia de justicia proveer a los juzgados y tribunales de los medios precisos para el desarrollo de la función con independencia y eficacia»[44]. La planta judicial y la demarcación judicial han de ser revisadas para su adaptación a las nuevas necesidades, que se fijan en la Ley 38/1988, de 28 de diciembre, de Demarcación y Planta Judicial (arts. 29.1[45] y 35.1 LOPJ) o, cuando así lo determine la LOPJ, mediante real decreto (art. 35.1 LOPJ)[46]. En el primer caso, se revisará, al menos, cada cinco años previo informe del Consejo General del Poder Judicial (art. 29.1 LOPJ), que también podrá ser instada por las comunidades autónomas con competencia en materia de justicia (art. 29.2 LOPJ). En el segundo caso, el procedimiento de determinación de la demarcación judicial es algo más completo y exigirá que las comunidades autónomas presenten sus propuestas al Gobierno, a solicitud de éste, para fijar los partidos judiciales. A continuación, el anteproyecto de norma será redactado por el Ministerio de Justicia, que deberá ser informado por el Consejo General del Poder Judicial. Finalmente, corresponderá al Gobierno tramitar el proyecto normativo (art. 35.2, 3 y 4 LOPJ).

Desde el ámbito de la Economía, se pone de relieve la necesidad de que un sistema judicial funcione eficientemente «para lograr un buen desarrollo económico»[47]. MORA-SANGUINETTI analiza cómo medir la eficiencia de

43. STC (Sala Primera) núm. 125/2022, de 10 de octubre, ECLI:ES:TC:2022:125, fj 3. El Tribunal Constitucional sostiene que no es posible restringir el alcance y el contenido del derecho a un proceso sin dilaciones indebidas «(dado el lugar que la recta y eficaz administración de justicia ocupa en una sociedad democrática) en función de circunstancias ajenas a los afectados por las dilaciones» (ibidem).

44. Y corresponde al Consejo General del Poder Judicial remitir anualmente una relación circunstanciadas de las necesidades que estime existentes al Ministerio de Justicia o al órgano de la comunidad autónoma con competencia en materia de justicia (art. 37.2 LOPJ).

45. En la nueva redacción de la Ley Orgánica de eficiencia procesal del servicio público de Justicia, la revisión de la planta judicial atenderá a la evolución de las cargas de trabajo, población y otros parámetros que se consideren relevantes (art. 29.1 LOPJ), que no incluía la norma en su versión anterior.

46. Es interesante la información socioecónomica de demarcaciones judiciales que se publica en el Consejo General del Poder Judicial, además del resumen de las características de los partidos judiciales. Se indica la fecha (2022 y 2023) y la fuente de obtención de los datos: https://www.poderjudicial.es/cgpj/es/Temas/Estadistica-Judicial/Informes-Datos-de-Justicia/ch.Andalucia.formato2/ (Último acceso: 21/8/2024).

47. MORA-SANGUINETTI, Juan S., «Justicia y Economía: La eficiencia del sistema judicial en España y sus impactos económicos», en *Papeles de Economía Española*, núm. 168, 2021, ISSN 0210-9107, «La calidad de las instituciones y la economía española», p. 67.

la Justicia, que no resulta fácil medir. Considera necesario «apostar por una medida más o menos global de buen funcionamiento del sistema judicial: esa medida es la "lentitud" del sistema y su principal factor relacionado, que, según distintos análisis, es la "congestión" judicial. Así, la lentitud judicial para resolver un conflicto engloba otros problemas para medir la eficiencia como son el coste y la predictibilidad, de modo que "si un sistema judicial es muy lento, es también muy costoso. [...] Además, un sistema lento no es predecible: una resolución que tarda en llegar no proporciona ninguna 'guía' útil para los ciudadanos o las empresas ante un conflicto concreto"»[48]. La congestión judicial se utiliza como medida de ineficiencia y es una de las tasas que figuran en los informes anuales «Justicia dato a dato» del Consejo General del Poder Judicial en su análisis de la litigiosidad judicial[49].

Desde el ámbito administrativo, al que se viene vinculando la Justicia como servicio, en la línea fina de mantener la separación de poderes, se efectúa el «análisis de la Justicia en términos de política económica», lo que «radica en la determinación de los criterios para una justicia más eficiente». CERNADA BADÍA añade que «esta cuestión no se circunscribe al sector Justicia, sino que forma parte de la reflexión general sobre la medida de la eficiencia de los servicios públicos, como criterio de contención del gasto público y de sostenibilidad de los servicios en necesario maridaje con la apuesta pública por la calidad de los servicios. Sin embargo, en su aplicación a la Justicia, esta labor presenta contornos muy específicos, que ponen de manifiesto la dificultad de medir la eficiencia»[50]. Esta autora analiza la digitalización de la Justicia en el marco de la Unión Europa y de los diferentes normas, proyectos y programas europeos de digitalización de la Justicia[51]. En cuanto a la pregunta que se plantea de si la digitalización es el camino a la eficiencia de la Justicia en Europa, concluye afirmando que, «del examen de las acciones de financiación y de los principales informes sobre eficiencia de la Justicia en Europa», la digitalización no sería sinónimo de eficiencia. CERNADA BADÍA considera que «la efectividad de la digitalización no

48. MORA-SANGUINETTI, Juan S., «Justicia y Economía: La eficiencia del sistema judicial en España y sus impactos económicos», *op. cit.*, p. 67. Este autor añade que, «si, a pesar de este razonamiento, lo que nos importan son las percepciones, también cabe afirmar que la lentitud de la justicia tiene mucho que ver con la "confianza" que los ciudadanos tienen con un sistema judicial» (*ibidem*).

49. Las tasas de litigiosidad que se analizan son https://www.poderjudicial.es/cgpj/es/Temas/Estadistica-Judicial/Estudios-e-Informes/Justicia-Dato-a-Dato/Justicia-Dato-a-Dato (Último acceso: 21/8/2024).

50. CERNADA BADÍA, Rosa, «Derecho fundamental al debido proceso y presupuestos europeos: el rol de la Unión Europea en apoyo a la eficiencia digital de la Justicia», en *Actualidad Jurídica Iberoamericana*, núm. 21, agosto 2024, p. 46.

51. *Ibidem*, pp. 53-62.

depende solo de la implantación sino también de otros aspectos fundamentales como la gobernanza de la Justicia o de la implantación de las TIC, la formación técnica de los usuarios y cambio cultural en forma de trabajo». En el caso de España, aun cuando cuenta «con un elevado nivel de digitalización, los problemas estructurales de saturación de los tribunales se mantienen y, por lo tanto, requieren medidas adicionales [...] que acompañen a la digitalización»[52].

En el Informe de balance del Plan de Digitalización de las Administraciones Públicas 2021-2025[53], se ha implantado la «Carpeta Justicia», accesible por 365 días del año, que ha tenido más de 27.000 accesos y cuenta con 11.363 usuarios registrados a fecha de elaboración del Informe (18 de julio de 2023); la implantación de sistema de videoconferencia en el 64% de los órganos judiciales, y la celebración de alrededor de 36.000 juicios telemáticos en 2023. Como aspectos de sostenibilidad, el Informe destaca el ahorro de más de cuatro millones de euros en 2022 y de más de 35.800 horas de desplazamientos.

La Resolución de 28 de octubre de 2005, de la Secretaría de Estado de Justicia, por la que se dispone la publicación del Acuerdo de Consejo de Ministros de 21 de octubre de 2005, por el que se aprueba el Plan de Transparencia Judicial, al referirse a las «tecnologías de la información y comunicaciones» en el apartado IV.2 (Instrumentos del Plan de Transparencia Judicial), preveía la «unificación o compatibilidad de las distintas aplicaciones informáticas utilizadas en las Oficinas Judiciales. Debe añadirse como un instrumento más que avale el propósito de transparencia judicial que articula este Plan la razonabilidad de que existiera una sola aplicación informática para todos los órganos judiciales y para todas las Fiscalías —convenida por todas las Administraciones competentes— o que las aplicaciones informáticas fueran compatibles entre sí. Todos los sistemas informáticos de gestión procesal deberán seguir las normas establecidas en el *Test* de Compatibilidad de Aplicaciones de Gestión Procesal para la Administración de Justicia aprobado por el Consejo General del Poder Judicial en junio de 1999». Este desiderátum, más que mandato, se efectuó hace casi veinte años, siendo la realidad muy diferente a la ideada en aquel momento

52. *Ibidem*, pp. 63-64. CERNADA BADÍA, Rosa, añade que, «siendo fundamental la inversión en tecnología para promover una justicia eficiente, la medida de la eficiencia debe relacionar la implementación de tecnologías con otros datos como, por ejemplo, la duración de los procesos, las latas de litigiosidad o de resolución o la calidad e independencia de las resoluciones judiciales» (*ibidem*, p. 64).

53. El Informe de balance del Plan de Digitalización de las Administraciones Públicas 2021-2025 es accesible a través de: https://administracionelectronica.gob.es/pae_Home/pae_Estrategias/Plan_Digitalizacion_AAPP/Informes.html (Último acceso: 28/8/2024).

en cuanto a la implantación de las TICs en la Administración de Justicia, más allá de la mera informatización con hardware y *software*. A pesar de la posterior reforma de diciembre de 2023, sigue sin ser uniforme la conexión e interoperabilidad en todo el territorio ni en la misma comunidad autonómica ni siquiera en el mismo partido judicial.

Nos planteamos si la tecnología como herramienta será suficiente para mejorar la eficiencia de los tribunales españoles y, si con una reorganización judicial aprobada, se solventará buena parte de las deficiencias que presenta el funcionamiento del sistema judicial casi siempre medido en duración de las actuaciones. Habrá que esperar al efectivo despliegue de dichas medidas organizativas, sumadas a las demás en aras de la eficiencia digital y procesal. En términos absolutos hasta la fecha, las cifras reflejan pocos cambios con independencia de que, en cada órgano concreto y en términos relativos, pueda diferir en atención a la circunscripción territorial, al volumen de trabajo de cada juzgado y a la propia organización del personal que lo sirva. Cabría plantearse, asimismo y sin que constituye objeto de este trabajo, si estos cambios contribuirán al efectivo acceso al servicio público de Justicia de todas las personas y colectivos, en particular, de los que se encuentren en situación de vulnerabilidad por concurrir circunstancias de brecha digital, de brecha social o brecha territorial, por ejemplo.

El avance legislativo hacia su consideración como servicio público se muestra en el Real Decreto-ley 6/2023, que regula en su Libro Primero las medidas de eficiencia digital y procesal del servicio público de Justicia. Además, por ejemplo, hay remisión a la Ley 40/2015, de 1 de octubre del Régimen Jurídico del Sector Público, de aplicación supletoria en la regulación de las sedes judiciales electrónicas, en concreto, al art. 38 de aquella norma (art. 8.6 RD-L 6/2023) o a los sistemas de identificación de su art. 40. Lo mismo ocurre en lo que concierne a la identificación y la firma en las actuaciones procesales y judiciales, que se remite, entre otras normas, a la Ley 39/2015, de 1 de octubre, del Procedimiento Administrativo Común de las Administraciones Públicas.

2. HACIA UN NUEVO MODELO DE ESTRUCTURA ORGANIZATIVA DEL SERVICIO PÚBLICO DE JUSTICIA. LETRADO DE LA ADMINISTRACIÓN DE JUSTICIA Y OFICINA JUDICIAL

El modelo actual está obsoleto —a partir de las críticas de las que ha venido siendo acreedor, parece ser su estado natural— y no proporciona respuesta a la demanda social. Si hay congestión según las tasas publicadas anualmente, es porque no tiene capacidad de llevar al día los asuntos ingresados anualmente al tener sistemáticamente asuntos pendientes del año anterior. También es cierto que son datos de promedio nacional, ya que depende del órgano judicial, de la demarcación territorial y de la litigiosidad, no siendo uniforme en todos los territorios y tipos de órganos. Lo que no queda tan claro es el si el nuevo modelo de organización judicial solventará las deficiencias del anterior modelo y supondrá un motor de eficiencia procesal, junto con las demás medidas de eficiencia implantadas en las leyes procesales.

En el año 2000, LÓPEZ GUERRA ya advertía de las limitaciones del servicio público de Justicia al diagnosticar que «presenta, pues, una considerable rigidez a la hora de adoptar sus prestaciones a la explosión de la litigiosidad que ha caracterizado a los quince últimos años del siglo. El aparado tradicional de la Administración de Justicia se está encontrando así con dificultades para adaptarse a las necesidades de una sociedad en continuo estado de crecimiento y cambio. Ello obliga, si se quiere cumplir con el mandato constitucional que establece el derecho de todos a una tutela judicial efectiva, a suprimir esas rigideces o cuello de botella que impiden que las prestaciones estatales en estos campos mejores en cantidad y calidad. [...] Cualquier reforma de la Justicia debe partir, en todo caso, del mantenimiento de esas garantías constitucionales, sin cuya presencia no sería posible hablar de Estado de Derecho». Concluye, así, afirmando que «tan contraria a la tutela judicial puede ser la justicia precipitada (y desde luego, la desprovista de las necesarias garantías) como la justicia diferida»[54]. Planteaba reformas en tres áreas del servicio público de Justicia, obviamente sin alusión a las nuevas tecnologías actuales, como sería la procedimental en la que se incluiría la implementación de la resolución acordada de los conflictos (mediación, conciliación, arbitraje), la estructural (incidente en la redefinición del reparto competencia de asuntos menores y asuntos de mayor relevancia) y de recursos y reforzamiento de las competencias de las Salas de lo Civil y Penal de los Tribunales Superiores de Justicia para descongestionar el Tribunal Supremo y la personal (cubrir plazas vacantes judiciales y crear nuevas).

El diagnóstico es similar a pesar de que, en estos veinticinco años transcurridos, se ha incorporado internet y las nuevas tecnologías en parte de la sociedad española, se ha incrementado la plantilla judicial y la plantilla al servicio de la Administración de Justicia, se ha creado algún tipo de órgano especializado, se ha adaptado las competencias de las Salas de lo Civil y Penal de los Tribunales Superiores de Justicia, se ha ampliado las funciones procesales del Letrado de la Administración de Justicia, se ha reforzado la

54. LÓPEZ GUERRA, Luis, «La modernización de la Justicia como servicio público», en *Revista de Derecho Político*, núm. 47, 2000, pp. 20-21.

impartición de justicia con jueces de apoyo o de adscripción territorial e, incluso, se ha modificado la forma de computar los asuntos que ingresan en el orden jurisdiccional penal en virtud del art. 284.1 LECrim.[55] o se ha producido la despenalización de algunas faltas. También se incorporó las tasas judiciales para litigar, se aprobó la Ley de Enjuiciamiento Civil, la Ley de la Jurisdicción Social, así como se aprobó también la Ley de la Jurisdicción Voluntaria, se introdujeron los coloquialmente denominados juicios rápidos y se aprobó la Ley de mediación en asuntos civiles y mercantiles, entre otras.

Hace un año se aprobó como parte del Plan de Recuperación, Transformación y Resiliencia medidas de digitalización en el ámbito judicial. Y ahora se han incorporado más medidas mediante la Ley Orgánica 1/2025. Es razonable dejar margen para el despliegue de todas ellas a fin de que surtan efecto las inversiones económicas, en especial, las procedentes de los fondos europeos Next Generation[56], porque sin inversión económica, difícilmente puede producirse una implantación efectiva. Es necesario, además, la formación y adaptación de los funcionarios de la Administración de Justicia, así como del resto de operadores jurídicos al respecto. También cabría añadir la formación y adaptación de las y los usuarios, es decir, de la ciudadanía con las medidas necesarias, no sólo en materia tecnológica, que les facilite el acceso al servicio público de Justicia.

Según el legislador orgánico, la causa principal de los problemas crónicos del servicio público de Justicia no sería el déficit de recursos en algunos puntos del sistema y «que haya que corregir», sino de la «escasa eficiencia de las soluciones que sucesivamente se han ido implantando para reforzar la Administración de Justicia como servicio público»[57]. No obstante, resulta paradójico que, en el mismo Preámbulo de la Ley Orgánica 1/2025, aluda a la «necesidad de introducir los mecanismos eficientes que resultan impres-

55. Es achacable, entre otras razones principales, a la despenalización de algunas faltas en 2015 y a la modificación del art. 284.2 LECrim. la reducción de asuntos ingresados en 2016 en casi dos millones y medio menos que en 2015. Los asuntos penales ingresados en 2015 fueron 5.806.074 y, en 2016, de 3.365.941. Desde 2016 a 2023, se ha mantenido en cifras similares el número de asuntos penales ingresados.
En el orden jurisdiccional civil, se ha triplicado desde 2001 el número de asuntos ingresados desde los 892.965 a los 2.985.234 en 2023. También se ha triplicado el número de asuntos pendientes. Aunque ha aumentado el número de asuntos resueltos, sigue siendo inferior al número de asuntos ingresados (https://www.poderjudicial.es/cgpj/es/Temas/Estadistica-Judicial/Estadistica-por-temas/Actividad-de-los-organos-judiciales/Juzgados-y-Tribunales/Series-estadisticas-de-actividad-de-los-organos/) (último acceso, 25/12/2024).

56. *Vid.* CALAZA LÓPEZ, Sonia; ORDEÑANA GEZURAGA, Ixusco (Dirs.), *Next Generation Justice: Digitalización e Inteligencia Artificial*, Madrid, 2024.

57. Parágrafo II, Preámbulo, LOEJ.

cindibles para hacer frente al número actual de asuntos judicializados, que, unido al riesgo patente de aumento de los plazos de pendencia, coloca a la Administración de Justicia en una situación muy delicada que exige adoptar medidas inmediatas y efectivas, so pena de que aquélla se vea abocada a un incremento en la duración media de los asuntos e incluso un congestión de la actividad de los Tribunales, con grave afectación de los intereses de la sociedad española cuya tutela se confía a dichos órganos jurisdiccionales» (Parágrafo II).

Este requiere no sólo de legitimidad, sino también de eficiencia, a la que refiere como «la capacidad de este sistema de producir respuestas eficaces y efectivas [...], por lo que se trata, por tanto, de afianzar que el acceso a la justicia suponga la consolidación de derechos y garantías de los ciudadanos y ciudadanas; que su funcionamiento como servicio público se produzca en condiciones de eficiencia operativa; y que la transformación digital de nuestra sociedad reciba traslado correlativo en la Administración de Justicia»[58]. En Ley Orgánica 1/2025, se plantea, para aquello, la necesidad de adaptar las estructuras de la Justicia.

Se aprecia que la tasa de congestión ha aumentado desde 2001 a 2023 con alguna fluctuación. Desde 2001, esta tasa había aumentado tímidamente de 1,29 hasta llegar a 1,35 en 2010, volviendo a disminuir levemente hasta llegar a 1,28 en 2015. Desde 2016, ha aumentado con algunas oscilaciones a la baja hasta situarse en 1,61 en 2023. Resulta orientativa la siguiente tabla extraída de la Estadística Judicial[59]:

	2001	2002	2003	2004	2005	2006	2007	2008	2009	2010	2011	2012	2013
España	**1,29**	**1,29**	**1,29**	**1,28**	**1,29**	**1,30**	**1,29**	**1,32**	**1,35**	**1,35**	**1,34**	**1,32**	**1,30**

	2014	2015	2016	2017	2018	2019	2020	2021	2022	2023
España	**1,29**	**1,28**	**1,37**	**1,41**	**1,45**	**1,46**	**1,60**	**1,49**	**1,52**	**1,61**

La adaptación de aquellas estructuras de la actual organización judicial pasaría por superar el modelo de primer nivel basado en el juzgado como órgano unipersonal para que esa primera instancia de justicia pasa a ser colegiada, según el nuevo modelo. Para hacer el diagnóstico de obsoles-

58. Parágrafo II, Preámbulo, LOEJ.
59. https://www.poderjudicial.es/cgpj/es/Temas/Estadistica-Judicial/Estadistica-por-temas/Actividad-de-los-organos-judiciales/Juzgados-y-Tribunales/Series-estadisticas-de-actividad-de-los-organos/ (último acceso: 25/12/2024).

cencia del modelo actual, el prelegislador aduce disfunciones como la falta de especialización de los juzgados, «la proliferación de órganos con idéntica competencia en cada partido judicial, conllevando una innecesaria dispersión de medios y esfuerzo; el favorecimiento de la justicia interina; y las desigualdades en la carga de trabajo y en el tiempo de resolución de asuntos, entre otras». Así, el modelo de Tribunales de Instancia, adecuándose a países de nuestro entorno democrático, sería «un sistema de organización colegiada que no altera el ejercicio de la función jurisdiccional ni las competencias de los órganos de enjuiciamiento unipersonales», que se completaría con la instauración de Oficinas de Justicia en los municipios. Se aduce que no supondría una afectación a la referencia a juzgados y tribunales de los arts. 117 y 122 CE, pues no obligaría a establecer órganos judiciales unipersonales e independientes en el primer escalón, dejando los colegiados para instancias superiores.

En realidad, el nuevo modelo se integra en un Tribunal de Instancia por partido judicial que se estructura en Secciones especializadas servidas por jueces o magistrados de manera unipersonal. En este primer nivel, la impartición de justicia seguirá siendo por titulares de la potestad jurisdiccional ejercida unipersonalmente, ocupando plazas en las Secciones que se creen. La Ley Orgánica del Poder Judicial se adapta al lenguaje inclusivo en igualdad entre mujeres y hombres. El legislador procesal habla de homogeneidad (en la práctica de tribunales y la Oficina Judicial) y especialización[60], si bien hay un tímido avance con respecto a esta última.

Por ejemplo, el art. 26 LOPJ elimina la referencia a «juzgados de paz» por «jueces y juezas de paz» y elimina la alusión de los juzgados unipersonales por «Tribunales de Instancia».

Los Tribunales de Instancia se instauran en cada partido judicial y tendrán sede en su capital en línea con los juzgados de primera instancia e instrucción del antiguo modelo en virtud de la nueva redacción del art. 84 LOPJ, si bien ahora incluyen las secciones, incluso las que puedan exceder del partido judicial (por ejemplo, Sección de lo Penal, Sección de Menores).

Los Tribunales de Instancia[61] se integrarán, pues, por Secciones. Al menos, dispondrán de una Sección Única, Civil e Instrucción, aunque podrá

60. CARO CATALÁN, José, «Especialización judicial y acceso a la justicia de las personas en condición de vulnerabilidad», en *Revista de la Asociación de Profesores de Derecho Procesal de las Universidades Españolas* (APDPUE), núm. 9, 2024, pp. 153 y ss.

61. *Vid.* BARONA VILAR, Silvia, «Los Tribunales de Instancia, trending topic en la reforma de la organización judicial española», en *El proceso como garantía*, (Dirs.), ASENCIO MELLADO, José María; FUENTES SORIANO, Olga, Barcelona, 2023, pp. 29 y ss.

dividirse en dos, Sección Civil y Sección de Instrucción, según determine la Ley de Demarcación y Planta Judicial (art. 84.2 LOPJ). Podrán estar integrados por otras Secciones:

a) Sección de Familia, Infancia y Capacidad.

b) Sección de lo Mercantil.

c) Sección de Violencia sobre la Mujer.

d) Sección de Violencia contra la Infancia y la Adolescencia.

e) Sección de lo Penal.

f) Sección de Menores.

g) Sección de Vigilancia Penitenciaria.

h) Sección de lo Contencioso-Admnistrativo.

i) Sección de lo Social.

Cada Tribunal de Instancia contará con una presidencia, si bien las Secciones del Tribunal de Instancia dispondrán de una Presidencia cuando concurran las circunstancias del art. 84.3 LOPJ, lo que dependerá del número de Secciones con las que cuente el Tribunal (dos o más Secciones), del número de plazas judiciales en la Sección de que se trate (ocho o más) y que el Tribunal de Instancia cuente con doce o más plazas judiciales. Es decir, ello sucederá en los partidos judiciales de cierto volumen de población y volumen de asuntos.

Es posible destacar como novedad del art. 84.4 LOPJ la de adscribir a los jueces a una Sección, en la que cada uno ocupará una plaza, de modo que podrán, por criterios de racionalización del trabajo (no se habla de sustitución), conocer asuntos de otras Secciones del mismo orden jurisdiccional, lo que ocurrirá con respecto a los órdenes jurisdiccionales civil y penal. Y también permite que, en el Tribunal de Instancia, se podrá nombrar dos o más jueces, de acuerdo con un turno anual preestablecido y público, para que, junto con aquel a quien le hubiere sido turnado el asunto inicialmente, se encarguen de la instrucción de un determinado proceso penal o conozcan en primera instancia de un procedimiento de cualquier orden jurisdiccional cuando, en atención al volumen, la especial complejidad o el número de intervinientes de un procedimiento, tal nombramiento favorezca el ejercicio de la función jurisdiccional. El juez al que se haya repartido el asunto es el que actuará como ponente. Parece que se prevé la actuación de forma colegiada para determinados asuntos.

La Sección de Familia, Infancia y Capacidad, que da estabilidad a los juzgados de familia, sólo se creará cuando se estime conveniente en función de la carga de trabajo y extenderá su demarcación a todo el partido judicial (art. 86.1 LOPJ), pudiendo extenderse excepcionalmente a dos o más partidos dentro de la misma provincia previo acuerdo del Gobierno, a propuesta del Consejo General del Poder Judicial y con informe favorable de las comunidades autónomas con competencia en materia de justicia. Como novedad, se fija en el art. 86.5 LOPJ la competencia objetiva de dicha Sección (procesos especiales, alimentos y art. 160 CC).

Cabe destacar también como novedad y que será excepcional su adopción por el Consejo General del Poder Judicial, previo informe del Fiscal General del Estado, la agrupación de las Secciones de Instrucción y de las Secciones Únicas de varios partidos judiciales limítrofes, dentro de una misma provincia, siempre que, por razón del incremento de las actividades delictivas de organizaciones criminales vinculadas al tráfico de drogas o personas, se produzca un destacado aumento en el volumen de asuntos penales de esta naturaleza en determinadas zonas o periodos (art. 88.4 LOPJ).

Se amplía la competencia de las Secciones de Violencia sobre la Mujer al asumir la instrucción de los delitos de violencia sexual (art. 89 LOPJ). Amplía la prohibición de la mediación a cualquier medio adecuado de solución de controversias (obviamente, distinto de la vía jurisdiccional).

En el caso de las Secciones de Violencia contra la Infancia y la Adolescencia, asume competencia funcional para instruir procesos penales cuando la víctima sea una persona menor (niños, niñas o adolescentes) de alguno de los delitos del art. 89 bis LOPJ, además de adoptar medidas cautelares de protección a la víctima menor, enjuiciar delitos leves y dictas sentencias de conformidad[62].

62. De los cambios introducidos, las Secciones que se crean en los Tribunales de Instancia no difieren competencialmente de los hasta ahora juzgados especializados, con la salvedad de la inclusión de las secciones de violencia contra la infancia y la adolescencia que están previstas en la Ley Orgánica 8/2021, y la inclusión de la violencia sexual contra mujeres en la sección de violencia sobre la mujer. Se aprecia que la mayor especialización se liga a grupos o colectivos vulnerables: discapacidad, violencia contra la mujer, violencia contra la infancia y la adolescencia.
Llama la atención que, tras la revisión realizada de la Ley Orgánica del Poder Judicial, incluido el art. 65 en el que se sustituyen los juzgados centrales de lo penal por el Tribunal Central de Instancia, no se haya incorporado la competencia en delitos de terrorismo.

Si se hace referencia a la especialización en las Audiencias Provinciales, sólo se retoca el art. 82 LOPJ para incluir la especialización para las Secciones de Violencia contra la Infancia y la Adolescencia en asuntos penales. En lo que se refiere al conocimiento de los recursos que se prevean legalmente contra las resoluciones dictadas en primera instancia por las Secciones de Familia, Infancia y Capacidad y por las Sección sobre la Mujer y las Secciones de Violencia contra la Infancia y la Adolescencia en materia civil, podrán especializarse una o varias secciones según el número de asuntos existentes.

Los cambios sustanciales se ciernen sobre la Oficina Judicial, eliminándose las unidades procesales de apoyo directo. La Oficina Judicial desarrollará su actividad a través de servicios comunes de tramitación u otros servicios. A su vez, los servicios comunes podrán estructurarse en áreas y, si el servicio lo requiere, en equipos (art. 436 LOPJ). Ello significa que se podrán crean áreas en las distintas Secciones u órdenes jurisdiccionales, siendo obligatorio crear al menos una cuando una sección tenga doce o más plazas.

La Oficina Judicial se mantiene, por consiguiente, como apoyo a la administración de justicia.

Y otro cambio sustancial es la dotación de Oficinas de Justicia en los términos municipales como justicia de proximidad. Una de las funciones previstas es la de colaborar con las unidades de medios adecuados de solución de controversias existentes en su ámbito territorial.

Se potencian las unidades administrativas, no integradas en la Oficina Judicial, que se podrán crear para la prestación de servicios de medios adecuados de solución de controversias (art. 439 LOPJ).

Cabe citar el informe del Consejo General del Poder Judicial de 2023 en el que se analizan las características de los partidos judiciales. Al respecto, el citado informe parte de una planta judicial que contempla 431 partidos judiciales, que son muy heterogéneos «en sus características socioeconómicas, en la dotación judicial y en el volumen de asuntos que tramitan»[63]. Ha tenido en cuenta sólo los juzgados de ámbito de partido judicial (juzgados de primera instancia, instrucción, primera instancia e instrucción y violencia contra la mujer), así como las plazas orgánicas dotadas para estos

63. CONSEJO GENERAL DEL PODER JUDICIAL, Boletín de Información Estadística, núm. 111, mayo 2024, p. 1. Se advierte que el informe «pretende ilustrar esta heterogeneidad haciendo uso de la información disponible en el Sistema de Información Socioeconómica de los Partidos Judicial y de la información que facilita la Estadística Judicial sobre su actividad» (https://www.poderjudicial.es/cgpj/es/Temas/Estadistica-Judicial/Estudios-e-Informes/Datos-de-Justicia/) (último acceso: 24/12/2024).

tipos de juzgados. Deja fuera los otros órganos unipersonales como juzgados de menores, juzgados de lo contencioso-administrativo, juzgados de los mercantil, juzgados de lo social y juzgados de vigilancia penitenciaria. Para analizar las características de los partidos judiciales así lograr la visualización de la heterogeneidad de los partidos judiciales, se organizan en «decilas», es decir, se ordena de menor a mayor los partidos judiciales por el número de población, «formando diez grupos con el mismo número de partidos [...] y calculando el porcentaje respecto al total nacional que representa cada decila para los conjuntos de variables de interés: población, núm. de jueces, asuntos ingresados, resueltos y en trámite»[64].

Llama la atención que, a partir de las diez decilas —cada una con el mismo número de partidos judiciales— y con las variables indicadas en relación con el orden jurisdiccional civil, la decila con menor población es de 509.105 personas y 42 juzgados, representando al 1,1% de la población y la decila con mayor población es de 20.629.111 personas y 761 juzgados, representando el 42,9% de la población y el 36,4% de los juzgados de los tipos reseñados. Se ha de tener en cuenta que las otras nueve decilas oscilan entre el 1,1% y el 16,5% de población, es decir, que el diez por ciento de los partidos con mayor población tienen casi la mitad de población que las nueve decilas restantes. Sin embargo, dispone del 36,4% de juzgados con un volumen de asuntos ingresados del 48,2%. «El 50% de los partidos con menor población acumulan el 14,1% de la población, el 17,9% de los jueces civiles y el 10,3% de asuntos civiles ingresados»[65].

La proporción en el orden jurisdiccional penal es igual en población, pero no en el número de juzgados, siendo del 26,7% para un total del 47,1% de asuntos ingresados, es decir, la proporción de juzgados unipersonales establecidos es inferior en el orden penal con respecto al civil con una diferencia del 10%, un total de 310 juzgados menos para un volumen similar de asuntos ingresados en la decila de partidos con mayor población: 1.326.745 asuntos ingresados en los órganos unipersonales civiles y 1.299.665 asuntos ingresados en los órganos unipersonales penales: la diferencia es de poco más de 27.000 asuntos y una diferencia de más de 300 juzgados.

Una primera lectura que se obtiene es que los partidos judiciales con más población disponen de menor número de juzgados en atención a la población y a los asuntos ingresados. Por ejemplo, el diez por ciento de partidos judiciales con más población disponen de un juzgado por cada 1.743 asuntos ingresados y un juzgado por cada 27.107,9 personas mientras

65. CONSEJO GENERAL DEL PODER JUDICIAL, Boletín de Información Estadística, núm. 111, mayo 2024, pp. 2-3. (https://www.poderjudicial.es/cgpj/es/Temas/Estadistica-Judicial/Estudios-e-Informes/Datos-de-Justicia/) (último acceso: 24/12/2024).

qu el diez por ciento de partidos judiciales con menor población le corresponde 431,21 asuntos ingresados por juzgado y 12.121 personas por juzgado. Dada la generalidad de la tipología de los juzgados seleccionados, que actúan de primera instancia en contacto con el sistema judicial, no hay gran distorsión al incluir el órgano especializado de violencia sobre la mujer, que no existe en todos los partidos judiciales. Aunque se especializan por razón de la víctima, conocen de materias que no son exclusivas y excluyentes al ser asumidas también por los juzgados generales en caso de que no se hayan creado aquellos. El informe aborda otras cuestiones que permiten realizar una fotografía más exacta.

Ello nos hace pensar que, efectivamente, la organización judicial requiere de revisión. ¿Será más eficiente el modelo basado en Tribunales de Instancia y en Oficiales Judiciales?

Sería relevante hacer el seguimiento de la implantación de las distintas medidas de eficiencia procesal y digital. Con respecto a estas últimas, hay reflexiones críticas desde la judicatura al respecto, PONTE GARCÍA, ARCAY GARCÍA y GARCÍA VIDALES concluyen que el Real Decreto-ley 6/2023 «demuestra un profundo desconocimiento de la realidad diaria de la Administración de Justicia, pretendiendo una auténtica revolución tecnológica sin incrementar, por el momento, el coste en cuestiones materiales y personales. Dicho incremento resulta imprescindible de cara a dotar de una mínima efectividad a la norma»[66]. Si enlazamos digitalización[67] y documentación de las actuaciones, confluyen en las funciones atribuidas al Letrado de la Administración de Justicia y a la intervención de la Oficina Judicial en su apoyo a la función jurisdiccional.

3. EFICIENCIA, ESTADÍSTICA JUDICIAL Y JUSTICIA ORIENTADA AL DATO

Como cualquier servicio público, el servicio público de Justicia ha de ser medible y han de establecer indicadores de calidad. No basta hablar de

66. PONTE GARCÍA, Verónica; ARCAY GARCÍA, Carlos Miguel; GARCÍA VIDALES, Claudio, «Análisis, desde el ámbito penal, de las medidas de eficiencia digital en la Administración de Justicia introducidas por el Real Decreto-ley 6/2023, de 19 de diciembre», *en Lex Criminalis, Boletín Jurídico Penal de la Asociación Judicial «Francisco de Vitoria»*, núm. 5, marzo 2024, p. 80.
67. *Vid. v.gr.*, CASTILLEJO MANZANARES, Raquel, «Digitalización y/o inteligencia artificial», en *Inteligencia artificial legal y administración de justicia,* (Dirs.), CALAZA LÓPEZ, Sonia; LLORENTE SÁNCHEZ-ARJONA, Mercedes, Cizur Menor, 2022, pp. 55 y ss.

dilaciones indebidas[68], que no deja de ser un concepto jurídico indeterminado al que el Tribunal Supremo y el Tribunal Constitucional, en el marco de sus respectivas competencias, dan contenido. La Estadística Judicial permite analizar los datos objetivos sobre el funcionamiento de los tribunales, además de acceder a las tasas de la justicia como la de congestión. También facilita datos objetivos de la utilización de la mediación y de la conciliación intrajudicial, por ejemplo. Por este motivo, es una fuente de información que ha de ser estudiada a través del método que le es propio.

Se potencia la justicia orientada al dato, de modo que «la incorporación de la analítica de datos permite comprender inicialmente las necesidades de los ciudadanos y la sociedad, diseñar las respuestas adecuadas a ellos, entregar políticas y servicios apropiados y evaluar el resultado de su desempeño. En definitiva, el análisis y la explotación de datos permitirá impulsar la inteligencia del sector justicia y, como resultado, aumentar la capacidad de desarrollar políticas y servicios sostenibles a largo plazo, inclusivos y confiables»[69]. Ciertamente, los datos, que se materializa a través de la Estadística Judicial, se convierten en una valiosa fuente de información para medir la calidad del servicio público de Justicia, más allá de la aplicación de la IA como predictiva o pronosticadora.

Se ha traído a colación con anterioridad la doctrina del Tribunal Constitucional sobre qué se entienda como dilaciones indebidas. Siendo cons-

---

68. LÓPEZ GUERRA, Luis, considera que «la dilación en el procedimiento aparece como incompatible con la efectividad de la justicia, y derechamente contraria al "proceso público sin dilaciones indebidas" que ordena el artículo 25.2 de la Constitución. [...] Y a ello podría añadirse alguna consideración más: las dilaciones judiciales vienen a incidir, en la realidad social, en la misma justificación de la justicia, en cuanto ponen en duda la imparcialidad objetiva del sistema judicial. Pues la lentitud de la justicia no es una característica "neutral", que afecte por igual a todas las partes en las contiendas judiciales. Resulta claro, a la luz de la práctica, que esa lentitud repercute desfavorablemente, como tónica general, en los sectores sociales con menores disponibilidades económicas. [...] Y ello tanto si se está en la posición de actor como de demandado. [...] representa sin duda un poderoso factor disuasorio a la hora de decidir sobre si acudir a los tribunales a reivindicar, o defender esos derechos». Esta reflexión la extiende en términos similares al ámbito penal y laboral («La modernización de la Justicia como servicio público», *op. cit.*, núm. 47, 2000, pág. 18).
Asimismo, este autor trae a colación la técnica de SANTOS PASTOR para medir un nivel aceptable de duración de los procedimientos. Se acuñó el concepto de «retraso mínimo inicial» que se calcula el tiempo que «una demanda presentada debería esperar para que le llegara el turno de ser objeto de estudio y resolución. En términos coloquiales, se trataría de determinar a la vista de los asuntos acumulados, y de la rapidez media de resolución, la "cola" mínima que debería una demanda guardar hasta que, el ritmo de trabajo del tribunal en cuestión, le llegara su turno» (*ibidem*, p. 19).
69. https://www.justicia2030.es/objetivos (último acceso: 13/12/2024).

cientes de los plazos impropios para jueces y tribunales, cabría plantearse si un indicador de calidad podría venir definido por el cumplimiento o no de la temporalidad prevista en la norma procesal para un procedimiento, por ejemplo.

Para LÓPEZ GUERRA, en el año 2000, entendía que «la Constitución obliga así a los poderes públicos a promover un servicio público de la Justicia suficiente para enfrentarse satisfactoriamente» a la demanda social «tanto en términos formales (adecuación al Derecho) como materiales (en cuanto a coste y celeridad)»[70].

Por ejemplo, el coste y la celeridad, la satisfacción del usuario, la eficacia y adecuación a Derecho son parámetros medibles de la actividad de los tribunales, al igual que deberá ser la de los MASC. En el barómetro del CIS, se incluye como ítem en las preguntas por los principales problemas el de la Justicia, así como los propios informes de satisfacción que el Consejo General del Poder Judicial publica, si bien sólo existe un informe actualizado de 2023[71] como sondeo de opinión de Metroscopia basado en un estudio que comprende 702 personas extraída de una muestra de 1.800 personas. Los anteriores se refieren a la comunidad autónoma del País Vasco.

Por su parte, el CGPJ mide la calidad de la Justicia a partir de la medición de las tasas de resolución, de pendencia de congestión y de litigiosidad, entre otras. Dispone, asimismo, de la Unidad de Atención Ciudadana, cuya actividad principal es «la tramitación de las quejas, reclamaciones, sugerencias y peticiones de información dirigidas al Consejo General del Poder Judicial y su análisis como herramienta de diagnóstico y mejora de las disfunciones que pueden afectar a los órganos judiciales. Su estudio se proporciona de forma detallada en un apartado independiente dada su importancia»[72].

70. LÓPEZ GUERRA, Luis, «La modernización de la Justicia como servicio público», *op. cit.*, núm. 47, 2000, p. 14.
71. https://www.poderjudicial.es/cgpj/es/Temas/Estadistica-Judicial/Estadistica-portemas/Opinion-y-quejas-sobre-el--funcionamiento-de-la-justicia/Opinion-de-los-profesionales-y-usuarios-de-la-Administracion-de-Justicia-/Encuestas-para-medir-la-calidad-percibida-por-los-usuarios-que-tienen-relacion-con-los-Tribunales de-Justicia/ (último acceso: 22/12/2024).
72. https://www.poderjudicial.es/cgpj/es/Temas/Estadistica-Judicial/Estadistica-portemas/Opinion-y-quejas-sobre-el--funcionamiento-de-la-justicia/Quejas-de-los-ciudadanos-sobre-el-funcionamiento-de-la-Administracion-de-la-Justicia/Sistema-de-Informacion-de-la-Unidad-de-Atencion-al-Ciudadano-del-CGPJ/ (último acceso: 23/12/2024).

En general, la Estadística Judicial proporciona una vasta información que ha de ser analizada con la obtención de los parámetros que puedan ser de utilidad en la mediación de la eficiencia de la justicia.

El art. 461 LOPJ atribuye al Letrado de la Administración de Justicia la confección de la estadística judicial[73], cuya funcionalidad es la de constituir «un instrumento básico al servicio de las Administraciones públicas y del Consejo General del Poder Judicial para la planificación, desarrollo y ejecución de las políticas públicas relativas a la Administración de Justicia» y, en concreto, para las siguientes finalidades determinadas en el apartado 2 del art. 461 LOPJ. Estas finalidades son:

a) El ejercicio de la política legislativa del Estado en materia de justicia.

b) La modernización de la organización judicial.

c) La planificación y gestión de los recursos humanos y medios materiales al servicio de la Administración de Justicia.

d) El ejercicio de la función de inspección sobre los juzgados y tribunales.

La Sección de Estadística Judicial, integrada en el Servicio de Inspección, está disponible en la web del Consejo General del Poder Judicial. Se regula en el Reglamento de la Estadística Judicial 1/2003 del Consejo General del Poder Judicial. El máximo órgano de gobierno del Poder Judicial considera que se trata de un servicio estadístico en el marco de la Ley 12/1989, de 9 de mayo de 1989, de la Función Estadística Pública[74]. El art. 15.1 Ley 12/1989 dispone que «la comunicación a efectos estadísticos entre las Administraciones y organismos públicos de los datos confidenciales protegidos por el secreto estadístico solo será posible» si cumple con los requisitos previstos en dicho precepto y cuya comprobación corresponderá al servicio u órgano que los tenga en custodia:

a) Los servicios que reciban los datos han de desarrollar funciones fundamentalmente estadísticas y han de haber sido regulados como tales antes de que los datos sean cedidos.

---

73. A juicio de MORENO CATENA, Víctor, se trata de tarea de «eminente trascendencia procesal, pero de naturaleza más bien administrativa u organizativa» (*Introducción al Derecho Procesal*, Valencia, 2021, 11.ª ed., p. 173).

74. El objeto de esta Ley es «la regulación de la función estadística para fines estatales, al amparo de lo dispuesto en el art. 149.1.31 de la Constitución» (art. 1 Ley 12/1989).

b) El destino de los datos sea el de la elaboración de las estadísticas para fines estatales que dichos servicios tengan encomendadas.

c) Los servicios destinatarios de la información dispongan de los medios necesarios para preservar el secreto estadístico.

En la Resolución de 28 de octubre de 2005, de la Secretaría de Estado de Justicia, por la que se dispone la publicación del Acuerdo de Consejo de Ministros de 21 de octubre de 2005, por el que se aprueba el Plan de Transparencia Judicial, se previó el desarrollo de una nueva estadística judicial en el marco del Plan de Transparencia Judicial. Esta Resolución considera «que será obligatoriamente el instrumento básico para el despliegue operativo del propio Plan de Transparencia, proporcionando a las Administraciones Públicas, al Consejo General del Poder Judicial y a la Fiscalía General del Estado los elementos necesarios para la planificación, desarrollo y ejecución de las políticas públicas relativas a la Administración de Justicia, prestando especial atención a todas las finalidades recogidas en el artículo 461 de la Ley Orgánica del Poder Judicial».

Se exige en esta Resolución que «la estadística judicial deberá asegurar, por tanto, la disponibilidad permanente y en condiciones de igualdad por las Cortes Generales, el Gobierno, las Comunidades Autónomas, el Consejo General del Poder Judicial y la Fiscalía General del Estado, de información actualizada, dotada de rigor y debidamente contrastada sobre la actividad y carga de trabajo de todos los órganos, servicios y Oficinas Judiciales del Estado, así como sobre las características estadísticas de los asuntos sometidos a su conocimiento, garantizando, en cualquier caso, que los ciudadanos tengan acceso a la misma, lo que se constituye en requisito imprescindible para conformar una opinión pública informada, que esté en condiciones de influir eficazmente en el proceso de reformas que precisa la Administración de Justicia»[75]. De esta forma, se desarrolla el art. 3.II del Real Decreto 1184/2006, de 13 de octubre, por el que se regula la estructura, composición y funciones de la Comisión Nacional de Estadística Judicial.

75. «Lograr los objetivos propuestos, asegurando una estadística judicial capaz de proporcionar a poderes públicos y ciudadanos una información de las características ya descritas, facilitando, para ello, la obtención, tratamiento y transmisión de los datos estadísticos a través de tecnologías de la información avanzadas, exigirá aprobar planes estadísticos generales y especiales de la Administración de Justicia y establecer criterios uniformes y de obligado cumplimiento para todos sobre la obtención, tratamiento informático, transmisión y explotación de los datos estadísticos del sistema judicial español» (Resolución de 28 de octubre de 2005, de la Secretaría de Estado de Justicia, por la que se dispone la publicación del Acuerdo del Consejo de Ministros de 21 de octubre de 2005, por el que se aprueba el Plan de Transparencia Judicial, parágrafo IV.1).

Esta misión ha sido asumida por la Comisión Nacional de Estadística Judicial prevista en el art. 461 LOPJ[76]. Según el art. 3.1 del Real Decreto 1184/2006, son funciones de esta Comisión «aprobar los planes estadísticos, generales y especiales, de la Administración de Justicia, y establecer criterios uniformes y de obligado cumplimiento para todos sobre la obtención, tratamiento informático, transmisión y explotación de los datos estadísticos del sistema judicial español». Igualmente, la Comisión debe garantizar el pleno acceso de los ciudadanos a la estadística judicial.

Además, se prevé que la recogida de datos se efectúe desde las aplicaciones de gestión procesal y de otras fuentes complementarias de información. Se establece que, «desde el punto de vista técnico, la herramienta de gestión procesal ha de ser, en la medida de lo posible, la única fuente de registro y almacenamiento de la información cruda en lo que se refiere a los datos que deban obtenerse del propio proceso judicial»[77]. La misión sería minimizar el coste en recursos humanos para efectuar esta labor con una única fuente de registro, así como minimizar el riesgo de errores de utilizarse distintos sistemas de entrada de datos.

También atiende a otras fuentes complementarias de información como es la recibida de fiscalías, del Instituto Nacional de Toxicología y Ciencias Forenses, de los Institutos de Medicina legal, Colegios de Abogados, Cole-

76. El art. 461.3 LOPJ dispone que «la Comisión Nacional de Estadística Judicial, integrada por el Ministerio de Justicia, una representación de las Comunidades Autónomas con competencias en la materia, el Consejo General del Poder Judicial y la Fiscalía General del Estado, aprobará los planes estadísticos, generales y especiales, de la Administración de Justicia y establecerá criterios uniformes que, en su caso, tengan en cuenta la perspectiva de género y la variable de sexo, y sean de obligado cumplimiento para todos sobre la obtención, tratamiento informático, transmisión y explotación de los datos estadísticos del sistema judicial español.
La estructura, composición y funciones de la Comisión Nacional de Estadística Judicial serán establecidas reglamentariamente por el Gobierno, mediante real decreto, previo informe del Consejo General del Poder Judicial, del Fiscal General del Estado, de la Agencia de Protección de Datos y de las Comunidades Autónomas con competencias en la materia.
Los sistemas informáticos de gestión procesal de la Administración de Justicia permitirán en todo caso la extracción automatizada de la totalidad de los datos exigidos en los correspondientes boletines estadísticos».
Asimismo, el art. 461.4 LOPJ permite que «las Administraciones públicas con competencias en materias de Administración de Justicia podrán llevar a cabo las explotaciones de otros datos estadísticos que puedan ser recabados a través de los sistemas informáticos, siempre que se consideren necesarias o útiles para su gestión».

77. Resolución de 28 de octubre de 2005, de la Secretaría de Estado de Justicia, por la que se dispone la publicación del Acuerdo del Consejo de Ministros de 21 de octubre de 2005, por el que se aprueba el Plan de Transparencia Judicial, parágrafo IV.1.

gios de Procuradores y Colegios de Graduados Sociales, entre otros organismos o entidades.

Corresponde al Instituto Nacional de Estadística colaborar con la Comisión Nacional de Estadística Judicial, a la que prestará su apoyo al Pleno de la Comisión en el ejercicio de algunas de las funciones que el art. 6 del Real Decreto 1184/2006 le encomienda.

Es interesante el análisis de GUERRERO PALOMARES sobre el desarrollo de buenas prácticas que redunden en la eficiencia procesal mediante la reducción de retrasos en la tramitación procedimental[78].

Es interesante la creación de la Comisión para la Calidad del Servicio Público de Justicia en el art. 434 ter LOPJ, que elaborará informe sobre la calidad del servicio en el que se valorará la eficiencia, la accesibilidad universal y la satisfacción del usuario o usuario del sistema de Justicia. Por su parte, el Real Decreto-ley 6/2023, de 19 de diciembre, regula en sus arts. 35 y siguientes la tramitación orientada al dato como se analizará en el siguiente epígrafe.

IV. EL LETRADO DE LA ADMINISTRACIÓN DE JUSTICIA: LAS NUEVAS TECNOLOGÍAS, AUTOMATIZACIÓN E INTELIGENCIA ARTIFICIAL (IA)

La Oficina Judicial se mantiene como apoyo a la administración de justicia (en minúscula), pero desaparece la dependencia funcional a cada juzgado a través de las unidades de apoyo directo, que se eliminan. Forma parte de la estructura de la Administración de Justicia (en mayúscula), es decir, del servicio público de Justicia en la terminología utilizada por el legislador, estableciéndose servicios comunes, de los cuales uno habrá por cada Tribunal y, por tanto, de cada Tribunal de Instancia. Por consiguiente y en apariencia, desaparece una unidad procesal de apoyo directo por juez (titular del juzgado) y se establece un servicio común para todo el Tribunal de Instancia dotado del personal de plantilla que atribuya cada comunidad autónoma o el Ministerio de Justicia. Los servicios comunes se organizarán en áreas y estas, a su vez, si el servicio lo requiriese, en equipos, como ya se ha indicado con respecto a las novedades incorporadas por la Ley Orgánica 1/2025.

78. GUERRERO PALOMARES, Salvador, «Algunas buenas y malas prácticas que afectan a la eficiencia procesal (vistas por un abogado)», en *Eficiencia procesal: entre el mito y la realidad*, (Dirs.), Yolanda DE LUCCHI LÓPEZ-TAPIA y Milagros LÓPEZ GIL, Barcelona, 2024, pp. 205 y ss.

El cambio introducido es sustancial al prever como norma general un servicio común por Tribunal de Instancia, siendo la constitución de áreas y equipos competencia de cada comunidad autónoma con transferencia en materia de justicia y del Ministerio de Justicia, según corresponda. En el anterior modelo de Oficina Judicial, la unidad procesal de apoyo directo por juzgado constituye la regla general, dejándose al Ministerio de Justicia, previo informe de CGPJ y de las comunidades autónomas con competencias en materia de justicia, acordar que extiendan su competencia a varios juzgados del mismo orden jurisdiccional y, dentro de este, por especialidades. Será relevante como, finalmente, se estructura en relación a Secciones y plazas para organizar la función de dación de fe y de documentación de los Letrados de Administración de Justicia con el apoyo del servicio común de tramitación (arts. 436 y ss. en relación con los arts. 229 y 543 y ss. LOPJ).

Se atribuye a las comunidades autónomas con competencias en materia de justicia la competencia para diseñar y organizar los servicios comunes de tramitación, ciñéndose hasta esta reforma a los servicios comunes procesales con exclusión de las unidades procesales de apoyo directo.

1. FE PÚBLICA JUDICIAL Y LA FUNCIÓN DE DOCUMENTACIÓN DEL LETRADO DE LA ADMINISTRACIÓN DE JUSTICIA Y LAS NUEVAS TECNOLOGÍAS

La evolución de la tecnología permite que no sea necesaria la identificación física, sino que puede ser digital. También cambia en cuanto a los lugares desde los que puede efectuarse la videoconferencia. En lo que respecta a la acreditación de la identidad, podrá efectuarse por los medios de identificación y firma electrónica que se determinen por la ley que regule el uso de las tecnologías[79] de la Administración de Justicia, debiendo respetarse lo establecido en las leyes procesales, como se desarrolla en el Real Decreto-ley 6/2023, de 19 de diciembre, por el que se aprueban medidas urgentes para la ejecución del Plan de Recuperación, Transformación y Resiliencia en materia de servicio público de Justicia, función pública, régimen local y mecenazgo.

El art. 229 LOPJ atiende al principio de oralidad al determinar que «las actuaciones judiciales serán predominantemente orales, sobre todo en materia criminal, sin perjuicio de su documentación» (art. 229.1 LOPJ). Así, las declaraciones, interrogatorios, testimonios, careos, exploraciones, informes, ratificación de las periciales y vistas se efectuarán ante el juez o tribunal

79. *Vid., v.gr.,* ARANGÜENA FANEGO, Coral; DE HOYOS SANCHO, Montserrat; PILLADO GONZÁLEZ, Esther (Dirs.), *El proceso penal ante una nueva realidad tecnológica europea,* Cizur Menor, 2023.

con presencia o intervención, en su caso, de las partes y en audiencia pública, salvo lo dispuesto en la ley (art. 229.2 LOPJ).

La Ley Orgánica 1/2009, de 3 de noviembre, se modificó el apartado 1 del art. 543 LOPJ permitiendo a los Letrados de la Administración de Justicia utilicen los medios técnicos de grabación y reproducción en el desarrollo de las vistas, de modo que, en estos casos, no será necesaria la intervención del Letrado de la Administración de Justicia para levantar acta. La dación de fe se transforma en cuanto lo que el Letrado ha de garantizar la autenticidad e integridad de lo grabado o reproducido, es decir, ha de garantizar los propios sistemas que se utilizan en la grabación o en la reproducción, así como la no alteración de lo grabado o reproducido, ya que se presume la certeza de lo adverado por el Letrado de la Administración de Justicia *iuris tantum*.

Por ejemplo, en la redacción original, las actuaciones del juicio tendrían lugar en la sede del tribunal conforme al art. 129 LOPJ. Desdela reforma introducida por la Ley 13/2009, de 3 de noviembre, se establece que las actuaciones «judiciales» se realizan en la sede de la Oficina Judicial (art. 129.1 LOPJ). Hace alusión al lugar físico de realización de las actuaciones, ya que, en el art. 129.2 LOPJ, se hace referencia a las actuaciones que se lleven a cabo fuera del partido judicial donde radique «la sede del tribunal», lo que se ha de entender como el término municipal de la sede del tribunal y no el lugar físico de ejecución de la actuación judicial.

Hasta 2023, cuando las actuaciones se efectuaban fuera del partido judicial, se acudía al auxilio judicial. A partir del Real Decreto-ley 6/2023, de 19 de diciembre, se abre la posibilidad de que se practique por medio de videoconferencia (art. 129.2 LOPJ). Con carácter general, se permite que las actuaciones judiciales se puedan realizar por videoconferencia conforme a la previsión del art. 229 LOPJ, que ya lo permitía desde 2003 con una redacción que se ha mantenido sustancialmente igual. Así, la Ley Orgánica 13/2003, de 24 de octubre, modificó el apartado 3 del art. 229 LOPJ otorgándole la siguiente redacción a su párrafo primero: «Estas actuaciones (judiciales) podrán realizarse a través de videoconferencia u otro sistema similar que permita la comunicación bidireccional y simultánea de la imagen y el sonido y la interacción visual, auditiva y verbal entre dos personas o grupos de personas geográficamente distantes, asegurando en todo caso la posibilidad de contradicción de las partes y la salvaguarda del derecho de defensa, cuando así lo acuerde el juez o tribunal». En la nueva redacción de 2025, se elimina el último inciso («cuando así lo acuerde el juez o tribunal»), que se sustituye por «de conformidad con lo que dispongan las leyes procesales y la ley que regule el uso de las tecnologías en la Administración de Justicia».

El cambio relevante se refiere al párrafo 2 del art. 129.3 LOPJ que sí cambia sustancialmente entre la redacción de 2003 y la de 2025, además de fusionarse en un único párrafo. En 2003, se otorgaba al Secretario Judicial que acreditara la identidad de las personas que intervengan a través de la videoconferencia mediante la previa remisión o la exhibición directa de documentación, por conocimiento personal o por cualquier otro medio procesal idóneo. La identificación se hacía en la sede judicial por el Secretario Judicial del juzgado o tribunal que hubiera acordado la medida. Se ha de tener en cuenta que las videoconferencias se efectuaban en sede judicial, aunque no será objeto de este trabajo.

La función de dación de fe y la documentación, en el formato que corresponda, es y sigue siendo básica como garantía de lo actuado en el proceso. Así, hemos afirmado que «el *carácter de función* es adquirido por la fe pública cuando el Estado impone la necesidad de que determinados actos aparezcan en condiciones de merecer la fe (creer en lo que daba ser creído), momento en el que no sólo se trata de una *creencia*, sino que se convierte en una función de los órganos considerados aptos por el Estado para provocar la fe pública». Por ello, «sería más exacto hablar de dación de fe al ser este su objetivo, es decir, consiste en dar o no dar, o en afirmar la realización de los actos o hechos procesales»[80], aunque ya no ante la presencia física del Letrado de la Administración de Justicia con la incorporación de las nuevas tecnologías y la IA como medidas de eficiencia digital. Si no hay presencia física, sí hay intervención del Letrado de la Administración de Justicia.

Hoy por hoy conforme a esta atribución funcional en el Letrado de la Administración Justicia por la Ley Orgánica del Poder Judicial es el único funcionario de la Administración de Justicia que tiene como función originaria, y no derivada, la función de dación de fe. Como ya tuvimos ocasión de sostener, es el encargado de autenticar de forma exclusiva las actuaciones judiciales en que deba intervenir, incluido el uso de las nuevas tecnologías. Cuestión diferente a plantear si esta función originaria se ha ido diluyendo en la medida en que la formación de los empleados de la Oficina Judicial ha aumentado y ya no está ligada, como en su origen, al conocimiento del saber de la escritura frente a una sociedad no instruida. Se trata de un acto de conocimiento en el que ha intervenido o ha presenciado, ¿y si se utilizan las nuevas tecnologías o la IA podemos seguir afirmando que se trata de un acto de conocimiento que ha presenciado o en el que ha intervenido? En

80. RODRÍGUEZ TIRADO, Ana M., *Las funciones procesales del Secretario Judicial*, Barcelona, 2001, pp. 13 y ss.

este sentido, sí podríamos afirmar que el Letrado de la Administración de Justicia es el responsable de la función de dación de fe en cuyo ejercicio utiliza instrumentos, técnicas y tecnologías que lo facilitan, además de que el personal que dirige lo «auxilian». De esta manera, puede ser siendo considera una función exclusiva del Letrado de la Administración de Justicia en cuyo ejercicio es auxiliado por el personal de la Oficina y utiliza herramientas tecnológicas. Cuestión diferente sería la de plantearse si, dada la formación académica de los integrantes de la Oficina Judicial, la dación de fe se podría diversificar según las funciones que asumen en el marco judicial, lo que puede repercutir en el reparto de tareas y en la eficiencia organizativa de la Oficina Judicial. De esta manera, se podría seguir con la redefinición de las funciones procesal del Letrado de la Administración de Justicia en aras de la eficiencia[81] organizativa y procesal[82].

Tras la reforma de la Ley 13/2009, de 3 de noviembre el Letrado de la Administración de Justicia, con la asunción en exclusiva y con plenitud del ejercicio de la fe pública judicial, dará fe por sí mismo o mediante el registro correspondiente (incluido el electrónico), de cuyo funcionamiento se hará responsable, de la recepción de los escritos con los documentos y recibos que les acompañen. Asimismo, dará fe dejando constancia de la realización de actos procesales en el tribunal o ante este y de la producción de hechos de transcendencia procesal a través de actas y diligencias en el soporte que se utilice (art. 145 LEC), lo que se efectuará con medios técnicos de grabación y reproducción, además de la incorporación al expediente judicial electrónico. Ello implicará la firma electrónica por el Letrado de la Administración de Justicia en los términos del art. 146 LEC.

En ese sentido, la función de documentación es asumida por el Letrado de la Administración de Justicia como responsable. Así, el art. 454 LOPJ dispone que «los Letrados de la Administración de Justicia son responsables de la función de documentación que le es propia, así como de la formación de los autos y expedientes, dejando constancia de las resoluciones que dicten los jueces y magistrados, o ellos mismos cuando así lo autorice la ley». Además, se le atribuye que promuevan el empleo de los medios técnicos, audiovisuales e informáticos de documentación con que cuente la unidad donde prestan sus servicios (art. 454.5 LOPJ).

Estas normas básicas sobre las funciones de dación de fe y de documentación del Letrado de la Administración de Justicia, reguladas en la Ley

81. *Vid.* JIMÉNEZ CONDE, Fernando; LÓPEZ SIMÓ, Francisco (Dirs.), *La eficiencia de la justicia a debate*, Valencia, 2024.
82. *Vid.* DE LUCCHI LÓPEZ-TAPIA, Yolanda; LÓPEZ GIL, Milagros, *Eficiencia procesal: entre el mito y la realidad*, Barcelona, 2024.

Orgánica del Poder Judicial, no han sido modificadas por la Ley 1/2025, de 2 de enero, dado que el Real Decreto-ley 6/2023, de 19 de diciembre, introdujo nuevas medidas de eficiencia digital y procesal del servicio público de Justicia. Es cierto que el objeto del Real Decreto-ley 6/2023 se ciñe a la utilización de las tecnologías de la información por parte de los ciudadanos y ciudadanas y los y las profesionales en sus relaciones con la Administración de Justicia y en las relaciones de la Administración de Justicia con el resto de administraciones públicas, y sus organismos públicos y entidades de derecho público vinculadas y dependientes (art. 1 RD-L 6/2023).

2. EL LETRADO DE LA ADMINISTRACIÓN DE JUSTICIA Y LAS MEDIDAS DE EFICIENCIA DIGITAL EN EL REAL DECRETO-LEY 6/2023. AUTOMATIZACIÓN E IA

El Real Decreto-ley 6/2023 deroga la Ley 18/2011, de 5 de julio, que era la norma reguladora del uso de las tecnologías de la información y de la comunicación en la Administración de Justicia, que pasa a regularse en el propio Real Decreto-ley, por lo que esta norma no parte de cero, asumiendo cuestiones ya reguladas en la norma de 2011. El Título Preliminar del Libro Primero del Real Decreto-ley 6/2023 prevé disposiciones generales que desarrolla la propia norma como son, por ejemplo, los servicios electrónicos de la Administración de Justicia. El Título I del Libro Primero de la misma norma regula los derechos y deberes digitales en el ámbito de la Administración de Justicia. En lo que concierne a los objetivos de este trabajo, nos centraremos en el Título II del Libro Primero, relativo al acceso digital a la Administración de Justicia, que principia con la regulación de la sede judicial electrónica; en el Título III, relativo a la tramitación electrónica de los procedimientos judiciales, y en el Título IV, referido a los actos y servicios no presenciales.

2.1. El Letrado de la Administración de Justicia y el acceso digital a la Administración de Justicia

Cabría preguntarse si el Letrado de la Administración de Justicia asume alguna responsabilidad en relación con la información que ha de publicarse en la sede judicial electrónica como contenido y servicios. Conforme al art. 8 RD-L 6/2023, atribuye la titularidad, gestión y administración de la sede judicial electrónica a cada una de las administraciones competentes en materia de justicia, es decir, a las comunidades autónomas con competencias transferidas en materia de justicia y al propio Ministerio del ramo en Justicia en los demás casos (Ministerio de la Presidencia, Justicia y Relaciones con las Cortes), que corresponde a las Comunidades Autónomas de Región de Murcia, Extremadura, Castilla y León, Castilla-La Mancha e Islas

Baleares y las Ciudades Autónomas de Melilla y Ceuta, al ser las comunidades autónomas y ciudades autónomas sin competencias transferidas en materia de justicia[83]. Ahora bien, la responsabilidad de la veracidad e integridad del contenido de la información que obre en la sede judicial electrónica recaerá en el órgano que origine dicha información. Uno de los servicios a disposición de las y los ciudadanos es el acceso al expediente judicial electrónico, a la presentación de escritos, a la práctica de actos de comunicación y a la agenda de señalamientos e información, en su caso, de los sistemas habilitados de videoconferencia (art. 10.2.d) RD-L 6/2023), por lo que se ha de presumir que corresponderá a la Oficina Judicial al frente de la cual habrá un o una Letrada de la Administración de Justicia.

Asimismo, otro de los servicios que han de ofrecer las sedes judiciales electrónicas es un enlace al Tablón Edictal Judicial único, como medio de publicación y consulta de las resoluciones y comunicaciones que, por disposición legal, deban fijarse en el tablón de anuncios o edictos (art. 10.2.g) RD-L 6/2023). Igualmente, corresponderá a la Oficina Judicial cuya dirección corresponderá al Letrado de la Administración de Justicia.

Por su parte, el art. 14 RD-L 6/2023 confiere a las administraciones públicas la función de velar por el cumplimiento de los principios de confidencialidad, integridad, autenticidad, trazabilidad, disponibilidad y actualización de la información y los servicios que constituyen la Carpeta Justicia. Para ello, deberán adoptar las medidas que garanticen dichos principios, sin que el Letrado de la Administración de Justicia asuma responsabilidad alguna. Ahora bien, a través de la Carpeta Justicia, se puede solicitar cita previa ante los órganos y la Oficina Judicial y las Oficinas Fiscales, así como visualizar sus citas previas señaladas en el sistema (art. 18.1 RD-L 6/2023) [84].

En relación con la dación de fe y la documentación del Letrado de la Administración de Justicia, es relevante los sistemas de identificación y de firma electrónica a utilizar en las actuaciones procesales y judiciales. La verificación de los mismos excede de la formación de este cuerpo de funcionarios, por lo que se ha de adaptar a la responsabilidad y supervisión última en cuanto que las nuevas tecnologías son herramientas al servicio

83. https://www.administraciondejusticia.gob.es/documents/975819/3734498/Reales+Decretos+de+traspaso+en+materia+de+Adm%C3%B3n.+de+Justicia.pdf/55e4db3d-3e03-01fe-1b5a-a57fc476e775?t=1676976743083 (Último acceso: 16/02/2025).

84. Ha de existir interoperabilidad entre el servicio de cita previa de las correspondientes administraciones públicas con competencias en materia de Justicia y el servicio de cita previa de Carpeta Justicia, sin perjuicio de la interoperabilidad que puedan mantener con otros servicios (art. 18.2 RD-L 6/2023).

de la Administración de Justicia al igual que los técnicos especialistas que permitan su utilización. El art. 19 RD-L 6/2023 se remite al art. 9 de la Ley 39/2015[85], así como al Reglamento (UE) núm. 910/2014 del Parlamento

85. Art. 9 Ley 39/2015: Sistemas de identificación de los interesados en el procedimiento. «1. Las Administraciones Públicas están obligadas a verificar la identidad de los interesados en el procedimiento administrativo, mediante la comprobación de su nombre y apellidos o denominación o razón social, según corresponda, que consten en el Documento Nacional de Identidad o documento identificativo equivalente.
2. Los interesados podrán identificarse electrónicamente ante las Administraciones Públicas a través de los sistemas siguientes:
a) Sistemas basados en certificados electrónicos cualificados de firma electrónica expedidos por prestadores incluidos en la "Lista de confianza de prestadores de servicios de certificación".
b) Sistemas basados en certificados electrónicos cualificados de sello electrónico expedidos por prestadores incluidos en la "Lista de confianza de prestadores de servicios de certificación".
c) Cualquier otro sistema que las Administraciones públicas consideren válido en los términos y condiciones que se establezca, siempre que cuenten con un registro previo como usuario que permita garantizar su identidad y previa comunicación a la Secretaría General de Administración Digital del Ministerio de Asuntos Económicos y Transformación Digital. Esta comunicación vendrá acompañada de una declaración responsable de que se cumple con todos los requisitos establecidos en la normativa vigente. De forma previa a la eficacia jurídica del sistema, habrán de transcurrir dos meses desde dicha comunicación, durante los cuales el órgano estatal competente por motivos de seguridad pública podrá acudir a la vía jurisdiccional, previo informe vinculante de la Secretaría de Estado de Seguridad, que deberá emitir en el plazo de diez días desde su solicitud.
Las Administraciones Públicas deberán garantizar que la utilización de uno de los sistemas previstos en las letras a) y b) sea posible para todo procedimiento, aun cuando se admita para ese mismo procedimiento alguno de los previstos en la letra c).
3. En relación con los sistemas de identificación previstos en la letra c) del apartado anterior, se establece la obligatoriedad de que los recursos técnicos necesarios para la recogida, almacenamiento, tratamiento y gestión de dichos sistemas se encuentren situados en territorio de la Unión Europea, y en caso de tratarse de categorías especiales de datos a los que se refiere el artículo 9 del Reglamento (UE) 2016/679, del Parlamento Europeo y del Consejo, de 27 de abril de 2016, relativo a la protección de las personas físicas en lo que respecta al tratamiento de datos personales y a la libre circulación de estos datos y por el que se deroga la Directiva 95/46/CE, en territorio español. En cualquier caso, los datos se encontrarán disponibles para su acceso por parte de las autoridades judiciales y administrativas competentes.
Los datos a que se refiere el párrafo anterior no podrán ser objeto de transferencia a un tercer país u organización internacional, con excepción de los que hayan sido objeto de una decisión de adecuación de la Comisión Europea o cuando así lo exija el cumplimiento de las obligaciones internacionales asumidas por el Reino de España.
4. En todo caso, la aceptación de alguno de estos sistemas por la Administración General del Estado servirá para acreditar frente a todas las Administraciones Públicas, salvo prueba en contrario, la identificación electrónica de los interesados en el procedimiento administrativo».

Europeo y del Consejo, de 23 de julio de 2014, y a la Ley 6/2020, de 11 de noviembre, reguladora de determinados aspectos de los servicios electrónicos de confianza. Serán responsables, pues, de que se efectúen las verificaciones de la identidad electrónica.

En cuanto a la firma en las actuaciones procesales y judiciales, el art. 20 RD-L 6/2023 se remite al art. 10 Ley 39/2015[86], al Reglamento (UE) núm. 910/2014 del Parlamento y del Consejo y a la Ley 6/2020. En el marco del

86. Art. 10 LEY 39/2015. Sistemas de firma admitidos por las Administraciones Públicas. «1. Los interesados podrán firmar a través de cualquier medio que permita acreditar la autenticidad de la expresión de su voluntad y consentimiento, así como la integridad e inalterabilidad del documento.
2. En el caso de que los interesados optasen por relacionarse con las Administraciones Públicas a través de medios electrónicos, se considerarán válidos a efectos de firma:
a) Sistemas de firma electrónica cualificada y avanzada basados en certificados electrónicos cualificados de firma electrónica expedidos por prestadores incluidos en la "Lista de confianza de prestadores de servicios de certificación".
b) Sistemas de sello electrónico cualificado y de sello electrónico avanzado basados en certificados electrónicos cualificados de sello electrónico expedidos por prestador incluido en la "Lista de confianza de prestadores de servicios de certificación".
c) Cualquier otro sistema que las Administraciones públicas consideren válido en los términos y condiciones que se establezca, siempre que cuenten con un registro previo como usuario que permita garantizar su identidad y previa comunicación a la Secretaría General de Administración Digital del Ministerio de Asuntos Económicos y Transformación Digital. Esta comunicación vendrá acompañada de una declaración responsable de que se cumple con todos los requisitos establecidos en la normativa vigente. De forma previa a la eficacia jurídica del sistema, habrán de transcurrir dos meses desde dicha comunicación, durante los cuales el órgano estatal competente por motivos de seguridad pública podrá acudir a la vía jurisdiccional, previo informe vinculante de la Secretaría de Estado de Seguridad, que deberá emitir en el plazo de diez días desde su solicitud.
Las Administraciones Públicas deberán garantizar que la utilización de uno de los sistemas previstos en las letras a) y b) sea posible para todos los procedimientos en todos sus trámites, aun cuando adicionalmente se permita alguno de los previstos al amparo de lo dispuesto en la letra c).
3. En relación con los sistemas de firma previstos en la letra c) del apartado anterior, se establece la obligatoriedad de que los recursos técnicos necesarios para la recogida, almacenamiento, tratamiento y gestión de dichos sistemas se encuentren situados en territorio de la Unión Europea, y en caso de tratarse de categorías especiales de datos a los que se refiere el artículo 9 del Reglamento (UE) 2016/679, del Parlamento Europeo y del Consejo, de 27 de abril de 2016, en territorio español. En cualquier caso, los datos se encontrarán disponibles para su acceso por parte de las autoridades judiciales y administrativas competentes.
Los datos a que se refiere el párrafo anterior no podrán ser objeto de transferencia a un tercer país u organización internacional, con excepción de los que hayan sido objeto de una decisión de adecuación de la Comisión Europea o cuando así lo exija el cumplimiento de las obligaciones internacionales asumidas por el Reino de España.

Comité técnico estatal de la Administración judicial electrónica, se podrá determinar el nivel de firma aplicable en cada una de las actuaciones en el ámbito de la Administración de Justicia (art. 20.1 RD-L 6/2023), lo que habrá de constar en la Guía de Interoperabilidad y Seguridad de autenticación, certificados y firma electrónica. Al Letrado de la Administración de Justicia no le corresponde establecer el nivel de seguridad que sea necesario para cada clase de actuación, siendo a un nivel superior su determinación. Así, si se utiliza algún sistema de firma de los previstos en el art. 20.1 RD-L 6/2023 al relacionarse con la Administración de Justicia, la identidad quedará acreditada mediante el acto de la firma. En todo caso, al Letrado de la Administración de Justicia le corresponderá la responsabilidad en el ejercicio de la fe pública judicial que se ha utilizado el sistema autorizado, al igual que la identidad de quienes se relacionen con la Administración de Justicia (ciudadanía y profesionales), lo que el estado de la tecnología debería permitir mediante la automatización. Lo razonable es que, si no se utiliza un sistema de firma adecuado —de los que figuren como reconocidos—, el acceso daría error. El art. 10.1.c) RD-L 6/2023 dispone que la sede judicial electrónica ha de ofrecer la relación de sistemas de identificación y firma electrónica que sean admitidos o utilizados en la sede de que se trate.

Cuando se trate de la utilización de videoconferencias en el desarrollo de actuaciones y procedimientos judiciales, para el que se prevé la previa identificación, «se podrá usar un sistema de información para la identificación y firma no criptográfica, en los términos y condiciones de uso establecidos en la regulación sobre identificación digital tanto nacional como de la Unión Europa» (art. 23.1 RD-L 6/2023). Dicho sistema servirá para acreditar ante cualquier órgano, oficina judicial o fiscal la identificación electrónica en el procedimiento judicial (art. art. 23.2 RD-L 6/2023), teniendo en cuenta que las condiciones para prestar el servicio de identificación seguro en videoconferencias serán determinadas en el Comité técnico estatal de la Administración judicial estatal (art. 23.3 RD-L 6/2023).

Por su parte, la Administración de Justicia también podrá identificarse mediante los sistemas de identificación recogidos en el art. 40 Ley 40/2015. Al respecto, los arts. 25 y ss. RD-L 6/2023 se encargan de regularlos. Así, para la identificación del ejercicio de la competencia en la actuación judicial automatizada, se podrá hacer uso de los sistemas de firma electrónica basa-

---

4. Cuando así lo disponga expresamente la normativa reguladora aplicable, las Administraciones Públicas podrán admitir los sistemas de identificación contemplados en esta Ley como sistema de firma cuando permitan acreditar la autenticidad de la expresión de la voluntad y consentimiento de los interesados.
5. Cuando los interesados utilicen un sistema de firma de los previstos en este artículo, su identidad se entenderá ya acreditada mediante el propio acto de la firma».

dos en certificados cualificados de sello electrónico de la Administración Pública y los sistemas de Código Seguro de Verificación (CSV)[87]. Al respecto, el uso de los certificados indicados «deberá incluir la información necesaria para determinar el ámbito organizativo, territorial o de la propia naturaleza de la actuación» (art. 25 RD-L 6/2023).

En esta línea, el Comité técnico estatal de la Administración judicial electrónica determinará los sistemas de firma a utilizar, entre otros, por los Letrados de la Administración de Justicia, que podrán identificar de forma conjunta al titular y al cargo (art. 27.2 RD-L 6/20223). Es más, la identificación y autenticación de la actuación del órgano u oficina fiscal, cuando utilice medios electrónicos, se realizará mediante firma electrónica del órgano u oficina o funcionario público según lo regulado en el art. 27 RD-L 6/2023. ¿Cómo queda el ejercicio de la dación de fe del Letrado de la Administración de Justicia con el uso de sistemas de identificación y firma electrónica? Habrá de atender a la previsión de la Ley Orgánica del Poder Judicial y de las normas procesales sobre los requisitos de los actos procesales y de las actuaciones procesales. El hecho de que se utilicen las herramientas digitales no puede implicar requisitos diversos. La simplificación administrativa y las medidas dirigidas a la eficiencia digital han de repercutir en línea de principio en el modo de formalización.

Es interesante el reconocimiento de validez a los documentos electrónicos transmitidos en entornos cerrados de comunicación entre administraciones con competencia en materia de Justicia, órganos y entidades de Derecho Público. La validez se refiere a efectos de autenticación e identificación de los emisores y receptores en las condiciones previstas en el art. 30 RD-L 6/2023.

Estas condiciones serán las determinadas por el Comité técnico estatal de la Administración judicial electrónica cuando los participantes en las comunicaciones pertenezcan a la Administración de Justicia. No sólo establecerá las condiciones, sino también las garantías, debiendo incluir al menos la relación de emisores y receptores autorizados y la naturaleza de los datos[88] a intercambiar (art. 30.2 RD-L 6/2023). Cuando los participantes pertenezcan a distintas

87. Corresponde a la Administración Pública con competencias en materia de Justicia la gestión de sistemas de CSV que, cuando figuren en un documento electrónico o en su versión impresa, permitan el cotejo de la autenticidad e integridad del mismo. Está verificación habrá de realizarse en la propia sede judicial electrónica (art. 26.1 RD-L 6/2023).

88. El art. 34.1 RD-L 6/2023 dispone que «la gestión electrónica de los procedimientos judiciales respetará el cumplimiento de los requisitos formales y materiales establecidos en las normas procesales».

administraciones o a entidades de Derecho Público, se fijarán mediante convenio (art. 30.3 RD-L 6/2023).

2.2. Letrado de la Administración de Justicia y tramitación electrónica de los procedimientos judiciales. Automatización e IA

Una manifestación de la función de dación de fe es la asunción por el Letrado de la Administración de Justicia de la atribución de autorizar previamente todo acceso que se lleve a cabo a los sistemas de información que realizan los jueces, magistrados, fiscales, letrados de la administración de justicia y personal de la oficina judicial a los fines del ejercicio de la actividad jurisdiccional y de la tramitación de los procedimientos judiciales, así como del que realicen las partes, los que hayan justificado interés legítimo y directo, y los profesionales jurídicos en el ejercicio de la defensa técnico o de la representación procesal. Se prevé que la asuma el Letrado de la Administración de Justicia, o en su caso por el superior funcional del servicio en el art. 31.3 RD-L 6/2023.

Al respecto, ser prevé la conservación de registro de, al menos, las siguientes operaciones de tratamiento en sistemas de tratamiento automatizados: recogida, alteración, consulta, comunicación, incluidas las transferencias, y combinación o supresión. De esta manera, «los registros harán posible determinar la justificación, la fecha y la hora de tales operaciones, así como la persona que realiza la consulta o comunicación de los datos personales y la identidad de los destinatarios de dichos actos» (art. 31.1 RD-L 6/2023).

Los sistemas de información y comunicación utilizados en el ámbito de la Administración de Justicia habrán de asegurar la entrada, incorporación y tratamiento de la información en forma de metadatos, según esquemas comunes, y en modelos de datos comunes e interoperables que posibiliten, simplifiquen y favorezcan, entre otros, los siguientes fines (art. 35.1 RD-L 6/2023): La gestión de documentos; la autodocumentación y la transformación de documentos; la producción de actuaciones judiciales y procesales automatizadas, asistidas y proactivas conforme a lo previsto en la ley, o la aplicación de técnicas de inteligencia artificial[89] para los fines previstos en

Por su parte, el art. 38 RD-L 6/2023 establece que «los escritos y documentos iniciadores o de trámite presentados de forma automatizada deberán cumplir los requisitos procesales, así como los requisitos técnicos que se determinen por normativa de esa naturaleza».

89. *Vid., v.gr.,* CASTILLEJO MANZANARES, Raquel; NOYA FERREIRO, Lourdes (Dirs.), *Inteligencia artificial y proceso penal. Un reto para la justicia,* Cizur Menor, 2023; CALAZA LÓPEZ, Sonia; LLORENTE SÁNCHEZ-ARJONA, Mercedes (Dirs.), *Inteligencia artificial legal y administración de justicia,* Cizur Menor, 2022

el art. 35.1 RD-L 6/2023 u otros fines que sirvan de apoyo a la función jurisdiccional, a la tramitación, en su caso, de procedimientos judiciales, por ejemplo.

La función de documentación, junto con la dación de fe, del Letrado de la Administración y de Justicia se plasma en la elaboración del documento judicial electrónico público. Según el art. 39.2 RD-L 6/2023, el documento judicial electrónico tendrá la consideración de documento público cunado lleve la firma electrónica del Letrado de la Administración de Justicia, se produzca en el ámbito de las competencias que tuviesen asumidas conforme a las leyes procesales y cumpla los siguientes requisitos:

a) Para ser un documento judicial electrónico ha de incorporar la información de cualquier naturaleza en forma electrónica, archivada en un soporte electrónico, según un formato determinado y susceptible de identificación y tratamiento diferenciado admitido en el Esquema Judicial de Interoperabilidad y Seguridad y en las normas que lo desarrollan, y que haya sido generada, recibida o incorporada al expediente judicial electrónico por la Administración de Justicia en el ejercicio de sus funciones conforme a las leyes procesales.

b) Ha de contener metadatos que posibiliten la interoperabilidad.

c) Ha de llevar asociado un sello o firma electrónica, en este caso, del Letrado de la Administración de Justicia, por lo que deberá quedar constancia del órgano emisor, fecha y hora de creación de acuerdo con el Reglamento (UE) núm. 910 del Parlamento Europeo y del Consejo, de 23 de julio de 2014, y con la Ley 6/2020, de 11 de noviembre[90].

Según el art. 47.1 RD-L 6/2023, el expediente judicial electrónico es «el conjunto ordenado de datos, documentos, trámites y actuaciones electrónicas, así como de grabaciones audiovisuales, correspondientes a un procedimiento judicial, cualquiera que sea el tipo de información que contengan y el formato en el que se hayan generado». El documento judicial electrónico se incorpora al expediente judicial electrónico.

90. El objeto de esta Ley es regular determinados aspectos de los servicios electrónicos de confianza, de forma complementaria al Reglamento (UE) núm. 910/2014 (art. 1), siendo su ámbito de aplicación los prestadores públicos y privados de servicios electrónicos de confianza establecidos en España. Asimismo, será de aplicación a los prestadores residentes o domiciliados en otro Estado con establecimiento permanente situado en España, siempre que ofrezcan servicios no supervisados por la autoridad competente de otro país de la Unión Europea (art. 2).

Hemos de tener en cuenta que, en el proceso, surge la necesidad de acreditar «documentalmente» los actos del órgano jurisdiccional y de las partes, asumiendo que el Letrado de la Administración de Justicia genera resoluciones que han de constar, igualmente, en las actuaciones como son los decretos. A la vista de la implantación de las herramientas tecnológicas en la Administración de Justicia, hemos de entender la constancia «documental» conforme al art. 39 RD-L 6/2023 y al art. 453.1 LOPJ.

El art. 40 RD-L 6/2023 determina cuándo se ha de considerar un documento judicial electrónico como original y cuándo como copias auténticas. En este último caso, las copias auténticas de documentos judiciales electrónicos originales habrán de llevar la firma del Letrado de la Administración de Justicia, es decir, quedan sujetos a la fe pública judicial.

Se prevé, igualmente, configuración como copias auténticas, firmadas por el Letrado de la Administración de Justicia, de documentos electrónicos generados por la Oficina Judicial sobre documentos judiciales en soporte papel que consten en los archivos judiciales (art. 40.4 RD-L 6/2023).

También serán copias auténticas los documentos en papel digitalizados de quienes los hubieran presentado en papel por no tener obligación de relacionarse por medios electrónicos con la Administración de Justicia. En este último caso, se habrán de respetar los términos fijados por el Comité técnico estatal de la Administración judicial electrónica para su digitalización a fin de garantizar su autenticidad, integridad y constancia de la identidad con el documento imagen y los establecidos en los sistemas de lo que se dejará constancia. La impugnación de su validez seguirá los cauces procesales previstos en las leyes procesales (art. 40.4 RD-L 6/2023 en relación con los arts. 319 y ss. LEC).

Ahora bien, también serán copias auténticas las que se obtengan a través de actuaciones automatizadas que estén provistas de sello electrónico y cumplan los dos requisitos previstos en el apartado 2 del art. 40 RD-L 6/2023. En tal caso, el Letrado de la Administración asume la responsabilidad del adecuado funcionamiento del sistema automatizado. Los dos requisitos exigidos en el art. 40.2 RD-L 6/2023 en caso de automatización en la expedición de copias auténticos son:

a) El documento original se ha de encontrar en el expediente judicial electrónico.

b) La información de firma electrónica y, en su caso de sello electrónico cualificado, así como de su contenido, permitan comprobar la coincidencia de dicho documento.

La eficacia que se otorgue a las copias auténticas obtenidas de forma automatizada tendrán vendrá determinada en las leyes procesales siempre que cumplan los requisitos anteriores.

En cuanto a la verificación de la autenticidad e integridad de un documento judicial electrónico, se producirá, preferentemente, por medios criptográficos automatizados. También será válidos los sistemas basados en Código Seguro de Verificación (CSV)[91], que permitirán acceder a los archivos electrónicos de la Oficina Judicial emisora para su comprobación.

La presentación de documentos en formato electrónico y en formato papel se regula en los arts. 41 y ss. RD-L 6/2023, lo que se completará con lo previsto en las leyes procesales. Es interesante la previsión, dentro de las funciones de dación de fe y de documentación, de dejar constancia en el expediente judicial electrónico, por medio de diligencia del Letrado de la Administración de Justicia, de la existencia de documentos en formato no electrónico (art. 43.5 RD-L 6/2023).

El art. 56 RD-L 6/2023 regula la automatización de las actuaciones en la Administración de Justicia. Así, una actuación automatizará será la actuación procesal producida por un sistema de información adecuadamente programado sin necesidad de intervención humana en cada caso singular (art. 56.1 RD-L 6/2023). Si hablamos de generación automática de una copia auténtica, el Letrado de la Administración de Justicia no interviene, pero, como adelantábamos, se hace responsable de su funcionamiento.

Así, los sistemas informáticos utilizados por la Administración de Justicia habrá de posibilidad la automatización de las actuaciones de trámite o resoluciones simples que no requieran interpretación jurídica, lo que entra, en buena medida, en el ámbito del impulso procesal que corresponde al Letrado de la Administración de Justicia. El art. 56.2 RD-L 6/2023 enumera algunas actuaciones susceptibles de automatización como el numerado o paginado de los expedientes, la remisión de asuntos al archivo cuando se den las condiciones procesales para ello (programadas, claro está), la gene-

91. El art. 40.6 RD-L 6/2023 establece que las sedes judiciales electrónicas hagan públicas las direcciones de comprobación de los códigos de los documentos judiciales electrónicos.
En línea de principio, no se permitirá la impresión ni la expedición de documentos en formato papel con la salvedad prevista en el art. 40.7 RD-L 6/2023. Aunque no lo diga expresamente este apartado, se deduce que se expedite un documento judicial electrónico que se expide en papel, ya que establece que «el documento generado tendrá la consideración de original, siempre que contenga el Código Seguro de Verificación, para garantizar su autenticidad e integridad». Dicho CSV es un sistema que permite la verificación del documento electrónico.

ración de copias y certificados, la generación de libros, la comprobación de representaciones, la declaración de firmeza de una resolución conforme a las leyes procesales. Todo ello exige la adecuación programación y no resulta ajeno a cualquier Administración Pública al tratarse de sistemas informáticos generalizados. Lo relevante en este trabajo que entra en el ámbito del ejercicio de la fe pública judicial y de la documentación del Letrado de la Administración de Justicia que desarrolla con el apoyo del personal de la Oficina Judicial que corresponda.

El art. 56.3 RD-L 6/2023 va más allá de la mera automatización al prever las actuaciones proactivas que generen avisos o efectos directos a otros fines distintos, en el mismo o en otros expedientes, de la misma o de otra Administración Pública, lo que, en el futuro, podría ser de utilidad para aprovechar información incorporada en un expediente o procedimiento de una Administración Público con un fin de determinado[92].

Finalmente, y como incorporación de IA en los procedimientos judiciales y, en concreto, a utilizar por el Letrado de la Administración de Justicia, se prevé la actuación asistida, es decir, aquella actuación para la que el sistema de información de la Administración de Justicia generar un borrador total o parcial de documento complejo basado en datos, que puede ser producido por algoritmos[93], y puede constituir fundamento o apoyo de una resolución judicial o procesal (art. 57.1 RD-L 6/2023). En el caso del Letrado de la Administración de Justicia, será de una resolución procesal (diligencia de ordenación o decreto según el art. 206.2 LEC).

Ahora bien, sólo servirá como base documental, que es la limitación introducida en el art. 57.2 RD-L 6/2023. Requerirá, en todo caso, la validación del Letrado de la Administración de Justicia y, además, sólo se generará el borrador documental de la diligencia de ordenación o del decreto a voluntad del propio Letrado de la Administración de Justicia, que podrá modificar libre y enteramente, es decir, el borrador documental no es vinculante y queda sujeto a la responsabilidad de aquel. Para que sea una resolución procesal válida, habrá de cumplir con los requisitos previstos en

92. Ello exigirá la definición de parámetros y requisitos de compatibilidad, así como la identificación de actuaciones que puedan ser proactivas. Al respecto, se favorecerá la colaboración con otras administraciones púbicas por parte del Comité técnico estatal de la Administración judicial electrónica (art. 56.3 RD-L 6/2023).
Los sistemas de la Administración de Justicia habrán de asegurar que tanto las actuaciones automatizadas como las proactivas se pueden identificar como tales, trazar y justificar, que sea posible efectuar las mismas actuaciones de forma no automatizada y que sea posible deshabilitar, revertir o dejar sin efecto las actuaciones automatizadas ya producidas (art. 56.4 RD-L 6/2023).

93. *Vid.* BARONA VILAR, Silvia, *Algoritmización del Derecho y de la Justicia*, Valencia, 2021.

las leyes procesales, además de la identificación, autenticación o firma electrónica que se prevea legalmente en cada caso (art. 57.3 RD-L 6/2023).

V. CONCLUSIONES

Del primer fedatario judicial, pasando por las figuras del escribano y del Secretario Judicial, se ha consolidado la del Letrado de la Administración de Justicia con un ámbito funcional que sigue apegado al ejercicio de la fe pública judicial y a la documentación. Sin embargo, la evolución de las funciones que ha ido asumiendo lo convierten, en general, en el responsable de dichas funciones, lo que queda patente con la automatización de las actuaciones procesales.

En una época que está marcada por lograr la eficiencia de la Administración de Justicia, un gran objetivo con recursos económicos muy limitados, se incorporan medidas de eficiencia organizativa, procesal y digital, sin obviar que las herramientas digitales están al servicio de las eficiencias organizativa y procesal. En lo que concierne a las medidas de eficiencia organizativa, se ha incorporado un nuevo modelo basado en el Tribunal de Instancia —en tribunales— y con una Oficina Judicial separada, aunque esté al servicio de la función jurisdiccional, en una estructura administrativizada en la que se inserta el Letrado de la Administración de Justicia. Esta figura enlaza ambas estructuras al dictar resoluciones procesales en el marco de actuaciones judiciales y procesales.

¿Cuál será el futuro del Letrado de la Administración de Justicia con la automación y la IA? Está aún por ver y por repensar a la vista de la cualificación procesal de este funcionario de la Administración de Justicia, si seguirá ligado al ejercicio de la fe pública judicial y de la documentación de las actuaciones judiciales y procesales.

VI. BIBLIOGRAFÍA

ARANGÜENA FANEGO, Coral; DE HOYOS SANCHO, Montserrat; PILLADO GONZÁLEZ, Esther (Dirs.), *El proceso penal ante una nueva realidad tecnológica europea*, Cizur Menor, 2023.

BARONA VILAR, Silvia, *Algoritmización del Derecho y de la Justicia*, Valencia, 2021.

BARONA VILAR, Silvia, «Los Tribunales de Instancia, trending topic en la reforma de la organización judicial española», en *El proceso como garantía*, (Dirs.), ASENCIO MELLADO, José María; FUENTES SORIANO, Olga, Barcelona, 2023, pp. 29-59.

BARONA VILAR, Silvia, «Ecosistema digital de Justicia eficiente (De la Justicia digital orientada al documento a la Justicia orientada al dato)», en *Actualidad civil*, núm. 5, 2023, pp. 1-20.

BUENO DE MATA, Federico (Dir.), *FODERTICS 12.0: Innovación legal y eficiencia digital*, Granada, 2024.

CALAZA LÓPEZ, Sonia; LLORENTE SÁNCHEZ-ARJONA, Mercedes (Dirs.), *Inteligencia artificial legal y administración de justicia*, Cizur Menor, 2022.

CALAZA LÓPEZ, Sonia; ORDEÑANA GEZURAGA, Ixusco (Dirs.), *Next Generation Justice: Digitalización e Inteligencia Artificial*, Madrid, 2024.

CARO CATALÁN, José, «Especialización judicial y acceso a la justicia de las personas en condición de vulnerabilidad», en *Revista de la Asociación de Profesores de Derecho Procesal de las Universidades Españolas* (APDPUE), núm. 9, 2024, pp. 153-187.

CARO CATALÁN, José (Dir.), *La optimización de la Justicia: reflexiones sobre la eficiencia procesal*, Barcelona, 2025.

CASTILLEJO MANZANARES, Raquel, «Digitalización y/o inteligencia artificial», en *Inteligencia artificial legal y administración de justicia*, (Dirs.), CALAZA LÓPEZ, Sonia; LLORENTE SÁNCHEZ-ARJONA, Mercedes, Cizur Menor, 2022, pp. 55-90.

CASTILLEJO MANZANARES, Raquel; NOYA FERREIRO, Lourdes (Dirs.), *Inteligencia artificial y proceso penal. Un reto para la justicia*, Cizur Menor, 2023.

CERNADA BADÍA, Rosa, «Derecho fundamental al debido proceso y presupuestos europeos: el rol de la Unión Europea en apoyo a la eficiencia digital de la Justicia», en *Actualidad Jurídica Iberoamericana*, núm. 21, agosto 2024, pp. 42-69.

DE LUCCHI LÓPEZ-TAPIA, Yolanda; LÓPEZ GIL, Milagros, *Eficiencia procesal: entre el mito y la realidad*, Barcelona, 2024.

GIMENO BEVIÁ, Jordi, «Los sistemas de jurimetría en tiempos de eficiencia procesal y de Legal Tech: retos, oportunidades y riesgos», en *Revista General de Derecho Procesal*, 2024, núm. 63, pp. 13 y ss.

GIMENO SENDRA, Vicente, «Las garantías constitucionales en el proceso y el Secretario Judicial en el marco del Consejo de Europa», en *Poder Judicial*, 2.ª época, 1995 (junio), núm. 38, pp. 253-260.

GUERRERO PALOMARES, Salvador, «Algunas buenas y malas prácticas que afectan a la eficiencia procesal (vistas por un abogado)», en *Eficiencia procesal: entre el mito y la realidad*, (Dirs.), DE LUCCHI LÓPEZ-TAPIA, Yolanda; LÓPEZ GIL, Milagros, Barcelona, 2024, pp. 205-226.

JIMÉNEZ CONDE, Fernando; BELLIDO PENADÉS, Rafael (Dirs.), *Justicia: ¿garantías «versus» eficiencia?*, Valencia, 2019.

JIMÉNEZ CONDE, Fernando; LÓPEZ SIMÓ, Francisco (Dirs.), *La eficiencia de la justicia a debate*, Valencia, 2024.

LÓPEZ GUERRA, Luis, «La modernización de la Justicia como servicio público», en *Revista de Derecho Político*, núm. 47, 2000, pp. 11-26.

MORA-SANGUINETTI, Juan S., «Justicia y Economía: La eficiencia del sistema judicial en España y sus impactos económicos», en *Papeles de Economía Española*, núm. 168, 2021, pp. 66-77.

MORENO CATENA, Víctor, *Introducción al Derecho Procesal*, Valencia, 2021, 11.ª ed.

OLIVAS MORILLO, Pedro Luis, «La eficiencia procesal y su relación con las garantías procesales de los justiciables», en *Más allá de la Justicia: nuevos horizontes del Derecho Procesal* (Dir.) SÁNCHEZ RUBIO, Ana, Valencia, 2024, pp. 345-356.

ORDEÑANA GEZURAGA, Ixusko, *La justicia de paz: nuevos tiempos, ¿nuevas (infra)estructuras?: Disquisiciones ante la creación de oficinas de justicia en los municipios en lugar de los juzgados de paz*, Barcelona, 2023, 1.ª ed.

PADILLA RUIZ, Pedro, «Actuaciones administrativas automatizadas y automatización robótica de procesos en la gestión de personas», en *Revista Vasca de Gestión de Personas y Organizaciones Públicas*, núm. 24 zk./2023, pp. 52-67.

PONTE GARCÍA, Verónica; ARCAY GARCÍA, Carlos Miguel; GARCÍA VIDALES, Claudio, «Análisis, desde el ámbito penal, de las medidas de eficiencia digital en la Administración de Justicia introducidas por el Real Decreto-ley 6/2023, de 19 de diciembre», *en Lex Criminalis, Boletín Jurídico Penal de la Asociación Judicial «Francisco de Vitoria»*, núm. 5, marzo 2024, pp. 67-81.

RODRÍGUEZ TIRADO, Ana M., *Las funciones procesales del Secretario Judicial,* Barcelona, 2001.

(64) CONSEJO GENERAL DEL PODER JUDICIAL, Boletín de Información Estadística, núm. 111, mayo 2024, p. 1 (https://www.poderjudicial.es/cgpj/es/Temas/Estadistica-Judicial/Estudios-e-Informes/Datos-de-Justicia/) (último acceso: 24/12/2024).

XIV

Inteligencia artificial procesal en el RDL 6/2023[1]

Bernardino José Varela Gómez
Profesor Titular de Derecho Procesal
Universidad de Santiago de Compostela

I. INTRODUCCIÓN

Desde hace ya un tiempo, la IA ha dejado de ser un tema de futuro, de pura especulación teórica, incluso de ciencia ficción en muchos sentidos, para pasar a convertirse en una problemática de total actualidad. Ya puede decirse que está aquí entre nosotros. También en el campo de lo jurídico, e incluso del proceso.

Véase, en este sentido, la reciente publicación del Reglamento Europeo sobre la IA Reglamento (UE) 2024/1689, del Parlamento Europeo y del Consejo, de 13 de junio de 2024, que establece normas armonizadas sobre su uso, y constituye la primera regulación sobre el tema de carácter suprana-

1. El presente trabajo ha sido elaborado en el marco del Proyecto I+D «Inteligencia artificial, Justicia y Derecho: ¿irrupción o disrupción tecnológica en el proceso penal» (PID 2020-119324GB-100). Ministerio de Ciencia, Innovación y Universidades.

cional, en el ámbito de la UE. Además, se han empezado a dar los primeros pasos para su introducción en el proceso español, como los dados por el CGPJ de cara a su futura implantación[2], y sobre todo, las reformas introducidas por el Real Decreto Ley 6/2023, alguna de las cuales tienen mucho que ver con la IA, como es el caso de la tramitación digital del proceso, o las llamadas vistas telemáticas.

Lo primero que sorprende, sin embargo, es que, sin ponerse a la tarea de hacer un nuevo proceso penal, del siglo XXI, una vez más se posponga esto que parece más importante, para introducir a nodo de parches, por enésima vez, reformas parciales, «ultramodernas» si las comparamos con la regulación de la vieja LECR, que sin embargo va a seguir vigente una temporada más. Pero esto ya se ve que no tiene remedio, y menos en el actual estado del Estado.

Se pretende así resolver los problemas de nuestra justicia mediante las soluciones informáticas o de inteligencia artificial. Como si ese fuera el problema, o como si así se solucionase por completo. Todo lo contrario, pues la introducción de la IA para nada va a cambiar sus principales problemas, que son la falta de medios personales y materiales, empezando por el aumento del número de Jueces y Fiscales, y la implantación de una ley procesal penal moderna[3].

Encima esto se ha hecho recurriendo a la técnica del Decreto Ley[4], como si la importancia, al menos de algunos aspectos de estas reformas no exigiera una ley, incluso orgánica, como se ha hecho ahora muy recientemente con las disposiciones de este carácter que acompañaban a las de eficiencia

---

2. Muy recientemente, el CGPJ, apenas constituido, ha creado un grupo de trabajo formado por varios de los nuevos vocales, para estudiar y analizar el uso de la IA en el ejercicio de la función jurisdiccional, primeramente en relación con el Reglamento, pero también con objetivos más concretos, como certificar y evaluar las aplicaciones potenciales de la IA respecto del Poder Judicial; desarrollar políticas y directrices específicas de aplicación en los procesos judiciales, asegurándose de que los estándares éticos, legales y procesales sean debidamente respetados; impulsar proyectos piloto y pruebas; fomentar el desarrollo de actividades formativas en esta materia para la carrera judicial, y garantizar que los mecanismos de auditoría y control que se implanten funcionan de forma adecuada, transparente y segura.
3. «La introducción de técnicas de IA en la Administración de Justicia habrá de ser concebida como un magnífico recurso instrumental, de apoyo, a la función judicial, sin duda», afirmó. «Pero no es una panacea universal. La IA no arregla en absoluto las tres necesidades vitales que tiene la judicatura hoy en día: "aumento de la plantilla de jueces, mejores instalaciones y medios y una legislación actualizada y eficaz"», (RODRIGUEZ PADRON, C., presidente del TSJ de Madrid, en *Confilegal* del 13/7/2024.
4. Como señala MAGRO SERVET, V., «Análisis del Real Decreto-Ley 6/2023, de 19 de diciembre. aspectos procesales y de funcionalidad tecnológica en la justicia», *Diario*

procesal y digital, concretamente en la nueva LO 1/2025, de 2 de enero, para implantar los llamados Tribunales de Instancia. Ojalá tenga más éxito que a los anteriores. Por lo demás no hay en esta mastodóntica disposición «ni urgencia, ni reforma de calado, ni remedios a los males introducidos por los DL que nos acompañan desde la época de la pandemia[5]».

II. EL REAL DECRETO LEY 6/2023, DE 19 DE DICIEMBRE

Esta disposición[6] pretende básicamente la adaptación de nuestros tribunales y procesos a las exigencias de las nuevas tecnologías, y su máxima novedad seguramente es la apuesta decidida por el proceso digital, el ya conocido como *proceso papel cero,* y en definitiva que los ciudadanos y profesionales tengan el derecho, pero también la obligación, que esto no se dice, de comunicarse y relacionarse telemáticamente con la administración de justicia.

Como siempre, sin embargo, no conviene olvidar que la puesta en marcha real y completa de este revolucionario texto llevaría consigo una suficiente y necesaria dotación de medios, sobre todo materiales en este caso, pero también personales, y de formación de todo el personal, sin la cual no se podrá llevar a cabo.

Quizás por eso las reformas tienen su entrada en vigor o, más bien implantación de modo generalizado, prevista de manera dilatada como máximo para el 30 de noviembre de 2025, según su disposición final novena, aunque de manera inmediata allí donde sea posible, en función precisamente de la existencia o no de los sistemas y medios tecnológicos que en ella se prevén. Con ello la entrada en vigor queda un poco en el aire o en una cierta indefinición, lo que no parece lo más adecuado para tan importantes reformas.

También queda al albur de la mentalidad de quienes tienen que implantarla, dado que no puede ser exactamente obligatoria su aplicación. Y esto

LA LEY, N.º 10412, Sección Doctrina, 22 de Diciembre de 2023, «hubiera sido más deseable que se utilizara la vía legislativa del Parlamento para conseguir los preceptivos informes consultivos del CGPJ, así como de la procura, la abogacía y de la FGE para evitar errores, lagunas, u omisiones, que con la técnica del RDL pueden existir, de tal manera que la agilidad que se consigue con esta última técnica puede mermar la apuesta por la calidad en cuanto a la conformación del texto legal finalmente aprobado...».

5. MORENO CATENA/CORTES DOMINGUEZ, en el *Prólogo,* de su *Introducción al Derecho Procesal,* Tirant lo Blanch, Valencia, 2024.
6. Publicada en el BOE el 20 de diciembre, y convalidada por el Congreso el 10 de enero siguiente, a diferencia de otras que la acompañaban.

porque los medios técnicos los va habiendo en casi todos los juzgados y tribunales a lo largo del territorio, pero no se puede garantizar que existan y funcionen en todos ellos y todos los días, lo que sirve de *coartada* o de vía de escape perfecta para que según el talante de cada Juez y Secretario se apliquen todos ellos o no. Y afortunadamente, cabría añadir. En teoría, la utilización de estos nuevos medios es obligatoria, como con carácter general proclama el art, 7, aunque luego las excepciones en las normas procesales son amplias[7], y no queda más remedio que así sea.

Y es que y como es sabido, existen notorias diferencias entre los Juzgados de los pueblos y los de capitales de provincia y otras grandes poblaciones, donde los medios personales y materiales son notoriamente mejores, mientras que en los demás se destaca todavía hoy la escasez de medios técnicos e infraestructuras también en lo digital, con los problemas añadidos de conexión con oros Juzgados, junto con la también tradicional falta de personal estable, lo que propicia la abundancia de personal interino sin una preparación previa completa en muchos casos.

Existen problemas relacionados con este tema que también siguen en su línea «tradicional». Por ej., aún hoy[8] las estadísticas judiciales carecen de la necesaria fiabilidad[9], dado que no hay criterios únicos en toda España para el registro de los procedimientos, para empezar en lo que atañe a algo tan sencillo como el número de registro, que no es uno solo y único para todo el territorio del Estado, como debería, lo que resta fiabilidad a los datos, y no permite calibrar con exactitud la carga de trabajo de los diferentes órganos.

Para conseguir esa implantación, se reparte también la responsabilidad entre Gobierno Central y CCAA, acudiendo al expediente de la *cogobernanza*, también en materia de Justicia, tratando de garantizar la prestación del servicio público por medios digitales, equivalentes, de calidad y que aseguren en todo el territorio del Estado una serie de servicios, entre los que se habrán de encontrar, como mínimo la *itineración*, supongo que itineran-

7. *Artículo 7. Uso obligatorio de medios e instrumentos electrónicos por la Administración de Justicia*. 1. Los órganos y oficinas judiciales, fiscalías, y oficinas fiscales utilizarán para el desarrollo de su actividad y ejercicio de sus funciones los medios técnicos, electrónicos, e informáticos puestos a su disposición por la Administración competente, siempre que dichos medios cumplan con los esquemas nacionales de interoperabilidad y seguridad, así como con la normativa técnica, instrucciones técnicas de seguridad, requisitos funcionales fijados por el Comité técnico estatal de la Administración judicial electrónica y normativa de protección de datos personales.
8. No quedan tan lejanos los años en los que, debido a la carga de trabajo y la escasez de personal, las estadísticas judiciales se hacían un poco a «a ojo de buen cubero».
9. MARTIN CONTRERAS L, presidente del CTEAJE, en *Confilegal* 6/11/2924.

cia, de expedientes y la transmisión de documentos electrónicos entre cualesquiera órganos judiciales o fiscales, la interoperabilidad de datos, y el acceso a los servicios, procedimientos e informaciones de la administración de justicia que afecten a la ciudadanía, y la identificación y firma de los intervinientes en actuaciones y servicios no presenciales.

Este RD vino a aprobar una vez más una serie de medidas urgentes en relación con el servicio público de la justicia, que no son sino el aprovechamiento de los restos de las proyectadas leyes de eficiencia procesal y digital, que decayeron en su tramitación a raíz de la última convocatoria de elecciones del año 2023, como viene a reconocer su propio preámbulo[10], que también reconoce que el impulso en última instancia de estas reformas no es otro que el de obtener el desembolso de los correspondientes fondos europeos del segundo semestre de 2023.

III. EL PROCEDIMIENTO DIGITAL

La *justificación* de estas reformas en procura de la eficiencia digital viene expuesta por el RD en el apartado II del preámbulo, verdadera y prolija exposición de motivos, aunque ahora se prefiere esa otra expresión.

Según se dice, la implantación generalizada de las nuevas tecnologías y la digitalización y, su utilidad al servicio de una más eficiente gestión de los recursos de la Justicia, implica para los poderes públicos el imperativo de delimitarlas y potenciarlas con el propósito de favorecer una más eficiente potestad jurisdiccional.

Antecedente esencial en esta materia es la Ley 18/2011, de 5 de julio, reguladora del uso de las tecnologías de la información y la comunicación en la Administración de Justicia, que estableció el marco tecnológico para este servicio público, más allá de la utilización de herramientas como el ordenador o los sistemas de gestión procesal, o conceptos como el Punto de Acceso General y la Sede Judicial Electrónica. Se pasó, o se intentó pasar, de una tramitación completamente en papel a la creación de un expediente

10. *Apartado I, párrafo 9,* «En lo que a las reformas normativas se refiere, cabe tener en cuenta que, como consecuencia de la disolución anticipada del Congreso de los Diputados y del Senado por RD 400/2023, de 29 de mayo..., quedaron precipitadamente inconclusos los procedimientos legislativos correspondientes a algunas de estas reformas integradas como hitos del cuarto desembolso. Así ocurrió con el Proyecto de Ley 121/000097, de medidas de eficiencia procesal del servicio público de Justicia (BOCG de 22 de abril de 2022); el Proyecto de Ley 121/000116, de Medidas de Eficiencia Digital del Servicio Público de Justicia (BOCG de 12 de septiembre de 2022)... Por este motivo, y al objeto de no dilatar el cumplimiento de hitos y objetivos necesarios para obtener el cuarto desembolso fijado para el último semestre de 2023, resulta imprescindible implementar dichas reformas legislativas en el marco del presente real decreto-ley...».

judicial electrónico, más sencillo de consultar y de almacenar, y que ya preveía la firma electrónica, que también se trata de potenciar y generalizar ahora, así como la práctica de actos de comunicación por medios electrónicos.

Otros antecedentes serían la Ley 42/2015, de 5 de octubre, reformadora de la LEC, que introdujo la obligatoriedad general de comunicación por medios electrónicos, y también el RD1065/2015, de 27 de noviembre, que reguló el sistema LexNET, y sobre todo la Ley 3/2020, de 18 de septiembre, de medidas procesales y organizativas para hacer frente al COVID-19 en el ámbito de la Administración de Justicia.

Algunas de estas medidas, como la celebración de vistas y actos procesales mediante la que llama *presencia telemática*, son hoy día parte de la actividad cotidiana de nuestros tribunales, aunque no de modo generalizado como se dice. Probablemente sea mejor así.

Con esta nueva normativa, lo que se pretende es dar un salto adelante en la evolución hacia una administración de justicia digitalizada y telemática, en pro de conseguir la máxima eficacia o eficiencia, debiendo de evitarse sin embargo que ello redunde en una pérdida de garantías procesales, que es el gran riesgo que se corre.

Para que todo ello sea una realidad es necesario que todo el territorio del Estado cuente con servicios o sistemas comunes o análogos, interoperables, como garantía del acceso a la Justicia en igualdad de condiciones, lo que parece está lejos de conseguirse, habiendo mucha diferencia, todavía hoy, entre las ciudades y capitales de provincia y los pueblos, y entre unas CCAA y otras.

En este sentido, el RD 6/23 obliga (dispo. ad. primera), en el plazo de 5 años, a las Administraciones con competencia en medios materiales y personales, a garantizar la interoperabilidad entre los sistemas informáticos de acuerdo con lo que él mismo prevé.

Y es que, en este momento hay 12 CCAA que tienen transferidas las competencias en materia de justicia, mientas que en las 5 restantes el Ministerio las conserva, con las diferencias que ello conlleva en cuanto a dotación de medios materiales y también informáticos, con distintos sistemas de gestión procesal que en ocasiones no son compatibles entre sí, y la dificultad de que se puedan entender y gocen de interoperabilidad.

Para garantizar la tan buscada interoperabilidad de los sistemas ya existentes, se establece la obligación de todas las Administraciones competentes de garantizar la prestación del servicio público de Justicia por medios digitales, equivalentes, de calidad y que aseguren en todo el territorio del Estado una serie de servicios, entre los que se encuentran como mínimo la itinerancia de expedientes electrónicos y documentos entre todos los órganos judiciales, el acceso a los procedimientos e informaciones que afecten a la ciudadanía, y la identificación y firma de los intervinientes en actuaciones y servicios no presenciales.

Consecuentemente, el art. 5 establece *el derecho de los ciudadanos a relacionarse con la Administración de Justicia utilizando medios electrónicos,* y más concretamente el derecho a un servicio personalizado de acceso a procedimientos, informaciones y servicios, así como el deber de la Administración de facilitarle ese acceso a sus expedientes judiciales electrónicos y a comunicarse de forma telemática. Así también, el derecho o facultad de conocer por medios electrónicos el estado de tramitación de los procedimientos en los que sean parte o interesados, a acceder y obtener copia del expediente judicial electrónico, y de los documentos que formen parte de él, y la conservación por la Administración de Justicia en formato electrónico de los documentos electrónicos que formen parte de un expediente.

Se insiste demasiado, en mi opinión, en la expresión «Administración de Justicia», y más correcto hubiera sido hablar de los tribunales o mejor, del «Poder Judicial», lo mismo que en la de «expedientes», otra expresión propia del lenguaje administrativo. Más correcto sería decir o referirse a *los autos.* Hay que preguntarse a qué viene esta insistencia.

Igualmente, de manera prolija y repetitiva en el art. 6 se refiere el RD *a los derechos y deberes de los profesionales que* se relacionen con los tribunales, derechos correspondientes a los que tienen las partes a quienes representan o defienden, por lo que carece de sentido la repetición.

En realidad, al igual que en el caso de los ciudadanos estamos hablando, más que de un *derecho, de un deber de utilizar los medios electrónicos,* aplicaciones o sistemas establecidos por las Administraciones competentes en materia de Justicia, respetando en todo caso las garantías y requisitos previstos en el procedimiento que se trate. Esta obligación se establece también el en art. 7 para los juzgados y tribunales, e igualmente se obliga a las Administraciones competentes a proporcionar los medios para ello, que será a final el *quid* de la cuestión, lo que determinará el como y el cuando esta reforma alcanzará a implantarse de verdad, mas allá de una vacía formulación legal.

Para que pueda tener lugar la tramitación electrónica, verdadero meollo del futuro proceso digital, el paso previo es *el acceso de los ciudadanos a la justicia digital,* que consiste en la relación de las personas físicas y jurídicas con el sistema judicial a través de medios electrónicos[11], y que se regula en el titulo II del libro I después de las disposiciones generales y los derechos-deberes de particulares y profesionales. Mediante ella se pretende facilitar el acceso a los tribunales desde cualquier lugar y tiempo, de manera fácil para el usuario, aumentando con ello la eficiencia. Sin embargo, no todos son ventajas, piénsese en las dificultades de ciertos sectores de la población, la brecha digital, lo mismo que las que se derivan de la residencia en ciertos núcleos aislados de población, la llamada España «vacía».

Este acceso digital se instrumenta a través de una serie de mecanismos como la Sede Judicial Electrónica, arts. 8 y ss., en los que se trata de mejorar la regulación que ya existía con la Ley 18/2011, regulándose las características y clases, contenido y servicios que ha de prestar, y de adaptar la normativa procesal a su existencia y funciones.

Según el art. 8, es *una dirección electrónica disponible para los ciudadanos* a través de las redes de telecomunicaciones, cuya titularidad y gestión corresponde a las Administraciones competentes en materia de Justicia, y cuyos *principales contenidos* son precisamente el acceso al expediente judicial electrónico, presentación de escritos, práctica de notificaciones, y la agenda de señalamientos e información de los sistemas habilitados de videoconferencia. De esta manera, *se realizarán preferentemente a través de sedes judiciales electrónicas* las actuaciones, procedimientos y servicios que requieran la autenticación de la Administración de Justicia o de los ciudadanos y profesionales por medios electrónicos (art. 9).

En suma, se trata de un entorno seguro de comunicación con los ciudadanos para la realización de trámites, procesales en este caso, usando medios electrónicos, y cuyo régimen de creación y funcionamiento corresponderá a las CCAA con competencias.

A través de la Sede Judicial Electrónica, se podrá realizar en el futuro cualquier acto procesal, siempre que la Administración establezca los medios para su realización en línea, y que se cumplan los requisitos que exigen las leyes procesales[12].

Sn embargo, en el momento actual se trata tan solo de escritos de iniciación del procedimiento, o de trámite, en los que no sea precisa la asistencia letrada ni la postulación, según el art. 33.1 del RDL6/23, a través de

11. Como señala DELGADO MARTIN, en *Guía Práctica sobre la reforma procesal y digital,* Aranzadi La Ley, Madrid, 2024, p. 15.
12. DELGADO MARTIN, *Guía Práctica sobre la reforma procesal y digital,* cit., p. 19.

impresos normalizados, básicamente en juicios verbales y monitorios civiles, y actos de comunicación o de otorgamiento de representación procesal.

Por su parte, el *Punto de Acceso General de la Administración de Justicia,* al que se refiere el art. 12, *será un portal orientado a los ciudadanos,* que dispondrá de su sede electrónica, que como mínimo *contendrá la Carpeta Justicia,* y el directorio de las sedes judiciales electrónicas que faciliten el acceso a los servicios, procedimientos e informaciones accesibles correspondientes a la Administración de Justicia, al CGPJ, a la FGE y a los organismos públicos vinculados o dependientes de ellos.

Mediante este portal se ofrece a los particulares un servicio de consulta de expedientes en los que figuren como parte, así como la posibilidad de conocer y acceder a las notificaciones de todos los órganos judiciales. Será por lo tanto un elemento de especial importancia para garantizar que todo ciudadano pueda acceder en línea a la información sobre la justicia, así como de los procesos en los que sea parte en cualquier lugar y tiempo, interoperable con la Carpeta Ciudadana del Sector Público Estatal.

En cuanto a la *Carpeta Justicia,* arts. 13 y ss., del RDL6/23, se trata de un *espacio personal en línea que facilita la relación con la administración de justicia,* permitiendo el acceso a los servicios o procedimientos e informaciones que afecten a un ciudadano parte o interesado en ellos a cualquier hora y día y en cualquier lugar[13], y que se puede prestar a través de un sistema común o a través de la sede judicial electrónica del territorio.

De acuerdo, o para facilitar todo ello, también se potencia la tramitación tecnológica del *Expediente Judicial Electrónico,* herramienta llamada a convertirse en esencial para comprender la Justicia de los próximos años ya que se trata nada menos que *de implantar el proceso electrónico, o digital, o telemático, que* es como más correctamente debiera de llamarse, dado que expediente hace referencia a una tramitación administrativa, no procesal, que es de lo que estamos hablando.

Respecto de éste se pasa de la orientación al documento a la *orientación al dato,* de los cuales no se beneficiará únicamente la propia Administración, sino toda la ciudadanía mediante la incorporación del concepto de *dato abierto.* Esta misma orientación al dato facilitará las denominadas *actuaciones automatizadas, asistidas y proactivas.*

---

13. DELGADO MRTIN, *Guia Practica sobre la reforma procesal y digital,* cit., p. 23.

Se establece, igualmente, la preferencia de *la práctica de las comunicaciones judiciales por vía telemática,* salvo aquellas personas que no estén obligadas a relacionarse con la Administración de Justicia por medios electrónicos.

De otro lado, se adoptan disposiciones para que la *inmediación judicial sea preservada en todas las actuaciones mediante videoconferencia.* Y a tal fin se regulan, mediante requisitos técnicos y de garantía, los *llamados puntos de acceso seguro* y los *lugares seguros,* desde los que se podrán efectuar con plenos efectos procesales las intervenciones telemáticas, en los términos que disponen las modificaciones de las leyes procesales.

Se nos dice que la transformación digital de la Justicia favorece y posibilita *una Justicia más próxima y accesible,* y sin embargo se pretende sea no presencial, de modo preferente, lo cual es en sí mismo contradictorio con lo anterior. Pretender equiparar la inmediación presencial a la telemática es sencillamente imposible.

Junto con todo ello la digitalización de la Justicia precisa de un modelo de coordinación y articulación de acuerdos en el que el *Comité Técnico Estatal de la Administración Judicial Electrónica (*CTEAJE) es pieza esencial, que recientemente ha creado **una guía práctica para que los operadores o trabajadores de la Justicia** utilicen de forma responsable las herramientas de IA, para la redacción de sentencias, escritos o notificaciones, una especie de guía práctica para su uso por jueces y otros operadores jurídicos.

Este documento, llamado *Política de uso de la IA en la Administración de Justicia,* para dar cumplimiento al Reglamento de IA, establece criterios mínimos para asegurar un uso «responsable, legal y ético de la IA en el ámbito de la Administración de Justicia», donde distingue entre los usos aceptados y prohibidos, y señala principios básicos que no son otros, como es lógico, que los contenidos en el citado Reglamento y que emanan también de nuestra propia Constitución.

Comenzando como es lógico por el respeto a los derechos fundamentales. Se debe garantizar la tutela judicial efectiva, la independencia judicial y un proceso basado en equidad entre las partes. También que la IA nunca debe reemplazar la toma de decisiones humanas en cuestiones cruciales de la administración de justicia. Se garantizan también los principios de transparencia, imparcialidad y lealtad. Que el desarrollo de los sistemas sea accesible, entendible y auditable.

Finalmente, se ha regulado también en el RDL6/223 *la identificación y firma electrónica,* que serán a partir de ahora la forma habitual de relación para la tramitación electrónica, y el art. 5 se reconoce el derecho, en realidad también una obligación, de utilizar los sistemas de firma electrónica establecidos en la normativa correspondiente.

IV. LA TRAMITACIÓN ELECTRÓNICA DEL FUTURO PROCESO

En los arts. 31 a 58 RDL6/23 se regula la tramitación electrónica íntegra de los procedimientos judiciales, en lo que constituye sin duda una de las grandes novedades de esta reforma.

La regulación es una pieza más del engranaje digital de las relaciones entre ciudadanía con los tribunales, que requiere de servicios digitales que favorezcan esas relaciones estables, tales como la iteración de expedientes y la transmisión de documentos, la interoperabilidad de los datos, y medidas de conservación y acceso a largo plazo de expedientes y documentos, presentación de escritos dirigidos a los órganos judiciales a través de la sede judicial electrónica, servicios personalizados de acceso, etc., todo lo cual viene regulado en este titulo III del libro primero del RDL6/23[14].

Esta norma viene a potenciar la intervención telemática de la ciudadanía en las actuaciones judiciales, y para ello establece las condiciones de viabilidad, así como las garantías de esta modalidad de tramitación, fijando el inicio y la tramitación del procedimiento, los medios para garantizarlo, el principio de orientación al dato, el expediente y el documento judicial electrónico, las comunicaciones electrónicas y las actuaciones automatizadas en el desarrollo de la tramitación electrónica, así como las actuaciones judiciales no presenciales, delimitando tanto las posibilidades como los límites[15].

Pero, la tramitación electrónica futura comporta también las necesarias dotaciones presupuestarias y la voluntad política colaborativa o de «cogobernanza», para incorporar los medios adecuados para que sea efectiva de forma integral, lo cual requiere no solo las inversiones necesarias, sino también la coordinación para alcanzar consensos y acuerdos para la incorporación de los medios electrónicos que permitan garantizar la transición tecnológica de la justicia, que se habrá de producir de forma paulatina en los próximos años.

Mas allá de los medios electrónicos que permiten la información y comunicación de la ciudadanía con la Justicia, que permiten presentar escritos y documentos, realizar actos de comunicación, y consulta del estado de tramitación, etc., la mayor novedad y apuesta de futuro es que la propia

14. Mas ampliamente, BARONA VILAR, S.., en «Tramitación electrónica de los procedimientos judiciales orientada al dato, una realidad anunciada e iniciada», *en Guía Práctica sobre la reforma procesal y digital,* Aranzadi La Ley, Madrid, 2024, p. 40-41.
15. BARONA VILAR, *Tramitación electrónica de los procedimientos judiciales..., cit.,* p. 41.

tramitación del procedimiento también se llevará a cabo por medios electrónicos, tanto en su inicio (art. 33) como en su desarrollo y tramitación procedimental (art. 34), preceptos en los que se establecen las normas para llevar a cabo la iniciación y tramitación electrónica.

Primero, *la iniciación*, en aquellos asuntos, civiles se piensa, sobre todo, pero también en los penales, en los que no sea obligada la postulación, se opta por la presentación mediante impresos normalizados, ya existen hace tiempo, pero ahora se hará a través de la sede electrónica por los mismos interesados. No obstante, parece que no se excluye ni prohíbe, todavía, que se presenten en papel, en cuyo caso serán digitalizados, se supone que, convertidos en documentos electrónicos, los *pdf*, a través del Servicio Común Procesal.

El resto de los escritos de iniciación, cuando se exija firma de profesional, las demandas y oros escritos, dice el RDL6/23, hay que entender por lo tanto también las denuncias y las querellas, la presentación será obligadamente en forma telemática mediante el empleo de la firma electrónica.

En la *tramitación* subsiguiente, la gestión electrónica de los procedimientos respetará los requisitos formales y materiales establecidos en las leyes procesales, garantizando el control de tiempos y plazos, la identificación del órgano responsable de los procedimientos, y la a tramitación ordenada, y facilitando la simplificación y publicidad. Igualmente, los actos de comunicación y las notificaciones han de respetar los requisitos procesales.

En suma, se ha tratado de consagrar el uso de la tecnología en la gestión procesal, de modo que, salvo excepciones, caminamos hacia la integral actuación y gestión electrónica de los procedimientos, pero siempre bajo control humano[16], como no puede ser menos. Eso sí, uno se pregunta hasta cuándo.

En relación con la tramitación electrónica es esencial *el Expediente Judicial Electrónico* los autos digitales sería mejor llamarle, que se regula ahora en el art. 47 que lo considera un conjunto ordenado de datos, documentos, trámites y actuaciones electrónicas, así como grabaciones audiovisuales, correspondientes a un determinado procedimiento.

Superado el concepto de la sola eliminación del papel físico, se intenta dar un paso más, como un conjunto de datos estructurados que proporcionan completa información, y que se identificarán por un número único e inalterable para cada procedimiento, con el fin de mejorar su fácil identifi-

16. BARONA VILAR, «Tramitación electrónica de los procedimientos judiciales orientada al dato, una realidad anunciada e iniciada», cit., p. 44.

cación, y que tendrán un índice electrónico. De este modo se permitirá recuperarlos cuando se a necesario en su integridad, y la remisión de los autos se sustituirá por la puesta a disposición electrónica, de la cual podrán tener copia todos los interesados, de acuerdo con las leyes procesales.

*La tramitación electrónica se dice orientada a da*to, a ella se refieren los arts. 35 y ss., supone que la creación entre todas las Administraciones competentes en materia de justicia, de una plataforma de datos con acceso abierto, a través de la cual se integran los diversos sistemas de información cuantitativa, desagregada y georreferenciada, de modo que se facilite la adopción de decisiones de gestión[17].

Los datos son clave y su gestión posibilitará la interoperabilidad de los sistemas, la *anonimificación* y *seudonimización*, la gestión de documentos y su transformación, la producción de actuaciones automatizadas, asistidas y proactivas, y la utilización de sistemas de inteligencia artificial para la elaboración de resoluciones judiciales.

Ello permitirá hacer mejores diagnósticos para la toma de decisiones que permitan perfeccionar la regulación procesal, y mejorar la estructura y organización de los tribunales, valorando una mejor distribución territorial material y funcional.

Por otra parte, en cuanto *al documento judicial electrónico,* arts. 39 y 40 y ss., se presenta un nuevo concepto más amplio. Se considera como tal la información de cualquier naturaleza en forma electrónica archivada en un soporte electrónico, según un formato determinado, y que ya ha sido generada, recibida o incorporada al expediente judicial por el tribunal en el ejercicio de sus funciones con arreglo a las leyes procesales.

Además, el documento electrónico deberá contener *metadatos,* que aseguren la interoperabilidad, así como llevar asociado un sello o firma electrónica, en el que quede constancia del órgano emisor, fecha y hora.

Estos documentos se consideran *originales* si emanan de sistemas de gestión procesal y tienen de firma electrónica, así como los escritos que inician el procedimiento o son de trámite presentados por las partes e interesados, incorporados al expediente; y también las resoluciones judiciales o administrativas con firma electrónica por autoridad de emisión competente son también documentos originales.

La *presentación será como* regla general en formato electrónico, art. 41 y ss., y si se presentan en papel u otros formatos no digitales se deberán digi-

17. BARONA VILAR, *Ibidem*, p. 46.

talizar por la oficina judicial e incorporar al expediente, salvo que no se puedan digitalizar por motivos históricos, de protección del patrimonio u otras razones, en cuyo caso se presentarán en su formato original y se conservarán por la oficina judicial.

En actuaciones orales telemáticas, siempre deberán presentarse por esa misma vía, incluso cuando se trate de personas no obligadas a relacionarse con la justicia por dichos medios.

Igualmente, *los actos de comunicación*, arts. 49 y ss., han de realizarse en forma telemática, como ya viene siendo regla general desde la refirma de 42/2015 para el proceso civil, salvo para las personas que no están obligadas a comunicarse con la justicia por este medio, incorporándose la práctica del acto de comunicación al expediente.

Finalmente, se regulan las actuaciones automatizadas y, como subtipo, las proactivas, y asistidas, en los arts. 56 a 58, consecuencia de la introducción del principio de orientación al dato, y la interoperabilidad de los sistemas, que permite la tramitación electrónica de los procedimientos, y los portales de datos y las sedes judiciales electrónicas, que también posibilitan las actuaciones automatizadas asistidas y proactivas. En todas ellas para garantizar la transparencia los criterios de decisión automatizada deberán ser públicos y objetivos, dejando constancia de las decisiones tomadas en cada momento.

Las actuaciones automatizadas, art. 56, son actuaciones procesales producidas por un sistema de información programado, sin necesidad de intervención de una persona física en cada caso singular, tratándose de actuaciones procesales de trámite, o resoluciones simples que no requieren de interpretación jurídica, como la paginación de expedientes, o la remisión de asuntos al archivo cuando se dan las condiciones procesales, la generación de copias y certificados, la comprobación de representaciones procesales, el cálculo de plazos, o la declaración de firmeza. Algunas de estas actuaciones no parecen tan susceptibles de automatizar, como la última de las citadas, o las decisiones de archivo, ya que incluyen valoraciones jurídicas.

Se trata de un paso más, novedoso, en la utilización de la IA en los tribunales y son casi todas las que se citan, actuaciones procesales comunes y automáticas de todos los días, pero que van a obligar como mínimo a pensar en la redistribución de tareas entre el personal, y en el futuro seguramente la reducción de dicho personal. En la medida y en el momento en que vaya avanzando la inexorable al parecer *robotización* de la justicia.

Igualmente, como subtipo de actuaciones automatizadas, se regulan las *proactivas*, que aprovechan la información incorporada con un fin determinado para generar efectos o avisos a otros fines distintos. Se trata sobre todo o se piensa en notificaciones o avisos automáticos, actuaciones autoiniciadas sin intervención humana, que aprovechan la información incorporada en un procedimiento con un fin de terminado para generar avisos a efectos distintos en el mismo o en otros de la misma o de otra instancia.

En todo caso debieran proporcionarse garantías de que todas estas actuaciones se puedan identificar como automáticas, trazar y justificar, que sea siempre posible deshabilitar, revertir o dejar sin efecto las ya producidas. De otra manera se acabarán produciendo sin control humano.

Finalmente, como tipo diferenciado de las anteriores, se definen las **actuaciones asistidas**, que generan un borrador total o parcial de texto, basado en los datos que figuran en los autos, producido por un algoritmo, que puede servir de apoyo a la tarea de los Jueces, Fiscales y LAJ, manteniendo éstos siempre pleno control sobre el texto, y sin que el borrador se constituya en resolución sin la intervención del operador, que deberá homologarlo o aprobarlo con su firma, además de controlar el cumplimiento de los requisitos procesales.

Surge así el temor de que se pueda así acabar generando, o más bien degenerando, en una aplicación automática del Derecho. Debe entenderse por ello este art. 57 como la introducción de la posibilidad de aplicar una herramienta algorítmica *exclusivamente* de *asistencia* en la toma de decisiones solo para generar un borrador, pero con revisión, y firma del Juez, o de otro operador procesal, sin que comporte la decisión judicial por una IA. A menos de momento[18], pues personalmente pienso que esto va a acabar pasando más pronto incluso de lo que pensamos, como ya hemos dicho en otro lugar[19].

Otra de las novedades esenciales es la regulación de los arts. 59 y ss. de los *actos no presenciales*, las vistas telemáticas, como parte esencial de la tramitación electrónica de las que nos ocupamos más abajo.

18. Así también, BARONA VILAR, «Tramitación electrónica de los procedimientos judiciales orientada al dato, una realidad anunciada e iniciada», *cit.*, p. 55.
19. VARELA GOMEZ, B., en *Inteligencia artificial y proceso penal: un reto para la justicia*, CASTILLEJO MANZANARES, R. y NOYA FERREIRO, L., (Dir.), VARELA GOMEZ, B., (Coord.), Aranzadi, Pamplona, 2023.

V. LAS REFORMAS PROCESALES

A la digitalización se añaden en el RDL que comentamos una serie de reformas procesales en las leyes reguladoras de los distintos procesos, con la finalidad de introducir también eficiencia, como medidas de agilización, con la disculpa de hacer frente a un supuesto incremento de la litigiosidad, como si fuera este un problema nuevo o de última hora, y para «recuperar el pulso de la actividad» de los tribunales.

Estas medidas ya han entrado en vigor, con la salvedad antedicha de la existencia de los medios tecnológicos, el 9 de enero y el 20 de marzo de 2024, concretamente las modificaciones que interesan aquí, que son las de la LECR, que se ha venido a modificar solamente en diez de sus artículos, siendo la menos amplia de todas las que afectan a los cuatro ordenes jurisdiccionales.

Se trata en efecto de reformas de escasa trascendencia, anecdóticas en algún caso, con las que se viene otra vez a renunciar a una reforma total del sistema de justicia penal, fiando por el contrario las modificaciones a una eficiencia que se pretende lograr mediante las soluciones de inteligencia artificial, o simplemente informática.

El RDL6 /23 contiene disposiciones de muy variada clase, aprovecha también materiales de la decaída ley de eficiencia procesal, y trata de implantar esas reformas en los diversos ordenes jurisdiccionales, para, se nos dice, armonizar la regulación procesal civil, penal, administrativa y social con la tramitación electrónica.

Entre las reformas del proceso penal que tienen que ver con la IA a las que también se refiere el preámbulo del RD en su extenso punto III, dejando para un apartado especial la celebración no presencial de los juicios, se encuentran las siguientes:

1. MODIFICACIÓN DEL ART. 252 LECR, SOBRE LOS REGISTROS ADMINISTRATIVOS

Con escasa trascendencia, más administrativa que procesal, se señala que las notas autorizadas de las sentencias firmes en las que se imponga alguna pena o medida de seguridad por delito, y los autos en que se declare la rebeldía de los procesados (imputados), deberán ser remitidos ahora por medios electrónicos, por los tribunales a los diversos registros creados en los últimos años en el Ministerio de Justicia. No se añade nada que no se viniese haciendo ya, solo que ahora se dice expresamente, en aras de la rapidez y eficacia, que ha de hacerse por medios electrónicos.

Mas trascendente, se dispone también aquí que, en los procedimientos iniciados a instancia del interesado para cancelar los antecedentes penales en el Registro Central de Penados, si transcurre el plazo máximo sin resolución expresa, se entenderá que la solicitud ha sido desestimada. No parece que esta disposición, que regula un silencio administrativo negativo, tenga su lugar en la LECR, ya que se trata sin duda de un procedimiento administrativo, peor nada mas parece que haya que objetar.

2. MODIFICACIÓN DE LOS ARTS. 512, 514 Y 643 LECR

En relación con lo anterior, la redacción de estos artículos se adapta a las novedades informáticas introducidas en los últimos años, incluyendo referencias al Sistema de Registros Administrativos de Apoyo (SIRAJ), y al Tablón Edictal Único. Se trata en los dos primeros casos de incorporar también los modernos medios tecnológicos para la averiguación del paradero del imputado, al que llama la atención que se le siga llamando *reo*, lo mismo que el empleo de la expresión *procesado*, en realidad solo válida para el proceso por delitos graves, conocido como *sumario* en la práctica.

Se prevé que el Juez cursará estas órdenes también a las policías autonómicas, y que se incorporen a la causa tanto el original de la requisitoria como el justificante del envío al Sistema de Registros, y el de la publicación en el citado Tablón.

En el tercero de los artículos reformados se trata del llamamiento a las víctimas del delito no personadas para que vengan, si es de su interés, a ejercitar la acción penal en los casos en los que el MF haya solicitado el sobreseimiento, lo cual se prevé se haga ahora también mediante la publicación de los edictos por medios electrónicos.

En ambos casos es difícil creer que mediante esa publicidad electrónica se vaya a conseguir más eficacia, y parece más bien que seguirán el mismo camino que las publicaciones edictales clásicas. ¿Estarán pendientes del Tablón Judicial Único los ofendidos o perjudicados por un delito, más que de los edictos en el tablón del juzgado o de los publicados en el Boletín Oficial de la Provincia? Cuesta trabajo creerlo.

3. MODIFICACIÓN DE LOS ARTS. 265, 266. REFORMA DE LA DENUNCIA

De nuevo poco contenido y trascendencia tienen estos artículos, que vienen a reformar, simplemente completando, los requisitos de la denuncia, así como a hacer expresa mención de las presentadas a distancia o telemáticamente. Destaca aquí además la pésima redacción y algún contenido extraño en una norma de la LECR, como en el art. 266, en el que se menciona un Reglamento y una Directiva de la UE, lo que parece fuera de lugar.

Se detallan un poco más los requisitos que debe de contener la denuncia, que, en el caso de la identificación del denunciante, y de que se trate de una persona jurídica, ha de mencionarse la persona física que la realiza y de la relación con aquélla.

Se exige una narración circunstanciada del hecho, junto con la identificación de las personas que los hayan cometido, si se conociesen, y de quienes lo hayan presenciado o tengan información sobre él, también conocidos como testigos, y en general cualquier fuente de conocimiento de la que el denunciante tenga noticia, que pueda servir para esclarecer el hecho denunciado.

Por su parte el art. 266 también recoge novedades sobre la firma de la denuncia, introduciendo la necesidad de utilizar la firma electrónica si es no presencial. Y en el caso si es persona jurídica «un certificado electrónico cualificado con atributo de representante, o los medios previstos en la regulación de firma digital» que permitan identificarla, así como la persona física que denuncia.

VI. EN ESPECIAL, LAS VISTAS TELEMÁTICAS

El acceso a la justicia de forma no presencial es visto en las últimas reformas como una solución en aras de mejorar la eficiencia de los tribunales, evitando supuestas pérdidas de tiempo y dinero tanto para los particulares como para profesionales, y para determinados funcionarios públicos colaboradores de la Justicia, que ocupan mucho de su tiempo en acudir a diversos actos procesales en diferentes juzgados, que se verán así liberados para realizar sus tareas propias, como los abogados pero también los policías, peritos de todo tipo[20]. En realidad, lo que se está tratando de evitar

20. MAGRO SERVET «*Análisis del Real Decreto-Ley 6/2023, de 19 de diciembre. aspectos procesales...*», cit., p. 12. «Desde nuestro punto de vista es uno de los ejes de este Real Decreto y que permitirá un cambio a la hora de concebir el funcionamiento de la justicia evitando ver sedes judiciales llenas de ciudadanos en colas para acceder a un acto judicial, lo que tendrá, también, una repercusión económica a medio y largo plazo, ya que se evitarán la pérdida de horas laborales que ahora existen por desplazamientos y esperas, así como gastos de policías en sus desplazamientos y que tengan que "perder el tiempo" en esperas en la puerta de salas de vistas para esperar que sean llamados en un juicio cuando pueden declarar desde su sede profesional mientras siguen con su actividad laboral. Y lo mismo que las empresas no perderán las horas de sus trabajadores que se ven obligados a acudir a un órgano judicial a realizar cualquier comparecencia que puede realizarse de forma no presencial».

es invertir mas en medios personales y materiales para la reforma de la Justicia.

Las ventajas de esta forma de celebración en principio son claras y de diversa índole, pero también existen o se generan inconvenientes[21]. Primeramente, se dice, facilita el auxilio judicial, nacional e internacional, al eliminar dilaciones originadas cuando la persona que debe intervenir en una actuación reside fuera de la sede del órgano, e incluso aumenta la inmediación, porque el juez que conoce del asunto presencia personalmente la práctica de la prueba, si bien a distancia. En realidad, este es casi el único caso en el que la celebración a distancia está justificada, en mi opinión.

En segundo término, facilita la práctica de pruebas testificales y periciales, cuando los que han de declarar se encuentran a gran distancia, o tienen graves dificultades de desplazamiento y para la comparecencia. Ahorra tiempo y dinero a los peritos oficiales, fuerzas de seguridad, lo mismo que a las partes gastos en dietas, traslado de presos, etc. Y a los abogados y procuradores, a los que permite comunicar con sus clientes y facilita por tanto la defensa. A la Fiscalía le permitiría también mayor presencia en muchos actos a las que no puede hoy acudir presencialmente por falta de medios y tiempo.

Se ha dicho también que la videoconferencia contribuye a la libertad y espontaneidad de las declaraciones, facilitando la aplicación de las medidas de protección de testigos y peritos, cuando concurran peligro grave para su persona libertad o bienes. E igualmente se dice que redunda en la defensa de los derechos e intereses de los menores de edad. A este punto ha sido sensible la nueva regulación como veremos más abajo.

El uso de la videoconferencia permitiría también un aumento de la eficiencia por el ahorro de costes que implica la disminución de las suspensiones y aplazamientos de las vistas, con una mejor gestión del tiempo de trabajo de todos los trabajadores de los tribunales.

Sirve también para proteger a las víctimas que se encuentran en una situación de vulnerabilidad, cuya asistencia al acto judicial de forma presencial puede suponer un perjuicio, al incrementar la victimización. Finalmente, en España se ha introducido para evitar el contagio protegiendo la salud, con ocasión de la última emergencia sanitaria.

Pero también son conocidos los inconvenientes, un amplio catálogo, del que solo nos referimos a los más importantes. En primer lugar, se encuentra la

21. Un amplio catálogo de ambas en BUENO BENEDI, M., en *Videoconferencia y juicios telemáticos,* La Ley, Madrid, 2023, p. 286 y ss.

falta de los medios tecnológicos suficientes, de los que la justicia tradicionalmente ha carecido, a lo que hay que añadir algo más difícil de solventar en el corto plazo, que es la falta de formación suficiente en el personal que ha de operarlos, una parte del cual presenta además reticencias o desconfianza al cambio que las nuevas tecnologías implican, y que carece también de motivación e incentivos para adquirir esa capacitación.

Segundo, la falta de compatibilidad o interoperabilidad entre los sistemas informáticos de las distintas CCAA con competencias transferidas, con los problemas de seguridad y privacidad que de ello se pueden derivar, la llamada «brecha digital» que se puede generar, que se traduce en desigualdad entre aquellos que puedan relacionarse con la Justicia a través de las nuevas tecnologías y otros personas que no, en función de sus posibilidades de acceso, conocimientos de informática, lugar de residencia, etc.

En suma, de acuerdo con la regulación que ya existe de la LOPJ sobre la videoconferencia, pues de esto se trata, este no puede convertirse, en mi opinión, en el modo generalizado o casi único de la celebración del juicio, sobre todo en el proceso penal, debiendo de continuar siendo como hasta ahora lo no presencial solo algo excepcional, y establecerse límites muy claros en todos los procesos, y con más razón en el penal, ya que la eficiencia debe ser puesta en relación o cohonestada con el derecho de tutela judicial efectiva, y el respeto pleno a las garantías procesales. Esta no parece ser la intención del legislador, sin embargo.

Y es que examinando lo artículos que regulan la tramitación electrónica en el RDL6, más parece que estamos ante una obligación, no ante un derecho, o como mucho ante un derecho-deber del ciudadano particular y de los profesionales.

Así, se contempla como principio general en el art. 59 RDL6/23 que *la atención, no los juicios, a particulares y los profesionales* se realizará, mediante «presencia telemática», por videoconferencia u otro sistema similar, siempre que así lo interesen y sea posible en función de la naturaleza del acto o información requerida, y con cumplimiento de la normativa aplicable en materia de protección de datos, y requerirá la participación del ciudadano o profesional desde un punto de acceso seguro.

Sin embargo, para el proceso penal, el nuevo art. 258.bis LECR viene a establecer como *regla general la realización de todos los actos procesales* mediane presencia telemática, con las excepciones que se verán después. Seguramente el art. 258.bis[22] es una de las principales novedades de la reforma, ya que regula la celebración generalizada de todos los actos procesales

22. *Artículo 258 bis LECR. Celebración de actos procesales mediante presencia telemática.* «1. Constituido el órgano judicial en su sede, los actos de juicio, vistas, audiencias, comparecencias, declaraciones y, en general, todas las actuaciones procesales, se realizarán preferentemente, salvo que el juez o jueza o tribunal, en atención a las circunstancias, disponga otra cosa, mediante presencia telemática, siempre que las oficinas judiciales o fiscales tengan a su disposición los medios técnicos necesarios para ello, con las especialidades previstas en los artículos 325, 731 bis y 306 de la LECR, de conformidad con lo dispuesto en el apartado 3 del artículo 229 y artículo 230 de la LOPJ y supletoriamente por lo dispuesto en la el artículo 137 bis de la LEC 1/2000, de 7 de enero. La intervención mediante presencia telemática se practicará siempre a través de punto de acceso seguro, de conformidad con la normativa que regule el uso de la tecnología en la Administración de Justicia.
2. No obstante lo dispuesto en el apartado anterior, *será necesaria la presencia física del acusado* en la sede del órgano judicial de enjuiciamiento en los juicios por delito grave y juicios de Tribunal de Jurado, sin perjuicio de lo previsto en los tratados internacionales en los que España sea parte, las normas de la Unión Europea y demás normativa aplicable a la cooperación con autoridades extranjeras para el desempeño de la función jurisdiccional.
En los juicios por delito menos grave, cuando la pena exceda de dos años de prisión o, si fuera de distinta naturaleza, cuando su duración no exceda de seis años, el acusado comparecerá físicamente ante la sede del órgano de enjuiciamiento si así lo solicita este o su letrado, o si el órgano judicial lo estima necesario. La decisión deberá adoptarse en auto motivado.
En el resto de los juicios, cuando el acusado comparezca, lo hará físicamente ante la sede del órgano de enjuiciamiento si así lo solicita él o su letrado, o si el órgano judicial lo estima necesario. La decisión deberá adoptarse en auto motivado.
En todo caso, en los procesos y juicios, cuando el acusado resida en la misma demarcación del órgano judicial que conozca o deba conocer de la causa, su comparecencia en juicio deberá realizarse de manera física en la sede del órgano judicial o enjuiciamiento, salvo que concurran causas justificadas o de fuerza mayor.
Cuando se disponga la presencia física del investigado o acusado, será también necesaria la presencia física de su defensa letrada. Cuando se permita su declaración telemática, el abogado del investigado o acusado comparecerá junto con este o en la sede del órgano judicial.
Cuando el acusado decida no comparecer en la sede del órgano judicial, deberá notificarlo con, al menos, cinco días de antelación.
3. *Se garantizará especialmente que las declaraciones o interrogatorios de las partes acusadoras, testigos o peritos se realicen de forma telemática en los siguientes supuestos*, salvo que el Juez o Tribunal, mediante resolución motivada, en atención a las circunstancias del caso concreto, estime necesaria su presencia física: a) Cuando sean víctimas de violencia de género, de violencia sexual, de trata de seres humanos o cuando sean víctimas menores de edad o con discapacidad. Todas ellas podrán intervenir desde los lugares donde se encuentren recibiendo oficialmente asistencia, atención, asesoramiento o protección, o desde cualquier otro lugar, siempre que dispongan de medios suficientes para asegurar su identidad y las adecuadas condiciones de la intervención. b) Cuando el testigo o perito comparezca en su condición de Autoridad o funcionario público, realizando entonces su intervención desde un punto de acceso seguro.

mediante la que llama *presencia telemática*, en realidad celebración no presencial y a distancia.

Con esta modificación se trata de dar preferencia a la celebración a distancia de todos los actos de juicio, vistas, audiencias, comparecencias, declaraciones y, en general, todas las actuaciones procesales orales, y en todo tipo de procesos, tanto en los actos procesales ante el Juez, como ante el LAJ, o el MF.

La llamada *presencia telemática* tanto puede ser total como parcial. En el caso de la parcial, una o varias personas asisten al acto procesal celebrado de modo presencial en otro lugar distinto y en sede judicial. Pero también cabe la total celebración en modo telemático del acto o de la vista, creando una sala de vistas virtual a la que todos los participantes se conectan de modo remoto.[23] Da la impresión, aunque expresamente no se diga, que el RDL6/23 está pensando, afortunadamente, solo en la primera posibilidad, en la parcial.

Como es sabido, el TEDH admite la utilización de la videoconferencia en los procesos judiciales siempre que se cumplan dos requisitos: ha de perseguir una finalidad legítima; y, en su concreta aplicación se han de respetar los derechos de la defensa[24]. Pero hasta hace bien poco la finalidad de la eficiencia no había tomado el protagonismo que le da ahora el RDL6/23.

Ciertamente[25], en España ya había antes incluso de la epidemia la posibilidad de realizar vistas telemáticas, incluso en el proceso penal. Recuérdese al afecto el art. 731.bis LECR que permitía incluso de oficio, pero solo por razones de utilidad, seguridad o de orden público, o minoría de edad, y también si resultare gravosa o perjudicial, la comparecencia como imputado, testigo, o perito, y la intervención mediante videoconferencia, de acuerdo con el 229.3 LOPJ, es decir, siempre que el sistema permita la comunicación bidireccional y la interacción visual, auditiva y verbal, entre

4. Lo dispuesto en este artículo será de aplicación igualmente a las actuaciones que se celebren ante los letrados o letradas de la Administración de Justicia o ante el Ministerio fiscal.

5. En las citaciones se informará de la posibilidad de declarar de forma telemática en las condiciones establecidas en este artículo».

23. DELGADO MARTIN, J., *Justicia, juicios telemáticos y tecnología para afrontar los efectos de la pandemia,* en Revista AC, Asuntos constitucionales, julio-diciembre 2021, núm. 1, que cita al respecto la de la *Guía para la celebración de actuaciones judiciales telemáticas*, elaborada en el seno del CGPJ, con ocasión de la epidemia COVID 19.
24. Por ej., STEDH de 5 de octubre de 2006, caso Marcello Viola c. Italia, aptdo. 72.
25. Como recuerda SANCHIS CRESPO, C., en *Vistas telemáticas y plataformas digitales: algunas cuestiones,* en Rev. Boliv. de Derecho N.º 33, enero 2022, ISSN: 2070-8157, pp. 364-40.

personas geográficamente distantes, asegurando en todo caso la posibilidad de contradicción de las partes y la salvaguarda del derecho de defensa.

Ambos artículos permanecen vigentes, y entran en contradicción al menos hasta cierto punto o parcialmente con lo que ahora viene a decir el 258.bis, que *pretende haber convertido lo excepcional en regla general.*

Fue como es sabido con ocasión de la última catástrofe sanitaria, cuando se hubo de generalizar el uso de la videoconferencia, a fin de evitar la expansión de la epidemia por causa del contacto personal durante los actos procesales. Y así el ya derogado RD 16/2020, de 28 de abril, de medidas procesales y organizativas para hacer frente al COVID-19, estableció por primera vez, art. 19, la celebración generalizada de actos procesales mediante videoconferencia, con la excepción de los delitos graves y la presencia del acusado.

Y posteriormente la ley que lo derogó reincidió al establecer igualmente la celebración generalizada no presencial, la Ley 3/2020, de 18 de septiembre, aunque ampliando la excepción también a la audiencia para prisión provisional del art. 505 de la LECR o en los juicios, cuando alguna de las acusaciones solicite pena de prisión superior a los dos años, salvo que concurran causas justificadas o de fuerza mayor que lo impida.

Era por lo tanto una regla general menos amplia que la anterior, y además expresamente se decía que cuando se disponga la presencia física del imputado será también necesaria la de su defensa letrada, a petición de ésta o del propio imputado y que se adoptarán las medidas necesarias para asegurar que se garantizan los derechos de todas las partes del proceso, y en especial, el derecho de defensa de los imputados, y a la asistencia letrada efectiva, a la interpretación y traducción, y a la información, y el acceso a los expedientes judiciales, y también que en los actos que se celebren mediante presencia telemática, el Juez o el LAJ podría decidir la asistencia presencial de los comparecientes que estime necesarios.

Era por lo tato una regulación más restrictiva, prudente y cautelosa que la que ha venido ahora a sustituirla, que en nuestra opinión es demasiado amplia[26], y viene a infringir o restringir de manera innecesaria el principio de inmediación.

Al menos, los actos con presencia telemática no pueden tener lugar, para el que no comparece presencialmente, en cualquier sitio, sino que se establece que se practicarán siempre mediante *un punto de acceso y en lugares*

26. En contra, SANCHIS CRESPO, en *Vistas telemáticas y plataformas digitales: algunas cuestiones*, cit., para quien este retroceso merece un juicio negativo.

seguros, que son los primeros los dispositivos y sistemas que cumplan los requisitos que se determinen por la normativa del CTEAJE[27], que en todo caso deberán permitir la transmisión segura y la protección de la información, y la identificación de los intervinientes. Y los requisitos de integridad, interoperabilidad, confidencialidad y disponibilidad de lo actuado.

Y además se habrán de practicar *desde los lugares seguros*, primeramente, las oficinas judiciales como es lógico, Los Registros Civiles, los Institutos de Medicina Legal, sedes de las Fuerzas de Seguridad del Estado, para la intervención de sus miembros, la Abogacía del Estado, del Servicio Jurídico de la SS y CCAA, para la intervención de los miembros de tales servicios, y los Centros y órganos de Instituciones Penitenciarias, para las personas internas y funcionarios públicos.

Además, ha de efectuarse en aquellos que dispongan de dispositivos y sistemas que tengan la condición de punto de acceso seguro, garanticen la comprobación de la identidad de los intervinientes y la autonomía de su intervención, debiendo también asegurar todas las garantías del derecho de defensa, inclusive la facultad de entrevistarse reservadamente con el Abogado, y disponer de medios que permitan la digitalización de documentos para su visionado por videoconferencia[28].

Pero, como no podía ser menos *sin reformar la ya citada LOPJ se mantiene la potestad del juez o tribunal de disponer otra cosa*. Con lo cual la proclamada preferencia afortunadamente no es tal, y son numerosas las excepciones. *La primera es precisamente que el Juez en atención a las circunstancias disponga otra* cosa, para lo cual hay que entender que bastará con una citación para comparecer ante el Juzgado. Cabe preguntarse qué circunstancias serán esas, la resolución que haya de recaer para acordarlo, y si cabrá recurso contra ella. A mí me parece que las circunstancias se han de referir, además de las dificultades de material para llevar a cabo la *ausencia telemática*, a el riesgo o

27. Hay que entender la normativa aprobada por el CGPJ a propuesta del CTEAJE.
28. Pero los problemas ya habían empezado incluso antes de entrar en vigor el RD. Ya este año al STS 756/2024, de 29 de mayo, ha tenido que ordenar la repetición de un juicio por despido a la vista que de que la presencia solo telemática de la empresa demandada le ha causado indefensión, al no haber podido tener traslado de las pruebas documentales presentadas en la vista por la actora, que sí compareció presencialmente. Está claro que la celebración telemática ha causado, aunque sea indirectamente, indefensión, y la Sala de lo Social declara que «la introducción de nuevas tecnologías no puede menoscabar la integridad del proceso», con lo que se ve obligada a devolver el asunto al Juzgado, anulando la sentencia anterior. Argumenta el TS que cada parte procesal tiene de derecho a examinar la prueba aportada por la parte contraria y que, al no habérselo permitido, se le causó indefensión, de acuerdo con lo que dispone la ley procesal laboral.

peligro de indefensión para las artes, y que habrá de dictarse un auto, que cabrá recurrir ante la Audiencia.

En segundo lugar, se excepciona también el caso de que las oficinas judiciales o fiscales no dispongan de los medios técnicos necesarios, lo mismo, es de suponer, que cuando suceda lo más frecuente hoy día, que no funcionen correctamente en el día de la vista. Ante esa eventualidad, parece preferible la celebración presencial que la suspensión del acto.

Y es que la celebración en forma telemática exige contar con un sistema o aplicación de videoconferencia adecuado, suministrado por la Administración competente, quien se responsabilizará, por tanto, de la adopción de todas las medidas técnicas de ciberseguridad, y destinadas a garantizar la confidencialidad, e integridad de la comunicación telemática de la imagen y el sonido.

Y quien intervenga de manera no presencial ha de contar también con medios técnicos adecuados para el acceso telemático, como un dispositivo electrónico de conexión, un ordenador con suficiente potencia y adecuada velocidad de acceso a la red. Por último, para evitar interrupciones y suspensiones de las actuaciones judiciales, resulta recomendable que, con tiempo suficiente se realicen las comprobaciones técnicas necesarias en relación con el funcionamiento del sistema y de los dispositivos utilizados para la conexión[29].

En cualquier caso, ahora como antes *hay que respetar determinados principios procesales y el derecho de defensa, empezando por el de contradicción,* que es el primera de los límites que la LOPJ establece para la viabilidad de la videoconferencia al disponer que «se debe asegurar, en todo caso, la posibilidad de contradicción de las partes» (art. 229.3).

En este sentido la jurisprudencia ha declarado que el uso de videoconferencia o sistemas similares para la celebración de la prueba telemáticamente no colisiona con el principio de contradicción, el cual *«está asegurado en cuanto las posibilidades de interrogatorio y contrainterrogatorio son exactamente iguales para las partes con la presencia física del acusado o del testigo que con la virtual»*[30]. Exactamente iguales parece mucho decir.

La contradicción, en efecto, viene asegurada en principio porque las posibilidades de interrogatorio son iguales que en la presencial, sin embargo, que las partes puedan participar activamente en la práctica de las

29. DELGADO MARTIN, *Justicia, juicios telemáticos y tecnología...*, cit.
30. STS 331/2019, de 27 de junio.

pruebas implica también que se les puedan exhibir documentos, firmas, piezas de convicción, fotografías, croquis o planos relacionados con su declaración, de manera que puedan contestar con fiabilidad sobre lo que se les pregunte. Y cuando las partes han aportado en el acto del juicio documentos nuevos debe poder darse traslado de ellos a las demás, siempre que lo hubiese anticipado al juzgado para que éste pudiera adoptar las medidas necesarias.

Está claro pues que con carácter general ya mucho antes de la promulgación del RDL6/23 el uso de las plataformas que permiten las videoconferencias en los juicios es admisible siempre que se respeten las esenciales garantías fijadas por el 229.3 LOPJ.

Sin embargo, *el derecho de defensa puede verse afectado* por la ausencia en la sala del abogado o del Fiscal. Respecto del primero no parece que sea la mejor forma de llevar a cabo su función la ausencia de la sala, pues no podrá aprovechar las posibilidades que le ofrece la inmediación en relación con el interrogatorio del acusado, como de la victima o los testigos. No así en el caso de las conclusiones o los informes finales, que sufren menos en principio por la realización a distancia. Aunque no se puede olvidar que la capacidad de influir en el ánimo y la convicción del tribunal se verá en cierta medida disminuida, ya que no se le prestará la misma atención que si estuviera presente en la sala de vistas.

Lo mismo respecto del Fiscal, aunque esta posibilidad venga reconocida por el art. 306.4 LECR, salvo en asuntos de escasa relevancia o actos como el juicio rápido cuando se sabe que va a haber una conformidad. No fuera de estos casos, en mi opinión, pues estamos ya en la situación del abogado descrita antes.

Lo mismo puede decirse del principio de igualdad, que obliga a conceder a las partes procesales los mismos derechos, posibilidades y cargas, y habrá que concluir que para respetar su contenido será preciso que su utilización esté a disposición de todas ellas. De este modo, si una tiene que hacer uso de la videoconferencia para declarar, la otra debe poder hacerlo igualmente, lo mismo que si se dispone que el acto procesal sea presencial. Y si se ponen a disposición de ambas partes, pero solo una los usa decidiendo la otra no hacerlo, se habrá respetado el principio. También se entenderá que no hay vulneración del principio cuando la parte que no utiliza los medios no protesta formalmente por esa desigualdad, siempre que tenga oportunidad procesal para ello[31].

31. Así también, SANCHIS CRESPO, *Vistas telemáticas y plataformas digitales: algunas cuestiones*, cit.

En cuanto a la oralidad, no parece que pueda existir problema, dado que los sistemas de videoconferencia permiten la comunicación de este tipo en ambos sentidos, bidireccional, así como la interacción visual y verbal entre dos o más personas, aunque la baja calidad de estos sistemas de imagen y sonido de muchos de nuestros juzgados, o de las conexiones de internet, puede hacer difícil la valoración por parte del tribunal de las declaraciones personales a distancia, ya que una transmisión deficiente dificulta la apreciación, también por parte del tribunal superior en vía de recurso, en los ya excepcionales casos en que eso es posible, pudiendo dar lugar a nulidad cuando los defectos sean graves, aunque se estima que no hay mayor problema en la generalidad de los casos.[32] En mi opinión, sin embargo, ver y oír a un acusado, o un testigo, nunca será exactamente igual que ver su imagen en una pantalla. Podemos decir que la actuación seguirá siendo oral, pero se ha degradado, devaluado, no puede compararse al caso de que el que declara y el que ha de valorar su declaración se encuentren frente a frente y en la misma sala de vistas.

Y claro, qué decir cuando se trata del principio de inmediación, inseparable presupuesto y a la vez consecuencia de la oralidad, según el que el juez debe de estar siempre presente en la práctica de la prueba, y además este mismo juez que presencie la práctica de la prueba ha de ser el que lleve a cabo su valoración en la sentencia.

Cabe entonces preguntarse si se respeta la inmediación cuando la práctica de la prueba se lleva a cabo mediante presencia telemática, en definitiva, si el tribunal, o el acusado está realmente presente cuando solo lo está mediante videoconferencia en una pantalla.

Esto no cumple con la garantía de inmediación, ya que la lejanía, y la interposición del aparato de comunicación hace perder al que ha de ver la declaración del acusado gran parte de los detalles que le han de ayudar en la valoración de la prueba. Y eso en el mejor de los casos, es decir que funcione bien la conexión, sin interrupciones, y que el sistema sea de buena calidad, no uno de los conocidos *Teams, Zoom, o Skype,* según sabemos ahora de escasa calidad o ya obsoletos.

Es así como no puede pretenderse que la presencia del juez o tribunal en la práctica de la prueba pueda llegar a convertirse en la excepción, como se ha propuesto, ya que ese es el momento esencial, protagónico, nuclear de todo el proceso, tanto más cuando se trata del penal. Llevarlo a cabo mediante una pantalla no es mas que un simulacro, un sucedáneo, válido sólo para cuando no hay otra solución, pero no desde luego equiparable en

32. BUENO BENEDI, *Videoconferencia y juicios telemáticos,* cit., p. 114.

igualdad de condiciones a la confrontación de las partes con las pruebas, entre sí y con el juez[33].

Debiera por lo tanto adoptarse, como ha hecho el RDL6/23, ciertamente aquí con buen sentido, una solución intermedia, reservando la prueba telemática solo para los delitos leves y menos graves. Y también dejando la última palabra en cada caso al juez o presidente, como también de modo acertado hace el art. 239 LOPJ y ahora el RDL6 en forma de excepciones.

Además, se puede distinguir entre las *pruebas personales en general* y aquellas otras en las que sea necesaria de modo esencial una *percepción sensorial directa, como* una inspección ocular, casos en los que es absolutamente necesaria la presencia física, y por lo tanto se infringe la inmediación si se practican por medios telemáticos.[34]

Tal como se ha dicho, el principio de inmediación en este ámbito despliega tres tipos de efectos:[35] que haya un control judicial del marco escénico de la actuación procesal, garantizando la espontaneidad de quien declara y el cumplimiento de los requisitos procesales; que la asistencia telemática sea seguida por el tribunal en los mismos términos que se produzca, el interrogatorio y las respuestas han de poder ser objeto de seguimiento en su totalidad, y en tiempo real; y que sea posible la adecuada valoración por el juez de la prueba personal[36].

La participación telemática desde un lugar distinto a la sede judicial no afecta a la validez de la prueba siempre que concurran los requisitos mencionados, pero sí que puede hacer dudar de la eficacia probatoria en aquellos supuestos en los que no haya quedado garantizada la espontaneidad y libertad del que declara. A estos efectos, resultan relevantes las condiciones

33. Al respecto el TC, antes de la reforma que comentamos, en sentencia 120/2009, de 18 de mayo, y 2/2010, de 11 de enero, declaró que cualquier modo de practicar las pruebas personales que no consista en la coincidencia material en el espacio y en el tiempo de quien declare y quien juzga no es una forma alternativa de realización libremente elegida por el tribunal, sino un modo subsidiario, que exige la concurrencia de alguna de las causas previstas legalmente.
34. Como señala BUENO BENEDI, *Videoconferencia y juicios telemáticos,* cit., p. 95.
35. DELGADO MARTIN, *Justicia, juicios telemáticos...,* cit.
36. La STS 331/2019, de 27 de junio reflexiona diciendo que «Es cierto que colocar al testigo inmerso en la parafernalia formal de la justicia, en cuanto aumenta la tensión o presión ambiental, es un método para asegurar que se aproxima más a la verdad en su declaración, mientras que en un lugar remoto podría hacerle disminuir la importancia de la situación, o hacerle sentir más seguro. Pero también puede argumentarse justamente lo contrario: muchas veces los medios electrónicos pueden revelar más acerca de la credibilidad y honestidad de un testigo que lo que puede descifrarse físicamente y en directo (puede visualizarse varias veces el testimonio, desde diferentes ángulos, puede aumentarse la imagen, etc.)».

del lugar de la declaración[37]. Por ello pensamos que debe entenderse como excepcional, solo por motivos de absoluta imposibilidad de asistencia personal, y por lo tanto de interpretación restrictiva la celebración no presencial en el caso del acusado.

Además, la celebración mediante videoconferencia limita las funciones de asesoramiento y asistencia del Abogado Ello supondría una vulneración no de la inmediación, sino más bien del derecho de defensa. Esto se puede solventar mediante la interrupción de la vista para permitir la comunicación de acusado y Abogado o, todavía mejor, como se ha hecho ahora, obligando a colocarse al segundo en la misma ubicación física que el acusado, en uno de los puntos y lugares seguros[38].

Por lo tanto, hay que convenir en que la inmediación telemática podría equipararse con la presencial siempre que los medios técnicos disponibles permitan el acceso de los intervinientes y, especialmente de las partes, a las garantías procesales,[39] pero este es precisamente el problema, que es de difícil solución, por lo que las limitaciones que se han puesto ahora, prohibiéndolo, para los delitos que no sean leves o menos graves, es muy acertada, en mi opinión.

Y es que si no desaparece, la inmediación queda muy degradada o desdibujada, cuando la declaración de cualquiera de las pruebas personales se produce fuera de la presencia del tribunal, de manera que la valoración de la prueba telemática no es equiparable a su examen en presencia real, pues por la videoconferencia se vuelven inapreciables o muy debilitadas cir-

37. La STS núm. 678/2005, de 16 de mayo, en esta línea declaro que «mientras que otros elementos probatorios, como los testimonios o las pericias tan solo ofrecen una posición pasiva, que permite la posibilidad de su correcta percepción a pesar de la distancia, el acusado no solo puede ser objeto de prueba, a través del contenido de sus manifestaciones, sino que también representa un papel de sujeto activo en la práctica de las actuaciones que se desarrollan en el acto de su propio juicio. Y, para ello, adquiere gran relevancia tanto su presencia física en él, como también la posibilidad constante de comunicación directa con su Letrado que, de otro modo, podría ver seriamente limitadas sus funciones de asesoramiento y asistencia».

38. Otra resolución de nuestro alto tribunal, dictada cuando ya por mor de la epidemia se habían ampliado las posibilidades de celebración con presencia telemática, es la STS 652/2021, de 22 de julio caso en el que se validó la celebración y se rechazó el recurso por la excepcionalidad de la situación de epidemia, y porque se respetó la motivación de la decisión y el principio de proporcionalidad, ya que se informó a él y a su letrado defensor de «que cualquier dificultad que presentara el desarrollo del juicio y que pudieran entender mermaba su derecho de defensa, podría ser puesta de manifiesto (y corregida) a lo largo del desarrollo del acto» sin que hubiera ninguna queja.

39. Como dice SANCHIS CRESPO, *Vistas telemáticas y plataformas digitales: algunas cuestiones*, cit.

cunstancias propias de la declaración presencial como la apreciación del nerviosismo del declarante, su lenguaje no verbal, lo que influye en la credibilidad que se va a dar a las respuestas y otras apreciaciones que quedaran por como mínimo mermadas[40].

En definitiva, creemos que la presencia telemática no puede sustituir a la presencia física, en cuanto garantía del principio de inmediación, pues la percepción que se puede obtener a través de ella no se tiene a través de la imagen de una pantalla, tal como se ha dicho solo la inmediación física permite apreciar el lenguaje corporal, lo que no se aprecia en la videoconferencia.

Como riesgos del acto testifical telemático se ha apuntado la posibilidad de que a los testigos se les dicten las respuestas desde su domicilio o desde el lugar en que se conecten. En nuestra opinión cabría aludir también a la posibilidad de amenazar al testigo con objeto de que cambie por completo o modifique su declaración, y la de que el testigo consulte documentos en pantalla al tiempo que va contestando a las preguntas. Es verdad que todos estos riesgos desaparecen ahora o se minimizan desde que las declaraciones no presenciales se han de hacer desde puntos y lugares seguros.

Cabe también preguntarse si se respeta, o cómo se ha de actuar para que se respete, el *principio de publicidad* en las actuaciones procesales telemáticas, y concretamente allí donde desarrolla su máxima virtualidad, que es en la vista oral, de acuerdo con lo que dispone el art. 680 LECR, lo **que** implica como es sabido el acceso de terceros, y público en general, a la existencia de esa vista oral como a su desarrollo y contenido, posibilitando así el control social de la actuación de jueces y demás operadores procesales, garantizando la independencia e imparcialidad de aquéllos y al tiempo los derechos de las partes procesales.

En todo caso deberá garantizarse que el público puede asistir también a la vista, como si se tratara de un verdadero juicio oral y público. Y si es total la celebración mediante videoconferencia, la publicidad se ha de garantizar mediante sistemas como la asistencia vía *web* mediante *streaming y* mediante anuncios en la sede electrónica de la fecha y hora de celebración, numero del procedimiento, y clase de actuación, debiendo permitir el acceso de terceros mediante clave o invitación, que se facilitará una vez que la persona interesada se acredite ante el tribunal.

40. En contra, SANCHIS CRESPO, *Vistas telemáticas y plataformas digitales: algunas cuestiones*, cit.

Resulta también necesaria la adopción de medidas para evitar la grabación o que se pueda compartir video, audio o cualquier otro tipo de archivo, y la prohibición de obtener copias de la sesión[41].

Asimismo, las personas que intervengan en el acto judicial tanto si es presencial como telemáticamente, han de tener prohibida la grabación del acto, sin perjuicio de la grabación para documentación oficial, siendo para ello lo más adecuado la adopción de medidas técnicas que impidan la grabación. En los juicios que despiertan gran interés es también posible la retransmisión en directo como ya dijimos antes mediante *streaming*, mediante la publicación de los señalamientos.

Independientemente de todo esto, que se puede entender con carácter general, la nueva regulación del RDL6/23 obliga a distinguir entre la participación del acusado y la del resto de las personas en el acto del juicio telemático.

1. DECLARACIÓN DEL IMPUTADO O ACUSADO

En el caso del imputado o acusado, la regla general, al menos hasta ahora, es que debe estar presente en la sala de vistas, ya que tiene derecho a participar de forma activa en el juicio y ello se cumple precisamente mediante su asistencia física, de modo que pueda seguir los debates, escuchar y ser escuchado, y también para verificar la exactitud de sus declaraciones y confrontarlas con las de la víctima, testigos y peritos.

Sin embargo, esta va a dejar de ser la norma a seguir en todos los casos, ya que solo si se trata de un *delito grave o de los delitos de los que ha de conocer el tribunal del Jurado,* es decir, solo si se trata de un delito castigado con más de cinco años de pena privativa de libertad, según el art. 31 y 33 del CP, esto seguirá siendo obligatorio en todo caso, lo mismo que se si trata de delitos que han de ser enjuiciados por un Jurado. Se está pensando, me parece, que estos también van a ser graves en todo caso. Pero no siempre será así, al menos en teoría, de acuerdo con los arts. 1 y 2 de la LTJ.

En función del tipo de procedimiento seríann los delitos que han de verse por los trámites del llamado procedimiento *sumario, por delitos graves de la LECR,* y los del abreviado que corresponde enjuiciar a la Audiencia, castigados con más de 5 años de pena de prisión, o los que exigen juicio ante Jurado, en los que la presencia física del acusado en la sala de vista sería obligatoria.

41. DELGADO MARTIN, J., *Justicia, juicios telemáticos...*, cit.

En el caso de los delitos menos graves, la presencia del acusado en la sala de vista va a ser ahora eventual o voluntaria. Se trata de los del proceso abreviado ante el Juez de lo Penal, castigados con pena privativa de libertad de hasta 5 años, pero no en todos, sino en los más graves, en los que la pena exceda, o pudiera exceder de 2 años de prisión, o no exceda de 6 años cuando se trate de pena de distinta naturaleza, la presencia física el acusado tendrá lugar sólo cuando él lo pida, o su Abogado. Distinción esta última que no tiene sentido, pues procesalmente su posición no es totalmente diferente o autónoma, salvo que se haya querido conceder esa nueva facultad de autodefensa el acusado, lo que no parece. En cualquier caso, tampoco tendría sentido sin el concurso del defensor. Para solicitar y aconsejarle sobre esto tiene el acusado precisamente al abogado. No es usual, ni sería lógico, puesto que a estas alturas del procedimiento ya es obligatoria la defensa por medio del profesional, que lo pida el propio imputado. Nuevamente la redacción es mejorable.

O también, más acertadamente, cuando el órgano judicial lo estime necesario mediante auto motivado. Cuáles serán los argumentos para ello, fácilmente se comprende que los mismos que hemos expuesto antes para cualquiera de los casos, la indefensión en que pudiera incurrirse en caso contrario, la necesidad a efectos del esclarecimiento de la verdad, o de la mejor defensa del acusado, la relevancia que a la intervención personal del acusado se aventure en función de las circunstancias del caso, etc.

En el resto de los juicios, cuando la pena no exceda de dos años, ni de seis si es de otra naturaleza, siempre que el acusado decida comparecer, lo hará físicamente cuando lo pida, o el juez lo decida en ato motivado. No se entiende que siendo la misma solución se haya expresado por separado.

Eso sí, la solución aquí tiene más sentido que en el caso anterior, ya que se trata de los juicios que se pueden celebrar en ausencia del acusado, de acuerdo con el 757 LECR, y de los juicios por delitos leves, donde también es la comparecencia voluntaria y no obligada.

También llama la atención que la comparecencia física no pueda pedirla la acusación, o con mayor motivo el Fiscal, parece lo más razonable que también lo pueda pedir, y deban de ser oídos desde luego antes de tomar esa decisión. Con más motivo en el as del Fiscal ya que entra de lleno en sus de vigilancia del cumplimiento de las garantías procesales.

En suma, se distingue ahora sobre todo en función de la gravedad del delito, de manera que solo en los más graves se establece obligatoriamente la celebración presencial.[42]

Pero también se establece que el *acusado debe comparecer en todo caso en juicio de manera física cuando resida en la misma demarcación* del órgano judicial, salvo que concurran causas justificadas o de fuerza mayor. Esto se dice con independencia de la gravedad del delito y para todos los casos, da la impresión, con lo que lo que se está diciendo es que lo que se trata de evitar es que tengan que comparecer solo os que residan fuera de la demarcación.

No nos parece que, dados los medios de transporte de hoy en día, sea *disculpa* suficiente para autorizar la falta de comparecencia a un acto tan importante como es el del enjuiciamiento penal, al menos por encima de los delitos leves. El ciudadano no lo va a entender, ni esto va a aumentar su confianza y respeto por la labor de jueces y tribunales.

Si se dispone la presencia física del investigado o acusado, se establece que en estos casos también será necesaria la presencia física de su defensa letrada. Añadiendo que cuando declare telemáticamente el acusado o investigado, su abogado comparecerá junto con él en el punto seguro o en la sede del órgano judicial. Admitir lo contario sería también devaluar la asistencia letrada, que no podrá tener lugar de la forma más efectiva si no está físicamente con el imputado en todo caso.

Finalmente, si el acusado decide no comparecer en la sede del órgano judicial, deberá notificarlo con un mínimo de 5 días de antelación. Pero no se sabe muy bien a que casos se está refiriendo este último párrafo. Hay que entender que a lo abreviados en ausencia y a los leves. Se olvida sin embargo que en la práctica diaria el acusado que no comparece no suele tener la *deferencia* de notificarlo ni siquiera a su abogado, que será frecuentemente de oficio, y se enterará de su incomparecencia en el día de la vista, el cual será frecuentemente también el primer día que tenga contacto con él. Se trata de personas cuya vida es disfuncional en muchos casos, o que frecuentemente estarán privados de libertad por otra causa.

Con toda esta prolija y lamentable redacción del nuevo art. 582.bis lo que se viene a establecer es que el acusado deberá comparecer presencialmente solo en los juicios por delito grave o con jurado, y cuando resida en

42. DELGADO MARTIN, J., *Justicia, juicios telemáticos...*, cit.

el mismo lugar donde se celebre la vista[43] de manera obligatoria, con lo que se consagra la regla general de la comparecencia telemática.

2. DECLARACIONES DE VÍCTIMAS, TESTIGOS Y PERITOS

Y también en el caso de la acusación particular, la víctima, o de un testigo o perito parece que se ha querido que la norma general sea la comparecencia telemática, aunque puede el juez decidir otra cosa, mediante auto, a la vista de las circunstancias del caso concreto, por estimar necesaria la presencia física. Esto en ni opinión no se sostiene, salvo en los casos que se examinan a continuación, porque se produce una devaluación como mínimo de los principios examinados con anterioridad, sobre todo el de inmediación, y con el los de defensa y contradicción, nada menos que en la práctica de las pruebas más importantes.

Todo ello salvo las especialidades previstas en los arts. 325, 731.bis y 306 LECR, que se refieren a la comparecencia del Fiscal y de los demás intervinientes, también los menores, mediante videoconferencia y para el caso de ser la comparecencia especialmente gravosa o perjudicial, de acuerdo con el 239 LOPJ. En realidad, aquí no hay ninguna especialidad y esta norma ya existía.

Pero hay una serie de víctimas especiales, por ser especialmente protegidas, art. 258.bis.3, en concordancia con el 137. bis.3 LEC[44], respecto de las cuales la no necesidad de presencia opera como una garantía de su protección, no procesal, y respecto de las cuales el fundamento ya no es la eficiencia, la eficacia o el ahorro de gastos y molestias que conlleve siempre la asistencia al tribunal. Se trata de las víctimas de violencia de género, sexual, o trata de seres humanos, así como los menores o discapacitados, que deben por regla general comparecer mediante videoconferencia.

Eso sí, siempre queda a salvo la posibilidad de que el Juez o Tribunal, mediante resolución motivada, en atención a las circunstancias del caso concreto, estime necesaria su presencia física, lo cual debiera interpretarse restrictivamente[45], o mejor con mucho cuidado, y en la valoración de esas circunstancias el tribunal deberá tener en cuenta el estado de la víctima, de su voluntad de comparecer, de si ha pedido anteriormente declaración no

43. Así también MAGRO SERVET, «Aspectos prácticos de la eficiencia digital en el proceso penal en el Real decreto 6/23, de 19 de diciembre», *e Guia práctica sobre la reforma procesal y digital*, Aranzadi La Ley, Madrid, 2024, p. 148.

44. Se está pensando en este precepto en los procesos civiles de discapacidad, y las previsiones son las mismas que las que se establecen ahora para el proceso penal.

45. MAGRO SERVET, «Aspectos prácticos de la eficiencia digital en el proceso penal en el Real decreto 6/23, de 19 de diciembre», cit., p., 145.

presencial, al amparo del art. 137 bis LEC, de la gravedad del hecho delictivo, de si va a haber contacto visual en la sala, etc.

En estos casos se excepciona también la necesidad de que la comparecencia sea desde un lugar seguro, de modo que podrán hacerlo desde el lugar donde se encuentren recibiendo oficialmente asistencia, atención, asesoramiento o protección, o desde cualquier otro lugar, siempre que dispongan de medios suficientes para asegurar su identidad y las adecuadas condiciones de la intervención.

En este caso estamos ante la preferencia de la declaración telemática en donde el fundamento ya no es sino la seguridad y protección de las víctimas, aunque no de todos los delitos, sino de aquéllos en que la víctima goza de una protección especial, para evitar que el contacto con el agresor tenga efectos de revictimización o de coacción a la hora de sus declaraciones.

Debiera también garantizarse que las citaciones de estas víctimas *especiales* se lleven a cabo comunicando el punto y lugar seguro desde donde deben asistir para realizar esa declaración el día del juicio oral, pudiendo también ser auxiliadas por personal especializado, y recibir asistencia social o sicológica[46].

No se entiende bien, sin embargo, si se trata de proteger a las víctimas porque habrá de limitarse a esos delitos, dejando otros fuera de amparo. Porque además será dudoso en muchos casos en el momento de la instrucción, saber qué tipo penal se está investigando. Debe dejarse al arbitrio del Juez, con la colaboración siempre del Fiscal en forma de audiencia, la valoración de las circunstancias del caso y de las concretas personas que han de comparecer ante el tribunal.

La víctima de cualquier delito debiera ser protegida en todas las fases del procedimiento judicial para favorecer la denuncia y castigo de los hechos, de manera que su comparecencia no suponga un trauma o una circunstancia impeditiva para llevar a cabo su colaboración con la justicia, sin que el miedo que muchas de ellas pueden tener las fuerce a evitar un contacto presencial con la persona denunciada.

Estas disposiciones pensadas para las víctimas serían, salvo que se trate de un error, aplicables también a los *testigos o peritos*, según la dicción literal del art. 258.bis.3, aunque solo tiene fundamento en el caso de los testigos, salvo que concurran también el mismo peligro de victimización secundaria

46. En parecidos términos, MAGRO SERVET «*Análisis del Real Decreto-Ley 6/2023, de 19 de diciembre. aspectos procesales...*», cit., p. 22.

en el caso de los peritos, por razón de otro proceso diferente, lo cual es difícil, pero no de imposible ocurrencia.

En cambio, cuando el testigo o perito comparezca en su condición de Autoridad o funcionario público, este sí que lo habrá de hacer desde un punto seguro. De nuevo el fundamento ha cambiado, es la necesidad de no obligar a determinados funcionarios, como policías, peritos oficiales, etc., a desplazarse continuamente a los juzgados perdiendo tiempo y horas de su jornada laboral en los viajes, provocando además retrasos en la emisión de sus informes. Esta norma tiene el antecedente para el proceso abreviado del art. 778.3 LECR que permite enviar el informe en papel en vez de comparecer en casos de alcoholemia y tráfico de drogas, convirtiendo la pericial en documental.

Finalmente, se dispone que *en la citación deberá informarse de la posibilidad de declarar de forma telemática.* No se sabe muy bien a qué casos se está refiriendo en este apartado 5 del 528 bis. Efectivamente, la víctima pueda solicitar su comparecencia presencial, con lo cual podrá advertirse en la citación que si desea comparecer de forma presencial lo podrá así manifestar al órgano judicial que comparecerá en el día y hora citada en lugar de hacerlo por el sistema propuesto de videoconferencia, pero lo que la ley quiere es que la propuesta en la citación deba ser siempre de forma preceptiva por videoconferencia[47].

Pero también otros testigos y peritos que así lo soliciten pueden hacerlo de forma telemática, debiendo solicitarlo de forma anticipada y comunicando las razones para hacerlo por videoconferencia, que pueden ser por la distancia física del lugar del juicio, o por otras circunstancias personales que deberán ser valoradas para admitir la declaración no presencial.

Esta reforma entró en vigor el pasado mes de marzo de 2024, también para el proceso civil, pero también en este caso las excepciones son numerosas y muy similares a las previstas para el penal. En los demás procesos se ha buscado también generalizar la celebración de vistas de forma telemática, a través de sistemas de videoconferencia.

Aunque según la percepción de muchos profesionales, que se muestran encantados con el ahorro de tiempo y desplazamientos que ello supondría, en la práctica la implantación no está siendo generalizada, más bien al contrario, pues siguen yendo religiosamente al juzgado para la inmensa mayoría de actos procesales[48].

47. MAGRO SERVET, *Ibidem*.
48. *Vid.* por ej., VICENTE ROMERO, J., *Juicios telemáticos: la maravillosa historia de lo que pudo ser y no fue*, en *Confilegal*, diario del 28 de junio de 2024.

Al respecto, parece ser *vox populi* que muchos jueces muestran un claro rechazo por los juicios telemáticos, siendo las razones variadas, como el ser un formato incompatible con la naturaleza del acto procesal y la necesaria presencia de los profesionales, y sobre todo el menoscabo del principio de inmediación del juez, la falta de conocimientos técnicos por parte del funcionariado, la falta o inadecuación del sistema informático, etc.

Además, la garantía esencial de la publicidad exige que los actos judiciales sean accesibles no solo para las partes, sino también para los medios de comunicación y público en general. Es decir, que cualquier persona debería poder tener acceso a esa vista, lo cual no puede ser sino a través de una plataforma en línea con acceso abierto a todos.

En relación con este tema *se ha venido también a modificar el art. 743 LECR*[49]. En la línea de adaptar la regulación del proceso penal a las nuevas tecnologías, el art. 743 de la LECrim establece que tanto las sesiones del juicio oral, como el resto de las actuaciones orales, se documentarán conforme a lo dispuesto en los arts. 146 y 147 de la LEC (que regulan la documentación de las actuaciones mediante sistemas de grabación y reproducción de la imagen y el sonido). Además de incluir específicamente la obligación de incorporar o incluir la grabación al expediente judicial electrónico cuando fuese posible, por parte de la oficina judicial, cuando exista, siendo custodiadas por el LAJ en caso contrario, y pudiendo las partes solicitar copia o acceso electrónico a ellas.

---

49. *Artículo 743* «1. El desarrollo de las sesiones del juicio oral y resto de actuaciones orales se documentarán conforme a lo preceptuado en los artículos 146 y 147 de la LEC. La oficina judicial deberá asegurar la correcta incorporación de la grabación al expediente judicial electrónico. Si los sistemas no proveen expediente judicial electrónico, el letrado o letrada de la Administración de Justicia deberá custodiar el documento electrónico que sirva de soporte a la grabación. Las partes podrán pedir a su costa copia o, en su caso, acceso electrónico de las grabaciones originales». «2. Siempre que se cuente con los medios tecnológicos necesarios, estos garantizarán la autenticidad e integridad de lo grabado o reproducido. A tal efecto, el letrado o letrada de la Administración de Justicia hará uso de la firma electrónica u otro sistema de seguridad que conforme a la ley ofrezca tales garantías. En este caso, la celebración del acto no requerirá la presencia en la sala del letrado o letrada de la Administración de Justicia salvo que lo hubieran solicitado las partes, al menos dos días antes de la celebración de la vista, o que excepcionalmente lo considere necesario el letrado o letrada de la Administración de Justicia atendiendo a la complejidad del asunto, al número y naturaleza de las pruebas a practicar, al número de intervinientes, a la posibilidad de que se produzcan incidencias que no pudieran registrarse, o a la concurrencia de otras circunstancias igualmente excepcionales que lo justifiquen. En estos casos, el letrado o letrada de la Administración de Justicia extenderá acta sucinta en los términos previstos».

Se produce en este artículo un recordatorio importante respecto a la necesidad de la grabación de los juicios orales en el proceso penal, ya que en algunos órganos judiciales se está omitiendo la necesidad de grabar los juicios, y recurriendo a la redacción de actas, lo cual es incorrecto, exigiéndose la grabación del juicio oral en soporte informático que se incorporará a las actuaciones y podrá ser entregado a las partes al finalizar, para poder presentar los correspondientes recursos mediante el examen del video del juicio oral.[50] Sin embargo, en muchas ocasiones esto es así porque los medios de grabación simplemente no funcionan, sobre todo cuanto se trata de tribunales menos dotados como los de los pueblos.

Cabe preguntarse por las consecuencias de la infracción de esta obligación de grabación de las vistas de los juicios, que parece que sería la nulidad[51], dado que se producirá indefensión a la hora de plantear el recurso y no poder ver lo que ha sucedido durante la vista exactamente ya que ahora no caben actas del juicio oral, ya antes del RDL6/23. Sin embargo, pensamos que habrá que examinar caso por caso si efectivamente se ha producido indefensión, si hubo dificultades para la grabación por fuerza mayor, si entonces hubo acta en papel o no, su contenido, etc.

También en relación con este tema, conviene tener presente el art. 67 del nuevo RDL, que ha venido además de a recordar la obligación de respetar la legislación de protección de datos, a establecer *la prohibición de grabar* o utilizar cualquier medio que permita una posterior reproducción de imagen y sonido por las partes e intervinientes en estas actuaciones telemáticas, lo mismo que a utilizar esas grabaciones con fines distintos a los jurisdiccionales (procesales). Todo ello con la posibilidad de imponer multas hasta sesenta mil euros, sin perjuicio de las demás sanciones a que hubiera lugar. Difícil va a ser cumplir estas restricciones, dada la facilidad que proporcionan los medios tecnológicos actuales para la difusión incontrolada de sonidos e imágenes, y la naturalidad con la que se infringe en nuestro país la obligación de secreto que establece la LECR en su art. 301.

50. MAGRO SERVET «*Análisis del Real Decreto-Ley 6/2023, de 19 de diciembre. aspectos procesales...*», cit., p. 20.
51. Así también «Aspectos prácticos de la eficiencia digital en el proceso penal en el Real decreto 6/23, de 19 de diciembre», cit., p. 152.